Bedrijfseconomie voor het besturen van organisaties

Bedrijfseconomie

voor het besturen van organisaties

Drs. A.W.W. Heezen

Zesde druk

Noordhoff Uitgevers Groningen | Houten

Ontwerp omslag: G2K designers, Groningen/Amsterdam
Omslagillustratie: Stocksy

Eventuele op- en aanmerkingen over deze of andere uitgaven kunt u richten aan: Noordhoff Uitgevers bv, Afdeling Hoger Onderwijs, Antwoordnummer 13, 9700 VB Groningen, e-mail: info@noordhoff.nl

0 / 16

© 2016 Noordhoff Uitgevers bv Groningen/Houten, The Netherlands.

Behoudens de in of krachtens de Auteurswet van 1912 gestelde uitzonderingen mag niets uit deze uitgave worden verveelvoudigd, opgeslagen in een geautomatiseerd gegevensbestand of openbaar gemaakt, in enige vorm of op enige wijze, hetzij elektronisch, mechanisch, door fotokopieën, opnamen of enige andere manier, zonder voorafgaande schriftelijke toestemming van de uitgever. Voor zover het maken van reprografische verveelvoudigingen uit deze uitgave is toegestaan op grond van artikel 16h Auteurswet 1912 dient men de daarvoor verschuldigde vergoedingen te voldoen aan Stichting Reprorecht (postbus 3060, 2130 KB Hoofddorp, www.reprorecht.nl). Voor het overnemen van gedeelte(n) uit deze uitgave in bloemlezingen, readers en andere compilatiewerken (artikel 16 Auteurswet 1912) kan men zich wenden tot Stichting PRO (Stichting Publicatie- en Reproductierechten Organisatie, postbus 3060, 2130 KB Hoofddorp, www.stichting-pro.nl).

All rights reserved. No part of this publication may be reproduced, stored in a retrieval system, or transmitted, in any form or by any means, electronic, mechanical, photocopying, recording, or otherwise, without the prior written permission of the publisher.

ISBN 978-90-01-86720-1
NUR 782

Met dank aan de organisaties die aan de totstandkoming van dit boek een bijdrage hebben geleverd:

Boels Zanders	advocaten (www.boelszanders.nl)
Ernst & Young	accountants (www.ey.nl)
Flynth	accountants en adviseurs (www.flynth.nl)
SJG Weert	algemeen ziekenhuis
Linge Hotel Elst	horeca (www.lingehotelelst.nl)
Rabobank	financiële dienstverlening (www.rabobank.nl)
Van der Zee Vlees bv	producent van vlees (www.vanderzee.nl)

Met medewerking van bovengenoemde bedrijven is een groot aantal concrete praktijksituaties in het boek verwerkt. De auteur draagt echter de eindverantwoordelijkheid voor de gekozen bewoordingen en het gebruikte cijfermateriaal.

Woord vooraf bij de zesde druk

Het schrijven van een herdruk betekent voor een auteur dat hij zich opnieuw afvraagt welke didactische aanpak het beste aansluit bij de veranderingen in het onderwijs. De meest ingrijpende verandering in het onderwijs van de laatste jaren is de introductie van werkvormen waarbij studenten met een grote mate van zelfstandigheid aan projecten en beroepsproducten moeten werken. Daarbij is binnen de rol van docent het accent geleidelijk verschoven van instructeur naar coach.
Deze verandering is het uitgangspunt bij het herschrijven van deze methode.
Bij het maken van projecten of het leveren van beroepsproducten wordt vaak de praktijk als uitgangspunt genomen. Ook bij het schrijven van deze methode is zo veel mogelijk aansluiting gezocht bij praktijksituaties. Aan de hand van praktijkvoorbeelden, die voor een deel afkomstig zijn van werkelijk bestaande organisaties, lichten we bepaalde aspecten van de bedrijfseconomie toe. Deze voorbeelden zijn afkomstig van kleine en (middel)grote ondernemingen uit zowel de industriële als dienstverlenende sector. Het hoofdstuk dat handelt over het maken van een ondernemingsplan, is zelfs volledig gebaseerd op de werkelijke cijfers van een horecaonderneming.
Om de zelfwerkzaamheid van de student te bevorderen, is een groot aantal van de voorbeelden uit dit boek ook met behulp van Excel uitgewerkt. Zo is het financieel plan als onderdeel van het ondernemingsplan volledig in Excel opgebouwd en van de website van Noordhoff Uitgevers (www.bedrijfseconomieheezen.noordhoff.nl) te downloaden. Waar in het boek in de marge het internetsymbool voorkomt, wordt verwezen naar genoemde website en/of andere sites op internet voor aanvullende informatie.
Als in het boek het symbool voorkomt, dan staat er op de website een toelichting in de vorm van een webinstructie. Deze webinstructies hebben betrekking op diverse hoofdthema's in het boek.
Studenten kunnen met behulp van Excel op eenvoudige wijze veranderingen in de basisgegevens doorrekenen. Deze aanpak wordt ook in het opgavenboek bij deze methode doorgezet.
Zonder dat de studenten het model zelf hoeven te bouwen, kunnen ze allerlei veranderingen in de basisgegevens van het model aanbrengen, de gevolgen ervan doorrekenen en conclusies trekken.
Het besturen van de organisaties vergt inzicht in de goederen- en geldstromen, waarbij we het primaire proces van de organisatie als uitgangspunt hebben genomen. We besteden na deel 1 (Inleiding), in deel 2 (Besturing vanuit een kosten-en-opbrengstenperspectief) aandacht aan de kosten- en opbrengstenaspecten die een rol spelen bij het besturen van organisaties. De financiële consequenties die uit de genomen beslissingen voortvloeien, komen in deel 3 (Besturing vanuit een financieringsperspectief) aan de orde. Dit boek sluiten we af met deel 4 (Waarde, resultaat en externe verslaggeving). De samenhang tussen de vier delen is weergegeven in de hierna afgebeelde figuur.

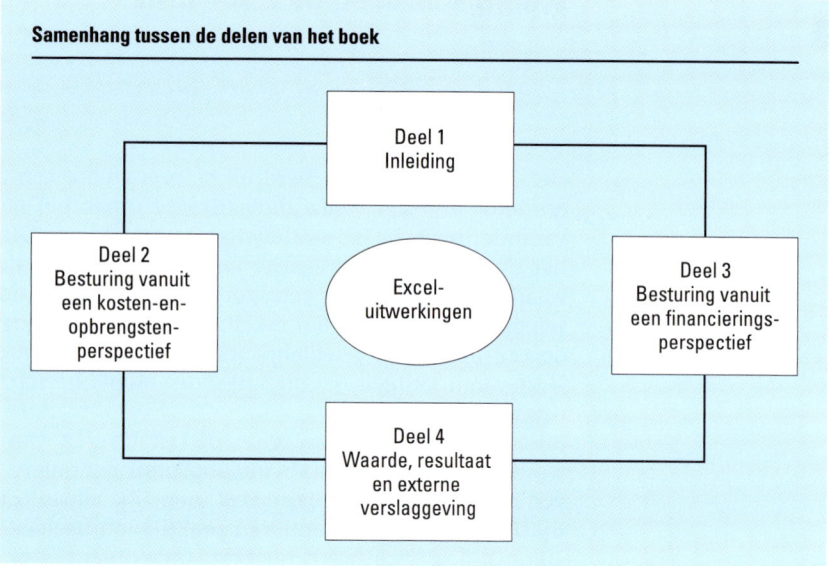

Samenhang tussen de delen van het boek

We hebben ervoor gekozen de onderwerpen met betrekking tot de kosten en opbrengsten (deel 2) te behandelen voor de financieringsaspecten (deel 3) omdat kosten en opbrengsten nauw samenhangen met het primaire proces van de organisatie. Het primaire proces leidt tot primaire geldstromen, die weer van invloed zijn op de financieringsbehoefte van de organisatie. Deze volgorde in onderwerpen houden we niet star aan. Ook in deel 2 komen bij het onderdeel ondernemingsplan in beperkte mate financieringsaspecten aan de orde. In die zin kunnen we spreken van een concentrische aanpak.

In deze druk besteden we ook aandacht aan de concurrentiepositie, het risicobeheer van ondernemingen en de aspecten die een bank betrekt in de beoordeling van een kredietaanvraag. Daarbij gaan we onder meer in op het vijfkrachtenmodel van Porter, en het rente- en valutarisico.

Bedrijfseconomische benaderingen en berekeningen kunnen we niet los zien van hun context. Uitspraken zoals 'different costs for different situations' en 'different values in different situations' onderstrepen dat. Dit is ook de reden dat we in dit boek ruim aandacht besteden aan de context waarin het bedrijfseconomische vraagstuk zich voordoet.

Bij het herschrijven van deze druk is ook gebruikgemaakt van de opmerkingen 'uit het veld'.

Wij hopen dat dit boek voldoet aan de wensen van de gebruikers, zowel docenten als studenten. Reacties van de gebruikers zien we graag tegemoet.

Elst, februari 2016

Drs. A.W.W. Heezen

Inhoud

Deel 1
Inleiding 14

1 Betekenis van de bedrijfseconomie 17
1.1 Economie en bedrijfseconomie 18
1.2 Bedrijfshuishouding 25
1.3 Bedrijfstak en bedrijfskolom 35
1.4 Doelstellingen van organisaties 37
1.5 Concurrentieverhoudingen 44

2 Ondernemingsvormen 57
2.1 Persoonlijke en onpersoonlijke ondernemingsvormen 58
2.2 Eenmanszaak 59
2.3 Maatschap 62
2.4 Vennootschap onder firma 63
2.5 Commanditaire vennootschap 64
2.6 Naamloze vennootschap 65
2.7 Besloten vennootschap 72
2.8 Verenigingen 73
2.9 Stichting 75
2.10 Ondernemingsvormen en belastingen 75
2.11 Overzicht rechtsvormen 78

3 Ondernemingsplan 87
3.1 Onderdelen van het ondernemingsplan 88
3.2 Omschrijving van de activiteiten 92
3.3 Marketingplan 93
3.4 Investeringsbegroting 99
3.5 Personeelsplan 101
3.6 Financieringsplan 102
3.7 Liquiditeitsbegroting 105
3.8 Begrote winst- en verliesrekening 109
3.9 Begrote eindbalans 114
3.10 Financiële besturing 116
3.11 Break-evenpunt 119
3.12 Scenarioanalyse 121
3.13 Enkele slotopmerkingen 121

Deel 2
Besturing vanuit een kosten-en-opbrengstenperspectief 130

4 Kosten en kostensoorten 133
4.1 Gelduitgaven en kosten 134
4.2 Geldontvangsten en opbrengsten 139
4.3 Kosten van een product 140
4.4 Kostenindelingen 141

4.5	Kosten van grond- en hulpstoffen	*144*
4.6	Kosten van arbeid	*150*
4.7	Berekening van loonkosten	*155*
4.8	Kosten van duurzame productiemiddelen	*166*
4.9	Afschrijvingsmethoden	*173*
4.10	Kosten van grond	*178*
4.11	Kosten van diensten van derden	*180*
4.12	Kosten van belastingen	*181*
4.13	Kosten van vermogen	*182*

5 Kostprijsberekening *195*

5.1	Kostprijs en markt	*196*
5.2	Variabele en vaste kosten	*197*
5.3	Integrale kostprijs	*202*
5.4	Kostenverbijzondering	*216*
5.5	Initiële kosten	*237*

6 Integralekostprijsmethode en variabelekostencalculatie *247*

6.1	Twee methoden om het resultaat te bepalen	*248*
6.2	Integralekostprijsmethode	*249*
6.3	Variabelekostencalculatie	*252*
6.4	Verschillen tussen de integralekostprijsmethode en de variabelekostencalculatie	*253*
6.5	Break-evenberekeningen	*258*

7 Budgettering en verschillenanalyse *273*

7.1	Leiding van een organisatie	*274*
7.2	Planning op lange en korte termijn	*274*
7.3	Budgettering als sturingsinstrument	*275*
7.4	Budgettering van een productieonderneming	*276*
7.5	Budgettering van kosten	*277*
7.6	Het budgetteringsproces	*279*
7.7	Budgettering van het productieproces	*282*
7.8	Vergelijking van het productiebudget en de werkelijke productiekosten	*284*
7.9	Budgettering van het verkoopproces	*286*
7.10	Vergelijking van het verkoopbudget en de werkelijke verkoopresultaten	*287*
7.11	Responsibility accounting	*291*

8 Beslissingondersteunende calculaties *299*

8.1	Lange- en kortetermijnbeslissingen	*300*
8.2	Investeringsselectie	*301*
8.3	Beoordeling investeringsproject	*304*
8.4	Methoden om investeringsvoorstellen te beoordelen	*306*
8.5	Keuze uit verschillende investeringsmogelijkheden	*311*
8.6	Vergelijking van de selectiemethoden	*315*
8.7	Keuze van de productiemethode	*320*
8.8	Zelf produceren of werk uitbesteden?	*324*
8.9	Differentiële calculatie	*326*

Deel 3
Besturing vanuit een financieringsperspectief *334*

9 Vermogensbehoefte *337*
9.1 Bepaling van de vermogensbehoefte *338*
9.2 Diversiteitsverschijnsel *342*
9.3 Vermindering van de vermogensbehoefte door factoring en/of leasing *344*
9.4 Vermindering van de vermogensbehoefte door huur en outsourcing *348*
9.5 Werkkapitaalbeheer en Enterprise Resources Management (ERM) *349*

10 Vormen van eigen vermogen *359*
10.1 Behoefte aan eigen vermogen *360*
10.2 Eigen vermogen *363*
10.3 Aandelenkapitaal *365*
10.4 Soorten aandelen *366*
10.5 Waarde van een aandeel *367*
10.6 Preferente aandelen *370*
10.7 Dividendbetalingen *371*
10.8 Emissie van aandelen *372*
10.9 Emissieprijs *374*
10.10 Mutaties in het aandelenvermogen *377*
10.11 Reserves *379*

11 Vormen van vreemd vermogen *389*
11.1 Behoefte aan vreemd vermogen *390*
11.2 Vreemd vermogen *391*
11.3 Indeling vreemd vermogen naar looptijd *391*
11.4 Vormen van vreemd vermogen op lange termijn *392*
11.5 Vormen van vreemd vermogen op korte termijn *401*
11.6 Voorzieningen *405*
11.7 Zekerheidstelling *406*
11.8 Financiering midden- en kleinbedrijf *407*
11.9 Nieuwe financieringsvormen voor het MKB *413*
11.10 Dienstverlenende organisaties zonder winstoogmerk *415*

12 Analyse van de financiële structuur *423*
12.1 Het begrip financiële structuur *424*
12.2 Afstemming tussen vermogensbehoefte en financieringswijze *426*
12.3 Partiële en totale financiering *427*
12.4 Verhouding tussen vreemd en eigen vermogen *429*
12.5 Interne financiering *430*
12.6 Berekening van kengetallen *434*
12.7 Rentabiliteit *436*
12.8 Liquiditeit *449*
12.9 Solvabiliteit *454*
12.10 Activiteitskengetallen *457*
12.11 Verbanden tussen diverse kengetallen *461*
12.12 Vergelijking van kengetallen *462*
12.13 Kasstroomoverzicht *463*
12.14 Financiering vanuit de bank gezien *466*
12.15 Beleggingskengetallen *475*
12.16 Functies binnen het financieel management *477*

© Noordhoff Uitgevers bv

Deel 4
Waarde, resultaat en externe verslaggeving *490*

13	Waardering en resultaatbepaling *493*
13.1	Waardering en resultaatbepaling bij een going-concern *494*
13.2	Waardering van ondernemingen bij fusie en overname *512*
13.3	Waardering bij faillissement *522*

14	Externe verslaggeving *537*
14.1	Externe verslaggeving vanuit een internationaal perspectief *538*
14.2	Functies van verslaggeving *540*
14.3	Wettelijke verplichtingen *543*
14.4	Financieel verslag *545*
14.5	Publicatieplicht *555*
14.6	Hoofdindeling van de balans *558*
14.7	Hoofdindeling van de winst- en verliesrekening *566*
14.8	Modellen voor de balans en de winst- en verliesrekening *568*
14.9	Rechtspleging inzake het financieel verslag *568*
14.10	Financieel verslag als verantwoording *568*

Antwoorden tussenvragen *579*

Antwoorden meerkeuzevragen *587*

Websites voor nadere informatie *589*

Register *591*

Bronvermelding illustraties *596*

© Noordhoff Uitgevers bv

Inleiding

1 **Betekenis van de bedrijfseconomie** 17

2 **Ondernemingsvormen** 57

3 **Ondernemingsplan** 87

Deel 1 bestaat uit drie hoofdstukken. In hoofdstuk 1 lichten we toe wat we onder de economische wetenschappen verstaan en met welke vraagstukken zij zich bezighouden. Daarbij komt de plaats van de bedrijfseconomie binnen de economische wetenschappen aan de orde. Ook besteden we aandacht aan de doelstellingen van organisaties, die als leidraad dienen voor het te voeren beleid. Aan de hand van het Sint Jans Gasthuis in Weert lichten we de rol van de bedrijfseconomie in de gezondheidszorg toe. Tot slot van dit hoofdstuk bespreken we de factoren die de concurrentiepositie van een onderneming bepalen.

In hoofdstuk 2 besteden we aandacht aan de ondernemingsvormen. Een ondernemingsvorm is de juridische structuur (rechtsvorm) waarin een onderneming wordt gedreven. De gekozen ondernemingsvorm heeft onder andere gevolgen voor de aansprakelijkheid, de te betalen belastingen, de mogelijkheden om de onderneming voort te zetten en om vermogen aan te trekken en de publicatieplicht. Deze aspecten lichten we per ondernemingsvorm toe. In hoofdstuk 3 bespreken we de factoren die een rol spelen bij het opzetten van een eigen onderneming. Bovendien stellen we een ondernemingsplan op voor een werkelijk bestaande onderneming en lichten we toe hoe financiële gegevens gebruikt kunnen worden om een onderneming te besturen.

Eric Rikkert, algemeen directeur van het Sint Jans Gasthuis in Weert, licht toe welke bedrijfseconomische vraagstukken zich voordoen bij het leiden van een ziekenhuis. Omdat de financiële middelen van een ziekenhuis niet onbegrensd zijn, moeten er (soms lastige) keuzes gemaakt worden.

Betekenis van de bedrijfseconomie

1

1.1 Economie en bedrijfseconomie
1.2 Bedrijfshuishouding
1.3 Bedrijfstak en bedrijfskolom
1.4 Doelstellingen van organisaties
1.5 Concurrentieverhoudingen
Samenvatting
Begrippenlijst
Meerkeuzevragen

In dit hoofdstuk bespreken we de betekenis van de bedrijfseconomie als onderdeel van de economische wetenschappen. De economische wetenschappen proberen verklaringen te vinden voor economische verschijnselen die in de samenleving optreden. Tot deze verschijnselen behoren onder meer de omvang van de (nationale) productie, wijzigingen in de productiemethoden, werkgelegenheid, prijsstijgingen, veranderingen in de (internationale) concurrentiepositie en de hoogte van de wisselkoersen.

In de bedrijfseconomie staat het *economisch handelen* binnen de bedrijfshuishouding (het bedrijf) centraal. Inzicht in het reilen en zeilen van een bedrijf is echter niet alleen van belang voor de leiding en de eigenaren van een bedrijf. Ook de (vertegenwoordigers van) werknemers, de verschaffers van vreemd vermogen en de overheid moeten inzicht hebben in de werking van een bedrijfshuishouding om als volwaardig gesprekspartner van een bedrijf te kunnen optreden. In de bedrijfseconomie besteden we onder andere aandacht aan de beheersing van goederen- en geldstromen van productieorganisaties. Dit is een benadering die we ook bij andere soorten organisaties, zoals ziekenhuizen, hotels en andere dienstverlenende organisaties, kunnen toepassen. Daarom zullen we ook aandacht schenken aan dit type organisaties. De doelstelling van de organisatie is het uitgangspunt bij het vaststellen van het beleid van de organisatie en bij de beoordeling van de resultaten van het gevoerde beleid.

1.1 Economie en bedrijfseconomie

Regelmatig worden we in het dagelijks leven geconfronteerd met het gegeven dat onze (financiële) middelen onvoldoende zijn om al onze wensen te vervullen.

Studenten die rond moet komen van een studiebeurs en enige bijverdiensten, zullen meestal niet over voldoende financiële middelen beschikken om alles aan te schaffen wat ze willen. Ze zullen hun behoeften en wensen naar belangrijkheid rangschikken en een keuze moeten maken.

Hetzelfde geldt zeker ook voor een ziekenhuis. Aan de hand van het Sint Jans Gasthuis in Weert (zie www.sjgweert.nl) geven we een voorbeeld van een keuzevraagstuk dat speelt bij een ziekenhuis. SJG Weert is een basisziekenhuis. Dat betekent dat dit ziekenhuis de meest voorkomende medische handelingen verricht. Daarnaast heeft het ziekenhuis twee speerpunten: ouderenzorg en oncologie (behandeling van kankerpatiënten).

■ Voorbeeld 1.1 Algemeen ziekenhuis SJG Weert

De kosten van de gezondheidszorg stijgen van jaar tot jaar. In het jaar 2005 bedroegen deze kosten circa €42 mrd, terwijl dit bedrag in 2014 al is gestegen naar circa €73 mrd. Het is dan ook niet verwonderlijk dat de overheid probeert de kosten van de gezondheidszorg te bewaken. Ziekenhuizen doen dit onder meer door met de ziektekostenverzekeraars (zoals VGZ, CZ en Menzis) te overleggen over:
a het maximale bedrag dat aan verzekerde zorg uitgegeven mag worden. Jaarlijks maken de ziektekostenverzekeraars afspraken met de ziekenhuizen over het aantal behandelingen dat ze willen vergoeden in het komende jaar en tegen welke vergoeding.
b het plafond van de vergoedingen. Als het ziekenhuis meer zorg verleent dan het plafond, dan krijgt het ziekenhuis het meerdere niet vergoed. Dit betekent dat ziekenhuizen aan het begin van ieder jaar weten hoeveel zij in totaal te besteden hebben.

Voor ziekenhuizen is het belangrijk dat ze niet meer behandelingen verrichten dan is afgesproken met de ziektekostenverzekeraars en dat de kosten ook niet hoger zijn dan het tarief dat ze voor een bepaalde behandeling vergoed krijgen van de ziektekostenverzekeraars. Daar staat echter tegenover dat een ziekenhuis geen patiënten wil weigeren of doorsturen naar een ander ziekenhuis omdat zij maximale patiëntenzorg wil bieden in haar werkgebied. Dit is het dilemma waar ziekenhuizen voor staan.

De directie van een ziekenhuis moet de goederen- en geldstromen binnen een ziekenhuis nauwkeurig volgen. Het aantal en de aard van de verrichte medische handelingen mogen niet te veel afwijken van de afspraken die met de ziektekostenverzekeraars zijn gemaakt. Bovendien moet de efficiëntie van de organisatie worden bewaakt, want de kostprijs van een behandeling mag in principe niet hoger uitvallen dan het tarief dat door de ziektekostenverzekeraars wordt vergoed. Daarnaast moet er een zekere marge zijn voor innovaties en extra zorg. De uitdaging voor ziekenhuizen is om binnen het beschikbare budget maximale zorg te leveren. De optimalisatie van (logistieke) processen is daarvoor een voorwaarde.

De bewaking van de efficiëntie, het berekenen van de kostprijs en het bewaken van de goederen- en geldstromen zijn belangrijke onderwerpen binnen de bedrijfseconomie. Uit dit voorbeeld blijkt dat inzichten uit de bedrijfseconomie ook belangrijk zijn voor het besturen van een organisatie die niet naar winst streeft. Voor nadere informatie zie: www.sjgweert.nl

Tussenvraag 1.1
Stel dat je zelf een eigen onderneming zou willen beginnen.
a Wat voor een soort activiteit zou je in deze onderneming willen gaan uitvoeren?
b Over welke activa moet je de beschikking hebben om de geplande activiteiten te kunnen uitvoeren?
c Hoe denk je de nieuwe onderneming te financieren?
d Hoe worden de verschillende taken binnen de nieuwe onderneming verdeeld? (Wie doet wat?)

De directie van SJG Weert moet bij het besturen van het ziekenhuis verschillende keuzes maken. Het geld dat ze besteedt voor bijvoorbeeld een nieuwe operatiekamer kan niet worden gebruikt voor personele uitbreiding, het financieren van innovaties of het uitbreiden van de patiëntenzorg. Daar komt bij dat investeringen in kwaliteit (de arts wil vaak de nieuwste apparatuur) door het bestuur moeilijk zijn te beoordelen doordat dat specifieke vakkennis vereist.

Economie
De economie is de wetenschap die het keuzegedrag van de mens bestudeert. Dit keuzegedrag wordt economisch handelen genoemd.
Het keuzeprobleem doet zich niet alleen voor bij bedrijven en studenten, maar bijvoorbeeld ook bij mensen met een hoog inkomen. Zij kunnen hun wensenpakket zodanig uitbreiden dat hun inkomen ontoereikend is om aan al hun wensen te voldoen. Ook zij zullen een keuze moeten maken.

Schaarste
Economische wetenschap
Het feit dat de middelen onvoldoende zijn om in alle behoeften te voorzien, wordt schaarste genoemd. De economische wetenschap bestudeert het *handelen van mensen* dat gericht is op het verminderen van de schaarste. Er moet steeds een *keuze* worden gemaakt: Waarvoor zullen we de beperkte middelen aanwenden? Bij deze keuze zal men ernaar streven zo veel mogelijk van de behoeften te bevredigen.

Economisch principe
In de economische wetenschap wordt ervan uitgegaan dat de mens zich bij dit keuzehandelen laat leiden door het economisch principe. Dit principe kan op twee manieren worden geformuleerd:
- Met de beschikbare middelen probeert men zo veel mogelijk behoeften te bevredigen.
- Men probeert een bepaald doel te realiseren door opoffering van zo min mogelijk middelen.

Welvaart
Welvaart is de mate waarin de mens in staat is zijn behoeften te bevredigen met de beschikbare middelen. Tot de behoeften wordt ook de behoefte aan vrije tijd, een schoon milieu en dergelijke gerekend.
Naarmate er meer middelen beschikbaar zijn, is het mogelijk meer behoeften te bevredigen. Dit betekent niet dat mensen met een hoog inkomen welvarender zijn (een hoger welvaartsgevoel hebben) dan mensen met een lager inkomen. Het tegendeel kan het geval zijn. Mensen die veel verdienen, kunnen hun wensen vaak dermate hebben opgeschroefd, dat slechts een klein gedeelte ervan kan worden vervuld. Welvaart is een relatief begrip.

Economisch handelen
De economische wetenschap bestudeert het handelen van de mens dat gericht is op een vergroting van zijn welvaart. De mate van welvaart

hangt niet alleen af van de hoeveelheid beschikbare financiële middelen. Zeker tegenwoordig spelen ook andere factoren zoals milieu, energieverbruik, arbeidsomstandigheden en de behoefte aan vrije tijd een belangrijke rol bij het bepalen van de mate van (persoonlijke) welvaart.

Omdat dit handelen van de mens vanuit verschillende gezichtspunten kan worden bestudeerd, wordt de economische wetenschap opgesplitst in algemene economie en bedrijfseconomie.

Algemene economie

De algemene economie bestudeert het economisch handelen van de volkshuishouding (maatschappij) als geheel. Hierbij komen onderwerpen als arbeidsverdeling, inkomensvorming, inkomensverdeling, prijzen van de productiefactoren, overheidsfinanciën en internationale economische betrekkingen aan de orde.

Inzichten uit de algemene economie zijn belangrijk om de ontwikkelingen in de koopkracht van consumenten te verklaren. De ontwikkeling in koopkracht is belangrijk voor de omzet van bedrijven. Snellere economische groei (waarvan in het volgende artikel sprake is) leidt tot meer vraag naar producten en daardoor tot een omzetstijging bij bedrijven.

Snellere economische groei in Nederland

Van onze redacteur

Amsterdam • De Nederlandse economie groeit in 2015 en 2016 met 1,75%. Dat stelt de Rabobank in een woensdag gepubliceerd Economische Kwartaalbericht. Als verdere geopolitieke onrust uitblijft en het vertrouwen herstelt, kan de groei volgens de economen van Rabobank hoger uitvallen. 'Dit is hard nodig gezien de schade die de crisis de afgelopen jaren heeft aangericht en waarvan ons land nog niet is hersteld.'

Het economisch herstel is breed gedragen: export, private investeringen én particuliere consumptie nemen volgens Rabobank allemaal toe.

Het herstel van de economie doet zich op een breed front voor, aldus Rabobank

Vorige week kwam het Centraal Planbureau (CPB) met soortgelijke conclusies. Het CPB gaat voor 2015 uit van een economische groei van 1,7%, terwijl de economie volgend jaar 1,8% kan groeien.

Volgens Rabobank zal de groei in 2015 en 2016 versnellen en minder afhankelijk worden van uitvoer. Maar wat in de crisis verloren is gegaan, is nog niet teruggekomen. 'Wij verwachten dat het Nederlandse inkomen per hoofd van de bevolking eind 2016 nog steeds onder het niveau van voor de crisis zal liggen', aldus Rabobank-econoom Martijn Badir.

Evenals bijvoorbeeld het CPB ziet ook Rabobank dat de arbeidsmarkt zich aan het herstellen is, al gaat dat langzaam. Mensen die zich eerder van de arbeidsmarkt terugtrokken – en dus niet meer meetelden in het werkloosheidscijfer – melden zich nu weer aan het arbeidsfront. 'Voor 2016 voorzien we nog steeds een onbevredigend hoge werkloosheid van 6,5%.' ∎

Bron: *Het Financieele Dagblad*, 12 maart 2015

Bedrijfseconomie De bedrijfseconomie bestudeert het economisch handelen van individuen in bedrijfshuishoudingen. In de bedrijfseconomie komen onderwerpen aan de orde zoals de wijze waarop een onderneming gefinancierd kan worden, de aanschaf van productiemiddelen, de organisatie van het productieproces en de berekening van de kosten die daarmee verband houden.

De bedrijfseconomie kunnen we onderverdelen in de volgende vakgebieden:
- financial accounting
- management accounting
- financiering.

Financial accounting

Er zijn verschillende groepen die geïnteresseerd zijn in de financiële resultaten van een onderneming. Daarbij kunnen we denken aan degenen die vermogen beschikbaar hebben gesteld aan de onderneming, maar ook aan de werknemers en de overheid. Naarmate ondernemingen groter zijn, zullen er meer instanties en personen zijn die belangstelling hebben voor het resultaat van de onderneming. Het verstrekken van (financiële) gegevens aan belangstellenden buiten de eigen organisatie (externe belangstellenden) noemen we *externe verslaggeving*. In de Engelstalige literatuur wordt daarvoor de naam *financial accounting* gebruikt.

Externe verslaggeving
Financial accounting

De externe belangstellenden moeten erop kunnen vertrouwen dat ondernemingen hun financiële resultaten op correcte wijze vaststellen en tijdig bekendmaken. De overheid heeft daarom, met name voor grote ondernemingen, wettelijke eisen opgesteld waaraan de informatievoorziening aan externen moet voldoen. Dit komt in hoofdstuk 14 aan de orde.

Management accounting

Managers in een organisatie hebben ook financiële informatie nodig om beslissingen te kunnen nemen. Het verstrekken van financiële informatie om beslissingen binnen een organisatie te onderbouwen, behoort tot het werkterrein van de interne verslaggeving. In de Engelstalige literatuur heet dat *management accounting*.

Management accounting

De informatie die managers nodig hebben om hun beslissingen te onderbouwen, zal van geval tot geval verschillen. Wanneer een onderneming een nieuw product op de markt wil brengen, zal ze onder andere willen weten hoeveel ervan verkocht kan worden en welke prijs de afnemers ervoor willen betalen. Ook moet informatie beschikbaar zijn over de kosten die onvermijdelijk zijn om het product te kunnen leveren. Daartoe behoren zowel de kosten in verband met de fabriek waar het product wordt gemaakt als de kosten van de grondstoffen en arbeid die voor het maken van het product nodig zijn.

Andere beslissingen, zoals het al dan niet op rekening leveren van goederen aan een bepaalde klant, vergen weer andere informatie. Daarbij zullen bijvoorbeeld gegevens over het betalingsgedrag van de klant in het verleden en de omvang van de order een rol spelen.

Financiering

Financiering

Het vakgebied financiering is het laatste onderdeel van de bedrijfseconomie dat we hier kort toelichten. Om haar werkzaamheden uit te kunnen voeren, heeft een onderneming een groot aantal zaken nodig zoals gebouwen, machines, kantoorinrichting en voorraden. Om deze bedrijfsmiddelen aan te kunnen schaffen, zal de onderneming geld (vermogen) moeten hebben.

Eigen vermogen

Het vermogen kan afkomstig zijn van de eigenaren van het bedrijf. We spreken dan van eigen vermogen. Ook kunnen niet-eigenaren, zoals banken, vermogen beschikbaar stellen aan een onderneming. Een lening die door een bank aan een onderneming is verstrekt, is een voorbeeld van vreemd vermogen. De financiering houdt zich bezig met de verschillende vormen van eigen en vreemd vermogen en de financiële vergoedingen die de verstrekkers van dit vermogen eisen.

Vreemd vermogen

Onderwerpen die te maken hebben met het eigen en vreemd vermogen van een organisatie vallen onder het vakgebied financiering.
We geven de verschillende onderdelen van de bedrijfseconomie kort in figuur 1.1 weer.

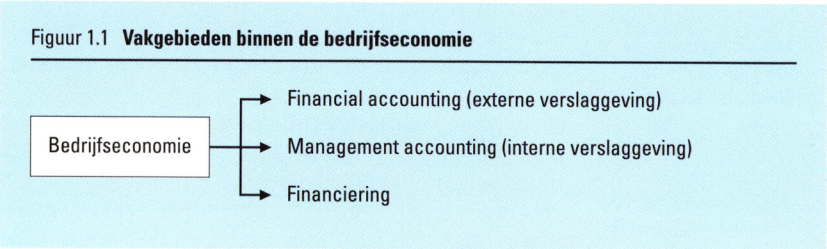

Figuur 1.1 **Vakgebieden binnen de bedrijfseconomie**

Tussenvraag 1.2
Beschrijf in het kort wat de kenmerkende verschillen zijn tussen management accounting, financial accounting en financiering.

We bespreken in het kort nog twee vakgebieden die in nauwe relatie staan met de bedrijfseconomie, namelijk bedrijfsadministratie en commerciële economie.

Bedrijfsadministratie

Bedrijfsadministratie

Onder *bedrijfsadministratie* verstaan we het vastleggen en verwerken van *financiële en niet-financiële* gegevens. Zo zal een bedrijf bijvoorbeeld vastleggen van welke afnemers het nog geld te vorderen heeft en aan welke toeleveranciers het nog geld moet betalen. Daarbij wordt ook geregistreerd welk bedrag nog te ontvangen is of nog betaald moet worden. Het vastleggen van financiële gegevens noemen we *financiële administratie of boekhouden*. Maar een bedrijf zal ook vastleggen welke werknemers ziek zijn, wanneer ze zich ziek hebben gemeld en hoelang ze ziek zijn. Bovendien worden de verjaardagen en de datum van indiensttreding van de werknemers in de administratie vastgelegd. Het registreren van ziektedagen, verjaardagen en datum van indiensttreding zijn voorbeelden van het vastleggen van niet-financiële gegevens.

Financiële administratie

Deze laatste voorbeelden maken onderdeel uit van de bedrijfsadministratie, maar niet van de financiële administratie. Figuur 1.2 geeft de verschillende onderdelen van de bedrijfsadministratie schematisch weer.

Figuur 1.2 **Onderdelen van de bedrijfsadministratie**

Het werkterrein van de bedrijfsadministratie blijft niet beperkt tot bedrijven. Ook andere instanties kunnen er een administratie op nahouden.

Managementinformatie

Financiële en niet-financiële gegevens die in de administratie zijn vastgelegd en verwerkt, vormen de basis voor berekeningen en analyses die managers gebruiken bij het nemen van beslissingen. De administratie levert in dat geval de basisgegevens voor de managementinformatie en is in die zin ondersteunend aan de management accounting. Zo houden we in een productieonderneming onder meer de voorraden grondstoffen, halffabricaten en eindproducten in de administratie bij en de omvang van het eigen en vreemd vermogen. De onderneming verstrekt (in een aangepaste vorm) gedeelten van de informatie die in de bedrijfsadministratie is vastgelegd aan externe belanghebbenden. De bedrijfsadministratie vervult dan een ondersteunende functie voor de financial accounting.

Commerciële economie

Commerciële economie
Bekendheid met inzichten uit de commerciële economie is van belang om een inschatting te kunnen maken van de omzet van een onderneming. Zo moet een onderneming zich onder meer verdiepen in de behoeften van de verschillende afnemersgroepen, de mate van concurrentie in de branche en in de wijze waarop de afnemers via verschillende communicatiekanalen (zoals radio, tv, dagbladen en internet) kunnen worden benaderd. Deze factoren zijn mede van invloed op de te verkopen hoeveelheid producten en/of diensten en de verkoopprijs die kan worden gerealiseerd.

Ondernemersvertrouwen

In het artikel op de pagina hierna wordt een aantal factoren besproken dat van invloed is op het vertrouwen dat ondernemers hebben in de economie. Tot deze factoren behoren de omvang van de productie, het aantal nieuwe orders, de werkgelegenheid, de levertijden en de ingekochte voorraden. Ondernemingen zullen bij het maken van hun plannen voor de toekomst rekening houden met de verwachte economische ontwikkelingen. Toekomstverwachtingen spelen een rol bij het inschatten van de verwachte verkoopomvang en de hoogte van de verkoopprijs. In het volgende artikel wordt het ondernemersvertrouwen uitgedrukt door de inkoopmanagersindex PMI.

Wat is de PMI?
De Purchasing Managers Index (PMI) is een verzamelindex naar afnemend gewicht samengesteld uit de indexen van nieuwe orders, productie, werkgelegenheid, levertijden en voorraad ingekocht materiaal. In Nederland wordt de PMI opgesteld door de NEVI (Nederlandse Vereniging voor Inkoopmanagement). Om de PMI vast te stellen werkt NEVI samen met het Engelse onderzoeksbureau Markit dat wereldwijd vele PMI's opstelt.

In Nederland vullen ongeveer 300 inkoopmanagers de maandelijkse enquête van Markit in. Dit zijn inkopers die in de industrie werken bij bedrijven die minimaal 10% van het BBP vertegenwoordigen. Gevraagd wordt naar productie, nieuwe orders, exportorders, ingekocht materiaal, inkoopprijs, werkgelegenheid, levertijden, voorraad ingekocht materiaal en voorraad gereed product. Een PMI-score van 50 duidt erop dat er geen verandering heeft plaatsgevonden. Onder de 50 geeft een daling aan en boven de 50 duidt op een groeiende economie. Hoe groter de afwijking is, hoe groter ook de mate van verandering is.

Grootste groei werkgelegenheid in 17 maanden, NEVI PMI in mei 2015 komt uit op 55.5

De NEVI PMI wordt op de eerste werkdag van iedere maand gepubliceerd.

De NEVI PMI steeg van 54.0 in april naar 55.5 in mei, het hoogste cijfer sinds december 2013. Eén van de redenen voor dit goede cijfer was de groei van de werkgelegenheid, die de sterkste toename liet zien sinds november 2013. Wel bleef deze groei nog steeds bescheiden.

De productie nam voor de vijfentwintigste maand op rij toe, deze maand bovendien in de grootste mate sinds november vorig jaar.

De stijging van de nieuwe orders was de grootste sinds december 2013 en de buitenlandse orders namen toe in de grootste mate in vijf maanden. De hoeveelheid onvoltooid of nog niet uitgevoerd werk bleef hetzelfde, na een periode van zestien maanden waarin de achterstanden daalden.

De hoeveelheid ingekochte materialen was in mei opnieuw groter en liet deze maand de sterkste stijging zien sinds november 2014.

De voorraad ingekochte materialen daalde voor de dertiende maand op rij. De levertijden waren opnieuw langer, deze maand was de verslechtering bovendien de grootste in vier jaar.

De inkoopprijzen stegen aanzienlijk: de stijging was de grootste in zeventien maanden. De verkoopprijzen daarentegen werden voor de tweede maand op rij lager, zij het beperkt. ∎

Bron: www.nevi.nl

1.2 Bedrijfshuishouding

De bedrijfseconomie probeert inzichten aan te dragen die een bijdrage kunnen leveren aan het nemen van beslissingen binnen bedrijfshuishoudingen. Wat we onder een bedrijfshuishouding verstaan, stellen we aan de hand van een definitie aan de orde.

Bouma[1] omschrijft een bedrijfshuishouding als volgt.

Bedrijfshuishouding

> Een bedrijfshuishouding is een financieel-economisch zelfstandige productieorganisatie.

In voorgaande definitie komt een aantal begrippen voor, zoals productie, organisatie en financieel-economisch zelfstandig. Deze begrippen zullen we in de volgende subparagrafen kort toelichten. Ook komen de begrippen goederenstroom en geldstroom aan de orde.
Ten slotte gaan we in op het financieel-economisch (on)zelfstandig zijn.

1.2.1 Productie

Productie

Productie is het omzetten van productiemiddelen (input) in producten (output), zoals halffabricaten, eindproducten en diensten, waardoor ze beter in de behoeften van de consument kunnen voorzien. Door het produceren komt het product steeds dichter bij de consument. Iedere handeling die het product dichter bij de consument brengt, voegt waarde toe aan het product en wordt dus als productie aangemerkt.

Productiemiddelen

Productiemiddelen zoals arbeid, machines, grondstoffen en energie, zijn nodig om producten voort te brengen. Uiteindelijk is alle productie gericht op het voortbrengen van producten en/of diensten die bestemd zijn voor consumptie.

Consumptie

Consumptie is het rechtstreeks gebruik (door de consument) van goederen en/of diensten voor de bevrediging van (zijn) behoeften.
Zo is een klant die door een kapper wordt geknipt aan het consumeren, terwijl de kapper zelf aan het produceren is.

De productie kan verschillende vormen aannemen:
- uiterlijke vormverandering (door industriële bedrijven); graan wordt bijvoorbeeld omgezet in brood;
- verhandeling van goederen (door handelsondernemingen);
- verplaatsing van goederen (door transportondernemingen);
- opslag van goederen (door pakhuizen);
- dienstverlening (bijvoorbeeld door advieskantoren op het gebied van belastingen of organisatie).

De belangrijkste processen bij de productie worden in figuur 1.3 schematisch weergegeven.

---

1 Bouma, J.L., *Leerboek der bedrijfseconomie, deel I*, 1ste druk, 's-Gravenhage, Delwel.

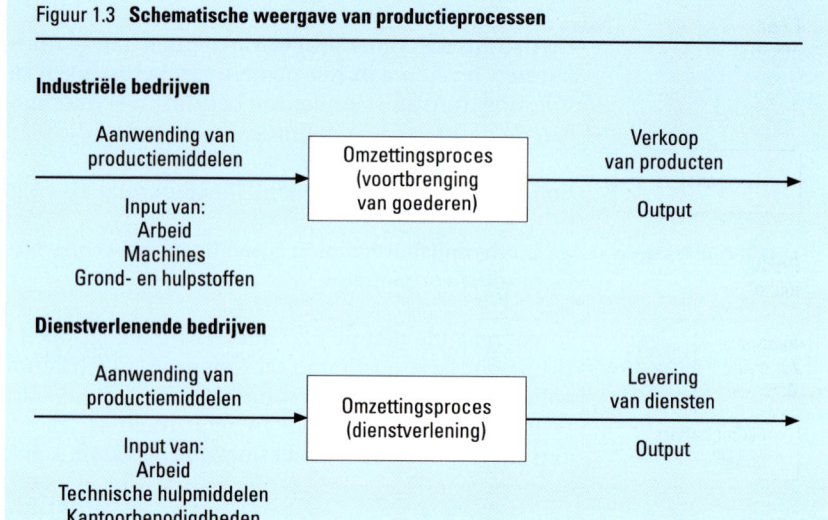

Figuur 1.3 **Schematische weergave van productieprocessen**

1.2.2 Organisatie

Organisatie

Participanten

Een organisatie is een samenwerkingsverband tussen personen met het doel hun persoonlijke belangen te bevorderen. De in een organisatie samenwerkende personen worden participanten genoemd. De deelnemers in een organisatie hoeven niet altijd gelijk gerichte belangen te hebben. Wel geldt dat de participanten hun persoonlijke belangen door hun deelname in de organisatie beter dienen dan door buiten de organisatie te blijven.

Iedere participant levert een bijdrage aan de organisatie en ontvangt daarvoor een vergoeding. De bijdragen van en de vergoedingen voor de verschillende deelnemers in een organisatie zijn in figuur 1.4 weergegeven.

Uit figuur 1.4 blijkt dat een bedrijfshuishouding in het middelpunt staat van allerlei groeperingen. Een bedrijfshuishouding onderhoudt relaties met werknemers, leveranciers, consumenten, overheid en financiers. Bij de vervulling van haar maatschappelijke functie (het voortbrengen van goederen en diensten voor de behoeftebevrediging) moet een bedrijfshuishouding ook rekening houden met de belangen van de andere participanten.

In sommige gevallen is de overheid bereid steun aan het bedrijfsleven te geven in de vorm van subsidies. Het behoud van werkgelegenheid is daarvoor vaak een belangrijk argument.

Figuur 1.4 **De bedrijfshuishouding en haar relaties**

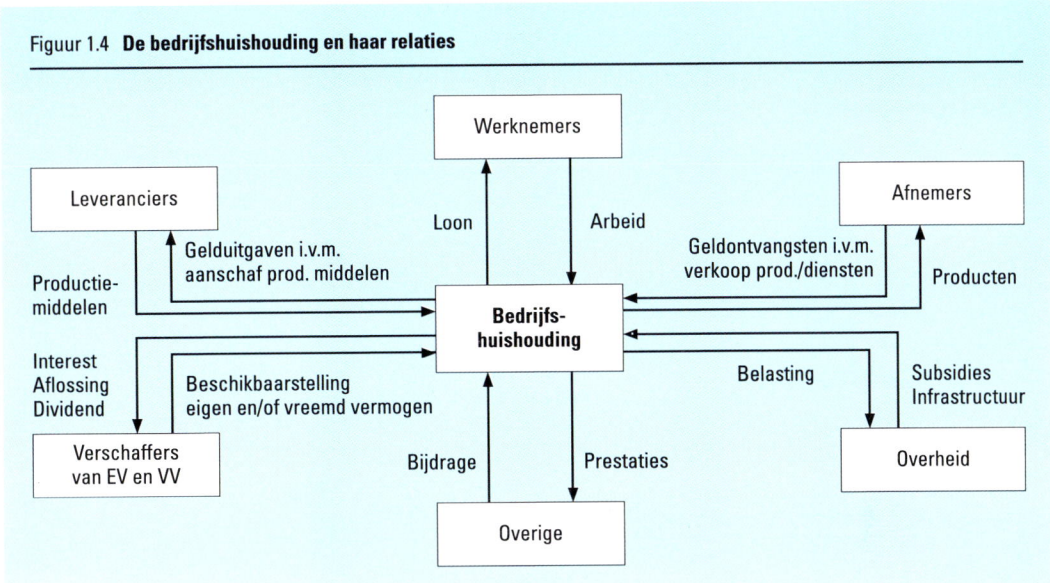

1.2.3 Goederen- en geldstromen

Goederenstromen

Een bedrijfshuishouding koopt productiemiddelen in om daarmee producten te maken die in de behoefte van de afnemer (consument of producent) kunnen voorzien. In het omzettingsproces worden productiemiddelen omgevormd tot (eind)producten. Dit omzettingsproces bestaat uit goederenstromen, zoals te zien is in figuur 1.5: bepaalde goederen (productiemiddelen) worden omgezet in andere goederen (eindproducten). Door tussen de verschillende fasen in het omzettingsproces voorraden aan te houden, kan men stagnatie in het proces voorkomen.

Figuur 1.5 **Goederenstromen van een onderneming**

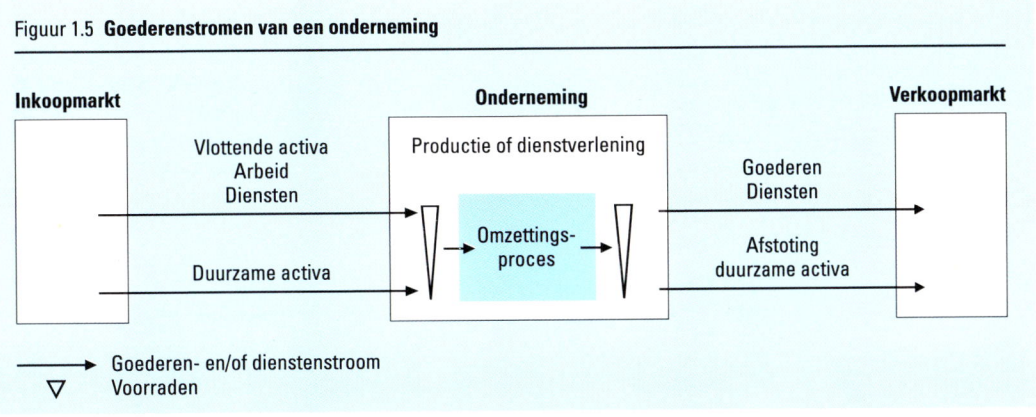

Primair proces
Geldstromen

Het omzettingsproces kan gezien worden als een aaneenschakeling van ingaande en uitgaande goederenstromen. Het omzettingsproces is de kern van de activiteiten van de organisatie en wordt ook wel het primaire proces genoemd. Geldstromen die rechtstreeks voortvloeien uit

Primaire geldstromen

het primaire proces, noemen we primaire geldstromen. Zo behoren de betaling van grondstoffen en het uitbetalen van loon tot de primaire geldstromen. Betaalde belastingen (uitgaande geldstroom) en van de overheid ontvangen subsidies (ingaande geldstroom) houden ook verband met het omzettingsproces. Daarom rekenen wij ze tot de primaire geldstromen. De *goederenstromen en de primaire geldstromen* zijn in figuur 1.6 weergegeven.

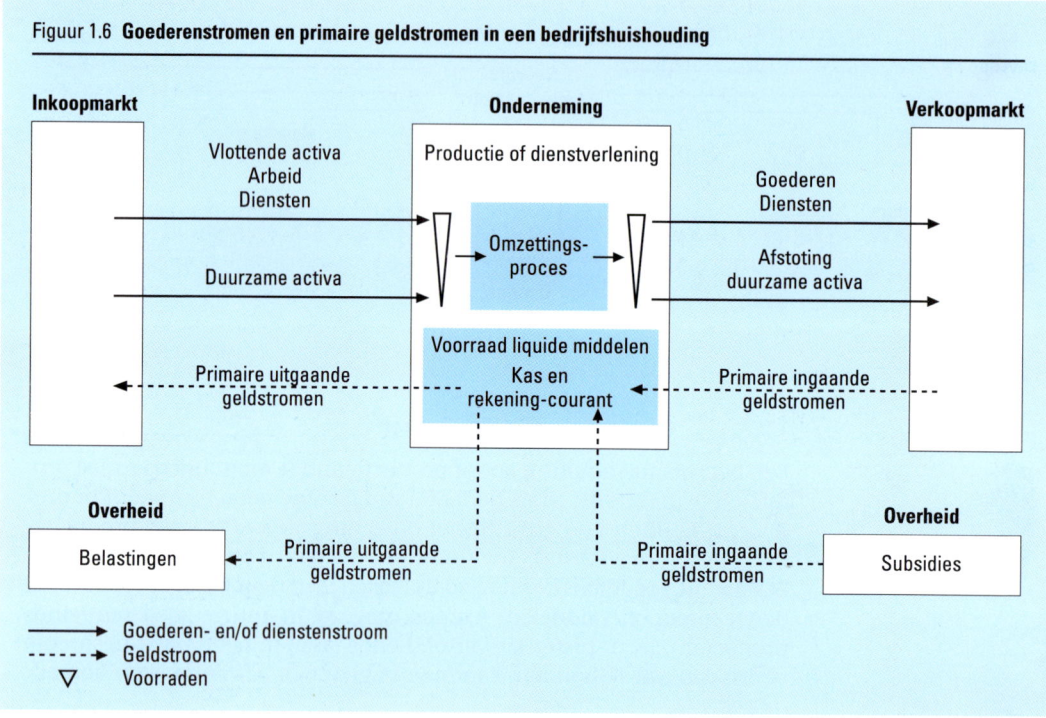

Figuur 1.6 Goederenstromen en primaire geldstromen in een bedrijfshuishouding

Liquide middelen

Tot de voorraad liquide middelen rekenen we het kassaldo en de (positieve of negatieve) saldi van de bankrekening (rekening-courant). Door ook een eventueel negatief saldo op de rekening-courant mee te tellen bij de bepaling van de voorraad liquide middelen kan het voorkomen dat de voorraad liquide middelen (het totaal) negatief is. Als motivering voor het meetellen van een eventueel negatief saldo op de rekening-courant geven we het volgende cijfervoorbeeld.

Tabel 1.1 **Voorraad liquide middelen**

	Situatie 1	Situatie 2	Situatie 3
Voorraad kasgeld	€ 100.000 +	€ 220.000 +	€ 150.000 +
Positief saldo rekening-courant	€ 40.000 +		
Negatief saldo rekening-courant		€ 80.000 −	€ 10.000 −
Voorraad liquide middelen	€ 140.000 +	€ 140.000 +	€ 140.000 +

Vermogensmarkt

Dividend

Interest

Secundaire geldstromen

In bedrijfseconomische zin is er geen verschil in de hoeveelheid liquide middelen tussen de in tabel 1.1 geschetste drie situaties, alleen de samenstelling is anders.

In bepaalde perioden kunnen de uitgaande primaire geldstromen groter zijn dan de beginvoorraad liquide middelen aangevuld met ingaande primaire geldstromen. In dat geval zal men van buiten de bedrijfshuishouding financiële middelen moeten aantrekken. De bedrijfshuishouding doet dan een beroep op de vermogensmarkt. Op de vermogensmarkt wordt eigen en/of vreemd vermogen aangeboden. Het eigen vermogen wordt door de verschaffers ervan permanent aan de bedrijfshuishouding beschikbaar gesteld. Als beloning ontvangen zij dividend. Het vreemd vermogen wordt tijdelijk beschikbaar gesteld en moet door de bedrijfshuishouding worden afgelost. In juridische zin behoren de negatieve saldi op de bankrekening tot het vreemd vermogen. De beloning voor het verschaffen van vreemd vermogen noemen we *interest*. De ontvangst van eigen en/of vreemd vermogen en de betalingen van aflossing, interest en dividend rekenen we tot de secundaire geldstromen. Secundaire geldstromen zijn geldstromen die naar de vermogensmarkt gaan of ervan afkomstig zijn. De geldstromen die niet met de vermogensmarkt samenhangen, zijn primaire geldstromen. In figuur 1.7 hebben we dit in beeld gebracht.

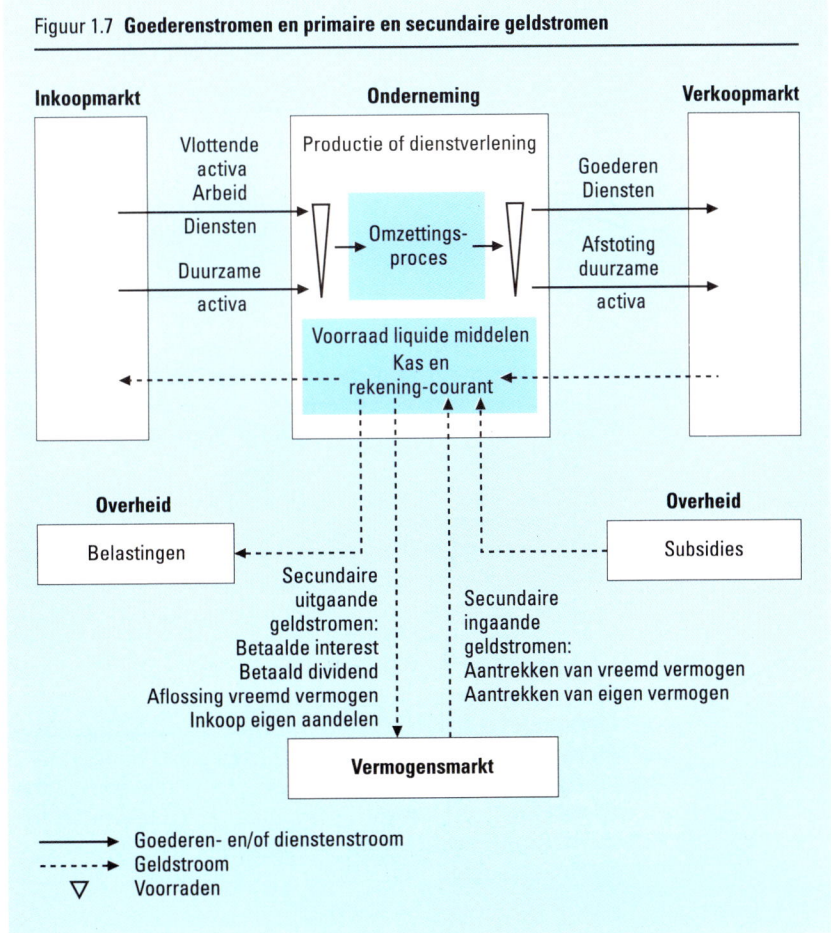

Figuur 1.7 **Goederenstromen en primaire en secundaire geldstromen**

Primair proces

De goederen- en geldstromen die binnen een bedrijfshuishouding plaatsvinden, sluiten niet altijd precies op elkaar aan. Tussen de diverse schakels in het productieproces kunnen voorraden ontstaan, bijvoorbeeld een voorraad grondstoffen, halffabricaten of liquide middelen.

Het omzettingsproces (dat ook wel het *primaire proces* wordt genoemd) kan zich in allerlei vormen voordoen. Zo worden in de landbouw met behulp van menskracht, machines en de natuur landbouwproducten voortgebracht, terwijl in de industrie grondstoffen met behulp van menskracht, machines en energie worden omgezet in eindproducten. De dienstverlening heeft als bijzondere eigenschap dat arbeid een relatief belangrijke productiefactor vormt, terwijl voor handelsondernemingen geldt dat de ingekochte goederen veelal zonder of na geringe bewerking worden doorverkocht.

Hoewel de primaire processen in bijvoorbeeld de landbouw, industrie, dienstverlening en handel onderling sterk verschillen, kunnen ze *in grote lijnen* in de vorm van een goederen- en geldkringloop zoals in figuur 1.7 worden weergegeven. Bij het beoordelen van de rol van de vermogensmarkt moeten we bedenken dat de secundaire geldstromen worden afgestemd op de geldstromen die het gevolg zijn van het primaire proces (de primaire geldstromen zijn leidend).

Buitenland (im- en export)

In figuur 1.7 kunnen we ook de goederen- en geldstromen opnemen die te maken hebben met het buitenland. Met name in een situatie waarin er transacties worden verricht met landen waar een andere valuta geldt, doen zich nieuwe vraagstukken voor. In dat geval heeft de organisatie ook te maken met veranderingen in de wisselkoersen tussen de verschillende valuta's. Zo heeft een onderneming die in Nederland is gevestigd en grondstoffen inkoopt die met Amerikaanse dollars moeten worden betaald, te maken met de wisselkoers tussen de euro en de Amerikaanse dollar. Als de dollar relatief duur is en bijvoorbeeld de ingekochte grondstoffen moeten in dollars worden betaald, dan zal dit tot hogere uitgaven (in euro's gemeten) in verband met de ingekochte goederen leiden. En een onderneming die een (groot) gedeelte van haar afzet in de Verenigde Staten van Amerika realiseert, zal haar omzet (in euro's gemeten) zien dalen als de dollar zwakker wordt. De gevolgen van veranderingen in de wisselkoers (de omwisselingsverhouding tussen twee valuta's) voor de resultaten van een onderneming noemen we valutarisico.

Valutarisico

Financiële crisis

Financiële crisis

In de jaren 2007 en 2008 zijn veel banken (in eerste instantie in de Verenigde Staten van Amerika en later ook in Europa) in de problemen gekomen doordat huizenbezitters, die hun woningen met een hypothecaire lening hadden gefinancierd, hun aflossings- en renteverplichtingen niet konden nakomen. Hierdoor hebben banken vele miljarden op hun vorderingen op hun klanten, waaraan ze deze hypothecaire leningen hadden verstrekt, moeten afschrijven. Een van de gevolgen was dat banken geen vertrouwen meer hadden in de financiële draagkracht van collega-banken en niet bereid waren aan elkaar kredieten te verstrekken. Daardoor kwamen de geldstromen tussen de banken onderling nagenoeg stil te liggen en functioneerde de vermogensmarkt niet naar behoren. Dit had weer gevolgen voor de kredietverlening aan ondernemingen (er was minder vermogen beschikbaar voor kredietverlening aan bedrijven en bovendien werden hogere rentetarieven gehanteerd), waardoor de financiering van het primaire proces in het gedrang kwam. De overheid heeft voor miljarden steun verleend aan banken en verzekeraars om de vrees voor faillissement van belangrijke financiële instellingen weg te nemen.

De zogenoemde kredietcrisis staat ook bekend onder de namen financiële crisis, hypotheekcrisis en credit crunch. Achtergronden bij deze financiële crisis zijn te vinden op Google door te zoeken op de hiervoor genoemde trefwoorden.

Pas vanaf 2015 begint de economie zich te herstellen van de financiële crisis die in 2007 begon. De werkloosheid is weer aan het dalen en komt wereldwijd uit op het niveau van 2007. Uit het volgende artikel blijkt dat de OESO-landen nog steeds een hogere werkloosheid hebben dan voor het uitbreken van de financiële crisis. Met name in Griekenland, Spanje en Portugal is de werkloosheid hoog.

Eurozone blijft ver achter bij herstel werkgelegenheid

Van onze verslaggeefster
Nanda Troost

Amsterdam • De werkloosheid is wereldwijd gedaald tot het niveau van 2007, het jaar voordat de economische crisis uitbrak. Maar dit goede nieuws heeft twee schaduwkanten: de westerse wereld blijft achter. Vooral in de eurozone blijft de werkloosheid alarmerend hoog. En de banengroei krabbelt wereldwijd wel op, maar blijft nog onder het niveau van voor de crisis.

Het is dus te vroeg om te juichen, stelt het Internationaal Monetair Fonds (IMF) in een publicatie die donderdag is verschenen. Daaruit blijkt dat de werkloosheid vorig jaar is gedaald tot gemiddeld 5,6 procent. De landen van de OESO – de meeste Europese landen en de VS, Canada, Australië, Nieuw-Zeeland, Japan, Zuid-Korea, Israël, Chili en Mexico – blijven gemiddeld steken op 7,4 procent, bijna 2 procent boven het niveau van voor de crisis. De eurozone doet het met 11,5 procent nog slechter. In Griekenland en Spanje (25 procent) en Portugal (14 procent) zit een 'alarmerend hoog' aantal mensen zonder werk, stelt het IMF. Duitsland en de VS doen het wel goed, maar ook Indonesië, waar de werkloosheid is gehalveerd.

Europa is achtergebleven omdat het op een obsessieve manier heeft geprobeerd zich in een dwangbuis van de begrotingsdiscipline te persen, zegt de Groningse hoogleraar internationale economie Steven Brakman. Daardoor blijven de bestedingen achter. 'Brussel hanteert volstrekt willekeurige normen, met een begrotingstekort van maximaal 3 procent en een staatsschuld van maximaal 60 procent. Er is geen economische theorie die deze getallen kan onderbouwen.'

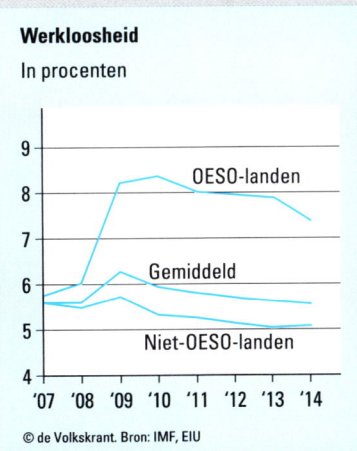

Alles wijst erop dat Europa dat nu ook inziet, denkt Brakman. 'Er is nu een investeringsfonds van 21 miljard euro dat met externe geldschieters moet uitgroeien tot ruim 300 miljard. Daarnaast mogen landen er langer over doen om hun begrotingsnorm te halen.

> Daarmee geeft de Europese Commissie impliciet toe dat de huidige regels niet werken.' Nederland zou er volgens Brakman goed aan doen een aantal geplande investeringen sneller uit te voeren, zoals geplande dijkverzwaringen of verbeteringen in de infrastructuur zoals het versneld aanpakken van het fileprobleem. 'Extra lenen is vervelend, maar met de lage rente is dat nu zo goedkoop dat het geen kwaad kan. Op korte termijn nemen uitgaven dan wat toe, maar op de langere termijn wordt dat gecompenseerd omdat ze toch al in de planning stonden.' ∎
>
> Bron: *de Volkskrant,* 16 januari 2015

Toelichting
Als consumenten en de overheid gaan bezuinigen en hun bestedingen verlagen, daalt de productie van bedrijven en stijgt de werkloosheid. Als het economisch vertrouwen toeneemt, gaan overheden en consumenten weer meer besteden waardoor de werkloosheid daalt.

Tussenvraag 1.3
Behoren de geldstromen in verband met de belastingen en/of subsidies tot de primaire geldstromen of de secundaire geldstromen of is sprake van een mengvorm?

1.2.4 Financieel-economisch zelfstandig

Het maken en leveren van producten en diensten door een bedrijfshuishouding leidt voortdurend tot in- en uitgaande geldstromen.

Economisch zelfstandig
Een bedrijfshuishouding is economisch zelfstandig als de beginvoorraad liquide middelen, aangevuld met de ingaande geldstromen, (op lange termijn) groter is dan of gelijk is aan de uitgaande geldstromen. De ingaande geldstromen zijn het gevolg van de verkoop van eindproducten, van de levering van diensten of van de verkoop van een deel van de activa. Tot de uitgaande geldstromen behoren de betaling aan de leveranciers van grondstoffen, de betaling van loon aan de werknemers, de betaling van aflossing en interest aan de verschaffers van het vreemd vermogen en de winstuitkering aan de eigenaren van de bedrijfshuishouding.

De bedrijfshuishoudingen worden onderverdeeld in ondernemingen en overheidsbedrijven.

Onderneming
Kenmerken van een onderneming zijn de volgende:
- De gelduitgaven en de geldontvangsten in verband met het omzettingsproces zijn onzeker.
- Er wordt gestreefd naar een zo hoog mogelijke rentabiliteit over het geïnvesteerde vermogen.

Overheidsbedrijven voldoen in principe niet aan deze twee kenmerken.

Het transformeren van productiemiddelen in producten is niet alleen voorbehouden aan bedrijfshuishoudingen in de *particuliere sector*. Het transformatieproces kan ook door de overheid worden uitgevoerd.

Overheidsbedrijf
Er is sprake van een overheidsbedrijf als het transformatieproces door de overheid op financieel-economisch zelfstandige wijze plaatsvindt (bijvoorbeeld bij een gemeentelijk vervoerbedrijf). De betaling (door de

Overheidsdienst

afnemers) aan een overheidsbedrijf is afhankelijk van de mate waarin van de prestaties van het overheidsbedrijf gebruik wordt gemaakt.
De lasten van overheidsdiensten, zoals de politie en de brandweer, worden geheel of grotendeels gedragen door de overheid: deze diensten zijn dan ook financieel-economisch onzelfstandig. De kosten van een overheidsdienst worden betaald via de algemene middelen (uit de opbrengst van de belastingen). De productieorganisatie wordt in figuur 1.8 schematisch weergegeven.

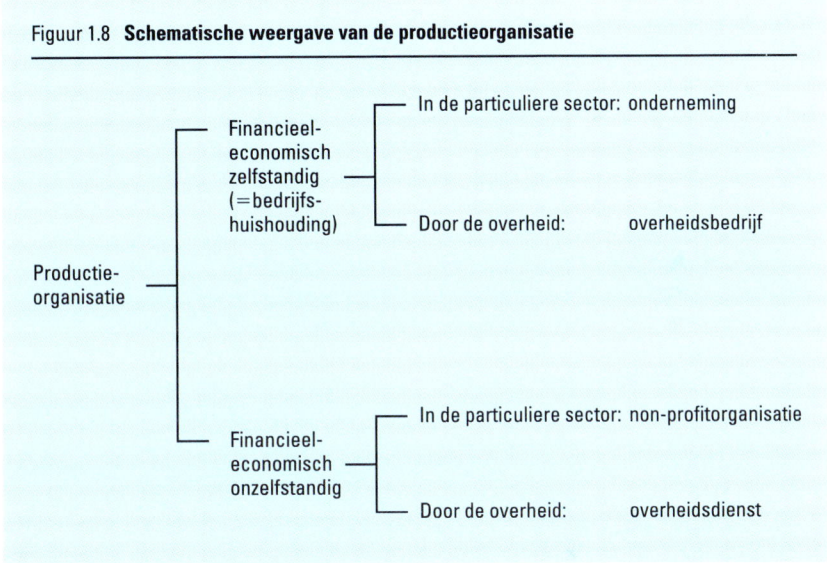

Figuur 1.8 **Schematische weergave van de productieorganisatie**

Voorbeelden van non-profitorganisaties zijn scholen, universiteiten, ziekenhuizen, bibliotheken en liefdadigheidsinstellingen.

Privatisering

De laatste jaren zien we dat de overheid steeds meer taken afstoot en overlaat aan ondernemingen. We spreken dan van privatisering: een overheidsbedrijf wordt een onderneming. Privatisering houdt in dat de aanbieders van het product of de dienst zelf de prijzen, waarvoor ze hun dienst aan de afnemer aanbieden, mogen vaststellen. Een voorbeeld daarvan is de privatisering van de energiebedrijven, zoals Nuon, Essent en Eneco. Deze voormalige overheidsbedrijven concurreren nu met elkaar op de energiemarkt. Ook op deze markt heeft marktwerking haar intrede gedaan. Met marktwerking bedoelen we dat de afnemer zelf kan beslissen van welke producent hij of zij de producten afneemt. Daarbij zal de afnemer een afweging maken tussen de kwaliteit en de prijs van het geleverde product. De rol van marktwerking neemt ook toe in andere sectoren, zoals het onderwijs en de medische verzorging (ziekenhuizen).

Marktwerking

Onderwijsinstellingen kunnen bijvoorbeeld hun inkomsten vergroten door zogenoemde derdegeldstroomactiviteiten. Naast de bijdragen van de overheid (eerste geldstroom) en de inkomsten uit de collegegelden die zij van studenten ontvangen (tweede geldstroom), kunnen onderwijsinstellingen inkomsten genereren door het aanbieden van cursussen voor bijvoorbeeld bedrijven (derde geldstroom).
De hiervoor genoemde ontwikkelingen hebben er mede toe geleid

dat commerciële en bedrijfseconomische principes en redeneringen op een groter aantal organisaties van toepassing zijn. Niet alleen bij industriële bedrijven maar ook bij dienstverlenende organisaties uit de profit- en non-profitsector zal het besturen van de goederen- en/of dienstenstroom en de daarmee samenhangende geldstromen een belangrijke plaats innemen.

Uit het volgende artikel blijkt dat bedrijfseconomische inzichten ook bij instellingen in de gezondheidszorg worden toegepast.

Ziekenhuizen, onderwijsinstellingen en zelfs studenten doen steeds vaker een beroep op de vermogensmarkt voor zaken die vroeger door de overheid gefinancierd werden. Om grip te houden op de financiële situatie zal het besturen van de goederen-, diensten- en geldstromen de nodige aandacht moeten krijgen.

Ook ziekenhuizen worden op basis van bedrijfseconomische maatstaven beoordeeld. Met name banken willen inzicht in de continuïteit op lange termijn voordat ze leningen verstrekken aan zorginstellingen. Dat blijkt ook uit het volgende artikel waarin belangrijke bedrijfseconomische begrippen zoals vermogenspositie, winstmarge, exploitatieresultaat en solvabiliteit aan de orde komen.

Nederlandse ziekenhuizen zijn financieel gezonder

Tjabel Daling

Amsterdam • Nederlandse algemene ziekenhuizen zien hun resultaten verbeteren en versterken hun vermogenspositie verder. En het aantal ziekenhuizen in Nederland dat rode cijfers schrijft, neemt af, zo blijkt uit het woensdag gepubliceerde brancherapport van de Nederlandse Vereniging van Ziekenhuizen (NVZ).

In het rapport wordt onder meer geconstateerd dat zes van de 81 algemene ziekenhuizen in 2013 in de rode cijfers terecht zijn gekomen. Het gaat daarbij om drie kleinere en drie middelgrote ziekenhuizen. Dit betekent dat ongeveer een op de veertien ziekenhuizen verlies lijdt, tegen een op de tien in 2012, constateert de NVZ. Dat de ziekenhuizen gemiddeld beter presteren dan in voorgaande jaren blijkt ook uit hogere winstmarges.

Voor een gezonde winstbedrijfsvoering van een ziekenhuis is een winstmarge van ten minste 2,5% nodig. De ziekenhuizen behaalden in 2013 gemiddeld een exploitatieresultaat van 2,6% van de omzet. De afgelopen jaren lag de winstmarge gemiddeld op een niveau van tussen 1,8% en 1,9%.

In 2013 behaalden 46 van de 81 ziekenhuizen een resultaat van meer dan 2,5%; een forse stijging in vergelijking met 2008, toen nog maar 16 ziekenhuizen deze norm haalden. De verbetering van het resultaat is het sterkst bij de 27 grote ziekenhuizen. Geen van hen heeft in 2013 rode cijfers geschreven.

De verbeterde resultaten in 2013 houden mogelijk verband met de steeds hogere eisen die banken zijn gaan stellen aan kredietverlening. De NVZ constateert dat een winstmarge van 2,6% ook 'minimaal' nodig is om aan de steeds strengere eisen van banken te kunnen voldoen. De brancheorganisatie van de ziekenhuizen wijst er ook op dat 2013 het laatste jaar was waarin ziekenhuizen nog een compensatie ontvingen voor de overstap van budget- naar prestatiebekostiging. Met ingang van 2014 moeten ziekenhuizen het zonder deze compensatie doen. 'Ze moeten dus alle zeilen bijzetten om hun financiële prestaties op niveau te houden', aldus de NVZ.

Evenals in de jaren daarvoor versterkten de ziekenhuizen ook in 2013 hun vermogenspositie.

De gemiddelde solvabiliteit van ziekenhuizen bedroeg in 2013 18,4% tegen 15,1% in 2011.

Nog maar een op de 14 ziekenhuizen schrijft rode cijfers; dat was een op de tien instellingen ■

Bron: *Het Financieele Dagblad*, 5 februari 2015

Toelichting *(Eric Rikkert, algemeen directeur van SJG Weert)*
Banken willen het risico bij de financiering van ziekenhuizen beperken. Zij letten daarbij sterk op kengetallen zoals solvabiliteit (debt ratio) en rentabiliteit. Omdat ziekenhuizen ieder jaar weer met de ziektekostenverzekeraars nieuwe afspraken moeten maken over de zorg die zij mogen leveren, is er altijd onzekerheid over de toekomstige opbrengsten van een ziekenhuis. Jaarlijks moet er weer met de bank worden onderhandeld over het totale pakket aan financieringen. Banken eisen daarbij een minimum solvabiliteit van 20% tot 25%.

1.3 Bedrijfstak en bedrijfskolom

Een bedrijfshuishouding verzorgt een deel van het totale transformatieproces. Zo is de productie van koffie verdeeld over koffieplanters, exporteurs van koffie, importeurs van koffie, koffiebranders en winkeliers.

Bedrijfstak

Bedrijfskolom

Bedrijfshuishoudingen die eenzelfde of een overeenkomstig productieproces uitvoeren, vormen samen een bedrijfstak. Bij de productie van koffie zijn onder andere de bedrijfstak van koffiebranders en de bedrijfstak van koffie-importeurs betrokken. Per product kunnen er enkele elkaar opvolgende bedrijfstakken zijn, die samen een bedrijfskolom vormen (zie figuur 1.9). Een bedrijfstak is dus een schakel in de bedrijfskolom. De bedrijfskolom geeft als het ware de weg aan die het product aflegt van oerproducent tot consument. Iedere bedrijfstak brengt het product een stukje dichter bij de consument en voegt dus waarde toe aan het product.

De consument behoort niet tot de bedrijfskolom omdat hij zich niet met de productie bezighoudt.

Markt

Concrete markt

Abstracte markt

Het begrip *markt* komt in twee betekenissen voor: de concrete markt en de abstracte markt. Een concrete markt is de plaats waar de aanbieders van en de vragers naar een bepaald goed elkaar ontmoeten en transacties afsluiten. Voorbeelden hiervan zijn de wekelijkse groente- en fruitmarkten en de veemarkten. Een abstracte markt is het geheel van de vraag naar en het aanbod van een bepaald goed, waaruit een prijs van het goed tot stand komt. De huizenmarkt, de arbeidsmarkt en de aandelenmarkt zijn hier voorbeelden van.

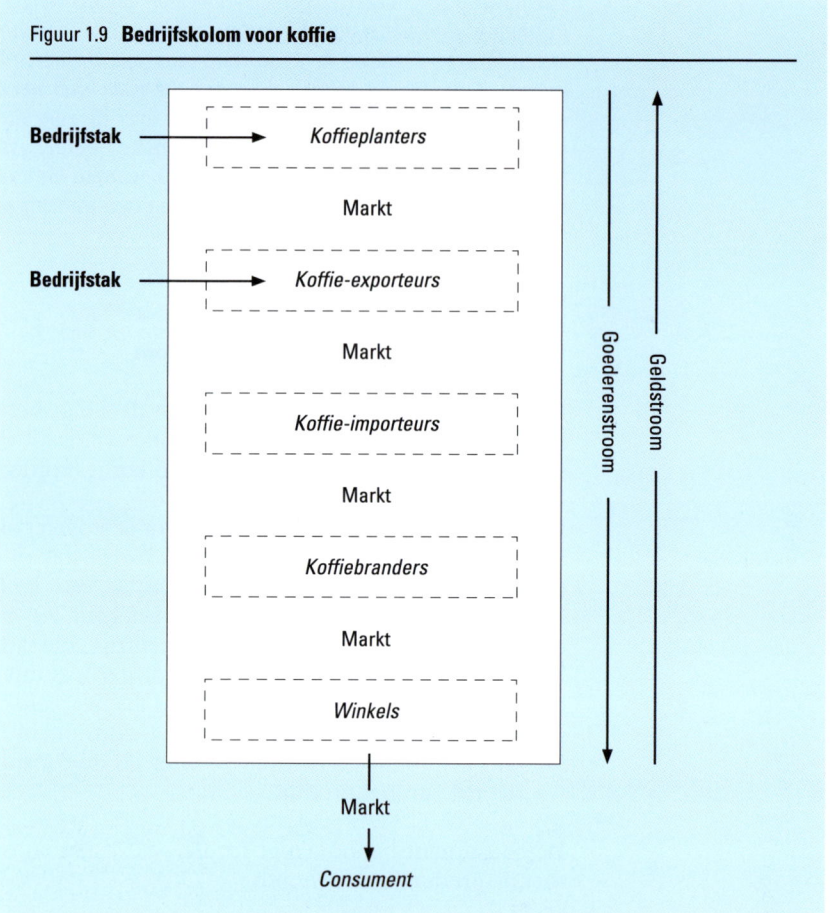

Figuur 1.9 **Bedrijfskolom voor koffie**

Tussen iedere bedrijfstak bevindt zich een *markt* (in abstracte zin) waarop een prijs voor het product tot stand komt. Zo zullen op de wereldmarkt voor koffie de exporteurs van koffie hun waar aanbieden en de koffiebranders als vragers op deze markt optreden. De totale vraag naar en het totale aanbod van koffie bepalen de prijs die op deze markt tot stand komt. Ook aan het einde van de bedrijfskolom is er sprake van een markt. Dit is de markt waarop de winkelier zijn product verkoopt aan de consument.

Werkgelegenheid

Het UWV (zie www.uwv.nl) houdt de werkgelegenheid per sector bij. In tabel 1.2 geven we daarvan een overzicht.

Tabel 1.2 **Overzicht werkgelegenheid per sector**

Sector	Banen van werknemers (× 1.000)				Groei
	2008		2013		
	Aantal	Aandeel in %	Aantal	Aandeel in %	
Bouwnijverheid	402	5,0	326	4,2	– 19%
Uitzendbureaus en arbeidsbemiddeling	564	7,1	486	6,3	– 14%
Verhuur en handel van onroerend goed	73	0,9	63	0,8	– 13%
Financiële dienstverlening	281	3,5	248	3,2	– 12%
Specialistische zakelijke diensten	521	6,5	476	6,2	– 9%
Industrie	930	11,7	855	11,1	– 8%
Landbouw, bosbouw en visserij	112	1,4	105	1,4	– 6%
Informatie en communicatie	253	3,2	238	3,1	– 6%
Cultuur, sport en recreatie	126	1,6	121	1,6	– 4%
Verhuur en overige zakelijke diensten	124	1,6	120	1,6	– 4%
Vervoer en opslag	400	5,0	386	5,0	– 3%
Overige diensten (incl. huishoudens)	145	1,8	141	1,8	– 3%
Onderwijs	503	6,3	489	6,3	– 3%
Openbaar bestuur	515	6,5	507	6,6	– 2%
Schoonmaakbedrijven, hoveniers	186	2,3	184	2,4	– 1%
Detailhandel (incl. auto's)	830	10,4	826	10,7	– 1%
Groothandel	484	6,1	482	6,3	0%
Horeca	296	3,7	312	4,0	+ 5%
Zorg en welzijn	1.226	15,4	1.346	17,5	+10%
Totaal	**7.971**	**100**	**7.711**	**100**	**– 3,3%**

Bron: UWV, arbeidsmarktprognose 2014-2015

Toelichting
In 2013 waren er 7,7 miljoen banen voor werknemers. Dit is ruim een kwart miljoen minder dan in 2008, een daling van 3,3%. Deze daling deed zich vooral voor in de sectoren bouwnijverheid, uitzendbureaus, onroerend goed en financiële dienstverlening. Deze teruggang heeft alles te maken met de financiële crisis die in 2007 begon. Alleen in de sectoren Horeca en Zorg & Welzijn is de werkgelegenheid in 2013 hoger dan in 2008.
Bovendien blijkt uit de tabel dat in 2013 de sector Zorg & Welzijn goed is voor 17,5% van de totale werkgelegenheid.

1.4 Doelstellingen van organisaties

Het feit dat participanten in een organisatie samenwerken, betekent nog niet dat zij allemaal dezelfde belangen nastreven. Onderlinge afstemming van de werkzaamheden is noodzakelijk. Voor een goede coördinatie is het nodig dat de organisatie een duidelijke doelstelling formuleert. De werkzaamheden van de participanten kunnen dan op deze doelstelling worden afgestemd. Participanten in een organisatie hebben er belang bij dat de organisatie ook op lange termijn blijft bestaan, onder andere omdat hun beloningen van het voortbestaan ervan afhankelijk zijn.

De doelstelling zal van organisatie tot organisatie verschillen. Een gemeentelijke instelling die jaarlijks over een bepaald budget de beschikking heeft, zal als doelstelling hebben: met de beschikbare financiële middelen proberen de taken voor de burgers zo goed mogelijk te vervullen. Bij een ziekenhuis zal het aanbieden van optimale medische zorg in de regio vooropstaan. De beschikbare middelen zullen zodanig verdeeld worden dat met de belangen van de patiënten, de artsen en het verplegend personeel zo veel mogelijk rekening wordt gehouden.

Dat daarbij soms harde maatregelen nodig zijn, blijkt uit het volgende artikel:

Noordelijke ziekenhuizen schrappen niet 300 maar 135 banen

Amsterdam • Bij drie noordelijke ziekenhuizen hoeven veel minder banen te worden geschrapt dan in december is gemeld. Bij de ziekenhuizen Bethesda in Hoogeveen, het Scheper Ziekenhuis in Emmen en Refaja in Stadskanaal verdwijnen in totaal 135 arbeidsplaatsen. Eerder was nog uitgegaan van een banenverlies van 300.

De drie ziekenhuizen zijn onderdeel van Treant Zorggroep. De begroting van de ziekenhuislocaties van de noordelijke zorggroep had in december nog een gat van €16 mln. Dinsdag meldde de zorggroep dat de afgelopen maanden hard gewerkt is om de begroting sluitend te krijgen. En dat is gelukt: er is een bezuinigingsplan opgesteld en er waren eenmalige meevallers aan de inkomstenkant.

Het schrappen van banen kan nu grotendeels plaatsvinden via natuurlijk verloop en een selectieve vacaturestop. Daarbij gaat het vooral om functies in de ziekenhuiszorg en bij ondersteunende diensten.

Omdat de drie ziekenhuizen in de nabije toekomst waarschijnlijk minder patiënten krijgen moeten ze wel voor €14,5 mln aan structurele bezuinigingen doorvoeren, waarvan €10,7 mln in 2015. De besparingen zijn gevonden in inkoopvoordelen, in een efficiëntere organisatie en in een zuiniger gebruik van diagnostiek en geneesmiddelen. Ook wordt minder gebruikgemaakt van tijdelijk personeel en worden minder adviseurs van buiten de organisatie ingehuurd. ∎

Bron: *Het Financieele Dagblad*, 11 maart 2015

Toelichting
Om de begroting sluitend te krijgen was aanvankelijk een vermindering van het aantal banen vereist van 300. Door een bezuinigingsplan uit te voeren en door eenmalige meevallers kan het verlies aan arbeidsplaatsen worden beperkt tot 135 banen. Dit artikel toont aan dat ook bij de besturing van een ziekenhuis bedrijfseconomische aspecten een belangrijke rol spelen.

Financieel economisch zelfstandig

Een onderneming, waartoe naast industriële bedrijven ook dienstverlenende organisaties behoren, streeft ernaar financieel-economisch zelfstandig te zijn. Financieel-economisch zelfstandig houdt in dat op de lange termijn de geldontvangsten van een onderneming (als gevolg van de verkoop van producten en/of het leveren van diensten) de gelduitgaven overtreffen. De verschaffers van het eigen en vreemd vermogen zullen over het door hen beschikbare vermogen een bepaalde vergoeding vereisen in de vorm van dividend of interest. Als de onderneming in staat is meer inkomsten te genereren dan nodig is voor de vergoedingen die de verschaffers van het eigen en vreemd vermogen eisen, neemt de waarde van de onderneming toe. Als de onderneming niet in staat is de door de verschaffers van het vermogen vereiste vergoedingen op te brengen, komt de continuïteit van de onderneming in gevaar.

Doelstellingen

Missie

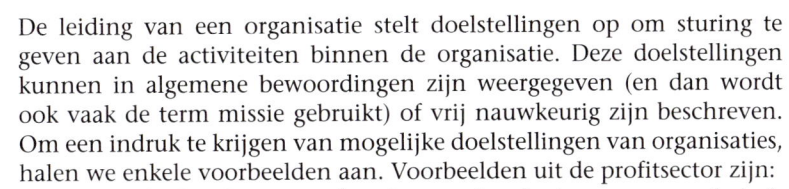

De leiding van een organisatie stelt doelstellingen op om sturing te geven aan de activiteiten binnen de organisatie. Deze doelstellingen kunnen in algemene bewoordingen zijn weergegeven (en dan wordt ook vaak de term missie gebruikt) of vrij nauwkeurig zijn beschreven. Om een indruk te krijgen van mogelijke doelstellingen van organisaties, halen we enkele voorbeelden aan. Voorbeelden uit de profitsector zijn:
- CMS Derks Star Busmann (een internationale, toonaangevende juridische dienstverlener met alleen al in Nederland 250 advocaten, notarissen en belastingadviseurs) stelt zich ten doel een leidende internationale positie in te nemen als organisatie die juridische en fiscale oplossingen aanbiedt. Zie www.cms-dsb.com
- Heijmans, een onderneming die zich richt op weg-, water- en woningbouw. Heijmans heeft als missie een voortrekkersrol te vervullen in het slimmer en efficiënter maken van de bouw door meerwaarde te bieden op het gebied van energie, materialen en ruimtelijke kwaliteit in de samenwerkingen die we aangaan, de processen die we doorlopen en de producten die we realiseren. Zie www.heijmans.nl.

Voorbeelden uit de non-profitsector zijn:
- Het Rode Kruis heeft als doel: 'het verlenen van hulp aan mensen in nood ongeacht nationaliteit, ras, geloof, afkomst of politieke mening'.
- Greenpeace: het doel van Stichting Greenpeace Nederland is vastgelegd in haar statuten (1995) en vertaalt zich onder andere in de volgende campagnedoelen:
  - duurzaam beheer van oceanen, zeeën en rivieren en duurzame visserij;
  - duurzaam beheer van bossen wereldwijd, meer recycling van hout en papier;
  - stop klimaatverandering door efficiënt gebruik van schone energie uit wind, zon en biomassa.

- Basisziekenhuis SJG Weert wil een gidsziekenhuis zijn waarbij de patiënt op de eerste plaats staat en uitstekende basiszorg krijgt én hoogcomplexe zorg, in samenwerking met andere zorgaanbieders.

Ook voor een non-profitorganisatie kunnen we de activiteiten weergeven in een goederen- en geldstromenschema. Dat lichten we in figuur 1.10 toe aan de hand van het Rode Kruis.

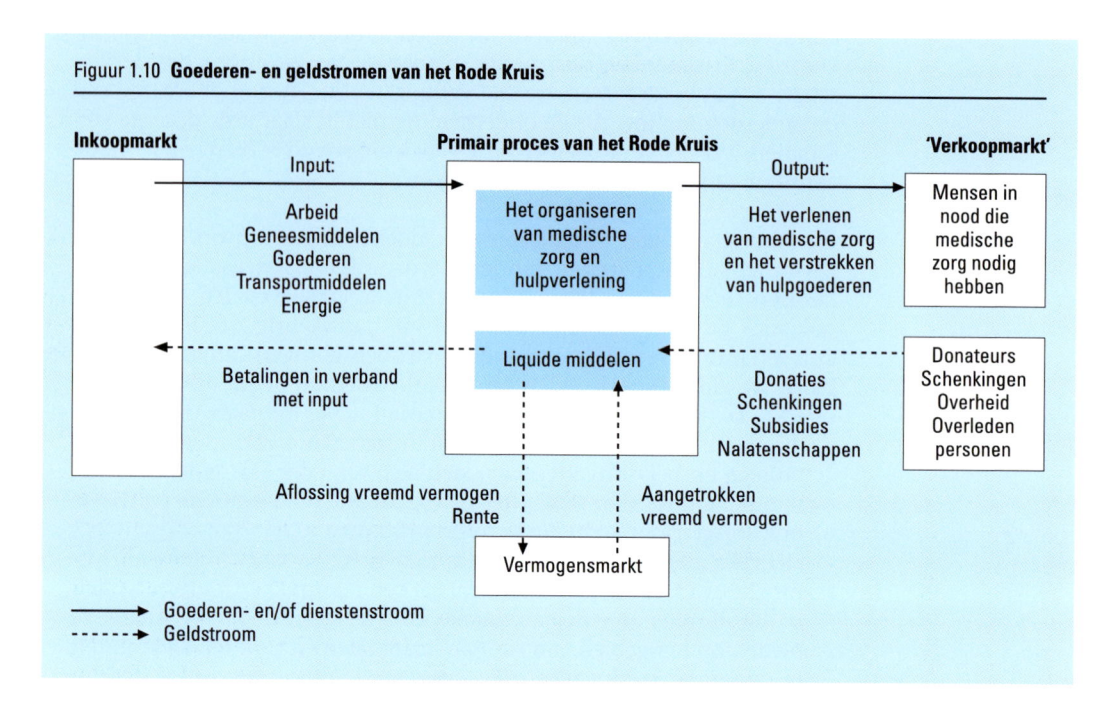

Figuur 1.10 **Goederen- en geldstromen van het Rode Kruis**

Inkoopmarkt

Input:
Arbeid
Geneesmiddelen
Goederen
Transportmiddelen
Energie

Betalingen in verband met input

Primair proces van het Rode Kruis

Het organiseren van medische zorg en hulpverlening

Liquide middelen

Aflossing vreemd vermogen
Rente

Aangetrokken vreemd vermogen

Vermogensmarkt

Output:
Het verlenen van medische zorg en het verstrekken van hulpgoederen

Donaties
Schenkingen
Subsidies
Nalatenschappen

'Verkoopmarkt'

Mensen in nood die medische zorg nodig hebben

Donateurs
Schenkingen
Overheid
Overleden personen

→ Goederen- en/of dienstenstroom
⇢ Geldstroom

Het feit dat het Rode Kruis een non-profitorganisatie is, komt naar voren aan de verkoopkant van het goederen- en geldstromenschema. Aan de verkoopkant is er geen sprake van marktwerking. Daar treedt een duidelijke scheiding op tussen degenen die hulp ontvangen en de personen of instanties die de financiële middelen verstrekken waarmee deze hulp wordt betaald. Om haar werkzaamheden te kunnen voortzetten, zal het Rode Kruis ervoor moeten zorgen dat ze voldoende donaties en schenkingen ontvangt.

De gelduitgaven in verband met de factor arbeid vallen bij het Rode Kruis erg mee, omdat veel met vrijwilligers wordt gewerkt. Aan de inkoopkant heeft het Rode Kruis wel te maken met marktwerking. Het Rode Kruis zal haar medicamenten, hulpgoederen en betaalde medewerkers moeten aantrekken tegen marktconforme prijzen.

Tussenvraag 1.4
Welke doelstelling zou je kiezen voor een door jezelf op te richten onderneming?

Strategie
De doelstelling van een organisatie wordt in zeer algemene bewoordingen geformuleerd.
Voor de praktische toepasbaarheid moet de doelstelling van een organisatie echter vertaald worden in een strategie. Op basis daarvan kunnen vervolgens operationele doelstellingen worden opgesteld, die als richtsnoer dienen voor het dagelijks handelen binnen organisaties.
De strategie is een nadere uitwerking van de ondernemingsdoelstelling, die nog concreter wordt als ze vertaald wordt in operationele doelen (figuur 1.11).

Strategie

Figuur 1.11 **Van doelstelling naar operationele doelen**

```
┌─────────────────────────────────┐
│ Doelstelling van de organisatie │
└─────────────────────────────────┘
                 │
                 ▼
         ┌───────────────┐
         │   Strategie   │
         └───────────────┘
                 │
                 ▼
      ┌─────────────────────┐
      │ Operationele doelen │
      └─────────────────────┘
```

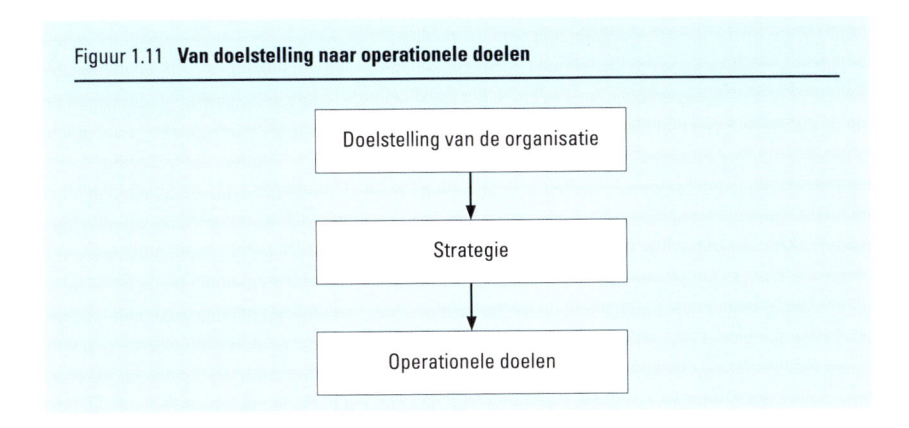

Het management van een onderneming stelt op basis van de ondernemingsdoelstelling zijn strategie op en vertaalt deze weer in concrete, operationele doelen. Op basis van deze operationele doelen kan het management een ondernemingsplan opstellen (zie hoofdstuk 3). In het ondernemingsplan komt onder andere te staan welke producten of diensten de onderneming wil aanbieden en op welke markten zij zich wil concentreren. Welke dilemma's zich daarbij voordoen en welke keuzes er gemaakt moeten worden, lichten we in voorbeeld 1.2 toe aan de hand van basisziekenhuis SJG in Weert.

■ **Voorbeeld 1.2 Welke bedrijfseconomische keuzes moet een ziekenhuis maken?**
Binnen een ziekenhuis zijn specialisten in loondienst (zij staan op de loonlijst van het ziekenhuis) en vrijgevestigde specialisten werkzaam. De vrijgevestigde specialisten zijn 'ondernemers' binnen een ziekenhuis. Het ziekenhuis maakt afspraken met deze 'ondernemers' over de medische zorg die zij leveren aan het ziekenhuis. De vrijgevestigde specialisten hebben zich (per specialisatie) verenigd in een zogenoemd 'Medisch Specialisten Bedrijf' (MSB). Het MSB heeft een eigen bestuur en dat onderhandelt met het ziekenhuis over het honorarium dat de specialisten ontvangen voor de verleende medische handelingen.

Bij het onderhandelen over het honorarium van de vrijgevestigde medische specialisten komt het bestuur van het ziekenhuis voor verschillende keuzes (dilemma's) te staan:
De specialisten (de MSB's) willen hun inkomsten in stand houden, maar het ziekenhuis wil, om financieel gezond te blijven, de kortingen die het opgelegd krijgt door de ziektekostenverzekeraars ook (gedeeltelijk) doorberekenen aan de specialisten. Daar staat tegenover dat het ziekenhuis graag wil werken met tevreden en gemotiveerde specialisten die zich volledig kunnen richten op het verlenen van hoogwaardige medische zorg. Een goede beloning voor de specialisten is daarvoor een randvoorwaarde. Daarnaast wil het ziekenhuis de kosten van haar investeringen deels aan de vrijgevestigde specialisten kunnen doorberekenen. Zij maken daar immers ook gebruik van.
Kortom, een groot spanningsveld: de ziekenhuizen moeten bezuinigen, maar de specialisten en overige zorgmedewerkers moet een redelijke vergoeding in het vooruitzicht worden gesteld.
Bedrijfseconomisch zal er scherp moeten worden onderhandeld, want de kosten van de medische zorg stijgen ook door toenemende kwaliteitseisen.

Als het ziekenhuis te veel tegemoetkomt aan de wensen van de specialisten, gaat dat ten koste van het resultaat van het ziekenhuis en kan de continuïteit van het ziekenhuis in gevaar komen. Anderzijds kan een te lage beloning voor de specialisten leiden tot een uitstroom van specialisten, wat de continuïteit van het ziekenhuis ook in gevaar brengt. Ziehier de jaarlijks terugkerende (bedrijfseconomische) puzzel waarvoor het bestuur van een ziekenhuis zich ziet geplaatst.

Het voorbeeld van Basisziekenhuis SJG Weert toont aan dat het management van een organisatie voor lastige keuzes kan komen te staan.

Dynamisch ondernemen

Ontwikkelingen die in eerste instantie als een bedreiging worden gezien, kunnen later tot nieuwe ideeën en kansen leiden. Ondernemen is een dynamische activiteit, waarbij het management steeds weer moet reageren op veranderingen in de markt.

Uit het volgende artikel blijkt dat strategische keuzes van grote invloed zijn op de resultaten van een onderneming.

Als de financiële resultaten tegenvallen zal dat leiden tot een daling van de beurskoers van de betreffende onderneming. De leiding van de onderneming zal nieuwe (strategische) keuzes moeten maken om de resultaten te verbeteren. Dit is ook het geval bij Philips.

Medisch onderdeel zorgenkind Philips

Van Houten niet somber over toekomst
door **Theo Besteman**

AMSTERDAM • Philips groeit. Maar de medische tak kent nog veel problemen. Topman Frans van Houten greep eerder in, maar hij constateert nu dat de basisprincipes uit de Philips-'bijbel' maar niet snel genoeg inslijten.
Met ernstige gevolgen. Beleggers zetten Philips gisteren 5% lager. De omzet en orderinstroom bij Van Houtens medische divisie groeiden in het eerste kwartaal. Forse investeringen in Philips Healthcare, de sterke dollar naast de afwachtende Amerikaanse zorgmarkt, drukten het herstel van de winstgevendheid.
Deze divisie kent al kwartalen problemen. De Amerikaanse fabriek voor medische scanapparaten in Cleveland werd stilgelegd. Toezichthouder FDA vond talloze onvolkomenheden.

VS cruciaal voor ct-scans Philips
Zonder FDA-stempel kan Philips in de VS niet verkopen. De kostenpost: een €250 miljoen lagere ebita in 2014. 'Dat vrat aan onze winst. Maar we investeren tientallen miljoenen, omdat ook ik vind dat we aan de strengste normen moeten voldoen. Het heeft echter veel langer geduurd dan gedacht om er grip op te krijgen', zegt Van Houten in een toelichting op de kwartaalcijfers in het Amsterdamse hoofdkantoor.

De doelen voor Philips Group – 10 tot 11% aan ebitda, en 3 tot 4% omzetgroei – noemt hij haalbaar. Stevigere dubbelcijferige marges komen binnen handbereik. Ook aankopen zijn mogelijk om te groeien, stelt hij.
Philips loopt nu honderd basispunten achter om alle financiële doelen voor 2016 te halen, stelt de topman. Ondanks de problemen houdt hij vast aan het verzelfstandigen van de lichtactiviteiten, via een beursgang in 2016. Het daarna ontstane 'healthtechbedrijf' moet klaar zijn voor een markt van €200 miljard. 'Maar belangrijk is eerst dat onze kwaliteitssystemen goed functioneren.' ∎

Bron: *De Telegraaf*, 29 april 2015

Toelichting
Problemen in de medische tak van Philips zijn voor Philips aanleiding geweest de bedrijfsprocessen strakker te organiseren. Medische producten moeten aan hoge kwaliteitseisen voldoen, willen ze goedkeuring van de toezichthouders krijgen. Zonder deze goedkeuring zijn medische apparaten niet te verkopen. De beleggers zijn duidelijk teleurgesteld over de vorderingen die Philips maakt. De beurskoers daalde daardoor met 5%.

Nadat de strategie van een organisatie is vastgesteld, moet ze worden vertaald in een aantal concrete operationele doelstellingen.

Operationele doelen

We geven enkele voorbeelden van operationele doelen:
- het streven naar een zo hoog mogelijke rentabiliteit op het eigen vermogen;
- het behalen van een bepaald marktaandeel;
- het realiseren van een bepaalde werkgelegenheid;
- verbetering van de kwaliteit van de medewerkers;
- verbetering van de werkomstandigheden;
- verbetering van de kwaliteit van de producten en/of diensten die men aanbiedt.

Welke subdoelstellingen op de voorgrond staan, zal in belangrijke mate afhangen van de machts- en zeggenschapsverhoudingen binnen de bedrijfshuishouding. De verschaffers van het eigen vermogen zullen met name geïnteresseerd zijn in een hoge rentabiliteit over het eigen vermogen. Deze rentabiliteit is de winst na belasting, uitgedrukt in een percentage van het in de bedrijfshuishouding geïnvesteerde eigen vermogen. Hoewel het begrip winst op verschillende manieren kan worden geformuleerd, verstaan wij eronder de toename van het eigen vermogen gedurende een bepaalde periode (meestal een jaar). Deze toename kan aan de bedrijfshuishouding onttrokken worden zonder dat haar voortbestaan wordt aangetast.

De managers van een bedrijfshuishouding hebben er in het algemeen belang bij dat de omvang van de bedrijfshuishouding toeneemt. Hieruit kunnen de subdoelstellingen, zoals het streven naar een bepaalde omzet of een bepaald marktaandeel, worden verklaard.

De werknemers streven meestal naar een redelijke vergoeding voor hun werkzaamheden, goede werkomstandigheden en behoud van werkgelegenheid.

Tussenvraag 1.5
Welke subdoelstellingen zou je formuleren voor een door jezelf op te richten onderneming?

Bij de realisatie van de doelstellingen zal ook rekening moeten worden gehouden met *randvoorwaarden* die het gevolg zijn van wettelijke voorschriften, overeenkomsten en dergelijke. Zo kunnen milieuvoorschriften beperkingen opleggen aan de wijze van produceren en aan de omvang van een onderneming. Een fabriek die dicht bij een woonwijk staat, zal daar mogelijk mee te maken hebben.

Hoewel de subdoelstellingen al concreter zijn dan de algemene ondernemingsdoelstelling, moeten zij nog verder worden uitgewerkt. Daarbij moeten vragen worden beantwoord zoals:
- Op welke afzetmarkten gaat de onderneming zich richten?
- Welke producten gaat de onderneming produceren? En in welke hoeveelheden?
- Waar wordt de onderneming gevestigd?
- Welke productietechniek wordt gebruikt?
- Hoe wordt de onderneming gefinancierd?
- Hoe wordt de interne organisatie opgezet?
- Hoe ziet de personele bezetting er uit?

Bij het opstellen van een ondernemingsplan, dat we in hoofdstuk 3 behandelen, gaan we nader op deze vragen in.

1.5 Concurrentieverhoudingen

Bij het ontwikkelen van een strategie en het opstellen van de operationele doelstellingen moet een onderneming ook rekening houden met haar concurrentiepositie, zowel op de inkoopmarkt als op de verkoopmarkt. In dat kader behandelen we eerst het vijfkrachtenmodel van Porter en daarna de verschillende marktvormen.

Concurrentie-verhoudingen

1.5.1 Het vijfkrachtenmodel van Porter

Michael Porter heeft een model ontwikkeld waarmee de mate van concurrentie in een branche (bedrijfstak) kan worden beschreven. Dit model staat bekend als het *vijfkrachtenmodel* van Porter. De vijf krachten van Porter hebben betrekking op drie vormen van concurrentie: interne concurrentie, externe concurrentie en potentiële concurrentie.

Vijfkrachtenmodel van Porter
Interne concurrentie
Externe concurrentie
Potentiële concurrentie

In tabel 1.3 geven we de factoren weer die schuilgaan achter de 'vijf krachten van Porter'.

Tabel 1.3 Vijfkrachtenmodel van Porter

Soort concurrentie	De vijf krachten die Porter beschrijft
Interne concurrentie	1 Concurrentie tussen de huidige aanbieders binnen de branche
Externe concurrentie	2 Macht van de leveranciers
	3 Macht van de afnemers
Potentiële concurrentie	4 Mate waarin substituten en complementaire goederen verkrijgbaar zijn
	5 Dreiging van nieuwe toetreders (aanbieders) op de markt

In figuur 1.12 geven we de vijf krachten van Porter weer.

Figuur 1.12 **Vijfkrachtenmodel**

```
                    ┌─────────────────────┐
                    │ Potentiële toetreders│
                    └──────────┬──────────┘
                               │ 5
                               ▼
┌────────────┐   2   ┌─────────────────────┐   3   ┌──────────┐
│ Leveranciers├─────►│ Concurrentie tussen │◄──────┤ Afnemers │
└────────────┘       │ branchegenoten   1  │       └──────────┘
                     └──────────▲──────────┘
                                │ 4
                    ┌───────────┴─────────┐
                    │     Substituten     │
                    └─────────────────────┘
```

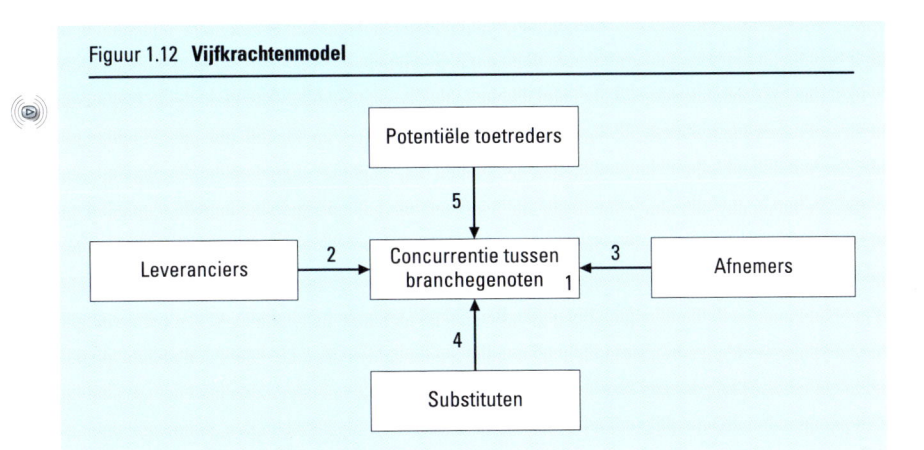

We lichten hierna de factoren achter ieder van de vijf krachten toe.

Ad 1 Concurrentie tussen de huidige aanbieders binnen de branche
- *Aantal, omvang en sterkte van de rivalen.* Als er veel, relatief kleine aanbieders zijn, is de concurrentie heviger dan in een situatie met een klein aantal aanbieders.
- *Groeipotentie van de markt.* In een verzadigde markt is de concurrentie heftiger dan in een groeiende markt.
- *Hoogte van de vaste kosten.* Bij een hoog vastekostenniveau hebben bedrijven er belang bij de bezettingsgraad hoog te houden. Dat kan in tijden van laagconjunctuur tot een heftige concurrentie leiden.

Ad 2 Macht van de leveranciers

Marktmacht
- *Aantal en omvang van de toeleveranciers.* Als de onderneming slechts kan kiezen uit één toeleverancier, dan heeft deze een grote marktmacht, waardoor een groot deel van de marge aan de leverancier zal toevallen ten koste van de afnemer.
- *Vervangende producten.* Als de onderneming kan kiezen uit vervangende producten, dan is de macht van de toeleverancier geringer.
- *Geleverd volume.* Als de onderneming wat omzet betreft een belangrijke afnemer is, dan is de macht van de leverancier geringer.

Ad 3 Macht van de afnemers
- *Aantal en omvang van de afnemers.* Als er tegenover veel aanbieders slechts enkele, grote afnemers staan, dan hebben de afnemers veel arktmacht.
- *Afgenomen volume.* Als de afnemer een van de belangrijkste klanten van de onderneming is (verantwoordelijk voor een groot gedeelte van de afzet), dan is de macht van de afnemer groot.
- *Resultaten van de afnemers.* Als de afnemers goede resultaten behalen in termen van marktaandeel en winst, dan zullen ze gemakkelijker een hogere inkoopprijs betalen, waardoor de interne concurrentie minder wordt. Voor de detailhandel geldt dat bij gunstige economische ontwikkelingen (hogere inkomens) de consument eerder bereid zal zijn een hogere prijs te betalen, waardoor de interne concurrentie minder wordt.

Ad 4 Mate waarin substituten en complementaire goederen verkrijgbaar zijn
- *Technologische ontwikkelingen.* Als er regelmatig nieuwe producten op de markt komen, die de oude producten kunnen vervangen, dan zal

de interne concurrentie toenemen (de markt voor mobiele telefoons is daar een voorbeeld van).
- Naargelang er meer substituten of complementaire goederen beschikbaar zijn, zal de interne concurrentie toenemen.

Ad 5 Dreiging van nieuwe toetreders (aanbieders) op de markt
- *Vereiste schaalgrootte.* De interne concurrentie is gering als toetreders direct een groot marktaandeel moeten verwerven om de kosten te kunnen dekken.
- *Sterkte gevestigde namen/merken.* Concurrenten met een sterke naam (bijvoorbeeld in de autobranche Audi en BMW) zullen minder last hebben van concurrentie dan merken met een minder goede naam, alhoewel merken met een sterke naam elkaar ook flink kunnen beconcurreren (zoals het geval is met Audi en BMW).
- *Kapitaalbehoefte.* Naarmate er meer vermogen nodig is om een bedrijf op te starten, zal de mate van toetreding en daarmee de potentiële concurrentie afnemen.
- *Toegang tot distributiekanalen.* De potentiële concurrentie is geringer, naarmate de toegang tot de distributiekanalen lastiger is (denk bijvoorbeeld aan de distributie van aardgas).
- *Kostenvoordelen van bestaande rivalen.* Als de huidige aanbieders op een markt goedkoper kunnen produceren, zal het voor potentiële concurrenten moeilijker zijn winstgevend op deze markt te opereren.
- *Verwachte reactie van bestaande rivalen.* Als bestaande rivalen in staat en bereid zijn door tijdelijke acties nieuwkomers uit de markt te drukken (bijvoorbeeld door tijdelijke prijsverlagingen), zullen nieuwkomers afgeschrikt worden en wordt de potentiële concurrentie geringer.

Het vijfkrachtenmodel van Porter beschrijft welke factoren een rol (kunnen) spelen bij het bepalen van de mate van concurrentie in een branche. Niet alle genoemde factoren zijn voor iedere branche (even) belangrijk. Het model kan zowel op de inkoopmarkt als op de verkoopmarkt worden toegepast. De factoren die Porter beschrijft zijn dan ook zowel van invloed op de hoogte van de inkoopprijzen van de productiemiddelen als op de verkoopprijzen die voor de eindproducten kunnen worden gerealiseerd.

Voorbeeld baggeraar Boskalis Westminster NV

Bijna alle activiteiten van Boskalis zijn kapitaalintensief, waarbij voor Dredging en, in iets mindere mate, ook voor Offshore Energy (met name Heavy Marine Transport & Installation) geldt dat sprake is van kapitaalintensieve bedrijfstakken met hoge toe- en uittredingsdrempels, vooral voor bedrijven die internationaal opereren.
Door het kapitaalintensieve karakter van deze activiteiten worden marktprijzen in belangrijke mate beïnvloed door de verhouding tussen de vraag naar en het aanbod van beschikbare capaciteit c.q. de actuele bezettingsgraad van het betreffende materieel. Dit impliceert dat een brede internationale spreiding van marktposities en een leidende positie wat betreft materieel, kosten en standaardisering van materieel cruciale succesfactoren zijn.

Bron: *Jaarverslag Koninklijke Boskalis Westminster NV 2014*

Koninklijke Boskalis Westminster NV is een internationale baggeronderneming.

1.5.2 Marktvormen

Marktvormen

We kunnen de markten indelen op basis van het aantal aanbieders van (en vragers naar) een bepaald product of bepaalde dienst. We spreken dan van marktvormen. We lichten een viertal marktvormen met hun belangrijkste kenmerken toe. Deze marktvormen zijn: monopolie, oligopolie, monopolistische concurrentie en volledige mededinging (volkomen concurrentie).

Monopolie

Monopolie

Bij een monopolie is er slechts één aanbieder van een bepaald product of bepaalde dienst. Deze marktvorm komt weinig voor en ontstaat bijvoorbeeld doordat de overheid aan een bepaalde organisatie het alleenrecht heeft verleend of omdat een onderneming over een patent of octrooi beschikt, waardoor zij als enige het product kan aanbieden. In theorie heeft een monopolist grote vrijheid om zijn verkoopprijzen zelf vast te stellen. In de praktijk is deze vrijheid echter beperkt omdat op basis van wetgeving (denk bijvoorbeeld aan de EU-mededingingsregels) ondernemingen geen misbruik van een economische machtspositie mogen maken. Ook bestaat de mogelijkheid dat de afnemer op substituten overstapt.

Oligopolie

Oligopolie

Bij een oligopolie zijn er enkele (grote) bedrijven die het overgrote gedeelte van de markt in handen hebben. Het aantal bedrijven is dermate klein, dat ze terdege rekening met elkaar houden en op elkaars beleid reageren. Het gevolg is veelal een weinig flexibel prijsbeleid met concurrerende prijzen. De concurrenten proberen zich te onderscheiden door verschillen in vormgeving, kwaliteit, merkimago of service. Voorbeelden hiervan zijn de oliemaatschappijen en de banken.

Monopolistische concurrentie

Monopolistische concurrentie

Monopolistische concurrentie is de meest voorkomende marktvorm. Hierbij bieden veel aanbieders ieder een vergelijkbaar, maar enigszins afwijkend product aan. Iedere onderneming probeert voor haar product of dienst een soort monopolie te creëren, door zich onder meer te onderscheiden in kwaliteit, vormgeving, verpakking en/of distributiekanalen. Ze proberen ook een merkentrouw op te bouwen, hoewel de consument gemakkelijk van het ene naar het andere merk kan overstappen. Producten waarvoor deze marktvorm geldt, zijn onder meer waspoeder, frisdranken en kleding.

Volledige mededinging

Volledige mededinging

Als er op een markt veel aanbieders en veel vragers zijn, spreken we van volledige mededinging, die ook wel volkomen concurrentie wordt genoemd. Bij deze marktvorm wordt een homogeen product aangeboden. Om de homogeniteit van de producten te waarborgen moeten ze aan bepaalde kwaliteitseisen voldoen. Voorbeelden waarvoor deze marktvorm geldt, zijn de vermogensmarkt en de markten waarop agrarische producten worden verhandeld. Door te werken met kwaliteitseisen en -standaarden kunnen de producten wereldwijd met elkaar worden vergeleken en weet iedere partij op deze markt exact waar hij of zij aan toe is. Zo is er een wereldmarkt voor koffie (iedere soort koffie met een bepaalde kwaliteit is een afzonderlijke markt) en voor granen. Een van de kenmerken van de marktvorm van volledige mededinging is dat de individuele aanbieder of vrager geen invloed heeft op de prijs: de prijs wordt door de markt gedicteerd en is afhankelijk van de vraag naar en het aanbod van het betreffende product. De mate van macht hangt af van de marktvorm. In figuur 1.13 geven we dat globaal weer.

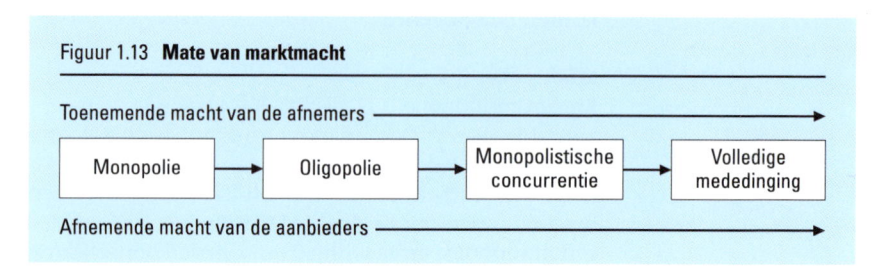

Figuur 1.13 **Mate van marktmacht**

Toenemende macht van de afnemers →

Monopolie → Oligopolie → Monopolistische concurrentie → Volledige mededinging

Afnemende macht van de aanbieders →

Voorafgaand aan de behandeling van het ondernemingsplan (hoofdstuk 3) bespreken we in hoofdstuk 2 de juridische vormen (rechtsvormen) waaruit een onderneming kan kiezen.

Samenvatting

De economische wetenschap bestudeert het handelen van mensen dat gericht is op het verminderen van de schaarste. Het bestaan van schaarste leidt ertoe dat er keuzes moeten worden gemaakt. Bij het maken van deze keuzes laat de mens zich leiden door het economisch principe.
Ook een onderneming streeft ernaar om met de beschikbare middelen een zo hoog mogelijk resultaat te behalen. In industriële ondernemingen worden productiemiddelen omgezet in producten met het doel daaraan winst over te houden.
Binnen bedrijfshuishoudingen kunnen we goederenstromen en geldstromen onderscheiden. De geldstromen worden onderverdeeld in primaire en secundaire geldstromen. Tijdelijk kunnen de uitgaande primaire geldstromen groter zijn dan de beginvoorraad liquide middelen, aangevuld met ingaande primaire geldstromen. In dat geval zal de onderneming een beroep doen op de vermogensmarkt (secundaire geldstromen). De activiteiten van zowel een productie- als van een dienstverlenende organisatie kunnen we in de vorm van goederen- en geldstromen weergeven.
De voortbrenging van een product wordt verricht door verschillende bedrijven, die elkaar in het productieproces opvolgen. Bedrijfshuishoudingen die eenzelfde of een overeenkomstig productieproces uitvoeren, vormen samen een bedrijfstak. Alle bedrijfstakken die op een bepaald product betrekking hebben, vormen samen een bedrijfskolom.
Doordat steeds meer activiteiten geprivatiseerd worden, zijn de bedrijfseconomische principes en redeneringen op steeds meer organisaties van toepassing. Zowel bij dienstverlenende bedrijven als bij overheidsinstellingen komen we steeds vaker een bedrijfseconomische benadering tegen. Het denken in *geld- en goederenstromen* is in principe toepasbaar op iedere organisatie, ongeacht of het nu de profit- of non-

profitsector, productie of dienstverlening betreft. Bedrijfseconomische uitgangspunten en redeneringen zijn dan ook bij *het besturen* van veel organisaties toepasbaar.

Bij het realiseren van de doelstellingen van een organisatie neemt de vaststelling van de strategie een belangrijke plaats in. Bij het maken van strategische keuzes houdt de organisatie ook rekening met haar concurrentiepositie. Om daar inzicht in te krijgen kan het vijfkrachtenmodel van Porter worden gebruikt en moet rekening worden gehouden met de bijzondere kenmerken van de marktvorm die van toepassing is.

Begrippenlijst

Abstracte markt	Het geheel van de vraag naar en het aanbod van een bepaald goed.
Algemene economie	Wetenschap die het economisch handelen van de volkshuishouding (maatschappij) als geheel bestudeert.
Bedrijfsadministratie	Het vastleggen en verwerken van financiële en niet-financiële gegevens.
Bedrijfseconomie	Wetenschap die het economisch handelen van individuen in bedrijfshuishoudingen bestudeert.
Bedrijfshuishouding	Financieel-economisch zelfstandige productieorganisatie.
Bedrijfskolom	Verzameling van alle bedrijfshuishoudingen die zich bezighouden met de productie van een bepaald product.
Bedrijfstak	Verzameling van bedrijfshuishoudingen die eenzelfde of een overeenkomstig onderdeel van het totale productieproces van een bepaald product uitvoeren.
Boekhouden	Het vastleggen en verwerken van financiële gegevens.
Commerciële economie	De economische wetenschap die zich bezighoudt met het handelen van consumenten.
Concrete markt	(Geografische) plaats waar de aanbieders van en de vragers naar een bepaald goed elkaar ontmoeten en transacties afsluiten.
Consumptie	Het gebruik van goederen (door de consument) voor de bevrediging van zijn behoeften.
Dynamisch ondernemen	Het reageren van de ondernemingsleiding op veranderingen in de markt.
Economisch handelen	Het menselijk handelen dat gericht is op het vergroten van zijn welvaart.
Economisch principe	Een bepaald doel proberen te bereiken met opoffering van zo min mogelijk middelen, of: met een gegeven hoeveelheid middelen zo veel mogelijk behoeften proberen te bevredigen.
Economische wetenschap	Wetenschap die het menselijk handelen dat gericht is op het verminderen van de schaarste, bestudeert.
Financial accounting	Het verstrekken van informatie aan belangstellenden buiten de eigen organisatie.
Financiering	Het vakgebied binnen de bedrijfseconomie dat zich bezighoudt met het aantrekken en verstrekken van verschillende vormen van vermogen.

Goederenstroom	Stroom van productiemiddelen en producten binnen een onderneming.
Liquide middelen	Het totaal van het kassaldo en de positieve en negatieve saldi op de rekening-courant.
Management accounting	Het verstrekken van informatie aan leidinggevende medewerkers (managers) binnen de eigen organisatie.
Marktvorm	Specifieke kenmerken van een bepaalde markt die nauw samenhangen met het aantal aanbieders en het aantal vragers op die markt.
Marktwerking	Een situatie waarbij de vraag naar en het aanbod van producten en diensten op elkaar worden afgestemd door middel van het prijsmechanisme.
Monopolie	Een marktvorm waarbij er slechts één aanbieder van het product of de dienst is.
Monopolistische concurrentie	Een marktvorm waarbij veel aanbieders een min of meer vergelijkbaar product aanbieden.
Oligopolie	Een marktvorm waarbij er enkele (grote) aanbieders zijn die het overgrote gedeelte van de markt in handen hebben.
Organisatie	Samenwerkingsverband tussen personen met het doel hun persoonlijke belangen te bevorderen.
Overheidsbedrijf	Bedrijf waarin het transformatieproces door de overheid op financieel-economisch zelfstandige wijze plaatsvindt.
Overheidsdienst	Dienst die door de overheid geleverd wordt en waarvan de kosten geheel of grotendeels door de overheid worden gedragen.
Participanten	De in een organisatie samenwerkende personen.
PMI	Een indexcijfer dat het vertrouwen van inkoopmanagers in de toekomstige economische situatie weergeeft.
Primaire geldstroom	Geldstroom die het gevolg is van het primaire proces van een organisatie. Alle geldstromen met uitzondering van de geldstromen van en naar de vermogensmarkt.
Privatisering	Het overdragen van bepaalde activiteiten/productieprocessen van de publieke sector (overheid) aan de private sector (ondernemingen).
Productie	Het omzetten van productiemiddelen in producten, waardoor ze (beter) in de behoefte van de gebruiker kunnen voorzien.
Productiemiddelen	Middelen (zoals arbeid, machines, grondstoffen en energie) die nodig zijn om producten te kunnen maken.
Schaarste	Situatie waarin de middelen onvoldoende zijn om in alle behoeften te voorzien.

Secundaire geldstroom — Geldstromen van en naar de vermogensmarkt.

Vijfkrachtenmodel — Een model (bestaande uit vijf aspecten) op basis waarvan de mate van concurrentie binnen een branche kan worden vastgesteld.

Volledige mededinging — Een marktvorm waarbij er veel aanbieders en veel vragers zijn die individueel geen invloed op de prijs kunnen uitoefenen.

Welvaart — De mate waarin de mens in staat is in zijn behoeften te voorzien met de beschikbare middelen.

Wisselkoers — De omwisselingsverhouding tussen twee valuta's.

Meerkeuzevragen

1.1 Toepassing van het economisch principe houdt in dat
   a met zo min mogelijk middelen een zo hoog mogelijk resultaat wordt behaald.
   b er zo min mogelijk kosten worden gemaakt.
   c een bepaald doel met opoffering van zo min mogelijk middelen wordt gerealiseerd.
   d een onderneming naar een vergroting van de omzet streeft.

1.2 De bedrijfseconomie houdt zich bezig met vraagstukken als
   a de groei van het nationale inkomen.
   b de kosten in verband met de voortbrenging van een product.
   c het stimuleren van de werkgelegenheid.
   d de hoogte van de nationale besparingen.

1.3 Welke van de volgende posten behoort tot de goederenkringloop?
   a Betaling van interest.
   b Aflossing van een lening.
   c De verkoop van eindproducten.
   d De betaling van belasting.

1.4 Welke van de volgende posten behoort tot de geldkringloop?
   a Ontvangst van grondstoffen.
   b Betaling van dividend.
   c Loonkosten in een bepaalde maand.
   d Voorraad eindproducten.

1.5 Een kenmerk van ondernemingen is dat ze
   a zich bezighouden met de productie.
   b tot de particuliere sector behoren én financieel-economisch zelfstandig zijn.
   c tot de particuliere sector behoren.
   d diensten voortbrengen.

1.6 Welke van de volgende organisaties wordt tot de overheidsdiensten gerekend?
   a Gemeentelijk vervoerbedrijf.
   b Politie.
   c Bibliotheek.
   d Ziekenhuis.

1.7 Een bedrijfstak bestaat uit
   a alle bedrijven die elkaar opvolgen in het voortbrengingsproces van een bepaald product (van grondstof naar eindproduct).
   b het geheel van bedrijven.
   c bedrijven die eenzelfde of een overeenkomstig productieproces uitvoeren.
   d alle bedrijven die naar winst streven.

1.8 Het verstrekken van informatie aan derden (belangstellenden) buiten de eigen organisatie behoort tot het vakgebied
 a financial accounting.
 b financiering.
 c management accounting.
 d bedrijfsadministratie.

1.9 De voorraad liquide middelen bij een organisatie waarvoor het volgende geldt: kassaldo €2.500 en schuld op de rekening-courant €4.300, bedraagt
 a €2.500
 b €6.800
 c − €1.800

1.10 De marktvorm waarop er slechts een paar aanbieders zijn van een bepaald product tegenover een groot aantal vragers, noemen we
 a monopolie.
 b oligopolie.
 c monopolistische concurrentie.
 d volledige mededinging.

1.11 De marktmacht van de aanbieders van een bepaald product is het kleinst bij de marktvorm
 a volledige mededinging.
 b oligopolie.
 c monopolie.
 d monopolistische concurrentie.

1.12 De invloed van een waardedaling van de Amerikaanse dollar ten opzichte van de euro op de financiële resultaten van een Nederlandse onderneming, die een groot gedeelte van haar producten in Amerika verkoopt en in Nederland fabriceert,
 a is positief.
 b is negatief.
 c is gering.
 d is nihil.

Iemand die een eigen onderneming wil beginnen, wordt met veel vragen geconfronteerd. Deze kunnen betrekking hebben op de vestigingsvoorwaarden, de financiering van de onderneming en op juridische aspecten. De medewerkers van de Kamer van Koophandel (KvK) kunnen startende ondernemers daarbij op weg helpen. Ook is veel informatie beschikbaar op de website van de KvK (www.kvk.nl). In dit hoofdstuk gaan we in op de rechtsvormen die voor een onderneming mogelijk zijn.

Ondernemingsvormen

2

- 2.1 Persoonlijke en onpersoonlijke ondernemingsvormen
- 2.2 Eenmanszaak
- 2.3 Maatschap
- 2.4 Vennootschap onder firma
- 2.5 Commanditaire vennootschap
- 2.6 Naamloze vennootschap
- 2.7 Besloten vennootschap
- 2.8 Verenigingen
- 2.9 Stichting
- 2.10 Ondernemingsvormen en belastingen
- 2.11 Overzicht rechtsvormen
  Samenvatting
  Begrippenlijst
  Meerkeuzevragen

Een onderneming kan kiezen in welke juridische vorm (rechtsvorm) de onderneming wordt gedreven. De keuze van de rechtsvorm heeft gevolgen voor de aansprakelijkheid, de zeggenschap en de eigendom van de onderneming. De gekozen rechtsvorm is ook van belang voor de relaties van de onderneming. Daarom wordt de rechtsvorm vermeld op de officiële stukken van de onderneming, zoals facturen en brieven. De keuze van de rechtsvorm heeft ook invloed op de mogelijkheden om eigen en vreemd vermogen aan te trekken. In dit hoofdstuk bespreken we de diverse ondernemingsvormen en de daaraan verbonden voor- en nadelen.

2.1 Persoonlijke en onpersoonlijke ondernemingsvormen

Bij de oprichting van een onderneming moet een aantal zaken formeel worden geregeld. Zo zullen de noodzakelijke vergunningen verkregen moeten worden en zullen de oprichters een naam voor de nieuwe onderneming moeten bedenken. Ook moeten de algemene leveringsvoorwaarden worden vastgelegd, zodat de afnemers weten volgens welke afspraken de nieuwe onderneming wil leveren.

Ondernemingsvorm Een andere belangrijke beslissing is de keuze van de ondernemingsvorm. Dit is de juridische vorm waarin de onderneming wordt gedreven.

Een onderneming heeft de keuze uit onder andere de volgende ondernemingsvormen
1 eenmanszaak
2 maatschap
3 vennootschap onder firma (vof)
4 commanditaire vennootschap (cv)
5 naamloze vennootschap (nv)
6 besloten vennootschap (bv)
7 vereniging
8 stichting.

Bij de eerste vier ondernemingsvormen behoort de onderneming toe aan een of meer *natuurlijke personen (mensen)*. Zij zijn in principe met hun *privévermogen* aansprakelijk voor de schulden van de onderneming. Deze ondernemingsvormen worden daarom *persoonlijke ondernemingsvormen* genoemd.

Rechtspersoon De laatste vier ondernemingsvormen zijn *rechtspersonen*. Een rechtspersoon is een zelfstandig lichaam met eigen rechten en plichten én een afzonderlijk vermogen. Bij deze ondernemingsvormen hebben de rechten en verplichtingen die door de onderneming zijn aangegaan, geen betrekking op de eigenaren persoonlijk. Ze worden daarom *onpersoonlijke ondernemingsvormen* genoemd. Als de onderneming in de vorm van een rechtspersoon wordt gedreven, zijn de eigenaren niet met hun privévermogen aansprakelijk voor de schulden van de onderneming. Alleen het vermogen dat ze aan de onderneming beschikbaar hebben gesteld, staat dan op het spel.

Tijdens het bestaan van de onderneming kunnen de omstandigheden zich zodanig wijzigen, dat de onderneming besluit een andere rechtsvorm te kiezen.

De keuze van de rechtsvorm heeft gevolgen voor:
- de regeling van de aansprakelijkheid (wie draagt de risico's?);
- de mogelijkheden om *vermogen* aan te trekken;
- het publiceren van financiële gegevens;
- de omvang van de te betalen belastingen (fiscale aspecten).

De gevolgen die de keuze van de rechtsvorm heeft voor de te betalen belastingen, bespreken we in paragraaf 2.11.

De belangrijkste gevolgen van de keuze lichten we per ondernemingsvorm toe. Bovendien bespreken we de voor- en nadelen van de meestvoorkomende ondernemingsvormen.

Deze informatie ontlenen we onder andere aan een brochure van de Kamer van Koophandel. De Kamer van Koophandel heeft regionale vestigingen, die zich bezighouden met het geven van voorlichting en informatie voor bedrijven en met de uitvoering van twee wetten: de Handelsregisterwet en de Handelsnaamwet. In het handelsregister van de Kamer van Koophandel staan ondernemingen, verenigingen en stichtingen ingeschreven. De gegevens in dit register kunnen door iedereen worden geraadpleegd.

Het bestuur van de regionale Kamers van Koophandel bestaat uit vertegenwoordigers van regionale ondernemers- en werknemersorganisaties. Op deze wijze kunnen bedrijven uit de regio invloed uitoefenen op het beleid van de Kamers van Koophandel. Nadere informatie over de Kamer van Koophandel is verkrijgbaar op www.kvk.nl.

2.2 Eenmanszaak

Eenmanszaak

Bij een eenmanszaak berust de eigendom en de leiding van de onderneming bij één persoon. De ondernemingsresultaten van een eenmanszaak zijn sterk afhankelijk van de inzet en bekwaamheden van de eigenaar. Wanneer de eigenaar zich (bijvoorbeeld door ziekte of het bereiken van een hoge leeftijd) uit de eenmanszaak wil terugtrekken, is het vaak moeilijk een geschikte opvolger te vinden. Startende ondernemingen worden, omdat ze meestal op kleine schaal beginnen, vaak opgericht in deze rechtsvorm. Dit betekent overigens niet dat zij geen personeel in dienst kunnen hebben. Ook ondernemingen die een groot aantal werknemers in dienst hebben, kunnen de rechtsvorm van eenmanszaak hebben.

Aansprakelijkheid
Bij een eenmanszaak is er geen juridische scheiding tussen het vermogen van de onderneming en het privévermogen van de eigenaar. De eigenaar is met zijn totale vermogen aansprakelijk voor de schulden van de onderneming. In geval van faillissement kan ook het privévermogen van de eigenaar worden aangesproken om de schulden van de eenmanszaak te voldoen.

Huwelijkse voorwaarden (art. 1:114 t/m 131 BW)
Bij rechtspersonen is er een duidelijke juridische scheiding tussen het zakelijk vermogen van de rechtspersoon en het privévermogen van de eigenaren/bestuurders. Dit is echter niet het geval bij natuurlijke personen (zoals eenmanszaak, maatschap, vennootschap onder firma of commanditaire vennootschap).
Als de eigenaar van een onderneming die geen rechtspersoonlijkheid bezit, trouwt of een geregistreerd partnerschap aangaat zonder vooraf huwelijkse voorwaarden op te stellen, dan is men gehuwd of is men een geregistreerd partnerschap aangegaan in algehele gemeenschap van goederen. Dat houdt onder andere in dat de partner van de eigenaar mede aansprakelijk is voor de schulden van de onderneming (natuurlijke persoon). Als de partner over een privévermogen beschikt en de natuurlijk persoon (de onderneming) gaat failliet, dan kan de schuld verhaald worden op het privévermogen van de partner.

Huwelijkse voorwaarden

Algehele gemeenschap van goederen

Bij een algemene gemeenschap van goederen (art. 1:93 BW) is er geen scheiding tussen het zakelijk vermogen en het privévermogen van de partners. We geven dat in figuur 2.1 weer, waarbij we veronderstellen dat de onderneming in de vorm van een eenmanszaak wordt gedreven.

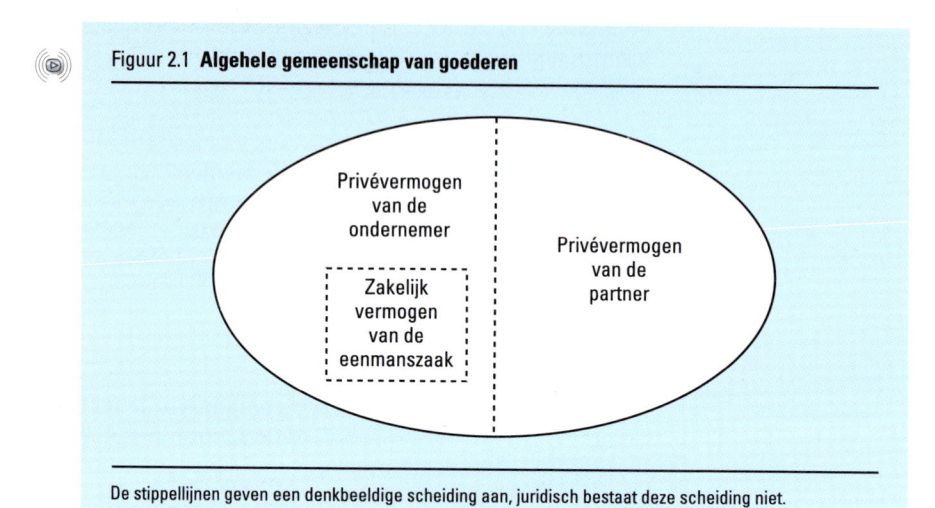

Figuur 2.1 Algehele gemeenschap van goederen

De stippellijnen geven een denkbeeldige scheiding aan, juridisch bestaat deze scheiding niet.

In voorgaande situatie loopt de partner van de ondernemer het risico haar/zijn privévermogen te verliezen. Als men dat niet wil, moet er een juridische scheiding worden aangebracht tussen het vermogen van de eigenaar van de eenmanszaak en het vermogen van de partner. Om dat te bereiken, moeten de gehuwden en/of geregistreerde partners huwelijkse voorwaarden opstellen (bij voorkeur voor het sluiten van het huwelijk of het aangaan van het geregistreerd partnerschap), waarin deze scheiding van de vermogens wordt vastgelegd. De situatie die dan ontstaat, geven we in figuur 2.2 weer.

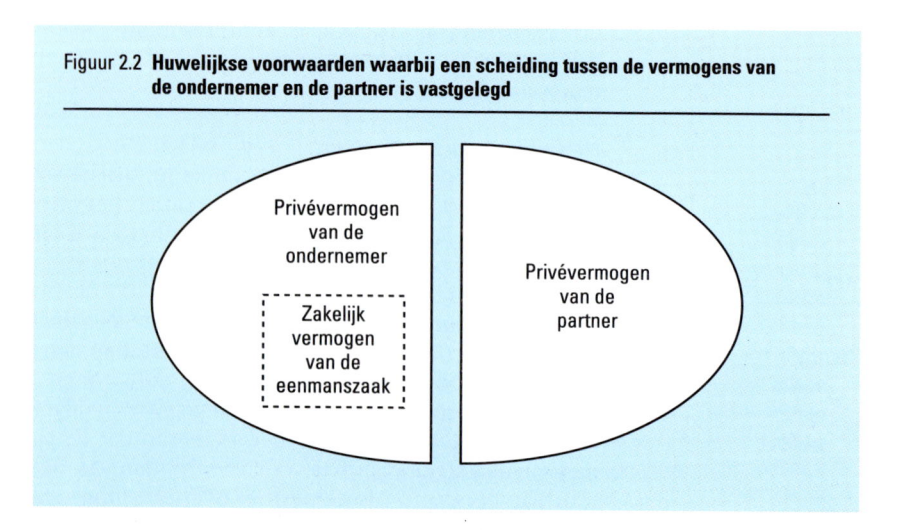

Figuur 2.2 Huwelijkse voorwaarden waarbij een scheiding tussen de vermogens van de ondernemer en de partner is vastgelegd

In deze situatie is er geen juridische scheiding tussen het zakelijk en privévermogen van de ondernemer, maar wel tussen het vermogen van de ondernemer en het vermogen van de partner. De partner is niet aansprakelijk voor de schulden van de onderneming. Bij ondernemingen die geen rechtspersoonlijkheid bezitten (zoals een eenmanszaak en een vennootschap onder firma) verdient de situatie zoals in figuur 2.2 is geschetst, de voorkeur.

Tijdens het huwelijk kunnen alsnog huwelijkse voorwaarden worden gemaakt, maar de rechtbank zal dan alleen goedkeuring verlenen als er geen benadeling van crediteuren optreedt (art. 1:117 BW).

De wet wordt of is inmiddels zodanig aangepast dat de maatschap, de vennootschap onder firma en de commanditaire vennootschap de mogelijkheid hebben te kiezen tussen een ondernemingsvorm zonder rechtspersoonlijkheid en een ondernemingsvorm met rechtspersoonlijkheid. Hieraan besteden we in paragraaf 2.10 aandacht.

Het aantrekken van vermogen
Het eigen vermogen dat door de eigenaar beschikbaar is gesteld, is voor de eenmanszaak een belangrijke bron van vermogen. Externe financiers zullen bij het verstrekken van *vreemd vermogen* met name letten op:
- de winstverwachtingen van de onderneming;
- de omvang van het eigen vermogen van de onderneming en het privévermogen van de ondernemer/eigenaar;
- het beschikbaar zijn van onderpanden, zoals machines, inventaris, voorraden en debiteuren.

Als banken op basis van de eerste twee aspecten bereid zijn krediet te verstrekken, zullen ze daarnaast vaak nog een onderpand vragen voor de te verstrekken lening. Het onderpand dient voor de banken als zekerheidstelling. Als de onderneming niet aan haar verplichtingen voldoet, kan de bank het onderpand verkopen en uit de opbrengst haar vordering verhalen.

Publiceren van financiële gegevens
Een eenmanszaak hoeft zijn financiële gegevens (zoals de balans en winst- en verliesrekening) niet te publiceren. Dit wordt door menig ondernemer als een voordeel gezien, omdat de meeste ondernemers aan derden (bijvoorbeeld concurrenten) niet graag inzicht verschaffen in de behaalde resultaten.

Voor- en nadelen van de eenmanszaak
Voordelen van de eenmanszaak zijn de volgende:
- Snelle besluitvorming is mogelijk doordat de eigenaar niet met mede-eigenaren hoeft te overleggen.
- Er is een grote betrokkenheid van de eigenaar bij het bedrijfsgebeuren omdat zijn inkomen (volledig) afhankelijk is van de resultaten van zijn zaak.
- De eenmanszaak heeft geen publicatieplicht.

Nadelen van de eenmanszaak zijn de volgende:
- Het voortbestaan van de eenmanszaak kan in gevaar komen doordat deze hoofdzakelijk afhankelijk is van één persoon.

- Het inkomen van de eigenaar kan sterk schommelen doordat het afhankelijk is van de bedrijfsresultaten.
- De eigenaar is in geval van faillissement ook met zijn privévermogen aansprakelijk voor de schulden van de eenmanszaak.

2.3 Maatschap

Maatschap

Een maatschap is een overeenkomst tussen twee of meer personen (maten) die zich verplichten iets in gemeenschap te brengen met het doel het daarmee verkregen voordeel met elkaar te delen. Geld, goederen en/of arbeid kunnen in gemeenschap worden gebracht.
De maatschap als samenwerkingsverband komt veel voor bij beroepsgroepen zoals artsen, fysiotherapeuten, accountants, advocaten en notarissen.
Binnen de agrarische sector komt de man-vrouwmaatschap voor. De leiding van de maatschap wordt uitgeoefend door de gezamenlijke maten.
Doordat het voortbestaan en de financiële resultaten van de maatschap niet – zoals bij de eenmanszaak – afhankelijk zijn van één persoon, zijn de mogelijkheden om een maatschap voort te zetten groter dan bij een eenmanszaak.

Aansprakelijkheid
Iedere maat die daartoe bevoegd is, kan namens de maatschap een overeenkomst sluiten, waarna alle maten aansprakelijk zijn voor gelijke delen. Als de maatschap bijvoorbeeld uit vier maten bestaat, is iedere maat voor $\frac{1}{4}$ van de totale schuld aansprakelijk. Ze zijn niet hoofdelijk aansprakelijk, zodat een derde niet van een van de maten de gehele vordering kan opeisen.
Een maat die onbevoegd heeft gehandeld, heeft alleen zichzelf verbonden. De overige maten zijn dan in beginsel niet aansprakelijk.
Volgens de wet eindigt de maatschap als een van de maten uittreedt of overlijdt. Om de continuïteit te waarborgen, kunnen in het maatschapscontract afspraken worden gemaakt, die het de overblijvende maten mogelijk maken de maatschap voort te zetten.

Het aantrekken van vermogen
Het eigen vermogen van een maatschap wordt ingebracht door de maten of door een van de maten. Het eigen vermogen en de winstverwachtingen van de maatschap zijn bepalend voor de bereidheid van externe financiers om vreemd vermogen beschikbaar te stellen. Bij een maatschap staat meestal het inbrengen van kennis centraal. De omvang van eventuele onderpanden is in het algemeen gering.

Publiceren van financiële gegevens
De maatschap heeft geen publicatieplicht.

Voor- en nadelen van de maatschap
Voordelen van de maatschap zijn de volgende:
- Voortzetting van de maatschap is niet afhankelijk van één persoon.
- Er worden kosten bespaard doordat van gezamenlijke overheaddiensten, zoals receptie en administratie, kan worden gebruikgemaakt.
- Uitwisseling van vaktechnische kennis wordt bevorderd.

- De maten zijn voor een evenredig deel verantwoordelijk voor de schulden van de maatschap.
- De maatschap heeft geen publicatieplicht.

Een nadeel van de maatschap is dat het verschil van inzicht tussen de maten kan leiden tot onderlinge strijd en slecht management.

■ Voorbeeld 2.1 Maatschap Fysiotherapie Bolsward-Nijland

De Maatschap Fysiotherapie Bolsward is in 1976 als eenmanszaak gestart en in 1981 voortgezet als groepspraktijk. In deze maatschap werken zeven fysiotherapeuten samen, verdeeld over drie vestigingen: Bolsward (2 vestigingen) en Blauwhuis in Friesland. Naast algemene fysiotherapie zijn er verschillende specialisaties aanwezig. Door in een maatschap samen te werken kunnen de fysiotherapeuten het totale pakket aan behandelingen aanbieden en gebruikmaken van een gemeenschappelijke praktijkruimte. Bovendien kunnen ze eenvoudig onderling kennis en ervaring uitwisselen. De onderlinge afspraken en regelingen hebben ze in een maatschapscontract vastgelegd.

2.4 Vennootschap onder firma

Vennootschap onder firma

Een vennootschap onder firma (vof) is een maatschap ter uitoefening van een bedrijf onder een gemeenschappelijke naam. De vennoten kunnen geld, maar ook goederen, arbeid, octrooien of andere zaken van waarde inbrengen. De vennoten hebben de leiding over de firma. Een vof tussen echtgenoten is ook mogelijk. Deze zogenoemde man-vrouwfirma heeft als voordeel dat beiden als zelfstandige ondernemer worden aangemerkt en recht hebben op de fiscale faciliteiten die daaraan verbonden zijn.

Doordat het voortbestaan en de financiële resultaten van de vof niet afhankelijk zijn van één persoon, zijn de mogelijkheden om een vof voort te zetten groter dan bij een eenmanszaak.

Aansprakelijkheid

Hoofdelijk aansprakelijk

Ieder van de vennoten is hoofdelijk aansprakelijk voor de schulden van de vof. Ook het privévermogen van de vennoot kan worden aangesproken. Bij faillissement worden de schuldeisers van de vof zo veel mogelijk betaald uit het vermogen van de vof. Als dit niet toereikend is, hebben de schuldeisers recht op het privévermogen van de vennoten. Deze zakelijke schuldeisers staan dan op gelijke hoogte met de privéschuldeisers van de vennoten.

Het aantrekken van vermogen

Een vof is een samenwerkingsverband tussen twee of meer personen, die in het algemeen een groter eigen vermogen kunnen samenbrengen dan de eigenaar van een eenmanszaak. De continuïteit van een vof is niet van één persoon afhankelijk. De mogelijkheden om vreemd vermogen aan te trekken worden daardoor vergroot. De vennoten zijn ook met hun privévermogen hoofdelijk aansprakelijk voor de schulden van de vof. Dit kan een extra zekerheid geven voor de verschaffers van vreemd vermogen.

Publiceren van financiële gegevens

Een vennootschap onder firma heeft geen publicatieplicht.

Voor- en nadelen van een vennootschap onder firma
Voordelen van een vennootschap onder firma zijn de volgende:
- De mogelijkheden om de onderneming voort te zetten, zijn beter dan bij een eenmanszaak doordat de firmanten elkaars taken (tijdelijk) kunnen overnemen.
- Het eigen vermogen wordt meestal ingebracht door twee of meer firmanten en kan daardoor groter zijn dan bij een eenmanszaak.
- Het risico wordt over de firmanten gespreid.
- Een betere bedrijfsvoering is mogelijk doordat iedere firmant zijn specifieke kwaliteiten inbrengt.
- Onderling overleg tussen de firmanten kan leiden tot een betere besluitvorming.
- Een vof heeft geen publicatieplicht.

Nadelen van een vennootschap onder firma zijn de volgende:
- Verschil van inzicht tussen de firmanten kan tot onderlinge strijd en slecht management leiden.
- Firmanten zijn ook met hun privévermogen volledig aansprakelijk voor de schulden van de firma.
- Privéschulden van de firmanten kunnen op het eigen vermogen van de firma worden verhaald. Dit kan tot faillissement van de vof leiden.

2.5 Commanditaire vennootschap

Commanditaire vennootschap

Een commanditaire vennootschap (cv) is een bijzondere vorm van de vof, waarbij een of meer van de vennoten niet aan het beheer mogen deelnemen (stille vennoot/vennoten), maar zich beperkt/beperken tot het inbrengen van geld en/of goederen.

Beherend vennoot

De vennoot die het beheer over de vennootschap voert, noemen we beherend vennoot.

Het voortbestaan en de financiële resultaten van de cv zijn niet afhankelijk van één persoon. De mogelijkheid tot voortzetting van een commanditaire vennootschap is hierdoor groter dan bij een eenmanszaak.

Aansprakelijkheid
De beherende vennoten zijn *hoofdelijk* en met hun gehele *zakelijk én privévermogen* aansprakelijk voor de schulden van de vennootschap.

Stille vennoot

De stille vennoot kan ten hoogste zijn inbreng in de vennootschap verliezen, mits hij zich onthoudt van beheersdaden naar buiten. Als de stille vennoot toch aan het beheer naar buiten heeft deelgenomen, is hij op dezelfde manier aansprakelijk als een beherend vennoot (hoofdelijk aansprakelijk). Deze aansprakelijkheid geldt ook voor beheersdaden die in het verleden hebben plaatsgevonden. De stille vennoot zal meestal wel invloed uitoefenen op het (interne ondernemings)beleid. Dit heeft geen gevolgen voor de mate van aansprakelijkheid van de stille vennoot.

Het aantrekken van vermogen
De mogelijkheden om vermogen aan te trekken zijn vergelijkbaar met de situatie van de vof. De stille vennoot brengt vermogen in en kan invloed uitoefenen op het (interne) beleid van de cv. De stille vennoot dient zich echter te onthouden van het beheer naar buiten.

Publiceren van financiële gegevens
Een commanditaire vennootschap heeft geen publicatieplicht.

Voor- en nadelen van een commanditaire vennootschap
Voor de commanditaire vennootschap gelden nagenoeg dezelfde voor- en nadelen als voor de vennootschap onder firma.
De commanditaire vennootschap heeft als bijkomende voordelen:
- Er kan een groter vermogen worden aangetrokken zonder dat de beherende vennoot wordt beperkt in zijn beslissingsbevoegdheid naar buiten.
- De stille vennoot is alleen aansprakelijk tot het bedrag dat hij heeft ingebracht, mits hij zich onthoudt van beheersdaden naar buiten.

2.6 Naamloze vennootschap

Naamloze vennootschap

De naamloze vennootschap (nv) is een vennootschap waarbij het maatschappelijk kapitaal verdeeld is in aandelen, die meestal aan toonder luiden en vrij overdraagbaar zijn.

Doordat het aandelenkapitaal bij een nv in het algemeen ingebracht wordt door een zeer groot aantal aandeelhouders, is de voortzetting van de nv niet afhankelijk van een of enkele aandeelhouders. Een aandeelhouder kan zijn aandelen aan anderen verkopen. De nv is niet verplicht de aandelen terug te kopen. Het aandelenvermogen staat *permanent ter beschikking* van de nv. Het bestuur van een nv bestaat meestal uit een aantal personen. Het wegvallen van een van de bestuurders hoeft geen negatieve invloed te hebben op het voortbestaan van de onderneming.

We bespreken in deze paragraaf het bestuur en het kapitaal van de nv, de rechten en plichten van de nv en de corporate governance van een nv.

2.6.1 Bestuur en kapitaal van de nv

Raad van Bestuur

De dagelijkse leiding van de nv berust bij de Raad van Bestuur (RvB), ook wel het bestuur genoemd. Ook kan in de statuten bepaald zijn dat er een Raad van Commissarissen (RvC) moet worden ingesteld. De Raad van Commissarissen is onder andere belast met het toezicht op de Raad van Bestuur.

Raad van Commissarissen

Maatschappelijk kapitaal

Het maatschappelijk kapitaal is het maximale *(nominale)* aandelenkapitaal dat door de nv uitgegeven kan worden zonder dat een statutenwijziging nodig is.

Geplaatst aandelenkapitaal

Het geplaatst aandelenkapitaal is het gedeelte van het maatschappelijk kapitaal dat door de nv daadwerkelijk is uitgegeven.

Gestort kapitaal

Het gestort kapitaal is het gedeelte van het geplaatste kapitaal dat door de aandeelhouders is gestort.

Op grond van wettelijke voorschriften moet bij de oprichting van een nv ten minste 20% van het maatschappelijk kapitaal worden geplaatst. Bovendien moet het maatschappelijk en geplaatst kapitaal minimaal €45.000 bedragen.

Zolang het gestort kapitaal minder is dan dit wettelijk minimum, is de handelende bestuurder van de nv *persoonlijk aansprakelijk* voor de ver-

Agio
Emissie

bintenissen die hij namens de nv sluit. De aandelen die *niet volledig volgestort* zijn, worden *op naam* uitgegeven. Dan registreert de nv wie de houders zijn van de niet-volgestorte aandelen.
We spreken van *agio* als bij de uitgifte (emissie) van aandelen de uitgiftekoers (emissiekoers) meer bedraagt dan 100%.

De DPA Group N.V. heeft door middel van een persbericht op 6 april 2011 bekendgemaakt dat ze van plan is nieuwe aandelen te emitteren. DPA is een adviesbureau dat andere organisaties helpt bij het zoeken van nieuwe medewerkers en/of zelf professionals op het gebied van onder meer Finance, IT en Supply Chain management beschikbaar stelt aan haar cliënten. De opbrengst van de aandelenemissie wordt gebruikt om een branchegenoot, de Nederlandse Interim Groep (NIG), over te nemen. Hierna geven we passages uit het genoemde persbericht weer.

Persbericht DPA Group N.V.
Amsterdam, 6 april 2011

Op 14 januari 2011 heeft DPA Group N.V. ('DPA Group' of de 'Onderneming') een emissie aangekondigd van 23,9 miljoen nieuwe gewone aandelen, die op 9 maart 2011 is goedgekeurd door de buitengewone vergadering van aandeelhouders van DPA in verband met de overname van de Nederlandse Interim Groep B.V. ('NIG'). 12 miljoen aandelen ('Private Placement Aandelen') worden uitgegeven aan de verkopende aandeelhouders van NIG en de overige aandelen worden door middel van een claimemissie aan bestaande aandeelhouders van DPA uitgegeven tegen een uitgiftekoers van EUR 1,50 per aandeel.

2 voor 3 claimemissie van 11.910.997 nieuwe gewone aandelen tegen uitgifteprijs van EUR 1,50 per nieuw gewoon aandeel
DPA Group kondigt een volledig gegarandeerde 2 voor 3 claimemissie aan van 11.910.997 nieuwe gewone aandelen van nominaal EUR 0,10 elk in het kapitaal van DPA Group (de 'Nieuwe Aandelen') tegen een uitgifteprijs van EUR 1,50 per Nieuw Aandeel (de 'Uitgifteprijs').

BELANGRIJKE KENMERKEN VAN DE EMISSIE

Toekenning van Inschrijvingsrechten
Elk Gewoon Aandeel gehouden op de Registratiedatum geeft de houder daarvan het recht op één Inschrijvingsrecht. Gerechtigde Houders hebben het recht om, gedurende de Uitoefenperiode, in te schrijven op 2 Nieuwe Aandelen voor elke 3 Inschrijvingsrechten die zij houden. Er zullen geen delen van Nieuwe Aandelen worden uitgegeven.

Uitoefenperiode
Gedurende de periode die aanvangt op 7 april 2011 om 09.00 uur en eindigt op 20 april 2011 om 15.00 uur Nederlandse tijd kunnen Gerechtigde Houders inschrijven op Nieuwe Aandelen door het uitoefenen van hun betreffende Inschrijvingsrechten (de 'Uitoefenperiode').

Handel in Inschrijvingsrechten
Handel in de Inschrijvingsrechten op Euronext Amsterdam zal naar verwachting aanvangen op 7 april 2011 om 09.00 uur Nederlandse tijd en zal voortduren tot 20 april 2011 om 13.00 uur Nederlandse tijd, onvoorziene omstandigheden daargelaten.

Bron: www.dpa.nl

Toelichting
De nominale waarde van één aandeel is €0,10. De uitgifteprijs is echter €1,50, zodat de aandeelhouders een agio van €1,40 per aandeel betalen. Uit dit voorbeeld blijkt dat de nominale waarde weinig zegt over de werkelijke waarde van een aandeel. De emissie heeft de vorm van een claimemissie. Dat wil zeggen dat alleen aan degenen die al aandelen DPA bezitten ('Gerechtigde Houders') het recht wordt verleend nieuwe aandelen DPA te kopen. Deze (inschrijvings)rechten kunnen echter wel aan anderen worden verkocht.

2.6.2 Rechten en plichten van de nv

Wat de juridische aspecten betreft, gaan we hierna nader in op de aansprakelijkheid en de zeggenschap, waarbij ook de oligarchie en corporate governance ter sprake komen.

Aansprakelijkheid
Tot op het moment dat aan alle juridische formaliteiten voor de oprichting en inschrijving van een nv is voldaan, zijn de oprichters hoofdelijk aansprakelijk voor de schulden van de nv. Als er aan alle wettelijke voorschriften voor oprichting is voldaan, blijft de aansprakelijkheid van de aandeelhouders beperkt tot het bedrag waarvoor zij aandelen in de nv hebben genomen. De aandeelhouders zijn niet met hun privévermogen aansprakelijk voor de schulden van de nv. De houders van niet-volgestorte aandelen kunnen, bijvoorbeeld in geval van faillissement, verplicht worden tot volstorting. De oud-eigenaar die zijn niet-volgestorte aandelen heeft verkocht, blijft minimaal één jaar na de overschrijving aansprakelijk voor volstorting (tot aan de nominale waarde) als dat wordt verlangd.

Anti-misbruikwetgeving

Op grond van de anti-misbruikwetgeving kunnen de bestuurders van een nv in het geval van een faillissement hoofdelijk aansprakelijk worden gesteld. Er moet dan wel sprake zijn geweest van kennelijk onbehoorlijk bestuur en dat moet tevens een belangrijke oorzaak van het faillissement zijn.

Zeggenschap

Algemene Vergadering van Aandeelhouders

De aandeelhouders zijn de eigenaren van de nv. De houders van aandelen kunnen hun stem uitbrengen in de Algemene Vergadering van Aandeelhouders (AVA) en hebben recht op een deel van de winst. De rechten die aan aandelen verbonden zijn, kunnen verschillen. Er zijn onder andere de volgende aandelen:
- *Gewone aandelen.* Deze aandelen geven stemrecht in de AVA en recht op een evenredig deel in de winst van de nv.
- *Winstpreferente aandelen.* Aandelen die voorrechten geven bij de winstverdeling.
- *Prioriteitsaandelen.* Aandelen die extra zeggenschap geven bij belangrijke zaken, zoals de benoeming van leden van de Raad van Bestuur, beslissingen over grote investeringsprojecten en de uitbreiding van het aandelenkapitaal.

Binnen de nv kunnen we drie geledingen onderscheiden:
1 De Algemene Vergadering van Aandeelhouders (AVA). De AVA komt minimaal één keer per jaar bijeen. Belangrijke taken van de AVA zijn:

- het vaststellen van de jaarrekening;
- het benoemen van leden van de Raad van Bestuur;
- het verlenen van toestemming voor een aantal belangrijke beslissingen, zoals wijziging van de statuten, uitgifte van aandelen en fusie.

In het algemeen hebben de aandeelhouders het recht om per aandeel één stem in de AVA uit te brengen.

2 De Raad van Bestuur (RvB). De RvB is belast met de dagelijkse leiding van de nv. Voor belangrijke beslissingen is veelal de toestemming van de AVA of de RvC vereist.

3 De Raad van Commissarissen (RvC). Er kan bij de nv een Raad van Commissarissen ingesteld zijn. De RvC houdt toezicht op en geeft adviezen aan de RvB.

De nv kan maatregelen treffen om de zeggenschap van de AVA te beperken. Deze beperkingen kunnen op statutaire bepalingen en/of op niet-statutaire constructies worden gebaseerd. Door deze beperkingen komt de zeggenschap te liggen bij een kleine groep. In die situatie is er sprake van oligarchie.

Oligarchie

Tussenvraag 2.1
Wie zullen zich met name verzetten tegen een beperking van de zeggenschap van de AVA?

Oligarchie
De *oligarchie op basis van statutaire regelingen* wordt gekenmerkt door:
- het eisen van een versterkte meerderheid; dit houdt in dat voor het nemen van bepaalde belangrijke beslissingen een meerderheid van bijvoorbeeld drievierde of tweederde van de AVA vóór moet stemmen;
- het eisen van een rechtstreekse voordracht; bepaalde personen of organen krijgen het recht een bindende voordracht op te stellen voor de benoeming van nieuwe leden van de RvB of van de RvC (per vacature minimaal twee kandidaten);
- het uitgeven van prioriteitsaandelen; houders van deze aandelen krijgen het recht de rechtstreekse voordracht op te stellen;
- het beperken van het stemrecht; elke aandeelhouder krijgt een beperkt aantal stemmen in de AVA;
- het uitgeven van aandelen op naam.

De *oligarchie op basis van niet-statutaire regelingen* wordt gekenmerkt door:
- de oprichting van een houdstermaatschappij; om de zeggenschap in de nv te verkrijgen, moet de houdstermaatschappij bij voorkeur meer dan 50% van de geplaatste aandelen in haar bezit hebben;
- de oprichting van een administratiekantoor, waarvan het beheer in handen is van bevriende relaties; de aandelen van de nv worden ondergebracht bij het administratiekantoor, dat op zijn beurt certificaten van aandelen uitgeeft; de houders van certificaten hebben recht op een deel van de winst van de nv, maar hebben geen stemrecht in de AVA van de nv;
- de verlening van een optie op een meerderheidspakket (van aandelen) aan bevriende relaties; bij de dreiging van een vijandelijke overname kunnen deze relaties van hun optie gebruikmaken; zij verkrijgen dan de meerderheid in de AVA en daarmee de zeggenschap over de nv.

Corporate governance van een nv

De laatste jaren is veel gediscussieerd over corporate governance. Daarbij gaat het erom vast te stellen aan welke eisen een onderneming moet voldoen, wil er sprake zijn van een goede bestuurlijke inrichting van de onderneming en de uitvoering van goed ondernemerschap. Een goede corporate governance vereist dat het bestuur van een onderneming zodanig is ingericht, dat rekening wordt gehouden met de belangen van alle betrokkenen. Tot deze betrokkenen behoren onder andere aandeelhouders, verstrekkers van vreemd vermogen, werknemers, toeleveranciers, afnemers en de overheid. De discussie rond corporate governance speelt zich vooral af rond grote beursgenoteerde nv's. De betrokkenen bij deze nv's willen graag zo veel mogelijk inzicht hebben in de besturing en de financiële resultaten van de nv. Ze willen weten hoe het bedrijf er financieel voorstaat, inzicht hebben in de risico's en eventueel invloed kunnen uitoefenen op belangrijke beslissingen. Dit geldt met name voor de aandeelhouders.

De aandeelhouders moeten erop kunnen vertrouwen dat de Raad van Bestuur (RvB) en de Raad van Commissarissen (RvC) hun belangen dienen. De praktijk heeft echter uitgewezen dat dat lang niet altijd het geval was. Verbetering van de bestuurlijke relaties tussen RvB, RvC en aandeelhouders was daarom wenselijk.

Oud-voorzitter van de Raad van Bestuur van Unilever, Mr. Morris Tabaksblat, heeft een aantal gedragregels opgesteld waaraan ondernemingen moeten voldoen wil er sprake zijn van een goede corporate governance. Deze gedragsregels, die bekendstaan onder de naam 'code-Tabaksblat', hebben vooral betrekking op:

- transparantie van de onderneming: hiermee wordt bedoeld dat de financiële gegevens die de onderneming publiceert betrouwbaar, volledig en tijdig beschikbaar moeten worden gesteld; ook moeten de externe betrokkenen zo goed mogelijk op de hoogte worden gesteld van de risico's waaraan de onderneming blootstaat;
- beperking van beschermingsconstructies: beschermingsconstructies hebben tot doel de zeggenschap van aandeelhouders (bijvoorbeeld bij een overname) te beperken; deze constructies zijn meestal niet in het belang van de aandeelhouders;
- openheid over de salarissen van de RvB: de salarissen van de leden van de RvB moeten in het jaarverslag worden vermeld, alsmede de overige vormen van beloning;
- onafhankelijkheid van de leden van de RvC (geen belangenverstrengeling);
- inzicht geven in de wijze waarop de RvC haar toezicht heeft uitgeoefend.

Het toezicht op de naleving van de Code wordt uitgevoerd door de *Monitoring Commissie Corporate Governance* Code. De naam van de 'Code Tabaksblat' is inmiddels veranderd in de 'Nederlandse Corporate Governance Code'.

De code is van toepassing op alle vennootschappen met statutaire zetel in Nederland en waarvan aandelen of certificaten van aandelen zijn toegelaten tot de handel op een gereglementeerde markt of multilaterale handelsfaciliteit binnen de Europese Unie, of een daarmee vergelijkbare markt of handelsfaciliteit buiten de Europese Unie. Nederlandse beursvennootschappen waarvan effecten worden verhandeld op een multilaterale handelsfaciliteit en waarvan het balanstotaal kleiner is dan €500 mln zijn uitgezonderd van de werking van de Code.

Zie ook: www.commissiecorporategovernance.nl

Sinds de financiële crisis die in 2007 begon is er onder meer een discussie ontstaan over de extreem hoge beloningen voor de directeuren van grote, beursgenoteerde ondernemingen. Grote beleggers hebben sinds 2007 overleg gevoerd met deze ondernemingen over de hoogte van de beloningen van haar bestuurders. Ook hebben ze op aandeelhoudersvergaderingen tegen bepaalde loonsverhogingen en bonussen gestemd. Dat heeft echter niet het gewenste resultaat opgeleverd. Een grote belegger, pensioenfonds PGGM, gaat nu andere middelen inzetten, zoals uit het volgende artikel blijkt.

PGGM begint wereldwijde campagne tegen uitwassen in beloningen van ceo's

Gerben van der Marel
New York

Pensioenbelegger PGGM gaat wereldwijd campagne voeren tegen excessieve beloningen bij beursfondsen. Praten met bedrijven en tegenstemmen blijken onvoldoende succesvol. De Nederlanders willen het voortouw nemen bij mobiliseren van andere beleggers en toezichthouders. PGGM wil ruim een dozijn 'veelplegers' aanpakken, aldus Marcel Jeucken en Catherine Jackson die zich bij PGGM bezighouden met verantwoord beleggen.

'De financiële crisis heeft onze ogen geopend' zegt Jackson. 'We zijn dieper gaan nadenken over het bredere probleem van inkomensongelijkheid. We willen als aandeelhouders bijdragen in een aanpak. We willen praktijken die er de laatste decennia zijn ingeslopen terugdraaien. Kapitaalverschaffers moeten de controle over beloningspraktijken terugnemen.'

Tot ergernis van de belegger van Nederlandse zorgpensioenen nemen vooral in de VS de topbeloningen toe. Ceo's verdienen met gemiddeld $22,6 mln meer dan ooit, aldus onderzoeksbureau Equilar. Contante bonussen, die prestatie op langere termijn niet stimuleren, zijn terug, net als tekenbonussen en zogeheten gouden parachutes. Ceo's die in hun loopbaan een half miljard dollar verdienen zijn in de VS geen uitzonderingen meer.

De pensioenbelegger heeft een opvallende vergaande richtlijn gepubliceerd waarin 'een betere wereld' als doelstelling wordt genoemd. PGGM zegt een jaar gewerkt te hebben aan de richtlijnen die zich op alle beursgenoteerde ondernemingen wereldwijd richt. PGGM heeft de richtlijn, die intern al een halfjaar klaar was, maar vertrouwelijk bleef, de afgelopen maanden voor het eerst ingezet. PGGM zegt in het eerste kwartaal in de VS in 91% van de gevallen tegen een beloningsvoorstel gestemd te hebben. In het lopende tweede kwartaal is dat 79%.

PGGM vindt dat ondernemingen niet langer hun beloningen moeten afmeten aan vergelijkbare ondernemingen. 'We willen paal en perk stellen aan variabele beloningen en beloning verbinden aan maatschappelijke doelstellingen en die van PGGM' zegt Jeucken. 'Als bedrijven niet aan onze rendementsverwachtingen kunnen voldoen die we nodig hebben om pensioenen uit te betalen, dan kan er geen sprake zijn van variabele beloning.' De richtlijn spreekt van 'passende interne maatstaven die het creëren van duurzaam absoluut rendement op de lange termijn en een duurzame wereld bevorderen.'

PGGM zoekt met haar nieuwe beleid naar eigen zeggen nieuwe grenzen op.

Vorige week maakte ook het ABP bekend scherper te gaan letten op de beloningen bij de bedrijven waarin het belegt. In een eerdere richtlijn van de belegger van ambtenarenpensioenen voor het beloningsbeleid bij de Europese beursgenoteerde bedrijven is de toon veel milder en wordt de nadruk gelegd op een 'effectievere dialoog'. Wel wordt ook gepleit voor het koppelen van beloningen aan niet-financiële maatstaven. ∎

Bron: *Het Financieele Dagblad*, 5 juni 2015

Hierna bespreken we nog het aantrekken van vermogen, het publiceren van de financiële gegevens en de voor- en nadelen van een naamloze vennootschap.

Het aantrekken van vermogen

Grote ondernemingen die aandelen uitgeven die aan toonder luiden, kunnen een notering op de effectenbeurs aanvragen. In dat geval heeft de onderneming toegang tot een groot aantal beleggers en de mogelijkheid een groot aandelenkapitaal bijeen te brengen.

Beleggers die aandelen willen kopen, kunnen dit doen op de *effectenbeurs* via tussenkomst van banken of commissionairs. Uitgifte van aandelen via de effectenbeurs noemt men een openbare emissie.

Openbare emissie

Een nv beschikt in het algemeen over een groot eigen vermogen en een professionele leiding, die niet afhankelijk is van één of enkele personen. Als bovendien de winstverwachtingen gunstig zijn, is het voor de nv ook mogelijk een omvangrijk vreemd vermogen aan te trekken.

Publiceren van financiële gegevens

Tegen het licht van hetgeen is geschreven over corporate governance en de Nederlandse Corporate Governance Code zal het geen verwondering wekken dat grote nv's veel financiële informatie moeten verstrekken aan de betrokkenen bij een nv. We gaan daar in hoofdstuk 14 nader op in.

Voor- en nadelen van een naamloze vennootschap

Voordelen van een naamloze vennootschap zijn de volgende:
- Er kan een groot eigen vermogen bijeengebracht worden, doordat er bij een nv veel aandeelhouders zijn.
- Een groot eigen vermogen is (naast de winstverwachtingen) een belangrijke basis voor het aantrekken van een omvangrijk vreemd vermogen.
- De aansprakelijkheid van de aandeelhouders (eigenaren) is beperkt tot het bedrag van hun deelname.
- De continuïteit van de onderneming is groot doordat een aandeelhouder zijn aandeel aan een ander kan verkopen (de nv houdt de beschikking over het eigen vermogen). Bovendien bestaat het bestuur en het overig management van een nv uit een groot aantal personen. Het voortbestaan van de nv is daardoor niet afhankelijk van een of enkele personen.
- Nv's zijn door hun omvang in staat specialisten aan te stellen op het gebied van het bestuur, de productie, de marketing, de financiering en dergelijke.

Nadelen van een naamloze vennootschap zijn de volgende:
- Een nv is wettelijk verplicht haar jaarstukken (gedeeltelijk) te publiceren. Voor de leiding van een nv zou dit een nadeel kunnen zijn. Vooral in financieel ongunstige tijden zou zij de cijfers graag binnenskamers houden. Aandeelhouders en andere belanghebbenden zijn echter gebaat bij tijdige, juiste en volledige informatie over de financiële prestaties van de onderneming.
- Als de aandelen vrij overdraagbaar zijn, bestaat het gevaar dat een derde de meerderheid van de aandelen opkoopt en daardoor invloed kan uitoefenen op het beleid van de nv (vijandige overname).

Tussenvraag 2.2
Wat zijn de verschillen tussen een openbare emissie en een onderhandse plaatsing van aandelen?

2.7 Besloten vennootschap

Besloten vennootschap

De besloten vennootschap (bv) is een vennootschap waarbij het maatschappelijk kapitaal verdeeld is in aandelen die niet vrij overdraagbaar zijn (de aandelen staan *op naam*). Van de aandelen worden geen aandeelbewijzen uitgegeven. In plaats daarvan houdt de bv een register bij waaruit blijkt welke personen deelnemen in de bv en voor welk aantal aandelen.

Op grond van wettelijke voorschriften is de overdracht van aandelen van een bv aan beperkingen onderhevig. In de statuten van de bv moet daarom een *blokkeringsregeling* opgenomen worden. Deze regeling kan volgens de wet geformuleerd worden door:

Blokkeringsregeling

- *De aanbiedingsprocedure.* De aandeelhouder die zijn aandelen wil verkopen, moet ze eerst aan zijn medeaandeelhouders te koop aanbieden.
- *De goedkeuringsprocedure.* De aandeelhouder die zijn aandelen wil verkopen, moet daarvoor eerst de toestemming hebben van zijn mede-aandeelhouders.

Minimumkapitaal

Met ingang van 1 oktober 2012 is de Flex-bv-wetgeving van toepassing. Op grond van deze wet is voor de oprichting van een bv geen minimumkapitaal vereist. Toch kan het om juridische of fiscale redenen wenselijk zijn een minimumkapitaal vast te stellen. Het kan dan ook voorkomen dat een minimumkapitaal van bijvoorbeeld €0,01 wordt vastgesteld.

Algemene Vergadering van Aandeelhouders

De aandeelhouders zijn de eigenaren van de bv. Zij kunnen hun macht uitoefenen via de Algemene Vergadering van Aandeelhouders (AVA). De dagelijkse leiding van de bv berust bij de RvB, die door de AVA benoemd wordt. De RvB heeft voor belangrijke beslissingen veelal vooraf de toestemming nodig van de AVA.

In de statuten kan bepaald worden dat er een Raad van Commissarissen (RvC) moet worden benoemd, die namens de aandeelhouders toezicht op het bestuur moet uitoefenen.

Aansprakelijkheid
De aansprakelijkheid van een bv komt overeen met die van een nv.

Het aantrekken van vermogen
De aandelen van een bv zijn niet vrij verhandelbaar. Daarom kan voor het aantrekken van vermogen geen gebruik gemaakt worden van de Effectenbeurs. Het aandelenvermogen van een bv wordt vaak door een kleine groep aandeelhouders (bijvoorbeeld familieleden) ingebracht en is daardoor beperkt van omvang.

De continuïteit van een bv is in het algemeen goed, doordat er verschillende vermogensverschaffers en bestuurders zijn. Dit verruimt de mogelijkheden om vreemd vermogen aan te trekken.

Publiceren van financiële gegevens
De financiële gegevens die nv's en bv's moeten publiceren, hangen af van de grootte van de rechtspersoon. We gaan daar in hoofdstuk 14 nader op in.

Voor- en nadelen van een besloten vennootschap
Voordelen van de besloten vennootschap zijn de volgende:
- De aandelen van een bv zijn niet vrij verhandelbaar. Hierdoor is het voor buitenstaanders niet mogelijk de zeggenschap in een bv te verkrijgen. De aandeelhouders van een bv hoeven dus niet bevreesd te zijn voor een vijandige overname.
- De directeur-aandeelhouder is niet met zijn privévermogen aansprakelijk voor de schulden van de bv.
- De bv heeft een beperkte publicatieplicht (zie hoofdstuk 14).

Een nadeel van de besloten vennootschap is dat over de dividenden die aan de (directeur-)aandeelhouder(s) worden uitgekeerd, inkomstenbelasting moet worden betaald. Er is dan sprake van dubbele belastingheffing. We komen daarop in paragraaf 2.10 terug.
Bovendien leidt een bv tot meer administratieve verplichtingen in vergelijking met een eenmanszaak of vennootschap onder firma.

2.8 Verenigingen

Er zijn drie soorten verenigingen:
- de gewone vereniging
- de onderlinge waarborgmaatschappij
- de coöperatie.

2.8.1 Gewone vereniging

Gewone vereniging

De gewone vereniging is een samenwerkingsvorm tussen natuurlijke personen en/of rechtspersonen die een gemeenschappelijk doel nastreven. Het is toegestaan dat een gewone vereniging winst maakt. Deze winst mag echter niet uitgekeerd worden aan de leden van de vereniging, maar moet ten goede komen aan het doel van de vereniging. Voorbeelden van gewone verenigingen zijn sportverenigingen en personeelsverenigingen.

2.8.2 Onderlinge waarborgmaatschappij

Onderlinge waarborgmaatschappij

De onderlinge waarborgmaatschappij is een coöperatie die het verzekeringsbedrijf ten behoeve van haar leden uitoefent. Als voorbeeld kiezen we Onderlinge Waarborgmaatschappij Assuron (zie: www.assuron.nl). Dit is een verzekeraar zonder winstoogmerk voor MKB-bedrijven. De leden van de onderlinge waarborgmaatschappij storten jaarlijks een premie. Uit deze premieopbrengsten kunnen eventuele schadegevallen gedekt worden, zoals de kosten in verband met het ziekteverzuim van het personeel. De leden van de onderlinge waarborgmaatschappij kunnen deze kosten op de verzekeraar verhalen, als zij daar tenminste voor verzekerd zijn en de premies hebben betaald.

2.8.3 Coöperatie

Coöperatie

Een coöperatie is een vereniging van personen, die opgericht is met het doel de *materiële belangen* van de leden te behartigen. De statuten van de coöperatie bepalen aan welke eisen personen moeten voldoen om lid van de vereniging te kunnen worden. Het staat de leden vrij uit de coöperatie te treden.

Hoewel de coöperatie een rechtspersoon is, kunnen de leden in sommige situaties toch aansprakelijk gesteld worden voor de handelingen van de coöperatie. Dit hangt af van de wijze waarop de aansprakelijkheid geregeld is. Deze kan op een van de volgende drie manieren overeengekomen zijn:

Wettelijke aansprakelijkheid (WA)

1 *Wettelijke aansprakelijkheid (WA)*. Bij liquidatie van de coöperatie zijn de leden voor gelijke delen aansprakelijk (ook met hun privévermogen) voor de schulden die de coöperatie niet kan voldoen.

Beperkte aansprakelijkheid (BA)

2 *Beperkte aansprakelijkheid (BA)*. Bij liquidatie van de coöperatie zijn de leden aansprakelijk voor de schulden die de coöperatie niet kan voldoen, tot een bedrag dat in de statuten is vastgelegd.

Uitgesloten aansprakelijkheid (UA)

3 *Uitgesloten aansprakelijkheid (UA)*. Bij liquidatie van de coöperatie zijn de leden niet aansprakelijk voor de schulden van de coöperatie.

De letters WA, BA of UA moeten in de naam van de coöperatie voorkomen, zodat het voor derden duidelijk is hoe de aansprakelijkheid geregeld is.

Enkele van de meestvoorkomende vormen van coöperaties zijn:
- coöperatieve *productie*verenigingen, zoals AVEBE, Cosun en Friesland Foods;
- coöperatieve *verbruiks*verenigingen, zoals de COOP;
- coöperatieve *krediet*verenigingen, zoals de Rabobank.

Vooral in de agrarische sector komen coöperaties voor.

Aansprakelijkheid
De aansprakelijkheid van de leden hangt af van de wijze waarop deze in de statuten geregeld is: WA, BA of UA.

Het aantrekken van vermogen
Het grote aantal leden en een grote continuïteit geven de mogelijkheid om een omvangrijk vermogen samen te brengen. De Rabobank is daar een goed voorbeeld van.

Publiceren van financiële gegevens
De financiële gegevens die een coöperatie moet publiceren, hangen af van de grootte van de rechtspersoon. We gaan daar in hoofdstuk 14 nader op in.

Voor- en nadelen van de coöperatie
Voordelen van de coöperatie zijn de volgende:
- Als er veel leden zijn, kan een groot vermogen worden samengebracht.
- De aansprakelijkheid van de leden kan worden beperkt.

Nadelen van de coöperatie zijn de volgende:
- De leden hebben de vrijheid om uit te treden. Door uittreding neemt het ingebrachte vermogen af, evenals de mogelijkheid om vreemd vermogen aan te trekken.
- Het gedrag van een individueel lid kan in strijd komen met het belang van de coöperatie.

2.9 Stichting

Stichting

Een stichting is een rechtspersoon die geen leden kent. Een stichting streeft meestal (door middel van een daartoe bestemd vermogen) een ideëel doel na en mag geen uitkeringen doen aan de oprichters of bestuurders.
Het doel van de stichting moet in de statuten worden opgenomen.
Een stichting is belastingplichtig voor de vennootschapsbelasting als zij werkzaamheden verricht waardoor zij *in concurrentie treedt* met andere ondernemingen.

2.10 Ondernemingsvormen en belastingen

Het soort belasting en de omvang van het te betalen belastingbedrag hangen mede af van de ondernemingsvorm. Bij het kiezen van een ondernemingsvorm moet daarom ook rekening worden gehouden met de fiscale gevolgen.
In deze paragraaf bespreken we de vennootschapsbelasting en de inkomstenbelasting. Ook gaan we met een voorbeeld in op de gevolgen van de belastingheffing.

2.10.1 Vennootschapsbelasting

Vennootschaps-belasting

Ondernemingen met de rechtsvorm van nv, bv en andere rechtspersonen (zoals de stichting en vereniging voorzover deze laatste twee een onderneming drijven) betalen vennootschapsbelasting over de belastbare winst. Over de winst tot en met €200.000 moet 20% vennootschapsbelasting worden betaald en over de winst boven €200.000 bedraagt het tarief 25%. Voorgaande gegevens én de gegevens die hierna worden vermeld, gelden voor het jaar 2015 en kunnen van jaar tot jaar worden aangepast.

2.10.2 Inkomstenbelasting

Inkomstenbelasting

Voor de inkomstenbelasting worden de inkomens van de belastingplichtigen verdeeld in drie groepen, ook wel boxen genoemd. Zonder op de details in te gaan, geven we globaal aan welke inkomsten in de drie verschillende boxen vallen.

Box 1

In box 1 worden onder andere de volgende inkomsten belast:
- winst uit onderneming;
- resultaat uit overige werkzaamheden (inkomsten van zelfstandigen, die voor de inkomstenbelasting geen ondernemer zijn: bijvoorbeeld freelancefotografen of freelancejournalisten);
- loon en periodieke verstrekkingen.

Zelfstandigenaftrek

De belastingplichtige die voor de inkomstenbelasting als *ondernemer* wordt aangemerkt, heeft (als aan bepaalde eisen is voldaan) recht op een aantal aftrekposten. Een aftrekpost die met name voor ondernemers een rol kan spelen, is de zelfstandigenaftrek. Als aan bepaalde voorwaarden is voldaan, mag een bedrag van de winst uit onderneming worden afgetrokken. Daardoor betaalt de ondernemer minder inkomstenbelasting. De hoogte van de zelfstandigenaftrek is een vast bedrag dat voor het jaar 2015 €7.280 bedraagt.

Om de te betalen inkomstenbelasting te berekenen, wordt het belastbare inkomen in schijven opgesplitst. We geven de belastingtarieven gespecificeerd per schijf weer in tabel 2.1. De weergegeven percentages gelden voor belastingplichtigen jonger dan 65 jaar (inkomstenbelasting én premies volksverzekeringen).

Tabel 2.1 Tarieven voor de inkomstenbelasting

Schijf		Tarief
€0	t/m €19.822	36,5%
€19.823	t/m €33.589	42%
€33.590	t/m €57.585	42%
€57.586	en meer	52%

Box 2

In box 2 wordt 25% inkomstenbelasting geheven over dividendinkomsten uit een aanmerkelijk belang en over de vervreemdingswinst bij verkoop van de aandelen. Iemand die voor 5% of meer direct of indirect aandeelhouder is van een vennootschap, is aandeelhouder met een aanmerkelijk belang. Het gaat hier dus om aandeelhouders in een nv of bv. Een aandeelhouder van een grote, beursgenoteerde onderneming zal in het algemeen minder dan 5% van de aandelen bezitten en dus geen aanmerkelijk belang in de nv hebben. Daar staat tegenover dat een directeur van een bv met aandelen in de bv waaraan hij leidinggeeft al gauw 5% of meer van de aandelen van zijn bv bezit. We spreken dan van een directeur-grootaandeelhouder (dga). Een dga van een bv heeft dus een aanmerkelijk belang in de bv waaraan hij leidinggeeft.

Aanmerkelijk belang

Directeur-grootaandeelhouder

De inkomsten van een dga bestaan uit salaris en eventueel uit ontvangen dividenden. Als er naast salaris sprake is van ontvangen dividenden, dan worden de inkomsten van de dga belast in box 1 en box 2. Het salaris van een directeur wordt namelijk net als dat van andere werknemers belast in box 1, terwijl zijn dividendinkomsten uit aanmerkelijk belang in box 2 worden belast. Als hoofdregel geldt dat het

loon van de dga voor 2015 ten minste gelijk is aan de hoogste van de volgende drie varianten:
a €44.000 bruto per jaar;
b het hoogste loon van de overige werknemers van de vennootschap;
c 75% van het loon uit de meest vergelijkbare dienstbetrekking.

Box 3
Het inkomen uit sparen en beleggen wordt belast in box 3. Het tarief in box 3 is 30%. In plaats van het werkelijke rendement wordt door de fiscus verondersteld dat een rendement van 4% wordt behaald. Over die 4% fictief rendement (te berekenen over de totale waarde van het spaartegoed en beleggingen, verminderd met een heffingsvrij vermogen van €21.139) moet 30% inkomstenbelasting worden betaald.

Fictief rendement

2.10.3 Gevolgen van de belastingheffing

De verschillen tussen de vennootschapsbelasting en inkomstenbelasting spelen vooral een rol bij de keuze tussen een eenmanszaak, vof en maatschap enerzijds of een bv anderzijds. Om de gevolgen van de belastingheffing toe te lichten, vergelijken we aan de hand van een voorbeeld de belastingheffing bij een eenmanszaak met die van een bv waarbij de dga een aanmerkelijk belang heeft in zijn bv en ook dividend uit zijn bv ontvangt.

■ **Voorbeeld 2.2 Bouwonderneming JOBO**
Bouwonderneming JOBO is gespecialiseerd in de renovatie van historische panden. De heer Joosten is de eigenaar en tevens enige directeur van JOBO. De omzet van de onderneming bedraagt €490.000 per jaar. Alle kosten (met uitzondering van de beloning voor de directeur-eigenaar) bedragen €300.000 per jaar. Op dit moment heeft het bouwbedrijf de juridische vorm van een eenmanszaak. De heer Joosten overweegt echter de eenmanszaak in een bv om te zetten. Bij omzetting van de eenmanszaak in een bv wordt aan Joosten als dga een salaris toegekend van €44.000. Over dit salaris moet 35% aan sociale lasten worden betaald. Joosten keert de winst na aftrek van vennootschapsbelasting volledig als dividend aan zichzelf uit.
Maak een berekening van de te betalen belasting ingeval:
a de eenmanszaak wordt gehandhaafd;
b de eenmanszaak in een bv wordt omgezet.

We houden alleen rekening met de gegevens die in deze paragraaf staan vermeld. De uitwerking staat op de volgende pagina.

Uitwerking (ook in Excel beschikbaar op www.bedrijfseconomieheezen.noordhoff.nl)

Bij een bv en een nv is er sprake van een dubbele belastingheffing. De bv of nv betaalt in eerste instantie vennootschapsbelasting over de winst. Als een gedeelte van de winst na aftrek van vennootschapsbelasting in de vorm van dividend aan de aandeelhouders wordt uitgekeerd, betaalt de aandeelhouder ook nog eens inkomstenbelasting over deze dividenden. In het geval de bv of nv een groter gedeelte van de winst

Winst- en verliesrekening	JOBO bv (in euro's)		Eenmanszaak
Omzet	490.000		
Alle kosten m.u.v. salaris dga	300.000 –		
Resultaat voor aftrek salaris dga	190.000	Resultaat	190.000
Salaris dga	44.000 –	Zelfstandigenaftrek	7.280 –
Sociale lasten over salaris dga	15.400 –	Belastbaar inkomen	182.720
Resultaat voor vennootschapsbel.	130.600		
Vennootschapsbelasting[1]	26.120 –		
Resultaat na vennootschapsbel.	104.480		
Dividenduitkering	104.480 –		
Winstinhouding	0		

1 $0{,}20 \times €130.600 = €26.120$

Berekening inkomstenbelasting	Dga		Eenmanszaak	
Box 1: 1^e schijf $0{,}365 \times 19.822 =$	€	7.235	$0{,}365 \times €19.822 =$	€ 7.235
2^e schijf $0{,}42 \times (€33.589 - €19.822) =$	€	5.782	$0{,}42 \times (€33.589 - €19.822) =$	- 5.782
3^e schijf $0{,}42 \times (€44.000 - €33.589) =$	€	4.373	$0{,}42 \times (€57.585 - €33.589) =$	- 10.079
4^e schijf		0	$0{,}52 \times (€182.720 - €57.585) =$	- 65.070
Totaal Box 1	€	17.390		€ 88.166
Box 2: $0{,}25 \times €104.480 =$	€	26.120		
Totaal Inkomstenbelasting	€	43.510		
Vennootschapsbelasting	€	26.120		
Totaal betaalde belasting door bv en dga	€	69.630		

inhoudt, zal het nadeel van dubbele belastingheffing (op dit moment tenminste) minder optreden.

Tussenvraag 2.3
Welke rechtsvorm zou je kiezen voor een door jezelf op te richten onderneming? Let daarbij ook op de verwachte omvang van de activiteiten van de onderneming. Motiveer je keuze.

2.11 Overzicht rechtsvormen

Tabel 2.2 (zie volgende bladzijde) geeft een schematisch overzicht van de rechtsvormen die we in dit hoofdstuk hebben besproken. Dit overzicht hebben we ontleend aan een publicatie van de Kamer van Koophandel. Het bevat ook een aantal aspecten waarvan de toelichtingen buiten het kader van dit boek vallen.

Tabel 2.2 **Schematisch overzicht rechtsvormen**

	Eenmanszaak	Bv	Nv	Maatschap	Vof	Cv	Coöperatie	Stichting
Oprichting	Vormvrij	Notariële akte	Notariële akte	Vormvrij Voorkeur: notarieel contract	Vormvrij Voorkeur: notarieel contract	Vormvrij Voorkeur: notarieel contract	Notariële akte	Notariële akte
Inschrijving	Handelsregister	Handelsregister	Handelsregister	Niet van toepassing: vrij beroep	Handelsregister	Handelsregister	Handelsregister	Handelsregister
Vereisten omvang vermogen	Geen	Geen	€45.000	Geen	Geen	Geen	Geen	Geen
Bestuur	Eigenaar	Raad van Bestuur	Raad van Bestuur	Maten	Vennoten	Beherend vennoten	Bestuur	Bestuur
Andere organen	Geen	Aandeelhouders Eventueel Raad van Commissarissen	Aandeelhouders Eventueel Raad van Commissarissen	Geen	Geen	Commanditaire vennoten	Ledenraad Eventueel Raad van Commissarissen	Geen
Aansprakelijkheid	Privé voor 100%	Raad van Bestuur bij onbehoorlijk bestuur	Raad van Bestuur bij onbehoorlijk bestuur	Privé voor gelijk deel als maatschap in gebreke blijft	Privé voor 100% als vof in gebreke blijft	Beherend vennoten privé 100%, commanditaire vennoten beperkt aansprakelijk	Leden: WA/geheel BA/beperkt UA/niet Bestuur bij onbehoorlijk bestuur	Bestuur bij onbehoorlijk bestuur
Belastingen	Inkomstenbelasting	Vennootschapsbelasting Inkomstenbelasting over salaris directeur en dividend	Vennootschapsbelasting Inkomstenbelasting over salaris directeur en dividend	Inkomstenbelasting	Inkomstenbelasting	Inkomstenbelasting voor beherend vennoten	Vennootschapsbelasting	Eventueel vennootschapsbelasting
Sociale zekerheid	Geen werknemersverzekeringen	Directeurgrootaandeelhouder valt niet onder de werknemersverzekeringen	Directeurgrootaandeelhouder valt niet onder de werknemersverzekeringen	Geen werknemersverzekeringen	Geen werknemersverzekeringen	Geen werknemersverzekeringen	–	Bestuur niet in loondienst
Publicatieplicht	nee	ja	ja	nee	nee	nee	ja	nee

Bron: Kamer van Koophandel

Samenvatting

De ondernemingsvorm is de juridische vorm (rechtsvorm) waarin de onderneming wordt gedreven. De keuze van de ondernemingsvorm heeft grote gevolgen voor de regeling van de aansprakelijkheid, de te betalen belastingen, de voortzetting van de onderneming, de mogelijkheden om vermogen aan te trekken en de publicatieplicht. Deze aspecten zijn besproken voor de eenmanszaak, de maatschap, de vennootschap onder firma, de commanditaire vennootschap, de naamloze vennootschap, de besloten vennootschap en de verenigingen.
De mogelijkheden om de onderneming voort te zetten en om vermogen aan te trekken, zijn vaak groter als de eigendom van de onderneming over meer personen verdeeld is.

Bij een nv worden hoge eisen gesteld aan de inrichting van het bestuur van de nv. De Nederlandse Corporate Governance Code bevat een groot aantal regels en voorschriften waaraan een nv moet voldoen, wil er sprake zijn van een goede corporate governance.
Het zal van de concrete situatie afhangen, welke ondernemingsvorm de voorkeur verdient. Op basis van de voor- en nadelen die aan iedere ondernemingsvorm verbonden zijn, zal een keuze moeten worden gemaakt.

Begrippenlijst

Aanmerkelijk belang	Het bezit (direct of indirect) van 5% van de aandelen van een nv of bv.
Agio	Bedrag waarmee de emissieprijs de nominale waarde van het aandeel overtreft.
Algehele gemeenschap van goederen	Een situatie waarin er geen juridische scheiding is tussen het zakelijk vermogen en het privévermogen van de partners.
Beherend vennoot	Vennoot die het beheer voert over een commanditaire vennootschap.
Besloten vennootschap	Vennootschap waarbij het maatschappelijk kapitaal verdeeld is in aandelen op naam, die niet vrij verhandelbaar zijn.
Commanditaire vennootschap	Maatschap waarbij een of meer van de vennoten niet aan het beheer mag/mogen deelnemen (stille vennoot)), maar zich dient/dienen te beperken tot het inbrengen van geld en/of goederen. De overige vennoten voeren het beheer over de vennootschap.
Coöperatie	Vereniging van personen, die is opgericht om, door middel van een daartoe bestemd vermogen, de materiële belangen van de leden te behartigen.
Corporate governance	Aanbevelingen en eisen met betrekking tot het besturen van ondernemingen.
Directeur-grootaandeelhouder	Een directeur van een bv die 5% of meer van de aandelen bezit van de bv waaraan hij/zij leiding geeft.
Eenmanszaak	Ondernemingsvorm waarbij de leiding en de eigendom van de onderneming bij één persoon berusten.
Emissie van aandelen	Het uitgeven (plaatsen) van nieuwe aandelen.
Gewone vereniging	Samenwerkingsverband tussen natuurlijke en/of rechtspersonen die een gemeenschappelijk doel nastreven. Een gewone vereniging mag niet het maken van winst *voor haar leden* tot doel hebben.
Hoofdelijke aansprakelijkheid	Het met privé- en zakelijk vermogen aansprakelijk zijn voor de totale schuld.
Huwelijkse voorwaarden	Voorwaarden die gehuwden of geregistreerde partners kunnen vastleggen met betrekking tot de aansprakelijkheid voor elkaars schulden.
Inkomstenbelasting	Belastingen die belastingplichtigen (individuen) betalen over hun belastbare inkomen.

Maatschap	Overeenkomst tussen twee of meer personen (maten), die zich verplichten iets in gemeenschap te brengen met het doel het daarmee verkregen voordeel met elkaar te delen.
Maatschappelijk kapitaal	Het maximale (nominale) aandelenkapitaal dat door de nv/bv mag worden uitgegeven zonder dat een statutenwijziging nodig is.
Naamloze vennootschap	Vennootschap waarbij het maatschappelijk kapitaal verdeeld is in aandelen, die vrij overdraagbaar zijn.
Nederlandse Corporate Governance code	Gedragsregels voor het goed besturen van ondernemingen.
Onderlinge waarborgmaatschappij	Coöperatieve vereniging die het verzekeringsbedrijf uitoefent.
Ondernemingsvorm	Juridische vorm (rechtsvorm) waarin de onderneming wordt gedreven.
Oligarchie	Situatie binnen een onderneming waarbij de besluitvorming is voorbehouden aan een kleine groep personen.
Openbare emissie	Het uitgeven van aandelen via de effectenbeurs.
Raad van Bestuur	Orgaan binnen een nv of bv dat belast is met de dagelijkse leiding en met de planning op lange en korte termijn.
Raad van Commissarissen	Orgaan binnen een nv of bv dat toezicht houdt op de Raad van Bestuur en gevraagd of ongevraagd adviezen verstrekt.
Rechtspersoon	Zelfstandig lichaam met eigen rechten en plichten en een afgezonderd vermogen.
Stichting	Rechtspersoon die geen leden kent en meestal een ideëel doel nastreeft.
Stille vennoot	Vennoot die niet deelneemt aan het beheer naar buiten van een commanditaire vennootschap, maar slechts geld en/of goederen in de vennootschap inbrengt.
Vennootschap onder firma	Maatschap ter uitoefening van een bedrijf onder een gemeenschappelijke naam.
Vennootschapsbelasting	Belastingen die nv's, bv's en andere rechtspersonen betalen over de belastbare winst.
Zelfstandigenaftrek	Het bedrag dat (als aan bepaalde eisen is voldaan) van de winst mag worden afgetrokken om de belastbare winst vast te stellen.

Meerkeuzevragen

2.1 Welke van de volgende ondernemingsvormen is een persoonlijke ondernemingsvorm?
  a Naamloze vennootschap.
  b Coöperatie.
  c Vennootschap onder firma.
  d Stichting.

2.2 Welke van de volgende ondernemingsvormen is een rechtspersoon?
  a Besloten vennootschap.
  b Eenmanszaak.
  c Maatschap.
  d Commanditaire vennootschap.

2.3 Kenmerkend voor een eenmanszaak is dat
  a het aantal werknemers klein is.
  b er een scheiding is tussen zakelijk vermogen en privévermogen.
  c de mogelijkheden om het bedrijf voort te zetten groot zijn.
  d de eigendom en leiding bij één persoon berusten.

2.4 De schuldeisers van een eenmanszaak waarvan de eigenaar onder huwelijkse voorwaarden is getrouwd, kunnen hun vorderingen *uitsluitend* verhalen op:
  a het privévermogen van de eigenaar.
  b het zakelijk vermogen van de eenmanszaak.
  c het privévermogen van de eigenaar en het zakelijk vermogen van de eenmanszaak.
  d het privévermogen van de eigenaar én van de partner en het zakelijk vermogen van de eenmanszaak.

2.5 De firmanten van een vennootschap onder firma zijn
  a met hun zakelijk vermogen hoofdelijk aansprakelijk voor de schulden van de vennootschap onder firma.
  b met hun privévermogen en zakelijk vermogen hoofdelijk aansprakelijk voor de schulden van de vennootschap onder firma.
  c voor een evenredig deel aansprakelijk voor de schulden van de vennootschap onder firma.
  d wettelijk aansprakelijk voor de schulden van de vennootschap onder firma.

2.6 Een stille vennoot in een commanditaire vennootschap, die zich met het beheer van de vennootschap naar buiten heeft beziggehouden, is
a met zijn zakelijk vermogen hoofdelijk aansprakelijk voor de schulden van de commanditaire vennootschap.
b met zijn privévermogen en zakelijk vermogen hoofdelijk aansprakelijk voor de schulden van de commanditaire vennootschap.
c voor een evenredig deel aansprakelijk voor de schulden van de commanditaire vennootschap.
d wettelijk aansprakelijk voor de schulden van de commanditaire vennootschap.

2.7 De dagelijkse leiding van een naamloze vennootschap berust bij
a de Raad van Commissarissen.
b de aandeelhouders.
c de Raad van Bestuur.
d de houders van prioriteitsaandelen.

2.8 Welke van de volgende uitspraken is juist?
a Een besloten vennootschap geeft onder andere aandelen aan toonder uit.
b Niet-volgestorte aandelen staan op naam.
c De statuten van een naamloze vennootschap mogen geen bepalingen bevatten die de zeggenschap van de aandeelhouders beperken.
d De aandelen van een besloten vennootschap kunnen op de effectenbeurs worden verhandeld.

2.9 Een naamloze vennootschap kan zich tegen een vijandige overname beschermen door
a de uitgifte van winstpreferente aandelen.
b de uitgifte van certificaten van aandelen.
c de aandeelhouders het recht te geven de Raad van Bestuur te benoemen.
d het instellen van een Raad van Commissarissen.

2.10 Welke van de volgende rechtspersonen is/zijn verplicht hun financiële gegevens te publiceren?
a Maatschap.
b Vennootschap onder firma.
c bv en nv.
d Commanditaire vennootschap.

2.11 De Nederlandse Corporate Governance Code heeft (vooral) betrekking op
a maatschappen.
b bv's.
c nv's.
d commanditaire vennootschappen.

2.12 De firmanten Jan en Piet (twee broers, beiden hebben geen partner) hebben samen een onderneming met de rechtsvorm van vennootschap onder firma (vof). De zaken gaan al een tijdje slecht en de schuldeisers hebben het faillissement aangevraagd. Bij het faillissement van de onderneming bleek dat de schulden van de vof €100.000 hoger zijn dan de bezittingen van de vof. Het privévermogen van Jan bedraagt €80.000 en het privévermogen van Piet bedraagt €30.000. De schuldeisers kunnen de volgende bedragen van de firmanten opeisen:
a van Jan €50.000 en van Piet €30.000;
b van Jan €50.000 en van Piet €50.000;
c van Jan €70.000 en van Piet €30.000.

2.13 Bij een nv waarbij geen beschermingsconstructies zijn toegepast, ligt de hoogste macht bij:
a de Algemene Vergadering van Aandeelhouders (AvA);
b de Raad van Bestuur (de directie);
c de Raad van Commissarissen.

2.14 Bij een nv en bv is er sprake van een zogenoemde dubbele belastingheffing. Daarmee bedoelen we dat een nv en bv:
a zowel btw als vennootschapsbelasting moeten betalen;
b zowel vennootschapsbelasting als inkomstenbelasting over de winst voor belasting moeten betalen;
c vennootschapsbelasting moeten betalen over de winst voor belasting en dat de aandeelhouders van de nv of bv inkomstenbelasting moeten betalen over de uitgekeerde winst.

Het maken van een ondernemingsplan lichten we toe aan de hand van Linge Hotel Elst. Op de foto zien we Colette Vos, de eigenaresse van het hotel. Zij licht toe wat er komt kijken bij het opzetten van een eigen onderneming en de uitbreiding ervan.

Ondernemingsplan

3.1 Onderdelen van het ondernemingsplan
3.2 Omschrijving van de activiteiten
3.3 Marketingplan
3.4 Investeringsbegroting
3.5 Personeelsplan
3.6 Financieringsplan
3.7 Liquiditeitsbegroting
3.8 Begrote winst- en verliesrekening
3.9 Begrote eindbalans
3.10 Financiële besturing
3.11 Break-evenpunt
3.12 Scenarioanalyse
3.13 Enkele slotopmerkingen
Samenvatting
Begrippenlijst
Meerkeuzevragen

Een ondernemer moet voortdurend nagaan welke behoeften er in de markt leven en proberen daaraan tegemoet te komen door zijn producten aan te passen of nieuwe producten aan te bieden. Ondernemers moeten vooruitkijken en steeds weer nieuwe ideeën ontwikkelen om aan de wensen uit de markt te voldoen. Deze ideeën moeten worden omgezet in concrete plannen, waarvan weer de financiële gevolgen moeten worden berekend.
In een ondernemingsplan wordt op systematische wijze aangegeven hoe de ideeën van de ondernemer omgezet worden in concrete plannen en wat de verwachte financiële resultaten zijn. Het ondernemingsplan is voor de ondernemer een belangrijke leidraad bij het uitvoeren van zijn beleid. Het is tevens een belangrijk document op basis waarvan een financieringsaanvraag bij de bank kan worden ingediend, als er tenminste vreemd vermogen moet worden aangetrokken. Op basis van het ondernemingsplan kunnen we ook berekenen wat de financiële gevolgen zijn als de omzet meer of minder bedraagt dan verwacht. Zeker als het financieel plan in een Excel-model is uitgewerkt, kunnen de financiële gevolgen van veranderingen in het

ondernemingsplan snel worden doorgerekend. Daarmee is het Excel-model een belangrijk hulpmiddel geworden bij de financiële besturing van een onderneming.

Een ondernemingsplan heeft betrekking op de nabije toekomst van een organisatie (meestal het komende jaar). Daarnaast kunnen er ook plannen voor de middellange en lange termijn worden gemaakt. Vooral bij grotere ondernemingen en bij ingrijpende beslissingen zal daar gebruik van worden gemaakt. In hoofdstuk 7 bespreken we de planning op middellange en lange termijn.

3.1 Onderdelen van het ondernemingsplan

Het besturen van een organisatie vereist dat de leidinggevenden inzicht hebben in de verwachte toekomstige ontwikkelingen. Om dit inzicht te verkrijgen, worden de voorgenomen ondernemingsactiviteiten weergegeven in beleidsplannen. Deze plannen kunnen betrekking hebben op de lange termijn, de middellange termijn of de korte termijn.

In het langetermijnplan moet onder andere antwoord worden gegeven op de volgende vragen:
- Welke rechtsvorm kiezen we voor de onderneming?
- Op welke producten of diensten wil de onderneming zich gaan toeleggen?
- In welke landen gaan we de producten en/of diensten op de markt brengen?
- Wat wordt de omvang van de onderneming?
- Hoe komt de organisatiestructuur eruit te zien?

De plannen op middellange termijn betreffen onder andere de investeringen in de activa en de personeelsplanning. Deze planning is nodig om tijdig veranderingen in de omvang van de productie of dienstverlening aan te kunnen brengen. Een uitbreiding van bijvoorbeeld de productiecapaciteit is niet van de ene op de andere dag te realiseren en moet dus tijdig in gang worden gezet.

De kortetermijnplannen zijn gedetailleerd en zijn gericht op de uitvoering van de werkzaamheden. In deze plannen wordt een nauwkeurige beschrijving gegeven van de omvang en de aard van de werkzaamheden die de medewerkers op korte termijn moeten verrichten. De beschrijving van de werkzaamheden en de uitgaven die daarvoor verricht mogen worden, worden in begrotingen weergegeven.

In deze paragraaf gaan we nader in op het starten van een eigen onderneming en het ondernemingsplan van een starter.

3.1.1 Starten van een eigen onderneming

Ondernemingsplan

Iemand die een eigen onderneming wil beginnen, zal niet over één nacht ijs gaan. Er zullen keuzes moeten worden gemaakt over de producten en/of diensten die men wil voortbrengen en over de markten waarop men deze wil aanbieden. Er zal een plan worden opgesteld waaruit onder andere de aard, de omvang, de organisatie, de plaats en de financiële onderbouwing van de productie of dienstverlening blijken.

Studentondernemers

Recordaantal Saxion-studenten kiest voor ondernemerschap

Amsterdam • Het aantal studenten dat tijdens of na de studie kiest voor het ondernemerschap, neemt toe. Bij Saxion steeg het aantal ondernemende studenten tussen 2009 en 2014 van 326 naar 814. Dat staat in de Rapportage Ondernemerschap van Saxion, een school voor hoger beroepsonderwijs met vestigingen in Oost-Nederland.

2,9% van de studenten onderneemt ten tijde van hun studie. Nog eens 9,7% start tijdens of na de studie. Vijf jaar eerder ging het om respectievelijk 2% en 7,6% van de studenten. Gecorrigeerd naar de stijging van het aantal studenten tussen 2009 en 2014, neemt het aantal ondernemers op Saxion met 45% toe. Ten opzichte van 2013 steeg het aantal ondernemers bij Saxion met 13%. Het aantal studentondernemers dat zegt tijdens of na hun studie met een eigen onderneming te starten ging van 2.307 naar 2.689 in 2014, een stijging van 17% in één jaar.

In 2014 had 2,9% van de studenten al een bedrijf voor aanvang van de opleiding, 7,8% begon een bedrijf tijdens de studie, 1,9% startte na de studie.

Liefst 51,5% van de studenten overweegt om te gaan ondernemen. In 2009 was dat nog 44%. ■

Bron: *Het Financieele Dagblad*, 10 maart 2015

Kamer van Koophandel

Omdat de meeste ondernemingen klein beginnen, zal dit plan in het algemeen niet zo omvangrijk zijn als dat van een bestaand bedrijf. De Kamer van Koophandel is beginnende ondernemers behulpzaam bij het opstarten van een eigen onderneming. Daarvoor verzorgt zij cursussen en geeft zij adviezen. Om een indruk te geven wat er zoal komt kijken bij het opstarten van een eigen onderneming halen we een passage aan uit een publicatie van de Kamer van Koophandel (casus 3.1) en geven we een uitgewerkt voorbeeld.

Casus 3.1 Starters

Op weg naar een eigen bedrijf

Een eigen onderneming beginnen is voor veel mensen een uitdaging.
Wat komt er allemaal kijken bij het opzetten van een eigen bedrijf? Met die vraag lopen tegenwoordig heel wat mensen rond.
Om een bedrijf van de grond te krijgen, zijn op de eerste plaats veel ideeën, energie en enthousiasme nodig. Vaak is geld ook een belangrijke voorwaarde.
In de voorbereidingen is een ondernemingsplan een belangrijke voorwaarde. Daarin zet u alle voorwaarden en risico's waarmee u te maken krijgt, op een rijtje. Bovendien is het met een goed ondernemingsplan gemakkelijker om hulp te krijgen van banken en andere instellingen.

Uit de voorgaande passage blijkt dat iemand die een eigen onderneming wil starten, in de regel ook een ondernemingsplan zal opstellen. Het opstellen van een ondernemingsplan dwingt de jonge ondernemer grondig na te denken over de verschillende onderdelen die daarbij aan de orde komen. De volgende checklist (voorbeeld 3.1) kan daarbij behulpzaam zijn. Wij zullen met name aandacht schenken aan het opstellen van het financieel plan. Als de nieuwe onderneming van buitenaf vermogen wil aantrekken (bijvoorbeeld in de vorm van een bankkrediet), dan zal het ondernemingsplan ook als uitgangspunt dienen voor een gesprek met de bank.

■ Voorbeeld 3.1 Checklist ondernemingsplan

Deel 1 Idee

Check persoonlijke kwaliteiten/ ideeontwikkeling
- Beschik ik over de nodige capaciteiten
- Welk product/dienst
- Welke vestigingsplaats
- Met wie zet ik het bedrijf op
- Globale marktverkenning

Deel 3 Markt

Marktverkenning en onderbouwing van de omzetverwachting
- Doelgroep: aantal afnemers
- Aantal concurrenten
- Verwacht marktaandeel
- Omzetschatting

Deel 4 Financieel plan

Openingsbalans
Debet: investeringsbegroting
- Pand
- Machines
- Inventaris
- Voorraden
- Kosten aanloopfase

Deel 2 Voorschriften

Check wettelijke voorschriften en regelingen
- Vergunningen
- Rechtsvorm
- Vestigingsplaats
  - bestemmingsplan
  - omgevingsvergunning
  - hinderwet etc. (vergunning Wet Milieubeheer)

Credit: financieringsmogelijkheden
- Eigen middelen
- Familieleningen
- Bankleningen
- Leverancierskredieten
- Subsidies/overige kredieten

Begrote winst- en verliesrekening
- Omzet
- Kosten: inkoopkosten, onderhoudskosten, reclameadvieskosten etc.
- Renteverplichtingen
- Resultaat: blijft er voldoende over voor eigen levensonderhoud

Liquiditeitsprognose
- Ontvangsten per maand
- Betalingen per maand

Deel 5 Beslissing
Beslissing: wel of niet starten

Bron: *Kamer van Koophandel*

De vermogensbehoefte voor een startende onderneming blijkt uit de investeringsbegroting.
Een startende ondernemer zal in het algemeen zelf onvoldoende financiële middelen hebben om de vereiste productiemiddelen aan te schaffen. Zij of hij zal een externe financier (bijvoorbeeld een bank) moeten benaderen voor aanvullende financiering. Een goed uitgewerkt ondernemingsplan is het uitgangspunt bij het gesprek met deze externe financier.

In een ondernemingsplan worden onder andere opgenomen:
- beschrijving van de activiteiten die de beginnende onderneming wil gaan verrichten; er zal onder andere een planning gemaakt moeten worden van de voor de productie benodigde materialen, grondstoffen, arbeid en de in te kopen hoeveelheden materialen en grondstoffen;
- beschrijving van de interne organisatie (personeelsplan);
- begroting van de verkopen (in aantallen en prijzen);
- investeringsbegroting: een begroting van de omvang van de vermogensbehoefte in verband met investeringen in bijvoorbeeld grond, gebouwen, inventaris, voorraad grondstoffen, voorraad halffabricaten, voorraad eindproducten, debiteuren en liquide middelen;
- liquiditeitsbegroting: schatting van de ingaande en uitgaande geldstromen gedurende een bepaalde periode (bijvoorbeeld voor het komende jaar);
- begrote winst- en verliesrekening: schatting van de opbrengsten en kosten voor een aantal jaren (voor de komende twee tot vijf jaar);
- financieringsplan, waaruit moet blijken op welke wijze de onderneming in de vermogensbehoefte denkt te voorzien door het aantrekken van eigen en/of vreemd vermogen;
- voorgecalculeerde balans voor de komende twee tot vijf jaar.

Tussenvraag 3.1
Waarom is het opstellen van een ondernemingsplan belangrijk voor een startende onderneming?

3.1.2 Ondernemingsplan voor een bestaande onderneming

Bij het starten van een eigen onderneming komen er veel nieuwe zaken op de jonge ondernemer af. Het is belangrijk dat de starter zich terdege voorbereidt op deze stap en zich goed laat voorlichten. Het maken van een ondernemingsplan is niet alleen van belang voor een startende onderneming. Ook bestaande ondernemingen die bijvoorbeeld van plan zijn een grote investering te verrichten, moeten de (financiële) gevolgen in een ondernemingsplan uitwerken. We lichten het maken van een ondernemingsplan toe aan de hand van een werkelijk bestaande onderneming.

Het ondernemingsplan bestaat uit de volgende onderdelen:
- omschrijving van de activiteiten
- marketingplan
- investeringsbegroting
- personeelsplan
- financieringsplan
- liquiditeitsbegroting
- begrote winst- en verliesrekening
- begrote begin- en eindbalans.

We stellen een ondernemingsplan op aan de hand van de gegevens van Linge Hotel Elst (zie www.lingehotelelst.nl). Linge Hotel Elst is een jonge onderneming die op 1 januari 2012 van start is gegaan. Colette Vos is de eigenaresse en heeft de dagelijkse leiding over het hotel. Zij heeft de vmbo-opleiding voor gastvrouw in de horeca voltooid en enige jaren ervaring opgedaan in de horecabranche. Haar ouders hebben jarenlange ervaring in de horeca en steunen haar met raad en daad bij het opzetten en exploiteren van het nieuwe hotel. Als rechtsvorm heeft Colette gekozen voor de eenmanszaak, omdat ze de enige eigenaresse is en de dagelijkse leiding heeft. Bovendien is het hotel relatief klein van omvang en zijn de financiële risico's verbonden aan het nieuwe hotel goed te overzien, waardoor er geen noodzaak was om voor de rechtsvorm van bv te kiezen.

Alle berekeningen die we in het kader van het ondernemingsplan voor het hotel maken, zijn ook in een Excel-model opgenomen. Deze Excel-uitwerkingen staan op de website van Noordhoff Uitgevers (zie www.bedrijfseconomieheezen.noordhoff.nl).

In de volgende paragrafen komen alle onderdelen van het ondernemingsplan aan de orde, toegespitst op Linge Hotel Elst.

3.2   Omschrijving van de activiteiten

Linge Hotel Elst is een driesterrenhotel met op dit moment (2015) 20 kamers, die elk een oppervlakte hebben van 22 m^2. Op iedere kamer staan twee bedden. Het hotel biedt logies aan met ontbijt. Het ontbijt bestaat uit een lopend buffet, dat in het hotel wordt geserveerd. Het hotel heeft geen eigen restaurant, maar de gasten kunnen dineren in het aangrenzende café-restaurant 'De Vereniging', dat eigendom is van de vader van Colette. Het Linge Hotel Elst is juridisch en economisch geheel onafhankelijk.

Het hotelpand is in 2011 gebouwd op een stuk grond van 300 m^2, dat al in het bezit van Colette Vos (de eigenaresse) was. Het hotel is op 1 januari 2012 van start gegaan.

Vanaf de start van het hotel in 2012 is de bezettingsgraad hoog en zijn de financiële resultaten boven verwachting. Aangemoedigd door deze gunstige ontwikkelingen heeft de eigenaresse in 2015 besloten het hotel uit te breiden en de capaciteit met ingang van 1 januari 2016 te vergroten van 20 naar 29 kamers. Omdat deze uitbreiding een forse investering vereist, is een ondernemingsplan opgesteld waarin de financiële gevolgen van de uitbreiding zijn uitgewerkt. Dit ondernemingsplan bestaat uit de volgende onderdelen, die we hierna een voor een toelichten:

- het marketingplan
- de investeringsbegroting
- het personeelsplan
- het financieringsplan
- de liquiditeitsbegroting
- de begrote winst- en verliesrekening
- de begrote begin- en eindbalans.

3.3 Marketingplan

Marketingplan

Een marketingplan beschrijft onder andere de analyses en maatregelen die nodig zijn om het product en/of de dienst 'in de markt' te zetten. Daarvoor is inzicht nodig in de branche en de verschillende manieren om het product of de dienst aan te bieden. In het marketingplan wordt ook een omzetprognose opgenomen. Daarbij wordt ook rekening gehouden met externe factoren en met de distributiewijze die de onderneming kiest.

In het marketingplan komen onder andere de volgende aspecten aan de orde:
- brancheonderzoek
- omgevingsanalyse
- marketingmix en bedrijfsformule
- omzetprognose.

3.3.1 Brancheonderzoek

Bij het opzetten van een eigen bedrijf en ook bij de uitbreiding ervan is de positionering van het product of de dienst van groot belang. Als de onderneming de beslissing heeft genomen over de markt waarop het product of de dienst wordt aangeboden, is het van belang een brancheonderzoek uit te voeren. Op basis van het brancheonderzoek moet onder andere antwoord kunnen worden gegeven op de volgende vragen:

Brancheonderzoek

- Wat zijn de toekomstverwachtingen voor de branche?
- Wat zijn de verwachtingen ten aanzien van de omzetten in de branche en zijn deze te verdelen over de verschillende product- of dienstengroepen?
- Wie zijn de belangrijkste aanbieders in de branche?
- Hoe vinden de producten of diensten hun weg naar de afnemer (hoe is de distributie geregeld)?
- Welke verkoopprijzen kunnen worden gerealiseerd?

3.3.2 Omgevingsanalyse

Een onderneming leidt geen geïsoleerd bestaan, maar heeft te maken met haar omgeving. Omgevingsfactoren als wetten, regels, het economisch klimaat en de samenstelling van de bevolking bepalen mede de slagingskansen van de onderneming. Bijzondere aandacht verdienen de klanten en de concurrenten.

Omgevingsfactoren

Klanten

Zonder klanten kan een bedrijf niet bestaan. Daarom is het belangrijk de doelgroepen zorgvuldig te kiezen en in kaart te brengen:
- Hoeveel potentiële klanten zijn er?
- Wat is de totale omzet in de markt?
- In welke klantengroepen kunnen de klanten worden ingedeeld?
- Op welke doelgroepen gaat de onderneming zich richten?

Antwoord op deze vragen is nodig om, bijvoorbeeld door middel van reclame en het kiezen van de distributiekanalen, de doelgroepen te bereiken.

Ook moet onderzoek worden verricht naar het koopgedrag van de doelgroepen:
- Wat zijn de kenmerken (onder andere: leeftijd, inkomen en geslacht) van de klanten uit de doelgroep?
- Wat zijn hun koopmotieven?
- Hoe ziet hun koopgedrag eruit?
- Wat is het besteedbaar inkomen van de klanten uit de doelgroep?

Concurrenten
Om de concurrentiepositie te kunnen bepalen, moet de ondernemer nagaan wie de concurrenten zijn en op welke wijze zij inspelen op de wensen van de klanten. Er moet onder andere op de volgende vragen een antwoord worden gegeven:
- Wie zijn de belangrijkste concurrenten?
- Wat is hun marktaandeel?
- Wat zijn de sterke en zwakke punten van de concurrenten?

3.3.3 Marketingmix en bedrijfsformule

Na het bespreken van de marketingmix en de bedrijfsformule gaan we nader in op het marketingplan van Linge Hotel Elst.

Marketingmix

Mede op basis van het marktonderzoek bepaalt de ondernemer op welke doelgroepen hij zich richt en wordt de marketingmix vastgesteld. De marketingmix wordt ook aangeduid met de 6 P's van de marketing, die staan voor Product, Prijs, Plaats, Promotie, Presentatie en Personeel (zie www.kvk.nl):
- *Product*. Welk product of welke dienst wordt aangeboden?
- *Prijs*. Voor welke prijs wordt het product of de dienst aangeboden? Hoe is deze prijs tot stand gekomen? Is de prijs in overeenstemming met het segment waarop de onderneming zich richt?
- *Plaats*. Waar wordt het product of de dienst aangeboden? Waar wordt het bedrijf gevestigd? Welke distributiekanalen worden gebruikt? Wordt er geleverd via de groothandel en de detaillisten en/of direct aan de eindgebruiker? Zijn er samenwerkingsverbanden in de distributieketen? Gaan we het product of de dienst aanbieden via een (winkel-)pand of via internet?
- *Promotie*. Hierbij gaat het om de manier waarop de onderneming zichzelf en haar producten presenteert aan de markt. Welke promotiemogelijkheden (zoals adverteren, presentaties, radio- of tv-reclame, YouTube, Facebook, Twitter) worden ingezet om de klanten te informeren?
- *Presentatie*. Hoe gaan we de producten aanbieden? Hoe is de inrichting van het (winkel)pand en op welke locatie zijn we gevestigd? Moeten we een website laten ontwerpen?
- *Personeel*. Het personeel is een belangrijke schakel in het contact tussen onderneming en afnemers. Welke eisen stellen we aan het personeel dat in de onderneming gaat werken? Trekken we hooggekwalificeerd maar relatief duur personeel aan of kunnen we volstaan met lager gekwalificeerd en goedkoper personeel? Gaan we het personeel zelf opleiden en bijscholen of besteden we dat uit?

Bedrijfsformule

Bedrijfsformule
De bedrijfsformule is een kernachtige samenvatting van de marketingmix. Hij geeft de onderneming een duidelijk onderscheidend karakter, is herkenbaar voor de buitenwereld en moet aansluiten bij de wensen van de klanten uit de doelgroepen. Zo biedt de ABN AMRO Bank op al haar kantoren (en zeker via internet) uniforme, duidelijk herkenbare producten aan. Ook is de inrichting van de bankgebouwen in de huisstijl uitgevoerd en het bankpersoneel draagt bedrijfskleding om de herkenbaarheid te vergroten.

Bij de marketing van een product of dienst kan de onderneming ook aansluiting zoeken bij andere ondernemingen. Een voorbeeld van intensieve samenwerking tussen zelfstandige ondernemers is franchising.

Franchising
Daarbij stelt de franchiseorganisatie (franchisegever) aan de ondernemer (franchisenemer) een compleet ondernemingsconcept of formule ter beschikking. Bekende voorbeelden van franchiseconcepten zijn Blokker, McDonald's, Decorette, Combi-foto en Welkoop. In de franchiseovereenkomst wordt de taakverdeling tussen franchisegever en franchisenemer vastgelegd. De franchisegever is de initiatiefnemer. Deze heeft de formule ontwikkeld en stelt deze tegen een vergoeding beschikbaar aan de franchisenemers. De franchisenemer mag de gemeenschappelijk naam, de handelsnaam en de merken van de formule hanteren. Bij een succesvolle franchiseformule zijn de elementen van de marketingmix optimaal op elkaar afgestemd. De franchisegever zorgt voor ondersteuning van de franchisenemer op veel gebieden. Daarbij kunnen we denken aan voortdurende ontwikkeling van het concept, de presentatie, de promotie, de inkoop en de marketing.

Franchise heeft voor de franchisenemer onder andere de volgende voordelen:
- De franchisenemer kan gebruikmaken van een beproefd concept.
- De franchisenemer maakt gebruik van de kennis van de franchisegever.
- Er is grote herkenbaarheid van het product voor de klant.
- Er zijn relatief lage kosten voor reclame omdat deze gemeenschappelijk wordt gevoerd.
- Er is een hoge slagingskans voor startende ondernemingen.

In ruil voor deze voordelen zal de franchisenemer een bepaald percentage van de omzet als vergoeding aan de franchisegever moeten betalen.

Marketingplan Linge Hotel Elst
Het hotel is gevestigd in Elst, een dorp met 17.000 inwoners dat ligt tussen Arnhem en Nijmegen. De regio waarop het hotel zich richt, bevat onder andere de steden Arnhem en Nijmegen en hun omgeving. Daarnaast wordt ook een groot gedeelte van de Betuwe (waartoe ook Elst behoort) tot het werkgebied gerekend. De gasten op wie het hotel zich richt, kunnen bestaan uit toeristen die van de natuur in de regio komen genieten, maar het kunnen ook bezoekers zijn van evenementen (Gelredome in Arnhem is vlakbij) en congressen in Arnhem of Nijmegen. Daarnaast is er nog de zakelijke markt. In de regio zijn veel bedrijven waar zakenlieden op bezoek komen, die voor een bepaalde tijd willen overnachten.

Het hotel doet veel aan publiciteit via de gemeentegidsen en de VVV's. Ook worden speciale arrangementen in landelijke bladen aangeboden. Voor de zakelijke markt wordt in regionale dagbladen geadverteerd en worden bedrijven in de regio rechtstreeks geïnformeerd over de mogelijkheden die het hotel biedt.

Product
Wat het aspect 'product' betreft heeft het hotel als voordeel dat de kamers nieuw zijn, een luxe inrichting hebben en over de modernste communicatiemiddelen (waaronder internet) beschikken. Door de omvang van het hotel is een persoonlijke benadering van de gasten mogelijk. Het tegen een redelijke prijs aanbieden van een luxe overnachting met een goed ontbijt en een prettige bediening, is het uitgangspunt.

Kamer   *Ontbijtruimte*

Presentatie
Het hotel heeft een eigen huisstijl. Voor de buitenkant van het hotel is gekozen voor de kleur okergeel. Het personeel draagt bedrijfskleding en op de servetten, het linnengoed enzovoort komt het logo van het Linge Hotel Elst voor. Het hotel heeft ook een eigen website (zie www.lingehotel.nl).

Prijsstelling
De prijzen van de hotelkamers zijn gebaseerd op een internationaal gehanteerde vuistregel binnen de hotellerie, die luidt: 'de kamerprijs (exclusief ontbijt) in een hotel is ongeveer één promille van de investeringskosten per kamer'.
Bij de prijsstelling van de kamers houdt Linge Hotel Elst ook rekening met het feit of de kamers door één personen of twee personen worden geboekt en met de prijzen die de concurrentie vraagt.
Als de kosten van een kamer hoger zijn dan de kamerprijs van de concurrentie, dan:
- moeten de kosten worden gereduceerd om bij een concurrerende kamerprijs toch winst te kunnen maken;
- moet de kwaliteit van de aangeboden kamers dusdanig beter zijn dan de kwaliteit van de kamers van de concurrentie, dat de consument bereid is de hogere kamerprijs te betalen. Uiteindelijk gaat het om de prijs-kwaliteitverhouding zoals die door de consument wordt ervaren.

De eigenaresse van het Linge Hotel Elst houdt bij de prijsbepaling rekening met de prijzen die andere 3***hotels in de regio vragen. Twee bekende 'Van der Valk'-hotels in de regio vragen €75 voor een eenpersoonskamer en €85 voor een tweepersoonskamer. Linge Hotel Elst vraagt in het jaar 2015 voor een eenpersoonskamer €59,50 en voor een tweepersoonskamer €83,50. Bij dit prijsniveau is het hotel regelmatig volgeboekt en is in 2015 op jaarbasis een bezettingsgraad van 76% gerealiseerd. Bij het opstellen van de begrotingen gaat Linge Hotel Elst ervan uit dat de prijzen van de kamers jaarlijks met circa 2% kunnen stijgen. Door de uitbreiding van het aantal kamers met ingang van 1 januari 2016 zal de bezettingsgraad in 2016 dalen (verwacht wordt een bezetting van 60%) en in de jaren daarna weer stijgen naar circa 70%. Voor het jaar 2016 wordt de prijs van een eenpersoonskamer €61 en voor een tweepersoonskamer €85.

3.3.4 Omzetprognose

Omzetprognose

De omzetprognose is het sluitstuk van het marketingplan. Nadat duidelijk is aan welke afnemersgroepen de onderneming haar producten of diensten wil aanbieden, moet de verwachte omzet per marktsegment worden geschat. Vooral voor startende ondernemingen is dit moeilijk, omdat geen gegevens uit het verleden beschikbaar zijn. Toch is een schatting van de verwachte omzet en de verwachte kosten noodzakelijk om de levensvatbaarheid van de nieuwe onderneming te beoordelen. Een bestaande onderneming die gaat uitbreiden, kan bij het maken van haar plannen rekening houden met de in het verleden behaalde resultaten. Maar ook dan geldt dat ze zich zal moeten verdiepen in de toekomstige ontwikkelingen. Marktonderzoek of (lokale) branchegegevens zijn daarbij belangrijk. In het volgende artikel geven we daarvan een voorbeeld, dat voor Linge Hotel Elst van belang is.

Aantal hotelovernachtingen (× 1 mln)

	2010	2011	2012	2013	2014
Gasten vanuit Nederland	17,5	17,9	18,4	19,0	19,7
Gasten vanuit het buitenland	16,2	16,7	17,1	18,3	20,1
Totaal aantal gasten	33,7	34,6	35,5	37,4	39,9

Bron: Centraal Bureau voor de Statistiek (CBS)

De groei concentreert zich vooral op de toeristisch populaire regio's – de kust, Amsterdam, de Friese meren en delen van de Veluwe. Dit is ook zichtbaar in de groeicijfers per provincie. Vooral Zeeland deed het met 17% meer gasten uitzonderlijk goed. Ook Noord-Holland (+9%) en Zuid Holland (+8%) scoorden uitstekend. Groningen, Friesland, Overijssel en Utrecht deden het goed met groeipercentages rond de 5%. De groei in Drenthe en Gelderland lag rond de 3%. Negatief was de ontwikkeling bij Limburg, Noord-Brabant en Flevoland met een krimpende markt (–/– 1-2%). Het merendeel van de binnenlandse hotelvakanties, zo'n 30%, wordt in een stad doorgebracht.

Daarbij zijn met name Maastricht en Den Haag populair. Daarnaast zijn ook hotelvakanties in bos- en heidegebieden en aan de kust populair. De meest populaire regio's voor een binnenlandse hotelvakantie zijn: 1. Noordzeebadplaatsen, 2. Zuid-Limburg en 3. de Veluwe (bronnen: NBTC-NIPO, CBS, NRIT).

Toekomst
Groeiende vraag, met name in Amsterdam. Na een goed 2014 (3 tot 4% groei van de vraag) zal de markt voor logies in 2015 licht verder groeien (1-2%). Deze groei komt voornamelijk door de structurele toename van het aantal buitenlandse toeristen. Van dit laatste profiteren echter vooral regio Amsterdam en de kustgebieden. In de rest van Nederland blijft de hotelbranche een moeilijke markt. Consumenten letten sterk op kortingsacties en het bedrijfsleven blijft terughoudend in het buitenshuis organiseren van bijeenkomsten. Tegelijkertijd is het aanbod van logiesaccommodaties en vergaderzalen sterk toegenomen. Daarnaast ervaren hotels de groeiende concurrentie van branchevreemde aanbieders zoals vakantieparken met unieke accommodaties, of de vele bed & breakfast-concepten. In en nabij de grote steden zijn (low budget)ketens sterk in opkomst. Reviews op beoordelings- en boekingssites spelen een steeds belangrijkere rol in het boekingsgedrag van consumenten, zeker nu de verplichte sterrenclassificatie komt te vervallen. Overall is er sprake van een neutraal sentiment in de markt; het gevolg van een stijgende vraag versus een toenemend aanbod. ■

Bron: www.rabobankcijfersentrends.nl

Na de omzetprognose van Linge Hotel Elst gaan we nog kort in op het Excel-model.

Omzetprognose Linge Hotel Elst
De omzet van het hotel bestaat grotendeels uit de opbrengsten van de kamers en voor een gering gedeelte uit overige opbrengsten, zoals de verkoop van drank en vergoedingen voor het gebruik van de telefoon. Deze overige opbrengsten worden geschat op 1% van de omzet van de kamers.

De begrote omzet uit de kamers hangt af van de verwachte bezettingsgraad van de kamers. De maximale opbrengst uit de kamers wordt gerealiseerd als alle kamers gedurende het gehele jaar bezet zijn (bezettingsgraad van 100%). Na de uitbreiding met 9 kamers heeft Linge Hotel Elst de beschikking over 29 kamers. Van deze 29 kamers worden in 2016 naar verwachting 19 kamers als eenpersoonskamer geboekt en 10 kamers als tweepersoonskamer.

In dat geval kunnen we de verwachte opbrengst over 2016 als volgt berekenen:

19 kamers met één persoon per nacht:	
19 × 7 dagen/week × 52 weken × €61	€ 421.876
10 kamers met twee personen per nacht:	
10 × 7 dagen/week × 52 weken × €85	€ 309.400 +
Maximale omzet (inclusief 6% btw)	€ 731.276

Voor 2016 wordt uitgegaan van een bezettingsgraad van 60%. Op grond van deze gegevens komen we tot de volgende berekening van de verwachte omzet (inclusief btw!):

Omzet kamers met één persoon per nacht:		
0,60 × €421.876	€ 253.126	
Omzet kamers met twee personen per nacht:		
0,60 × €309.400	€ 185.640 +	
Verwachte omzet kamers	€ 438.766	
Overige omzet = 1% van de omzet kamers	€ 4.388 +	
Totale omzet (inclusief 6% btw)	€ 443.154	

Btw

De btw die de gasten van het hotel betalen, moet aan de belastingdienst worden afgedragen en is geen opbrengst voor het hotel. Om de totale opbrengsten voor 2016 te berekenen, maken we de volgende opstelling:

```
  → Omzet exclusief btw = opbrengsten   = 100%
  └─ 6% btw                              =   6% +

    Omzet inclusief btw                  = 106% = €443.154
```

De opbrengst (= omzet exclusief btw) = 100%
1% = €443.154 : 106 = €4.180,70. De begrote opbrengst over 2016 bedraagt 100 × €4.180,70 = €418.070.

Excel-model

Excel

Afrondingen

In het bijbehorende Excel-model worden de berekeningen niet afgerond en komt de totale opbrengst uit op €418.069. Het Excel-model geeft weliswaar de afgeronde bedragen weer, maar bij de berekeningen gaat Excel uit van de niet-afgeronde bedragen. De uitkomsten van het Excel-model zijn daardoor nauwkeuriger. In dit hoofdstuk zullen we voortaan de getallen aanhouden, zoals die in het Excel-model staan vermeld. In de berekeningen in dit hoofdstuk kan dit tot kleine afrondingsverschillen (slechts één euro) leiden.

3.4   Investeringsbegroting

**Investerings-
begroting**

In de investeringsbegroting worden de productiemiddelen (activa) opgenomen die de onderneming nodig heeft om haar activiteiten uit te kunnen voeren. Tot de productiemiddelen behoren bijvoorbeeld de gebouwen, machines, bedrijfswagens, inventaris, voorraad grondstoffen, vorderingen op afnemers (debiteuren) en voorraad liquide middelen. Een onderneming kan er ook voor kiezen bijvoorbeeld de gebouwen, machines en bedrijfswagens te huren of te leasen. Het totaal te investeren bedrag neemt daardoor af.

Investeringsbegroting Linge Hotel Elst

Inbreng in natura

Voor de uitbreiding van het hotel met 9 kamers is meer grond nodig. Alleen de grond waar het pand op komt te staan, wordt in eigendom aan het hotel overgedragen. Het gaat dan om een oppervlakte van 240 m^2 met een waarde van €50.000. Deze grond is al in het bezit van de eigenaresse en wordt overgedragen aan het hotel. Dit is een inbreng in natura. Naast de investering in de grond zijn er bouwkosten. De kosten daarvan blijken uit de volgende begroting (in euro's):

Grond	50.000
Nieuwbouw (gebouwen)	280.000
Installaties	70.000
Inventaris	40.000 +
Totale investering in hotelpand	440.000

Naast deze investeringen houdt Linge Hotel Elst ook rekening met:

Toename voorraden	500	
Toename debiteuren (inclusief btw)	5.000 +	
		5.500 +
Totaal investeringsbedrag		445.500

Voorfinanciering btw

Over een aantal posten in de voorgaande begroting moet nog rekening worden gehouden met de voorfinanciering btw. Over de totale bouwkosten en inrichting moet Linge Hotel Elst 21% btw betalen, die op een later moment van de fiscus kan worden teruggevorderd (maar het bedrag moet wel eerst worden voorgefinancierd). Voor de toename van de voorraad levensmiddelen geldt een btw-percentage van 6%. De voorfinanciering btw bedraagt:

0,21 × (€280.000 + €70.000 + €40.000) + 0,06 × €500 =   - 81.930 +

Totaal investeringsbedrag *inclusief voorfinanciering btw*   € 527.430

We geven de balans van Linge Hotel Elst per 1 januari 2016 (voor de uitbreiding) en de gedeeltelijke balans per 1 januari 2016, zoals die er na de uitbreiding zal uitzien. Daarbij gaan we uit van de bedragen die hiervoor

Gedeeltelijk ingevulde balans Linge Hotel Elst per 1 januari 2016 (in euro's)

Activa	Voor uitbreiding	Na uitbreiding	Passiva	Voor uitbreiding	Na uitbreiding
Vaste activa:			Eigen vermogen		
Grond	150.000	200.000	Gestort		250.000
Gebouwen	710.700	990.700	Winstreserve		100.000
Installaties	73.200	143.200			
Inventaris (inrichting)	16.000	56.000	Vreemd vermogen lang:		
			Hypothecaire lening		560.000
Vlottende activa:					
Voorraden	1.000	1.500	Vreemd vermogen kort:		
Debiteuren	20.000	25.000	Rekening-courantkrediet		68.839
Nog te ontvangen belastingen	2.670	84.600	Crediteuren		5.000
Overige vorderingen op k.t.	12.000	12.000	Te betalen belastingen		5.017
Kas	4.000	4.000	Overige schulden op k.t.		714
Totaal activa	989.570	1.517.000	Totaal vermogen		989.570

zijn gegeven en veronderstellen dat de uitbreiding in één dag (1 januari 2016) kan worden gerealiseerd. Voor aanvullende gegevens zie ook de website bij dit boek (www.bedrijfseconomieheezen.noordhoff.nl).
Door de investering in verband met de uitbreiding van het hotel (totale investering van €527.430) neemt het balanstotaal na uitbreiding ook toe met €527.430 (€1.517.000 − €989.570 = €527.430).

3.5 Personeelsplan

Personeelsplan

In een personeelsplan wordt omschreven welke taken er vervuld moeten worden en hoe deze taken over de verschillende medewerkers worden verdeeld. Inzicht in de aard en de omvang van de activiteiten van de organisatie is nodig om vast te kunnen stellen hoeveel medewerkers er nodig zijn en over welke kwaliteiten ze moeten beschikken. Bij grote bedrijven kunnen er verschillende hiërarchische lagen in de organisatie ontstaan, die in de vorm van een organigram kunnen worden weergegeven. We geven in figuur 3.1 een globaal overzicht van een organigram van een grote onderneming.

Organigram

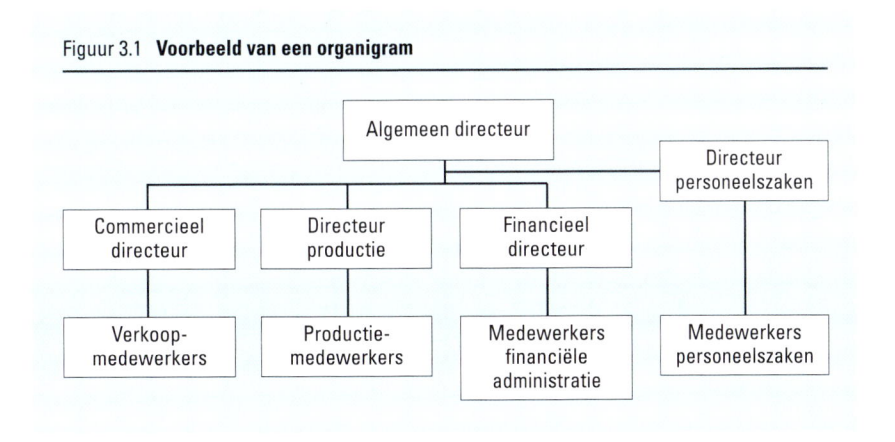

Figuur 3.1 Voorbeeld van een organigram

```
                        Algemeen directeur
                               │                        Directeur
                               │                        personeelszaken
        ┌──────────────────────┼──────────────────────┐
  Commercieel            Directeur              Financieel
  directeur              productie              directeur
       │                     │                      │                      │
  Verkoop-             Productie-             Medewerkers            Medewerkers
  medewerkers          medewerkers            financiële             personeelszaken
                                              administratie
```

Startende ondernemingen zijn in het algemeen klein van omvang en hebben geen complexe organisatiestructuur. Dat neemt niet weg dat ook in een kleine organisatie de taken goed verdeeld moeten worden.

Personeelsplan Linge Hotel Elst

De eigenaresse is fulltime beschikbaar voor het hotel. Zij krijgt geen vast salaris, want haar beloning bestaat uit de winst die het hotel maakt. De winst behoort tot het inkomen voor de eigenaresse, waarover ze inkomstenbelasting moet betalen.

Er zijn in 2015 6 kamermeisjes/receptionistes in dienst met een flexibele arbeidsovereenkomst. Na de uitbreiding komen er 2 kamermeisjes/receptionistes bij. In de overeenkomst is vastgelegd dat ze minimaal 10 uur per week werken en voor de rest op oproepbasis beschikbaar zijn tot maximaal 30 uur per week. De kamermeisjes/receptionistes hebben een vast weekloon van €90 (op basis van 10 uur per week). Flexibiliteit in de arbeidscontracten is belangrijk in de horeca, omdat vooraf niet is in te schatten op welke dagen het druk zal zijn en op welke dagen de bezetting laag is. De bezetting hangt van een groot aantal factoren af (zoals de weersomstandigheden en evenementen), die niet van tevoren zijn in te schatten. Bij het opstellen van de begrote winst- en verliesrekening gaan we uit van een variabele beloning voor de kamermeisjes/receptionistes van 5% van de omzet exclusief btw. Daarnaast krijgen ze een vaste beloning van €90 per kamermeisje per week. De werkgever moet ook premies sociale verzekeringen betalen. Die worden geschat op 35% van het daadwerkelijk aan de kamermeisjes/receptionistes uitbetaalde brutoloon (dus inclusief het variabele gedeelte). De administratieve werkzaamheden worden voor een deel door de eigenaresse gedaan (in rustige uurtjes). Maar er wordt ook gebruikgemaakt van een accountantskantoor, dat zorgt voor het opstellen van de balans en winst- en verliesrekening, dat de belastingaangifte doet en dat adviezen verstrekt.

3.6 Financieringsplan

Financieringsplan

In het financieringsplan geven we weer hoe groot de vermogensbehoefte is en op welke wijze de ondernemer denkt in die vermogensbehoefte te voorzien. De verschillende vormen van vermogen worden erin weergegeven met vermelding van de omvang ervan. Het totaal van de investeringsbegroting geeft aan hoeveel vermogen de onderneming nodig heeft om de activa te financieren. Het totale vermogen wordt onderverdeeld in eigen en vreemd vermogen. Eigen vermogen is het vermogen dat door de eigenaren wordt ingebracht in de onderneming en staat permanent (zolang de onderneming bestaat) ter beschikking van de onderneming. Het vreemd vermogen wordt door derden (zoals banken) beschikbaar gesteld. Het vreemd vermogen moet afgelost worden (het is tijdelijk vermogen) en er moet interest over worden betaald. Vreemd vermogen dat binnen een jaar moet worden afgelost, noemen we vreemd vermogen op korte termijn. Als we langer dan een jaar over het vreemd vermogen kunnen beschikken, spreken we van vreemd vermogen op lange termijn.

Eigen vermogen

Vreemd vermogen

Financieringsplan Linge Hotel Elst

Voordat we het financieringsplan voor het hotel toelichten, geven we de geld- en goederenstromen in een schema weer (figuur 3.2).

Voor de financiering van de uitbreiding van het hotel zijn met verschillende banken besprekingen gevoerd en uiteindelijk is gekozen voor het aanbod van de ABN AMRO Bank. Deze bank is bereid een extra hypothecaire lening te verstrekken van €300.000 en het plafond van het rekening-courantkrediet te verhogen van €200.000 naar €300.000. Het kredietplafond geeft aan hoeveel het hotel maximaal rood mag staan op de rekening-courant. Het kenmerkende van deze vorm van krediet is dat op ieder moment ten laste van deze rekening geld kan worden opgenomen (in dit geval tot een maximum van €300.000). Overtollige liquide middelen kunnen ten gunste van deze rekening worden gestort. Het rekening-courantkrediet vervult de rol van sluitpost bij het voorzien in de vermogensbehoefte. We geven hierna een overzicht van de financiering van de uitbreiding van het hotel.

Rekening-courant

Figuur 3.2 **Goederen- en geldstromen Linge Hotel Elst**

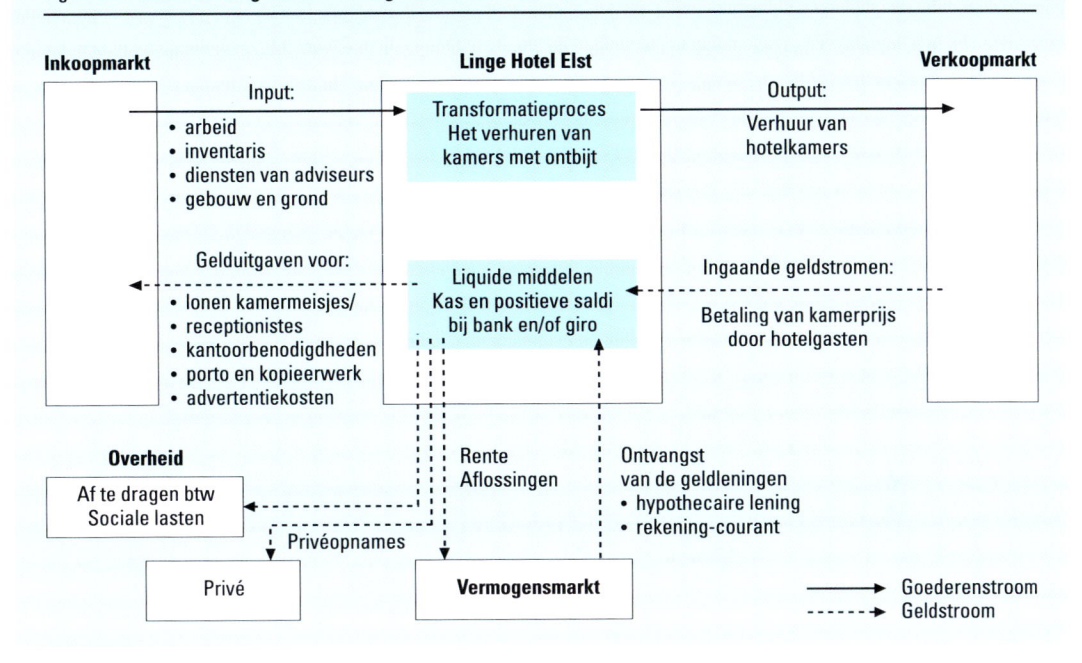

Inkoopmarkt

Input:
- arbeid
- inventaris
- diensten van adviseurs
- gebouw en grond

Geldtuitgaven voor:
- lonen kamermeisjes/ receptionistes
- kantoorbenodigdheden
- porto en kopieerwerk
- advertentiekosten

Linge Hotel Elst

Transformatieproces
Het verhuren van kamers met ontbijt

Liquide middelen
Kas en positieve saldi bij bank en/of giro

Rente
Aflossingen

Verkoopmarkt

Output:
Verhuur van hotelkamers

Ingaande geldstromen:
Betaling van kamerprijs door hotelgasten

Ontvangst van de geldleningen
- hypothecaire lening
- rekening-courant

Overheid
Af te dragen btw
Sociale lasten

Privéopnames

Privé

Vermogensmarkt

──▶ Goederenstroom
----▶ Geldstroom

Investeringsbedrag	Totaal investeringsbedrag *inclusief voorfinanciering btw*	€ 527.430

In de extra vermogensbehoefte die ontstaat door de uitbreidingsinvestering wordt voor een deel voorzien door de eigenaresse:

Inbreng in natura (grond)	€ 50.000
In contanten	€ 100.000 +
Toename eigen vermogen	€ 150.000

Doordat het hotel wordt uitgebreid en de omzet stijgt, worden er ook meer levensmiddelen ingekocht. Een gedeelte hiervan wordt op rekening ingekocht. Verwacht wordt dat daardoor de balanspost Crediteuren in de nieuwe situatie met €3.000 zal stijgen. Dit is een vorm van extra vreemd vermogen op korte termijn:
toename Crediteuren   € 3.000 +

                                                             € 153.000 –

Nog aan te trekken vreemd vermogen   € 374.430

We merken op dat het aan te trekken vreemd vermogen kort na de verbouwing weer sterk zal dalen, omdat dan de btw in verband met de uitbreiding (€81.930) door de fiscus wordt terugbetaald. We veronderstellen dat dit bedrag aan het einde van het eerste kwartaal 2016 wordt ontvangen. Daarom is het raadzaam dit gedeelte van de financieringsbehoefte te financieren met rekening-courantkrediet.

                            (Transporteren)   € 374.430

(Transport) € 374.430
In verband met de uitbreiding van het
hotelpand wordt een nieuwe hypothecaire
lening afgesloten ter grootte van € 300.000 –

De resterende vermogensbehoefte bedraagt € 74.430

Hierin wordt voorzien door een toename van het rekening-courant-krediet met €74.430.

Balans na uitbreiding We kunnen nu de balans na uitbreiding van het hotel opstellen.

Volledig ingevulde balans Linge Hotel Elst per 1 januari 2016 (in euro's)

Activa	Voor uit-breiding	Na uit-breiding	Passiva	Voor uit-breiding	Na uit-breiding
Vaste activa:			Eigen vermogen		
Grond	150.000	200.000	Gestort	250.000	400.000
Gebouwen	710.700	990.700	Winstreserve	100.000	100.000
Installaties	73.200	143.200			
Inventaris (inrichting)	16.000	56.000	Vreemd vermogen lang:		
			Hypothecaire lening	560.000	860.000
Vlottende activa:					
Voorraden	1.000	1.500	Vreemd vermogen kort:		
Debiteuren	20.000	25.000	Rekening-courantkrediet	68.827	143.257
Nog te ontvangen belastingen	2.670	84.600	Crediteuren	5.000	8.000
Overige nog te ontv. bedragen	12.000	12.000	Te betalen belastingen	5.017	5.017
Kas	4.000	4.000	Overige schulden op k.t.	726	726
Totaal activa	989.570	1.517.000	Totaal vermogen	989.570	1.517.000

Door de investering in verband met de uitbreiding van het hotel (totale investering van € 527.430) neemt zowel de debetzijde als de creditzijde van de balans toe met € 527.430.

Balans

De balans geeft een overzicht van de 'bezittingen' die een onderneming nodig heeft om haar activiteiten uit te kunnen voeren. Tot deze bezittingen behoren ook eventuele vorderingen op de afnemers van de onderneming, die onder de naam debiteuren op de balans staan.
De posten op de balans zijn zodanig gerangschikt dat de activa waarover de onderneming langdurig de beschikking heeft (zoals grond, gebouwen, machines en inventaris) bovenaan staan. Dit noemen we vaste activa, omdat het langer dan een jaar duurt om de activa in liquide middelen om te zetten. Daarna komen de vlottende activa. Dat zijn activa, die binnen een jaar tot een ingaande geldstroom leiden.
De totale waarde van de bezittingen geeft tevens aan het totale bedrag dat de onderneming nodig heeft voor de financiering. Met andere woorden: de totale vermogensbehoefte van een organisatie komt overeen met het totaal van de balans debetzijde.

Vaste activa
Vlottende activa

Eigen vermogen

Vreemd vermogen

Aan de creditzijde van de balans vermelden we allereerst het eigen vermogen. Het eigen vermogen staat in principe eeuwigdurend ter beschikking van de onderneming. Daarna wordt het vreemd vermogen op lange termijn vermeld, gevolgd door het vreemd vermogen op korte termijn. Vreemd vermogen dat een jaar of langer dan een jaar ter beschikking van de onderneming staat, rekenen we tot het vreemd vermogen op lange termijn. Staat het vreemd vermogen korter dan een jaar ter beschikking van de organisatie, dan spreken we van vreemd vermogen op korte termijn. Omdat de hypothecaire lening een looptijd heeft van meer dan een jaar, behoort het tot het vreemd vermogen op lange termijn. De schuld aan leveranciers en het rekening-courantkrediet zijn in principe direct opeisbaar en behoren tot het vreemd vermogen op korte termijn.

3.7 Liquiditeitsbegroting

Liquiditeitsbegroting

In een liquiditeitsbegroting wordt een schatting gemaakt van de ingaande en uitgaande geldstromen gedurende een *toekomstige* periode. Om de ingaande geldstromen vast te kunnen stellen, moet eerst een schatting worden gemaakt van de verwachte omzet. Welke aantallen denkt men te kunnen verkopen en welke prijzen denkt de onderneming daarvoor te kunnen realiseren? Naast de schatting van de toekomstige omzet, moet ook inzicht worden verkregen in het betalingsgedrag van de afnemers. Welk gedeelte van de afnemers betaalt contant (dit leidt direct tot een ingaande geldstroom) en welk gedeelte koopt op rekening en betaalt op een later tijdstip (verkopen op rekening leiden in de toekomst tot een ingaande geldstroom)?
Een gedetailleerd marketingplan is de basis voor een goede schatting van de toekomstige omzet.
Naast de geldontvangsten die verband houden met de omzet, zijn er ook geldontvangsten die niet tot omzet leiden. Dit geldt onder andere voor het opnemen van vreemd vermogen. Zo leidt het opnemen van een lening bij de bank tot een ingaande geldstroom, maar het is geen omzet. Daar staat dan weer tegenover dat de aflossing van vreemd vermogen een uitgaande geldstroom is, die niet tot de kosten behoort.

Aflossing

Kostenplan

Afschrijvingskosten

De uitgaande geldstromen kunnen we afleiden uit de investeringsbegroting en het kostenplan. In een investeringsbegroting staan de bezittingen, die een onderneming nodig heeft om haar activiteiten uit te voeren. Niet iedere post op de debetzijde van de balans leidt direct tot een gelduitgave. Zo heeft Linge Hotel Elst met de leveranciers van de inventaris en de levensmiddelen afgesproken dat de factuur twee maanden na de levering wordt betaald. De inventaris en de levensmiddelen staan nu al op de balans, maar leiden in de toekomst tot uitgaande geldstromen. In een kostenplan wordt een schatting gemaakt van de kosten die nodig zijn om de bedrijfsactiviteiten uit te kunnen voeren. Ook bij kosten geldt dat niet alle kosten (direct) tot een gelduitgave leiden. Dit is bijvoorbeeld het geval bij afschrijvingskosten. Afschrijvingskosten houden verband met de waardedaling van vaste activa. Deze waardedaling wordt in mindering gebracht op het resultaat van de organisatie (door het boeken van afschrijvingskosten), maar leidt niet tot een gelduitgave in de periode waarin de afschrijvingskosten worden geboekt. Bij het opstellen van een liquiditeitsbegroting moet je je steeds afvragen of de post die op de liquiditeitsbegroting staat vermeld tot een verandering op de bankrekening (rekening-courant) leidt en/of tot een verandering in de hoeveelheid kasgeld (in de periode waarover de

liquiditeitsbegroting wordt opgesteld). Als dit niet het geval is, hoort de post niet op de liquiditeitsbegroting thuis.
Bij een liquiditeitsbegroting geldt:
beginsaldo liquide middelen + de verwachte geldontvangsten − de verwachte gelduitgaven = verwachte eindsaldo liquide middelen.

Liquide middelen   Onder liquide middelen verstaan we het totaal van de voorraad kasgeld en het saldo op de rekening-courant bij de bank.

Tussenvraag 3.2
We geven hierna enkele gedeeltelijk ingevulde balansen.
Bereken voor iedere balans de omvang van de liquide middelen.

Balans 1
| Kas | € 7.000 | Rekening-courant | € 3.000 |

Balans 2
| Kas | € 5.000 | Rekening-courant | € 1.000 |

Balans 3
| Rekening-courant | € 1.000 | | |
| Kas | € 3.000 | | |

Balans 4
| Kas | € 8.000 | Rekening-courant | € 5.000 |

Balans 5
| Kas | € 4.000 | Rekening-courant | € 3.000 |

Balans 6
| Kas | € 1.000 | Rekening-courant | € 5.000 |

Liquiditeitsbegroting

Liquiditeitsbegroting Linge Hotel Elst
Bij het opstellen van de liquiditeitsbegroting over het kalenderjaar 2016 veronderstellen we de volgende verdeling van de totale omzet over de verschillende kwartalen: eerste kwartaal 18%, tweede kwartaal 30%, derde kwartaal 32% en vierde kwartaal 20%. Verder veronderstellen we dat 10% van de omzet op rekening is. Deze omzet is afkomstig van bedrijven, die hun rekening betalen in het kwartaal volgend op het kwartaal waarin de overnachtingen hebben plaatsgevonden. De btw over de kwartaalomzet wordt aan de belastingdienst betaald in het kwartaal volgend op het kwartaal waarin de omzet is gerealiseerd. De

verwachte jaaromzet (inclusief btw) voor 2016 blijkt uit het marketingplan en bedraagt €443.154.

Bij voorkeur maken we een liquiditeitsbegroting die is onderverdeeld in korte perioden. Hoe korter de perioden waarover de geldontvangsten en gelduitgaven worden gespecificeerd, hoe beter het inzicht in het verloop van de liquiditeit gedurende het jaar. Het nadeel ervan is echter dat de hoeveelheid rekenwerk en daarmee de kosten in verband met het opstellen van een liquiditeitsbegroting toenemen. Om de leesbaarheid te bevorderen, laten we de berekeningen die nodig zijn voor het opstellen van de liquiditeitsbegroting in dit boek achterwege. Voor deze berekeningen verwijzen we naar de website (www.bedrijfseconomieheezen.noordhoff.nl).
De verwachte gelduitgaven en verwachte geldontvangsten die in de liquiditeitsbegroting zijn opgenomen, zijn van een groot aantal factoren afhankelijk. We geven daarvan slechts enkele voorbeelden die op Linge Hotel Elst betrekking hebben:
- De hypothecaire leningen worden in 20 jaar met gelijke bedragen afgelost. De aflossing vindt aan het einde van ieder kwartaal plaats (dat betekent in totaal 20 × 4 = 80 aflossingen). Op dat moment wordt ook de rente betaald. De interest bedraagt 6% per jaar (we gaan uit van 1,5% per kwartaal).
- De interest over het rekening-courantkrediet bedraagt 8% per jaar en wordt berekend over het saldo aan het begin van het kwartaal. Voor de eenvoud veronderstellen we dat bij een positief saldo op de rekening-courant van de bank 8% rente wordt ontvangen (in de praktijk is dat echter niet het geval).
- De btw wordt met de fiscus verrekend in het kwartaal dat volgt op het kwartaal waarin de omzet en de kosten worden geboekt (een vertraging van één kwartaal).
- De sociale lasten bedragen 35% van het brutoloon.
- De nota's van de leveranciers van de levensmiddelen worden twee maanden na ontvangst van de goederen betaald.
- Linge Hotel Elst staat aan haar debiteuren een krediettermijn van één maand toe.
- Er wordt steeds een hoeveelheid kasgeld aangehouden van €4.000.

Met deze en nog meer factoren is bij het opstellen van de liquiditeitsbegroting van Linge Hotel Elst over 2016 rekening gehouden. De resultaten van deze berekeningen staan op de website bij dit boek (zie het onderdeel liquiditeitsbegroting). We geven deze resultaten in tabel 3.1 weer.

In het derde kwartaal ontstaat er een tegoed op de rekening-courant. Aan het einde van het derde kwartaal (= begin vierde kwartaal) bedraagt het tegoed €44.300. Het plusteken voor het bedrag betekent dat er een *tegoed* is op de rekening-courant in plaats van een schuld. We veronderstellen dat Linge Hotel Elst over dit bedrag 8% interest ontvangt van de bank, waardoor er interest*opbrengsten* ontstaan in plaats van interestkosten. Het tegoed op de rekening-courant per 31 december 2016 bedraagt €67.588. Bij een tegoed op de rekening-courant plaatsen we het bedrag aan de creditzijde van de balans met een minteken ervoor.

Tabel 3.1 Liquiditeitsbegroting Linge Hotel Elst (bedragen in euro's) over 2016

	1ᵉ kwartaal		2ᵉ kwartaal		3ᵉ kwartaal		4ᵉ kwartaal	
Beginsaldi:								
Kas		4.000 +		4.000 +		4.000 +		4.000 +
Rekening-courant		143.257 −		51.070 −		9.745 −		44.300 +
Liquide middelen		139.257 −		47.070 −		5.745 −		48.300 +
Geldontvangsten								
• contante omzet		31.907		53.178		56.724		35.452
• omzet op rekening		49.633		69.132		83.313		63.814
• terugontvangen btw		84.600		2.914 +		3.967 +		4.143 +
• vrijval debiteuren		7.274 +						
Liquide middelen + geldontvangsten		34.157 +		78.154 +		138.258 +		151.710 +
Gelduitgaven								
• inkoopwaarde omzet	5.997		6.825		9.513		8.686	
• verkoopkosten	3.642		6.070		6.475		4.047	
• wasserijkosten	2.732		4.553		4.856		3.035	
• loon kamermeisjes/receptie	13.123		15.631		16.049		13.541	
• sociale lasten	4.593		5.471		5.617		4.739	
• gas, water, licht	5.448		6.055		6.156		5.549	
• onderhoud	2.420		2.420		2.420		2.420	
• accountantskosten	726		726		726		726	
• interest hypotheek	12.900		12.713		12.525		12.338	
• interest rekening-courant	2.865		1.021		195		886 −	
• aflossing oude hypotheek	8.750		8.750		8.750		8.750	
• aflossing nieuwe hypotheek	3.750		3.750		3.750		3.750	
• afgedragen btw	5.017		4.515		7.525		8.027	
• extra aflossing Crediteuren	3.864							
• privéopnames	5.400 +		5.400 +		5.400 +		5.400 +	
Totaal gelduitgaven		81.227 −		83.900 −		89.958 −		80.121 −
Liquide middelen + geldontvangsten − gelduitgaven		47.070 −		5.745 −		48.300 +		71.588 +
Vereist eindsaldo Kas		4.000 −		4.000 −		4.000 −		4.000 −
Eindsaldo rekening-courant		51.070 −		9.745 −		44.300 +		67.588 +

In deze tabel kunnen kleine afrondingsverschillen optreden. Zie ook www.bedrijfseconomieheezen.noordhoff.nl

Tussenvraag 3.3
Waarom verdient het aanbeveling *regelmatig* (bijvoorbeeld per maand) een nieuwe liquiditeitsbegroting op te stellen *over korte perioden*?

Tussenvraag 3.4
Moeten in een liquiditeitsbegroting de bedragen inclusief of exclusief btw worden opgenomen? Motiveer je antwoord.

3.8 Begrote winst- en verliesrekening

De begrote omzet leiden we af uit het marketingplan. Een omzet wordt als gerealiseerd beschouwd op het moment dat de goederen zijn afgeleverd en de factuur verzonden is. Ook al betaalt de afnemer later, op het moment van de levering van de goederen wordt de verkoop als omzet (opbrengst verkopen) aangemerkt.

De kosten kunnen we splitsen in kosten die rechtstreeks uit de bedrijfsuitoefening (het primaire proces) voortvloeien en kosten die te maken hebben met de financiering van de onderneming. Tot de eerste categorie behoren bijvoorbeeld de kosten van grondstof, de loonkosten en de kosten van energie. Tot de laatste categorie behoren de interestkosten van het vreemd vermogen.

Duurzame productiemiddelen, zoals machines en inventaris, dalen in waarde naarmate ze ouder worden. Deze waardedaling leidt tot afschrijvingskosten. Als we de waardedaling gelijkmatig over de jaren verdelen, dan berekenen we de afschrijvingen als volgt:

Afschrijvingskosten

$$\text{Afschrijvingskosten per jaar} = \frac{\text{Aanschafwaarde} - \text{restwaarde}}{\text{Levensduur}}$$

Begrote winst- en verliesrekening Linge Hotel Elst

De gebouwen, installaties en inventaris dalen in waarde naarmate ze ouder worden. Linge Hotel Elst schrijft de gebouwen, de installaties en de inventaris tot nihil af met gelijke bedragen per jaar. Daarbij gaan we voor gebouwen, installaties en inventaris uit van een levensduur van respectievelijk 50, 10 en 5 jaar. In dat geval kunnen we de jaarlijkse afschrijvingskosten als volgt berekenen.

Bestaand hotel:

$$\text{Afschrijvingskosten gebouwen} = \frac{€772.500 - €0}{50} = €15.450$$

$$\text{Afschrijvingskosten installaties} = \frac{€122.000 - €0}{10} = €12.200$$

$$\text{Afschrijvingskosten inventaris} = \frac{€80.000 - €0}{5} = \underline{€16.000}$$

$$€43.650$$

Uitbreiding hotel:

$$\text{Afschrijvingskosten gebouwen} = \frac{€280.000 - €0}{50} = €5.600$$

$$\text{Afschrijvingskosten installaties} = \frac{€70.000 - €0}{10} = €7.000$$

$$\text{Afschrijvingskosten inventaris} = \frac{€40.000 - €0}{5} = €8.000$$

$$€20.600 +$$

$$€64.250$$

Winst- en verliesrekening

Tabel 3.2 toont de begrote winst- en verliesrekening van Linge Hotel Elst over 2016.

Tabel 3.2 Begrote winst- en verliesrekening Linge Hotel Elst over 2016

	In euro's		In % van de omzet:
Omzet kamer met 1 persoon/kamer (zie marketingplan)	238.798		
Omzet kamer met 2 personen/kamer (zie marketingplan)	175.132 +		
Omzet kamers	413.930		
Overige omzet (1% van de omzet kamers)	4.139 +		
Totale omzet (exclusief btw)	418.069		100%
Inkoopwaarde van de omzet (7% van omzet)	29.265 −		7,0% −
Brutomarge	388.804		93,0%
Overige omzetafhankelijke kosten:			
• Verkoopkosten (4% van omzet)	16.723		4,0%
• Wasserijkosten (3% van omzet)	12.542		3,0%
Semi-omzetafhankelijke kosten:			
Loon kamermeisjes/receptie (€ 37.440 + 5% van omzet)	58.343		14,0%
Sociale lasten (0,35 × loon kamermeisjes)/receptie	20.420		4,9%
Gas, water, licht: (€ 15.000 + 1% van omzet)	19.181		4,6%
Niet-omzetafhankelijke kosten:			
Onderhoud	8.000		1,9%
Accountantskosten	2.400 +		0,6%
Kosten met uitzondering van afschrijvingen en interest:	137.609 −		32,9% −
Resultaat voor aftrek van afschrijvingen, interest en bel. = EBITDA	251.195		60,1%
Afschrijvingskosten	64.250 −		15,4% −
Resultaat voor aftrek interest en belasting = bedrijfsresultaat = EBIT	186.945		44,7%
Interestkosten	53.670 −		12,8% −
Resultaat voor Inkomstenbelasting	133.275		31,9%
Afschrijvingen	64.250 +		
Cashflow	197.525		

Zie ook www.bedrijfseconomieheezen.noordhoff.nl

Toelichting bij de winst- en verliesrekening (zie ook volgende pagina):

EBITDA

Amortisatie

- EBITDA: Earnings Before Interest, Taxes, Depreciation and Amortization = resultaat voor aftrek van interest, belastingen, afschrijving en amortisatie. Met amortisatie bedoelen we afschrijvingen op immateriële vaste activa. Materiële vaste activa zijn activa 'die je aan kunt raken', zoals gebouwen, machines en inventaris. Immateriële vaste activa zijn niet tastbaar ('je kunt ze niet aanraken'), zoals de waarde van octrooi- en auteursrechten of betaalde goodwill bij een overname. Het in de boekhouding verwerken van de waardedaling

Afschrijving
EBIT
Bedrijfsresultaat

Cashflow

van immateriële vaste activa noemen we amortisatie (bij materiële vaste activa heet dat afschrijving).

- EBIT: Earnings Before Interest and Taxes = resultaat voor aftrek van interest en belastingen = bedrijfsresultaat = omzet – alle kosten (met uitzondering van interestkosten).
- Cashflow = Geldstroom. Als we bij de voorgaande winst- en verliesrekening veronderstellen dat alle omzetten en alle kosten (met uitzondering van afschrijvingen) direct tot geldontvangsten en gelduitgaven leiden, dan is de cashflow (geldstroom) = resultaat voor belastingen + afschrijvingen. De afschrijvingen worden erbij geteld, omdat bij de berekening van het resultaat voor belastingen de afschrijvingen in mindering zijn gebracht, terwijl het geen gelduitgave is. Linge Hotel Elst heeft de rechtsvorm van eenmanszaak en de eigenaresse moet inkomstenbelasting betalen over de winst uit haar onderneming. Omdat de te betalen inkomstenbelasting ook afhankelijk is van andere factoren, hebben we de te betalen inkomstenbelasting buiten beschouwing gelaten. De cashflow berekenen we dan door bij de winst *voor aftrek* van inkomstenbelasting de afschrijvingen op te tellen.

Bij een besloten vennootschap (bv) en naamloze vennootschap (nv) moet de bv of nv vennootschapsbelasting betalen over de winst voor aftrek van vennootschapsbelasting. Bij een bv of nv berekenen we de cashflow door de winst *na aftrek* van vennootschapsbelasting te verhogen met de afschrijvingen.

Cashflow = winst na belastingen + afschrijvingen

Brutomarge

De brutomarge is een belangrijk begrip voor ondernemers. Dit geldt niet alleen voor de horeca (waaronder Linge Hotel Elst valt). Vooral handelsondernemingen sturen op de brutomarge. Handelsondernemingen kopen goederen in en verkopen die weer zonder (noemenswaardige) aanpassingen aan het product. De brutomarge is het verschil tussen de verkoopprijs van de producten en de inkoopprijs van de producten. Uit de brutomarge moeten alle bedrijfskosten, zoals loonkosten, afschrijvingskosten en interestkosten worden gedekt. De winst die daarna overblijft is hopelijk voldoende om een normale vergoeding over het eigen vermogen beschikbaar te stellen.

Bij de opzet van de winst- en verliesrekening is de volgorde zodanig gekozen, dat de kosten in verband met de operationele activiteiten (de dagelijkse gang van zaken) het eerst komen. Daarna komen de kosten die met de vaste activa te maken hebben (afschrijvingen) en als laatste de kosten die samenhangen met de financiering van de onderneming (interestkosten).
In de rechterkolom van de winst- en verliesrekening zijn de individuele posten uitgedrukt in een percentage van de omzet exclusief btw. Uit deze percentages blijkt welke kosten een grote invloed hebben op het resultaat. Als een onderneming haar resultaat wil verbeteren, dan zal ze in eerste instantie aandacht moeten besteden aan de kostenposten waarbij een hoog percentage staat.

Tussenvraag 3.5
Moeten in een begrote winst- en verliesrekening de bedragen inclusief of exclusief btw worden opgenomen? Motiveer je antwoord.

Bij de beoordeling van het hiervoor berekende resultaat voor Linge Hotel Elst moet rekening worden gehouden met ten minste drie aspecten:
- Bij de berekening van de loonkosten is geen beloning voor de eigenaresse opgenomen (de winst is haar beloning).
- Er is geen rekening gehouden met een (normale) beloning over het ingebrachte eigen vermogen.
- Linge Hotel Elst betaalt geen belastingen over het resultaat.

Omdat de rechtsvorm van het Linge Hotel Elst een eenmanszaak is, betaalt de onderneming zelf geen belasting over de winst. De post belastingen komt daardoor op de winst- en verliesrekening van Linge Hotel Elst niet voor. De winst voor belasting is inkomen voor de eigenaresse, die daarover inkomstenbelasting is verschuldigd.

Stel dat Linge Hotel Elst gekozen zou hebben voor de rechtsvorm van bv en dat:
- de eigenaresse een beloning krijgt van €45.000;
- de vennootschapsbelasting 25% bedraagt.

We krijgen dan de aanpassingen in de berekening van het resultaat zoals weergegeven in tabel 3.3.

Tabel 3.3 Voorbeeld van een winst- en verliesrekening bij een bv

			In euro's	In % van de omzet
Brutomarge			388.804	93,0%
Kosten m.u.v. afschrijvingen, interest en loon eigenaresse:		137.609		32,9%
Loon eigenaresse	45.000			
Sociale lasten: 0,35 × €45.000 =	15.750			
		60.750 +		14,5%
			198.359	47,4% −
Resultaat voor aftrek van afschrijvingen, interest en bel. = EBITDA			190.445	45,6%
Afschrijvingskosten			64.250 −	15,4% −
Resultaat voor aftrek interest en belasting = bedrijfsresultaat = EBIT			126.195	30,2%
Interestkosten			53.670 −	12,8% −
Resultaat voor belastingen			72.525	17,4%
Vennootschapsbelasting: 0,25 × €72.525			18.131 −	4,4% −
Resultaat na vennootschapsbelasting			54.394	13,0%
Afschrijvingen			64.250 +	15,4% +
Cashflow			118.644	28,4%

Tussenvraag 3.6
Wat zijn de belangrijkste verschillen tussen de winst- en verliesrekening bij een eenmanszaak en de winst- en verliesrekening bij een besloten vennootschap?

Tot slot van deze paragraaf geven we in tabel 3.4 enkele belangrijke verschillen weer tussen een liquiditeitsbegroting en een begrote winst- en verliesrekening.

In de voorgaande winst- en verliesrekeningen hebben we de kosten uitgedrukt in een percentage van de omzet. Deze procentuele verdeling zal van branche tot branche verschillen. In tussenvraag 3.7 geven we daar enkele voorbeelden van.

Tabel 3.4 Liquiditeitsbegroting en begrote winst- en verliesrekening vergeleken

Aspecten	Liquiditeitsbegroting	Begrote winst- en verliesrekening
Kosten, geen uitgaven	Afschrijvingen niet opnemen	Afschrijvingen zijn kosten
Vermogensmarkt: aantrekken of aflossen van vermogen	• Opnemen van eigen vermogen • Opnemen van vreemd vermogen • Aflossing van vreemd vermogen • Betaalde interest	• Het opnemen van eigen en/of vermogen is geen opbrengst • De aflossing van vreemd vermogen is geen kostenpost • Alleen interestkosten opnemen
Btw	• Betaalde btw • Ontvangen btw • Alle bedragen inclusief btw	Alle omzetten en kosten exclusief btw
Tijdstip	Gelduitgave of geldontvangst opnemen op het moment van betalen of betaald worden	Opbrengst en kosten op het moment dat de factuur wordt verzonden of ontvangen

Tussenvraag 3.7
Gegeven is de volgende tabel (tabel 3.5):

Tabel 3.5 Kosten in procenten van de omzet (per branche)

	Branche		
	1	2	3
Omzet	100%	100%	100%
Inkoopwaarde van de omzet	40% −	10% −	90% −
Brutomarge	60%	90%	10%
Omzetafhankelijke kosten	15%	2%	2%
Semi-omzetafhankelijke kosten	5%	5%	3%
Niet-omzetafhankelijke kosten	5% +	60% +	1% +
Kosten met uitzondering van afschrijvingen en interest:	25% −	67% −	6% −
Resultaat voor aftrek van afschr., interest en bel. = EBITDA	35%	23%	4%
Afschrijvingskosten	20% −	8% −	2% −
Res. voor aftrek interest en bel. = bedrijfsresultaat = EBIT	15%	15%	2%

Geef aan en motiveer welke van de volgende branches hoort bij kolom 1, 2 of 3 uit tabel 3.5:
- Supermarkten zoals Albert Heijn, Jumbo en Dirk van den Broek.
- Industriële productie. Bijvoorbeeld auto-industrie, vliegtuigbouw, scheepsbouw, staalbedrijven.
- Dienstverlenende bedrijven. Bijvoorbeeld accountantskantoren, banken, financiële advisering.

3.9 Begrote eindbalans

Eindbalans

Het sluitstuk van het financieel plan (als onderdeel van het ondernemingsplan) is de begrote eindbalans. Gedurende het boekjaar worden door de onderneming allerlei activiteiten uitgevoerd die van invloed kunnen zijn op de waarde van de activa en de waarde van de passiva. Zo zal de waarde van gebouwen en inventaris afnemen, omdat erop wordt afgeschreven. Maar deze posten nemen weer toe door de nieuwe investeringen in verband met de uitbreiding van het hotel. De vordering op afnemers (de post Debiteuren op de debetzijde van de balans) neemt toe als er op rekening wordt verkocht, maar neemt weer af als een debiteur betaalt.

Begrote eindbalans Linge Hotel Elst

De veranderingen in de balans hebben we al voor een deel in het voorgaande berekend. De bedragen die we op de eindbalans opnemen, moeten daarbij aansluiten. We zullen de balansposten een voor een nalopen en beginnen met de debetzijde van de balans.

Debetzijde van de balans

Vaste activa (in euro's)

Productiemiddel	Boekwaarde aan het begin van het jaar	Afschrijvingen	Boekwaarde aan het einde van het jaar
Grond	200.000	0	200.000
Gebouwen	990.700	21.050	969.650
Installaties	143.200	19.200	124.000
Inventaris	56.000	24.000	32.000

Vlottende activa:
- Voorraden: Ieder kwartaal is er evenveel ingekocht als er is verbruikt. De voorraden blijven €1.500.
- Debiteuren: Aan het eind van het jaar, is nog 1 maand van de omzet op rekening in het vierde kwartaal (inclusief btw) van de afnemers te vorderen. Deze vordering is berekend bij de liquiditeitsbegroting en bedraagt €17.726.
- Voorfinanciering btw: Het bedrag dat op 1 januari 2016 van de belastingdienst was te vorderen, is in het eerste kwartaal volledig ontvangen. Dus op de eindbalans staat geen Voorfinanciering btw.

- Te vorderen btw: Aan het eind van het jaar is de betaalde btw over de inkopen van het vierde kwartaal nog te vorderen. Dit bedrag is berekend bij de liquiditeitsbegroting en bedraagt €3.089.
- In de overige vorderingen op korte termijn is geen verandering opgetreden (€12.000).
- Kas: Het kassaldo is steeds €4.000 (zie liquiditeitsbegroting en basisgegevens).

Creditzijde van de balans
- Eigen vermogen: Het eigen vermogen neemt toe als de onderneming winst maakt en deze inhoudt, maar neemt af door privéopnames, winstuitkering of terugbetaling van ingebracht eigen vermogen.

  Berekening eigen vermogen (in euro's):
Eigen vermogen op beginbalans	500.000
Resultaat voor belasting (winst)	133.275 +
	633.275
Privéopnames	21.600 –
Eigen vermogen op eindbalans	611.675

- Hypotheek: Bedrag op beginbalans 860.000
  Aflossing in 2016: 4 × €12.500
  (zie liquiditeitsbegroting) 50.000 –

  Bedrag op eindbalans 810.000

- Rekening-courant: Het verwachte saldo op de rekening-courant blijkt uit de liquiditeitsbegroting (tegoed van €67.588).
- Crediteuren: Aan het eind van het jaar moeten twee maanden van de inkopen in het vierde kwartaal (inclusief btw) nog aan de leveranciers worden betaald. Deze schuld is berekend bij de liquiditeitsbegroting en bedraagt €4.136.
- Nog te betalen btw: De btw over de omzet in het vierde kwartaal is aan het einde van het jaar nog verschuldigd (wordt betaald in het eerste kwartaal van 2017). Dit bedrag is bij de liquiditeitsbegroting berekend en bedraagt €5.017.
- Nog te betalen: De accountantskosten over het vierde kwartaal (3 × €200) moeten eind 2016 nog betaald worden. Deze staan onder 'Overige schulden op korte termijn', op de balans = 1,21 × €600 = €726 (inclusief 21% btw).

We kunnen nu de begrote eindbalans per 31 december 2016 opstellen.

Activa	Begrote eindbalans Linge Hotel Elst per 31 december 2016 (in euro's)		Passiva
Vaste activa:		Eigen vermogen[1]:	
Grond	200.000	Gestort	400.000
Gebouwen	969.650	Winstreserve	211.675
Installaties	124.000		
Inventaris	32.000		611.675
Vlottende activa:		Vreemd vermogen:	
Voorraden	1.500	Lange termijn: Hypoth. lening	810.000
Debiteuren	17.726		
Te ontvangen belastingen	3.089	Vreemd vermogen: Korte termijn:	
Overige vorderingen op k.t.	12.000	Rekening-courant[2]	67.588 (−)
Kas	4.000	Crediteuren	4.136
		Te betalen belastingen	5.017
		Overige schulden op k.t.	726
			57.709 (−)
Totaal activa	1.363.966	Totaal vermogen	1.363.966

1 Het eigen vermogen neemt toe door het inhouden van winst (de post winstreserve op de balans stijgt) en neemt af door privéopname: Winstreserve = €100.000 + €133.275 − €21.600 = €211.675.
2 Het minteken achter Rekening-courant betekent dat er een tegoed is op de rekening-courant.

3.10 Financiële besturing

De leiding van een organisatie is in handen van de managers, die over verschillende lagen in de organisatie verdeeld kunnen zijn. Voor de financiële besturing van een onderneming is het van belang na te gaan wat de belangrijkste opbrengsten en kostenposten zijn en op welke posten de managers invloed kunnen uitoefenen en op welke niet. We kunnen bij de indeling van de winst- en verliesrekening ook de financiële besturing van een organisatie op de voorgrond plaatsen en de kosten onderverdelen in beïnvloedbare en niet-beïnvloedbare kosten.

Beïnvloedbare en niet-beïnvloedbare kosten

Veel beslissingen van managers (op verschillende niveaus binnen de organisatie) hebben gevolgen voor de omvang van de kosten. Als een afdelingshoofd bijvoorbeeld een nieuwe medewerker aanstelt, zullen de loonkosten van zijn afdeling stijgen. Een productiemanager die een nieuwe machine aanschaft, zal in een volgende periode de post afschrijvingskosten op zijn winst- en verliesrekening zien stijgen. Welke kostenposten beïnvloedbaar en niet-beïnvloedbaar zijn, hangt onder andere af van de volgende twee factoren:
1 het niveau waarop de manager zich binnen de organisatie bevindt;
2 de tijdsduur (de periode).

Ad 1 Het niveau waarop de manager zich binnen de organisatie bevindt
De algemeen directeur (de eindverantwoordelijke) binnen een organisatie heeft in principe zeggenschap over alle beslissingen die in een organisatie worden genomen. Een groot gedeelte van de beslissingen (zo niet alle) binnen zijn organisatie zijn voor hem (in principe) beïn-

vloedbaar en de kosten die eruit voortvloeien zouden we tot de (voor de eindverantwoordelijke) beïnvloedbare kosten kunnen rekenen. Echter op korte termijn zijn sommige kosten zelfs voor de hoogste functionarissen in de organisatie niet beïnvloedbaar. Voorbeelden daarvan zijn afschrijvingskosten en de loonkosten van medewerkers in vaste dienst.

Voor managers van afdelingen lager in de organisatie geldt, dat op hoger niveau beslissingen worden genomen die voor hen een gegeven zijn. Zij hebben daar geen invloed op, maar de kosten die uit deze beslissingen (op een hoger niveau) voortvloeien, worden wel aan de afdeling waaraan zij leidinggeven doorbelast. Voor de managers (op het lagere niveau) leidt dit tot niet-beïnvloedbare kosten.
We lichten dit in voorbeeld 3.2 toe.

■ **Voorbeeld 3.2 Eurovacances S.A.**
Onderneming Eurovacances S.A. heeft zich toegelegd op de exploitatie van vakantieparken in Europa. De vakantieparken zijn verdeeld over de Benelux (België, Nederland en Luxemburg), Duitsland, Frankrijk, Spanje en Italië. De totale onderneming is onderverdeeld in divisies op grond van de landenindeling. Er zijn vijf divisies (Benelux, Duitsland, Frankrijk, Spanje en Italië) met een hoofdkantoor in Parijs. De hoofddirectie heeft besloten op het hoofdkantoor een nieuw Enterprise Resources Planning-(ERP-)pakket in te voeren, waarmee alle divisies in verbinding staan en waarvan ze gebruik kunnen/moeten maken. Met behulp van het ERP-pakket kan allerlei informatie met betrekking tot de boekingen, de kosten, de opbrengsten van de verhuur, de personele gegevens, de bezetting van de vakantiehuizen enzovoort en de financiële consequenties worden vastgelegd en verwerkt. 'Alle' informatie wordt binnen de organisatie direct vastgelegd en verwerkt en is direct beschikbaar voor de medewerkers die toegang hebben tot het pakket. Voor de operationele en financiële besturing van de totale organisatie is het ERP-pakket een belangrijk hulpmiddel. Maar er hangt ook een prijskaartje aan. De aanschaf en het gebruik van het computerprogramma, de implementatie en de bijscholing van de medewerkers leiden in de komende vijf jaar tot een kostenpost van €600.000 per jaar. Deze totale kosten worden door het hoofdkantoor doorberekend aan de divisies op basis van de omzet van iedere divisie. Zo krijgt de divisie Benelux 15% van het totale bedrag (0,15 × €600.000 = €90.000) aan ERP-kosten doorberekend.
De kostenpost van €600.000 behoort voor de hoofddirectie tot de beïnvloedbare kosten (zij neemt de uiteindelijke beslissing), terwijl de €90.000 aan ERP-kosten voor de divisie Benelux tot de niet-beïnvloedbare kosten horen.

De scheidslijn tussen beïnvloedbare en niet-beïnvloedbare kosten is niet altijd even scherp te trekken. Dit onderscheid moet van geval tot geval worden vastgesteld.
We wijzen nog op een ander aspect. Bij kosten is vaak sprake van een hoeveelheidscomponent en een prijscomponent. Als voorbeeld nemen we de kosten van de brandstof van de vrachtwagens van een transportbedrijf. Deze kosten hangen af van het aantal verbruikte liters brandstof en van de prijs van brandstof per liter. Behoren deze kosten tot de beïnvloedbare of de niet-beïnvloedbare kosten? Een stijging van de olieprijzen op de wereldmarkt zal tot een stijging van de brandstofkosten leiden. Op de hoogte van de benzineprijzen hebben de transport-

bedrijven echter geen invloed. De leiding van het transportbedrijf heeft wel (enige) invloed op het brandstofverbruik (in liters). Bij hogere olieprijzen zal de leiding zoeken naar mogelijkheden om het brandstofverbruik van de vrachtwagens terug te dringen. Bijvoorbeeld door de chauffeurs voor te schrijven een bepaalde maximumsnelheid niet te overschrijden. Dit heeft echter als nadeel dat de tijdsduur van het transport toeneemt, waardoor de loonkosten voor de rit toenemen. De kosten van de brandstof en de kosten van arbeid zullen tegen elkaar moeten worden afgewogen.

Ad 2 Tijdsduur (de periode)
Als de afzet van een onderneming gedurende een lange periode toeneemt, zal de productie worden verhoogd om aan de toegenomen vraag te kunnen voldoen. De productiemanager heeft daarbij een aantal mogelijkheden. Hij kan door extra of andere machines aan te schaffen met dezelfde medewerkers een hogere productie realiseren. Hij kan er ook voor kiezen het bestaande machinepark intensiever te gaan gebruiken door meer productiemedewerkers in dienst te nemen en in ploegendienst te gaan werken. Bij de eerste optie zullen de kosten in verband met machines toenemen en bij de tweede optie nemen de arbeidskosten toe. Beide zijn voorbeelden van beïnvloedbare kosten.

Maar wat gebeurt er als na verloop van tijd de afzet blijvend daalt en de productie moet worden verlaagd? In het geval de onderneming extra of nieuwe machines heeft aangeschaft, kan een deel ervan buiten werking worden gesteld en (op korte termijn) worden verkocht. Er is sprake van beïnvloedbare kosten. Met arbeid ligt de zaak gecompliceerder. Als de extra productiemedewerkers via een uitzendorganisatie zijn aangetrokken, kan op korte termijn het aantal uitzendkrachten worden verlaagd en zullen de arbeidskosten direct dalen. Er is sprake van beïnvloedbare kosten. Medewerkers in vaste dienst kunnen echter niet van de ene op de andere dag worden ontslagen. Dit betekent dat de arbeidskosten de eerste tijd nog op het oude niveau blijven en op den duur (na het ontslag van de overtallige medewerkers) afnemen. De arbeidskosten in verband met medewerkers in vaste dienst zijn pas op termijn beïnvloedbaar.

In de praktijk zal een bepaalde kostenpost soms niet voor de volle honderd procent beïnvloedbaar zijn of in het geheel niet beïnvloedbaar zijn. Welke kosten beïnvloedbaar zijn en welke kosten niet, moet van situatie tot situatie worden beoordeeld. De factoren die daarbij onder andere een rol spelen zijn in tabel 3.6 weergegeven.

Tabel 3.6 Beïnvloedbare en niet-beïnvloedbare kosten

	Voor manager op hoogste niveau in de organisatie	Voor manager op laag(ste) niveau in de organisatie
(Zeer) lange termijn	Alle kosten zijn beïnvloedbaar	Beperkt aantal kosten (beperkt) beïnvloedbaar
(Zeer) korte termijn	Veel kosten (beperkt) beïnvloedbaar	Bijna alle kosten zijn niet beïnvloedbaar

Naast de factoren die in tabel 3.6 staan vermeld, geldt dat de hoeveelheidscomponent in het algemeen beter te beïnvloeden is dan het prijselement van de kosten. Dit geldt zeker voor kosten waarbij de prijs op een wereldmarkt tot stand komt, zoals de prijs van ruwe olie en koffie.

3.11 Break-evenpunt

Een ondernemingsplan wordt opgesteld om inzicht te krijgen in de toekomstige financiële positie van een onderneming. Omdat de toekomst zich moeilijk laat voorspellen, is het raadzaam bij het opstellen van een ondernemingsplan rekening te houden met onzekerheden in de omzetten en de kosten. Er kunnen verschillende mogelijke situaties (scenario's) worden uitgewerkt. Daarbij kunnen we de meest waarschijnlijke omvang van de omzet en de daarbij behorende kosten als uitgangspunt nemen (de verwachte situatie). Daarnaast kunnen we berekeningen maken voor het geval de omzet minder of meer is dan verwacht. We veronderstellen daarbij dat de kosten op drie manieren kunnen reageren op een verandering in de omzet:

- *Omzetafhankelijke kosten.* Deze kosten veranderen in gelijke mate met een verandering in de omzet (deze kosten zijn steeds een vast percentage van de omzet), bijvoorbeeld grondstofkosten en kosten van verpakking.
- *Semi-omzetafhankelijke kosten.* Deze kosten zijn opgebouwd uit een vast bedrag (dat onafhankelijk is van de hoogte van de omzet) en een percentage van de omzet, bijvoorbeeld de kosten van energie voor een machine. De elektriciteitsbedrijven brengen een vast bedrag per maand in rekening (ongeacht de hoogte van de omzet) en een bedrag voor de verbruikte hoeveelheid energie (die weer afhankelijk is van de hoogte van de omzet, doordat een hogere omzet tot een hoger energieverbruik leidt).
- *Niet-omzetafhankelijke kosten.* Deze kosten bestaan uit een vast bedrag, ongeacht de hoogte van de omzet, bijvoorbeeld het salaris van de algemeen directeur en de leasekosten van de directieauto.

Een bedrijf kan invloed uitoefenen op de mate waarin de kosten afhankelijk zijn van de omzet. Zo kan een bedrijf bijvoorbeeld het transport van de verkochte goederen zelf uitvoeren. In dat geval heeft de onderneming te maken met afschrijvingskosten van de vrachtwagens en wegenbelasting, die onafhankelijk zijn van de hoogte van de omzet. Als het transport is uitbesteed aan een transportonderneming, wordt daar gebruik van gemaakt naar de mate waarin er verkocht is. De transportkosten zullen in het laatste geval min of meer evenredig met de hoogte van de omzet veranderen.

De indeling in omzetafhankelijk en niet-omzetafhankelijk hangt ook af van de aard van het productieproces. Zo zullen de energiekosten bij een productiebedrijf voor een deel omzetafhankelijk zijn (denk aan de energiekosten in verband met gebruik van de machines) en voor een deel niet-omzetafhankelijk (denk aan de kosten van het verwarmen van de bedrijfsruimte). Bij een winkel zijn de energiekosten niet-omzetafhankelijk. De winkel zal tijdens de openingstijden verlicht en verwarmd moeten worden, ongeacht de hoogte van de omzet. De indeling in omzetafhankelijk en niet-omzetafhankelijk moet daarom van geval tot geval worden beoordeeld.

Bij de indeling van de winst- en verliesrekening van Linge Hotel Elst zijn we ook uitgegaan van het onderscheid in omzetafhankelijke en niet-omzetafhankelijke kosten.
We geven daarvan in tabel 3.7 een overzicht.

Tabel 3.7 Omzetafhankelijke en niet-omzetafhankelijke kosten van Linge Hotel Elst

	Afhankelijk van de omzet	Niet afhankelijk van de omzet
Inkoopwaarde van de omzet	7% van de omzet	
Verkoopkosten	4% van de omzet	
Wasserijkosten	3% van de omzet	
Loon kamermeisjes/receptie	5% van de omzet × 1,35 = 6,75% van de omzet	€37.440 per jaar × 1,35 = € 50.544 per jaar
Gas, water, licht	1% van de omzet	€ 15.000 per jaar
Onderhoudskosten		€ 8.000 per jaar
Accountantskosten		€ 2.400 per jaar
Afschrijvingskosten		€ 64.250 per jaar
Interestkosten		€ 50.000 per jaar (stelpost)
Totale kosten	21,75% van de omzet	€ 190.194 per jaar

Over de loonkosten van de kamermeisjes/receptie is 35% sociale lasten verschuldigd, vandaar de factor 1,35 bij loon kamermeisjes/receptie in tabel 3.7.
Voor interestkosten is in tabel 3.7 een stelpost opgenomen, omdat de hoogte ervan mede afhangt van de mutaties in het rekening-courantkrediet en die zijn vooraf niet bekend.

Het resultaat voor belastingen kunnen we voor Linge Hotel Elst ook berekenen door de totale omzet te verminderen met de totale kosten.
Als we veronderstellen dat de totale omzet (exclusief btw) €400.000 bedraagt, krijgen we de volgende berekening:

Totale omzet	€ 400.000
Totale kosten 21,75% × €400.000 + €190.194 = €87.000 + €190.194 =	€ 277.194 −
Resultaat voor belastingen	€ 122.806

Break-evenpunt

Op basis van de totale omzet en de totale kosten kunnen we ook eenvoudig het break-evenpunt berekenen. Het break-evenpunt is de omzet waarbij er geen winst wordt gemaakt, maar ook geen verlies wordt geleden (het resultaat = 0). Dat is het geval als de totale opbrengst gelijk is aan de totale kosten. We maken op basis van de gegevens uit tabel 3.7 de volgende berekening van het break-evenpunt:

Totale omzet = totale kosten

1 × omzet = 0,2175 × omzet + €190.194

$(1 - 0{,}2175) \times$ omzet $= €190.194$

$0{,}7825 \times$ omzet $= €190.194$

Break-evenomzet $= €190.194 : 0{,}7825 = €243.059{,}43$

Controleberekening:
Totale omzet = totale kosten
€243.059,43 = $0{,}2175 \times €243.059{,}43 + €190.194$
€243.059,43 = €52.865,43 + €190.194 = €243.059,43

3.12 Scenarioanalyse

Het maken van een ondernemingsplan is een tijdrovende bezigheid. Er moeten veel berekeningen worden gemaakt en als er in de basisgegevens veranderingen optreden, moeten de gevolgen ervan opnieuw worden doorgerekend. De hoeveelheid rekenwerk kan drastisch worden beperkt als het ondernemingsplan met behulp van Excel wordt opgesteld. In dat geval staan alle noodzakelijke berekeningen al in het model en kunnen we met 'een druk op de knop' de financiële gevolgen van veranderingen in de basisgegevens doorrekenen. Zo kunnen we een uitwerking maken voor de meest waarschijnlijke omzet, voor een tegenvallende omzetvisie en voor een omzet die de verwachtingen overtreft. Op basis van deze verschillende varianten (scenario's) kunnen we nagaan wat de gevolgen zijn voor de financiële resultaten. Deze informatie kan het management gebruiken bij het uitstippelen van zijn beleid. Zie ook www.bedrijfseconomieheezen.noordhoff.nl.

Tussenvraag 3.8
Stel dat de bezettingsgraad voor Linge Hotel Elst over 2016 (na uitbreiding) daalt van de verwachte 60% naar 50% (alle andere gegevens blijven gelijk). Beschrijf wat de financiële gevolgen zijn van deze tegenvallende bezettingsgraad.

3.13 Enkele slotopmerkingen

Door het opstellen van een (begrote) balans, een (begrote) winst- en verliesrekening en een liquiditeitsbegroting wordt inzicht verschaft in de financiële positie van een organisatie. Dit is van belang om de levensvatbaarheid van een organisatie te beoordelen. De debetzijde van de balans geeft de bezittingen (activa) weer waarover de onderneming beschikt. Aan de creditzijde staat vermeld op welke wijze de activa zijn gefinancierd. Posten op de balans zijn voorraadgrootheden. Zij geven de omvang van de activa op een bepaald moment weer. De winst- en verliesrekening en de liquiditeitsbegroting hebben betrekking op een bepaalde periode. Posten die daarop voorkomen noemen we stroomgrootheden. Zij geven de omvang van deze posten gedurende een bepaalde periode weer. De winst- en verliesrekening geeft het behaalde resultaat over een bepaalde periode weer. Als de opbrengsten meer bedragen dan de kosten maakt de onderneming winst. Als de kosten de opbrengsten overtreffen,

Voorraadgrootheden

Stroomgrootheden

lijdt de organisatie verlies. Een liquiditeitsbegroting geeft inzicht in de verwachte geldontvangsten en verwachte gelduitgaven.

In tabel 3.8 geven we een overzicht van enkele algemene verbanden tussen balansposten en posten op de liquiditeitsbegroting.

Tabel 3.8 Verbanden tussen balansposten en posten op de liquiditeitsbegroting

Debiteuren	Voorraden
Debiteurensaldo op beginbalans	Beginvoorraad op beginbalans
+ Verkopen op rekening	+ Ingekochte en ontvangen goederen
− Ontvangsten van debiteuren	− Verkochte en verzonden goederen
Debiteurensaldo op eindbalans	Eindvoorraad op eindbalans
Crediteuren	Leningen (opgenomen)
Crediteurensaldo op beginbalans	Omvang schuld op beginbalans
+ Inkopen op rekening	+ Opgenomen leningen
− Betalingen aan crediteuren	− Aflossingen op leningen
Crediteurensaldo op eindbalans	Omvang schuld op eindbalans
Eigen vermogen	Liquide middelen
Omvang eigen vermogen op beginbalans	Beginsaldo liquide middelen
+ Ingehouden winsten	+ Geldontvangsten
− Geleden verliezen	− Gelduitgaven
+ Extern aangetrokken eigen vermogen	Eindsaldo liquide middelen
− Terugbetaling van eigen vermogen	
Omvang eigen vermogen op eindbalans	

In een ondernemingsplan wordt een groot aantal overzichten en begrotingen opgenomen, die goede aanknopingspunten bieden voor het besturen van een organisatie. Zo kan op basis van een liquiditeitsbegroting nagegaan worden op welke momenten een liquiditeitstekort dreigt en op welke momenten er overschotten kunnen gaan optreden. De leiding kan daarop tijdig reageren door voor de maanden dat tekorten dreigen nu al aanvullende financiering te regelen. Voor eventuele overschotten kan tijdig een goede belegging worden gezocht. Ook kan de begrote winst- en verliesrekening een resultaat opleveren, dat ligt onder het beoogde resultaat van de organisatie. Dan moet de leiding van de organisatie maatregelen treffen die tot een verlaging van de kosten en/of een stijging van de opbrengsten leiden.

Samenvatting

Iemand die overweegt een eigen onderneming te starten, moet zich daarop grondig voorbereiden. Allereerst moeten jonge ondernemers zich afvragen of ze over de juiste kwaliteiten beschikken om als ondernemer succesvol te zijn. Een goede ondernemer moet in staat zijn de markt goed aan te voelen en nieuwe ideeën kunnen ontwikkelen om op veranderingen in de markt in te spelen. Het maken van een ondernemingsplan is een goed hulpmiddel om inzicht te krijgen in de verschillende aspecten van het ondernemen. Naast een grondige analyse van de marktomstandigheden en de concurrentie, is een financiële uitwerking van de plannen belangrijk. Door een liquiditeitsbegroting, een begrote winst- en verliesrekening en een verwachte eindbalans op te stellen, wordt helder wat de verwachte financiële situatie van de onderneming is. Het ondernemingsplan is een hulpmiddel om grondig over allerlei zaken die met de onderneming te maken hebben, na te denken. Als het financieel plan (als onderdeel van het ondernemingsplan) ook in een Excel-model is vastgelegd, biedt het mogelijkheden om allerlei veranderingen aan te brengen en de financiële gevolgen ervan vast te stellen. Het financieel plan in Excel is een uitstekend hulpmiddel bij het ontwikkelen van het ondernemingsbeleid. Verschillende alternatieven kunnen doorgerekend worden, voordat het management een definitieve beslissing neemt.

Begrippenlijst

Afschrijving	Boekhoudkundige waardedaling van materiële vaste activa.
Afschrijvingskosten	Het bedrag dat ten laste van het resultaat van een onderneming wordt gebracht in verband met de waardedaling van de vaste activa.
Amortisatie	Boekhoudkundige waardedaling van immateriële vaste activa.
Balans	Een overzicht van de vaste en vlottende activa en de vormen van eigen en vreemd vermogen van een organisatie op een bepaald moment.
Bedrijfsformule	Een kernachtige samenvattting van de marketingmix.
Bedrijfsresultaat	Omzet – alle kosten (met uitzondering van interestkosten).
Begrote winst- en verliesrekening	Een begroting van de opbrengsten en kosten over een toekomstige periode.
Beïnvloedbare kosten	Kosten waarop de verantwoordelijke manager invloed kan uitoefenen.
Brancheonderzoek	Onderzoek naar de specfieke kenmerken van eeen bepaalde markt (branche).
Break-evenpunt	Bedrijfsdrukte (bijvoorbeeld productieomvang in eenheden of omzet) waarbij geldt dat de totale opbrengsten gelijk zijn aan de totale kosten. Bij het break-evenpunt is het resultaat nihil (geen winst, maar ook geen verlies).
Brutomarge	Omzet – inkoopwaarde van de omzet.
Cashflow bij bv of nv	Geldstroom = winst na aftrek van vennootschapsbelasting + afschrijvingen
Cashflow bij een eenmanszaak of vof	Geldstroom = resultaat voor inkomstenbelastingen + afschrijvingen. Hierbij veronderstellen we dat alle omzetten en alle kosten (met uitzondering van afschrijvingen) direct tot geldontvangsten en gelduitgaven leiden.
Debiteuren	Vorderingen op afnemers, die op rekening hebben gekocht.
EBITDA	Earnings Before Interest, Taxes, Depreciation and Amortization (resultaat voor aftrek van interest, belastingen, afschrijving en amortisatie).
EBIT	Earnings Before Interest and Taxes (resultaat voor aftrek van interest en belastingen = bedrijfsresultaat).
Eigen vermogen	Vermogen dat permanent ter beschikking van de organisatie staat.

Financieringsplan	Een voorstel waaruit blijkt welke vormen van vermogen (met vermelding van bedragen) de onderneming wil aantrekken om in haar vermogensbehoefte te voorzien.
Franchising	Een samenwerkingsverband tussen zelfstandige ondernemingen waarbij een uniforme presentatie ('het concept') voorop staat.
Hypothecaire lening	Lening (op lange termijn), waarbij onroerend goed als zekerheid dient.
Immateriële vaste activa	Activa die niet tastbaar zijn (je kunt ze niet aanraken), zoals de waarde van octrooi- en auteursrechten of betaalde goodwill bij een overname.
Investeren	Het aanschaffen van vaste en/of variabele activa door producenten (ondernemingen).
Investeringsbegroting	Een overzicht van de activa die nodig zijn om een bepaalde activiteit uit te voeren met vermelding van de bedragen die nodig zijn om deze activa aan te schaffen.
Kamer van Koophandel	Een organisatie die ondernemers adviseert en van informatie voorziet over allerlei aspecten (waaronder financiële en juridische) die met het ondernemen te maken hebben.
Kostenplan	Een gefundeerde schatting van de kosten die moeten worden gemaakt om bepaalde activiteiten uit te voeren.
Liquiditeitsbegroting	Een begroting van de geldontvangsten en gelduitgaven gedurende een toekomstige periode.
Marketingmix	Combinatie van kenmerken van een product of dienst (zoals product, prijs, plaats, promotie, presentatie en personeel) die van invloed is op de beslissing om een product of dienst te kopen of niet te kopen.
Marketingplan	Een plan waarin wordt beschreven welke marktonderzoeken, verkoopacties en maatregelen nodig zijn om een bepaald product en/of een bepaalde dienst 'in de markt' te zetten.
Materiële vaste activa	Activa die je aan kunt raken, zoals gebouwen, machines en inventaris.
Niet-beïnvloedbare kosten	Kosten waarop de verantwoordelijke manager geen invloed kan uitoefenen.
Niet-omzet-afhankelijke kosten	Kosten die niet veranderen door een verandering in de omzet.
Omgevingsfactoren	Factoren, zoals wetten, regels en het economische klimaat, die van invloed zijn op het beleid van een onderneming.
Omzetafhankelijke kosten	Kosten die veranderen door een verandering in de omzet.
Omzetprognose	Een gefundeerde schatting van toekomstige omzetten.

Ondernemingsplan	Een overzichtelijke weergave van het ondernemingsbeleid, de geplande activiteiten en begrote financiële resultaten voor het komend jaar of een aantal toekomstige jaren.
Organigram	Schematische weergave van de wijze waarop de taken binnen een onderneming zijn verdeeld over de verschillende functies.
Personeelsplan	Een overzicht van de taken die in een organisatie moeten worden vervuld en van de wijze waarop deze taken over de verschillende functionarissen worden verdeeld.
Rekening-courant	Een betaalrekening bij de bank (met een kredietplafond), waarop dagelijks bedragen kunnen worden gestort en ten laste waarvan dagelijks betalingen kunnen worden verricht.
Resultaat	Opbrengsten – kosten = winst of verlies.
Semi-omzet-afhankelijke kosten	Kosten die voor een deel vast zijn (niet veranderen als de omzet verandert) en voor een deel veranderen door een verandering in de omzet.
Stroomgrootheden	Grootheden (zoals de posten op de winst- en verliesrekening) die betrekking hebben op een bepaalde periode.
Vaste activa	Activa (bijvoorbeeld machines en inventaris), die via de productie en verkoop van producten en/of diensten *niet binnen* één jaar in liquide middelen kunnen worden omgezet.
Vlottende activa	Activa (bijvoorbeeld debiteuren en voorraden), die via de productie en verkoop van producten en/of diensten *binnen* één jaar in liquide middelen kunnen worden omgezet.
Voorraadgrootheden	Grootheden (zoals de posten op de balans) die betrekking hebben op een bepaald moment.
Vreemd vermogen	Vermogen dat tijdelijk ter beschikking van de organisatie staat. Vreemd vermogen moet worden afgelost en er moet interest over worden betaald.
Winst- en verliesrekening	Overzicht waarop de opbrengsten en kosten staan vermeld.

Meerkeuzevragen

3.1 Een ondernemingsplan van een startende onderneming omvat
   a een begrote winst- en verliesrekening en een openingsbalans.
   b een liquiditeitsbegroting en een openingsbalans.
   c een verkoopplan en een financieel plan.
   d een beschrijving van de activiteiten en organisatie, een verkoopplan en een financieel plan.

3.2 Op een begrote winst- en verliesrekening worden opgenomen
   a verwachte gelduitgaven en verwachte geldontvangsten.
   b bezittingen, schulden en eigen vermogen.
   c verwachte opbrengsten en verwachte kosten.
   d toekomstige investeringen.

3.3 De totale vermogensbehoefte van een onderneming volgt uit
   a de begrote winst- en verliesrekening en de liquiditeitsbegroting.
   b het verkoopplan en de liquiditeitsbegroting.
   c de begrote winst- en verliesrekening en de investeringsbegroting.
   d de liquiditeitsbegroting en de investeringsbegroting.

3.4 Een van de volgende posten komt wel op de begrote winst- en verliesrekening voor, maar niet op de liquiditeitsbegroting. Welke is dat?
   a Het opnemen van een lening.
   b De uitgifte van aandelen.
   c Afschrijvingskosten.
   d De betaling van btw.

3.5 Het bedrijfsresultaat (EBIT) is gelijk aan
   a omzet – alle kosten.
   b omzet – alle kosten (met uitzondering van interestkosten).
   c omzet – alle kosten (met uitzondering van afschrijvingskosten).
   d omzet – alle kosten (met uitzondering van amortisatie van goodwill).

3.6 De brutomarge is gelijk aan
   a opbrengsten van de producten – inkoopwaarde van de verkochte producten – afschrijvingskosten – interestkosten – belastingen.
   b opbrengsten van de producten – inkoopwaarde van de verkochte producten – afschrijvingskosten – interestkosten.
   c opbrengsten van de producten – inkoopwaarde van de verkochte producten – afschrijvingskosten.
   d opbrengsten van de producten – inkoopwaarde van de verkochte producten.

3.7 De cashflow bij een bv of nv is gelijk aan de
   a winst na belastingen + afschrijvingskosten.
   b winst voor belastingen – afschrijvingskosten.
   c winst na belastingen + afschrijvingskosten + interestkosten.
   d winst voor belastingen – afschrijvingskosten – interestkosten.

3.8 Het eigen vermogen van een onderneming neemt toe door
    a het inhouden van winsten.
    b privéopnames.
    c afschrijvingen.
    d aflossing van vreemd vermogen.

3.9 Bij het break-evenpunt geldt dat
    a de gelduitgaven gelijk zijn aan de geldontvangsten.
    b de totale opbrengsten gelijk zijn aan de totale kosten.
    c de beïnvloedbare kosten gelijk zijn aan de niet-beïnvloedbare kosten.
    d de brutomarge gelijk is aan de vaste kosten.

3.10 Hotel Standaard biedt slechts één type hotelkamer aan. De afschrijvingen op het hotel, de inventaris en andere vaste activa bedragen €70.000 per jaar. De overige vaste kosten die tevens tot gelduitgaven in dit jaar leiden, bedragen €210.000 per jaar. De proportioneel variabele kosten bedragen 30% van de omzet. De break-evenomzet van Hotel Standaard bedraagt
    a € 280.000.
    b € 300.000.
    c € 400.000.

Besturing vanuit een kosten-en-opbrengsten-perspectief

2

4 **Kosten en kostensoorten** *133*

5 **Kostprijsberekening** *195*

6 **Integralekostprijsmethode en variabelekosten-calculatie** *247*

7 **Budgettering en verschillenanalyse** *273*

8 **Beslissingscalculaties** *299*

In deel 2, dat uit vijf hoofdstukken bestaat, staan we stil bij allerlei beslissingen waarbij kosten en opbrengsten een rol spelen.

In hoofdstuk 4 geven we een overzicht van verschillende groepen van kosten (kostensoorten), die we toelichten aan de hand van drukkerij NoorderPrint. Daarbij komen onder andere de kosten van duurzame productiemiddelen (zoals drukpersen) en voorraadkosten (waaronder de opslag van papier) aan de orde.

Hoofdstuk 5 behandelt de wijze waarop de kostprijs kan worden berekend. De kostprijsberekening lichten we toe aan de hand van Flynth (accountants en adviseurs). We laten onder andere zien hoe deze dienstverlenende organisatie de tarieven die zij aan haar cliënten in rekening brengt, vaststelt. Ook schenken we aandacht aan de financiële besturing van een accountantskantoor.

In hoofdstuk 6 gaan we in op de verschillende manieren die er zijn om het financiële resultaat te bepalen. Daarbij staan we ook stil bij de bedrijfsdrukte waarbij er geen winst wordt gemaakt, maar ook geen verlies wordt geleden (break-evenpunt). Dit begrip lichten we toe aan de hand van een voorbeeld, dat aan de exploitant van een treinroute (Dutchrail) is ontleend. De budgettering van een productieorganisatie lichten we in hoofdstuk 7 toe.

Tot slot van dit deel laten we in hoofdstuk 8 een aantal specifieke beslissingen de revue passeren. Zo lichten we in voorbeeld 8.7 toe in welke situatie en op welke wijze een differentiële calculatie kan worden toegepast om een beslissing te onderbouwen.

Managers gebruiken de informatie die in dit deel wordt besproken om hun beslissingen te onderbouwen. In de Engelstalige literatuur wordt het verzamelen, analyseren en verstrekken van informatie om beslissingen binnen organisaties te kunnen onderbouwen management accounting genoemd.

Bij drukkerij NoorderPrint wordt gebruikgemaakt van grote en dure drukpersen. De manager Procesorganisatie en Control bij NoorderPrint, Ton Harmsma, legt uit met welke kosten een drukkerij te maken heeft. Daarbij staan het verband en het onderscheid tussen gelduitgaven en kosten op de voorgrond. Hoe moet bijvoorbeeld de gelduitgave in verband met de aankoop van een nieuwe drukpers van €7 mln over de jaren en producten worden verdeeld?

Kosten en kostensoorten

4

4.1 Gelduitgaven en kosten
4.2 Geldontvangsten en opbrengsten
4.3 Kosten van een product
4.4 Kostenindelingen
4.5 Kosten van grond- en hulpstoffen
4.6 Kosten van arbeid
4.7 Berekening van loonkosten
4.8 Kosten van duurzame productiemiddelen
4.9 Afschrijvingsmethoden
4.10 Kosten van grond
4.11 Kosten van diensten van derden
4.12 Kosten van belastingen
4.13 Kosten van vermogen
Samenvatting
Begrippenlijst
Meerkeuzevragen

Voor het besturen van organisaties is inzicht in de geldontvangsten en de gelduitgaven belangrijk. Zo kan op grond van een liquiditeitsbegroting nagegaan worden of er aanvullende financiële middelen moeten worden aangetrokken of dat een goede belegging gezocht moet worden voor een eventueel overschot.
Bij het nemen van beslissingen binnen organisaties kunnen ook andere aspecten dan ingaande en uitgaande geldstromen een rol spelen. De gegevens waarover de ondernemingsleiding moet beschikken, kunnen van beslissing tot beslissing verschillen. Zo is voor de beslissing om een product op de markt te brengen inzicht vereist in de kosten en opbrengsten ervan. Als de opbrengsten de kosten overtreffen, wordt winst gemaakt. Het maken van winst is een voorwaarde voor het voortbestaan van een onderneming. Investeringsbeslissingen eisen weer inzicht in toekomstige gelduitgaven en toekomstige geldontvangsten. Andere beslissingen vereisen inzicht in de kosten die daarmee samenhangen. De wijze waarop de kosten ingedeeld worden en de mate van detaillering kan van beslissing tot beslissing verschillen. Voor iedere beslissing zal nagegaan moeten worden welke kostengegevens relevant

zijn voor het maken van een keuze. Het voorgaande komt tot uitdrukking in de uitspraak 'different costs for different purposes'.

Het is de taak van de financieel deskundigen binnen de organisatie (controller en treasurer) om de managers van informatie te voorzien op basis waarvan zij hun beslissingen kunnen nemen. De managers gebruiken deze informatie om hun beslissingen te onderbouwen en de onderneming te besturen. Deze stuurinformatie wordt alleen binnen de onderneming gebruikt. De leiding van de onderneming kan zelf bepalen op welke wijze, met welke frequentie en aan welke managers deze informatie wordt verstrekt. Het vakgebied binnen de bedrijfseconomie dat zich richt op het verstrekken van financiële informatie aan managers noemen we management accounting.

Management accounting

In dit hoofdstuk zullen we het begrip kosten aan de orde stellen. Wat zijn kosten en hoe kunnen zij ingedeeld worden? Wat is het verband tussen gelduitgaven en kosten? Voor welke beslissingen is inzicht in de kosten belangrijk? Op deze vragen zullen we een antwoord geven.

4.1 Gelduitgaven en kosten

Ton Harmsma is manager Procesorganisatie en Control bij NoorderPrint. NoorderPrint heeft zich gespecialiseerd in het vervaardigen van tijdschriften. NoorderPrint heeft haar pre- en afterpressprocessen geïntegreerd in één totaal productietraject. Daardoor kan met hele korte doorlooptijden worden gewerkt. Sommige bladen hebben een doorlooptijd van minder dan 24 uur, waardoor zeer actueel nieuws nog in de publicaties kan worden meegenomen.

Ton licht de inhoud van zijn functie toe: 'Als manager Procesorganisatie en Control heb ik tot taak de efficiency van het drukproces van tijdschriften te bewaken. Zo ben ik betrokken bij de aanschaf van drukpersen en andere bijbehorende productiemiddelen. Een nieuwe drukpers vergt een uitgave van circa €7 mln. Ik zal antwoord moeten geven op de vraag: hoe moeten de gelduitgaven voor deze drukpers verdeeld worden over de verschillende tijdschriften die wij drukken? Daarnaast maak ik regelmatig een calculatie van de drukkosten van een tijdschrift (een schatting vooraf) en zie erop toe dat de werkelijke productiekosten daar niet al te veel van afwijken. Als dat wel het geval is, ga ik na waardoor de verschillen zijn ontstaan. Zo nodig tref ik maatregelen die ertoe moeten leiden dat de verschillen tussen de vooraf berekende kosten en de werkelijke kosten verminderen. Oneerbiedig gezegd ben ik de waakhond van de efficiency van het productieproces.'

De besluitvorming binnen organisaties kan betrekking hebben op een groot aantal vraagstukken. Om bijvoorbeeld de vraag te kunnen beantwoorden of een onderneming een bepaald product op de markt zal gaan brengen, zal de leiding eerst willen berekenen welke kosten hieraan verbonden zijn. Als de kosten per eenheid product (= kostprijs) minder bedragen dan de verkoopprijs, kan men besluiten het product te gaan produceren.

Ook NoorderPrint vergelijkt de kostprijs met de verkoopprijs van haar producten.
Aan de hand van NoorderPrint zullen we de begrippen kosten en kostprijs toelichten.
In voorbeeld 4.1 werken we met fictieve bedragen. De manier waarop de kosten worden berekend, komt echter wel overeen met de benadering van NoorderPrint.

■ Voorbeeld 4.1 NoorderPrint (1)

Voor het drukken van tijdschriften maakt NoorderPrint gebruik van drukpersen. In het begin van het jaar 2015 heeft NoorderPrint een drukpers aangeschaft voor €7 mln. Deze pers is op 15 januari 2015 per bank betaald (gelduitgave) en gaat tien jaar mee. Aan het einde van het tiende jaar heeft de machine een restwaarde van €1 mln. De vraag is echter wat de kosten zijn van deze drukpers. Valt de gehele waardedaling van €6 mln onder de kosten voor het jaar 2015 of moet de waardedaling over meerdere jaren worden verdeeld?

Het is bedrijfseconomisch onjuist de waardedaling volledig ten laste van het jaar 2015 te brengen, omdat de drukpers ook in de negen jaren daarna productieve prestaties levert. Het is daarom redelijk om de waardedaling over de tien gebruiksjaren te verdelen.
Dan rijst echter de vraag: moeten we aan ieder jaar een gelijk bedrag toerekenen of moeten we de waardedaling op een andere manier over de gebruiksduur verdelen? Voorlopig nemen we aan dat de waardedaling in gelijke mate over de tien gebruiksjaren wordt verdeeld. Dan rekenen we aan ieder jaar €6.000.000 : 10 = €600.000 kosten toe.

Afschrijvingskosten De kosten die verband houden met de waardedaling van duurzame productiemiddelen, noemen we afschrijvingskosten. In de tijdlijn van figuur 4.1 geven we aan de hand van voorbeeld 4.1 het verband tussen gelduitgaven en kosten weer.

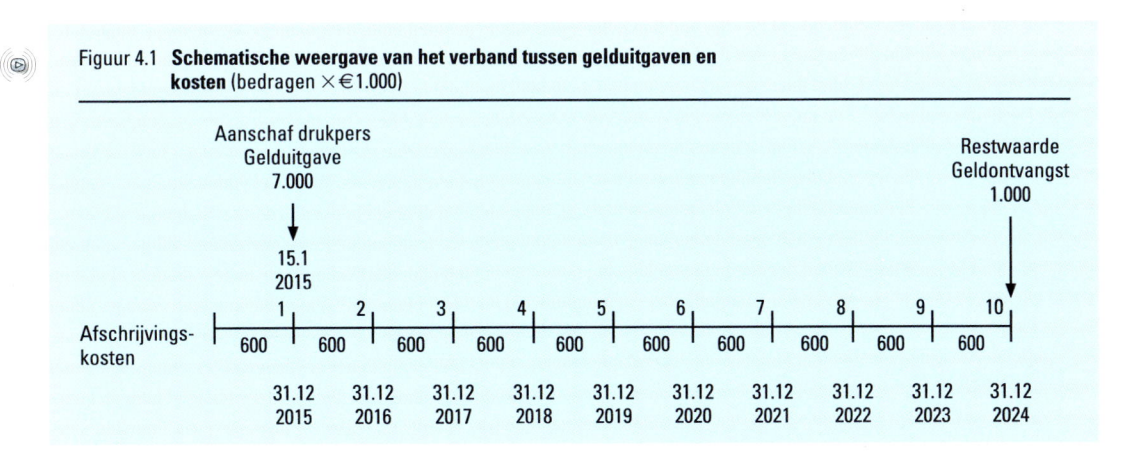

Figuur 4.1 Schematische weergave van het verband tussen gelduitgaven en kosten (bedragen × €1.000)

Afschrijvingskosten	1	2	3	4	5	6	7	8	9	10
	600	600	600	600	600	600	600	600	600	600
	31.12 2015	31.12 2016	31.12 2017	31.12 2018	31.12 2019	31.12 2020	31.12 2021	31.12 2022	31.12 2023	31.12 2024

Aanschaf drukpers Gelduitgave 7.000 — 15.1 2015

Restwaarde Geldontvangst 1.000

De afschrijvingskosten geven aan welk gedeelte van de totale capaciteit van de machine in dat jaar wordt verbruikt. We kunnen een machine opvatten als een voorraad productiemiddelen (die we in dit geval uitdrukken in een hoeveelheid machine-uren). Door de machine te gebruiken, offeren we ieder jaar een gedeelte van de voorraad van dit productiemiddel op. De waarde van deze opgeofferde productiemiddelen vormt de kosten voor die periode (deze kosten noemen we afschrijvingskosten).

Een ander voorbeeld om de samenhang met en het verschil tussen gelduitgaven en kosten duidelijk te maken, heeft betrekking op de gelduitgaven en kosten voor verzekeringen. De premies voor verzekeringen moeten vooraf worden betaald. Dat illustreren we aan de hand van NoorderPrint in voorbeeld 4.2.

■ **Voorbeeld 4.2 NoorderPrint (2)**
We nemen aan dat NoorderPrint op 1 maart van ieder jaar de verzekeringspremie voor de inboedelverzekering over een volledig jaar vooruit moet betalen. Voor de drukpers uit voorbeeld 4.1 bedraagt de verzekeringspremie met ingang van 1 maart 2015 €6.000 (€500 per maand). Per 1 maart 2016 stijgt de premie voor de inboedelverzekering met 10%.
We berekenen nu de kosten in verband met de inboedelverzekering over het jaar 2016.
Kosten over de maanden:
januari en februari: 2 × €500 =   € 1.000
maart t.e.m. december: 10 × (1,10 × €500) =   € 5.500 +
                                                   _____
Verzekeringskosten over 2016 =   € 6.500

In figuur 4.2 zien we het verband tussen de betaling van de verzekeringspremie en de verzekeringskosten schematisch weergegeven.

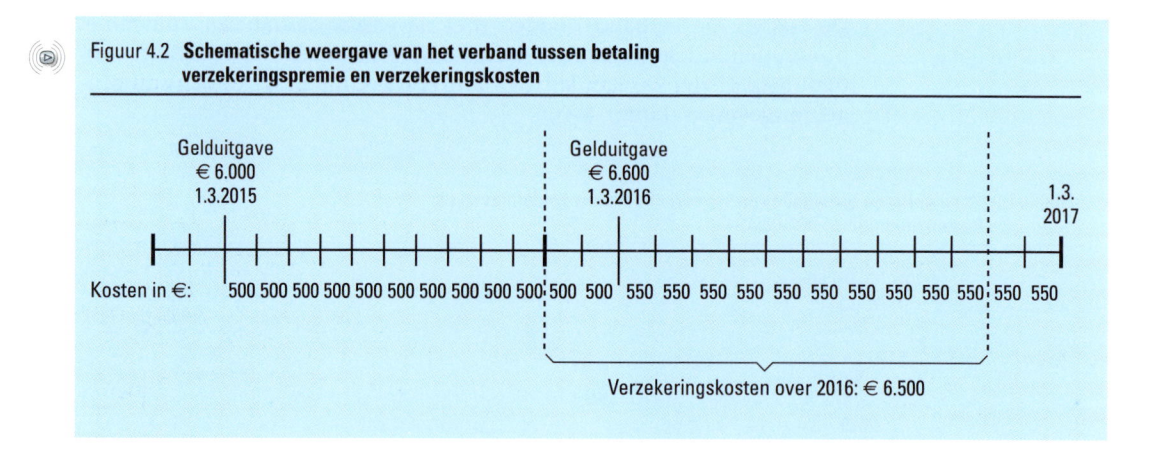

Figuur 4.2 Schematische weergave van het verband tussen betaling verzekeringspremie en verzekeringskosten

Gelduitgave € 6.000 1.3.2015
Gelduitgave € 6.600 1.3.2016
1.3.2017

Kosten in €: 500 500 500 500 500 500 500 500 500 500 500 550 550 550 550 550 550 550 550 550 550 550

Verzekeringskosten over 2016: € 6.500

Tussenvraag 4.1
Waarom moeten verzekeringspremies vooraf betaald worden en niet aan het einde van de verzekerde periode?

De kosten die ten laste van een bepaalde periode worden gebracht, kunnen ook verband houden met *toekomstige (verwachte) gelduitgaven*. Zo moeten de drukpersen van NoorderPrint iedere twee jaar groot onderhoud ondergaan, aan het einde van het tweede, vierde, zesde en achtste gebruiksjaar. De verwachte gelduitgave voor groot onderhoud per 1 januari 2017 en alle revisies daarna bedraagt €40.000 per revisie, in totaal 4 × €40.000 = €160.000. Ook deze gelduitgaven worden gelijk over de jaren verdeeld, zodat ieder jaar €16.000 aan kosten krijgt toegerekend.

Een ander voorbeeld van kosten die verband houden met toekomstige gelduitgaven, zijn de kosten van groot onderhoud van bedrijfspanden. Als een onderneming bijvoorbeeld om de vijf jaar haar bedrijfspanden laat schilderen, is het bedrijfseconomisch niet juist om de betaling aan de schilder als kosten toe te rekenen aan alleen het jaar waarin het schilderwerk plaatsvindt. In de jaren die voorafgaan aan de werkzaamheden, worden reeds kosten ten laste van de winst- en verliesrekening gebracht, hoewel er nog geen gelduitgave heeft plaatsgevonden. In tabel 4.1 geven we hiervan een voorbeeld, waarbij we veronderstellen dat over vijf jaar naar schatting €30.000 betaald moet worden voor schilderwerkzaamheden.

Voorziening

Tabel 4.1 Verband tussen een toekomstige gelduitgave en kosten[1]

Journaalpost in verband met kosten		Journaalpost in verband met de gelduitgave	
Jaarlijks wordt deze journaalpost[1] gemaakt:		Van de betaling aan de schilder wordt te zijner tijd (over vijf jaar) gejournaliseerd:	
438 Onderhoudskosten	€6.000	045 Voorziening onderhoud	€30.000
Aan 045 Voorziening onderhoud	€6.000	Aan 110 Bank (= uitgave)	€30.000

1 Met btw wordt geen rekening gehouden. Na afloop van het vijfde jaar is op de rekening Voorziening onderhoud 5 × € 6.000 = €30.000 geboekt. Als de toekomstige gelduitgave juist ingeschat is, zal na de betaling van de onderhoudsrekening het saldo op Voorziening onderhoud nihil zijn.

Voorgaande manier van kostentoerekening kunnen we ook in een tijdlijn weergeven (figuur 4.3).

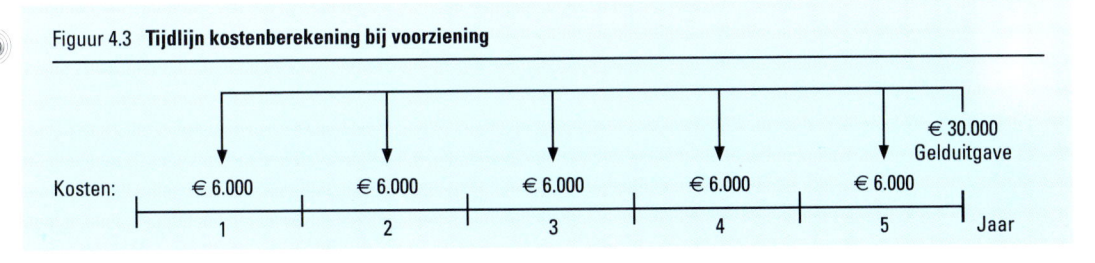

Figuur 4.3 Tijdlijn kostenberekening bij voorziening

Kosten: € 6.000 (jaar 1), € 6.000 (jaar 2), € 6.000 (jaar 3), € 6.000 (jaar 4), € 6.000 (jaar 5), € 30.000 Gelduitgave

Kosten

Van iedere reeds verrichte of in de toekomst te verwachten gelduitgave moeten we vaststellen ten laste van welke periode deze gelduitgaven komen. *De toegerekende (verwachte) gelduitgaven zijn kosten* voor die periode. We kunnen de gelduitgaven ook toerekenen aan bepaalde functies binnen een organisatie. Als we alle gelduitgaven die verband houden met de afdeling Personeelszaken bij elkaar voegen, spreken we van personeelskosten. Alle gelduitgaven die verband houden met het verkopen van producten leiden tot verkoopkosten, terwijl de gelduitgaven in verband met de betaling van de lonen als loonkosten worden aangemerkt enzovoort.
We kunnen ons ook afvragen welke kosten gemaakt moeten worden om een product of dienst op de verkoopmarkt aan te bieden. In dat geval moeten alle gelduitgaven die met het voortbrengen van een pro-

Kostprijs

duct of dienst samenhangen, aan het product toegerekend worden. We krijgen dan de *kostprijs* van het product of de dienst. Zo berekent NoorderPrint een kostprijs per tijdschrift dat zij drukt.

Nu we aan de hand van enkele voorbeelden het begrip kosten hebben toegelicht, geven we de definitie van kosten.

> Kosten zijn aan perioden, functies of producten toegerekende (toekomstige) gelduitgaven, die verband houden met de opoffering van productiemiddelen.

Tussenvraag 4.2
a Wat betekent opoffering van productiemiddelen?
b Geef enkele voorbeelden van opoffering van productiemiddelen, die samenhangen met:
   1 gelduitgaven in het verleden;
   2 gelduitgaven in het heden;
   3 gelduitgaven in de toekomst.
c Kun je een kostenpost bedenken, die *niet* leidt tot een gelduitgave in het verleden, heden of de toekomst?

Het toerekenen van gelduitgaven aan perioden, functies of producten is noodzakelijk om binnen bedrijfshuishoudingen beslissingen te kunnen nemen. Voordat een organisatie een bepaalde beslissing neemt, berekent zij de verwachte financiële gevolgen ervan. De kosten die in de berekeningen moeten worden betrokken, kunnen afhankelijk van het doel van de kostenberekening verschillen. In de Engelstalige literatuur staat deze benadering bekend als 'different costs for different purposes'. De econoom J.M. Clark was een van de eersten die wees op het feit dat de wijze waarop de kosten berekend worden, afhankelijk is van de beslissing die moet worden genomen.

Different costs for different purposes

Voorbeelden van beslissingen waarbij kostenberekeningen een rol spelen, zijn:
- *Het produceren van een nieuw product.* Hierbij is van belang vast te stellen of de kostprijs van het product of de dienst lager ligt dan de prijs die op de verkoopmarkt voor het product of de dienst kan worden gevraagd.
- *Het bouwen van een nieuwe fabriek.* Hier gaat het om het vaststellen van de totale bouwkosten en de doorberekening van de bouwkosten in de kostprijs van het product of de dienst.
- *Het opzetten van een reclamecampagne.* Wat zijn de kosten van een reclamecampagne en wegen de kosten ervan op tegen de verwachte groei van de omzet?
- *Het aanpassen van de lonen van de medewerkers.* Welke gevolgen hebben aanpassingen in de cao voor de loonkosten en de kostprijs van het product of de dienst?
- *Een verandering in de productiemethode.* Wegen de kosten van een verandering in de methode van produceren op tegen de verwachte voordelen ervan?

In de praktijk is het niet altijd even gemakkelijk vast te stellen hoe de gelduitgaven over de perioden te verdelen. Zo kan een taxibedrijf de waardedaling van de taxi (met een aanschafwaarde van bijvoorbeeld €40.000 en een levensduur van 5 jaar) gelijkmatig verdelen over de vijf gebruiksjaren (de kosten zijn dan €8.000 per jaar). Als de taxi aan het begin van zijn levensduur echter meer kilometers rijdt dan aan het eind, zal men aan de eerste jaren een hoger bedrag toerekenen dan aan de latere jaren (hogere kosten in de beginjaren). Uit dit voorbeeld blijkt dat de wijze waarop de gelduitgave over de perioden verdeeld wordt, afhangt van de concrete situatie.

4.2 Geldontvangsten en opbrengsten

We hebben gezien dat kosten samenhangen met gelduitgaven. Aan de hand van voorbeeld 4.3 zullen we het verband tussen *geldontvangsten* en *opbrengsten* toelichten. Bij het vaststellen van opbrengsten moeten we de vraag beantwoorden op welk moment opbrengsten als gerealiseerd worden beschouwd. Volgens het realisatieprincipe wordt de opbrengst van een verkooptransactie toegerekend aan de periode waarin de goederen worden verkocht, ook al vindt de betaling ervan later plaats. De relatie en het verschil tussen geldontvangsten en opbrengsten komt ook nu weer goed tot uitdrukking in de boekhoudkundige verwerking van goederen die op rekening worden verkocht.

Realisatieprincipe

■ Voorbeeld 4.3

Een onderneming verkoopt op 5 januari 2016 goederen met een kostprijs van €80.000 tegen een verkoopprijs van €100.000. De aflevering van de goederen en de verzending van de factuur vindt in januari 2016 plaats. Afgesproken wordt dat de betaling in twee gedeelten zal plaatsvinden: €50.000 moet in februari 2016 en €50.000 in april 2016 worden betaald.
In de volgende tabel zijn de bijbehorende journaalposten opgenomen (met btw wordt geen rekening gehouden).

Kosten, opbrengsten en geldontvangsten

Journaalpost in verband met kosten
In januari 2016:
    800 Kostprijs verkopen   € 80.000
Aan 700 Voorraad goederen   € 80.000

Journaalpost in verband met opbrengsten
In januari 2016:
    130 Debiteuren   € 100.000
Aan 840 Opbrengst verkopen   € 100.000

Journaalpost in verband met geldontvangsten
In februari 2016:
    110 Bank (= ontvangst)   € 50.000
Aan 130 Debiteuren   € 50.000
In april 2016:
    110 Bank (= ontvangst)   € 50.000
Aan 130 Debiteuren   € 50.000

Uit de boekhoudkundige verwerking van de verkoop blijkt dat de *opbrengst* gerealiseerd wordt op het moment dat de goederen worden afgeleverd en de factuur wordt verzonden. Hoewel de geldontvangsten in de toekomst plaatsvinden, beschouwen we de opbrengsten al op het moment van aflevering als gerealiseerd. Bij contante verkopen valt het moment waarop de opbrengst wordt gerealiseerd samen met het moment van de geldontvangst. We geven de volgende definitie van opbrengsten.

Opbrengsten

> **Opbrengsten zijn aan perioden, producten enzovoort toegerekende (toekomstige) geldontvangsten die verband houden met de verkoop van producten of levering van diensten.**

De winst op de transactie uit voorbeeld 4.3 is het verschil tussen Opbrengst verkopen (€100.000) en Kostprijs verkopen (€80.000). Deze winst van €20.000 wordt in de maand januari gerealiseerd, hoewel in die maand nog geen betaling in verband met de transactie is ontvangen.

De meningen kunnen verschillen over het moment waarop opbrengsten maar vooral ook kosten als gerealiseerd moeten worden beschouwd. Wat we onder kosten en opbrengsten verstaan, kan daarom van geval tot geval verschillen. In de Engelstalige literatuur spreekt men daarom ook van *profit is an opinion*, om aan te geven dat de hoogte van de winst vaak niet eenduidig is vast te stellen.

Profit is an opinion

Informatie over het ontstaan en de samenstelling van de kosten en opbrengsten is belangrijk voor de managers binnen een organisatie. De managers gebruiken deze informatie voor het besturen van de organisatie waaraan zij leidinggeven. De informatie noemen we stuurinformatie.

Stuurinformatie

Tussenvraag 4.3
Kun je een opbrengst bedenken die *niet* samenhangt met een geldontvangst in het verleden, heden of de toekomst?

4.3 Kosten van een product

Om bijvoorbeeld een product voort te kunnen brengen, zal een fabrikant verschillende kosten maken. Een belangrijk onderdeel van de kosten zal bestaan uit de kosten van de verbruikte grondstoffen en arbeidsuren. Daarnaast moeten we rekening houden met de kosten van de machines, bedrijfsgebouwen, overhead enzovoort. Zo zal NoorderPrint onder andere inzicht moeten hebben in de kosten van inkt, papier, indirect materiaal, arbeid, drukpersen en de bedrijfspanden om de kosten per tijdschrift te kunnen berekenen.

Voor de eenvoud veronderstellen we dat de kosten van een product alleen bestaan uit kosten van grondstof, arbeid en machines. Om deze kosten per product te kunnen bepalen, zullen we eerst moeten vaststellen welke hoeveelheden van iedere kostensoort nodig zijn. Het grondstofverbruik kunnen we weergeven in aantallen kilogrammen of liters.

Het gebruik van arbeid en machines meten we in uren. Naast de hoeveelheden zal de prijs per eenheid van de verbruikte productiemiddelen bekend moeten zijn. Door de verbruikte hoeveelheden te vermenigvuldigen met de daarbij behorende prijzen kunnen we de totale kosten per product berekenen (zie voorbeeld 4.4).

■ **Voorbeeld 4.4**

Grondstofkosten 5 kg × €2/kg =	€ 10
Arbeidskosten 0,1 uur × €40/uur =	€ 4
Machinekosten 0,2 uur × €10/uur =	€ 2 +
Totale kosten per product (*kostprijs*)	€ 16

Kosten

De kosten van een product (dienst) zijn gelijk aan de geldswaarde van de productiemiddelen die zijn opgeofferd voor het produceren en verkopen van het product (de dienst). Uit de berekening in voorbeeld 4.4 blijkt dat de geldswaarde van de opgeofferde productiemiddelen afhangt van de hoeveelheid productiemiddelen en de prijs per eenheid (*waarde = hoeveelheid × prijs*).
De hoeveelheid van de verschillende productiemiddelen die voor een bepaald product nodig is, kan bijvoorbeeld vastgesteld worden op basis van recepten of tijdmeting.

Ten aanzien van de *prijs* waarmee de hoeveelheden vermenigvuldigd worden, zijn er verschillende mogelijkheden. Men kan uitgaan van:

Historische uitgaafprijs
- de prijs die betaald is bij aanschaf van het productiemiddel (historische uitgaafprijs);

Vervangingswaarde
- de prijs die betaald zou moeten worden als de productiemiddelen aangeschaft zouden worden op het moment waarop de kosten van het product worden berekend (vervangingswaarde);

Opbrengstwaarde
- de prijs die ontvangen zou worden als het productiemiddel op het moment waarop de kosten worden berekend, zou worden verkocht (opbrengstwaarde).

Minimum-waarderingsregel

In het algemeen wordt de laagste van de drie hiervoor genoemde prijzen gebruikt om de geldswaarde van de opgeofferde productiemiddelen te berekenen. Deze berekeningswijze staat bekend als de minimumwaarderingsregel. Deze regel lichten we in hoofdstuk 13 nader toe.

4.4 Kostenindelingen

De kosten die binnen een organisatie optreden, kunnen we naar verschillende gezichtspunten indelen. Deze indeling kan uitgaan van:
1 de wijze waarop de hoogte van de kosten reageert op een verandering in de productieomvang of dienstverlening;
2 de relatie tussen het ontstaan van de kosten en een bepaald(e) product (dienst);
3 de verdeling van de kosten naar de functies binnen de organisatie waarvoor de kosten worden gemaakt;
4 de doelmatigheid van de opgeofferde waarde;
5 de aard van de productiemiddelen.

Ad 1 De wijze waarop de hoogte van de kosten reageert op een verandering in de productieomvang of dienstverlening
Op grond van dit uitgangspunt worden de kosten verdeeld in vaste en variabele kosten. Deze kostenindeling komt in hoofdstuk 5 aan de orde.

Ad 2 De relatie tussen het ontstaan van de kosten en een bepaald(e) product (dienst)
Hierbij verdelen we de kosten in directe en indirecte kosten.

Directe kosten
We spreken van directe kosten als er een duidelijk aanwijsbaar (oorzakelijk) verband kan worden vastgesteld tussen het ontstaan van de kosten en een bepaald(e) product (dienst). De directe kosten kunnen we rechtstreeks aan het product (de dienst) toerekenen. Het verbruik van staal om een auto te produceren is een voorbeeld van directe kosten. Er bestaat een duidelijk aanwijsbare relatie tussen een bepaalde auto en de hoeveelheid staal die nodig is voor de productie van die auto.

Indirecte kosten
Als een duidelijk aanwijsbaar (oorzakelijk) verband tussen het ontstaan van de kosten en een bepaald product niet vastgesteld kan worden, spreken we van indirecte kosten. In dat geval kunnen de kosten niet rechtstreeks aan een product worden toegerekend. Methoden om indirecte kosten aan de producten door te berekenen, bespreken we in hoofdstuk 5.

Ad 3 De verdeling van de kosten naar de functies binnen de organisatie waarvoor de kosten worden gemaakt
Op grond hiervan kunnen we de kosten indelen in productiekosten, verkoopkosten, reclamekosten, administratiekosten, huisvestingskosten enzovoort. Deze indeling is zowel van belang voor de kostprijsberekening als voor de kostenbudgettering. In de hoofdstukken 5 en 7 maken we van deze indeling gebruik.

Ad 4 De doelmatigheid van de opgeofferde waarde
Niet alle gelduitgaven die door een onderneming worden verricht, leiden tot kosten. Alleen de gelduitgaven die onvermijdbaar zijn om een bepaald product te maken of een dienst te leveren, leiden tot (toegestane) kosten. Een onderneming heeft bijvoorbeeld een machine aangeschaft van €200.000, terwijl een andere machine met een aanschafwaarde van €150.000 ook in staat is de vereiste prestaties te leveren. In dit geval mogen we slechts €150.000 aan de producten toerekenen. De

Verspilling
overige €50.000 was vermijdbaar en is daarom een verspilling. Een verspilling brengen we rechtstreeks ten laste van de winst- en verliesrekening. De extra uitgave van €50.000 is niet nodig om de producten voort te kunnen brengen. Deze uitgave wordt als niet doelmatig beschouwd. Alleen de gelduitgaven die doelmatig (onvermijdbaar) zijn, rekenen we

Enge kostenbegrip
toe aan de productie. We hanteren in dat geval het enge kostenbegrip.
Bij het voortbrengen van een product of dienst offert de organisatie die het product maakt of de dienst levert, productiemiddelen op. Daarbij maken we onderscheid in productiemiddelen die doelmatig zijn opgeofferd en productiemiddelen die niet doelmatig zijn opgeofferd. Voor doelmatig opgeofferde productiemiddelen geldt dat ze *onvermijdbaar* waren om het product of de dienst voort te brengen. In verband met de doelmatigheid van de opgeofferde productiemiddelen spelen ook het enge en het ruime kostenbegrip een rol. Volgens het enge kostenbegrip

leiden uitsluitend de gelduitgaven in verband met de doelmatig opgeofferde productiemiddelen tot kosten. Daarbij leiden de gelduitgaven in verband met niet doelmatig opgeofferde productiemiddelen tot verspillingen.

Tabel 4.2 Onderscheid tussen het enge en het ruime kostenbegrip

	Doelmatig opgeofferde productiemiddelen	Niet doelmatig opgeofferde productiemiddelen
Eng kostenbegrip	Kosten	Verspillingen
Ruim kostenbegrip	Kosten	Kosten

Ruime kostenbegrip

Volgens het ruime kostenbegrip worden zowel de uitgaven in verband met doelmatig als de uitgaven in verband met ondoelmatig opgeofferde productiemiddelen tot de kosten gerekend.

In dit boek hanteren we in de regel het enge kostenbegrip. Dat is bijvoorbeeld het geval bij de kostprijsberekening (hoofdstuk 5) en bij de budgettering en verschillenanalyse (hoofdstuk 7). We benadrukken dat voor het uiteindelijke financiële resultaat het onderscheid tussen het enge en het ruime kostenbegrip niet uitmaakt. Zowel verspillingen als kosten leiden tot een lager financieel resultaat. Kosten worden toegerekend aan de producten en vinden via de kostprijs van de verkopen hun weg naar de winst- en verliesrekening, verspillingen worden rechtstreeks ten laste van de winst- en verliesrekening gebracht.

Tussenvraag 4.4
Mogen de reiskosten van iemand die met *de auto van de zaak* zijn *schoonmoeder* bezoekt in de kostprijs worden opgenomen? We hanteren het enge kostenbegrip.

Toegestane kosten

De kosten die voor een bepaalde productie onvermijdelijk zijn, noemen we *toegestane kosten*. Na afloop van het productieproces kunnen we vaststellen welke kosten in werkelijkheid zijn gemaakt voor de betreffende productie. Door een vergelijking van de *toegestane kosten* (ook wel *standaardkosten* genoemd) met de *werkelijke kosten* is het mogelijk de verschillen tussen beide vast te stellen. Uit de analyse van deze verschillen kan blijken wat de oorzaken ervan zijn. Op basis daarvan kan de leiding van de onderneming maatregelen treffen. Dit onderwerp komt in hoofdstuk 7 bij de bespreking van de budgettering en verschillenanalyse aan de orde.

Werkelijke kosten

Naargelang het vraagstuk waarvoor we een kostencalculatie maken, kunnen een of meer onderdelen van de hiervoor genoemde indeling van belang zijn. In hoofdstuk 8 bespreken we een aantal bijzondere vraagstukken waarbij kostencalculaties de besluitvorming kunnen ondersteunen.

Welke kostenindeling van belang is, hangt af van het doel waarvoor de berekening wordt gemaakt. Voor een bepaald vraagstuk kan de indeling in vaste en variabele kosten belangrijk zijn. In andere situaties is het onderscheid tussen directe en indirecte kosten van belang. Ook hier is de uitdrukking 'different costs for different purposes' van toepassing.

Kostensoorten

Er is nog een vijfde kostenindeling. Deze indeling gaat uit van *de productiemiddelen waarmee de kosten verband houden*. Hierbij onderscheiden we:
a kosten van grond- en hulpstoffen;
b kosten van arbeid;
c kosten van duurzame productiemiddelen;
d kosten van grond;
e kosten van diensten van derden;
f kostprijsverhogende belastingen;
g kosten van vermogen.

Deze kostengroeperingen heten kostensoorten. In de volgende paragrafen zullen we de verschillende kostensoorten nader toelichten. In een aparte paragraaf (paragraaf 4.7) behandelen we de berekening van loonkosten.

4.5 Kosten van grond- en hulpstoffen

Grond- en hulpstoffen hebben als bijzonder kenmerk dat het tastbare productiemiddelen zijn die bij de aanwending in het productieproces in één keer worden verbruikt. Met andere woorden, grond- en hulpstoffen gaan slechts één productieproces mee. *Grondstoffen*, zoals papier voor het drukken van een krant of tijdschrift, hebben als eigenschap dat ze geheel of grotendeels in het eindproduct of halffabricaat terug te vinden zijn. *Hulpstoffen*, zoals olie om een machine te smeren, zijn wel nodig om een product te maken, maar worden niet in het product zelf opgenomen.

Voor de bepaling van de kosten van grond- en hulpstoffen houden we rekening met afval en uitval en met de voorraadkosten. Dat bespreken we hierna.

4.5.1 Afval en uitval

Om de grondstofkosten voor het vervaardigen van een product vast te stellen, is het niet voldoende om de hoeveelheid grondstof te meten die daadwerkelijk in een goedgekeurd eindproduct of halffabricaat is opgenomen. In de meeste gevallen is er sprake van afval, omdat er *tijdens* het productieproces grondstof verloren gaat. Als dit grondstofverlies economisch gezien onvermijdbaar is, moeten de kosten in verband met afval in de standaardkostprijs worden opgenomen.

Afval

Uitval

Ook kan het voorkomen dat *na afloop* van een fase in het productieproces het eindproduct of halffabricaat niet aan de eisen voldoet en wordt afgekeurd. In dat geval spreken we van uitval.

In sommige gevallen kan afval en/of uitval tegen een bepaalde prijs worden verkocht of worden hergebruikt. De opbrengst van de afval en

uitval wordt in dat geval in mindering gebracht op de grondstofkosten van het product. In andere situaties moeten er kosten gemaakt worden om afval of uitval af te voeren en te laten verwerken.
Voorbeeld 4.5 is een voorbeeld van kostenbepaling waarbij rekening wordt gehouden met afval.

■ Voorbeeld 4.5 Boekservice BV

Het studieboek *Weg- en waterbouw* wordt door uitgeverij Boekservice BV in een oplage van 10.000 exemplaren gedrukt. Een studieboek bevat één kilogram papier. Eén kilogram papier kost €5. Voor de productie van 10.000 exemplaren zijn 30 arbeidsuren en 10 machine-uren nodig. Tijdens het productieproces treedt voor het papierverbruik 2% afval op. Het afval heeft geen waarde en wordt kosteloos door een plaatselijke oudpapierhandelaar opgehaald. Aan het einde van het productieproces blijkt dat 1% van de boeken wordt afgekeurd. De afgekeurde boeken kunnen voor €2 per exemplaar worden verkocht. De kosten van één arbeidsuur bedragen €90 en van één machine-uur €50.

Wat zijn de kosten per goedgekeurd boek?

Uitwerking
Om de kosten per goedgekeurd boek te kunnen bepalen, berekenen we eerst de hoeveelheid grondstof die nodig is om 10.000 (ongekeurde) boeken te kunnen drukken.

Hoeveelheid grondstof in bewerking genomen	= 100%
2% afval	= 2%
Hoeveelheid grondstof (papier) in het boek	= 98% = 1 kg

Omdat er sprake is van 2% afval, komt slechts 98% van de hoeveelheid papier die in productie is genomen, uiteindelijk in een boek terecht. De hoeveelheid papier die nodig is om 10.000 ongekeurde boeken te kunnen produceren, bedraagt 100/98 × 10.000 kg = 10.204 kg.

De kosten in verband met de productie van 10.000 ongekeurde boeken zijn (in euro's):

Grondstofkosten (100/98 × 10.000 kg × €5/kg)	51.020
Arbeidskosten (30 uur × €90)	2.700
Machinekosten (10 uur × €50)	500 +
Kosten per ongekeurd boek	54.220
Opbrengst afgekeurde boeken (100[*] × €2)	200 −
Kosten per 9.900 goedgekeurde boeken	54.020

Kosten per goedgekeurd boek €54.020 : 9.900 = €5,45(6565)
[*] = 1 % van 10.000 boeken

Doordat de uitval optreedt nadat een (groot) gedeelte van het productieproces is voltooid, gaan ten gevolge van uitval niet alleen de grondstoffen maar ook machine- en arbeidsuren die reeds aan het product zijn besteed, verloren.

De kosten van halffabricaten kunnen we op dezelfde wijze berekenen. Halffabricaten kunnen we beschouwen als een eindproduct van een voorafgaande productiefase om vervolgens, in een volgende fase van het productieproces tot eindproduct te worden verwerkt.

4.5.2 Voorraadkosten in verband met hulpstoffen, grondstoffen en halffabricaten

Bij industriële ondernemingen worden tussen de diverse fasen in het productieproces voorraden aangehouden, zoals in figuur 4.4 is weergegeven. Voorraden hebben tot doel wijzigingen in de aanvoer en/of in de afzet op te vangen, zodat er geen verstoringen optreden in de productie en verkoop.

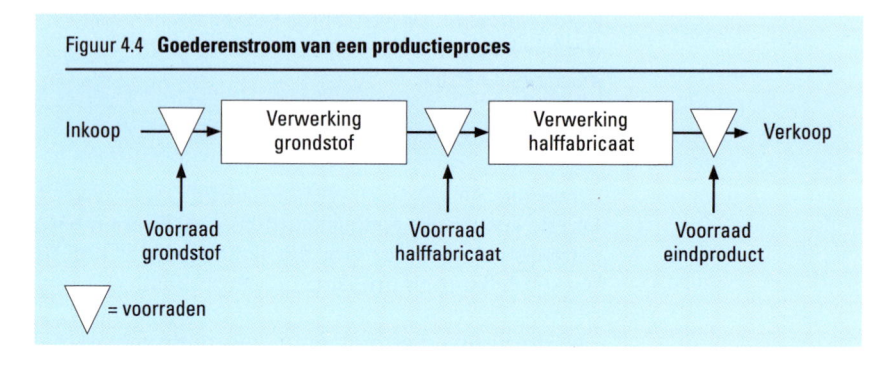

Figuur 4.4 Goederenstroom van een productieproces

Inkoop → Verwerking grondstof → Verwerking halffabricaat → Verkoop

Voorraad grondstof — Voorraad halffabricaat — Voorraad eindproduct

▽ = voorraden

Voorraadkosten

De voorraadkosten kunnen we onderverdelen in:
1 opslagkosten
2 bestelkosten
3 kosten ten gevolge van diverse risico's.

Opslagkosten

Technische voorraad
De werkelijk in de onderneming aanwezige voorraad noemen we *technische voorraad*. Het aanhouden van (technische) voorraden leidt tot opslagkosten, zoals de kosten van de magazijnruimte en de loonkosten van het magazijnpersoneel. Bij het bepalen van de kosten in verband met het aanhouden van voorraden moeten we bovendien rekening houden met de *vermogenskosten* over het vermogen dat nodig is om de voorraden te financieren.

Bestelkosten
De kosten in verband met het bestellen van voorraden kunnen bestaan uit telefoonkosten, transportkosten en kosten in verband met de ontvangst van de goederen. Een deel van deze kosten is onafhankelijk van de grootte van de bestelling. Dit zijn *vaste bestelkosten*, wat wil zeggen dat ze een vast bedrag per bestelling bedragen. Zo zal de tijd die nodig is om een offerte te beoordelen, nauwelijks afhankelijk zijn van de hoeveelheid die per bestelling wordt besteld. Door per keer een grotere hoeveelheid te bestellen, kunnen de vaste bestelkosten per bestelde eenheid worden verlaagd. Hier staat echter tegenover dat een **Bestelgrootte** hogere bestelgrootte leidt tot een hogere gemiddelde voorraad. Hogere kosten in verband met het opslaan en de financiering van de voorraden zijn daarvan het gevolg.

Bij NoorderPrint worden grote rollen papier van verschillende kwaliteit en afmetingen in voorraad gehouden

De optimale bestelgrootte is de bestelgrootte waarbij de totale kosten van het bestellen en het aanhouden van voorraden zo laag mogelijk zijn.

In standaardsituaties (met een vast inkoop- en verkooppatroon) kunnen we de optimale bestelgrootte berekenen op basis van de volgende formule, die bekendstaat als de 'formule van Camp':

Formule van Camp

$$\text{Optimale bestelgrootte} = \sqrt{\frac{2 \times \text{vaste bestelkosten} \times \text{verbruik in een bepaalde periode}}{\text{Variabele opslagkosten (incl. vermogenskosten) per eenheid per periode}}}$$

Uit deze formule blijkt dat de optimale bestelgrootte afhangt van drie factoren:
1 de vaste bestelkosten per bestelling;
2 het verbruik (afzet) gedurende een bepaalde periode;
3 de variabele opslagkosten (inclusief vermogenskosten) over dezelfde periode waarover het verbruik (afzet) wordt gemeten. Dus als de afzet per maand is gegeven, dan ook de variabele opslagkosten per maand, en als de afzet per jaar is, dan ook de variabele opslagkosten per jaar nemen enzovoort.

In de praktijk zullen ook andere (niet-bedrijfseconomische) redenen een rol kunnen spelen bij het aanhouden van voorraden. De formule van Camp geeft slechts aan welke economische factoren van invloed zijn op de bestelgrootte en daarmee op de voorraadkosten.

Ton Harmsma van NoorderPrint licht een aantal aspecten toe die een rol spelen bij het voorraadbeleid: 'Om de omvang van de voorraden papier te beperken, hebben we het aantal soorten papier dat we gebruiken, teruggebracht van 250 naar 50 soorten. Bovendien hebben we een nieuw

ERP-systeem

ERP-systeem (ERP = Enterprise Resources Planning) ingevoerd, waardoor we de gehele goederenbeweging beter kunnen plannen en de behoefte aan papier beter kunnen inschatten. Door deze maatregelen hebben we de investeringen in de voorraden drastisch kunnen beperken. Bovendien houdt het ERP-systeem per papierleverancier bij hoeveel papier we hebben afgenomen en signaleert het wanneer we in aanmerking komen voor een kwantumkorting.'

Seriegrootte

De formule van Camp kunnen we ook gebruiken voor de vaststelling van de optimale seriegrootte. Stel dat een onderneming verschillende producten in series produceert. Dit betekent dat nadat een groot aantal eenheden van een bepaald product (serie) is geproduceerd, wordt overgeschakeld op de productie van een ander product. Bij iedere overschakeling zullen de machines opnieuw moeten worden ingesteld. De omstelkosten die daarmee verband houden, zijn onafhankelijk van de omvang van de serie. In die zin zijn ze vergelijkbaar met de vaste bestelkosten. Omdat de omstelkosten per omstelling vast zijn, zal een vergroting van de seriegrootte tot lagere omstelkosten per product leiden. Productie in grote series leidt echter wel tot hogere kosten voor het opslaan en de financiering van de voorraden. De *optimale seriegrootte* is die seriegrootte waarbij de totale kosten van het omschakelen van de machines en het aanhouden van voorraden zo laag mogelijk zijn. In de formule van Camp moeten dan de bestelkosten worden vervangen door de omstelkosten en de variabele opslagkosten door de variabele omstelkosten, als die zich voordoen.

Tussenvraag 4.5
Leidt de verhoging van de vermogenskosten tot een hogere of lagere bestelgrootte?

Kosten ten gevolge van diverse risico's

Het aanhouden van voorraden kan leiden tot een waardedaling van de voorraden door brand, diefstal, veroudering of prijsdaling van de goederen. De kosten in verband met het risico van brand bestaan uit de premies die moeten worden betaald voor de brandverzekering.

De onderneming die goederen heeft verkocht maar nog niet heeft afgeleverd, draagt daarover niet meer het risico van veroudering en prijsdaling (hoewel de goederen zich nog wel in haar magazijn bevinden). Daar staat tegenover dat de onderneming die goederen besteld maar nog niet ontvangen heeft, over deze bestelde hoeveelheid wel het risico van veroudering en prijsdaling loopt.

Economische voorraad

De voorraad waarover de onderneming risico loopt, noemen we de economische voorraad. De economische voorraad is gelijk aan de in het magazijn aanwezige voorraad (technische voorraad) plus de reeds bestelde maar nog niet ontvangen goederen (*voorinkopen*) minus de reeds verkochte, maar nog niet geleverde goederen (*voorverkopen*).

In formulevorm:
   Economische voorraad =
   technische voorraad + voorinkopen – voorverkopen.

Over de economische voorraad loopt de onderneming het risico van prijsdaling en veroudering (zoals het uit de mode raken).
In de opslagkosten per product is een bedrag opgenomen in verband met de kosten van de brandverzekering, veroudering en het risico van

prijsdaling. Een toename van deze drie risico's zal leiden tot hogere opslagkosten per product en daardoor tot een lagere bestelgrootte.

Tussenvraag 4.6
a Kan de technische voorraad negatief zijn?
b Kan de economische voorraad negatief zijn?

Zoals uit het volgende artikel blijkt, kan de prijs van ruwe olie flink fluctueren.

Flinke deining olieprijs

Door **Edwin van der Schoot**

Amsterdam • De olieprijs blijft maar dalen, nu speculanten alle indicatoren voor prijsstijgingen negeren. Toch kan de prijs binnen enkele weken of zelfs dagen weer stabiliseren.

Dat zeggen analisten die de oliemarkt volgen. 'Dat de prijs de afgelopen dagen blijft dalen, heeft te maken met rapporten van Goldman Sachs, S&P en Société Générale', zegt Hans van Cleef (ABN Amro). 'Deze gaan uit van een langdurig lage prijs. Mogelijk indicatoren worden amper meegewogen.' Hij doelt bijvoorbeeld op China, dat bijna 10% exportgroei kent en vorige week steunmaatregelen voor de economie afkondigde.
'Uiteindelijk zal de olieprijs weer gaan stijgen', denkt ook Cyril Widdershoven (TNO). 'Het is nu vooral kuddegedrag van beleggers die analisten als schapen volgen. Maar er zijn nog altijd geen aanwijzingen die een fundamentele prijsdaling met 50% onderbouwen.' ∎

Einde aan tijdperk dure olie?
Prijs van een vat Noordzeeolie, afgerond op kwartaalgemiddeldes

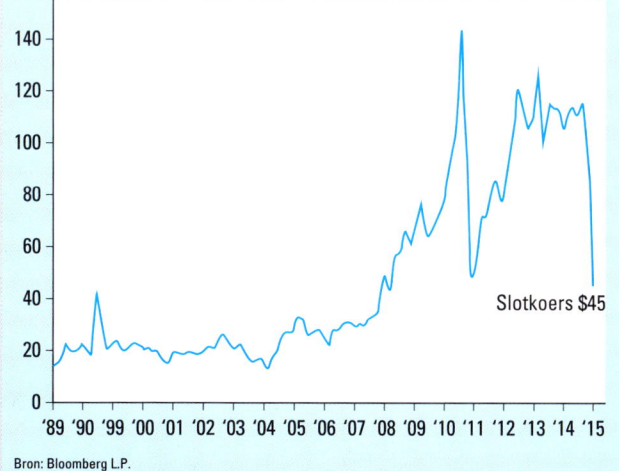

Slotkoers $45

Bron: Bloomberg L.P.
Bron: de Telegraaf, 14 januari 2015

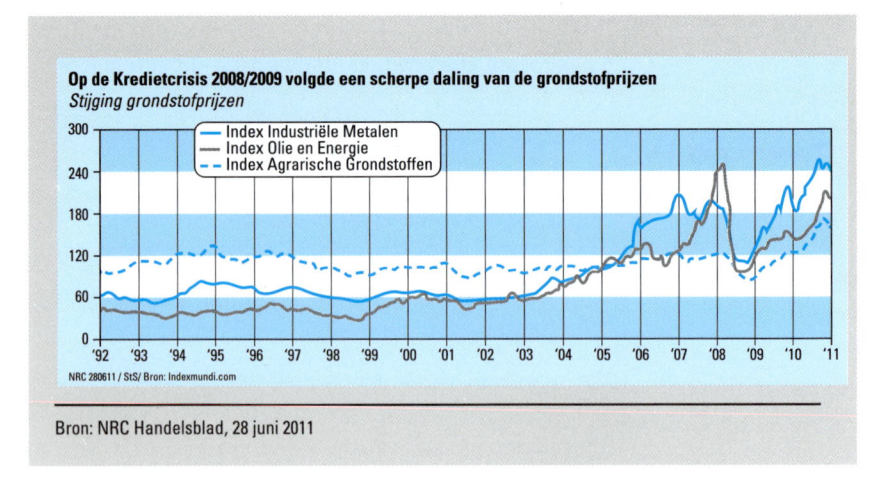

Op de Kredietcrisis 2008/2009 volgde een scherpe daling van de grondstofprijzen
Stijging grondstofprijzen

— Index Industriële Metalen
— Index Olie en Energie
-- Index Agrarische Grondstoffen

NRC 280611 / StS/ Bron: Indexmundi.com

Bron: NRC Handelsblad, 28 juni 2011

Toelichting
De prijs van ruwe olie is ook belangrijk voor de prijs van andere grondstoffen zoals plastics en chemicaliën.

4.6 Kosten van arbeid

Ondanks de steeds verdergaande mechanisatie en automatisering in het bedrijfsleven is de mens nog steeds een van de belangrijkste, zo niet de belangrijkste productiefactor. De kosten van de menselijke arbeid bestaan niet alleen uit het brutoloon, vakantiegeld en andere toeslagen die door de werknemer worden ontvangen. Tot de kosten behoren ook het werkgeversaandeel in de premies sociale verzekeringen, de kosten van de pensioenvoorziening, kantinekosten en de kosten van andere voorzieningen voor het personeel. Omdat al deze kosten verband houden met de (ex-)werknemers van de onderneming, vormen ze samen de kostencategorie *kosten van arbeid*. In hoofdstuk 5 geven we een voorbeeld van de kosten per arbeidsuur van een werknemer in de dienstverlenende sector. In deze paragraaf komen de arbeidsproductiviteit (waarbij verschillende beloningssystemen worden toegelicht), de flexibele werktijden, human resource management en de arbowetten aan de orde.

Kosten van arbeid

4.6.1 Arbeidsproductiviteit

De arbeidskosten per product kunnen beperkt worden door een verhoging van de arbeidsproductiviteit. Een verhoging van de arbeidsproductiviteit heeft tot gevolg dat er minder tijd aan een product hoeft te worden besteed. Als we veronderstellen dat de loonkosten per uur niet veranderen, zal dit leiden tot een daling van de loonkosten per eenheid product. Technologische vernieuwing en hogere arbeidsproductiviteit zorgen ervoor dat de stijging van de arbeidskosten per eenheid product in Nederland beperkt blijft. Dit is nodig om te kunnen concurreren met het buitenland. In het verleden zijn al veel arbeidsintensieve werkzaamheden naar landen met lage lonen verplaatst.

Arbeidsproductiviteit

Goede werkomstandigheden, een prettige werksfeer en een goede werkorganisatie zijn factoren die een positieve invloed hebben op de

Reorganisatie

Unit4 verplaatst 300 banen naar buitenland
Jeroen Segenhout

Amsterdam • Softwarebedrijf Unit4 gaat in twee jaar tijd driehonderd banen verplaatsen vanuit Nederland naar Polen, Spanje en Portugal. Het Nederlandse bedrijf, sinds vorig jaar in handen van een Amerikaanse investeringsmaatschappij, wil zijn activiteiten op het gebied van research & development en klantenservice in die landen centraliseren.
Unit4 telt nu nog duizend werknemers in Nederland, verdeeld over vijf vestigingen. Het aantal arbeidsplaatsen gaat met 25% tot 30% terug, aldus Bert van der Zwan, directeur van Unit4 in de Benelux. Gedwongen ontslag is niet uitgesloten. Mogelijk gaan gehele vestigingen dicht, al vindt Van der Zwan het te vroeg om hier iets over te zeggen.
Unit4 levert software aan de zakelijke markt. Het bedrijf uit Sliedrecht heeft jarenlang groei geboekt, ook in het aantal werknemers. Het afgelopen jaar stegen de omzet en winst wederom. Volgens ceo José Duarte is de ingreep nu echter noodzaak. Concurrenten hebben volgens hem al eerder besloten bepaalde activiteiten op centrale plekken te bundelen. 'Wij zijn daar relatief laat mee', aldus Duarte.

Softwaremaker gaat zijn klantenservice en R&D centraliseren in Polen, Spanje en Portugal

[...]

Duarte erkende dat lagere arbeidskosten een argument zijn om activiteiten te verhuizen naar Polen, Spanje en Portugal. Belangrijk is volgens hem ook dat er in deze landen veel IT-personeel is te vinden. In Polen en Spanje had Unit4 al vestigingen, in Portugal komt een nieuwe vestiging in de buurt van Lissabon.

[...]

Bron: *Het Financieele Dagblad*, 13 januari 2015

arbeidsprestaties. Deze aspecten komen met name in de vakgebieden organisatieleer en bedrijfspsychologie aan de orde.

Ook door de financiële beloning van de werknemers afhankelijk te stellen van de geleverde prestaties, proberen ondernemingen de arbeidsproductiviteit te verhogen. Bij het vaststellen van de beloning voor de werknemers kan de onderneming zowel rekening houden met de omvang van de geleverde prestaties als met de wijze waarop de taken zijn uitgevoerd. De volgende beloningssystemen lichten we nader toe:
1 stukloon
2 tijdloon
3 premieloonstelsel
4 winstdelingsregeling (profit sharing)
5 bonusregeling.

Stukloon

Stukloon

We spreken van stukloon als de werknemer per geleverde prestatie een vast bedrag ontvangt. Stukloon komt bijvoorbeeld voor in de bouw, waar stukadoors per m^2 worden betaald. Ook kersenplukkers krijgen een vaste vergoeding per kilogram kersen. Voor de werkgever heeft stukloon het voordeel dat de arbeidskosten per eenheid prestatie vooraf nauwkeurig vast zijn te stellen. Bovendien kan stukloon aanleiding geven tot een hogere arbeidsproductiviteit. Dit leidt tot een betere benutting van de beschikbare productiemiddelen en lagere kosten per eenheid product.
Voor de werknemer heeft stukloon het voordeel dat een hogere arbeidsprestatie tot meer inkomen leidt. Daar staat echter tegenover dat

een lagere arbeidsprestatie, bijvoorbeeld door een handicap, tot een lager inkomen leidt.

Stukloon is alleen toe te passen als:
- de prestatie objectief meetbaar is;
- de prestatie per werknemer meetbaar is;
- de werknemer invloed heeft op het werktempo;
- een hoger arbeidstempo geen negatieve invloed heeft op de kwaliteit van het product.

In veel situaties wordt aan deze eisen niet voldaan. De toepassing van stukloon is daardoor beperkt.

Tijdloon

Tijdloon

Bij tijdloon ontvangt de werknemer een vaste vergoeding per periode (meestal per week of per maand). De geleverde arbeidsprestatie is niet rechtstreeks van invloed op deze vergoeding. In situaties waarin de arbeidsprestatie per medewerker moeilijk meetbaar is, ligt de toepassing van tijdloon voor de hand. Het nadeel voor de werkgever is dat er van tijdloon geen prikkel uitgaat om harder te werken. Voor de werknemer heeft dit systeem het voordeel dat zijn inkomen min of meer voorspelbaar en constant is.

In voorbeeld 4.6 is het verschil tussen stukloon en tijdloon duidelijk uitgewerkt.

■ **Voorbeeld 4.6**

Een arbeidsdeskundige heeft op basis van arbeidsstudies vastgesteld dat om een bepaald product te fabriceren drie arbeidsuren noodzakelijk zijn (economisch onvermijdbaar). De tarieftijd bedraagt in dit geval drie uur. Het normale uurtarief voor een werknemer bedraagt €20/uur.

Als tijdloon wordt toegepast, ontvangt de werknemer €20/uur ongeacht de omvang van de geleverde prestatie.

Bij stukloon krijgt de werknemer per product €60 (3 uur × €20/uur). Een werknemer die in werkelijkheid slechts 2 uur nodig heeft gehad om dit product voort te brengen, realiseert een arbeidstempo van 1,5 (arbeidstempo = tarieftijd : gewerkte tijd = 3 : 2). Deze werknemer ontvangt €60 : 2 uur = €30/uur. Een werknemer die 4 uur besteed heeft aan het produceren van één product, heeft een arbeidstempo van 0,75 (3 : 4) en ontvangt €60 : 4 uur = €15/uur.

Het uurloon bij tijdloon en stukloon geven we weer in figuur 4.5.

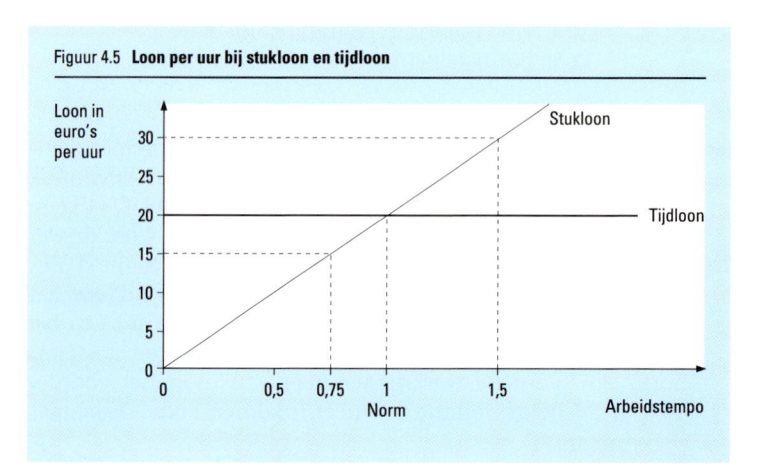

Figuur 4.5 **Loon per uur bij stukloon en tijdloon**

Premieloonstelsel

Premieloonstelsel

Een premieloonstelsel is een combinatie van tijdloon en stukloon. Bij dit stelsel ontvangt de werknemer een vast basisuurloon. Daarnaast betaalt de werkgever een premie als de geleverde prestatie een bepaalde norm overtreft.

Een beloning die afhankelijk is van het arbeidstempo, kan ertoe leiden dat de werknemers een extreem hoge arbeidsproductiviteit nastreven. Dit kan ten koste gaan van hun gezondheid en de kwaliteit van het geleverde werk. Mede daarom is de toepassing van premieloonstelsels de laatste jaren sterk afgenomen. Deze ontwikkeling is nog versterkt door het toenemend gebruik van computers en/of robots in het productieproces. Hierdoor is de invloed van de werknemer op het arbeidstempo verder afgenomen. Wel is gezocht naar andere methoden om de extra arbeidsprestatie van de werknemer te belonen. Bij deze nieuwe methoden is de extra beloning minder afhankelijk van de extra prestaties dan in het geval van premieloonstelsels.

Profit sharing

Winstdelingsregeling

Bij een winstdelingsregeling (profit sharing) ontvangt de werknemer naast een tijdloon een deel van de winst van de onderneming. In de winstdelingsregeling is vastgelegd in welke gevallen een werknemer recht heeft op een gedeelte van de winst en op welke wijze zijn aandeel in de winst moet worden vastgesteld.

Bonusregeling

Ook komt het voor dat werknemers een extra betaling ontvangen als zij bepaalde doelstellingen halen. Met name in commerciële functies is het toekennen van bonussen gebruikelijk. Een verkoper die een hoge omzet realiseert, kan op het einde van het jaar veelal rekenen op een bonus (een extra beloning).

Bonus

Het toekennen van bonussen kan het personeel motiveren harder te werken.

Tussenvraag 4.7
Zal de fabrikant van precisie-uurwerken stukloon toepassen?

4.6.2 Flexibele werktijden

De laatste tijd staan flexibele werktijden in de belangstelling. Het werken op zaterdagen en op avonden wordt niet meer als abnormaal beschouwd. Extra onregelmatigheidstoeslagen zijn dan niet meer van toepassing. Flexibele werktijden maken een betere benutting van de beschikbare productiemiddelen (zoals machines en bedrijfsgebouwen) mogelijk. Hierdoor nemen de kosten per product af. De beheersing van de arbeidskosten per eenheid product is belangrijk voor de verbetering van de internationale concurrentiepositie van Nederland.

Revolutie op de arbeidsmarkt

De arbeidsmarkt is sterk in beweging. Flex komt op, het belang van een cao neemt af. Maatwerk wordt belangrijker. *Het Financieele Dagblad* gaat op zoek naar spanningen en oplossingen. ∎

Bron: *Het Financieele Dagblad*, 27 juni 2015

4.6.3 Human resource management

Sinds de afschaffing van de slavernij is het (met uitzondering van bijvoorbeeld professionele sportclubs) niet meer de gewoonte mensen als actiefpost op de balans op te nemen. Toch is de kwaliteit van de werknemers een belangrijke factor voor het succes van de onderneming. De kwaliteit van de dienstverlening wordt in de moderne maatschappij steeds belangrijker. Veel bedrijven voeren daarom een beleid dat erop gericht is de kwaliteit van hun medewerkers te vergroten. Dit beleid staat bekend als human resource management. Met name binnen grote ondernemingen is een voortdurend proces van opleiden, bij- en omscholen van medewerkers gaande. De vraag kan gesteld worden of de gelduitgaven die hiermee verband houden, ten laste van het jaar gebracht moeten worden waarin deze gelduitgaven plaatsvinden. De kwaliteitsverbetering zal juist in de toekomst haar vruchten afwerpen. Om deze reden worden de gelduitgaven die verband houden met de verbetering van de kwaliteit van de medewerkers, bij sommige bedrijven op de balans opgenomen.

Human resource management

4.6.4 Arbowetten

De laatste jaren zijn de wetten die de arbeidsomstandigheden van de werknemers regelen aanzienlijk aangescherpt. Deze wetten hebben met name tot doel de veiligheid en gezondheid van de werknemers te beschermen. Ook wordt veel aandacht geschonken aan de werkomstandigheden, zoals bescherming tegen of verbieden van gevaarlijke stoffen en kantoormeubilair dat wordt afgestemd op de werknemer.
Niet in alle gevallen zijn de ondernemers het eens met de voorschriften van de Arbodienst.

De strengere arboregels leiden er in een aantal gevallen toe dat de werkgevers extra kosten moeten maken om aan de gestelde eisen te voldoen, zoals het aanbrengen van een afzuiginstallatie. Daar staat tegenover dat deze regels tot een verbetering van de gezondheid van de werknemers en vermindering van bedrijfsongevallen (kunnen) leiden, waardoor de kosten van ziekteverzuim afnemen. In het algemeen bestaat toch de indruk dat de arboregels tot een verhoging van de arbeidskosten per product of dienst leiden.

Op de website www.arboportaal.nl is uitvoerige informatie beschikbaar over de arbowetgeving, waarbij ook aandacht wordt geschonken aan de Europese wetgeving.

4.7 Berekening van loonkosten

Kosten van arbeid

Om producten of diensten te kunnen leveren, zal ook gebruik worden gemaakt van menselijke arbeid. Om de kosten van arbeid aan de producten of diensten door te berekenen, wordt een tarief per uur vastgesteld. Dit uurtarief bepalen we door de totale arbeidskosten te delen door het totale aantal door te berekenen (productieve) uren. Het aantal productieve uren is lager dan het aantal gewerkte uren.

Iemand die bijvoorbeeld een advocaat inschakelt, zal alleen de uren willen betalen die de advocaat daadwerkelijk aan zijn of haar zaak heeft besteed. Advocaten, maar ook accountants en andere adviseurs zullen nauwkeurig vastleggen hoeveel uren zij voor een bepaalde klant hebben gewerkt. Deze adviseurs kunnen echter niet alle door hen gewerkte uren aan de klant doorberekenen. Zo zullen ze ook tijd moeten besteden aan vergaderen en het bestuderen van vakliteratuur of ze zullen aanvullende studies moeten volgen. De uren die daaraan worden besteed, kunnen niet aan een specifieke klant in rekening worden gebracht. Bij het vaststellen van de hoogte van het uurtarief voor medewerkers (advocaten, accountants, monteurs, productiemedewerkers enzovoort) die op basis van een uurtarief het geleverde werk aan hun klanten in rekening brengen, moet ook rekening worden gehouden met deze niet-productieve uren.

In deze paragraaf gaan we nader in op het begrip productieve uren, waarbij er met name aandacht zal zijn voor de niet-productieve uren. Ook komt aan de orde welke loonkosten er zijn. Het uurtarief wordt besproken aan de hand van een voorbeeld. Ten slotte gaan we in op de factoren die de loonkosten beïnvloeden.

4.7.1 Productieve uren

Om de loonkosten per uur (het uurtarief) te berekenen, moeten we de totale loonkosten delen door het totale aantal productieve uren. We maken onderscheid tussen beschikbare en productieve uren. De beschikbare uren is het aantal uren dat de werknemer in principe voor de organisatie kan worden ingezet. Productieve uren zijn de uren die in rekening kunnen worden gebracht aan de afnemer van het product of aan andere afdelingen binnen de eigen organisatie (interne klanten). We gaan hierna kort in op de beschikbare uren. Daarna komen de niet-productieve uren aan de orde.

Beschikbare uren

Productieve uren

Beschikbare uren

Werknemers zullen op grond van hun arbeidsovereenkomst een vastgestelde prestatie moeten leveren, die meestal wordt uitgedrukt in een aantal te werken uren per week of per dag. In de kalender van een bepaald jaar is te zien hoeveel werkweken (52) en werkdagen (260, 261 of 262) er zijn. Het aantal beschikbare uren berekenen we door het aantal werkdagen of werkweken te vermenigvuldigen met de uren per dag of per week, dat in de arbeidsovereenkomst is vastgelegd.

Niet-productieve uren

Niet-productieve uren

Het aantal productieve uren is kleiner dan het aantal beschikbare uren. Dat komt door verschillende oorzaken, die we achtereenvolgens bespreken:
1. vakantie, atv, feestdagen en overig verlof;
2. ziekte;

3 persoonlijke verzorging en pauzes;
4 inwerktijd;
5 overleg;
6 studies, congres (waaronder het lezen van vakliteratuur);
7 algemeen beheer;
8 overige niet-productieve uren.

Ad 1 Vakantie, atv, feestdagen en overig verlof
Niet op alle dagen/weken van het jaar wordt gewerkt. Op eerste en tweede kerstdag, tweede paasdag, tweede pinksterdag, hemelvaartsdag, koninginnedag en andere dagen is een groot deel van het bedrijfsleven gesloten. Ook de uren waarop de werknemer krachtens de arbeidsvoorwaarden wegens vakantie, atv of ouderdomsverlof niet behoeft te werken, zijn niet productief. Deze dagen/uren zijn nauwkeurig per werknemer te berekenen.
Voor andere verlofcategorieën uit de arbeidsvoorwaarden, zoals bijzonder verlof bij overlijden van familieleden en ouderschapsverlof, is het aantal niet-productieve uren moeilijker te berekenen. Bij deze vormen van verlof wordt meestal met een gemiddelde over de afgelopen jaren gewerkt.

Ad 2 Ziekte
Bij het berekenen van de niet-productieve uren door ziekteverzuim kan het gemiddelde ziekteverzuim in het recente verleden als uitgangspunt worden genomen. De organisatie zal er echter in het algemeen naar streven (bijvoorbeeld door een verbetering van het personeelsbeleid) het ziekteverzuim in de toekomst te verminderen. Daarom kan ten behoeve van de budgettering (die op de toekomst is gericht) een lager percentage voor ziekteverzuim worden vastgesteld.
Wij drukken in de berekeningen het gemiddeld ziekteverzuim uit in een percentage van het verschil tussen de beschikbare uren en de uren voor vakantie, atv, feestdagen en overig verlof (zie Ad 1).

Ad 3 Persoonlijke verzorging en pauzes
Onder persoonlijke verzorging en pauzes valt de doorbetaalde tijd voor pauzes (in cao's kan worden overeengekomen dat de koffie- en theepauze van tien minuten door de werkgever wordt doorbetaald), voor het toiletbezoek, religieuze verplichtingen, het aantrekken van bedrijfskleding, het wassen/douchen na bepaalde werkzaamheden enzovoort.

Ad 4 Inwerktijd
Nieuwe werknemers zijn niet direct in staat om het werk te verrichten op het niveau en/of in het tempo van een ervaren kracht. Zij moeten eerst worden ingewerkt. Veel werkgevers hebben daarvoor een introductiebeleid ontwikkeld (soms via traineeship). Bedrijven met een groot personeelsverloop of een snelgroeiend personeelsbestand zullen veel tijd (en geld) kwijt zijn aan het inwerken van nieuwe medewerkers.

Ad 5 Overleg
De uren die worden besteed aan de diverse vormen van intern overleg kunnen niet rechtstreeks aan de afnemer worden doorberekend. Daarom dienen die uren ook afgetrokken te worden van de beschikbare uren.

Ad 6 Studie/congres (waaronder het lezen van vakliteratuur)
Bijscholing van werknemers door middel van congressen, trainingen, cursussen, opleidingen en het lezen van vakliteratuur leidt tot niet-productieve uren. De omvang ervan hangt af van de inhoud van de functie en de kwaliteiten van de werknemer.

Ad 7 Algemeen beheer
Onder algemeen beheer vallen het afhandelen van allerlei administratieve werkzaamheden, het beantwoorden van e-mails en brieven, het voeren van telefoongesprekken en het regelen van praktische zaken (zoals ziektevervanging en huisvesting) en specifieke beheerstaken (functioneringsgesprekken, sollicitatie- en selectiegesprekken, evaluaties enzovoort).

Ad 8 Overige niet-productieve uren
Per bedrijf, afdeling of werknemer kunnen uren voor bijzondere taken of omstandigheden worden toegekend, die in mindering komen op het aantal productieve uren.

In voorbeeld 4.7 zien we hoe het aantal direct productieve uren per jaar wordt berekend.

■ Voorbeeld 4.7

Medewerker Rolink werkt sinds kort als adviseur bij een internetadviesbureau. Voor zijn adviezen wordt aan klanten een uurtarief doorberekend. Dit uurtarief is gebaseerd op de kostprijs, verhoogd met 50% voor overheadkosten en winst. Alle werkzaamheden worden vanuit het hoofdkantoor gecoördineerd. Medewerker Rolink heeft een fulltime dienstverband en heeft een salaris van €3.800 per periode van vier weken (periodesalaris van €3.800, gebaseerd op €25 per uur). Voor de berekening van het uurtarief is verder nog gegeven:

- Naast het vaste salaris wordt jaarlijks in de maand mei een vakantietoeslag uitbetaald van $8\frac{1}{2}\%$ van het afgesproken normale brutoloon op jaarbasis. Er is tevens sprake van een eindejaarsuitkering ter grootte van 40% van een periodesalaris.
- Het adviesbureau kent een dienstverband van 38 uren per week (verdeeld over vijf werkdagen per week). We nemen aan dat een kalenderjaar bestaat uit exact 52 weken.
- Koffie- en theepauzes (tweemaal tien minuten per dag) komen voor rekening van de werkgever, de lunchpauze is voor eigen rekening.
- Per jaar heeft de werknemer recht op 24 vakantiedagen.
- Iedere medewerker heeft recht op buitengewoon verlof (vier werkdagen per jaar). Daarnaast wordt rekening gehouden met zes dagen waarop niet kan worden gewerkt als gevolg van nationaal erkende feestdagen.
- In drukke periodes werken de adviseurs over. Op basis van gegevens uit het verleden heeft men berekend dat het overwerk gemiddeld 80 klokuren per adviseur per jaar bedraagt. Voor overuren geldt een toeslag op het bruto-uurloon van gemiddeld 30%. Deze uren worden alleen uitbetaald als er daadwerkelijk is overgewerkt.
- Het adviesbureau streeft naar een ziekteverzuim van 6%. De werknemers worden tijdens ziekte voor 100% doorbetaald. Binnen het bedrijf wordt 40% van het ziekteverzuim opgevangen door ervaren uitzendkrachten. Daarvoor rekent het uitzendbureau een uurtarief van €60,50 (inclusief 21% btw).
- Binnen het bedrijf houdt men rekening met een leegloop van 20% van de aanwezige uren. Dit betekent dat 20% van de uren dat men daadwerkelijk

voor het adviesbureau werkzaam is (na aftrek van koffie- en theepauzes, maar na bijtelling van overwerk) niet aan de klant kan worden doorberekend.
- Het adviesbureau betaalt 30% aan premies sociale verzekeringen. Dit percentage wordt berekend over alle brutolooncomponenten. Daarnaast wordt gemiddeld €5.000 per medewerker per jaar betaald aan overige personeelskosten (kinderopvang, catering, reiskosten enzovoort).

Bereken het aantal direct productieve uren per jaar.

Uitwerking
- Aantal beschikbare uren per jaar:
  52 weken × 38 uur/week =   1.976   uur

- Op vakantiedagen (24), tijdens buitengewoon verlof (4) en tijdens erkende feestdagen (6) wordt niet gewerkt. Per dag wordt gemiddeld 38 uur / 5 dagen = 7,6 uur gewerkt.
  Voor de genoemde dagen (34) is het verzuim dus:
  34 × 7,6 uur =   258,4 uur −
                                                                 _____
                                                                 1.717,6 uur

- Het ziektepercentage wordt begroot op 6%. Dit percentage wordt berekend over de beschikbare uren minus het verzuim als gevolg van verlof en feestdagen.
  Het ziekteverzuim is: 0,06 × 1.717,6 uur =   103,1 uur
- 40% van het ziekteverzuim wordt vervangen door ervaren uitzendkrachten. Dat betekent dat die 40% van de ziekte-uren daarop in mindering moet worden gebracht. Dat is 40% van 103,1 uur (waarvoor een rekening van het uitzendbureau zal komen):   41,2 uur
                                                                 _____

Netto blijft over aan ziekteverzuim   61,9 uur −
                                                                 _____

Aanwezige uren   1.655,7 uur

- De door de werkgever betaalde pauze is alleen van toepassing op de dagen dat de werknemer aanwezig is. Dat zijn 1.655,7 : 7,6 = 217,9 dagen. Een werknemer krijgt per dag tweemaal tien minuten pauze. In totaal: 217,9 dagen × 20 minuten/dag = 4.358 minuten : 60 minuten/uur =   72,6 uur −
                                                                 _____
                                                                 1.583,1 uur
- Het aantal uren overwerk is gegeven   80,0 uur +
                                                                 _____

Gewerkte uren   1.663,1 uur

- De leegloop bedraagt 20% van de gewerkte uren =
  0,2 × 1.663,1 uur =   332,6 uur −
                                                                 _____

Productieve uren   1.330,5 uur

4.7.2 Totale loonkosten

Bij het berekenen van de kosten van menselijke arbeid beperken we ons tot de loonkosten die rechtstreeks met het in dienst hebben van de medewerkers verband houden. We laten de kosten die indirect met het hebben van personeel samenhangen, buiten beschouwing. Tot deze laatste categorie behoren onder andere:
- de kosten van de personeelsafdeling;
- de kosten van het arbobeleid;
- de kosten van huisvesting (bijvoorbeeld het aanpassen van werkplekken);
- de kosten van de leidinggevende in verband met het voeren van beoordelings- en functioneringsgesprekken.

Loonkosten die rechtstreeks met de medewerkers samenhangen, kunnen we afleiden uit de primaire en secundaire arbeidsvoorwaarden. Deze arbeidsvoorwaarden staan in de cao vermeld. Alleen over de primaire arbeidsvoorwaarden worden werkgeverslasten berekend.

Hierna noemen we de loonkosten die samenhangen met de primaire arbeidsvoorwaarden, de kosten die verband houden met de secundaire arbeidsvoorwaarden en de overige loonkosten.

Loonkosten die samenhangen met de primaire arbeidsvoorwaarden

Primaire arbeidsvoorwaarden

De volgende loonkosten hangen samen met de primaire arbeidsvoorwaarden:
1 de brutobeloning;
2 de werkgeverslasten in verband met de (wettelijke) sociale verzekeringen.

Ad 1 De brutobeloning
Onder de brutobeloning vallen de overeengekomen periodebeloning (week- of maandloon) en de overige beloningsaspecten uit de (collectieve) arbeidsovereenkomst (zoals vakantietoeslag, dertiende maand, winstuitkering, overwerk, tegemoetkoming ziektekosten en jubileumgratificaties).
Op deze beloning worden op grond van wetten en regelingen bedragen ingehouden, die door de werkgever afgedragen moeten worden aan andere instanties (belastingdienst, bedrijfsvereniging, pensioenmaatschappij, spaarbank enzovoort).

Ad 2 De werkgeverslasten in verband met de (wettelijke) sociale verzekeringen
De werkgever moet ook bijdragen in de premies van de sociale verzekeringen. Dat kunnen wettelijke verzekeringen zijn (WAO, WW, WIA) of andere (collectieve) verzekeringen zoals de pensioenverzekeringen en de aanvullende nabestaandenverzekering. Bij de wettelijke verzekeringen is bepaald hoe groot de bijdrage van de werkgever is. Bij de overige verzekeringen wordt de hoogte van de werkgeversbijdragen tijdens onderhandelingen tussen werkgever en werknemer(s) overeengekomen.

De werkgeversbijdragen hebben in alle gevallen te maken met de brutobeloning en worden gezien als personeelskosten.

Kosten die verband houden met de secundaire arbeidsvoorwaarden

Secundaire arbeidsvoorwaarden

De volgende kosten houden verband met de secundaire arbeidsvoorwaarden:
a reis- en verblijfkosten;
b studiekostenvergoeding;
c kinderopvang;
d kosten van de auto van de zaak;
e overige vergoedingen.

Ad a Reis- en verblijfkosten
De reis- en verblijfkosten kunnen we splitsen in de kosten van het woon-werkverkeer en de kosten van dienstreizen. Bij de tegemoetkoming in de kosten van het woon-werkverkeer wordt in de meeste gevallen de forfaitaire vergoeding gegeven die de belastingdienst heeft vastgesteld.
De kosten van dienstreizen worden ook via interne regelingen toegekend. Daarin worden onder andere de hoogte van de kilometervergoeding, het gebruik van het openbaar vervoer en de vergoeding voor verblijf (ontbijt, lunch, diner, overnachting, drankjes enzovoort) geregeld.

Ad b Studiekostenvergoeding
De studiekosten die de werkgever vergoedt (ook weer overeenkomstig interne regelingen) worden gezien als personeelskosten. Opleidingen die noodzakelijk zijn voor het uitoefenen van de functie of die op verzoek van de werkgever worden gevolgd, worden vaak door de werkgever vergoed. In de regelingen voor studiekosten wordt bepaald of, en zo ja, onder welke voorwaarden en in welke mate de vergoeding wordt verstrekt.

Ad c Kinderopvang
De werkgever heeft er belang bij, dat kinderen van werknemers overdag opgevangen worden. Grote bedrijven kunnen een eigen kinderopvangmogelijkheid hebben, andere bedrijven huren plaatsen in bij kinderopvangbedrijven. Ook de werknemer zal een deel van de kosten van kinderopvang dragen. Het overige gedeelte wordt door de werkgever gezien als personeelskosten.

Ad d Kosten van de auto van de zaak
Werkgevers kunnen zelf auto's aanschaffen en deze aan hun werknemers beschikbaar stellen of auto's leasen. Het gebruik van leaseauto's voor zakelijke doeleinden is de laatste jaren sterk toegenomen. Het door de werkgever verstrekken van een 'auto van de zaak' wordt als een vorm van beloning gezien. Ook door de fiscus, die een bepaald percentage van de cataloguswaarde als inkomen aanmerkt. De werkgever beschouwt de kosten die verband houden met de 'auto van de zaak', verminderd met de bijdrage van de werknemer, als personeelskosten.

Ad e Overige vergoedingen
Voorbeelden van andere vergoedingen die te maken hebben met het uitvoeren van de functie zijn:
- vergoedingen voor dienstkleding;
- bijdragen in de aanschaf van een computer en de software;
- vergoeding voor telefoonkosten (apparatuur, internetverbindingen, gebruikskosten);
- vergoeding voor de inrichting van een werkplek thuis.

Overige loonkosten
Tot de overige loonkosten kunnen we rekenen:
1 de kosten van werving en selectie;
2 de kosten van ziekte;
3 de kosten van de catering;
4 de kosten van het personeelsfonds;
5 diverse andere kosten.

Ad 1 Kosten van werving en selectie
Werkgevers kunnen de werving en selectie van nieuwe medewerkers zelf doen of daarvoor gespecialiseerde bedrijven inschakelen. De kosten van het werven en selecteren van medewerkers, maar ook de kosten van het inwerken van nieuw personeel behoren tot de kosten van arbeid. Het zijn investeringen in menselijke arbeid, die zich in de loop der jaren moeten terugverdienen.
Om de hoogte van deze personeelskosten te kunnen bepalen, moet een goed inzicht bestaan in het personeelsverloop binnen de organisatie. Sommige bedrijven staan bekend als springplanken voor 'job-hoppers'. Zij zullen met hoge kosten voor werving en selectie te maken krijgen.

Ad 2 Kosten van ziekte
De kosten van ziekte bestaan uit vier categorieën:
- de uitvoering van een beleid gericht op het voorkomen van ziekteverzuim;
- de premie voor het werkgeversrisico;
- de bonus/malusregeling van de WAO;
- de kosten van de ziektevervanging.

Ad 3 Kosten van de catering
Onder kosten van de catering vallen onder andere de kosten die de werkgever draagt voor bijvoorbeeld de koffievoorziening, de kantine, het restaurant of het laten bezorgen van eten in geval van overwerk.

Ad 4 Kosten van het personeelsfonds
Een goede werksfeer binnen de organisatie is belangrijk voor het optimaal functioneren van de medewerkers. Voorzieningen of activiteiten waardoor werknemers en werkgever elkaar informeel kunnen treffen, leveren daar een bijdrage aan. De kosten daarvan behoren ook tot de

personeelskosten. Daarbij kunnen we denken aan de bijdrage van de werkgever voor:
- een lief- en leedfonds
- personeelsfeesten
- het kerstpakket
- recepties.

Ad 5 Diverse andere kosten
De hiervoor genoemde soorten van personeelskosten kunnen eindeloos worden uitgebreid. Elke organisatie zal een specifieke activiteit, vergoeding of iets dergelijks kennen, die niet is opgenomen in de voorgaande opsomming. Voorbeelden daarvan zijn: een lagere hypotheekrente voor medewerkers van een bankbedrijf, een bijdrage in de kosten van een fitnessprogramma.

Voorbeeld 4.7 wordt vervolgd met de berekening van de jaarlijkse arbeidskosten.

■ Voorbeeld 4.7 (vervolg)
Bereken de jaarlijkse arbeidskosten, die zijn verbonden aan het in dienst hebben van medewerker Rolink.

Uitwerking

Brutoloon: $13 \times €3.800 =$	€ 49.400,00
Vakantiegeld: $0,085 \times €49.400$	€ 4.199,00
Eindejaarsuitkering: $0,4 \times €3.800$ (periodesalaris) =	€ 1.520,00
Overwerk: 80 uren $\times (1 + 0,3) \times €25$/uur =	€ 2.600,00 +
Totaal brutolooncomponenten	€ 57.719,00
Werkgeverspremies: $0,3 \times €57.719,00 =$	€ 17.315,70 +
	€ 75.034,70
Vervanging ziekte: $41,2 \times €50$/uur (uurtarief uitzendbureau excl. btw) =	€ 2.060,00
Overige personeelskosten	€ 5.000,00 +
Totale arbeidskosten van medewerker Rolink	€ 82.094,70

4.7.3 Het uurtarief

Uurtarief

In de subparagrafen 4.7.1 en 4.7.2 hebben we het aantal productieve uren en de arbeidskosten van één medewerker vastgesteld. Op basis daarvan kunnen we het uurtarief van deze medewerker berekenen (zie vervolg voorbeeld 4.7). In de praktijk zal men echter het uurtarief vaak niet berekenen per individuele medewerker, maar per groep werknemers die min of meer dezelfde functie vervullen en wat arbeidskosten betreft sterk met elkaar overeenkomen. Bij notariaten kan dat bijvoorbeeld een tarief zijn voor de notaris, een voor de kandidaat-notarissen, een voor de notarieel medewerkers en een voor de griffiemedewerkers.

■ **Voorbeeld 4.7 (vervolg)**
1 Bereken het uurtarief (inclusief 21% btw) dat voor de diensten van medewerker Rolink aan de klanten van het adviesbureau in rekening wordt gebracht.
2 Zou bij de functie van medewerker Rolink een premieloonstelsel kunnen worden toegepast? Motiveer je antwoord.

Uitwerking
1 Op basis van de uitwerkingen in de subparagrafen 4.7.1 en 4.7.2 berekenen we het uurtarief voor medewerker Rolink door de totale arbeidskosten te delen door het aantal productieve uren:

€82.094,70 : 1.330,5 uur =	€	61,70
Opslag in verband met overhead en winst 50%	€	30,85
Uurtarief exclusief btw	€	92,55
21% btw	€	19,44
Uurtarief inclusief btw	€	111,99

2 Om een premieloonstelsel toe te kunnen passen, moet aan een aantal voorwaarden worden voldaan. Zo moeten de werknemers in belangrijke mate hun eigen tempo kunnen bepalen en moeten de arbeidsprestaties kwantitatief meetbaar zijn. Ook moeten er minimale kwaliteitsnormen worden opgesteld waaraan het product of de dienst moet voldoen. In het advieswerk zijn de producten of diensten zeer verschillend en niet of moeilijk kwantitatief te meten. Hierdoor is het toepassen van premieloonstelsels in het advieswerk niet mogelijk.
Overigens zijn er wel mogelijkheden om medewerker Rolink naar aanleiding van zijn prestaties extra te belonen (het geven van een extra periodiek of een bonus bij het behalen van de targets).

4.7.4 Factoren die de loonkosten beïnvloeden

Bij veel organisaties zijn de loonkosten een belangrijk onderdeel van de totale kosten. Dit geldt zeker voor organisaties die relatief veel gebruikmaken van menselijke arbeid, zoals onderwijsinstellingen, ziekenhuizen, adviesbureaus en overheidsinstellingen. In tabel 4.3 drukken we op basis van de winst- en verliesrekening over 2014 van Heineken en Fugro de verschillende kosten uit in een percentage van de omzet.

Fugro is een internationaal opererend adviesbureau dat grondonderzoek verricht en adviezen verstrekt aan onder andere de olie-industrie en mijnbouw.

Tabel 4.3 Kosten in procenten van de omzet (bedragen × €1.000)

	Heineken		Fugro	
Omzet		19.350.000 (100%)		2.591.272 (100%)
Grondstoffen, materialen, diensten	12.053.000 (62,3%)		1.227.011 (47,4%)	
Personeelskosten	3.080.000 (15,9%)		820.269 (31,7%)	
Afschrijvingen	1.437.000 (7,4%)		291.266 (11,2%)	
Impairments	0		509.048 (19,6%)	
Overige kosten	0		292.246 (11,3%)	
Kosten m.u.v. interestkosten		16.570.000 (85,6%)		3.139.840 (121,2%)
EBIT (bedrijfsresultaat)		+ 2.780.000 (14,4%)		− 548.568 (− 21,2%)

Toelichting
Impairments zijn afwaarderingen van activa als de marktwaarde van activa lager is dan de boekwaarde (zie hoofdstuk 14).
De personeelskosten (uitgedrukt in procenten van de omzet) zijn bij Fugro ongeveer tweemaal zo hoog als bij Heineken.

Voor leidinggevenden is het belangrijk inzicht te hebben in de factoren die de arbeidskosten van een product of van een geleverde dienst beïnvloeden. Enkele van deze factoren lichten we nader toe, namelijk ziekteverzuim, personeelsverloop, arbeidsmotivatie, collectieve arbeidsovereenkomsten en regeringsbeleid, en verantwoordelijkheden en taakstelling.

Ziekteverzuim
Het ziekteverzuim kan worden beperkt door een verbetering van de werkomstandigheden. Daarbij kunnen we bijvoorbeeld denken aan maatregelen waardoor de werknemers minder bloot komen te staan aan weersinvloeden. Het overdekken van steigers in de woningbouw is daar een voorbeeld van. Ook het verminderen van psychische druk tijdens het werk zal tot een lager ziekteverzuim leiden. Er zijn kosten verbonden aan de verbetering van de arbeidsomstandigheden, maar die betalen zichzelf via een lager ziekteverzuim (gedeeltelijk) weer terug. Een verbetering van de arbeidsomstandigheden (denk ook aan de voorschriften op basis van de Arbowet) kan er zelfs toe leiden dat de arbeidskosten per eenheid product afnemen.

Personeelsverloop
Een hoog personeelsverloop leidt tot hoge kosten voor werving en selectie en voor het inwerken van nieuwe medewerkers. Dit geldt met name in situaties waarin de medewerkers een hechte relatie hebben opgebouwd met de afnemers of cliënten. Goede arbeidsvoorwaarden (waaronder een marktconform brutoloon en goede secundaire arbeidsvoorwaarden) kunnen ertoe bijdragen dat de medewerkers langer bij de organisatie blijven werken. Ook nu moet weer een afweging worden gemaakt tussen de kosten van goede arbeidsvoorwaarden en de kostenbesparingen die het gevolg zijn van een laag personeelsverloop.

Arbeidsmotivatie

Gemotiveerde medewerkers presteren beter dan slecht gemotiveerde werknemers. Medewerkers moeten zich voor een groot gedeelte kunnen vinden in het beleid van de organisatie en in de wijze waarop hun direct leidinggevende dit uitdraagt. Een goede communicatie over het waarom van bepaalde beslissingen kan daaraan een bijdrage leveren. Een praatje over huiselijke omstandigheden, het houden van bedrijfsuitjes en een attentie bij bijzondere gebeurtenissen (zoals verjaardagen, geboortes en jubilea) zijn voorbeelden die de motivatie en werksfeer gunstig beïnvloeden. Arbeidsmotivatie heeft ook invloed op het ziekteverzuim: minder gemotiveerde werknemers zullen zich eerder ziek melden dan medewerkers met 'hart voor de zaak'.

Collectieve arbeidsovereenkomsten en regeringsbeleid

Afspraken over de hoogte van de lonen worden in principe overgelaten aan de (vertegenwoordigers van) werknemers en (vertegenwoordigers van) werkgevers. Als werknemersorganisaties met de werkgevers afspraken maken over de arbeidsvoorwaarden voor een bepaalde sector of branche en die afspraken gelden voor de gehele branche, dan spreken we van een collectieve arbeidsovereenkomst (cao). De afspraken die in een cao zijn vastgelegd, hebben een grote invloed op de hoogte van de loonkosten. Een loonstijging, een verhoging van het aantal vrije dagen en een grotere bijdrage in de kosten van kinderopvang zijn voorbeelden die leiden tot een stijging van de loonkosten per uur. Als deze loonstijging per uur in Nederland groter is dan in andere landen (en onvoldoende wordt gecompenseerd door een stijging van de arbeidsproductiviteit), zal de internationale concurrentiepositie van Nederland afnemen. De regering zal daarom nauwlettend de gemaakte afspraken in de afgesloten cao's volgen en zo nodig ingrijpen. Ook zal de regering een zodanig beleid proberen te voeren (bijvoorbeeld op het gebied van belastingheffing), dat het voor de werknemers en werkgevers gemakkelijker wordt tot overeenstemming te komen. Uit het volgende artikel blijkt dat.

Cao-overleg in de kleinmetaal loopt vast

Vakbonden en werkgevers in de kleinmetaal kunnen het niet eens worden over een nieuwe cao. De onderhandelingen zijn donderdagavond stukgelopen. Dat melden de onderhandelaars aan Het Financieele Dagblad.

Het loonbod en de voorgestelde regelingen voor jeugdparticipatie en seniorendagen zijn de grootste struikelblokken. 'Ik vind het teleurstellend dat we er toch niet uitkomen', vertelt Ron Follon, die namens de Federatie Werkgeversorganisatie Techniek (FWT) de onderhandelingen voert.

Ook onderhandelaar Jacqie van Stigt van FNV Metaal vindt het jammer. 'We balen er ontzettend van dat we er met praten niet uitkomen. Maar de verschillen zijn te groot. Het is een grote cao met een groot uitstralingseffect op andere onderhandelingen. Volgende week beginnen de cao-gesprekken voor de grootmetaal.' Maandag 23 maart overleggen de bonden over het stukgelopen overleg en eventuele acties. Dat zullen waarschijnlijk niet direct stakingen zijn.

Loonsverhoging

Werkgevers boden een loonsverhoging van 1,35%, een jaar later gevolgd door een nieuwe verhoging van 1,45%. 'Dat lag te ver van ons af', zegt Van Stigt. Dat de verhoging pas in oktober 2015 zou ingaan, betekent volgens haar dat de werknemers nu een jaar op de nullijn zitten. Follon, onderhandelaar namens de werkgevers vindt het loonbod echter 'zeer verantwoord'.

Het is niet alleen het loon waarover de partijen het oneens blijven. Een ander onderdeel is het ouderenbeleid. De werkgevers willen een aanpassing van het aantal seniorendagen om de regeling houdbaar te maken voor de toekomst. Waar werknemers nu vanaf hun vijftigste jaar tot pensionering recht hebben op 112 extra vakantiedagen, willen de werkgevers dat terugschroeven naar 105 dagen vanaf hun 53e jaar. De bonden zijn het daar niet mee eens.

Sociaal akkoord

Ook over de regelingen voor jeugdige medewerkers, zeggenschap over werktijden en opleidingsmogelijkheden blijven de meningen verdeeld. 'De werkgevers hebben daarbij wel wat toezeggingen gedaan, maar tegelijkertijd veel spelregels gesteld. Ze willen zich niet met concrete plannen committeren aan de centrale afspraken in het sociaal akkoord', aldus de vakbondsvrouw.

De cao in de kleinmetaal, die officieel de cao Metaal en Techniek heet, geldt voor ruim 300.000 mensen. ∎

Bron: *Het Financieele Dagblad,* 20 maart 2015

Toelichting

De verschillen tussen de werknemers en de werkgevers hebben vooral betrekking op de regelingen voor de oudere en de jongere werknemers. Bij het cao-overleg moet de internationale concurrentiepositie van bedrijven die in Nederland zijn gevestigd niet over het hoofd worden gezien.

Verantwoordelijkheden en taakstelling

De taken die een organisatie wil uitvoeren, worden door het management over de verschillende medewerkers verdeeld. De taak die een medewerker krijgt opgedragen, moet nauwkeurig worden omschreven en er moet worden vastgelegd welke kosten hij of zij mag maken om de opgedragen taak uit te voeren. Degene die een specifieke taak krijgt toegewezen, is verantwoordelijk voor de uitvoering ervan.

Achteraf zullen de begrote arbeidskosten (voorcalculatie) en de werkelijke arbeidskosten (nacalculatie) met elkaar worden vergeleken. Nadat de verschillen tussen de voor- en nacalculatie zijn geanalyseerd, kunnen corrigerende (beleids)maatregelen worden getroffen. In hoofdstuk 7 gaan we hier verder op in.

4.8 Kosten van duurzame productiemiddelen

In deze paragraaf verdiepen we ons eerst in het begrip duurzaam productiemiddel. Vervolgens gaan we in op de economische en technische levensduur. We bespreken de geldswaarde van de werkeenheden. Daarna gaan we in op de wijzigingen in de economische levensduur en ten slotte behandelen we kort de directe- en indirecte-opbrengstwaarde.

4.8.1 Duurzaam productiemiddel

Duurzaam productiemiddel

Werkeenheden

Een duurzaam productiemiddel (dpm) is een productiemiddel dat meer dan één productieproces (langer dan één jaar) meegaat. Voorbeelden van duurzame productiemiddelen zijn gebouwen, machines, kantoormeubelen en computers. Een duurzaam productiemiddel kunnen we zien als een voorraad prestaties (voorraad werkeenheden). Als bijvoor-

beeld een taxibedrijf een nieuwe taxi koopt, krijgt het ineens de beschikking over een groot aantal kilometers (= voorraad werkeenheden). Door het gebruik van de taxi zal het aantal kilometers dat in de toekomst met de taxi kan worden gereden, afnemen. Met andere woorden, door het gebruik van het dpm neemt de voorraad werkeenheden af. Bij een machine zullen de voorraad werkeenheden en het verbruik berekend worden in machine-uren. De kosten in verband met het gebruik van een duurzaam productiemiddel maken deel uit van de kostprijs van het product. De kosten van het dpm berekenen we per werkeenheid en ze bestaan uit:
- complementaire kosten
- vermogenskosten
- afschrijvingskosten.

Complementaire kosten

Om een dpm te kunnen gebruiken, moeten er naast de kosten van het dpm zelf nog aanvullende kosten worden gemaakt. Dit noemen we complementaire kosten. Bij het gebruik van bijvoorbeeld een taxi bestaan de complementaire kosten uit het loon van de chauffeur, de brandstofkosten en de kosten van onderhoud en reparaties. In het algemeen geldt dat de complementaire kosten stijgen naarmate het dpm ouder wordt.

Vermogenskosten

Door de aanschaf van een dpm wordt door de onderneming een groot bedrag geïnvesteerd. Bij de berekening van de kosten van een werkeenheid moeten we rekening houden met de vermogenskosten over het gemiddeld in het dpm geïnvesteerde bedrag. Daarbij is het niet van belang of de investering is gefinancierd met eigen of vreemd vermogen.

Afschrijvingskosten

De gelduitgaven in verband met de aanschaf van duurzame productiemiddelen vinden plaats aan het begin van de levensduur van de duurzame activa. Denk hierbij bijvoorbeeld aan de aanschaf van de drukpers bij NoorderPrint. Een dpm wordt geruime tijd in de onderneming gebruikt. Tijdens de levensduur van het dpm neemt de waarde ervan af door het gebruik en/of door de tijd. Zo zal de waarde van een auto lager zijn naarmate hij ouder is en er meer kilometers mee zijn gereden. Het bedrag dat we ten laste van het resultaat brengen in verband met de waardedaling van duurzame productiemiddelen noemen we afschrijvingskosten. Voor de berekening van de kosten per werkeenheid verdelen we de totale waardedaling van het dpm over de totale productieomvang tijdens zijn levensduur. Daarvoor moeten we de levensduur van het dpm vaststellen.

4.8.2 Economische en technische levensduur

We maken onderscheid tussen de *technische* en *economische levensduur* van duurzame productiemiddelen.

De technische levensduur wordt onderscheiden in:
1 *Absolute technische levensduur*. Deze is bereikt op het moment waarop het dpm technisch niet meer in staat is producten voort te brengen.

Een taxi waarvan de carrosserie en de motor het begeven hebben, is rijp voor de sloop en niet meer in staat passagiers te vervoeren. Op dat moment is de absolute technische levensduur van de taxi bereikt.
2 *Relatieve technische levensduur.* Deze wordt bereikt op het moment waarop het dpm niet meer in staat is producten te maken in de gewenste hoeveelheid en/of kwaliteit. Een taxi van een jaar of tien oud kan nog wel passagiers vervoeren, maar het niveau van de dienstverlening voldoet waarschijnlijk niet meer aan de eisen die door het taxibedrijf én zijn cliënten worden gesteld. Voor deze taxi is dan de relatieve technische levensduur bereikt.

Voor de berekening van de afschrijvingskosten per werkeenheid is niet de technische maar de *economische levensduur* van belang. De waardedaling van het dpm verdelen we over de economische levensduur van het dpm. Na het verstrijken van de economische levensduur zal het dpm worden afgestoten. We geven de volgende definitie van economische levensduur.

Economische levensduur

> **De economische levensduur van een dpm is die levensduur waarbij de kosten per werkeenheid minimaal zijn.**

We gaan aan de hand van voorbeeld 4.8 de economische levensduur van een taxi van het taxibedrijf Limousine bepalen.

■ **Voorbeeld 4.8 Limousine**
Taxibedrijf Limousine is gespecialiseerd in het vervoer van bruidsparen en sterren uit de film- en muziekwereld. Daarvoor heeft zij een grote Amerikaanse limousine gekocht die met leer is uitgevoerd en voorzien van alle denkbare luxe zoals een tv, bar en computer met internetverbindingen. De nieuwe 'Amerikaan' heeft een aanschafwaarde van €120.000 en een technische levensduur van zeven jaar. Gedurende de technische levensduur van deze taxi verandert de aanschafprijs niet.

NB In voorbeeld 4.8 wordt geen rekening gehouden met de vermogenskosten over het gemiddeld geïnvesteerde vermogen.

Het verloop van de restwaarde gedurende de technische levensduur is in tabel 4.4 weergegeven:

Tabel 4.4 Verloop restwaarde

Aan het einde van jaar	Restwaarde
1	€ 90.000
2	€ 70.000
3	€ 60.000
4	€ 55.000
> 4	Daling van de restwaarde met €5.000 per jaar

De omvang van de complementaire kosten is:
- jaar 1 €61.000
- jaar 2 €62.000
- jaar 3 €63.000
- jaar 4 €64.000
- ieder volgend jaar toename met €2.000 per jaar.

Naarmate de taxi ouder wordt, zal meer tijd nodig zijn voor onderhoud en reparaties. Het aantal kilometers dat per jaar gereden kan worden (= werkeenheden) zal afnemen naarmate de taxi ouder wordt. Zie tabel 4.5.

Tabel 4.5 Verloop werkeenheden

Gedurende jaar	Aantal te rijden kilometers
1	40.000
2	40.000
3	37.000
4	33.000
5	28.000
6	25.000
7	22.000

Uitwerking
Bij de bepaling van de economische levensduur staat de onderneming voor de keuze de taxi één, twee of drie jaar enzovoort te gebruiken. Achtereenvolgens berekenen we voor iedere gebruiksduur de kosten per werkeenheid. De levensduur die leidt tot de laagste kosten per werkeenheid is de economische levensduur. Tabel 4.6 laat de kosten per werkeenheid zien.

Kosten per werkeenheid

Tabel 4.6 Kosten per werkeenheid

(1) Gebruiksduur	(2) Waardedaling (in euro's)	(3) Complementaire kosten (in euro's)	(4) Totale kosten (in euro's)	(5) Aantal werkeenheden	(6) Kosten per werkeenheid [1] (in euro's)
1 jaar	30.000	61.000	91.000	40.000	2,2750
t.e.m. jaar 2	50.000	123.000	173.000	80.000	2,1625
t.e.m. jaar 3	60.000	186.000	246.000	117.000	2,1026
t.e.m. jaar 4	65.000	250.000	315.000	150.000	2,1000
t.e.m. jaar 5	70.000	316.000	386.000	178.000	2,1685
t.e.m. jaar 6	75.000	384.000	459.000	203.000	2,2611
t.e.m. jaar 7	80.000	454.000	534.000	225.000	2,3733

1 Kosten per werkeenheid = $\dfrac{\text{Totale kosten (kolom 4)}}{\text{Aantal werkeenheden (kolom 5)}}$

Toelichting
Een gebruiksduur van twee jaar betekent dat het dpm gedurende jaar 1 en jaar 2 wordt gebruikt. In dit geval moeten de waardedaling, de complementaire kosten en de productie gedurende jaar 1 en jaar 2 in de berekening van de kostprijs worden opgenomen.
Waardedaling gedurende de eerste twee jaar = € 120.000 − €70.000 = €50.000
Complementaire kosten: €61.000 + €62.000 = €123.000
Totale productie: 40.000 km + 40.000 km = 80.000 km

Voor een gebruiksduur van drie jaar geldt:
Waardedaling: €120.000 − €60.000 = €60.000
Complementaire kosten: €61.000 + €62.000 + €63.000 = €186.000
Totale productie: 40.000 km + 40.000 km + 37.000 km = 117.000 km

Voor de overige gebruiksduren voeren we de berekeningen op dezelfde wijze uit.

Uit de berekening in tabel 4.6 blijkt dat de economische levensduur vier jaar is. Als de taxi vier jaar in gebruik blijft, zijn de kosten per kilometer het laagst (€2,10). Dit is tevens de geschatte kostprijs per kilometer (= de waarde van één werkeenheid). Deze kostprijs is een gemiddelde kostprijs over vier jaar en geldt voor iedere kilometer die gedurende de economische levensduur met de taxi wordt gereden.

Deze berekening van de economische levensduur is gemaakt *voordat* de taxi in gebruik wordt genomen en is gebaseerd op een groot aantal geschatte gegevens, zoals:
- de waardedaling van de taxi;
- de omvang van de complementaire kosten;
- het aantal werkeenheden (kilometers) per jaar;
- de technische levensduur.

Omdat we bij de berekening van de economische levensduur uitgegaan zijn van schattingen, is de daarbij behorende kostprijs per werkeenheid (€2,10) zelf ook een schatting. In werkelijkheid kunnen de kosten per werkeenheid afwijken van deze vooraf berekende kostprijs per werkeenheid.

4.8.3 Geldswaarde van de werkeenheden

Geldswaarde van de werkeenheden

De kostprijs per werkeenheid die volgt uit de berekening van de economische levensduur, is opgebouwd uit complementaire kosten en afschrijvingskosten. Het positieve verschil tussen de geldswaarde van de werkeenheden (= aantal werkeenheden × kostprijs per werkeenheid) en de complementaire kosten is beschikbaar voor afschrijvingen. We illustreren dit met de gegevens van het taxibedrijf uit voorbeeld 4.8. Uit tabel 4.7 blijkt dat dit verschil alleen positief is voor de jaren 1 tot en met 4. Na het vierde jaar zijn de complementaire kosten steeds hoger dan de geldswaarde van de werkeenheden. Dan heeft voortzetting van de productie met behulp van het betreffende duurzame productiemiddel geen zin.

Tabel 4.7 Kosten per werkeenheid

Jaar	Geldswaarde van de werkeenheden (in euro's)	Complementaire kosten (in euro's)	Beschikbaar voor afschrijvingen (in euro's)
1	40.000 × €2,10 = 84.000	61.000	23.000
2	40.000 × €2,10 = 84.000	62.000	22.000
3	37.000 × €2,10 = 77.700	63.000	14.700
4	33.000 × €2,10 = 69.300	64.000	5.300
5	28.000 × €2,10 = 58.800	66.000	− 7.200
6	25.000 × €2,10 = 52.500	68.000	− 15.500
7	22.000 × €2,10 = 46.200	70.000	− 23.800

Gedurende de economische levensduur komt €23.000 + €22.000 + €14.700 + €5.300 = €65.000 beschikbaar voor afschrijvingen. Dit totaal is precies gelijk aan de waardedaling van de taxi gedurende de eerste vier gebruiksjaren.
Uit tabel 4.7 blijkt dat de economische levensduur wordt bereikt op het moment dat de complementaire kosten voor het eerst (en daarna blijvend) meer bedragen dan de geldswaarde van de productie.

Per gereden kilometer wordt een kostenvergoeding ontvangen van €2,10. Daarvan is €1,6667 (€250.000 : 150.000 km) een vergoeding voor de complementaire kosten en het restant (€0,4333) is een vergoeding voor de waardedaling van de taxi. De goederen- en geldstromen in verband met de in voorbeeld 4.8 beschreven taxi geven we nog eens weer voor de eerste vier gebruiksjaren (zie figuur 4.6).

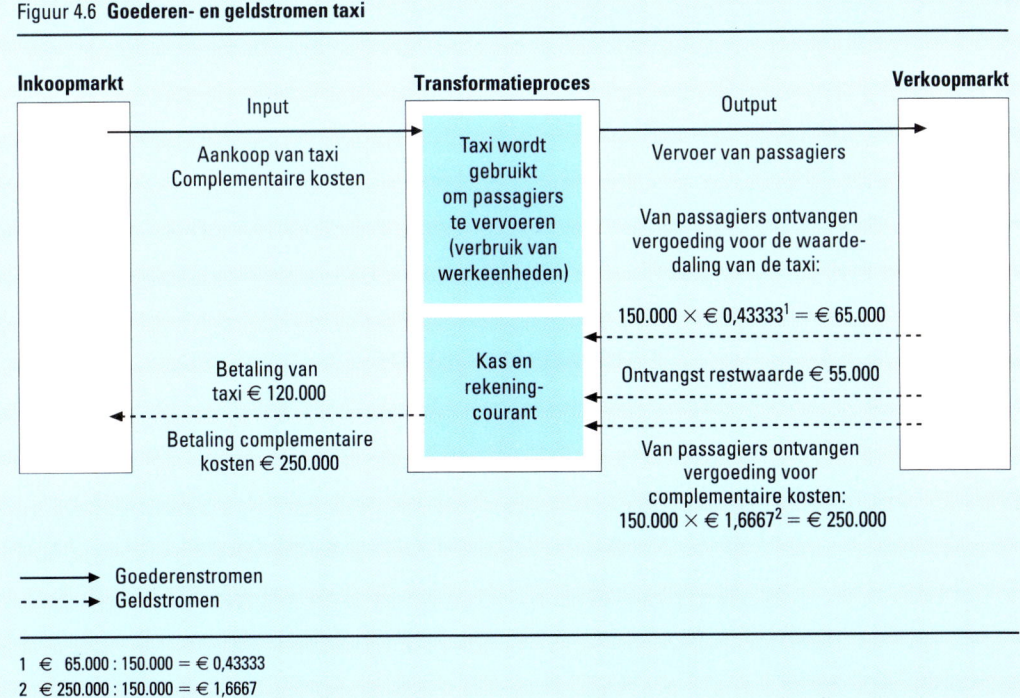

Figuur 4.6 Goederen- en geldstromen taxi

Inkoopmarkt	Transformatieproces		Verkoopmarkt
	Input	Output	
	Aankoop van taxi Complementaire kosten	Taxi wordt gebruikt om passagiers te vervoeren (verbruik van werkeenheden)	Vervoer van passagiers
			Van passagiers ontvangen vergoeding voor de waardedaling van de taxi: 150.000 × € 0,43333[1] = € 65.000
	Betaling van taxi € 120.000	Kas en rekeningcourant	Ontvangst restwaarde € 55.000
	Betaling complementaire kosten € 250.000		Van passagiers ontvangen vergoeding voor complementaire kosten: 150.000 × € 1,6667[2] = € 250.000

→ Goederenstromen
------> Geldstromen

1 € 65.000 : 150.000 = € 0,43333
2 € 250.000 : 150.000 = € 1,6667

Naarmate de levensduur van een dpm toeneemt, kunnen de complementaire kosten stijgen (bijvoorbeeld ten gevolge van hogere onderhoudskosten). Bovendien kan de geldswaarde van de productie afnemen (bijvoorbeeld door een afname van het aantal geleverde prestaties). Deze ontwikkelingen zijn in figuur 4.7 globaal weergegeven.

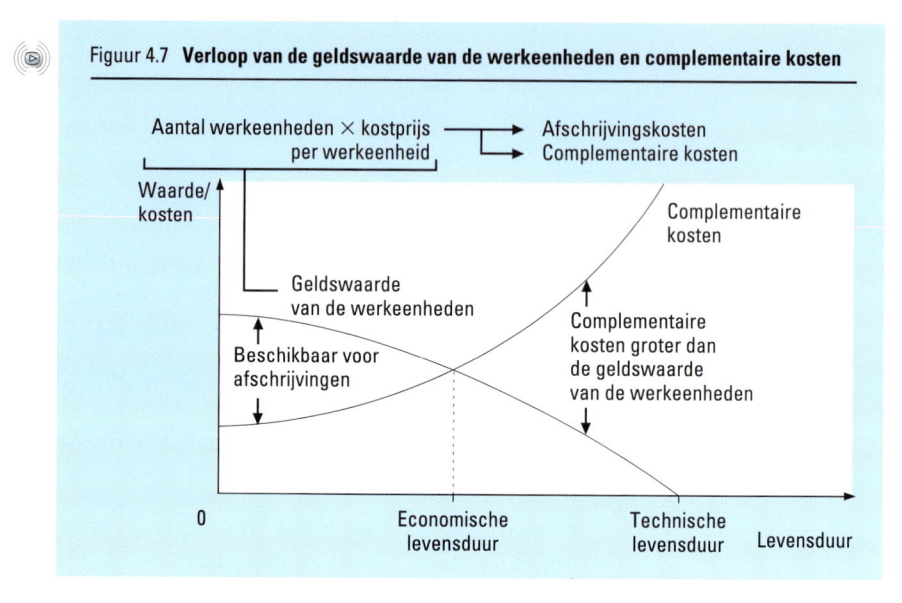

Figuur 4.7 **Verloop van de geldswaarde van de werkeenheden en complementaire kosten**

Ook uit de grafische weergave van figuur 4.7 blijkt, dat de economische levensduur wordt bereikt op het moment dat de complementaire kosten voor het eerst (en blijvend) meer bedragen dan de geldswaarde van de werkeenheden. Een duurzaam productiemiddel kan nooit langer worden gebruikt dan zijn technische levensduur. De economische levensduur is per definitie korter dan of gelijk aan de technische levensduur.

Tussenvraag 4.8
Geef aan welke gevolgen een verhoging van de vermogenskosten heeft voor:
a de kostprijs van een werkeenheid;
b de vergoeding die voor afschrijvingen beschikbaar komt.

4.8.4 Wijzigingen in de economische levensduur

In subparagraaf 4.8.2 hebben we de economische levensduur berekend *voordat het dpm in gebruik is genomen*. Bij deze berekeningen zijn we uitgegaan van een aantal geschatte gegevens. Tijdens het gebruik van het dpm kunnen er zich echter omstandigheden voordoen waardoor het voor de onderneming in financieel opzicht gunstiger is het dpm langer of korter te gebruiken dan de *vooraf berekende* economische levensduur. Als er een nieuw duurzaam productiemiddel op de markt komt met een lagere kostprijs per werkeenheid, dan geldt deze kostprijs ook voor de duurzame productiemiddelen die al in gebruik zijn. Dit leidt tot een daling van de geldswaarde van de werkeenheden van de oude duurzame productiemiddelen en – als alle overige factoren gelijk blijven – tot een verkorting van de economische levensduur. In figuur 4.7 komt de lijn die de geldswaarde van de werkeenheden weergeeft lager te liggen, waardoor de economische levensduur korter wordt.

4.8.5 Directe en indirecte opbrengstwaarde

Indirecte opbrengstwaarde

De economische levensduur van een dpm dat al in gebruik is, kunnen we ook op een andere manier vaststellen. Daarbij gaan we de directe opbrengstwaarde en de indirecte opbrengstwaarde met elkaar vergelijken. De indirecte opbrengstwaarde van een dpm is de nettowaarde van de werkeenheden van een dpm plus de restwaarde van het dpm. De directe opbrengstwaarde is de waarde van het dpm bij verkoop van het dpm op de tweedehandsmarkt. Op het moment dat de directe opbrengstwaarde meer bedraagt dan de indirecte opbrengstwaarde, wordt het dpm afgestoten en is de economische levensduur bereikt.

4.9 Afschrijvingsmethoden

Bij de bepaling van de economische levensduur is gebleken dat het verschil tussen de geldswaarde van de werkeenheden en de complementaire kosten een vergoeding is voor waardedaling (en vermogenskosten) van het dpm. In de boekhouding leggen we de waardedaling van het dpm vast (we schrijven af op het dpm). Deze waardedaling is meestal afhankelijk van het gebruik en/of de leeftijd van het dpm. Er zijn verschillende methoden om het bedrag aan jaarlijkse afschrijving te bepalen. De afschrijvingsmethode die een onderneming toepast, zou ertoe moeten leiden dat de daaruit voortvloeiende afschrijvings- en vermogenskosten in ieder jaar overeenkomen met het verschil tussen de geldswaarde van de werkeenheden en de complementaire kosten.

Het verloop van de geldswaarde van de werkeenheden en van de complementaire kosten is in figuur 4.8 voor twee situaties geschetst.

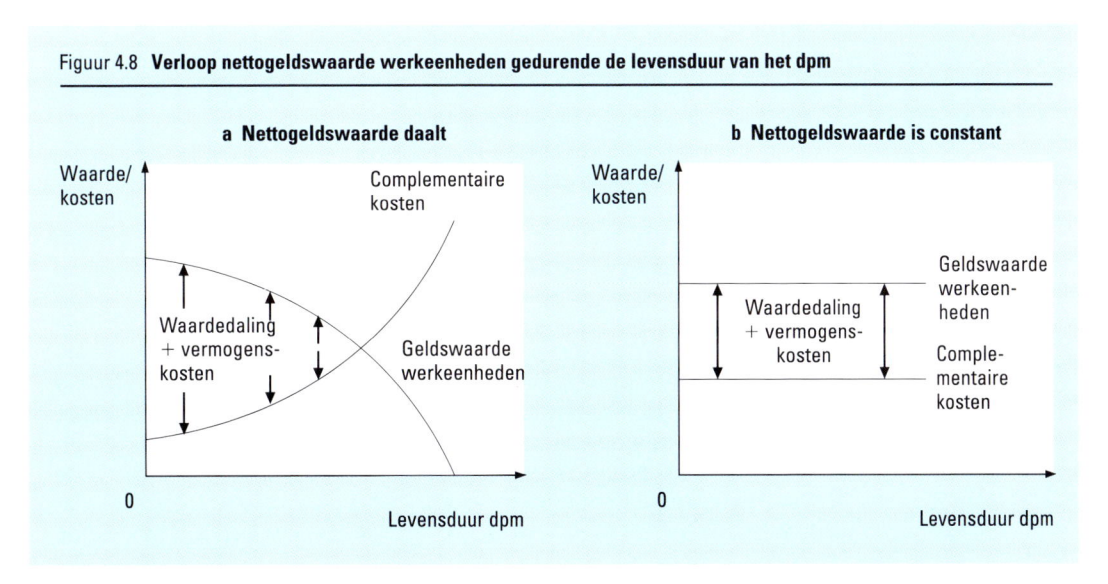

Figuur 4.8 Verloop nettogeldswaarde werkeenheden gedurende de levensduur van het dpm

Als de som van de waardedaling en complementaire kosten verloopt zoals in figuur 4.8a, dan moeten we een afschrijvingsmethode kiezen die ertoe leidt dat de som van de afschrijvingen en vermogenskosten afneemt naarmate de leeftijd van het dpm toeneemt.

Bij het verloop van de geldswaarde van de werkeenheden zoals in figuur 4.8b, past een afschrijvingsmethode die ertoe leidt dat de som van de afschrijvingen en vermogenskosten constant is gedurende de economische levensduur van het dpm.

Afschrijvings-methoden

De afschrijvingsmethoden die we bespreken, kunnen we onderverdelen in:
- afschrijvingsmethoden waarbij we de vermogenskosten afzonderlijk berekenen *nadat* de afschrijvingen zijn vastgesteld (afschrijven met een vast percentage van de aanschafwaarde en afschrijven met een vast percentage van de boekwaarde);
- afschrijvingsmethoden waarbij afschrijvings- en vermogenskosten *gelijktijdig* bepaald worden (annuïteitenmethode met gelijkblijvende annuïteiten).

4.9.1 Afschrijvingsmethoden waarbij we de vermogenskosten afzonderlijk berekenen nadat de afschrijvingen zijn vastgesteld

1 *Afschrijven met een vast percentage van de aanschafwaarde*

Voor afschrijving met een vast percentage van de aanschafwaarde gebruiken we de volgende formule:

$$\text{Afschrijvingspercentage per jaar } (p) = \frac{\frac{A-R}{n}}{A} \times 100\%$$

Hierin is:
A = aanschafwaarde
R = restwaarde aan einde economische levensduur
n = economische levensduur
p = afschrijvingspercentage per jaar

Bij deze methode schrijven we een vast bedrag per jaar af. Dit bedrag kunnen we ook berekenen door de totale waardedaling $(A - R)$ te delen door de economische levensduur (n).

2 *Afschrijven met een vast percentage van de boekwaarde*

Voor afschrijving met een vast percentage van de boekwaarde gebruiken we de volgende formule:

$$\text{Afschrijvingspercentage per jaar } (p) = \left[1 - \left(\frac{R}{A}\right)^{\frac{1}{n}}\right] \times 100\%$$

Deze afschrijvingsmethode leidt ertoe dat de afschrijvingen aan het begin van de economische levensduur hoger zijn dan aan het einde van de economische levensduur.

Als we afschrijven met een vast percentage van de boekwaarde geldt ook de volgende relatie: $A \times (1-a)^n = R$ (waarbij a de afschrijvingsquote is, bijvoorbeeld 0,40).
Als drie van de vier variabelen in deze relatie bekend zijn, kunnen we de vierde variabele op basis van deze relatie berekenen.

Aan de hand van voorbeeld 4.9 gaan we de jaarlijkse afschrijvingen van Compudata bv berekenen, zowel met een vast percentage van de aanschafwaarde als van de boekwaarde.

■ **Voorbeeld 4.9 Compudata bv**
Automatiseringsbedrijf Compudata bv heeft een nieuwe computer gekocht met een aanschafwaarde van €100.000. De economische levensduur van deze computer is vier jaar. Aan het einde van de economische levensduur bedraagt de restwaarde €13.000.

Wat zijn de jaarlijkse afschrijvingen als afgeschreven wordt met
a een vast percentage van de aanschafwaarde?
b een vast percentage van de boekwaarde?

Uitwerking

a *Een vast percentage van de aanschafwaarde*

$$\text{Afschrijving per jaar} = \frac{€100.000 - €13.000}{4} = €21.750$$

Het afschrijvingspercentage bedraagt 21,75% van de aanschafwaarde. Dit percentage volgt ook uit de formule:

$$\frac{\frac{A-R}{n}}{A} \times 100\% = \frac{\frac{€100.000 - €13.000}{4}}{€100.000} \times 100\% = 21,75\%$$

b *Een vast percentage van de boekwaarde*

Om het afschrijvingspercentage te berekenen, kunnen we de volgende formule gebruiken:

$$\text{Afschrijvingspercentage per jaar } (p) = \left[1 - \left(\frac{R}{A}\right)^{\frac{1}{n}}\right] \times 100\%$$

$$= \left[1 - \left(\frac{€13.000}{€100.000}\right)^{\frac{1}{4}}\right] \times 100\% = (1 - 0,13^{0,25}) \times 100\% = 40\%$$

Dit resultaat krijgen we ook als we de formule $A \times (1-a)^n = R$ gebruiken. Dan geldt:
$$€100.000 \times (1-a)^4 = €13.000 \rightarrow (1-a)^4 = \frac{€13.000}{€100.000} \rightarrow (1-a)^4 = 0,13$$

$(1-a) = 0,13^{1/4 = 0,25} = 0,60 \rightarrow a = 0,40 \; (= 40\%)$

Tabel 4.8 geeft nu een goed overzicht van de afschrijvingen met een vast percentage van de boekwaarde.

Tabel 4.8 Afschrijven met een vast percentage van de boekwaarde (bedragen in euro's)

Jaar	Boekwaarde aan *begin* van het jaar	Afschrijving	Boekwaarde aan *einde* van het jaar
1	100.000	0,4 × 100.000 = 40.000	100.000 − 40.000 = 60.000
2	60.000	0,4 × 60.000 = 24.000	60.000 − 24.000 = 36.000
3	36.000	0,4 × 36.000 = 14.400	36.000 − 14.400 = 21.600
4	21.600	0,4 × 21.600 = 8.640	21.600 − 8.640 = 12.960

Door de afronding van het afschrijvingspercentage wijkt de boekwaarde aan het einde van het vierde jaar €40 af van de restwaarde.

Nadat we de afschrijvingsbedragen en de boekwaarden vastgesteld hebben, kunnen we de jaarlijkse vermogenskosten berekenen. Stel dat we rekening houden met 10% vermogenskosten over het gemiddeld *in een jaar* geïnvesteerde vermogen. Voor voorbeeld 4.9, waarbij afgeschreven wordt met een vast percentage van de boekwaarde, kunnen we op basis van tabel 4.8 de jaarlijkse vermogenskosten berekenen. Hierbij veronderstellen we dat de jaarlijkse vergoedingen voor afschrijvingen gelijkmatig over het jaar, door de verkoop van producten, worden ontvangen.

$$\text{Jaar 1} = \frac{€100.000 + €60.000}{2} \times 0,1 = €8.000$$

$$\text{Jaar 2} = \frac{€60.000 + €36.000}{2} \times 0,1 = €4.800$$

$$\text{Jaar 3} = \frac{€36.000 + €21.600}{2} \times 0,1 = €2.880$$

$$\text{Jaar 4} = \frac{€21.600 + €12.960}{2} \times 0,1 = €1.728$$

4.9.2 Afschrijvingsmethoden waarbij afschrijvings- en vermogenskosten gelijktijdig worden bepaald

Annuïteit

De annuïteitenmethode met gelijkblijvende annuïteiten leidt tot een vast bedrag voor afschrijvingen en vermogenskosten per jaar. Deze (jaarlijkse) gelijkblijvende annuïteit moet precies voldoende zijn om de waardedaling tijdens de economische levensduur en de vermogenskosten (over de boekwaarde aan het begin van ieder jaar) te dekken.
Naarmate de levensduur van een dpm toeneemt, neemt de boekwaarde af. Hierdoor neemt het deel vermogenskosten binnen de annuïteit af, naarmate het dpm ouder wordt. Omdat de annuïteit gelijk blijft, nemen de afschrijvingen toe naarmate de levensduur van het dpm verstrijkt. De verdeling van de annuïteit in vermogenskosten en afschrijvingen geven we in figuur 4.9 globaal weer voor een dpm met een economische levensduur van tien jaar.

Figuur 4.9 **Verdeling van de annuïteit in afschrijvingen en vermogenskosten**

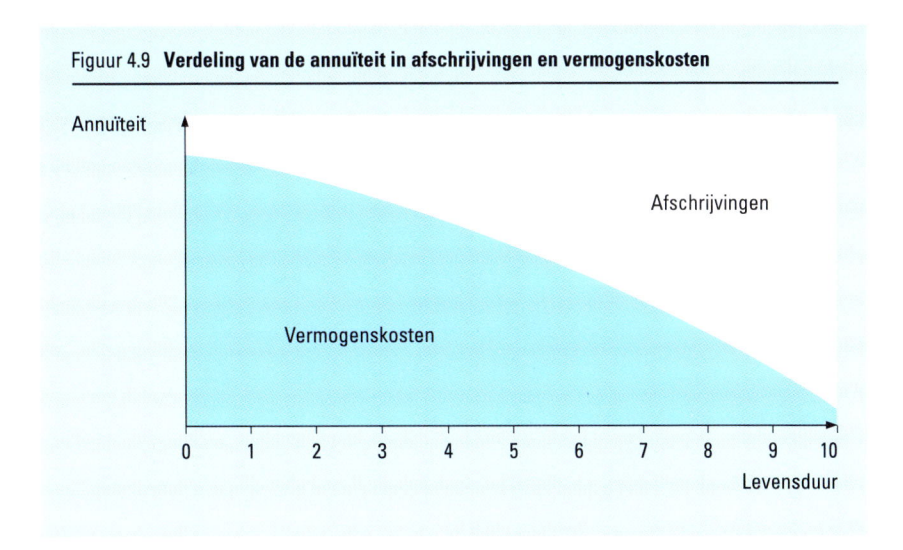

■ Voorbeeld 4.10 Agassi bv

Voor de productie van tennisballen maakt onderneming Agassi bv onder andere gebruik van een machine met een economische levensduur van vier jaar. De aanschafwaarde van deze machine bedraagt €80.000. De restwaarde aan het einde van de economische levensduur is nihil. Omdat de productie met deze machine in alle jaren gelijk is, wordt besloten ieder jaar een gelijk bedrag voor afschrijvingen plus vermogenskosten door te berekenen. De vermogenskosten bedragen 7% over de boekwaarde aan het begin van het jaar.

Stel het afschrijvingsplan voor deze machine op.

Uitwerking
De gelijkblijvende annuïteit bedraagt €23.618,25 per jaar.

De annuïteit wordt berekend met behulp van de formule:

$$\text{Annuïteit} = K \times \frac{i(1+i)^n}{(1+i)^n - 1} = €80.000 \times \frac{0,07(1+0,07)^4}{(1+0,07)^4 - 1} = €23.618,25$$

K = aanschafwaarde (als restwaarde nihil is) = €80.000
i = vermogenskosten (7 % = 0,07)
n = economische levensduur (4)

Op basis van deze annuïteit kunnen we het afschrijvingsplan voor deze machine opstellen. De berekeningen zijn in de tabellen 4.9 en 4.10 weergegeven.

Uit tabel 4.10 blijkt dat, als we op basis van gelijkblijvende annuïteiten afschrijven, de afschrijvingen toenemen naarmate de levensduur toeneemt. In de praktijk zal de waarde van een duurzaam productiemiddel in de beginjaren sterk dalen en in latere jaren in geringere mate afnemen. In dat geval verdient een afschrijvingsmethode waarbij in het begin veel en later weinig wordt afgeschreven, de voorkeur. De methode waarbij met een vast percentage van de boekwaarde wordt afgeschreven, voldoet daaraan.

Tabel 4.9 Berekening van de boekwaarden (bedragen in euro's)

(1) Jaar	(2) Boekwaarde aan het *begin* van het jaar	(3) Vermogenskosten (zie tabel 4.10)	(4) Afschrijvingen (zie tabel 4.10)	(5) = (2) − (4) Boekwaarde aan het *eind* van het jaar
1	80.000,00	5.600,00	18.018,25	61.981,75
2	61.981,75	4.338,72	19.279,53	42.702,22
3	42.702,22	2.989,16	20.629,09	22.073,13
4	22.073,13	1.545,12	22.073,13	0,00

Annuïteit is (3) + (4) = €23.618,25

Tabel 4.10 Overzicht van de vermogenskosten en afschrijvingen (bedragen in euro's)

Jaar	0,07 × boekwaarde = vermogenskosten	Annuïteit − vermogenskosten = afschrijvingen	
1	0,07 × 80.000,00 = 5.600,00	23.618,25 − 5.600,00	= 18.018,25
2	0,07 × 61.981,75 = 4.338,72	23.618,25 − 4.338,72	= 19.279,53
3	0,07 × 42.702,22 = 2.989,16	23.618,25 − 2.989,16	= 20.629,09
4	0,07 × 22.073,13 = 1.545,12	23.618,25 − 1.545,12	= 22.073,13
Totaal	14.473,00		80.000,00

4.10 Kosten van grond

Evenals gebouwen en machines behoort grond tot de duurzame productiemiddelen. De kosten in verband met grond bespreken we apart omdat deze een aantal bijzondere kenmerken hebben. Het duurzaam productiemiddel grond kan binnen een onderneming verschillende functies vervullen, zoals:
1 vestigingsplaats van de onderneming;
2 leverancier van agrarische producten;
3 een voorraad delfstoffen, die ontgonnen kan worden.

Op deze punten gaan we hierna nader in. Ook bespreken we kort de vermogenskosten in verband met grond en de huur van grond.

4.10.1 Grond als vestigingsplaats

De waarde van de grond zal in het algemeen niet afnemen als de grond als vestigingsplaats wordt gebruikt. Omdat de waarde van de grond niet achteruitgaat door het gebruik en/of het verloop van de tijd, treedt geen *technische slijtage* op. De grond wordt in deze situatie gezien als een eeuwigdurend productiemiddel, waarop vanuit bedrijfseconomisch oogpunt niet hoeft te worden afgeschreven.

In situaties waarin erfverharding op de grond is aangebracht, wordt deze gerekend tot de actiefpost Grond op de balans. Voor zover bij de erfverharding technische slijtage optreedt, moet op de grond wel worden afgeschreven.

Naast technische slijtage kan er sprake zijn van *economische slijtage*. Deze treedt op als de waarde van de grond afneemt door economische factoren. Als bijvoorbeeld door een verandering in het bestemmingsplan de ligging van de grond ongunstiger wordt, moet op de grond worden afgeschreven. Het kan natuurlijk ook voorkomen dat de grond in waarde stijgt. In dat geval zal er een herwaardering van de grond kunnen plaatsvinden.

We merken op dat de bedrijfseconomische maatstaven om af te schrijven of te herwaarderen kunnen afwijken van de fiscale regels.

4.10.2 Grond als leverancier van agrarische producten

In de land- en tuinbouw dient de grond als voedingsbodem voor gewassen. Als een juiste afwisseling plaatsvindt van de te verbouwen gewassen zal de vruchtbaarheid van de grond niet afnemen, zodat geen afschrijvingen op de grond noodzakelijk zijn.

Wel kan het voorkomen dat er grondverbeteringen aangebracht moeten worden, zoals het aanbrengen van een drainagesysteem. De waardedaling van het drainagesysteem die het gevolg is van technische slijtage, wordt als (afschrijvings)kosten van de grond aangemerkt.

4.10.3 Grond als een voorraad delfstoffen

Kolenmijnen en olie- en aardgasvelden zijn voorbeelden van grond als voorraad delfstoffen. Door de winning van deze delfstoffen wordt de grond minder waard, wat tot afschrijvingskosten leidt. De waarde van de voorraden delfstoffen die zich nog in de grond bevinden, is in de praktijk moeilijk vast te stellen.

4.10.4 Vermogenskosten in verband met grond

Ook in situaties waarin er geen technische of economische slijtage van de grond optreedt, zijn er kosten aan grond verbonden. Als de grond in eigendom is verkregen, leidt de aanschaf van grond tot een vastlegging van eigen en/of vreemd vermogen en dus tot *vermogenskosten*. Bij de berekening van de vermogenskosten moeten we niet uitgaan van de werkelijk betaalde prijs maar van de vervangingswaarde van de grond.

4.10.5 Huur van grond

Als grond wordt gehuurd (gepacht), kunnen we de te betalen pacht als kosten van de grond beschouwen. Als in de pacht echter ook vergoedingen voor bijvoorbeeld bedrijfsgebouwen zijn opgenomen, moeten we de pachtsom splitsen in kosten van de grond en kosten van gebouwen.

4.11 Kosten van diensten van derden

Een onderneming legt zich meestal toe op het voortbrengen van een bepaald soort product of dienst. In veel gevallen is de onderneming niet in staat alle werkzaamheden die verricht moeten worden, zelf uit te voeren. Op sommige gebieden mist de onderneming hiervoor de deskundigheid. Als de managers van een onderneming bijvoorbeeld over onvoldoende kennis beschikken om bepaalde juridische kwesties op te lossen, kunnen zij de hulp inroepen van juristen en/of advocaten. Voor andere problemen kan een onderneming gebruikmaken van de diensten van accountants, notarissen en/of makelaars. De kosten die verband houden met werkzaamheden die door derden ten behoeve van de onderneming worden gemaakt, zijn *kosten van diensten van derden*. Voor ondernemingen die bijvoorbeeld het beheer van de bedrijfskantine, de beveiliging en de schoonmaak van de bedrijfsgebouwen hebben uitbesteed, behoren de kosten ervan tot de kostensoort *diensten van derden*.

Kosten van diensten van derden

Outsourcing

Het uitbesteden van werk, dat ook wel outsourcing wordt genoemd, beperkt zich echter niet tot de hiervoor genoemde gebieden. De laatste jaren hebben veel bedrijven hun ICT-werkzaamheden uitbesteed aan specialisten. Door bepaalde activiteiten uit te besteden (te outsourcen) kunnen bedrijven sneller op veranderingen in de markt reageren en gebruikmaken van specialistische kennis. Deze argumenten worden ook in het volgende artikel ('E.ON besteedt ICT uit aan HP en T-Systems') gebruikt.

E.ON besteedt ICT uit aan HP en T-Systems

De Duitse energieleverancier E.on besteedt een groot deel van zijn ict-activiteiten uit aan HP en T-Systems. HP wordt verantwoordelijk voor de datacentra en het werkplekbeheer, T-Systems krijgt de verantwoordelijkheid over de netwerk- en telecommunicatiediensten. Ruim 1400 medewerkers van E.on IT stappen over, de meesten naar HP. Op 9 december 2010 wordt het definitieve miljardencontract getekend.

E.on is een internationaal opererend energieconcern (dertig landen, 88.000 werknemers en in 2009 een omzet van 82 miljard euro). Het bedrijf is ook in Nederland actief (achthonderd medewerkers met een hoofdkantoor in Rotterdam). Volgens directielid Marcus Schenck opereert E.on in een zeer competitieve markt en moet het zo kostenefficiënt mogelijk opereren. Daarnaast wil het beschikken over een flexibele ict-infrastructuur waarmee het snel wil kunnen inspelen op commerciële ontwikkelingen. Door de ict-uitvoering onder te brengen bij specialisten verwacht het energieconcern deze doelstellingen te realiseren.

De uitbesteding is onderdeel van een groter programma om de kosten terug te dringen en de organisatie te stroomlijnen. De ict-activiteiten die op de een of andere manier te maken hebben met veiligheid blijven overigens in huis, bij E.on IT. De automatiseringsdivisie krijgt ook de rol van regiepartner. De 1400 werknemers gaan in het voorjaar over naar de it-partners.

Anonieme bronnen
Voor T-Systems is de op handen zijnde overeenkomst het eerste grote contract op de Europese energiemarkt. Contractwaarden zijn niet bekendgemaakt, maar volgens anonieme bronnen die de Frankfurter Allgemeine Zeitung raadpleegde, zou het gaan om een vijfjarig contract met een totale waarde van drie miljard euro. Daarvan zou het HP-deel twee miljard waard zijn, en dat van T-Systems één miljard. ∎

Bron: www.computable.nl

4.12 Kosten van belastingen

Belastingen kunnen we verdelen in:
1 belastingen die de kostprijs van een product verhogen (kostprijsverhogende belastingen);
2 belasting over de toegevoegde waarde (btw);
3 belastingen over de winst.

Ad 1 Kostprijsverhogende belastingen
Zoals de naam al aangeeft, worden de kosten van kostprijsverhogende belastingen opgenomen in de kostprijs van het product. Tot de kostprijsverhogende belastingen behoren bijvoorbeeld motorrijtuigenbelasting, rioolbelasting, milieuheffingen, accijnzen en onroerendezaakbelasting.

Ad 2 Belasting toegevoegde waarde (btw)

Btw

De meeste ondernemingen zijn verplicht een bepaald percentage belasting over de verkoopprijs exclusief btw aan hun afnemers in rekening te brengen. De btw die een onderneming heeft betaald aan de leverancier, kan zij terugvorderen van de fiscus en leidt daarom niet tot een hogere kostprijs van het product.
Voorbeeld 4.11 is een praktijkvoorbeeld van de berekening van de btw in schoenwinkel Marcello.

■ Voorbeeld 4.11 Marcello
Schoenwinkel Marcello koopt een paar exclusieve Italiaanse schoenen in van de groothandel voor €80 (exclusief btw). Dit paar schoenen verkoopt Marcello aan de consument voor €150 (exclusief btw). Over schoenen wordt 21% btw berekend.

Bereken de btw in schoenwinkel Marcello.

Uitwerking
Schoenwinkel Marcello betaalt voor deze schoenen €80 + €16,80 btw = €96,80 aan de groothandel en ontvangt van de consument €150 + €31,50 btw = €181,50. Voor deze winkelier geldt:

Aan de fiscus te betalen btw	€ 31,50
Van de fiscus terug te vorderen btw	€ 16,80
Aan de fiscus af te dragen btw	€ 14,70

De door schoenwinkel Marcello af te dragen btw komt overeen met 21% van de waarde, die door de winkelier is toegevoegd [$0,21 \times$ (€150 − €80) = €14,70].
De winkelier kan de door hem betaalde btw van de fiscus terugvorderen. De betaling van btw leidt niet tot een verhoging van de kostprijs van de schoenen. Wel wordt door de btw de verkoopprijs die de consument moet betalen, hoger.

Sommige ondernemingen zijn vrijgesteld van het in rekening brengen van de btw. Dit heeft tot gevolg dat de btw, die door deze ondernemingen betaald is aan de leveranciers, niet van de fiscus teruggevorderd kan worden. In deze gevallen heeft de btw wel het karakter van een kostprijsverhogende belasting.

Tussenvraag 4.9
Geef twee voorbeelden van organisaties waarvoor de betaalde btw kosten vormt.

Ad 3 Belastingen over de winst
De winst van een onderneming wordt bij bepaalde rechtspersonen, zoals nv, bv, coöperatieve vereniging, stichting en vereniging (deze laatste twee alleen voor zover ze een onderneming drijven), belast met *vennootschapsbelasting* en bij natuurlijke personen (eenmanszaak, vennootschap onder firma) met *inkomstenbelasting*. Omdat deze belastingen worden geheven over de winst (= opbrengsten – kosten) zijn het geen kostprijsverhogende belastingen.
Vennootschapsbelasting en inkomstenbelasting worden geheven over de *fiscale winst*. De fiscale winst zal vaak afwijken van de bedrijfseconomische winst. Deze afwijkingen kunnen ontstaan door de volgende oorzaken:
- Bij de bedrijfseconomische winstberekening worden de vermogenskosten van het eigen vermogen als kosten aangemerkt. Fiscaal mogen deze vermogenskosten echter niet als kosten worden beschouwd.
- Bij de bedrijfseconomische winstberekening kan men uitgaan van actuele waarden, terwijl de fiscale winst wordt berekend op basis van historische kosten. Hierdoor kunnen er onder andere verschillen optreden tussen de bedrijfseconomische afschrijvingen en de fiscale afschrijvingen. In tijden van prijsstijging zal de bedrijfseconomische winst daardoor lager zijn dan de fiscale winst.

4.13 Kosten van vermogen

Voor de uitoefening van haar functie heeft een onderneming de beschikking over een groot aantal activa, zoals grond, gebouwen, voorraden grondstoffen en debiteuren. Deze activa worden gefinancierd met eigen en/of vreemd vermogen. De verschaffers van het eigen en vreemd vermogen wensen van de onderneming een vergoeding voor het beschikbaar gestelde vermogen. Deze vergoedingen noemen we **Vermogenskosten** *vermogenskosten* en moeten in de kostprijs van een product worden opgenomen.
Ondernemingen berekenen de aan de verschaffers van vreemd vermogen betaalde interest door in de kostprijs van een product. Daarin moet ook een vergoeding worden opgenomen voor de vermogenskosten van het eigen vermogen. De verschaffers van eigen vermogen hadden de mogelijkheid (opportunity) het door hen beschikbaar gestelde bedrag buiten de onderneming te beleggen en daarvoor een vergoeding te ontvangen. In plaats daarvan eisen de verschaffers van het eigen vermogen nu een vergoeding van de onderneming waaraan zij het eigen vermogen beschikbaar hebben gesteld. De vermogenskosten van het eigen vermogen zijn daarom gelijk aan de opbrengsten die de **Opportunity costs** verschaffers van het eigen vermogen mislopen (opportunity costs) doordat zij het beschikbaar gestelde eigen vermogen niet buiten de onderneming hebben belegd.

Voor de berekening van de vermogenskosten gaat men uit van de vermogensbehoefte die veroorzaakt wordt door de rationele capaciteit. Bovendien moet er op rationele wijze in deze vermogensbehoefte worden voorzien. Alleen de vermogenskosten die verband houden met de rationele capaciteit en een rationele financiering daarvan, mogen in de kostprijs worden opgenomen. Vermogenskosten die het gevolg zijn van ondoelmatigheid in de bedrijfsvoering (zoals te hoge voorraden grondstoffen en irrationele overcapaciteit) zijn verspillingen en worden niet in de kostprijs van het product opgenomen. De kosten die daarmee verband houden, komen rechtstreeks ten laste van de winst- en verliesrekening.

In tegenstelling tot de *bedrijfseconomische* berekening van de vermogenskosten mogen voor de *fiscale* winstberekening de vermogenskosten van het eigen vermogen niet als kosten worden beschouwd. Voor de fiscale winstberekening kan alleen de *werkelijk betaalde* interest over het vreemde vermogen als vermogenskosten worden opgenomen.

Onzelfstandige kostensoort

De kostensoort *kosten van vermogen* noemen we ook wel een onzelfstandige kostensoort. Hiermee bedoelen we dat er vermogen in activa moet zijn vastgelegd voordat er sprake kan zijn van vermogenskosten. Met andere woorden: als er geen activa zijn, is er geen vermogen vastgelegd en zijn er geen vermogenskosten. De overige kostensoorten zijn zelfstandige kostensoorten.

Zelfstandige kostensoorten

In tabel 4.11 geven we nog een overzicht van de belangrijkste kosten die NoorderPrint heeft bij het drukken van tijdschriften.

Tabel 4.11 Kostensoorten en kosten bij NoorderPrint

Kostensoort	Voorbeelden
Kosten van grond- en hulpstoffen	Papier, inkt, chemicaliën, platen, rubberdoeken en alcohol
Kosten van arbeid	Loon, sociale lasten, uitzendkrachten en kosten in verband met arbo zoals heftafels (voor stapelen), verstelbare bureaus, grote beeldschermen, afzuiginstallaties voor stof, palletheffers en aparte rookruimten
Kosten van duurzame productiemiddelen	Afschrijvingen en onderhoud drukpersen, energiekosten, vermogenskosten en verzekeringen. Afschrijving en onderhoud van bedrijfsgebouwen
Kosten van grond	Vermogenskosten
Kosten van diensten van derden	Schoonmaakdiensten, koeriersdiensten, transport en accountantskosten
Kosten van belastingen	Heffingen voor drinkwater en rioolrechten, onroerendezaakbelasting
Kosten van vermogen	Calculatorische rente = gewenst rendement over investeringen, waarbij wordt uitgegaan van het gemiddeld geïnvesteerde totaal vermogen

Ton Harmsma licht toe op welke wijze NoorderPrint haar kosten bewaakt:
'We vergelijken maandelijks de werkelijke kosten met de gebudgetteerde kosten en berekenen en analyseren de verschillen. De analyses bespreken we met de direct verantwoordelijken en we stellen maatregelen voor als er kostenoverschrijdingen zijn.
Het grootste gedeelte van de kosten van NoorderPrint bestaat uit de kosten van grond- en hulpstoffen en van arbeid. De eerste verantwoordelijkheid voor deze kosten ligt bij de afdelingschef. Om de afdelingschefs te *informeren* verstrekt de controller uitgebreide rapportages aan de chefs over het aantal werknemers en uitzendkrachten in relatie tot de bezetting.
Met de leveranciers van diensten sluiten we contracten af, die we jaarlijks tegen het licht houden door de kosten ervan en de geleverde prestaties met elkaar te vergelijken. We krijgen dan een beter inzicht in de kwaliteit-prijsverhouding en besluiten op basis daarvan eventueel de contracten aan te passen of op te zeggen.
Een andere belangrijke stuurvariabele is het gemiddeld rendement op het geïnvesteerde vermogen. De resultaten van NoorderPrint moeten op een zodanig niveau liggen dat daaruit minimaal de vergoedingen die de verschaffers van eigen en vreemd vermogen eisen, betaald kunnen worden.'

In hoofdstuk 7 gaan we nader in op de budgettering van organisaties en op de analyse van de verschillen tussen gebudgetteerde kosten en werkelijke kosten.

Samenvatting

Management accounting houdt zich bezig met de informatieverschaffing aan de leidinggevenden binnen een organisatie. Zij gebruiken deze informatie om beslissingen te nemen en de organisatie te sturen. Daarom noemen we deze informatie ook wel stuurinformatie.
Bij het besturen van organisaties spelen de begrippen gelduitgaven, geldontvangsten, kosten en opbrengsten een belangrijke rol. Kosten zijn de gelduitgaven (voor productiemiddelen) die zijn toegerekend aan bepaalde perioden, afdelingen of producten. Er bestaat een verband tussen gelduitgaven en kosten. Toch leidt een uitgave in een bepaalde periode niet altijd tot hetzelfde bedrag aan kosten in diezelfde periode.
De wijze waarop de kosten worden vastgesteld, is afhankelijk van het doel waarvoor de kosten worden berekend. Dit heeft tot gevolg dat de kosten op verschillende manieren kunnen worden ingedeeld en berekend (different costs for different purposes).
Alle kosten die verband houden met een bepaald soort productiemiddel, vormen een kostensoort. De kostensoorten bestaan uit kosten van grond- en hulpstoffen, kosten van arbeid, kosten van duurzame productiemiddelen, kosten van grond, kosten van diensten van derden, kosten van belastingen en kosten van vermogen. Iedere kostensoort heeft zijn bijzondere kenmerken bij de kostentoerekening.

De kosten van afval en uitval rekenen we tot de kosten van grond- en hulpstoffen. Bij de voorraadkosten speelt de afweging tussen bestelkosten en opslagkosten een rol.

De beloningen van de werknemers kunnen de vorm hebben van stukloon, tijdloon, premieloonstelsels of systemen waarbij de werknemer een extra beloning krijgt als een bijzondere prestatie is geleverd.

Personeel is een belangrijke productiefactor. Bij het berekenen van de kosten van arbeid moet onder meer rekening worden gehouden met de kosten ten gevolge van ziekteverzuim, overwerk, verlofdagen, eindejaarsuitkering en dergelijke.

De kosten van duurzame productiemiddelen zijn onderverdeeld in complementaire kosten, vermogenskosten en afschrijvingskosten. Een bijzonder probleem bij het gebruik van duurzame productiemiddelen is de bepaling van de economische levensduur. De economische levensduur is die levensduur van het duurzaam productiemiddel waarbij de kosten per eenheid product minimaal zijn. De afschrijvingskosten in verband met duurzame productiemiddelen kan men onder andere berekenen door af te schrijven met een vast percentage van de aanschafwaarde of van de boekwaarde of door middel van de annuïteitenmethode.

De kosten van grond houden verband met grond als vestigingsplaats, als leverancier van agrarische producten en als voorraad delfstoffen.

Ondernemingen maken in toenemende mate gebruik van diensten van derden. Tot deze kostensoort behoren onder andere de kosten van de exploitatie van de bedrijfskantine, de schoonmaakkosten en beveiligingskosten als deze taken aan een derde zijn uitbesteed.

De belastingen zijn onderverdeeld in kostprijsverhogende belastingen, belasting over de toegevoegde waarde en belastingen over de winst. De kosten van vermogen bestaan uit de interestkosten over het vreemd vermogen en de kosten van het eigen vermogen.

Begrippenlijst

Afschrijving	Boekhoudkundige registratie van de waardedaling van een duurzaam productiemiddel.
Annuïteit	Bedrag bestaande uit afschrijvingen (of aflossing) en vermogenskosten (of interest).
Arbeidsproductiviteit per werknemer	Totale toegevoegde waarde van de onderneming: aantal werknemers van de onderneming.
Beschikbare uren	Het aantal uren dat een medewerker in principe voor de organisatie beschikbaar is.
Bestelgrootte	De hoeveelheid goederen (grondstoffen, halffabricaten) die per bestelling worden besteld.
Boekwaarde	Waarde van een productiemiddel, zoals die blijkt uit de balans van een onderneming.
Bonus	Extra uitbetaling aan de werknemer die een bijzondere arbeidsprestatie heeft geleverd.
Budget	Gedetailleerde weergave van de activiteiten die door een bepaald onderdeel van de onderneming verricht moeten worden, waarbij tevens de toegestane kosten worden vermeld.
Complementaire kosten	Kosten die verband houden met het gebruik van een duurzaam productiemiddel, met uitzondering van de afschrijvings- en vermogenskosten.
Directe kosten	Kosten waarbij er een oorzakelijk verband bestaat tussen het ontstaan van de kosten en het product, en waarvoor het economisch verantwoord is om dit verband vast te stellen.
Directe opbrengstwaarde	Opbrengst duurzaam productiemiddel, indien het (duurzaam) productiemiddel wordt verkocht.
Duurzaam productiemiddel	Productiemiddel dat meer dan één productieproces meegaat.
Economische levensduur	De levensduur van het duurzaam productiemiddel waarbij de kosten per eenheid product minimaal zijn.
Economische voorraad	De technische voorraad + reeds bestelde maar nog niet ontvangen goederen − reeds verkochte maar nog niet geleverde goederen; de voorraad waarover prijsrisico wordt gelopen.
Eng kostenbegrip	Alleen de gelduitgaven in verband met *doelmatig opgeofferde* productiemiddelen leiden tot kosten.

Geldswaarde van de werkeenheden	Aantal werkeenheden × kostprijs per werkeenheid.
Historische uitgaafprijs	Werkelijke gelduitgave in het verleden voor een productiemiddel.
Human resource management	Beleid dat zich richt op een verbetering van de kwaliteit van de medewerkers door onder andere opleiding en om- en bijscholing.
Indirecte kosten	Kosten waarbij er geen direct aanwijsbaar verband is tussen het ontstaan van de kosten en het product of waarbij dit verband niet op economisch verantwoorde wijze kan worden vastgesteld.
Indirecte opbrengstwaarde	Nettowaarde van de werkeenheden van een duurzaam productiemiddel, vermeerderd met de restwaarde van het duurzaam productiemiddel.
Kosten	Aan perioden, producten enzovoort toegerekende (toekomstige) gelduitgaven in verband met doelmatig opgeofferde productiemiddelen.
Kostensoort	Kosten die samenhangen met een bepaald soort productiemiddel.
Management accounting	Het verzamelen, groeperen en verstrekken van (financiële) gegevens ten behoeve van de leidinggevenden (managers) binnen de onderneming.
Minimum-waarderingsregel	Waarderingsregel waarbij de waarde van de productiemiddelen wordt gebaseerd op de laagste van de historische inkoopprijs, de vervangingsprijs (vervangingswaarde) en de verkoopprijs (opbrengstwaarde).
Onzelfstandige kostensoort	Kostensoort die optreedt nadat vermogen ten behoeve van andere kostensoorten is vastgelegd. Dit geldt alleen voor de kostensoort 'kosten van vermogen'.
Opbrengsten	Aan perioden, producten enzovoort toegerekende (toekomstige) geldontvangsten in verband met de verkoop of levering van diensten.
Opbrengstwaarde	Verkoopprijs die wordt gerealiseerd bij de verkoop van een product of productiemiddel.
Opportunity costs	Kosten die worden afgeleid van de gemiste opbrengst van het beste alternatief.
Outsourcing	Het uitbesteden van werkzaamheden aan in die werkzaamheden gespecialiseerde bedrijven.
Premieloonstelsel	Beloningssysteem waarbij een vast bedrag per periode wordt uitbetaald en een extra uitbetaling plaatsvindt als de geleverde prestatie een bepaalde norm heeft overschreden.
Productieve uren	Het aantal uren dat aan de afnemer van een product (dienst) of aan een andere afdeling binnen de organisatie in rekening kan worden gebracht.
Profit sharing	Winstdelingsregeling op basis waarvan de werknemers meedelen in de overwinst van de onderneming.

Ruim kostenbegrip	Alle gelduitgaven in verband met de opoffering van productiemiddelen leiden tot kosten. Daarbij stellen we *geen eisen aan de doelmatigheid* van de opgeofferde productiemiddelen.
Seriegrootte	De hoeveelheid dezelfde (half)fabrikaten die aaneengesloten (in één serie) wordt geproduceerd.
Standaardkostprijs	Het totaal van toegestane vaste en toegestane variabele kosten per eenheid product.
Stukloon	Beloningssysteem waarbij aan de werknemer per eenheid prestatie een vast bedrag wordt betaald.
Technische levensduur	Het tijdsbestek waarover het duurzaam productiemiddel in staat is prestaties te leveren.
Technische voorraad	De werkelijke in de onderneming aanwezige voorraad.
Tijdloon	Beloningssysteem waarbij een vast bedrag per periode wordt betaald.
Toegestane of standaardkosten	(Toekomstige) gelduitgaven die onvermijdbaar (doelmatig) zijn om een bepaald product te maken of een dienst te leveren.
Uitval	Verlies aan productiemiddelen dat optreedt doordat een deel van de gefabriceerde producten niet aan de eisen voldoet.
Verspilling	(Toekomstige) gelduitgaven in verband met ondoelmatig opgeofferde productiemiddelen.
Vervangingswaarde	Gelduitgave die op het moment van beslissen of berekenen voor een productiemiddel betaald zou moeten worden.
Werkeenheid	Eenheid waarin de prestaties van een duurzaam productiemiddel worden gemeten.
Werkelijke kosten	De werkelijke gelduitgaven die voor een bepaalde productie zijn verricht, waarbij niet wordt gelet op de doelmatigheid van de opgeofferde productiemiddelen (kunnen verspillingen bevatten).
Zelfstandige kostensoort	Kostensoort die onafhankelijk van andere kostensoorten kan optreden. Dit zijn alle kostensoorten met uitzondering van de kostensoort 'kosten van vermogen'.

Meerkeuzevragen

4.1 Gelduitgaven die verband houden met de opoffering van productiemiddelen (bij deze vraag hanteren we het enge kostenbegrip)
   a leiden altijd tot kosten.
   b leiden tot kosten of verspillingen.
   c leiden in dezelfde periode tot kosten of verspillingen.
   d leiden in dezelfde periode tot kosten.

4.2 Kosten houden verband met
   a toekomstige gelduitgaven.
   b gelduitgaven die in het verleden zijn verricht.
   c toekomstige gelduitgaven en/of gelduitgaven die in het verleden zijn verricht, en die verband houden met de opoffering van productiemiddelen.

4.3 Afschrijvingen op een bedrijfsauto is een voorbeeld van
   a een gelduitgave.
   b een gelduitgave die in dezelfde periode tot kosten leidt.
   c kosten.

4.4 De in december 2015 vooruitbetaalde jaarpremie betreffende een verzekering die ingaat per 1 januari 2016
   a leidt in december 2015 voor het volledige bedrag tot kosten.
   b leidt in 2016 tot kosten.
   c leidt in 2015 en in 2016 tot kosten.

4.5 Het vormen van een voorziening onderhoud gebouwen is een voorbeeld van
   a kosten die niet direct tot gelduitgaven leiden.
   b gelduitgaven die niet direct tot kosten leiden.
   c waardevermindering van duurzame activa.

4.6 Opbrengsten houden verband met
   a toekomstige geldontvangsten en/of geldontvangsten uit het verleden.
   b toekomstige geldontvangsten.
   c geldontvangsten uit het verleden.

4.7 Afval (bij deze vraag gaan we uit van het enge kostenbegrip)
   a leidt altijd tot een verspilling.
   b treedt op na afloop van het productieproces.
   c leidt tot kosten voor zover afval economisch onvermijdelijk is.
   d leidt tot kosten voor zover afval technisch onvermijdelijk is.

4.8 De optimale bestelgrootte is de bestelgrootte waarbij
  a de kosten van het bestellen minimaal zijn.
  b de opslagkosten minimaal zijn.
  c de vermogenskosten over de waarde van de gemiddelde voorraad minimaal zijn.
  d het totaal van de bestelkosten, opslagkosten en vermogenskosten over de gemiddelde waarde van de voorraden zo laag mogelijk zijn.

4.9 Oliemaatschappij BPM heeft 500.000 liter olie in haar opslagtanks in Rotterdam. 120.000 liter is verkocht, maar nog niet afgeleverd. Een bestelling van 150.000 liter olie is onderweg naar Rotterdam. De economische voorraad van oliemaatschappij BPM bedraagt
  a 500.000 liter.
  b 380.000 liter.
  c 650.000 liter.
  d 530.000 liter.

4.10 De economische levensduur is de levensduur van een duurzaam productiemiddel waarbij
  a de totale kosten per eenheid product minimaal zijn.
  b de complementaire kosten per eenheid product minimaal zijn.
  c de afschrijvingskosten per eenheid product minimaal zijn.
  d het aantal voortgebrachte producten maximaal is.

4.11 Het bedrag dat door de verkoop van producten beschikbaar komt voor afschrijvingen, is gelijk aan het verschil tussen
  a de geldswaarde van de werkeenheden (gemeten in kostprijzen) en de complementaire kosten.
  b de geldswaarde van de werkeenheden (gemeten in kostprijzen) en de som van de complementaire kosten en vermogenskosten.
  c de verkoopwaarde van de werkeenheden en de complementaire kosten.
  d de verkoopwaarde van de werkeenheden en de som van de complementaire kosten en vermogenskosten.

4.12 Een toename van de complementaire kosten bij gelijkblijvende overige omstandigheden
  a heeft geen gevolgen voor de economische levensduur.
  b leidt tot een verlenging van de economische levensduur.
  c leidt tot een verkorting van de economische levensduur.

4.13 Afschrijvingen op basis van een vast percentage van de boekwaarde leiden tot
  a hogere afschrijvingen in de beginjaren van het duurzaam productiemiddel en lagere afschrijvingen in latere jaren.
  b lagere afschrijvingen in de beginjaren van het duurzaam productiemiddel en hogere afschrijvingen in latere jaren.
  c gelijkblijvende afschrijvingen gedurende de levensduur van het duurzaam productiemiddel.

4.14 Afschrijvingen op basis van de annuïteitenmethode leiden tot
  a hogere afschrijvingen in de beginjaren van het duurzaam productiemiddel en lagere afschrijvingen in latere jaren.
  b lagere afschrijvingen in de beginjaren van het duurzaam productiemiddel en hogere afschrijvingen in latere jaren.
  c gelijkblijvende afschrijvingen gedurende de levensduur van het duurzaam productiemiddel.

4.15 Onderneming Hakotex heeft een machine aangeschaft voor €100.000. De economische levensduur van de machine bedraagt 5 jaar. De restwaarde van deze machine aan het einde van de economische levensduur bedraagt €10.000. Er wordt afgeschreven met een vast percentage van de boekwaarde. Dan geldt
  a een afschrijvingspercentage van 36,9% en een boekwaarde aan het einde van het tweede jaar van €39.816.
  b een afschrijvingspercentage van 36,9% en een boekwaarde aan het einde van het tweede jaar van €26.200.
  c een afschrijvingspercentage van 18% en een boekwaarde aan het einde van het tweede jaar van €64.000.
  d een afschrijvingspercentage van 18% en een boekwaarde aan het einde van het tweede jaar van €67.240.

4.16 Welke van de volgende belastingen wordt in de kostprijs van een product opgenomen? (Bij deze vraag gaan we uit van een onderneming die btw-plichtig is.)
  a Inkomstenbelasting.
  b Onroerendezaakbelasting.
  c Vennootschapsbelasting.
  d Belasting toegevoegde waarde (btw).

4.17 Welke van de volgende belastingen wordt bij een onderneming, die niet-btw-plichtig is, in de kostprijs opgenomen?
  a De betaalde inkomstenbelasting.
  b De betaalde vennootschapsbelasting.
  c De door de onderneming betaalde btw.

4.18 Een onderneming betaalt op 1 april van ieder jaar de premie van de brandverzekering voor het daaropvolgende jaar vooruit. Op 1 april 2015 is €240 betaald en op 1 april 2016 is €276 betaald.

De kosten in verband met de brandverzekering over het kalenderjaar 2016 bedragen
  a €276.
  b €267.
  c €249.

4.19 Een voorziening
  a is een 'spaarpotje' om toekomstige uitgaven te kunnen verrichten.
  b maakt onderdeel uit van het eigen vermogen.
  c maakt onderdeel uit van het vreemd vermogen.

4.20 De grondstoffen die nodig zijn voor een bepaald product worden als kosten op de winst- en verliesrekening opgenomen op het moment dat
a de grondstoffen worden ingekocht en in het magazijn worden opgeslagen.
b de grondstoffen worden verwerkt in het eindproduct en het eindproduct in het magazijn 'Gereed product' wordt opgenomen.
c het eindproduct waarvoor de grondstoffen zijn gebruikt, wordt verkocht en afgeleverd.

4.21 Stel dat de levertijd van een bepaald product toeneemt. Welke gevolgen heeft dat voor de optimale bestelgrootte? De optimale bestelgrootte
a neemt toe.
b neemt af.
c verandert niet.

4.22 Een handelsonderneming Trade bv handelt slechts in een product, waarvan ze 10.000 stuks in haar magazijn heeft liggen. Trade bv heeft 6.000 stuks bij haar leverancier in bestelling staan, die nog niet zijn ontvangen. Daarnaast zijn er 4.000 stuks verkocht, maar nog niet afgeleverd. De *economische* voorraad van Trade bv bedraagt
a 16.000.
b 12.000.
c 10.000.

4.23 Stel dat de lonen in de metaalsector in een bepaald jaar met gemiddeld 3% stijgen. De arbeidsproductiviteit in die sector stijgt in datzelfde jaar met 4%. In de metaalsector zullen de loonkosten per eenheid product in dat jaar
a toenemen.
b afnemen.
c ongewijzigd blijven.

4.24 Stel dat een onderneming op een bepaalde machine afschrijft met een *vast percentage van de boekwaarde*. Naarmate deze machine ouder wordt, zullen de afschrijvingen per jaar
a afnemen.
b toenemen.
c niet veranderen.

4.25 Bij deze vraag gaan we uit van het ruime kostenbegrip. Het meer dan toegestane afval
a is een verspilling die niet tot de kosten wordt gerekend.
b leidt tot een toename van de standaardkostprijs.
c is onderdeel van de kosten.

4.26 Het bedrijfsresultaat (EBIT) van een nv of bv komt toe aan de volgende belanghebbenden:
a de verschaffers van vreemd vermogen, de verschaffers van eigen vermogen en de overheid in de vorm van vennootschapsbelasting.
b de verschaffers van vreemd vermogen en de verschaffers van eigen vermogen.
c de verschaffers van vreemd vermogen en de overheid in de vorm van vennootschapsbelasting.

4.27 Een onderneming verkoopt een hoeveelheid goederen voor €300 op rekening. De inkoopwaarde van deze goederen inclusief bijkomende kosten bedraagt €180. De afnemer moet binnen twee maanden na levering de factuur van deze goederen (€300) betalen. Echter: één maand na de levering wordt de afnemer failliet verklaard en de gehele vordering (€300) moet als oninbaar worden beschouwd. De partij goederen kan ook niet meer worden teruggevorderd. Met btw houden we geen rekening. Welke gevolgen heeft deze transactie voor het resultaat van deze onderneming? De onderneming leidt een verlies van
a €300.
b €180.
c €120.

Xander Hartevelt, controller van Flynth, licht de financiële besturing van een accountantskantoor toe. Daaruit blijkt onder andere dat ook bij accountantskantoren voorraadvorming kan optreden.

Kostprijsberekening

5

5.1 Kostprijs en markt
5.2 Variabele en vaste kosten
5.3 Integrale kostprijs
5.4 Kostenverbijzondering
5.5 Initiële kosten
Samenvatting
Begrippenlijst
Meerkeuzevragen

Voor een organisatie is het belangrijk inzicht te hebben in de hoogte en samenstelling van de kostprijs en in de wijze waarop de kosten reageren op een verandering in de omvang van de activiteiten. De kostprijs kan bijvoorbeeld gebruikt worden voor de vaststelling van de prijs waarvoor een dienst of product op de verkoopmarkt wordt aangeboden.

Bij de kostprijsberekening doet zich het probleem voor hoe de totale kosten over de verschillende diensten of producten moeten worden verdeeld. Om dat vast te kunnen stellen, moeten we inzicht proberen te krijgen in de factoren die de kosten van een organisatie beïnvloeden. We zullen antwoord moeten geven op de vraag welke dienst of welk product welke kosten tot gevolg heeft.

Inzicht in het kostenverloop is ook van belang bij het beoordelen van de winstgevendheid van nieuwe opdrachten. Om een besluit te kunnen nemen, vergelijkt men de extra opbrengsten en de extra kosten van de opdracht met elkaar. De wijze waarop we de kostprijs kunnen berekenen en de factoren die daarbij een rol spelen, komen in dit hoofdstuk aan de orde. Dit doen we zowel voor dienstverlenende organisaties als voor productiebedrijven.

5.1 Kostprijs en markt

De kostprijs van een dienst of product is een belangrijk sturingsinstrument voor een organisatie. Als voorbeeld nemen we Flynth. Dit is een landelijk opererende dienstverlenende organisatie voor onder andere accountancy, belastingen en advisering over bedrijfskundige, juridische en personeelszaken. Flynth levert diensten die op de wensen van de cliënt zijn afgestemd. De vraag doet zich daarbij onder andere voor welke prijzen voor de verschillende soorten van dienstverlening aan de cliënten in rekening moeten worden gebracht. Als de prijzen te hoog worden vastgesteld, bestaat het gevaar dat de cliënten naar een ander adviesbureau overstappen. Daar staat tegenover dat een te lage prijs de winstgevendheid van Flynth onder druk kan zetten. Een goede berekening van de kostprijs van een dienst is daarom belangrijk bij het vaststellen van een redelijke prijs voor de dienstverlening.
Met name in de dienstverlening kan de kostprijs laag worden gehouden door een efficiënte organisatie van het werkproces. De automatisering speelt daarbij een steeds grotere rol.
Om de investeringen in automatisering rendabel te maken, is schaalvergroting noodzakelijk. Dit geldt ook voor bijvoorbeeld specialistische dienstverlening. Flynth kan de kosten van het verkrijgen van kennis (denk onder meer aan veranderingen op fiscaal terrein) spreiden over een groot klantenbestand verdeeld over zestig kantoren.

Voor Flynth geldt dat zij (rekening houdend met haar concurrentiepositie) zelf haar verkoopprijzen (uurtarieven) kan vaststellen. Het kan ook voorkomen dat de verkoopprijs van een product voor de producent een gegeven is, waarop zij geen invloed kan uitoefenen. Dit is het geval bij een markt met volkomen concurrentie, waarbij de verkoopprijs wordt bepaald door vraag en aanbod. Voor de onderneming die voor deze markt produceert (bijvoorbeeld voor producenten van tarwe, koffie of cacao geldt deze marktvorm), is de verkoopprijs een gegeven waarop de onderneming geen invloed kan uitoefenen. Als een onderneming in staat is het product voort te brengen tegen een kostprijs die lager is dan de gegeven verkoopprijs, zal de onderneming winstgevend zijn. In het laatste geval dient de kostprijs niet als basis voor de berekening van de verkoopprijs, maar wordt de kostprijs vergeleken met de gegeven verkoopprijs.

Tussenvraag 5.1
a Geldt voor Flynth de marktvorm van monopolie, van volkomen concurrentie of is er sprake van een tussenvorm?
b Wat betekent je antwoord op vraag 5.1a voor de vaststelling van de tarieven die Flynth aan haar cliënten in rekening kan brengen?

Wil een organisatie haar voortbestaan en financiële zelfstandigheid veiligstellen, dan zullen op lange termijn de opbrengsten meer moeten bedragen dan de kosten van de verkochte producten of geleverde diensten. Gemeten over de gehele levensduur van de organisatie geldt dan dat de geldontvangsten meer bedragen dan de gelduitgaven.

Voordat we nader ingaan op de berekening van de kostprijs, zullen we enkele kenmerken van kosten nader toelichten.

5.2 Variabele en vaste kosten

In deze paragraaf bespreken we eerst de variabele kosten. Daarna behandelen we de vaste kosten en ten slotte gaan we kort in op de gemengde kosten.

5.2.1 Variabele kosten

Variabele kosten

Als de kosten van een organisatie veranderen ten gevolge van een verandering in de omvang van de activiteiten (bedrijfsdrukte), spreken we van variabele kosten. Onder bedrijfsdrukte verstaan we de mate waarin een organisatie of een onderdeel van de organisatie gebruikmaakt van de beschikbare capaciteit. Bij een productieafdeling wordt de bedrijfsdrukte ook wel aangeduid met productieomvang; bij een verkoopafdeling bedoelen we daarmee de verkoopomvang.

De mate waarin de variabele kosten reageren op een wijziging in de bedrijfsdrukte kan per kostenpost verschillen. De variabele kosten verdelen we in:
- proportioneel variabele kosten;
- progressief stijgende variabele kosten;
- degressief stijgende variabele kosten.

Proportioneel variabele kosten

We spreken van proportioneel variabele kosten als de kosten *recht evenredig* veranderen met een verandering in de bedrijfsdrukte. In dat geval zullen de variabele kosten per eenheid product gelijk blijven, ongeacht de productieomvang. Grondstofkosten zijn vaak proportioneel variabel. Producten die bijvoorbeeld volgens een vast recept worden gemaakt, bevatten steeds een bepaalde hoeveelheid grondstof. In dat geval zullen de grondstofkosten *per eenheid product* bij iedere productieomvang gelijk zijn en is er dus sprake van proportioneel variabele kosten.

Bij een dienstverlenende organisatie leiden de aan een dienst bestede arbeidsuren tot variabele kosten. Naarmate meer uren voor een cliënt besteed worden, zullen de kosten van die dienst evenredig toenemen.

Progressief stijgende variabele kosten

Bij progressief stijgende variabele kosten veranderen de kosten *meer dan evenredig* ten gevolge van een verandering in de bedrijfsdrukte. De kosten *per eenheid* product nemen toe, naarmate de productieomvang toeneemt. Progressief stijgende variabele kosten treden vaak op als de onderneming een bedrijfsdrukte heeft die in de buurt komt van de maximale capaciteit. De extra kosten van overuren en de extra kosten die veroorzaakt worden door een overbelasting van het productieapparaat (bijvoorbeeld relatief hoge slijtage), zijn daar voorbeelden van.

Degressief stijgende variabele kosten

Bij degressief stijgende variabele kosten veranderen de kosten *minder dan evenredig* ten gevolge van een verandering in de bedrijfsdrukte. In dat geval zullen de kosten *per eenheid* product afnemen naarmate de productieomvang toeneemt. Een degressieve stijging van de variabele kosten komt met name voor als, uitgaande van een lage bedrijfsdrukte, de productie wordt verhoogd. Een toename van de bedrijfsdrukte leidt dan vaak tot kostenbesparingen. Door het inkopen in grotere hoeveelheden kunnen bijvoorbeeld kwantumkortingen worden verkregen. Ook is het mogelijk dat de arbeidskosten minder sterk stijgen ten gevolge van een grotere routine van de werknemers.

De wijze waarop de totale variabele kosten en de kosten per eenheid product reageren op een verandering in de bedrijfsdrukte, wordt op grafische wijze voorgesteld in de figuren 5.1 en 5.2.

Figuur 5.1 Reactie van de totale variabele kosten op een verandering in de bedrijfsdrukte

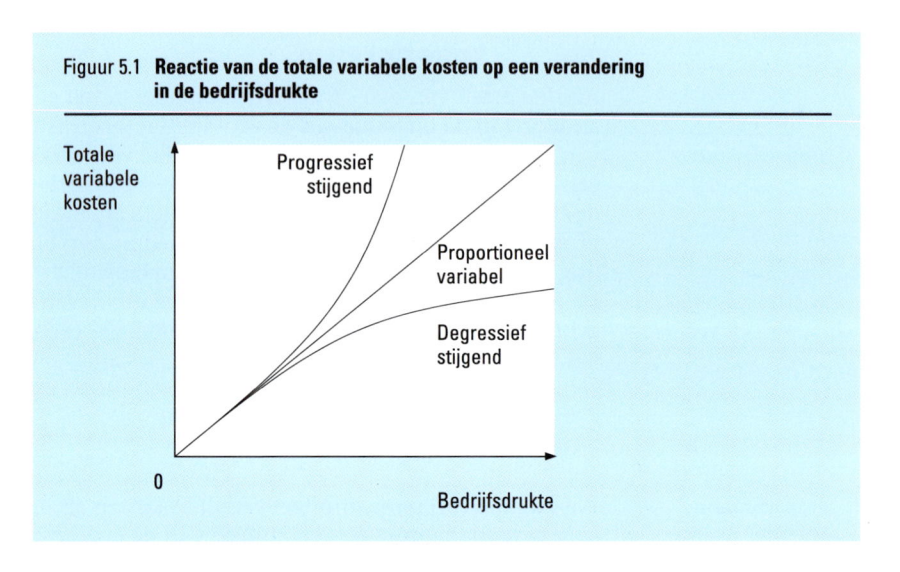

Figuur 5.2 Reactie van de kosten per eenheid product op een verandering in de bedrijfsdrukte

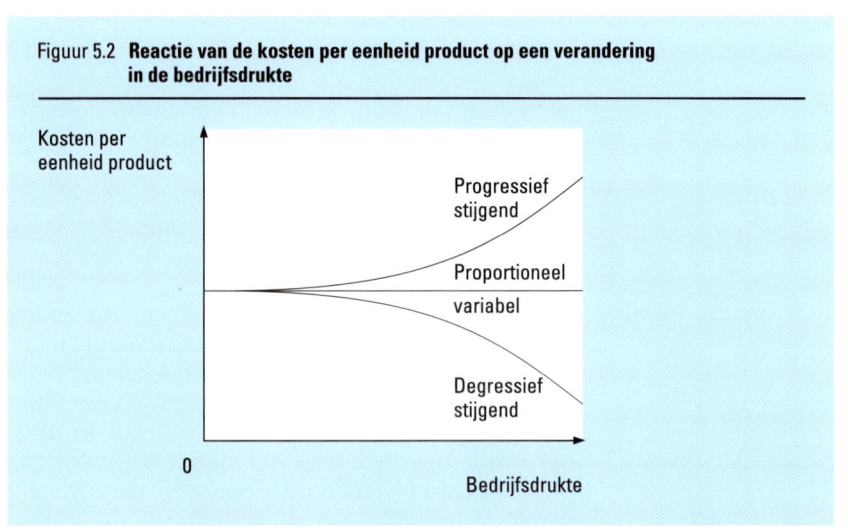

De wijze waarop in de praktijk de totale variabele kosten reageren op een verandering in de bedrijfsdrukte, wordt in figuur 5.3 weergegeven.

Onderzoek heeft aangetoond, dat voor de meeste ondernemingen geldt dat de variabele kosten in het gebied dat ligt tussen de 20% en 80% van de maximale capaciteit, nagenoeg proportioneel variabel zijn.

Trapsgewijs variabele kosten

Niet in alle gevallen reageren de variabele kosten op een verandering in de bedrijfsdrukte zoals in figuur 5.3 is weergegeven. Ook is het mogelijk dat de variabele kosten trapsgewijs (met kleine sprongetjes) veranderen. Trapsgewijs variabele kosten zijn het gevolg van het feit dat bepaalde productiemiddelen slechts in beperkte mate deelbaar zijn. Een goed voorbeeld hiervan betreft de kosten van kleine machines. Als een onderneming voor haar productieproces gebruikmaakt van machines die een capaciteit hebben van bijvoorbeeld 50 producten per machine, dan kan een verloop van de kosten van deze machines optreden zoals weergegeven in figuur 5.4. Verondersteld wordt dat iedere machine tot €1.000 kosten leidt.

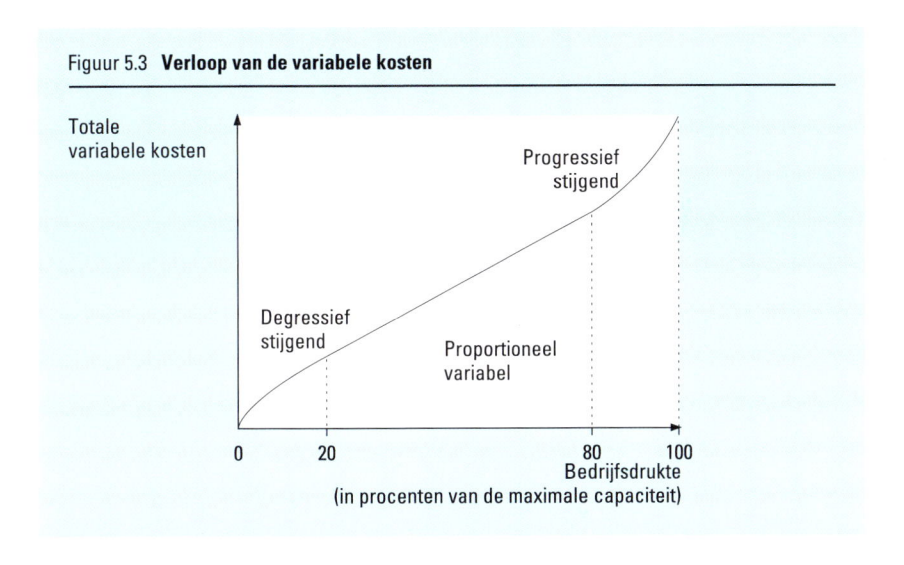

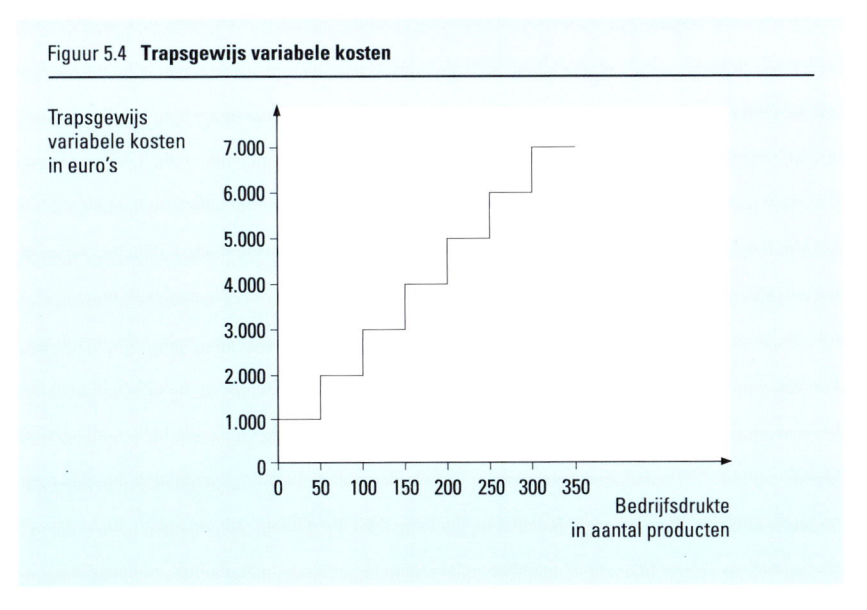

Figuur 5.3 **Verloop van de variabele kosten**

Figuur 5.4 **Trapsgewijs variabele kosten**

5.2.2 Vaste kosten

Vaste kosten

Vaste kosten (ook wel constante kosten genoemd) zijn kosten die niet veranderen ten gevolge van een verandering in de bedrijfsdrukte. Een voorbeeld van vaste kosten zijn de kosten in verband met de huisvesting van de onderneming. Of een onderneming nu veel of weinig produceert, de huurkosten voor het bedrijfsgebouw zullen daardoor niet veranderen.

De vaste kosten veranderen niet ten gevolge van een verandering in de productieomvang zolang de productieomvang binnen de beschikbare capaciteit van de onderneming ligt. De vaste kosten worden daarom ook wel *capaciteitskosten* genoemd. Een verkleining of vergroting van de productiecapaciteit van een onderneming heeft wel invloed op de hoogte van de vaste kosten. Dit lichten we in figuur 5.5 toe.

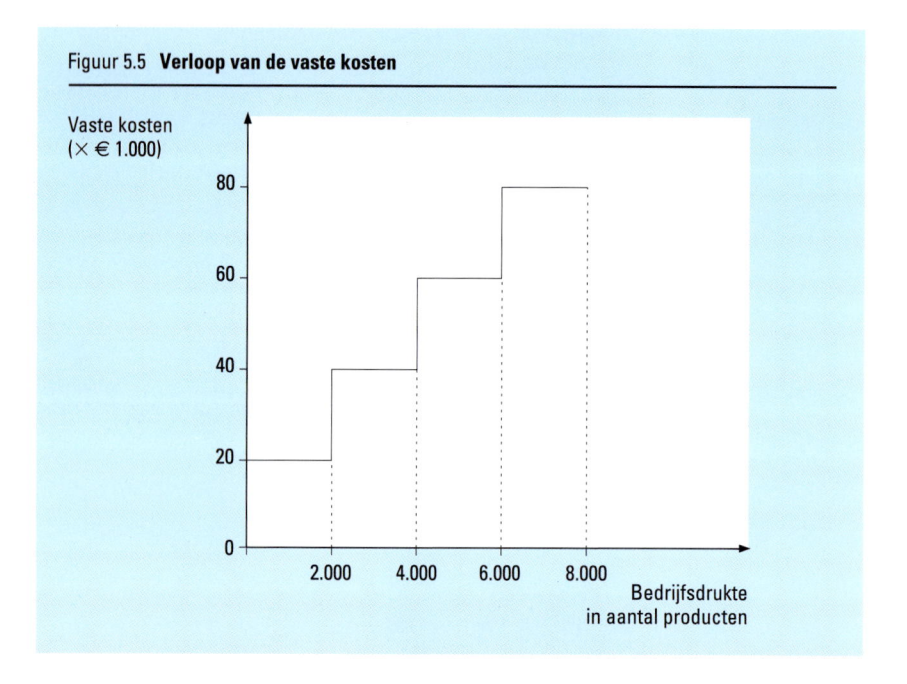

Figuur 5.5 Verloop van de vaste kosten

Als de bedrijfsdrukte van de onderneming tussen de 4.000 en 6.000 eenheden schommelt, bedragen de vaste kosten €60.000.

Een uitbreiding van de productiecapaciteit tot 8.000 eenheden leidt tot een stijging van de vaste kosten tot €80.000.

Een verlaging van de productiecapaciteit zal pas *na enige tijd* leiden tot een daling van de vaste kosten. In het algemeen kost het enige tijd om de productiecapaciteit te verlagen. Hierdoor zullen de vaste kosten tijdelijk op het hoge niveau blijven. Een onderneming die bijvoorbeeld het personeelsbestand wil verminderen, kan dit niet van de ene op de andere dag realiseren (tenzij er sprake is van faillissement).

Relevant productiegebied

Voor de bepaling van de hoogte van de vaste kosten gaat men uit van het (voor de betreffende onderneming) relevante productiegebied.

Welke kosten als vaste kosten worden beschouwd, kan van onderneming tot onderneming verschillen. Wat voor een kleine onderneming (die bijvoorbeeld slechts één machine in gebruik heeft) vaste kosten zijn, kan voor een grote onderneming (die tientallen machines van hetzelfde type in gebruik heeft) worden gezien als trapsgewijs variabele kosten. Dat is geïllustreerd in voorbeeld 5.1. Bij de indeling in vaste en (trapsgewijs) variabele kosten moet men steeds uitgaan van de voor de betreffende onderneming relevante bedrijfsdrukte.

Tussenvraag 5.2
Wat betekent het voor de fluctuaties in het resultaat van een organisatie als de organisatie ten opzichte van de variabele kosten relatief veel vaste kosten heeft (en de bedrijfsdrukte sterk fluctueert)?

■ **Voorbeeld 5.1 Combileder bv en Megaleder bv**
Combileder bv is een kleine onderneming die jaarlijks tussen de 7.000 en 9.000 tassen fabriceert en verkoopt. Hiervoor heeft zij één vertegenwoordiger in dienst, die in staat wordt geacht maximaal 10.000 tassen te verkopen. Om zijn afnemers te bezoeken, krijgt de vertegenwoordiger de beschikking over een leaseauto.
Megaleder nv is een grote onderneming die jaarlijks tussen de 60.000 en 90.000 tassen verkoopt. Ook voor deze onderneming geldt dat zij vertegenwoordigers in dienst heeft, die maximaal 10.000 tassen per jaar kunnen verkopen en daarvoor de beschikking krijgen over een leaseauto.
De kosten van de leaseauto bedragen €15.000 per auto per jaar. In figuur 5.6 zijn de leasekosten weergegeven.

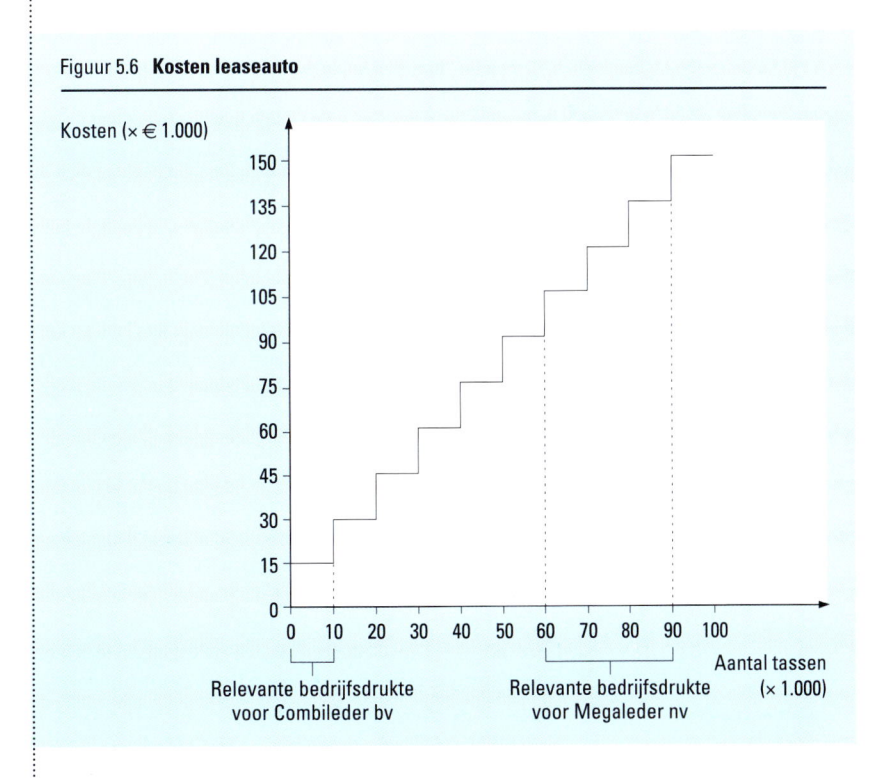

Figuur 5.6 **Kosten leaseauto**

Voor Combileder bv zijn de kosten van de leaseauto vaste kosten, terwijl voor Megaleder nv de leasekosten trapsgewijs variabele kosten zijn.

5.2.3 Gemengde kosten

Gemengde kosten

Een bijzondere situatie doet zich voor als de kosten voor een gedeelte een vast en voor een gedeelte een variabel karakter hebben. In dat geval is er sprake van gemengde kosten. Een voorbeeld van gemengde kosten zijn de kosten voor elektriciteit. De elektriciteitsmaatschappijen brengen een vast tarief in rekening per periode, ongeacht het elektriciteitsverbruik in die periode. Daarnaast worden kosten in rekening gebracht die afhankelijk zijn van de omvang van het elektriciteitsverbruik.
Ook de kosten van een vertegenwoordiger die een vast maandsalaris en daarnaast een bonus ontvangt die afhankelijk is van de gerealiseerde verkoopomvang, zijn een voorbeeld van gemengde kosten.

Voor het besturen van een organisatie is het belangrijk inzicht te hebben in de wijze waarop de kosten reageren op een wijziging in de bedrijfsdrukte. Het management kan dan nagaan wat de gevolgen zijn van bepaalde beslissingen voor de kosten en voor het financiële resultaat.

5.3 Integrale kostprijs

Nu we enkele algemene kenmerken van kosten kort hebben toegelicht, gaan we nader in op de berekening van de kostprijs van een dienst of product. Als de kostprijs van een product wordt berekend, moeten daarin zowel de vaste als de variabele kosten worden opgenomen. Het totaal van vaste en variabele kosten noemen we integrale kosten. Om te beginnen zullen we de kostprijsberekening van een dienstverlenende organisatie toelichten, waarbij we Flynth als voorbeeld nemen. Daarna gaan we nader in op de kostprijsberekening bij een productieorganisatie, waarbij we aandacht schenken aan de normale en werkelijke productie en de standaardkostprijs.

Integrale kosten

5.3.1 Kostprijsberekening bij een dienstverlenende organisatie

Xander Hartevelt is manager finance & control bij Flynth en als zodanig medeverantwoordelijk voor het vaststellen van de tarieven die Flynth voor de dienstverlening aan haar cliënten in rekening brengt. Ook heeft hij als taak de managers van Flynth van de nodige informatie te voorzien om de winstgevendheid van de organisatie te bewaken. Gegevens over de opbrengsten (de facturen die aan de cliënten worden gezonden) en de kosten (die voor een groot deel bestaan uit loonkosten van de accountants en adviseurs) vormen daarbij de basis voor het besturen van de organisatie.
We verdiepen ons hierna in de urenregistratie, de kostprijsberekening van Flynth en de kostprijs als stuurinstrument bij Flynth.

Urenregistratie
Bij de zakelijke dienstverlening worden geen concrete producten maar diensten aan de cliënten geleverd. Hoewel bij deze dienstverlening ook wel tastbare zaken zoals een accountantsrapport of een belastingaangifte worden opgesteld, bestaat het overgrote gedeelte van 'het product'

uit geleverde uren. Dit betekent dat het uurtarief een belangrijke spil is in de financiële besturing van een dienstverlenende organisatie zoals Flynth. In de kostprijs van een uur dienstverlening moeten alle kosten van de organisatie verwerkt worden, waarna deze kostprijs wordt verhoogd met een winstopslag om het uurtarief vast te stellen.

Om de juiste uren aan de cliënten toe te kunnen rekenen, legt iedere medewerker met behulp van de computer in zogenoemde weekrapporten nauwkeurig vast hoeveel tijd voor een bepaalde cliënt is gewerkt, waarbij tevens de aard van de verrichte werkzaamheden wordt vastgelegd. De urenregistratie is de basis voor de facturering aan de cliënt, de uitbetaling van lonen en de managementinformatie.
Kenmerkend voor de te verrichten werkzaamheden op een accountantskantoor is de verdeling in werkzaamheden die jaarlijks terugkeren (met name bij de accountancycliënten) en de (eenmalige) specialistische dienstverlening.
De werkzaamheden die jaarlijks terugkomen, hebben een sterk repeterend karakter. De handelingen die moeten worden uitgevoerd om te komen tot het product (bijvoorbeeld het accountantsrapport), zijn in grote lijnen gelijk. Een voordeel bij het sterk repeterende karakter van deze werkzaamheden is de inzet van automatisering als hulpmiddel bij de dienstverlening. De mate van automatisering bepaalt in hoge mate de efficiency van de dienstverlening.
Een ander middel om de werkzaamheden efficiënter te doen laten verlopen, is de specialisatie binnen het accountantskantoor. Zo kan het verwerken van de administratie van veel soortgelijke bedrijven, zoals Food & Retail (supermarkten), Automotive (garages), agrariërs enzovoort, door bepaalde medewerkers of afdelingen worden verzorgd.

Uit het beleidsplan van de onderneming volgen begrotingen van omzet, personeelskosten, huisvestingskosten, investeringen, liquiditeit enzovoort. Bij Flynth blijkt uit de beleidsplannen (die door het hoofdkantoor worden opgesteld) welke dienstverlening vanuit welke kantoren wordt verricht. Daarbij wordt rekening gehouden met de inbreng van de kantoren. Bij Flynth worden alle medewerkers ingedeeld in functiegroepen. Enkele functiegroepen zijn: receptioniste, secretaresse, assistent-accountant, accountant en fiscalist. Tijdens het begrotingsproces stelt de directie per functiegroep drie tariefniveaus vast: laag, midden en hoog. De directie stelt ook normen vast voor het aantal te declareren uren. Op basis van het normatieve aantal te declareren uren en het uurtarief wordt een begroting van de omzet per kantoor gemaakt. De kantoren maken bovendien een begroting van de personeelskosten, huisvestingskosten en de dotatie voorziening oninbare debiteuren.
Het hoofdkantoor voegt alle deelbegrotingen van de kantoren samen en voegt daar de begroting van de indirecte kosten (die voor een deel op het niveau van het hoofdkantoor ontstaan) aan toe.
Zodra een kantoorbegroting door het regio- en hoofdkantoor akkoord is bevonden, wordt zij taakstellend.
De uurtarieven en de urenregistratie vormen de basis van de bedrijfsopbrengsten en de beoordeling van het financiële resultaat. Een goede automatisering, werkorganisatie en taakverdeling op het kantoor kunnen zorgen voor een efficiënte bedrijfsvoering en concurrerende tarieven.

Kostprijsberekening

Kostprijsberekening Flynth

Om te komen tot een juiste kostprijs moeten eerst de volgende vragen worden beantwoord:
1 Kan de medewerker alle werkzaamheden uitvoeren of is specialisatie wenselijk?
2 Kunnen alle uren gedeclareerd worden aan cliënten?
3 Kunnen alle werkzaamheden op uurbasis worden gefactureerd of worden er ook vaste prijsafspraken gemaakt?
4 Waaruit bestaan de kosten van de dienstverlening?
5 Hoe wordt de kostprijs van een direct uur van een medewerker vastgesteld?
6 Hoe wordt het uurtarief dat aan de cliënt in rekening wordt gebracht, vastgesteld?

Ad 1 Kan de medewerker alle werkzaamheden uitvoeren of is specialisatie wenselijk?
Een accountantskantoor houdt zich bezig met uiteenlopende dienstverlening. Voorbeelden hiervan zijn primaire vastlegging in- en verkoopboek, kas- en bankmutaties, loonadministratie, aangifte omzetbelasting, tussentijdse cijfers, opstellen accountantsrapport, aangifte inkomsten- en vennootschapsbelasting, bezwaarschriften, besprekingen en diverse adviezen. De duizendpoot die alles beheerst, bestaat niet. Dit houdt in dat bij een juiste werkorganisatie een medewerker zich bezig moet houden met de taken die bij de zwaarte van zijn of haar functie passen.

Ad 2 Kunnen alle uren gedeclareerd worden aan cliënten?
Niet alle uren zijn rechtstreeks toe te rekenen aan cliënten. Wij onderscheiden twee soorten:
a Gewerkte uren die niet aan de cliënt in rekening kunnen worden gebracht: deze uren noemen we ook wel indirecte uren. Voorbeelden hiervan zijn de administratie voor het eigen kantoor, personeelszaken, werkoverleg, systeembeheer, werving nieuwe cliënten, inwerken van nieuwe medewerkers en klachtenbehandeling.
b Niet-gewerkte uren: dit zijn bijvoorbeeld ziekte-, feest- en vakantiedagen.

Zowel de kosten van de niet-gewerkte uren als van de indirecte uren moeten in het uurtarief worden verrekend (zie figuur 5.7).

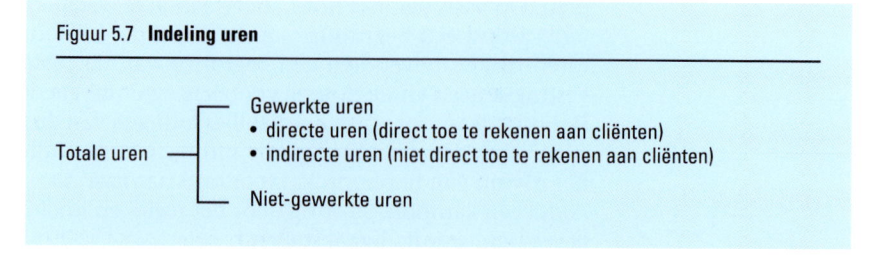

Figuur 5.7 **Indeling uren**

Totale uren
- Gewerkte uren
  - directe uren (direct toe te rekenen aan cliënten)
  - indirecte uren (niet direct toe te rekenen aan cliënten)
- Niet-gewerkte uren

Ad 3 Kunnen alle werkzaamheden op uurbasis worden gefactureerd of worden er ook vaste prijsafspraken gemaakt?
Cliënten vragen in toenemende mate om prijsafspraken voor de jaarlijks terugkerende (en daardoor redelijk goed in te schatten) werkzaamheden. De leiding van de accountantsorganisatie zal erop moeten

toezien dat de werkzaamheden binnen de prijsafspraak gemaakt (moeten kunnen) worden. Daarnaast zal goed moeten worden bijgehouden of er werkzaamheden zijn verricht die niet in de prijsafspraak zijn opgenomen (meerwerk).

De prijsafspraak die met de cliënt is overeengekomen, wordt aan de hand van het uurtarief omgezet in urenbudgetten die medewerkers krijgen voor hun werkzaamheden. Na de periodieke verwerking van de weekrapporten (urenverantwoording) kan geconstateerd worden of een afwijking van de budgetten heeft plaatsgevonden. Uurtarief, urenbudgetten en urenverantwoording vormen zo een onmisbare schakel in het besturen van een dienstverlenende organisatie.

Voor cliënten waarvoor geen vaste prijsafspraak geldt, worden de werkelijke directe uren gefactureerd. Overigens geldt ook hier dat met budgetten wordt gewerkt en dat verschillen tussen werkelijkheid en budget worden geanalyseerd. Als dat niet gebeurt, zou een eventuele verspilling opgenomen gaan worden in de norm voor volgend jaar. Dit zou de concurrentiepositie van het accountantskantoor aantasten.

Ad 4 Waaruit bestaan de kosten van de dienstverlening?
De kosten kunnen verdeeld worden in vaste en variabele kosten. De personeelskosten en de huurkosten zijn voorbeelden van vaste kosten. In verband met ontslagvergunningen en meerjarige huurovereenkomsten is het niet mogelijk deze kosten op korte termijn te verminderen. Daarnaast is het onderscheid in directe en indirecte kosten van belang. De personeelskosten zijn directe kosten, terwijl nagenoeg alle overige kosten indirect zijn.

Elk jaar maakt het management van Flynth een inschatting van de aard en omvang van de te leveren diensten. Op basis daarvan maakt de leiding een inschatting of ze deze werkzaamheden met het huidige personeelsbestand (zowel kwalitatief als kwantitatief) kan realiseren.

Voor Flynth, maar ook voor de meeste andere dienstverlenende organisaties, zijn de personeelskosten de belangrijkste kostencomponent. De personeelskosten bestaan naast het brutomaandsalaris onder andere uit werkgeversdeel sociale lasten, vakantiegeld, pensioenpremie, prestatiebeloning, kosten in verband met secundaire arbeidsvoorwaarden, toeslagen overwerk, onkostenvergoedingen, reis- en verblijfkosten, kantinekosten en studiekosten.

Naast personeelskosten zijn er kosten zoals:
- huisvestingskosten: huur, afschrijving panden, onderhoud, schoonmaak, verzekeringen, gas, water en elektriciteit;
- kantoorkosten: telefoon- en portikosten, kantoorbenodigdheden, vakliteratuur, onderhoud, reparaties en afschrijving van automatiseringsapparatuur en onderhoudsabonnementen software;
- kosten in verband met public relations, financieringskosten, beroepsaansprakelijkheidsverzekering, voorziening dubieuze debiteuren enzovoort.

Ad 5 Hoe wordt de kostprijs van een direct uur van een medewerker vastgesteld?
De personeelskosten vormen de belangrijkste component van de kosten. We nemen als voorbeeld een medewerker met een maandsalaris van €2.000.
Stel brutomaandsalaris op €2.000.

De totale personeelskosten (in euro's) worden dan:

12 × €2.000 =		24.000
Vakantietoeslag	8% × €24.000	1.920
Eindejaarsuitkering	8% × €24.000	1.920
Prestatiebeloning	1,5% × €24.000	360
		28.200
Sociale lasten (incl. pensioen)	26,75% × €28.200	7.544
Reis- en verblijfkosten	9,2% × €24.000	2.208
Overige personeelskosten	6,1% × €24.000	1.464
Personeelskosten per jaar		€ 39.416

De salariskosten per jaar worden in principe gedeeld door het begrote aantal te maken declarabele uren (dit is het verwachte aantal directe uren dat aan de cliënten kan worden doorberekend).
De berekening van de directe uren verloopt als volgt:

Totaal aantal uren per jaar:	
52 weken × 5 dagen/week × 8 uur per dag =	2.080 uur
Niet-werkbare dagen: feestdagen en verlofdagen:	
stel 35 dagen × 8 uur =	280 uur −
	1.800 uur
Ziekteverzuim 4,5% × 1.800 uur =	81 uur
Gewerkte uren per fulltimemedewerker (= fte) per jaar:	1.719 uur

Van de gewerkte uren is een gedeelte indirect (stel 219 uur), zodat per jaar 1.500 uur aan de cliënt in rekening kan worden gebracht (declarabele uren). Het aantal indirecte uren hangt samen met de functie. Zo zullen een receptioniste en een directeur meer indirecte uren hebben dan een assistent-accountant. Er wordt daarom per medewerker een begroting gemaakt van het aantal indirecte uren (op basis van de uren van voorgaande jaren en de doelen die men zich heeft gesteld voor dit jaar). Voor de medewerker die hier als voorbeeld is genomen, bedraagt de kostprijs van een direct uur: €39.416 : 1.500 uren = €26,28 per uur.

Ad 6 Hoe wordt het uurtarief dat aan de cliënt in rekening wordt gebracht, vastgesteld?
Een dienstverlenende organisatie verkoopt in feite uren. Dan ligt het voor de hand dat aan de cliënt de bestede uren vermenigvuldigd met het uurtarief in rekening wordt gebracht. We gaan ervan uit dat de opslag voor winst en de overige kosten (zoals huisvestingskosten, kantoorkosten en afschrijvingen) 100% bedraagt van de kostprijs van een direct uur. Het tarief dat voor deze medewerker aan een cliënt in rekening wordt gebracht, bedraagt dan: 2 × €26,28 = €52,56.

Tussenvraag 5.3
Wat moet (kan) er gebeuren als een medewerker van Flynth tijdens het boekjaar een salarisverhoging krijgt?

De diensten- en geldstromen van Flynth geven we in figuur 5.8 globaal weer.

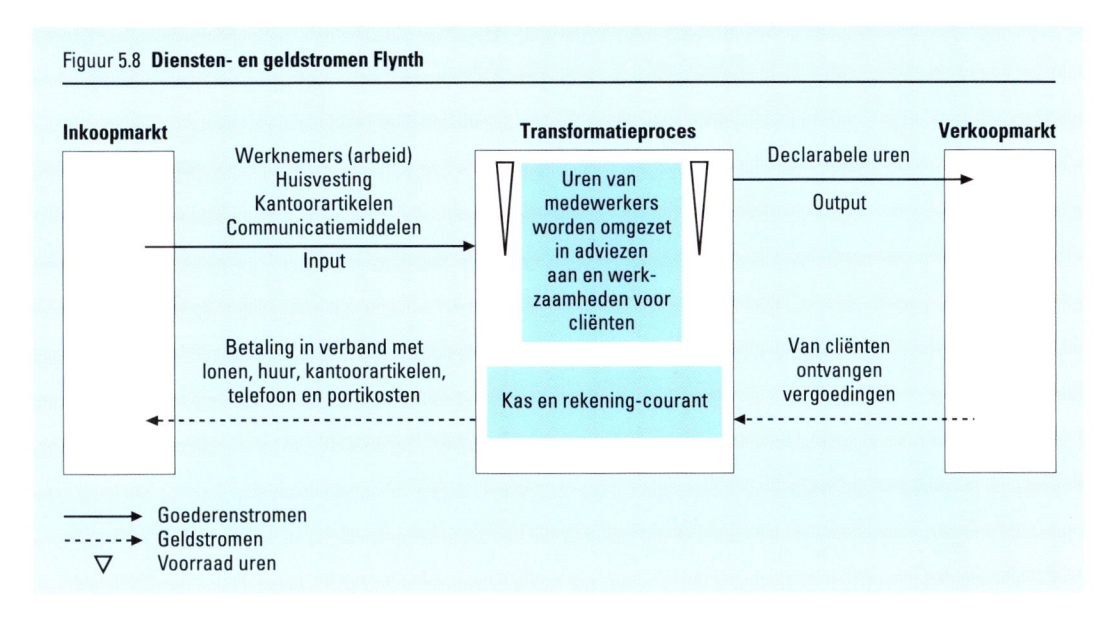

Figuur 5.8 Diensten- en geldstromen Flynth

Inkoopmarkt	Transformatieproces	Verkoopmarkt
Werknemers (arbeid) Huisvesting Kantoorartikelen Communicatiemiddelen Input →	Uren van medewerkers worden omgezet in adviezen aan en werkzaamheden voor cliënten	Declarabele uren Output →
← Betaling in verband met lonen, huur, kantoorartikelen, telefoon en portikosten	Kas en rekening-courant	← Van cliënten ontvangen vergoedingen

→ Goederenstromen
--→ Geldstromen
▽ Voorraad uren

Onderhanden werk

Ook bij een dienstverlenende organisatie zoals Flynth kan een voorraad (die we in uren meten) ontstaan. We spreken dan van onderhanden werk. Onderhanden werk ontstaat als er werkzaamheden voor cliënten zijn verricht (en in de weekrapporten zijn vastgelegd), maar nog niet aan de cliënt in rekening zijn gebracht. De facturering van deze werkzaamheden kan bijvoorbeeld uitgesteld worden omdat de werkzaamheden (op dat moment) nog niet tot een concrete dienst of concreet advies hebben geleid.

Kostprijs als stuurinstrument bij Flynth

Xander Hartevelt licht toe hoe Flynth in het kader van de begroting de uurtarieven van een medewerker vaststelt en het resultaat van een kantoor bewaakt. 'Per functiegroep wordt aan iedere medewerker een uurtarief toegekend: een laag tarief, middentarief of hoog tarief. Het verwachte aantal declarabele uren per medewerker wordt vermenigvuldigd met het (normatieve) uurtarief van de betreffende medewerker om de omzet per medewerker te berekenen. Door de omzet van alle medewerkers van een kantoor bij elkaar op te tellen, wordt de omzet van een kantoor (vestiging) begroot.'

Deze omzetbegroting bespreken we met de vestigingsleider. Deze kan van de berekende tarieven afwijken als hij denkt dat een bepaalde medewerker meer of minder dan het berekende tarief kan opbrengen. De afwijkingen mogen er echter niet toe leiden dat de doelstelling van het kantoor (het behalen van een bepaald resultaat) in gevaar komt. In overleg met de kantoorleiding en de controller worden de *definitieve tarieven* per medewerker vastgesteld.

Dagelijks worden de urenregistraties van de medewerkers met de computer verwerkt en op de grootboekrekening *Onderhanden werk* geplaatst (= voorraad uren). Aan het eind van iedere maand worden de uren die op Onderhanden werk staan, omgezet in conceptfacturen. Deze conceptfacturen worden maandelijks door de kantoorleiding beoordeeld en er worden eventueel correcties (bij- of afboekingen) aangebracht. Na deze correcties wordt besloten welk gedeelte van de gecorrigeerde conceptfactuur deze maand wordt gedeclareerd en welk gedeelte op onderhanden werk blijft staan (om in een volgende periode gefactureerd te worden).

De kantoorleiding heeft een probleem als een medewerker inefficiënt heeft gewerkt en daardoor:
- te veel uren op indirecte (niet-declarabele) werkzaamheden heeft geboekt en/of
- te veel uren (gezien de verrichte werkzaamheden) op een bepaalde cliënt heeft geschreven.

In het eerste geval zal de omzet van het kantoor dalen en het begrote resultaat mogelijk niet worden gehaald. De betreffende medewerker zal de aansporing krijgen om efficiënter te gaan werken, zodat meer uren op rekening van de cliënt kunnen worden geschreven.
In het tweede geval kan de kantoorleiding problemen met de cliënt verwachten. Deze zal de rekening te hoog vinden en om een toelichting vragen (waarop de kantoorleiding moeilijk kan zeggen dat een medewerker niet efficiënt heeft gewerkt). Kantoormanagers die dit probleem zien aankomen, zullen een uitweg proberen te vinden en die is er op het eerste gezicht. De kantoorleiding kan namelijk besluiten een gedeelte van het onderhanden werk niet deze maand te factureren en op Onderhanden werk laten staan. De controller zal de omvang van de rekening Onderhanden werk echter nauwlettend in de gaten houden. Behalve op de groei van het saldo op deze rekening zal hij letten op de ouderdom van de uren die erop zijn geboekt. Als er veel oude posten op staan, heeft de kantoorleiding blijkbaar (nog) geen kans gezien om deze uren aan de cliënt in rekening te brengen (zonder problemen met de cliënt te krijgen). De omvang en ouderdom van de posten op de rekening Onderhanden werk is voor de controller *een signaal* om de efficiency van een kantoor nader te onderzoeken. Dit onderzoek zal er waarschijnlijk toe leiden dat de medewerker (die het probleem veroorzaakt heeft) alsnog de aansporing krijgt om efficiënter te gaan werken, zodat de uren die op rekening van de cliënt worden geschreven ook te verdedigen zijn. Het uurtarief en het aantal uren dat aan de cliënt in rekening kan worden gebracht, zijn factoren (stuurvariabelen) die in belangrijke mate het resultaat van een kantoor bepalen.'

5.3.2 Normale en werkelijke productie

De kostprijs van een product of dienst is een belangrijk gegeven bij het besturen van een organisatie. Bij een dienstverlenende organisatie zoals Flynth wordt de kostprijs van een declarabel uur berekend om het tarief dat aan de cliënt in rekening wordt gebracht vast te stellen. Bij een productieorganisatie berekenen we de kostprijs van een product. Als een producent een monopoliepositie bezit, kan hij zijn verkoopprijs vaststellen door de kostprijs met een bepaalde winstopslag te verhogen. Opereert hij echter op een markt van volledige mededinging dan zal hij zijn kostprijs gebruiken om de kostprijs te vergelijken met de gegeven verkoopprijs.
Men kan de kostprijs berekenen door de integrale kosten (dit is de som

van de variabele en vaste kosten) te delen door de *werkelijke* productieomvang. Een hoge productie leidt in dat geval tot lage vaste kosten per eenheid en daardoor tot een lage kostprijs. Een lage productie heeft dan hoge vaste kosten per eenheid en een hoge kostprijs tot gevolg. Door uit te gaan van de werkelijke productieomvang kunnen sterke schommelingen in de kostprijs van het product optreden, zoals uit voorbeeld 5.2 blijkt.

■ **Voorbeeld 5.2 Colour Print bv**
Colour Print bv heeft een monopoliepositie op het gebied van de productie en de verkoop van een fotoboek over voormalig president Bush. De productiekosten bestaan uit €120.000 vaste kosten per jaar en €10 proportioneel variabele kosten per boek. De afzet varieert van 1.000 tot 6.000 exemplaren per jaar. Uitgaande van de werkelijke productie kunnen we de volgende kostprijzen berekenen.

Werkelijke productie	Vaste kosten per eenheid (in euro's)	Variabele kosten per eenheid (in euro's)	Kostprijs per eenheid (in euro's)
1.000	120.000 : 1.000 = 120	10	130
2.000	120.000 : 2.000 = 60	10	70
3.000	120.000 : 3.000 = 40	10	50
4.000	120.000 : 4.000 = 30	10	40
5.000	120.000 : 5.000 = 24	10	34
6.000	120.000 : 6.000 = 20	10	30

Als de afzet en productie laag is, zou de monopolist kunnen besluiten de verkoopprijs te verhogen. Het gevaar hiervan is dat door de hogere verkoopprijs de vraag verder afneemt. Hierdoor stijgen de kostprijs en de verkoopprijs van het boek nog verder, waardoor het boek zelfs onverkoopbaar kan worden.

Kostprijzen die op basis van de (sterk wisselende) werkelijke productie worden berekend, kunnen tot foutieve beslissingen leiden. Bij de vaststelling van de verkoopprijs van een product gaat de onderneming daarom uit van de *lange termijn*. De onderneming kan niet in perioden met een lage afzet een hoge verkoopprijs en in perioden met een hoge afzet een lage verkoopprijs in rekening brengen. Deze schommelingen in verkoopprijzen zullen door de consument niet worden geaccepteerd. De onderneming zal daarom uitgaan van de gemiddelde kosten over een bepaalde tijdsduur. Op basis daarvan zal een verkoopprijs vastgesteld worden die leidt tot een zo hoog mogelijk resultaat op lange termijn. In hoofdstuk 3 hebben we bij de berekening van de economische levensduur van een duurzaam productiemiddel ook een gemiddelde kostprijs berekend (voor de gehele economische levensduur).
De *integrale kostprijs* is een kostprijs die onafhankelijk is van de periode waarin het product toevallig wordt geproduceerd. Om dit te bereiken, delen we de integrale kosten door *de gemiddelde bedrijfsdrukte*. Deze gemiddelde bedrijfsdrukte, die we berekenen over een aantal toekomstige jaren, is de *normale bezetting*. We geven de volgende definitie van de normale bezetting.

Normale bezetting | De normale bezetting (normale productie) van een bedrijf (of bedrijfsonderdeel) is de gemiddelde productieomvang gedurende een aantal toekomstige jaren.

Het bepalen van dit aantal toekomstige jaren is niet eenvoudig. Bij de berekening van de kosten van een duurzaam productiemiddel zijn we uitgegaan van de economische levensduur. In andere situaties berekenen we de gemiddelde kosten over het aantal jaren dat een conjunctuurcyclus duurt.

Tussenvraag 5.4
Wat zijn de gevaren als de kostprijs op basis van de werkelijke productieomvang wordt vastgesteld?

Kostprijs

We merken op dat bij de marktvormen oligopolie, monopolistische concurrentie en volledige mededinging de producent een geringe of geen invloed kan uitoefenen op de hoogte van de verkoopprijs. Bij deze marktvormen wordt de kostprijs gebruikt om te beoordelen of het product (gegeven een bepaalde verkoopprijs) winstgevend kan worden voortgebracht en om de efficiency van het productieproces te beoordelen. De kostprijs is dan *niet de basis voor de vaststelling van de verkoopprijs*, omdat bij deze marktvormen de verkoopprijs (in beperkte of belangrijke mate) door de concurrentieverhoudingen op de markt wordt bepaald.

5.3.3 Standaardkosten

Standaardkostprijs

De standaardkostprijs gebruiken we onder andere om de doelmatigheid van het productie- en verkoopproces van een onderneming te beoordelen. Niet alle gelduitgaven die door een onderneming worden gedaan om een product te maken en te verkopen, worden in de standaardkostprijs van het product opgenomen. Gelduitgaven in verband met ondoelmatig opgeofferde productiemiddelen leiden tot verspillingen. Zij worden niet in de standaardkostprijs van een product opgenomen. Verspillingen worden rechtstreeks ten laste van het resultaat gebracht.

■ **Voorbeeld 5.3 IJssalon Italia**
De verkoop van IJssalon Italia vindt gedurende het gehele jaar plaats. Omdat Italia hoge eisen stelt aan de kwaliteit van het ijs, wordt dagelijks vers ijs bereid. IJs wordt niet in voorraad gehouden (productie = verkoop). De gemiddelde ijsproductie van Italia voor de komende jaren is naar verwachting als volgt over de kwartalen verdeeld:

1ste kwartaal	1.000 liter
2de kwartaal	4.000 liter
3de kwartaal	5.000 liter
4de kwartaal	2.000 liter +
Normale productie	12.000 liter

Bij de bepaling van de benodigde capaciteit van de ijsbereidingsmachine moet rekening worden gehouden met 10% reservecapaciteit in verband met het schoonmaken en onderhouden van de machine.

Bij de keuze van de ijsbereidingsmachine heeft IJssalon Italia de keuze uit de volgende mogelijkheden:

Type	Capaciteit per jaar (in liters)	Vaste kosten per jaar (in euro's)
Milano	28.000	40.000
Palermo	25.000	36.000
Napoli	20.000	30.000
Firenze	13.200	20.000

Welk bedrag aan vaste kosten in verband met de ijsbereidingsmachine mag in de kostprijs van één liter ijs opgenomen worden?

Uitwerking
Omdat het ijs niet in voorraad wordt gehouden, wordt er in een kwartaal evenveel geproduceerd als er verkocht kan worden (we nemen aan dat er geen ijs verloren gaat). IJssalon Italia moet daarom over een machine beschikken die in staat is in het derde kwartaal (en dus ook in alle andere kwartalen) 5.000 liter ijs te produceren. Als we rekening houden met de reservecapaciteit van 10%, moet de productiecapaciteit 5.500 liter per kwartaal zijn. Op jaarbasis moet daarom een machine aangeschaft worden met een capaciteit van *minimaal* 4 × 5.500 liter = 22.000 liter. Omdat machine Palermo aan deze eis voldoet en lagere vaste kosten heeft dan machine Milano, moet Palermo aangeschaft worden. De kosten van deze machine (€36.000) worden in de standaardkostprijsberekening opgenomen.

Rationele capaciteit

Rationele overcapaciteit

De rationele capaciteit is 25.000 (= productiecapaciteit van machine Palermo). Het is niet mogelijk een goedkopere machine te kopen die aan de gestelde voorwaarden voldoet. Het verschil tussen de rationele capaciteit en de normale productie noemen we *rationele overcapaciteit*.

Berekening rationele overcapaciteit
De gemiddelde ijsverkopen bedragen 12.000 liter per jaar. De productiecapaciteit moet echter hoger zijn dan 12.000 liter per jaar, omdat in het derde kwartaal 5.000 liter moet kunnen worden geproduceerd. Dit leidt tot een jaarcapaciteit van 4 × 5.000 liter = 20.000 liter. Naast seizoensinvloeden moet ook rekening worden gehouden met een reservecapaciteit van 10%, waardoor de minimaal vereiste jaarcapaciteit op 22.000 liter uitkomt. De machine die aan deze voorwaarde voldoet, is de Palermo met een jaarcapaciteit van 25.000 liter en jaarlijkse kosten van €36.000. De rationele overcapaciteit bedraagt dan 25.000 liter – 12.000 liter = 13.000 liter.

Irrationele overcapaciteit

Als IJssalon Italia ijsmachine Milano aangeschaft zou hebben, is er sprake van een irrationele overcapaciteit van 3.000 liter. Dit zou leiden tot een verlies van €4.000, omdat de jaarlijkse vaste kosten van ijsmachine Milano €4.000 meer bedragen dan van ijsmachine Palermo. Deze €4.000 is een verspilling en mogen we niet in de standaardkostprijs van het product opnemen. In figuur 5.9 is de situatie in beeld gebracht.

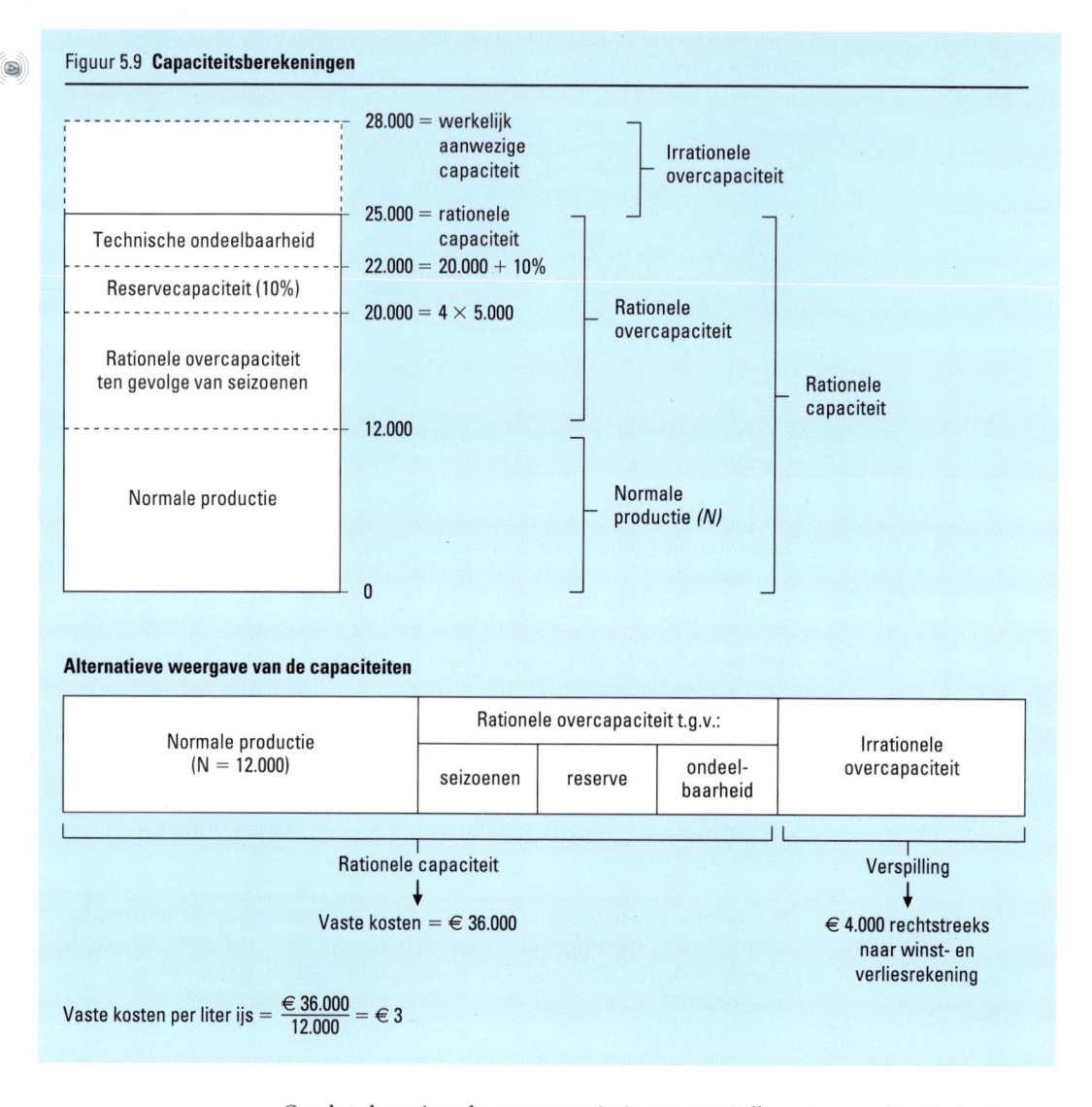

Figuur 5.9 Capaciteitsberekeningen

- 28.000 = werkelijk aanwezige capaciteit
- 25.000 = rationele capaciteit
- 22.000 = 20.000 + 10%
- 20.000 = 4 × 5.000
- 12.000
- 0

Categorieën (links):
- Technische ondeelbaarheid
- Reservecapaciteit (10%)
- Rationele overcapaciteit ten gevolge van seizoenen
- Normale productie

Rechts:
- Irrationele overcapaciteit
- Rationele overcapaciteit
- Normale productie (N)
- Rationele capaciteit

Alternatieve weergave van de capaciteiten

Normale productie (N = 12.000)	Rationele overcapaciteit t.g.v.:			Irrationele overcapaciteit
	seizoenen	reserve	ondeelbaarheid	

Rationele capaciteit → Vaste kosten = € 36.000

Verspilling → € 4.000 rechtstreeks naar winst- en verliesrekening

Vaste kosten per liter ijs = $\dfrac{€\,36.000}{12.000}$ = € 3

Omdat de rationele overcapaciteit onvermijdbaar is, worden de kosten ervan in de standaardkostprijs opgenomen.

Tussenvraag 5.5
De gelduitgaven in verband met een verspilling worden niet in de standaardkostprijs van een product of dienst opgenomen. Betekent dit dat een verspilling geen gevolgen heeft voor het resultaat van de organisatie?

Ook voor de variabele kosten geldt dat alleen de toegestane kosten in de standaardkostprijs mogen worden opgenomen. Door ondeskundigheid van het personeel kan bijvoorbeeld het grondstofverbruik meer bedragen dan toegestaan is. Het extra grondstofverbruik is een verspilling die niet in de kostprijs wordt opgenomen. De gelduitgaven in verband met het extra grondstofverbruik komen rechtstreeks ten laste van het resultaat.

Standaardkostprijs

De standaardkostprijs van een product is gelijk aan de gemiddelde toegestane kosten per product. Dit gemiddelde wordt berekend door de toegestane kosten *bij een normale productie* te delen door de normale productie. Dat geeft de volgende formule:

Standaardkostprijs =

$$\frac{\text{Variabele kosten bij normale productie} + \text{Vaste kosten bij normale productie}}{\text{Normale productie}} =$$

$$\frac{\text{Variabele kosten bij normale productie}}{\text{Normale productie}} + \frac{\text{Vaste kosten bij normale productie}}{\text{Normale productie}}$$

$$\text{Standaardkostprijs} = \frac{V_n}{N} + \frac{C}{N}$$

Hierin is:
V_n = variabele kosten bij normale productie
C = constante vaste kosten
N = normale productie

Bij de bespreking van de variabele kosten is gebleken dat de proportioneel variabele kosten per eenheid product niet veranderen ten gevolge van een verandering in de productieomvang. Bij proportioneel variabele kosten zijn de variabele kosten *per eenheid product gelijk*, ongeacht de productieomvang (zie figuur 5.10).

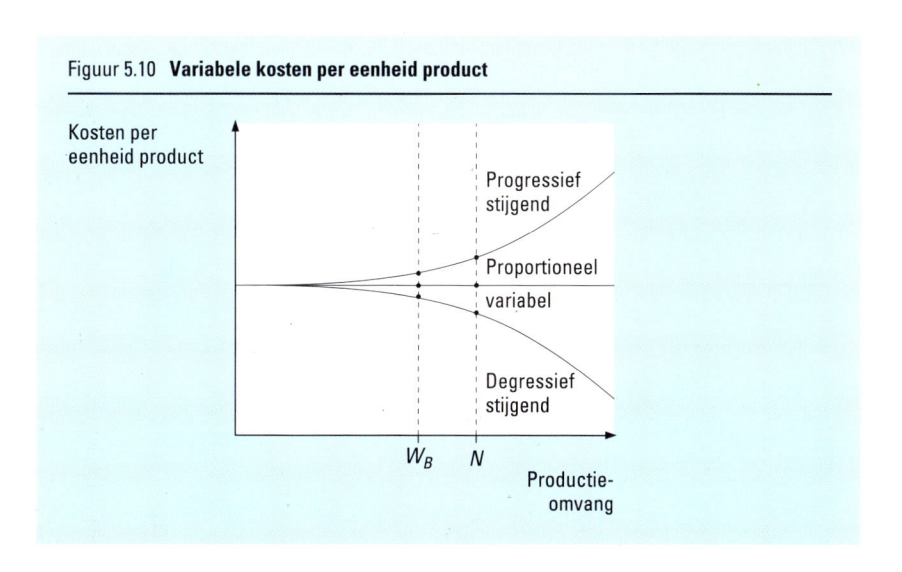

Variabele kosten

Figuur 5.10 **Variabele kosten per eenheid product**

Kosten per eenheid product

Progressief stijgend

Proportioneel variabel

Degressief stijgend

W_B N Productie-omvang

Alleen als er sprake is van proportioneel variabele kosten, kunnen we de variabele kosten per eenheid product ook berekenen door de variabele kosten bij de *begrote werkelijke* productie (V_b) te delen door de begrote werkelijke productie (W_B). Alleen bij proportioneel variabele kosten geldt dat de variabele kosten *per eenheid* niet afhankelijk zijn van de productieomvang. Dan geldt: $V_n : N = V_b : W_B$

Daarom kan bij proportioneel variabele kosten ook de volgende kostprijsformule worden gebruikt:

Standaardkostprijs

$$\text{Standaardkostprijs} = \frac{V_b}{V_b} + \frac{C}{N}$$

Hierin is:
V_b = variabele kosten bij begrote werkelijke productie
C = constante (vaste) kosten
N = normale productie
W_B = begrote werkelijke productie

De standaardkostprijs wordt meestal berekend *voordat* men met de productie begint (voorcalculatie). Daarom zijn de proportioneel variabele kosten ook berekend op basis van de begrote werkelijke productieomvang.

Aan de hand van voorbeeld 5.4 berekenen we de integrale standaardkostprijs van één cd van fabrikant Soudmix bv.

■ Voorbeeld 5.4 Soundmix bv

Soundmix bv is fabrikant van compact disks. De rationele capaciteit van Soundmix bv bedraagt 220.000 cd's. De vaste kosten van de machine die in staat is deze rationele capaciteit te leveren, bedragen €270.000 per jaar. De normale productie is 180.000 cd's per jaar. Voor het komende jaar wordt een productie begroot van 200.000 cd's. De onderneming heeft een machine aangeschaft met een capaciteit van 240.000 cd's. De vaste kosten van deze machine bedragen €300.000 per jaar.

Het verloop van de variabele kosten is gegeven in de volgende tabel.

Begrote werkelijke productie in eenheden	Totale variabele kosten (in euro's)	Variabele kosten per eenheid (in euro's)
170.000	323.000	1,90
180.000	333.000	1,85
190.000	342.000	1,80
200.000	360.000	1,80
210.000	399.000	1,90
220.000	429.000	1,95
230.000	460.000	2,00

Wat is de integrale standaardkostprijs van één cd?

Uitwerking
Omdat er in voorbeeld 5.4 geen sprake is van proportioneel variabele kosten, moeten we uitgaan van de variabele kosten bij de *normale* productie:

Variabele kosten per eenheid (€333.000 : 180.000)	€ 1,85
Vaste kosten per eenheid (€270.000 : 180.000)	€ 1,50 +
Integrale standaardkostprijs van één cd	€ 3,35

In de praktijk vertonen de totale kosten vaak een verloop zoals in figuur 5.11 is weergegeven. Het relevante productiegebied voor de onderneming waarop deze figuur van toepassing is, ligt tussen de 40.000 en 80.000 eenheden.

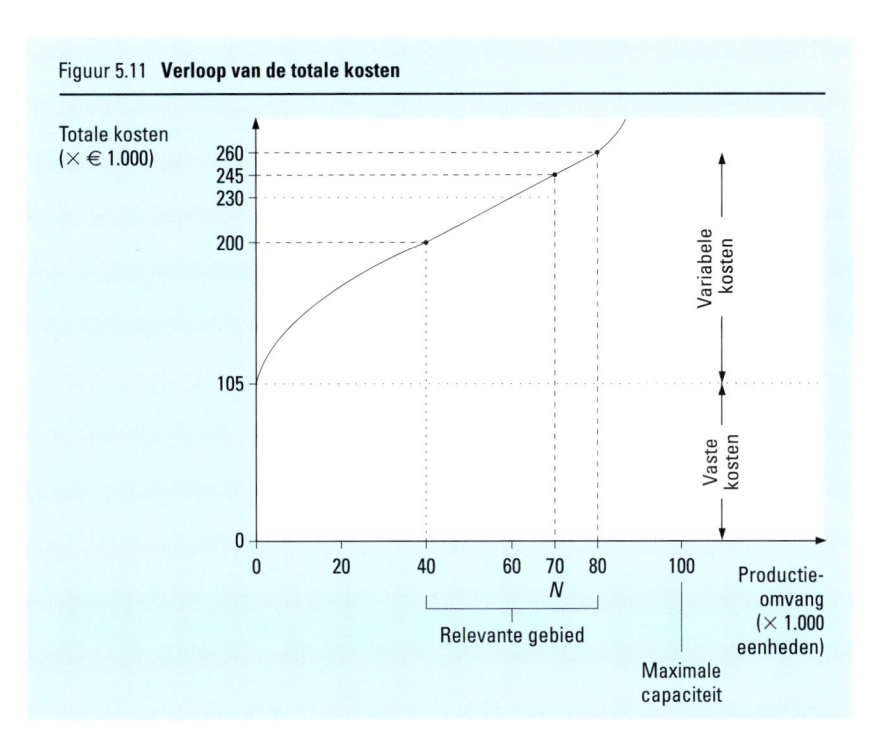

Figuur 5.11 **Verloop van de totale kosten**

Wanneer de normale productie 70.000 eenheden bedraagt, kan de integrale kostprijs berekend worden op basis van de formule:

$$\text{Standaardkostprijs} = \frac{V_n + C}{N} = \frac{€245.000}{70.000} = €3,50$$

Deze wijze om de kostprijs van een product te berekenen, noemen we de delingscalculatie. Daarbij delen we de totale productiekosten door de totale (normale) productie om de fabricagekostprijs te berekenen. De delingscalculatie is alleen toepasbaar als er sprake is van *één homogeen product* (homogene massaproductie).

Delingscalculatie

Homogene massaproductie

We kijken weer naar figuur 5.11. Zoals uit de volgende berekeningen blijkt, is deze standaardkostprijs opgebouwd uit €1,50 vaste standaardkosten en €2 variabele kosten.

$$\text{De vaste kosten per eenheid:} = \frac{C}{N} = \frac{€105.000}{70.000} = €1,50$$

De variabele kosten per eenheid: $\dfrac{V_n}{N} = \dfrac{(€245.000 - €105.000)}{70.000} = €2$

Relevant gebied

Uit figuur 5.11 blijkt dat in het relevante gebied (tussen de 40% en 80% van de maximale capaciteit) de totale variabele kosten recht evenredig met de productieomvang toenemen. Door een productietoename van 40.000 eenheden naar 80.000 eenheden, nemen de totale kosten toe van €200.000 naar €260.000. Deze stijging wordt veroorzaakt door een toename van de totale variabele kosten. In het relevante gebied stijgen de variabele kosten *per eenheid* met €1,50, zoals blijkt uit de volgende berekening:

$$\dfrac{\text{Toename (variabele) kosten}}{\text{Toename productie}} = \dfrac{(€260.000 - €200.000)}{80.000 - 40.000} = \dfrac{€60.000}{40.000} = €1,50$$

Blijkbaar zijn binnen het relevante gebied de variabele kosten proportioneel variabel. Dan kunnen we ook de formule $\dfrac{V_b}{W_b} + \dfrac{C}{N}$ gebruiken, zolang de productie tenminste binnen het relevante gebied ligt.

5.4 Kostenverbijzondering

Kosten

Niet alle gelduitgaven die een onderneming verricht, leiden tot kosten. Kosten zijn de gelduitgaven van een onderneming in verband met *doelmatig* aangewende productiemiddelen. Om van kosten te kunnen spreken, moet aan twee eisen worden voldaan:
- De gelduitgaven moeten verband houden met de opoffering van productiemiddelen (aflossingen van leningen en betaling van btw vallen daar niet onder en leiden dus niet tot kosten).
- De opoffering van de productiemiddelen moet doelmatig zijn.

Verspillingen

Gelduitgaven voor ondoelmatig opgeofferde productiemiddelen zijn verspillingen en leiden niet tot kosten.

In deze paragraaf bespreken we de directe en indirecte kosten. We gaan kort in op de toerekening van de directe kosten aan de producten. Daarna behandelen we uitgebreid de toerekening van de indirecte kosten aan de producten.

5.4.1 Directe en indirecte kosten

Kostenverbijzondering

Voor de toerekening van de gelduitgaven aan de producten (kostenverbijzondering) is het onderscheid in directe en indirecte kosten van belang.

Directe kosten

We spreken van directe kosten als er een oorzakelijk verband bestaat tussen het ontstaan van de kosten en het product, én dit verband op economisch verantwoorde wijze kan worden vastgesteld. Voorbeelden zijn de grondstofkosten van een product en de uren die een accountant besteedt aan de advisering van een cliënt.

Economisch verantwoord houdt in dat de kosten om het oorzakelijk verband vast te stellen niet meer mogen bedragen dan de voordelen die uit een nauwkeuriger inzicht in de kosten voortvloeien. Om dit toe te lichten, geven we een voorbeeld. Van de werkzaamheden van een receptioniste van een productiebedrijf zouden we (door middel van een ingewikkeld code- en registratiesysteem) kunnen vastleggen op welke producten de binnenkomende telefoongesprekken betrekking hebben en hoeveel tijd daaraan is besteed. De kosten van deze registratie kunnen echter veel hoger zijn dan de voordelen die daaruit zouden kunnen voortvloeien. Hoewel misschien een direct verband tussen de kosten van de receptioniste en de producten zou kunnen worden vastgesteld, is dat economisch niet verantwoord. Dit verband moeten we dan ook niet gaan vaststellen, waardoor de kosten van de receptioniste als indirecte kosten worden aangemerkt.

Indirecte kosten

We spreken van indirecte kosten als er *geen oorzakelijk verband* bestaat tussen het ontstaan van de kosten en het product *of* dit verband niet op economisch verantwoorde wijze kan worden vastgesteld. Dit is bijvoorbeeld het geval als de energienota betrekking heeft op het totale energieverbruik van een fabriek waarin verschillende producten worden gemaakt. Als het energieverbruik niet per product wordt geregistreerd, rekenen we de energiekosten tot de indirecte kosten.

Hoewel variabele kosten vaak direct en vaste kosten meestal indirect zijn, hoeft dit niet altijd het geval te zijn. In tabel 5.1 staan enkele voorbeelden van kosten van een fabricageafdeling, waaruit de verschillen tussen de kostenbegrippen duidelijk worden.

Tabel 5.1 **Kosten fabricageafdeling**

	Directe kosten	**Indirecte kosten**
Variabele kosten	Grondstofkosten Directe arbeid	Energiekosten, als de energiekosten per fabriek worden geregistreerd
Vaste kosten	Kosten van het verzekeren van een machine waarmee één product wordt gemaakt	Afschrijvingskosten van fabrieksgebouw waarin verschillende producten worden gemaakt

We geven de volgende definitie van kosten.

Eng kostenbegrip

> Kosten zijn aan perioden, producten enzovoort toegerekende (toekomstige) gelduitgaven in verband met doelmatig opgeofferde productiemiddelen.

In figuur 5.12 zien we een schematische weergave van de indeling van uitgaven en kosten. Hierbij hanteren we het enge kostenbegrip.

Standaardkostprijs

Het kostenbegrip van de gegeven definitie noemen we de *standaardkosten* of *toegestane kosten*. De standaardkosten per product is de *standaardkostprijs*. De gelduitgaven in verband met *doelmatig én ondoelmatig* opgeofferde productiemiddelen worden de *werkelijke kosten* genoemd. In hoofdstuk 7 gaan we in op de analyse van het verschil tussen de toegestane kosten en de werkelijke kosten.

Figuur 5.12 **Van gelduitgaven naar kosten**

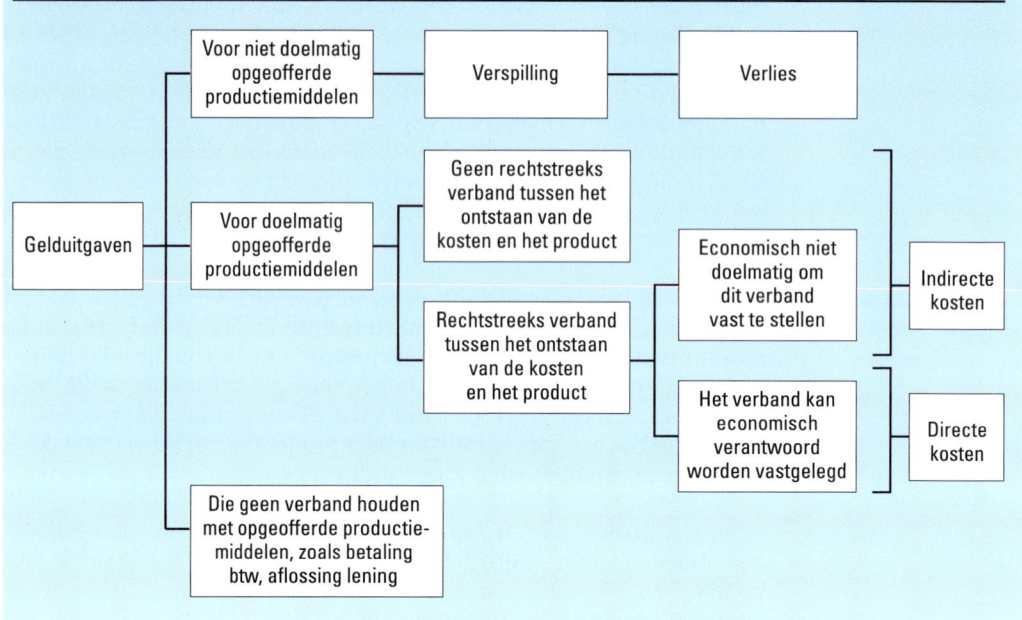

```
Gelduitgaven
├── Voor niet doelmatig opgeofferde productiemiddelen → Verspilling → Verlies
├── Voor doelmatig opgeofferde productiemiddelen
│   ├── Geen rechtstreeks verband tussen het ontstaan van de kosten en het product ─┐
│   │                                                                                ├── Economisch niet doelmatig om dit verband vast te stellen ──→ Indirecte kosten
│   └── Rechtstreeks verband tussen het ontstaan van de kosten en het product ──────┤
│                                                                                    └── Het verband kan economisch verantwoord worden vastgelegd ──→ Directe kosten
└── Die geen verband houden met opgeofferde productiemiddelen, zoals betaling btw, aflossing lening
```

5.4.2 Toerekening van de directe kosten aan de producten

In de administratie leggen we vast voor welke producten de directe kosten worden gemaakt (directe kosten houdt in dat er een verband is en dat we dit verband ook vastleggen). De toerekening van deze kosten aan de producten is dan ook geen probleem. Het verbruik van grondstoffen is een voorbeeld van directe kosten. Op basis van magazijnafgiftebonnen kunnen we vaststellen voor welk product de grondstoffen worden gebruikt. Als voor een product 5 kilogram grondstof nodig is met een inkoopprijs van €2 per kilogram, wordt per product €10 grondstofkosten in rekening gebracht. Ook van de directe arbeidsuren wordt nauwkeurig bijgehouden aan welk product ze zijn besteed. Zo houden accountants, advocaten en automonteurs een urenregistratie bij. Op basis daarvan worden de te declareren uren per cliënt vastgesteld.

Als een onderneming *slechts één product* maakt, zijn alle kosten directe kosten. De kosten worden dan immers alleen voor dat ene product gemaakt, zodat zich *geen verdelingsprobleem* voordoet. De kostprijs van het product wordt in die situatie berekend door middel van de *delingscalculatie*, waarbij alle kosten gedeeld worden door de normale productieomvang.

5.4.3 Toerekening van de indirecte kosten aan de producten

Voorbeelden van indirecte kosten zijn het salaris van de directeur, de kosten van verwarming en onderhoud van bedrijfspanden en premies van de brandverzekering.

Bij indirecte kosten is geen rechtstreeks verband tussen het ontstaan van de kosten en de producten vast te stellen, omdat dit verband ontbreekt of niet op economisch verantwoorde wijze kan worden vastgesteld. Toch zullen we, om de kostprijs van een product te kunnen bepalen, de indirecte kosten aan de producten moeten toerekenen.

Daarbij is het volgende van belang:
1 de aard van het productieproces;
2 de voor- en nadelen van een nauwkeuriger kostprijsberekening.

Ad 1 Aard van het productieproces
Welke methode in aanmerking komt voor de verdeling van de indirecte kosten over de producten, hangt af van de aard van het productieproces. We kunnen het volgende onderscheid maken:

Stukproductie
a *Stukproductie*. Bij stukproductie bepaalt de opdrachtgever (de cliënt) aan welke eisen het speciaal voor hem te maken product moet voldoen. Het laten maken van een maatkostuum door een kleermaker is een voorbeeld van stukproductie. Omdat alle producten van elkaar zullen verschillen, wordt per product (per order) vastgelegd welke kosten ervoor gemaakt zijn.

Seriestukproductie
b *Seriestukproductie*. Van seriestukproductie is sprake als een groot aantal eenheden van een product gemaakt wordt waarbij de opdrachtgever de eisen die aan het product gesteld worden, kan bepalen. Een voorbeeld is het produceren van uniformen voor het AirFrance-KLM-personeel in opdracht van de AirFrance-KLM.

Seriemassaproductie
c *Seriemassaproductie*. Bij seriemassaproductie wordt geen rekening gehouden met de individuele wensen van de cliënten. Van een bepaald product worden meestal verschillende types gemaakt, die afgestemd zijn op de wensen van een grote groep van afnemers. Zo kan de personenautomarkt verdeeld worden in een groot aantal marktsegmenten. Voor ieder marktsegment kan de autofabrikant een bepaald type auto ontwerpen en produceren. Door marktonderzoek probeert de autofabrikant erachter te komen welke eisen door een bepaald marktsegment aan de auto worden gesteld. Bij het ontwerpen van de auto voor dat marktsegment wordt met deze wensen rekening gehouden. Omdat van ieder type auto meestal verschillende varianten gemaakt worden, vindt de productie in series plaats. Zo kan na de productie van een bepaald automodel met vijf deuren overgeschakeld worden op de productie van hetzelfde model met drie deuren.

Massaproductie
d *Massaproductie*. Ook bij massaproductie wordt geen rekening gehouden met de individuele wensen van de afnemers. Als er slechts één product geproduceerd wordt, is er sprake van *homogene massaproductie*. Een voorbeeld is de productie van drinkwater door waterleidingbedrijven.
Bij *heterogene massaproductie* worden er verschillende producten naast elkaar gemaakt, waarbij geen rekening wordt gehouden met de individuele wensen van de afnemers. Zo zal een oliemaatschappij naast benzine ook smeerolie produceren.

Ad 2 Voor- en nadelen van een nauwkeuriger kostprijsberekening
In het algemeen geldt dat een methode die tot een nauwkeuriger kostprijs leidt, gepaard gaat met hogere administratiekosten. Een minder

nauwkeurige kostprijs heeft echter het gevaar dat de kostprijs niet juist wordt vastgesteld. Hieruit kunnen ongewenste gevolgen voortvloeien. Als door een onnauwkeurige kostenberekening een te lage kostprijs berekend wordt, bestaat het gevaar dat dit product voor een te lage verkoopprijs wordt verkocht. In werkelijkheid kan op dit product een verlies ontstaan, terwijl dat niet blijkt uit de administratie. Anderzijds kan door een onnauwkeurige kostenberekening ook een te hoge kostprijs worden berekend. De verkoopprijs van dit product wordt dan te hoog vastgesteld. De concurrenten, die de kostprijs wel op juiste wijze vaststellen, zullen een lagere verkoopprijs vragen. In dat geval zal de concurrentiepositie van de producent met de te hoge kostprijs verzwakken. De voordelen van een nauwkeuriger kostprijs moeten opwegen tegen de extra kosten van een nauwkeurige verdelingsmethode. Is dat niet het geval, dan gaat de voorkeur uit naar een methode die de kostprijs minder nauwkeurig vaststelt maar tot minder administratiekosten leidt.

Voorgaande overwegingen worden in figuur 5.13 geïllustreerd.

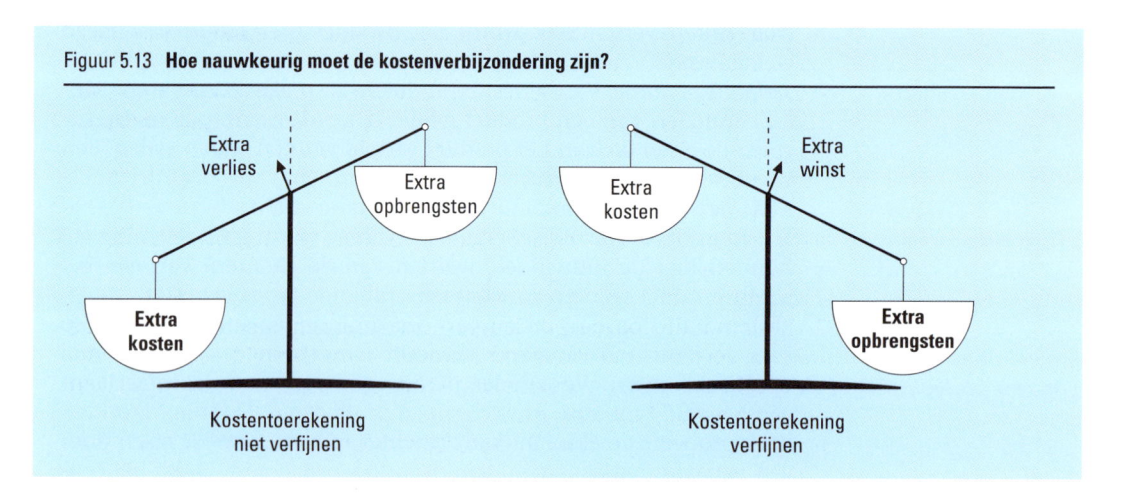

Figuur 5.13 Hoe nauwkeurig moet de kostenverbijzondering zijn?

We bespreken een aantal methoden om de indirecte kosten aan de diverse producten toe te rekenen.
Deze methoden zijn:
- de equivalentiecijfermethode;
- de opslagmethode;
- de kostenplaatsenmethode (productiecentramethode);
- activity-based costing (ABC).

Equivalentiecijfermethode
Veel bedrijven hebben zich toegelegd op de fabricage van een bepaald product waarvan verschillende varianten worden gemaakt (seriemassaproductie). Zo zal een fabrikant van pvc-buizen dit product in het algemeen in diverse diktes en lengtes fabriceren. Er is dan sprake van verschillende producten. Het probleem doet zich nu voor op welke wijze de indirecte kosten over deze producten moeten worden verdeeld. De producten zijn verschillend. Toch lijken ze zo sterk op elkaar dat er een verband tussen de indirecte kosten van de verschillende producten kan worden vastgesteld.

Equivalentiecijfermethode

De equivalentiecijfermethode lichten we aan de hand van voorbeeld 5.5 toe.

■ **Voorbeeld 5.5 Multiplastic bv**
Multiplastic bv maakt pvc-buizen in vier varianten (SK, SL, DK en DL), die uitsluitend verschillen in dikte en lengte. Van deze pvc-buizen zijn de volgende gegevens bekend:

Productaanduiding	Dikte	Lengte
SK	10 mm	5 meter
SL	10 mm	10 meter
DK	20 mm	5 meter
DL	20 mm	10 meter

De dikte van de buizen is voor 60% verantwoordelijk voor de hoogte van de indirecte kosten, de lengte voor 40%.
Voor de komende maand zijn de volgende productieaantallen begroot: SK 400 stuks, SL 160 stuks, DK 300 stuks en DL 100 stuks. De begrote indirecte fabricagekosten voor deze maand zijn €26.500. Het product SK is de calculatie-eenheid.

Bereken de indirecte kosten per afzonderlijk product (SK, SL, DK en DL).

Uitwerking
Op basis van de diktes en de lengtes van de buizen bepalen we in welke mate de verschillende producten worden verondersteld verantwoordelijk te zijn voor het ontstaan van de indirecte kosten. Daarvoor maken we de volgende berekeningen:
SK: $0{,}6 \times 10 + 0{,}4 \times 5 = 8$ (SK is de calculatie-eenheid)
SL: $0{,}6 \times 10 + 0{,}4 \times 10 = 10$
DK: $0{,}6 \times 20 + 0{,}4 \times 5 = 14$
DL: $0{,}6 \times 20 + 0{,}4 \times 10 = 16$

Op basis van deze berekening worden aan één product SL 10/8 zoveel indirecte kosten doorberekend als aan één product SK, en krijgt één product DK 14/8 zoveel indirecte kosten doorberekend als één product SK. De berekeningen voor de toerekening van de indirecte kosten aan de verschillende producten verlopen verder als volgt:
SK 400 stuks komt overeen met:
   400×1 eenheid SK $=$ 400 eenheden SK
SL 160 stuks komt overeen met:
   $160 \times 10/8$ eenheden SK $=$ 200 eenheden SK
DK 300 stuks komt overeen met:
   $300 \times 14/8$ eenheden SK $=$ 525 eenheden SK
DL 100 stuks komt overeen met:
   $100 \times 16/8$ eenheden SK $=$ 200 eenheden SK

                                            1.325 eenheden SK $=$
                                            1.325 equivalentie-eenheden

De toerekening van de indirecte kosten is als volgt:

$$\frac{€26.500}{1.325} = €20 \text{ per equivalentie-eenheid}$$

De begrote indirecte kosten bedragen:

Productaanduiding	Per product	Doorberekend aan de totale productie
SK	€ 20	400 × € 20 = € 8.000
SL	10/8 × € 20 = € 25	160 × € 25 = € 4.000
DK	14/8 × € 20 = € 35	300 × € 35 = € 10.500
DL	16/8 × € 20 = € 40	100 × € 40 = € 4.000
		€ 26.500

Opslagmethode

Opslagmethode

Bij de opslagmethode worden de indirecte kosten aan de producten toegerekend door (een gedeelte van) de directe kosten met een bepaald opslagpercentage te verhogen. Toepassing van de opslagmethode is mogelijk als er een verband vastgesteld kan worden tussen de omvang van de indirecte kosten en de omvang van de directe kosten. Voor een bepaald productieproces zou bijvoorbeeld kunnen gelden dat de indirecte kosten volgens een vaste verhouding reageren op een verandering in de grondstofkosten. In dat geval is het mogelijk de indirecte kosten aan de producten door te berekenen door de grondstofkosten met een bepaald percentage te verhogen.

Omdat er prijsveranderingen kunnen optreden, moet het opslagpercentage wel regelmatig worden aangepast. Ten behoeve van de voorcalculatie wordt het opslagpercentage op basis van de verwachte kosten als volgt berekend:

$$\text{Opslagpercentage} = \frac{\text{Verwachte indirecte kosten}}{\text{Verwachte directe kosten}} \times 100\%$$

We onderscheiden de enkelvoudige opslagmethode en de meervoudige opslagmethode.

Enkelvoudige opslagmethode

Enkelvoudige of primitieve opslagmethode

Als er slechts één opslagpercentage gebruikt wordt om de indirecte kosten door te berekenen, spreken we van een enkelvoudige of primitieve opslagmethode. Het is bijvoorbeeld mogelijk dat er een verband bestaat tussen de indirecte kosten en de kosten van directe arbeid. In dat geval wordt het opslagpercentage bepaald door de (verwachte) indirecte kosten te delen door de (verwachte) kosten van directe arbeid.
Ook kan uit historische waarnemingen blijken dat de indirecte kosten in een vaste verhouding reageren op een verandering in de totale directe kosten. In dat geval nemen we de totale directe kosten als basis voor de doorberekening van de indirecte kosten.
Aan de hand van voorbeeld 5.6 berekenen we de opslagpercentages en de kostprijs per studieboek van Uitgeverij UVES.

Voorbeeld 5.6 Uitgeverij UVES

Uitgeverij UVES heeft over het afgelopen jaar de volgende informatie met betrekking tot de fabricagekosten van studieboeken verzameld.

Directe kosten:
directe grondstoffen	€ 4.000.000
directe arbeid	€ 1.000.000 +
Totale directe kosten	€ 5.000.000

De totale indirecte kosten bedragen in dit jaar €1.000.000.

We berekenen de fabricagekostprijs van een studieboek volgens de enkelvoudige opslagmethode. Voor het komende jaar verwacht UVES dat de directe grondstofkosten €20 per boek bedragen en de directe arbeidskosten €6 per boek. De *totale indirecte kosten* worden doorberekend door:
a een opslag op de directe grondstofkosten, of
b een opslag op de kosten van directe arbeid, of
c een opslag op de totale directe kosten.

Uitwerking

a Opslagpercentage op grondstofkosten: $\dfrac{€1.000.000}{€4.000.000} \times 100\% = 25\%$

b Opslagpercentage op directe arbeid: $\dfrac{€1.000.000}{€1.000.000} \times 100\% = 100\%$

c Opslagpercentage op totale directe kosten: $\dfrac{€1.000.000}{€5.000.000} \times 100\% = 20\%$

Kostprijsberekeningen

	a	b	c
Grondstofkosten	€ 20	€ 20	€ 20
Directe arbeid	€ 6	€ 6	€ 6
Totale directe kosten	€ 26	€ 26	€ 26
Opslag indirecte kosten	25% → € 5	100% → € 6	20% → € 5,20
Fabricagekosten per studieboek	€ 31	€ 32	€ 31,20

Meervoudige opslagmethode

Meervoudige of verfijnde opslagmethode

Bij de meervoudige of verfijnde opslagmethode berekenen we twee of meer opslagpercentages. Hierbij worden de indirecte en directe kosten in verschillende groepen onderverdeeld. Als uit historische waarnemingen blijkt dat er een verband bestaat tussen een bepaalde groep indirecte kosten en een bepaalde groep directe kosten, kan per kostengroep een opslagpercentage worden vastgesteld. Zo zou uit onderzoek kunnen blijken dat de indirecte arbeidskosten samenhangen met de directe arbeidskosten, het indirecte materiaalverbruik met de directe grondstofkosten en de overige indirecte kosten met de totale directe kosten. Dat is in tabel 5.2 weergegeven.

Tabel 5.2 **Verband tussen indirecte en directe kosten**

Indirecte kosten	Opslagbasis
Indirecte arbeidskosten	Directe arbeidskosten
Indirecte materiaalkosten	Directe grondstofkosten
Overige indirecte kosten	Totale directe kosten

Per opslagbasis wordt een opslagpercentage vastgesteld.
Bij de kostprijsberekening worden de indirecte kosten doorberekend door de directe kosten te verhogen met de corresponderende opslagpercentages.

Uitgeverij UVES uit voorbeeld 5.6 heeft nader onderzoek laten verrichten naar de samenstelling van de indirecte kosten. Daaruit bleek dat de indirecte fabricagekosten bestaan uit:

Indirecte materiaalkosten	€ 200.000
Indirecte arbeid	€ 100.000
Overige indirecte kosten	€ 700.000
Totale indirecte kosten	€ 1.000.000

We berekenen nu de fabricagekostprijs van een studieboek volgens de meervoudige opslagmethode, waarbij:
- de indirecte materiaalkosten worden doorberekend op basis van de directe grondstofkosten;
- de indirecte arbeidskosten worden doorberekend op basis van de directe arbeidskosten;
- de overige indirecte kosten worden doorberekend op basis van de totale directe kosten.

Uitwerking

Opslagpercentage op grondstofkosten: $\dfrac{€200.000}{€4.000.000} \times 100\% = 5\%$

Opslagpercentage op directe arbeid: $\dfrac{€100.000}{€1.000.000} \times 100\% = 10\%$

Opslagpercentage op totale directe kosten: $\dfrac{€700.000}{€5.000.000} \times 100\% = 14\%$

Kostprijsberekening bij meervoudige opslagmethode:

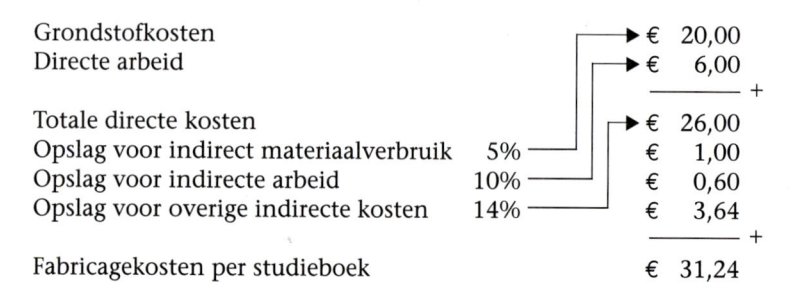

Grondstofkosten		€ 20,00
Directe arbeid		€ 6,00 +
Totale directe kosten		€ 26,00
Opslag voor indirect materiaalverbruik	5%	€ 1,00
Opslag voor indirecte arbeid	10%	€ 0,60
Opslag voor overige indirecte kosten	14%	€ 3,64 +
Fabricagekosten per studieboek		€ 31,24

De in de uitwerking van voorbeeld 5.6 gebruikte opslagmethoden leiden tot vier verschillende uitkomsten. Welke opslagmethode is nu de beste? Om deze vraag te kunnen beantwoorden, moet onderzocht worden welke opslagmethode het verband tussen de directe en indirecte kosten het beste weergeeft. Als uit onderzoek (meestal op basis van historische waarnemingen) blijkt dat er een sterke relatie is tussen de indirecte kosten en het directe grondstoffenverbruik, dan is methode a (een opslag op de directe grondstofkosten) de beste berekeningswijze. Met andere woorden: er moet een opslagbasis gekozen worden waarmee de indirecte kosten de meeste samenhang vertonen. De methode die met deze samenhang het beste rekening houdt, leidt dan tot de meest nauwkeurige kostprijs. In het algemeen zal dit de meervoudige (verfijnde) opslagmethode zijn. De kosten die verbonden zijn aan de toepassing van deze methode, zijn echter hoger dan de kosten van de enkelvoudige opslagmethode.

Kostenplaatsenmethode (productiecentramethode)

Kostenplaats
Een kostenplaats is een kostenindeling die om calculatorische redenen is ingesteld. Een kostenplaats is een verzameling van alle indirecte kosten die met de uitoefening van *een bepaalde functie* in de onderneming samenhangen. Een kostenplaats *kan* samenvallen met een bepaalde concrete afdeling van de onderneming, maar dit hoeft niet altijd het geval te zijn. Zo zou er in een onderneming die zelf geen energie opwekt, toch sprake kunnen zijn van een kostenplaats Energie. Op deze kostenplaats worden, uitgaande van de ontvangen rekeningen van de energiebedrijven, alle indirecte energiekosten samengebracht. Ook de kostenplaats Sociale lasten valt niet samen met een concrete afdeling. Op deze kostenplaats worden alle sociale lasten voor de werknemers geboekt.

Eerstverdeelde kosten
Om de indirecte kosten over de diverse kostenplaatsen te kunnen verdelen, wordt allereerst vastgesteld voor welke kostenplaatsen de indirecte kosten gemaakt zijn. Op basis daarvan worden de indirecte kosten ten laste van de kostenplaatsen gebracht. De kosten die in eerste instantie ten laste van de kostenplaatsen worden gebracht, worden *eerstverdeelde kosten* genoemd.

Doorbelaste kosten
Nadat alle indirecte kosten aan de kostenplaatsen toegerekend zijn, worden de kosten van een kostenplaats met behulp van verdeelsleutels doorbelast aan andere kostenplaatsen. We spreken dan van *doorbelaste kosten*.

Verdeelsleutel
Een verdeelsleutel is een grootheid die als maatstaf voor de doorbelasting dient. Een voorwaarde bij de keuze van de verdeelsleutels is dat er een oorzakelijk verband bestaat tussen de door te belasten kosten en de grootheid die als verdeelsleutel dient. Zo zullen de kosten van de kostenplaats Huisvesting op basis van de hoeveelheid vierkante meters doorbelast worden. De oppervlakte in vierkante meters is dan de verdeelsleutel. Uiteindelijk worden alle indirecte kosten ten laste gebracht van de producten die door de onderneming worden geproduceerd. De
Kostendragers
producten noemen we *kostendragers*.

We noemen twee voordelen van de kostenplaatsenmethode:
1 De kostenplaatsen kunnen zo gekozen worden dat bij iedere kostenplaats een verantwoordelijke functionaris hoort (responsibility accounting).

2 Voor iedere kostenplaats kan een budget opgesteld worden dat bestaat uit eerstbelaste en doorbelaste indirecte kosten. Na afloop van een periode kunnen de werkelijke indirecte kosten per kostenplaats vergeleken worden met het budget van de kostenplaats. Analyse van de verschillen tussen budget en de werkelijke indirecte kosten kan leiden tot maatregelen om de efficiency van de bedrijfsvoering te verbeteren.

De kostenplaatsen worden onderscheiden in hulp- en hoofdkostenplaatsen.

Hulpkostenplaatsen
a Hulpkostenplaatsen zijn kostenplaatsen die werkzaamheden verrichten voor andere kostenplaatsen. Er wordt een onderscheid gemaakt in zelfstandige en onzelfstandige hulpkostenplaatsen. Een onzelfstandige hulpkostenplaats is geen concreet aanwijsbare afdeling in het bedrijf maar een kostengroepering die ten behoeve van de kostenverbijzondering wordt gemaakt. Voorbeelden hiervan zijn de kostenplaats Sociale lasten en de kostenplaats Energie.

Onzelfstandige hulpkostenplaats

Zelfstandige hulpkostenplaats
Een zelfstandige hulpkostenplaats is een hulpkostenplaats die samenvalt met een concrete afdeling in de onderneming. Bijvoorbeeld de hulpkostenplaats Administratie.

Hoofdkostenplaatsen
b Hoofdkostenplaatsen zijn afdelingen die rechtstreeks prestaties leveren aan de eindproducten (kostendragers). Hoofdkostenplaatsen zijn zelfstandige kostenplaatsen. Voorbeelden hiervan zijn de fabricageafdeling en de verkoopafdeling.

De toerekening van de indirecte kosten aan de uiteindelijke kostendragers vindt plaats in drie stappen:
1 verdeling van alle indirecte kosten over de verschillende kostenplaatsen; dit zijn de eerstverdeelde kosten;
2 doorberekening van de kosten van de hulpkostenplaatsen aan de andere kostenplaatsen op basis van de prestaties die geleverd worden aan de andere kostenplaatsen;
3 doorbelasting van de kosten van de hoofdkostenplaatsen aan de eindproducten (kostendragers).

Kostendrager

Het proces van kostentoerekening bij de kostenplaatsenmethode is weergegeven in figuur 5.14.

De verdeling van de *indirecte kosten* over de diverse kostenplaatsen en de doorbelastingen tussen de kostenplaatsen kunnen we weergeven in de vorm van een kostenverrekenstaat. Een *kostenverrekenstaat* is opgebouwd uit een kostenverdeelstaat en een kostendekkingsstaat. De kostenverdeelstaat geeft de verdeling van de indirecte kosten over de kostenplaatsen weer (eerstverdeelde kosten). De kostendekkingsstaat geeft een overzicht van de onderlinge doorbelastingen.

Kostenverrekenstaat
Kostenverdeelstaat

Kostendekkingsstaat

Tussenvraag 5.6
Waarom besteden we bij de kostenplaatsenmethode geen aandacht aan de directe kosten?

In voorbeeld 5.7 wordt het gebruik van de kostenplaatsenmethode geïllustreerd.

Figuur 5.14 **Kostentoerekening bij de kostenplaatsenmethode**

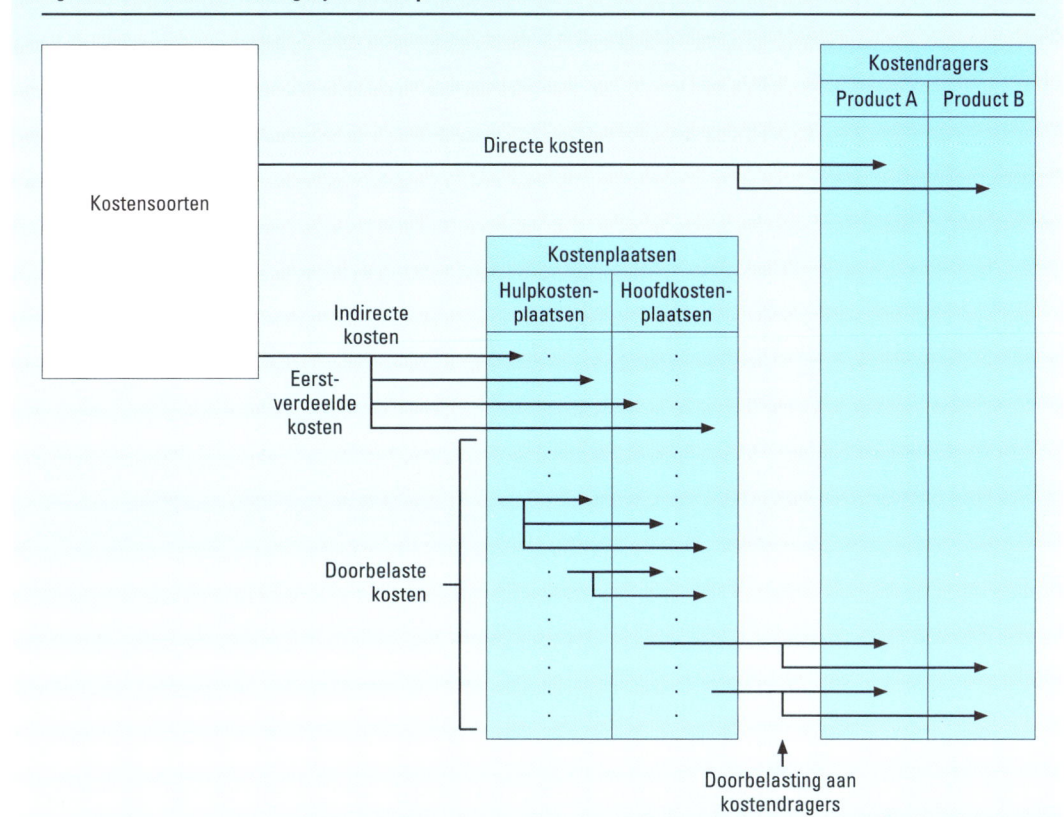

■ Voorbeeld 5.7 Onderneming Tour de France

Onderneming Tour de France, fabrikant van racefietsen, maakt voor de toerekening van de indirecte kosten gebruik van de kostenplaatsenmethode. Bij deze onderneming zijn de volgende kostenplaatsen in gebruik: Sociale lasten, Huisvesting, Administratie, Magazijn, Machineafdeling, Assemblageafdeling en Verkoopafdeling. De voorcalculatorische kostenverrekenstaat van onderneming Tour de France is weergegeven in tabel 5.3.
Hierin worden de indirecte kosten weergegeven die toegestaan zijn voor de *verwachte bezetting*. We veronderstellen dat de verwachte bezetting overeenkomt met de normale bezetting.

De verdeling van de indirecte kosten over de diverse kostenplaatsen (eerstverdeelde kosten) wordt in de kostenverdeelstaat weergegeven. Door middel van *verdeelsleutels* worden deze indirecte kosten doorbelast aan andere kostenplaatsen. De kostendekkingsstaat geeft een overzicht van deze doorbelaste kosten. Uiteindelijk worden de indirecte kosten van de hoofdkostenplaatsen doorbelast aan de producten (kostendragers).

Tabel 5.3 **Voorcalculatorische kostenverrekenstaat**

Kostensoorten Indirecte kosten		Onzelfstandige hulpkostenplaatsen		Zelfstandige hulpkostenplaatsen		Hoofdkostenplaatsen		
		Sociale lasten	Huisvesting	Administratie	Magazijn	Machineafdeling	Assemblageafdeling	Verkoopafdeling
Kostenverdeelstaat								
Afschrijving machines	€ 324.000					€ 324.000		
Indirecte lonen en salarissen	- 38.600	€ 4.000		€ 8.000	€ 6.000	- 10.000	€ 4.000	€ 6.600
Reiskostenvergoedingen	- 3.020			- 400	- 200	- 600	- 302	- 1.518
Premies pensioenvoorz.	- 4.200	€ 4.200						
Premies sociale verzekeringen (werkgeversaandeel)	- 5.450	5.450						
Kantinekosten	- 3.000			- 400	- 200	- 1.600	- 600	- 200
Verzekeringspremies	- 1.988		- 700	- 388	- 200	- 200	- 300	- 200
Telefoon- en portokosten	- 2.120			- 452	- 200			- 1.468
Reclamekosten	- 3.000							- 3.000
Afschrijvingskosten	- 12.000		- 4.000	- 1.000	- 1.000	- 4.000	- 2.000	
Interestkosten	- 6.300		- 4.000	- 600	- 200	- 500	- 1.000	
Onroerendezaakbelasting	- 2.000		- 2.000					
Milieuheffingen, gas, water, elektriciteit	- 7.210		- 2.360	- 200	- 80	- 2.700	- 1.870	
Totale indirecte kosten	**€ 412.888**	€ 9.650	€ 17.060	€ 11.440	€ 8.080	€ 343.600	€ 10.072	€ 12.986
Kostendekkingsstaat								
Doorbelaste kosten:								
Kostenplaats Sociale lasten		- € 9.650	€ 1.000	€ 2.000	€ 1.500	€ 2.500	€ 1.000	€ 1.650
Kostenplaats Huisvesting			- € 18.060	€ 1.800	€ 3.260	€ 6.000	€ 4.000	€ 3.000
Kostenplaats Administratie				- € 15.240	€ 4.100	€ 2.300	€ 1.440	€ 7.400
Kostenplaats Magazijn					- € 16.940	€ 5.600	€ 7.000	€ 4.340
Saldo		€ 0	€ 0	€ 0	€ 0	€ 360.000	€ 23.512	€ 29.376

In totaal ten laste van de hoofdkostenplaatsen € 412.888

Verdeelsleutels

Verdeelsleutel Per kostenplaats moet een maatstaf (verdeelsleutel) worden vastgesteld. Op basis daarvan worden de indirecte kosten van de kostenplaats doorbelast. Voor de verdeelsleutel moet gelden dat er een verband bestaat tussen de omvang van de indirecte kosten van de betreffende kostenplaats en (de omvang van) de verdeelsleutel. Dit verband kan vastgesteld worden op basis van historische waarnemingen. In de praktijk is het vaststellen van de juiste verdeelsleutel geen eenvoudige taak.

Vaak moet het verband tussen de indirecte kosten van een kostenplaats en een aantal verdeelsleutels onderzocht worden, voordat de definitieve keuze van een verdeelsleutel kan worden gemaakt. Ook kan het voorkomen dat de kostenplaatsen verder opgesplitst moeten worden om een verband tussen de indirecte kosten van de kostenplaats en een verdeelsleutel vast te kunnen stellen.

Berekening doorbelastingstarief

Het tarief per eenheid van de verdeelsleutel wordt berekend op basis van de volgende formule:

$$\frac{\text{(Toegestane) indirecte kosten per kostenplaats bij de normale bezetting}}{\text{Normale bezetting per kostenplaats (uitgedrukt in eenheden van de bijbehorende verdeelsleutel)}}$$

Als er sprake is van proportioneel variabele indirecte kosten, kunnen we het tarief per kostenplaats berekenen op basis van de volgende formule:

$$\frac{\text{Vaste indirecte kosten}}{\text{Normale bezetting}} + \frac{\text{Proportioneel variabele indirecte kosten bij de verwachte bezetting}}{\text{Verwachte bezetting}}$$

Om de laatste berekening te kunnen toepassen, moeten de indirecte kosten verdeeld worden in vaste en variabele kosten.

We geven de doorbelastingen van onderneming Tour de France in voorbeeld 5.7.

In de uitwerkingen zijn de volgende verdeelsleutels gehanteerd (zie tabel 5.4).

Tabel 5.4 **Verdeelsleutel per kostenplaats**

Kostenplaats	Verdeelsleutels (op basis van de normale bezetting)
1 Sociale lasten i.v.m. indirecte lonen	Bedrag indirecte lonen en salarissen
2 Huisvesting	Aantal m^2 vloeroppervlakte
3 Administratie	Aantal boekingsstukken
4 Magazijn	Volume in m^3
5 Machineafdeling	Aantal machine-uren
6 Assemblageafdeling	Aantal manuren
7 Verkoopafdeling	Percentage van de omzet

1 Doorbelasting Sociale lasten

De kosten van de hulpkostenplaats Sociale lasten worden aan de andere kostenplaatsen doorbelast op basis van de indirecte lonen. Uit de kostenverdeelstaat blijkt dat de indirecte lonen en salarissen €38.600 bedragen. Het tarief voor de doorbelasting van de hulpkostenplaats Sociale lasten volgt uit:

$$\frac{\text{Door te berekenen sociale lasten}}{\text{Indirecte lonen en salarissen}} = \frac{€\,9.650}{€38.600} \times 100\% = 25\%$$

De doorbelasting bedraagt 25% × indirecte lonen en salarissen:

Doorbelasting aan Huisvesting	(25% × € 4.000)	€ 1.000
Doorbelasting aan Administratie	(25% × € 8.000)	€ 2.000
Doorbelasting aan Magazijn	(25% × € 6.000)	€ 1.500
Doorbelasting aan Machineafdeling	(25% × €10.000)	€ 2.500
Doorbelasting aan Assemblageafdeling	(25% × € 4.000)	€ 1.000
Doorbelasting aan Verkoopafdeling	(25% × € 6.600)	€ 1.650 +
Totaal doorbelastingen		€ 9.650

2 Doorbelasting Huisvesting
De indirecte kosten die ten laste van de hulpkostenplaats Huisvesting komen, bedragen €17.060 + €1.000 = €18.060. Deze kosten worden doorbelast op basis van de totale oppervlakte (gemeten in m^2), die door een afdeling in beslag wordt genomen. De totale oppervlakte van alle afdelingen samen is 903 m^2. Het doorbelastingstarief bedraagt dan €18.060 : 903 m^2 = €20 per m^2.

De totale oppervlakte is als volgt verdeeld:

Administratie	90 m^2
Magazijn	163 m^2
Machineafdeling	300 m^2
Assemblageafdeling	200 m^2
Verkoopafdeling	150 m^2
	903 m^2

Doorberekening huisvestingskosten aan:

Administratie	90 m^2 × €20 =	€ 1.800
Magazijn	163 m^2 × €20 =	€ 3.260
Machineafdeling	300 m^2 × €20 =	€ 6.000
Assemblageafdeling	200 m^2 × €20 =	€ 4.000
Verkoopafdeling	150 m^2 × €20 =	€ 3.000
Totaal doorbelast	903 m^2 × €20 =	€ 18.060

3 Doorbelasting Administratie
De administratiekosten berekenen we aan de hand van het verwachte aantal boekingsstukken door aan de kostenplaatsen. Voor de periode waarop de voorcalculatorische kostenverrekenstaat betrekking heeft, wordt verwacht dat 15.240 boekingsstukken worden verwerkt. Deze boekingsstukken zijn als volgt over de kostenplaatsen verdeeld:

Magazijn	4.100
Machineafdeling	2.300
Assemblage	1.440
Verkoopafdeling	7.400
	15.240

De eerstverdeelde en doorbelaste indirecte kosten van de kostenplaats Administratie bedragen €11.440 + €2.000 + €1.800 = €15.240. Het tarief per boekingsstuk wordt €15.240 : 15.240 = €1 per boekingsstuk.

De aan de kostenplaatsen doorbelaste administratiekosten bedragen:

Magazijn	4.100 × €1 =	€ 4.100
Machineafdeling	2.300 × €1 =	€ 2.300
Assemblageafdeling	1.440 × €1 =	€ 1.440
Verkoopafdeling	7.400 × €1 =	€ 7.400
Totaal doorbelastingen	15.240 × €1 =	€ 15.240

4 Doorbelasting Magazijn
De eerstverdeelde en doorbelaste indirecte kosten ten laste van de magazijnafdeling bedragen €8.080 + €1.500 + €3.260 + €4.100 = €16.940. De magazijnen worden gebruikt door de:

Machineafdeling	200 m^3
Assemblageafdeling	250 m^3
Verkoopafdeling	155 m^3
	605 m^3

Het tarief voor de magazijnafdeling wordt €16.940 : 605 m^3 = €28 per m^3. Op grond van de opslagruimten die door de afdelingen gebruikt worden, vindt de doorbelasting plaats.

Machineafdeling	200 m^3 × €28 =	€ 5.600
Assemblageafdeling	250 m^3 × €28 =	€ 7.000
Verkoopafdeling	155 m^3 × €28 =	€ 4.340
Totaal doorbelast	605 m^3 × €28 =	€ 16.940

5 Doorbelasting hoofdkostenplaatsen aan de kostendragers
Uit de kostendekkingsstaat blijkt dat uiteindelijk alle indirecte kosten ten laste van de hoofdkostenplaatsen zijn gebracht.

Machineafdeling	€ 360.000
Assemblageafdeling	€ 23.512
Verkoopafdeling	€ 29.376
Totaal doorbelast	€ 412.888

De indirecte kosten die ten laste van de hoofdkostenplaatsen gebracht zijn, worden doorbelast aan de producten (kostendragers). In de volgende uitwerking in tabel 5.5 veronderstellen we dat de verwachte bezetting van de hoofdkostenplaatsen overeenkomt met de normale bezetting.

Tabel 5.5 **Verwachte bezetting hoofdkostenplaatsen**

Hoofdkostenplaatsen	Verwachte bezetting
Machineafdeling	18.000 machine-uren
Assemblageafdeling	5.878 manuren
Verkoopafdeling	€ 734.400 omzet

De tarieven op basis waarvan de indirecte kosten van de hoofdkostenplaatsen aan de producten worden doorbelast, bedragen voor de:
- Machineafdeling €360.000 : 18.000 = €20 per machine-uur;
- Assemblageafdeling €23.512 : 5.878 = €4 per manuur;
- Verkoopafdeling (€29.376 : €734.400) × 100% = 4% van de omzet.

Standaardkostprijs

Berekening standaardkostprijs en verkoopprijs
Onderneming Tour de France waarop voorgaande berekeningen betrekking hebben, brengt onder andere het model Démarrage op de markt. Voor deze racefiets is 10 kg materiaal à €20,40 per kilogram en 4 uur directe arbeid à €60 per uur nodig. De productie vergt tevens 5 machine-uren en 4 assemblage-uren. De onderneming wenst een nettowinst te behalen van 16% van de prijs waarvoor het product aan de rijwielhandelaar wordt verkocht. Met btw houden we geen rekening.

Op basis van deze gegevens en de kostenverrekenstaat berekenen we de standaardfabricagekostprijs.

Directe fabricagekosten:
Materialen (10 kg × €20,40)	€ 204
Directe arbeid (4 uur × €60)	€ 240

Indirecte fabricagekosten:
Machineafdeling (5 uur × €20)	€ 100
Assemblageafdeling (4 uur × €4)	€ 16
Standaardfabricagekostprijs	€ 560

Verkoopprijs

De berekening van de verkoopprijs:

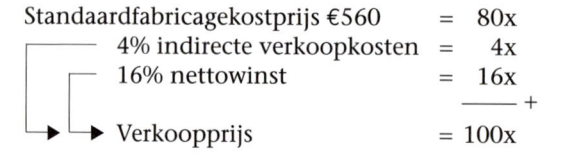

Standaardfabricagekostprijs €560	=	80x
4% indirecte verkoopkosten	=	4x
16% nettowinst	=	16x +
Verkoopprijs	=	100x

Omdat de percentages (4% en 16%) over de verkoopprijs moeten worden berekend, wordt de verkoopprijs op 100x gesteld. De indirecte verkoopkosten zijn dan 4x en de nettowinst is 16x.

De standaardfabricagekostprijs van €560 komt overeen met 80x. Daaruit volgt dat 1x gelijk is aan €7. Dan geldt:
Indirecte verkoopkosten	4 × €7 = € 28
Nettowinstopslag	16 × €7 = €112
Verkoopprijs	100 × €7 = €700

De prijs waarvoor het model Démarrage aan de rijwielhandel aangeboden wordt, kunnen we ook berekenen door de standaardfabricagekostprijs (€560), de indirecte verkoopkosten (€28) en de nettowinstopslag (€112) op te tellen.

Toepassing kostenplaatsenmethode
Zoals uit de berekeningen in voorbeeld 5.7 blijkt, vereist de kostenplaatsenmethode veel administratieve werkzaamheden. Als een onderneming slechts één product voortbrengt, kan zij de standaardkostprijs

veel eenvoudiger berekenen door de delingscalculatie toe te passen. De kostenplaatsenmethode heeft, óók voor ondernemingen die slechts één product voortbrengen, echter als voordeel dat de efficiency van de bedrijfsvoering kan worden beoordeeld.

Om de efficiency van een kostenplaats te kunnen beoordelen, wordt een nacalculatorische kostenverrekenstaat opgesteld. Nacalculatorisch wil zeggen dat de kostenverrekenstaat wordt opgesteld op basis van de werkelijk geproduceerde aantallen. In deze staat worden de kosten opgenomen die toegestaan zijn voor de werkelijke productie- en verkoopomvang in een bepaalde periode. Door per kostenplaats de toegestane kosten te vergelijken met de werkelijke kosten kan de efficiency per kostenplaats worden vastgesteld. De functionaris die verantwoordelijk is voor een bepaalde kostenplaats, zal gevraagd worden om een verklaring voor een geconstateerd verschil te geven. De wijze waarop de verschillen tussen de werkelijke kosten en de toegestane kosten geanalyseerd kunnen worden, komt in hoofdstuk 7 aan de orde.

De leiding van de onderneming zal de kosten die aan de toepassing van de kostenplaatsenmethode verbonden zijn, vergelijken met de voordelen ervan. In de praktijk wordt de kostenplaatsenmethode vooral toegepast in grote bedrijven die verschillende producten voortbrengen.

Nacalculatorische kostenverrekenstaat

Activity-based costing

Bij de kostenplaatsenmethode rekenen we de indirecte kosten toe aan verschillende functies binnen de onderneming. Nadat de indirecte kosten aan de kostenplaatsen zijn doorbelast, vindt toerekening aan de kostendragers (de producten) plaats. Op basis van de kostenplaatsenmethode kan een nauwkeurige kostprijsberekening worden gemaakt. Activity-based costing (ABC) gaat echter nog verfijnder te werk. Bij deze methode worden de werkzaamheden in een onderneming opgesplitst in een groot aantal activiteiten. Deze activiteiten worden als de oorzaak voor het ontstaan van de indirecte kosten gezien. Alle indirecte kosten die met een bepaalde activiteit samenhangen, worden samengevoegd (indirect cost pool). Vervolgens wordt per soort activiteit een verdeelsleutel (cost driver) vastgesteld. Door de kosten van iedere cost pool te delen door de bijbehorende cost driver wordt het doorbelastingstarief per eenheid van de verdeelsleutel vastgesteld.

Activity-based costing

Indirect cost pool
Cost driver

Bij activity-based costing worden de indirecte kosten dus in eerste instantie toegerekend aan een bepaald soort activiteit die door de onderneming wordt verricht (bijvoorbeeld: het controleren van aangeleverde onderdelen leidt tot €20.000 indirecte kosten). Vervolgens wordt van iedere activiteit de hoeveelheid gemeten op basis van een relevante verdeelsleutel (in dit voorbeeld: het aantal gecontroleerde onderdelen, stel 200.000 stuks). Daarna wordt een tarief vastgesteld per eenheid activiteit (hier: €20.000 : 200.000 = €0,10 per onderdeel). Ten slotte wordt nagegaan hoeveel van een bepaalde activiteit is aangewend voor een bepaald product, een bepaalde dienst en een bepaalde klant. De aan het product, de dienst of klant doorberekende indirecte kosten worden vastgesteld door het aantal verrichte activiteiten te vermenigvuldigen met het tarief per activiteit. Als in dit voorbeeld voor een product dertig onderdelen nodig zijn, wordt 30 × €0,10 = €3 doorberekend in verband met het controleren van de onderdelen.

We lichten dit voorbeeld in figuur 5.15 toe.

Figuur 5.15 Doorbelasting bij activity-based costing

```
┌─────────────────────────────┐      ┌─────────────────────────────┐
│ Indirecte kosten in verband │      │ Hoeveelheid van iedere      │
│ met het controleren =       │      │ activiteit = verdeelsleutel │
│ cost pool = €20.000         │      │ = cost driver =             │
│                             │      │ 200.000 onderdelen          │
└──────────────┬──────────────┘      └─────────────────────────────┘
               │
               ▼
      ┌──────────────────────────┐        ┌──────────────────────────┐
      │ Tarief per cost driver   │        │ Doorbelast aan product = │
      │ €20.000 : 200.000 = €0,10│───────▶│ cost object =            │
      │ per onderdeel            │        │ 30 × €0,10 = €3          │
      └──────────────────────────┘        └──────────────────────────┘
```

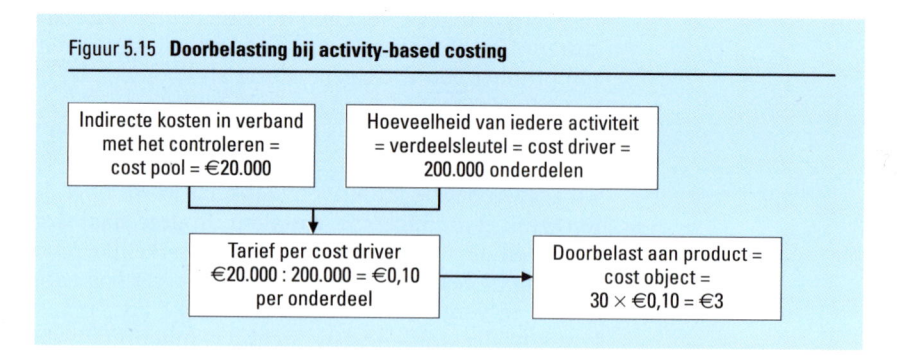

De activiteiten waaraan de indirecte kosten in eerste instantie worden toegerekend, kunnen we onderverdelen in activiteiten, die:
a specifiek voor een bepaald product, een bepaalde dienst of een bepaalde klant worden verricht (stukniveau);
b worden verricht voor een groep (serie) van producten, diensten of klanten (serieniveau).

■ **Voorbeeld 5.8 Schoenenfabrikant Avang bv**
Schoenenfabrikant Avang bv maakt heren- en damesschoenen in verschillende soorten en maten. Van iedere maat en soort schoen wordt een groot aantal tegelijk gemaakt (productie in series). Tussen iedere serie moeten de machines opnieuw worden ingesteld. De totale instelkosten (dit zijn indirecte kosten) bedragen €102.000 per jaar. In een jaar worden de machines 600 keer omgesteld (er worden 600 verschillende series per jaar gemaakt). Naast de (indirecte) instelkosten zijn er ook nog indirecte machinekosten, bijvoorbeeld in verband met afschrijvingen en onderhoud, en die bedragen €120.000 per jaar. Deze kosten worden aan de schoenen doorberekend op basis van een tarief per machine-uur. Het totale aantal machine-uren per jaar (voor alle schoenen samen) bedraagt 20.000 uur.
Aan een serie schoenen, die bestaat uit 500 paar herenschoenen in de maat 45, zijn 100 machine-uren besteed (1/5 machine-uur per paar schoenen).

Bereken de instelkosten en de indirecte machinekosten per paar herenschoenen in de maat 45 op basis van activity-based costing.

Uitwerking

Costpool	Cost driver	Tarief per eenheid van de cost driver	Aantal	Indirecte kosten per cost object
Instelkosten = €102.000	Aantal omstellingen = 600	Tarief per omstelling = €102.000 : 600 = €170	500 paar schoenen	€170 : 500 = €0,34 per paar schoenen
Indirecte machinekosten = €120.000	Aantal machine-uren = 20.000	Tarief per machine-uur = €120.000 : 20.000 = €6	1/5 uur × €6 = €1,20 per paar schoenen	

De indirecte machinekosten behoren tot de categorie *a* (stukniveau), de instelkosten tot de categorie *b* (seriekosten).

Activity-based costing (ABC) passen we toe als we een nauwkeurig inzicht willen hebben in de oorzaken (de activiteiten) achter het ontstaan van de kosten. Dit zal met name het geval zijn als er complexe activiteiten worden verricht, zoals het opnieuw instellen en het schoonmaken van machines voordat een nieuwe serie producten kan worden gemaakt. Als blijkt dat aan de activiteit 'Instellen en schoonmaken' hoge kosten zijn verbonden, zal het management er mogelijk voor kiezen grotere series te maken. Hierdoor nemen de instel- en schoonmaakkosten per product af, maar zullen de opslagkosten toenemen. Het management zal bij de keuze over de seriegrootte de besparing op de instel- en schoonmaakkosten afwegen tegen de opslagkosten.

Uit een onderzoek gehouden onder middelgrote Nederlandse productiebedrijven (M. Schoute, *MAB*, september 2004) blijkt dat van de 225 onderzochte bedrijven er 40 (17,8%) ABC toepassen. Naast productiebedrijven kunnen ook dienstverlenende organisaties (bijvoorbeeld ziekenhuizen) ABC toepassen. Binnen ziekenhuizen worden verschillende activiteiten verricht op verschillende (kosten)niveaus. Zo kan het voor een bepaalde medische behandeling nodig zijn gebruik te maken van dure scanapparatuur. Door de kosten van de activiteit 'Het maken van een scan' te berekenen, wordt duidelijk welke invloed het maken van een scan heeft op de kosten van de operatie. Deze informatie kan het management weer gebruiken bij het aansturen van de organisatie.

Aan de hand van voorbeeld 5.9 berekenen we de productiekosten van een order van onderneming Aristonia bv.

■ Voorbeeld 5.9 Aristonia bv

Onderneming Aristonia bv heeft zich gespecialiseerd in de assemblage van televisietoestellen. In het assemblageproces worden de volgende activiteiten onderscheiden:
1 de aanvoer van onderdelen;
2 het opstarten van de assemblage;
3 het machinaal invoeren van onderdelen;
4 het handmatig invoeren van onderdelen;
5 het solderen van printplaten;
6 de kwaliteitscontrole van de televisietoestellen.

Van deze activiteiten zijn voor een bepaalde periode de volgende gegevens verzameld:

Verdeelsleutels activity-based costing

Activiteit	Indirecte kosten per activiteit (indirect cost pool) (in euro's)	Verdeelsleutel (cost driver)	Aantallen verdeelsleutel	Tarief per verdeelsleutel (in euro's)
1	86.000	Aantal onderdelen	43.000	2
2	80.000	Aantal televisietoestellen	4.000	20
3	40.000	Aantal machinaal ingevoerde onderdelen	40.000	1
4	15.000	Aantal handmatig ingevoerde onderdelen	3.000	5
5	100.000	Aantal televisietoestellen	4.000	25
6	16.000	Aantal testuren	400	40

Aristonia bv heeft onlangs een order van 500 televisietoestellen uitgevoerd. De directe kosten voor deze order bedragen:
- directe materialen €30.200;
- directe arbeid €10.600.

Bovendien zijn voor deze order de volgende activiteiten verricht:
- aantal verwerkte onderdelen = 5.900, waarvan 400 handmatig en 5.500 machinaal zijn ingevoerd;
- aantal testuren = 60.

Wat zijn de productiekosten van deze order?

Uitwerking
Voor deze order worden de volgende indirecte kosten (in euro's) in rekening gebracht (zie ook de tabel in voorbeeld 5.9):

Activiteit 1	(5.900 × €2)	11.800
Activiteit 2	(500 × €20)	10.000
Activiteit 3	(5.500 × €1)	5.500
Activiteit 4	(400 × €5)	2.000
Activiteit 5	(500 × €25)	12.500
Activiteit 6	(60 × €40)	2.400 +
Doorberekende indirecte kosten		44.200
Directe materialen	30.200	
Directe arbeid	10.600 +	
Directe kosten		40.800 +
Totale productiekosten		85.000

De kostentoerekening volgens de ABC-methode geven we in figuur 5.16 globaal weer.

De activity-based costing is een zeer verfijnde methode om de indirecte kosten door te belasten. Deze methode leidt tot een nauwkeurige berekening van de kostprijs van een order en/of product. De kosten van assemblage worden in dit voorbeeld van ABC aan de producten doorbelast op basis van zes verdeelsleutels (zes deelactiviteiten). In het voorbeeld van de kostenplaatsenmethode werden de kosten van assemblage op basis van slechts één verdeelsleutel (het aantal manuren) aan de producten doorberekend. De toepassing van de ABC-methode leidt tot hogere administratiekosten dan de kostenplaatsenmethode in verband met de verwerking van de vereiste gegevens. Deze extra kosten moeten afgewogen worden tegen de voordelen van een nauwkeuriger kostprijs.

Tussenvraag 5.7
Geef een reactie op de stelling: hoe nauwkeuriger een organisatie haar kostprijs berekent, des te beter is het voor die organisatie.

De standaardkostprijs is een belangrijk stuurinstrument voor een organisatie. Als de werkelijke kostprijs hoger ligt dan de standaardkostprijs, is dat voor de leiding een signaal om de efficiency van de werkzaamhe-

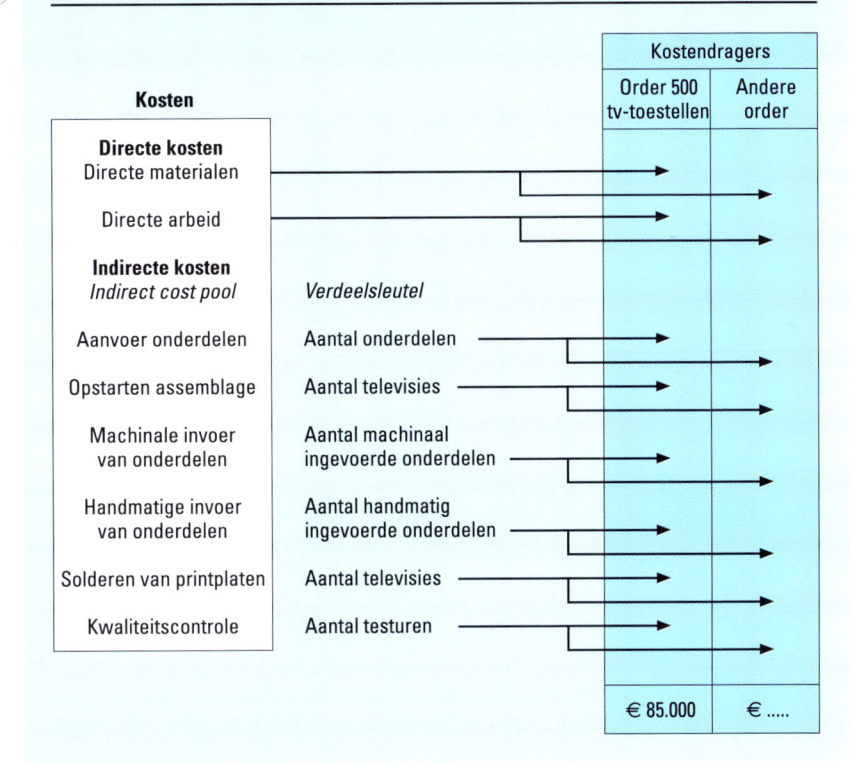

Figuur 5.16 **Kostentoerekening bij ABC**

		Kostendragers	
Kosten		Order 500 tv-toestellen	Andere order
Directe kosten			
Directe materialen		→	→
Directe arbeid		→	→
Indirecte kosten			
Indirect cost pool	*Verdeelsleutel*		
Aanvoer onderdelen	Aantal onderdelen	→	→
Opstarten assemblage	Aantal televisies	→	→
Machinale invoer van onderdelen	Aantal machinaal ingevoerde onderdelen	→	→
Handmatige invoer van onderdelen	Aantal handmatig ingevoerde onderdelen	→	→
Solderen van printplaten	Aantal televisies	→	→
Kwaliteitscontrole	Aantal testuren	→	→
		€ 85.000	€ .....

den nader te onderzoeken. Afhankelijk van de uitkomsten van dat onderzoek kan het management corrigerende maatregelen treffen. Op deze aspecten gaan we in hoofdstuk 7 nader in.

5.5 Initiële kosten

Om de concurrentie het hoofd te kunnen bieden, zien ondernemingen zich genoodzaakt hun producten steeds te verbeteren en de productiekosten te verlagen. Met de regelmaat van de klok worden nieuwe of vernieuwde producten op de markt gebracht. Daarbij wordt gebruikgemaakt van de nieuwste productietechnieken.

De kosten die verband houden met de ontwikkeling, de productie en de verkoop van een nieuw product of met de invoering van een nieuwe productie- of verkoopmethode noemen we initiële kosten (aanloopkosten).

Initiële kosten

We onderscheiden technische initiële kosten en commerciële initiële kosten.

5.5.1 Technische initiële kosten

Technische initiële kosten

De kosten die verband houden met een nieuwe productiemethode of met de ontwikkeling en fabricage van een nieuw product zijn *technische initiële kosten*.

Tot de technische initiële kosten behoren:
- research- en ontwikkelingskosten;
- kosten van proeffabricage;
- kosten van extra afval en uitval in de aanloopperiode;
- kosten in verband met de bijscholing van het personeel;
- kosten van de initiële overcapaciteit.

In de periode direct na de introductie van een nieuw product zullen de afzet en productie in het algemeen nog aan de lage kant zijn. In de loop van de tijd zal de afzet toenemen en zijn normale niveau bereiken. Bij de opzet van het productieapparaat zal men echter al uitgaan van de normale productieomvang, die na verloop van tijd behaald zal worden. In het begin zal de onderneming dan over een grotere productiecapaciteit beschikken dan nodig is voor de productie in de aanloopfase. Deze overcapaciteit is de *initiële overcapaciteit*.

5.5.2 Commerciële initiële kosten

Commerciële initiële kosten

De kosten die nodig zijn om een nieuw product op de markt te brengen, zijn *commerciële initiële kosten*. Tot deze kosten behoren:
- kosten van marktonderzoek;
- kosten van een testmarkt voor het nieuwe product;
- kosten van extra reclame;
- kosten voor het opzetten van een nieuw distributiesysteem.

De initiële kosten worden niet alleen gemaakt voor de producten in de aanloopperiode maar voor de totale productie tijdens de levenscyclus van het product. Het is dan ook niet juist de initiële kosten alleen toe te rekenen aan de productie in de aanloopfase. Dit zou leiden tot een extreem hoge kostprijs in de beginperiode. Een evenwichtige verdeling van de initiële kosten bereiken we als we de initiële kosten toerekenen aan de totale productie die gedurende de levensduur van het product wordt verwacht. In de standaardkostprijs van ieder product wordt een gelijk bedrag voor initiële kosten opgenomen. Dit bedrag berekenen we door de initiële kosten te delen door de totale (geschatte) productie gedurende de levensduur van het product. Deze schatting van de procedure wordt bewust aan de lage kant gehouden om te voorkomen dat een te laag bedrag voor initiële kosten in de kostprijs wordt doorberekend.

Samenvatting

Een juiste vaststelling van de kostprijs van een product is voor de onderneming van groot belang. Als de onderneming een monopoliepositie bezit, kan zij de kostprijs gebruiken om de verkoopprijs vast te stellen. Een onderneming die op een markt van volkomen mededinging (volkomen concurrentie) opereert, zal de kostprijs vergelijken met de verkoopprijs die op deze markt tot stand komt.
De kosten kunnen we indelen in vaste en variabele kosten. We spreken van vaste kosten als de kosten niet veranderen ten gevolge van een verandering in de productie- en/of verkoopomvang. Variabele kosten zijn kosten die veranderen door een verandering in de productie- en/of verkoopomvang. De variabele kosten kunnen proportioneel variabel,

progressief stijgend, degressief stijgend of trapsgewijs variabel zijn. In de integrale kostprijs zijn zowel de variabele als de vaste kosten opgenomen. De integrale kostprijs berekenen we door de vaste en variabele kosten bij de normale productieomvang te delen door de normale productieomvang. Tot de kosten worden alleen die gelduitgaven gerekend die voor de doelmatig opgeofferde productiemiddelen noodzakelijk zijn.

Inzicht in de wijze waarop de kosten reageren op veranderingen in de bedrijfsdrukte is belangrijk bij het besturen van een organisatie. De gevolgen die een bepaalde beslissing voor de kosten (en daardoor voor het resultaat) heeft, kunnen dan beter worden ingeschat.

Een onderneming die slechts één product maakt, kan de kostprijs op eenvoudige wijze berekenen door de totale vaste en variabele kosten bij de normale productie te delen door de normale productie.

Als een onderneming verschillende producten maakt, moeten de kosten verdeeld worden over deze producten. Daarbij is het onderscheid in directe en indirecte kosten van belang. De directe kosten kunnen we rechtstreeks aan de producten toerekenen. Methoden die gebruikt kunnen worden om de indirecte kosten te verdelen (verbijzonderen), zijn onder andere de equivalentiecijfermethode, de opslagmethode, de kostenplaatsenmethode en activity-based costing. Het is van belang dat er een methode gekozen wordt waarbij het verband tussen de indirecte kosten en het product zo juist mogelijk wordt weergegeven. Bij deze keuze moet echter wel rekening worden gehouden met de kosten die aan de toepassing van de methode verbonden zijn. De voordelen van een nauwkeuriger kostenmethode moeten afgewogen worden tegen de extra kosten die daaraan verbonden zijn.

De standaardkostprijs is een belangrijk stuurinstrument voor een organisatie. Als de werkelijke kostprijs hoger ligt dan de standaardkostprijs, is dat voor de leiding een signaal om de efficiency van de werkzaamheden nader te onderzoeken. Afhankelijk van de uitkomsten van dat onderzoek kan het management eventueel corrigerend optreden.

Begrippenlijst

Activity-based costing	Methode om de indirecte kosten aan de producten toe te rekenen waarbij uitgegaan wordt van de activiteiten die verricht moeten worden om het product te produceren en te verkopen.
Cost driver	Iedere factor (handeling, activiteit) die invloed heeft op de kosten.
Delingscalculatie	Kostprijsberekening waarbij de totale kosten gedeeld worden door de totale productie.
Degressief stijgende variabele kosten	Kosten waarbij de variabele kosten per eenheid afnemen naarmate de bedrijfsdrukte toeneemt.
Directe kosten	Kosten waarbij een oorzakelijk verband bestaat tussen het ontstaan van de kosten en het product, en waarvoor het economisch verantwoord is om dit verband vast te stellen.
Doorbelaste kosten	Kosten die door een kostenplaats aan een andere kostenplaats doorberekend zijn.
Eerstverdeelde kosten	Kosten die rechtstreeks ten laste van een kostenplaats gebracht worden.
Eng kostenbegrip	Alleen de gelduitgaven in verband met doelmatig opgeofferde productiemiddelen leiden tot kosten.
Enkelvoudige opslagmethode	Opslagmethode waarbij de indirecte kosten worden doorbelast op basis van een opslag op (een deel van) de directe kosten.
Equivalentiecijfermethode	Kostprijsberekening waarbij de delingscalculatie toegepast wordt nadat soortgelijke producten tot elkaar herleid zijn.
Gemengde kosten	Kosten die voor een deel uit vaste kosten en voor een deel uit variabele kosten bestaan.
Homogene massaproductie	Grootschalige productie van gelijke producten, waarbij geen rekening gehouden wordt met de individuele wensen van de afnemers.
Hoofdkostenplaats	Kostenplaats die rechtstreeks prestaties levert aan de eindproducten.
Hulpkostenplaats	Kostenplaats die werkzaamheden verricht voor andere kostenplaatsen.
Indirect cost pool	Som van de indirecte kosten die ten laste komt van een bepaalde activiteit.
Indirecte kosten	Kosten waarbij er geen direct aanwijsbaar verband is tussen het ontstaan van de kosten en het product, of waarbij dit verband niet op economisch verantwoorde wijze kan worden vastgesteld.

Initiële kosten	Kosten in verband met de ontwikkeling, productie en verkoop van een nieuw product of met de invoering van een nieuwe productie- of verkoopmethode.
Integrale kosten	De som van variabele en vaste kosten.
Irrationele overcapaciteit	Het verschil tussen de werkelijk beschikbare capaciteit en de rationele capaciteit.
Kosten	Aan perioden, producten enzovoort toegerekende (toekomstige) gelduitgaven in verband met doelmatig opgeofferde productiemiddelen.
Kostendrager	Producten die door een onderneming worden gemaakt.
Kostenplaats	Functie binnen de onderneming waaraan directe kosten worden toegerekend.
Kostenplaatsenmethode (productiecentramethode)	Methode om de indirecte kosten aan de producten toe te rekenen. Hierbij worden de indirecte kosten in eerste instantie ten laste van de kostenplaatsen gebracht (eerstverdeelde kosten) en vervolgens aan andere kostenplaatsen doorbelast (doorbelaste kosten). Uiteindelijk worden alle indirecte kosten aan de producten (kostendragers) toegerekend.
Kostenverbijzondering	Het toerekenen van kosten aan producten of diensten.
Massaproductie	Productie op grote schaal van exact dezelfde producten.
Meervoudige opslagmethode	Opslagmethode waarbij de indirecte kosten worden doorbelast op basis van meer dan één opslag over delen van de directe kosten.
Nacalculatorische kostenverrekenstaat	Kostenverrekenstaat, gebaseerd op werkelijke kosten.
Normale bezetting	Gemiddelde verwachte bedrijfsdrukte over een reeks van jaren.
Onzelfstandige hulpkostenplaats	Hulpkostenplaats die niet overeenkomt met een afdeling.
Opslagmethode	Methode om de kostprijs te berekenen waarbij de indirecte kosten aan de producten toegerekend worden door de directe kosten met een bepaald percentage te verhogen.
Progressief stijgende variabele kosten	Kosten waarbij de variabele kosten per eenheid toenemen, naarmate de bedrijfsdrukte toeneemt.
Proportioneel variabele kosten	Kosten waarbij de variabele kosten per eenheid gelijk zijn, ongeacht de bedrijfsdrukte.
Rationele capaciteit	Capaciteit die minimaal nodig is om de (normale) productie te kunnen realiseren, waarbij rekening wordt gehouden met seizoenen, reservecapaciteit en technische ondeelbaarheid.

Rationele overcapaciteit	Het verschil tussen de rationele capaciteit en de normale productie.
Relevant productiegebied	Het productiegebied waarbinnen de werkelijke productie van een onderneming zich in de regel bevindt.
Ruim kostenbegrip	Alle gelduitgaven in verband met de opoffering van productiemiddelen leiden tot kosten. Daarbij stellen we geen eisen aan de doelmatigheid van de opgeofferde productiemiddelen.
Seriemassaproductie	Productie in grote aantallen, waarbij tussen de verschillende series enige variatie in de producten optreedt.
Seriestukproductie	Het in grote aantallen tegelijk (in series) voortbrengen van producten die afgestemd zijn op de individuele wensen van de cliënt.
Standaardkostprijs	Het totaal van toegestane vaste en toegestane variabele kosten per eenheid product.
Stukproductie	Voortbrenging van producten waarbij de opdrachtgever bepaalt aan welke eisen het product moet voldoen.
Trapsgewijs variabele kosten	Kosten, waarbij de toename van de variabele kosten getrapt (met kleine sprongen) stijgen ten gevolge van een toename van de productie.
Variabele kosten	Kosten die veranderen ten gevolge van een verandering in de bedrijfsdrukte.
Vaste kosten	Kosten die niet veranderen ten gevolge van een verandering in de bedrijfsdrukte (zolang de bedrijfsdrukte binnen een bepaald gebied blijft).
Verdeelsleutel	Eenheid op basis waarvan de kosten van een kostenplaats worden doorbelast.
Verspilling	(Toekomstige) gelduitgaven in verband met ondoelmatig opgeofferde productiemiddelen.
Zelfstandige hulpkostenplaats	Hulpkostenplaats die overeenkomt met een afdeling.

Meerkeuzevragen

5.1 Bij degressief stijgende variabele kosten zullen door een toename van de bedrijfsdrukte de variabele kosten per eenheid
    a steeds minder sterk stijgen.
    b afnemen.
    c gelijk blijven.
    d a, b en c zijn onjuist.

5.2 De integrale standaardkostprijs wordt berekend door
    a de totale kosten bij de werkelijke productieomvang te delen door de werkelijke productieomvang.
    b de totale kosten bij de begrote productieomvang te delen door de begrote productieomvang.
    c de totale kosten bij de normale productieomvang te delen door de normale productieomvang.
    d de totale kosten bij de begrote productieomvang te delen door de werkelijke productieomvang.

5.3 Bij de marktvorm van *volledige mededinging* wordt de standaardkostprijs gebruikt om
    a de vereiste winstopslag vast te stellen.
    b te beoordelen of een bepaald product winstgevend kan worden geproduceerd.
    c met de afnemers te onderhandelen over de hoogte van de verkoopprijs.

5.4 Als we het *ruime* kostenbegrip hanteren, leiden de gelduitgaven in verband met de *irrationele* overcapaciteit van een machine tot
    a verspillingen (worden niet als kosten aangemerkt).
    b een uitbreiding van de normale productie.
    c kosten.

5.5 De variabele kosten per eenheid bij de werkelijke productieomvang zijn gelijk aan de variabele kosten per eenheid bij de normale productieomvang als er sprake is van
    a proportioneel variabele kosten.
    b degressief stijgende variabele kosten.
    c progressief stijgende variabele kosten.

5.6 De gelduitgaven in verband met de rationele overcapaciteit
    a zijn een verspilling en worden rechtstreeks ten laste van het resultaat gebracht.
    b zijn doelmatig opgeofferd en worden tot de kosten gerekend.
    c worden niet in de standaardkostprijs van het product opgenomen.

5.7 Er is sprake van indirecte kosten als
  a er geen oorzakelijk verband bestaat tussen het ontstaan van de kosten en het product.
  b de kosten niet proportioneel veranderen ten gevolge van een verandering in de productieomvang.
  c er geen oorzakelijk verband bestaat tussen het ontstaan van de kosten en het product of als dit verband niet op economisch verantwoorde wijze vastgesteld kan worden.

5.8 Bij de opslagmethoden is er sprake van
  a een opslag op de indirecte kosten ter dekking van de directe kosten.
  b een opslag op de variabele kosten ter dekking van de vaste kosten.
  c een opslag op de variabele kosten ter dekking van de indirecte kosten.
  d een opslag op (een onderdeel van) de directe kosten ter dekking van de indirecte kosten.

5.9 Bij de kostenplaatsenmethode worden verschillende soorten kostenplaatsen onderscheiden. Een kostenplaats is
  a een afdeling binnen de onderneming.
  b een functionele kostengroepering die gemaakt wordt ten behoeve van de kostencalculatie.
  c een samenvoeging van kosten per afdeling.
  d een afdeling binnen een onderneming, die werkzaamheden verricht voor andere afdelingen binnen die onderneming.

5.10 Op de kostenverdeelstaat staan
  a de eerstverdeelde kosten.
  b de doorbelaste kosten.
  c directe en indirecte kosten.
  d de kosten van de kostendragers.

5.11 Bij activity-based costing is er sprake van cost drivers. Een cost driver is
  a een samenvoeging van de indirecte kosten, verbonden aan een bepaalde activiteit.
  b het product dat een onderneming voortbrengt.
  c een verdeelsleutel op basis waarvan de indirecte kosten toegerekend worden aan de kostendragers.
  d een verdeelsleutel op basis waarvan de directe kosten toegerekend worden aan de kostendragers.

5.12 Initiële kosten worden toegerekend aan
  a de jaren waarin deze kosten ontstaan.
  b de totale productie gedurende de levensduur van een product.
  c de eerste productiejaren.
  d a, b en c zijn onjuist.

DutchRail is exploitant van een spoorlijn voor het goederenverkeer. Hans Westerman, manager Finance & Control bij DutchRail, licht toe welke invloed de bezettingsgraad van de treinen heeft op de resultaten van DutchRail.

Integralekostprijsmethode en variabelekosten-calculatie

6

6.1 Twee methoden om het resultaat te bepalen
6.2 Integralekostprijsmethode
6.3 Variabelekostencalculatie
6.4 Verschillen tussen de integralekostprijsmethode en de variabelekostencalculatie
6.5 Break-evenberekeningen
Samenvatting
Begrippenlijst
Meerkeuzevragen

De wijze waarop ondernemingen hun kosten verwerken bij het berekenen van het resultaat, kan van onderneming tot onderneming verschillen. In dit hoofdstuk besteden we aandacht aan twee manieren om het resultaat te bepalen: de *integralekostprijsmethode* en de *variabelekostencalculatie*. De wijze waarop deze methoden het resultaat bepalen en de voorraden waarderen, is verschillend. Bij de beschrijving van de methoden ligt de nadruk op de verschillen tussen beide methoden voor de resultaatberekening en de voorraadwaardering. Daarbij schenken we ook aandacht aan de situaties waarin een bepaalde methode de voorkeur verdient.

De omvang van de productie en verkopen waarbij een organisatie geen winst maakt, maar ook geen verlies lijdt, noemen we het break-evenpunt. Dit is een belangrijk gegeven bij het besturen van een organisatie. We bespreken hoe we het break-evenpunt berekenen en gaan in op de toepassingen ervan.

6.1 Twee methoden om het resultaat te bepalen

Hans Westerman van DutchRail licht toe welke invloed de vaste en variabele kosten hebben op de exploitatie van een spoorlijn.

■ **Voorbeeld 6.1 DutchRail**
'DutchRail heeft onder meer tot taak de financiële exploitatie van de spoorlijn gezond te maken. We hebben te maken met relatief veel vaste kosten. Daartoe behoren de kosten van het management van DutchRail, de onderhoudscontracten die zijn afgesloten met bedrijven die gespecialiseerd zijn in het onderhoud van spoorlijnen, de beveiligingssystemen in de tunnels en de kosten van ICT-systemen.
De aanleg van de spoorlijn heeft destijds plaatsgevonden onder de verantwoordelijkheid van de Nederlandse overheid. De afschrijvingskosten als gevolg van de aanleg van de spoorlijn rekenen we niet tot de vaste kosten van DutchRail.
Naast de vaste kosten zijn er ook nog variabele kosten. Daarbij moeten we denken aan de kosten in verband met het gebruik van de spoorlijn, bijvoorbeeld als gevolg van slijtage.
De spoorlijn is een nieuw product en het gebruik dat ervan wordt gemaakt, zal in de komende jaren toenemen. Het streven is dat de exploitatie van de spoorlijn rond 2020 kostendekkend is. In de jaren daarna wordt een positief exploitatieresultaat verwacht.
De leiding van DutchRail wil onder meer weten bij welke bezettingsgraad zowel de variabele als de vaste kosten worden terugverdiend. Het antwoord op deze vraag geeft in feite de ondergrens voor de omvang van de bedrijfsactiviteiten aan.'

Voordat we antwoord gaan geven op de vragen uit voorbeeld 6.1, staan we stil bij de wijze waarop organisaties het resultaat (winst of verlies) kunnen berekenen. Voor de eenvoud veronderstellen we dat er in de paragrafen 6.1 tot en met 6.4 geen verkoopkosten zijn en bedoelen we met kosten steeds de standaardkosten (eng kostenbegrip). In de praktijk kunnen er zowel vaste als variabele kosten zijn.

Integralekostprijsmethode

We bespreken twee manieren waarop organisaties hun resultaten zouden kunnen berekenen: de integralekostprijsmethode en de variabelekostencalculatie. Bij de berekening van de standaardkostprijs in hoofdstuk 5 hebben we gezien dat de kostprijs zowel variabele als vaste kosten bevat. Deze wijze van kostprijsberekening noemen we de integralekostprijsmethode (absorption costing), omdat zowel de variabele als de vaste kosten (samen de integrale kosten) aan het product worden toegerekend. Bij de integralekostprijsmethode moet de omvang van de normale productie (N) worden vastgesteld. Denk hierbij onder andere aan de formule: $C/N + V/N$. Het vaststellen van de normale productie is echter niet eenvoudig. De normale productie is de gemiddelde productie over een aantal toekomstige jaren. Om deze gemiddelde (verwachte) productie vast te stellen, wordt onvermijdelijk gebruikgemaakt van een aantal betwistbare schattingen. De normale productie is dan ook geen eenduidig te bepalen grootheid.

Variabelekostencalculatie

Bij de variabelekostencalculatie (variable costing) worden de vaste kosten in één bedrag ten laste van het resultaat gebracht. Omdat bij deze methode de vaste kosten niet over de producten worden verdeeld, is daardoor het begrip normale productie overbodig. Er wordt geen integrale kostprijs berekend. Als er sprake is van proportioneel variabele kosten, kunnen we de variabele kosten per eenheid product berekenen door uit te gaan van de werkelijke productie. De omvang van de normale productie hoeven we daarvoor niet te kennen.

Bij de variabelekostencalculatie ligt de nadruk op de beheersing van de variabele kosten.

In een aantal gevallen, die we later zullen bespreken, is het niet noodzakelijk de integrale kostprijs te kennen. Door de variabelekostencalculatie toe te passen kan men dan op een eenvoudiger wijze het resultaat bepalen.

Een belangrijk verschil tussen de integralekostprijsmethode en de variabelekostencalculatie is de wijze waarop de vaste productiekosten bij de resultaatbepaling worden verwerkt.

6.2 Integralekostprijsmethode

Standaardkostprijs

De integrale standaardkostprijs, zoals die in het vorige hoofdstuk is besproken, vormt het uitgangspunt voor de integralekostprijsmethode (absorption costing = AC). Bij deze methode worden alle kosten, ook de vaste kosten, aan de producten toegerekend.

De integrale kostprijs volgt uit de volgende formule:

$$\text{Integrale kostprijs (Kp)} = \frac{\text{Vaste kosten bij normale productie (C)}}{\text{Normale productie (N)}} + \frac{\text{Variabele kosten bij normale productie }(V_N)}{\text{Normale productie (N)}}$$

$$Kp = \frac{C}{N} + \frac{V_N}{N}$$

Als er sprake is van *proportioneel variabele kosten* gaat deze formule over in:

$$\text{Integrale kostprijs (Kp)} = \frac{\text{Vaste kosten bij normale productie (C)}}{\text{Normale productie (N)}} + \frac{\text{Variabele kosten bij begrote werkelijke productie }(V_B)}{\text{Begrote werkelijke productie }(W_B)}$$

$$Kp = \frac{C}{N} + \frac{V_B}{W_B}$$

Bij de integralekostprijsmethode berekent men het transactieresultaat door de omzet exclusief btw te verminderen met de standaardkosten van de omzet.

q = verkochte hoeveelheid

Omzet	= Verkoopprijs excl. btw $(p) \times q$	$= p \times q$
Standaardkosten van de omzet	= Integrale kostprijs $(K_p) \times q$	$= K_p \times q$
Transactieresultaat	= (Verkoopprijs excl. btw − Integrale kostprijs) $\times q$	$= (p - K_p) \times q$
		$= p \times q - K_p \times q$

Verkoopprijs excl. btw

Omdat de btw die door de consument wordt betaald geen opbrengst is voor de onderneming, moet bij de resultaatberekening uitgegaan worden van de verkoopprijs *exclusief btw*. In het vervolg van dit hoofdstuk bedoelen we met de verkoopprijs steeds de verkoopprijs *exclusief btw*. Er geldt de volgende formule:

omzet = opbrengst verkopen = verkochte hoeveelheid × verkoopprijs

Bij de integralekostprijsmethode worden de vaste *productie*kosten verdeeld over de producten op basis van de normale productieomvang. Als de werkelijke productie in een bepaalde periode afwijkt van de normale productie, ontstaat een bezettingsresultaat. Iedere *geproduceerde eenheid* krijgt een bedrag aan vaste kosten toegerekend, dat we berekenen door de vaste (= constante) kosten te delen door de normale productie ($C : N$). In werkelijkheid wordt $W \times C/N$ aan de producten toegerekend, terwijl de standaard vaste kosten gelijk zijn aan C.

In formules geldt:

Doorberekende vaste kosten $= W \times \dfrac{C}{N}$

Standaard vaste kosten $= C = N \times \dfrac{C}{N}$

Bezettingsresultaat

Bezettingsresultaat $= (W - N) \times \dfrac{C}{N}$

Hierin is:
C = standaard constante (vaste) kosten
W = werkelijke productie
N = normale productie

Overbezettingswinst
Onderbezettingsverlies

Als $W > N$, spreken we van een overbezettingswinst.
Als $W < N$, spreken we van een onderbezettingsverlies.

De berekening van het resultaat volgens de *integralekostprijsmethode* gaat als volgt:

Omzet = Verkoopomvang × Verkoopprijs excl. btw
Integrale standaardkosten van de omzet = Verkoopomvang × Integrale standaardkostprijs

Transactieresultaat = Verkoopomvang × (Verkoopprijs − Integrale standaardkostprijs)

Bezettingsresultaat = $(W - N) \times \dfrac{C}{N}$

Perioderesultaat = Transactieresultaat + Bezettingsresultaat

NB Bij de berekening van het *bezettingsresultaat* gaan we uit van de *productie*omvang omdat het bezettingsresultaat betrekking heeft op de vaste *productie*kosten.
Bij de bepaling van het *transactieresultaat* gaat men uit van de *verkoop*omvang omdat het transactieresultaat de winst of het verlies op de verkochte producten weergeeft.
Aan de hand van voorbeeld 6.2 berekenen we het resultaat volgens de integralekostprijsmethode bij Hollandia bv.

■ Voorbeeld 6.2 Hollandia bv

Onderneming Hollandia bv maakt lichtgewicht fietstassen. De integrale standaardfabricagekostprijs van een fietstas is €20, waarvan €15 proportioneel variabele productiekosten en €5 constante productiekosten. Om de vaste productiekosten per fietstas te berekenen, gaat men uit van een normale productie van 10.000 eenheden per jaar. Deze normale productie is berekend op basis van de verwachte productie over de komende vijf jaar van respectievelijk 12.000, 10.500, 10.000, 9.000 en 8.500 (de som van deze getallen gedeeld door 5 = 10.000).

Achteraf blijkt dat er in het eerste jaar 11.000 producten zijn vervaardigd, waarvan er 9.000 in dat jaar zijn verkocht tegen een verkoopprijs van €35 per eenheid. De voorraad is dus met 2.000 eenheden toegenomen.

Wat is het resultaat volgens de integralekostprijsmethode over het eerste jaar?

Uitwerking

Integralekostprijsmethode

Op basis van de integralekostprijsmethode (absorption costing):

Omzet:	9.000 × €35 =	€315.000
Standaard integrale fabricagekosten van de omzet:	9.000 × €20 =	€180.000 −
Transactieresultaat:	9.000 × (€35 − €20) =	€135.000
Overbezettingsresultaat op vaste productiekosten:	(11.000 − 10.000) × €5 =	€ 5.000 +
Perioderesultaat		+ €140.000

Bij deze berekening veronderstellen we dat de werkelijke kosten overeenkomen met de standaardkosten. Op de verschillen tussen de standaardkosten en werkelijke kosten gaan we in hoofdstuk 7 nader in.

De integralekostprijsmethode rekent de vaste productiekosten toe aan de geproduceerde eenheden. Dit houdt tevens in dat de voorraad gereed product gewaardeerd wordt tegen de variabele én de vaste *productie*kosten.

De waarde van de voorraad*toename* van 2.000 eenheden is in voorbeeld 6.2: 2.000 × €20 = €40.000.

Bezettingsresultaat

Het verloop van het bezettingsresultaat op vaste productiekosten kunnen we ook op grafische wijze weergeven (zie figuur 6.1).

Er ontstaat een overbezettingswinst als de werkelijke productie groter is dan de normale productie. Als de werkelijke productie kleiner is dan de normale productie, treedt een onderbezettingsverlies op.

De integrale kostprijs wordt vaak gezien als de kosten die een onderneming per product mag maken. Een onderbezettingsverlies betekent dat de vaste kosten onvoldoende worden gedekt, waardoor de werkelijke kosten per product hoger uitvallen dan de integrale kostprijs (die op basis van de normale productie is berekend). Zeker in een situatie van onderbezettingsverliezen zal een onderneming proberen de afzet (en productie) te stimuleren, bijvoorbeeld door het opvoeren van haar marketingactiviteiten en/of een verlaging van de verkoopprijs.

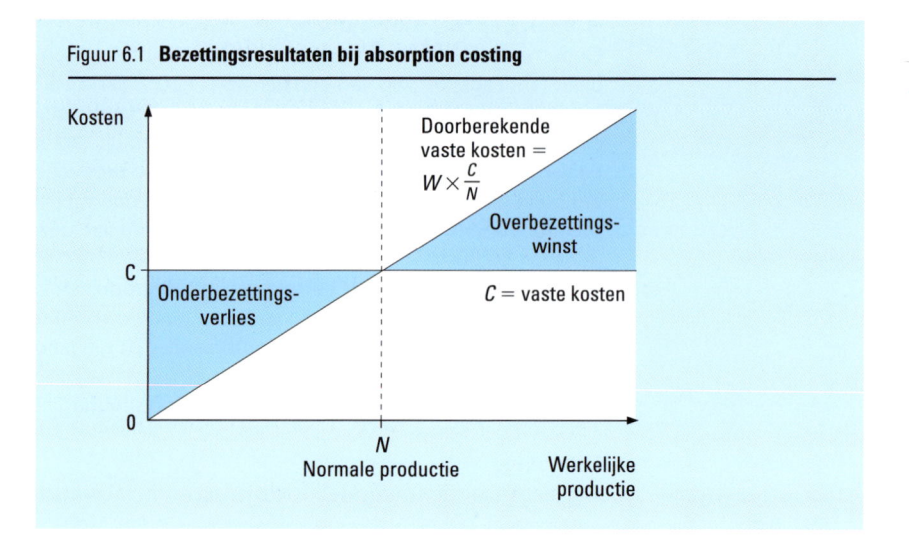

Figuur 6.1 Bezettingsresultaten bij absorption costing

[Grafiek: Kosten (verticale as) tegen Werkelijke productie (horizontale as). Lijn Doorberekende vaste kosten = $W \times \frac{C}{N}$. Horizontale lijn bij C = vaste kosten. Links van N: Onderbezettingsverlies. Rechts van N: Overbezettingswinst. N = Normale productie.]

6.3 Variabelekostencalculatie

Variabelekosten-calculatie

Bij de variabelekostencalculatie (variable costing = VC) berekenen we geen vaste productiekosten aan de individuele producten door. De vaste kosten worden in één bedrag ten laste van de winst-en verliesrekening gebracht. Bij deze methode waarderen we de voorraden tegen *alleen de variabele* productiekosten.

De berekening van het resultaat volgens de variabelekostencalculatie gaat als volgt:

Omzet = Verkoopomvang × Verkoopprijs excl. btw
– Variabele standaardkosten van de omzet = Verkoopomvang × Standaard variabele kosten —

Dekkingsbijdrage = Verkoopomvang × (Verkoopprijs excl. btw – Standaard variable kosten)
– Vaste productiekosten —

Perioderesultaat = Dekkingsbijdrage – Vaste productiekosten

We gaan uit van de gegevens in voorbeeld 6.2.
Resultaat volgens de variabelekostencalculatie (variable costing):

Omzet:	9.000 × €35 =	€ 315.000
– Standaard variabele kosten van de omzet:	9.000 × €15 =	€ 135.000 –
Dekkingsbijdrage	9.000 × (€35 – €15) =	€ 180.000
– Vaste productiekosten		€ 50.000 –
Perioderesultaat		+ € 130.000

De waardering van de voorraad*toename* van 2.000 eenheden bestaat nu alleen uit *variabele* productiekosten: 2.000 × €15 = €30.000.

6.4 Verschillen tussen de integralekostprijsmethode en de variabelekostencalculatie

De verschillen tussen de integralekostprijsmethode en de variabelekostencalculatie zijn het gevolg van de verschillende wijze waarop de vaste productiekosten in de winst- en verliesrekening worden verwerkt. Bij de integralekostprijsmethode rekenen we de vaste productiekosten toe aan de individuele producten. Bij de variabelekostencalculatie brengen we de vaste productiekosten in één bedrag ten laste van het resultaat. Aan de hand van voorbeeld 6.3 berekenen we de perioderesultaten van Uniform nv volgens AC en VC.

■ Voorbeeld 6.3 Uniform nv

Uniform nv maakt één type fotocamera's (homogeen massaproduct). Van deze fotocamera's zijn de volgende omzet- en productiegegevens bekend:

Omzet- en productiegegevens (in stuks)

Jaar	1	2	3	1 t.e.m. 3
Productie	20.000	18.000	16.000	54.000
Verkoop	18.000	18.000	18.000	54.000
Voorraadmutatie	+2.000	0	−2.000	0

De vaste productiekosten zijn €887.040 per jaar.
De proportioneel variabele kosten bedragen €120 per fotocamera. De normale productie is 18.000 eenheden per jaar. Deze normale productie is berekend op basis van de verwachte productie over de komende zes jaar van respectievelijk 24.000, 21.000, 19.000, 17.000, 14.000 en 13.000 (de som van deze getallen gedeeld door 6 = 18.000). De verkoopprijs is €200 per fotocamera.

Wat zijn de perioderesultaten volgens AC en VC?

Uitwerking volgens de integralekostprijsmethode:

Proportioneel variabele kosten	€ 120,00
Vaste productiekosten per eenheid: $\dfrac{C}{N} = \dfrac{€887.040}{18.000} =$	€ 49,28 +
Integrale standaardfabricagekostprijs	€ 169,28

De resultaten zijn te zien in tabel 6.1.

Tabel 6.1 Resultaten volgens integralekostprijsmethode (in euro's)

	Jaar 1	Jaar 2	Jaar 3	Jaar 1 t.e.m. 3
Omzet[1]	3.600.000	3.600.000	3.600.000	10.800.000
Integrale standaard- kosten van de omzet[2]	3.047.040	3.047.040	3.047.040	9.141.120
Transactieresultaat	+ 552.960	+ 552.960	+ 552.960	+1.658.880
Bezettingsresultaat[3]	+ 98.560	0	− 98.560	0
Perioderesultaat	+ 651.520	+ 552.960	+ 454.400	+1.658.880

1 Omzet: 18.000 × €200 = €3.600.000
2 Integrale fabricagekosten van de omzet: 18.000 × €169,28 = €3.047.040

3 Bezettingsresultaat: $(W-M) \times \frac{C}{N} = (W-18.000) \times €49,28$

Voor jaar 1: (20.000 − 18.000) × €49,28 = +€98.560
Voor jaar 2: (18.000 − 18.000) × €49,28 = 0
Voor jaar 3: (16.000 − 18.000) × €49,28 = −€98.560

Uitwerking volgens de variabelekostencalculatie (zie tabel 6.2):

Tabel 6.2 Resultaten volgens variabelekostencalculatie (in euro's)

	Jaar 1	Jaar 2	Jaar 3	Jaar 1 t.e.m. 3
Omzet	3.600.000	3.600.000	3.600.000	10.800.000
Variabele kosten van de omzet[1]	2.160.000	2.160.000	2.160.000	6.480.000
Dekkingsbijdrage	+1.440.000	+1.440.000	+1.440.000	+4.320.000
Vaste kosten	887.040	887.040	887.040	2.661.120
Perioderesultaat	+ 552.960	+ 552.960	+ 552.960	+1.658.880

1 Variabele kosten van de omzet: 18.000 × €120 = €2.160.000

Opmerking
We hebben bij de voorgaande berekeningen de verkoopkosten buiten beschouwing gelaten. In de praktijk kan het voorkomen dat er sprake is van vaste en/of variabele verkoopkosten. Bij de berekening van het perioderesultaat moeten de verkoopkosten dan ook in mindering worden gebracht op de omzet.

Tussenvraag 6.1
a Wat valt op als we de resultaten *per jaar* volgens AC vergelijken met de jaarlijkse resultaten volgens VC?
b Wat valt op als we de totale resultaten *over drie jaar* volgens AC en volgens VC met elkaar vergelijken?

Hierna verdiepen we ons in de verklaring voor de verschillen tussen de integralekostprijsmethode en de variabelekostencalculatie. Daarna bespreken we de toerekening van de vaste productiekosten volgens de beide methoden. Ten slotte gaan we nog kort in op de toepassingen van de methoden.

6.4.1 Verklaring voor de verschillen tussen de integralekostprijsmethode en de variabelekostencalculatie

Bij de integralekostprijsmethode (absorption costing = AC) waarderen we de voorraden inclusief de vaste productiekosten en bij de variabelekostencalculatie (variable costing = VC) exclusief de vaste productiekosten. Hierdoor zal in het geval van een voorraad*mutatie* de winst volgens de eerstgenoemde methode afwijken van de winst volgens de tweede methode. Tabel 6.3 laat dat verschil zien.

Tabel 6.3 **Vergelijking van de voorraadmutaties** (in euro's)

	Jaar 1	Jaar 2	Jaar 3	Jaar 1 t.e.m. 3
Absorption costing (AC)	+ 338.560	0	− 338.560	0
Variable costing (VC)	+ 240.000	0	− 240.000	0
Verschil (AC t.o.v. VC)	+ 98.560	0	− 98.560	0

Toelichting
Jaar 1: Voorraad*toename* van 2.000
Waardering voorraadtoename:
AC = 2.000 × (€120 + €49,28)   = € 338.560
VC = 2.000 × €120   = € 240.000

AC grotere voorraad*toename* dan VC = (2.000 × €49,28) =   € 98.560

Jaar 2:
Geen voorraadmutatie: geen verschil
in resultaat AC en resultaat VC   €   0

Jaar 3: Voorraad*afname* van 2.000
Waardering voorraadafname:
AC = 2.000 × (€120 + €49,28)   = € 338.560
VC = 2.000 × €120   = € 240.000

AC grotere voorraad*afname* dan VC = (2.000 × €49,28) =   € 98.560

Jaar 1 t.e.m. 3 (zie laatste kolom
van de tabellen 6.1, 6.2 en 6.3)
Geen voorraadmutatie: geen verschil
in resultaat AC en resultaat VC   €   0

Het verschil in resultaat tussen AC en VC is gelijk aan de voorraad*mutatie* × vaste *productie*kosten voor jaar 1 en jaar 3 is dat: 2.000 × €49,28 = €98.560.

In jaar 1 is er een voorraad*toename* waardoor het resultaat volgens AC *hoger* is dan het resultaat volgens VC.
In jaar 3 is er een voorraad*afname* waardoor het resultaat volgens AC *lager* is dan het resultaat volgens VC.

6.4.2 Toerekening van de vaste productiekosten volgens de integralekostprijsmethode en de variabelekostencalculatie

De toerekening van de vaste productiekosten volgens de integralekostprijsmethode en de variabelekostencalculatie is in figuur 6.2 schematisch weergegeven.

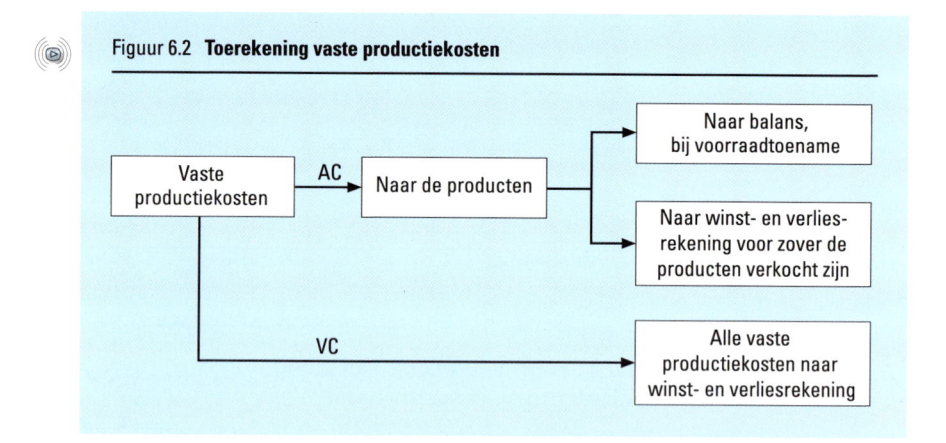

Figuur 6.2 Toerekening vaste productiekosten

Bij een voorraadtoename schuift AC een deel van de vaste productiekosten door naar de voorraadwaardering (balans). Dit bedrag komt niet ten laste van het resultaat, waardoor bij AC een hogere winst ontstaat dan bij VC. Bij een voorraadafname wordt deze afname voor de bepaling van de transactiewinst bij AC gewaardeerd inclusief de vaste productiekosten. Bij de VC-methode wordt een voorraadafname tegen alleen de variabele productiekosten gewaardeerd. Daardoor brengt VC bij een voorraadafname lagere kosten in rekening, dat leidt tot een hogere winst dan bij AC.
Gemeten over de totale levensduur van een onderneming zal de totale winst volgens absorption costing echter gelijk zijn aan de totale winst volgens variable costing. We veronderstellen daarbij dat er zowel aan het begin als aan het einde geen voorraden zijn.
De AC-methode heeft als nadeel dat managers het perioderesultaat in gunstige zin kunnen beïnvloeden door de productie op te voeren zonder dat deze extra productie ook wordt verkocht. Op deze wijze wordt een overbezettingswinst gecreëerd en een groot gedeelte van de vaste kosten naar de balans en daarmee naar een volgende periode doorgeschoven. Een verandering in de productieomvang heeft bij VC geen in-

vloed op het perioderesultaat, dat daardoor minder te manipuleren is dan bij de AC-methode.

6.4.3 Toepassingen

De *AC-methode* gebruikt men in het algemeen om langetermijnbeslissingen te onderbouwen. Naast de variabele kosten zijn op lange termijn ook de vaste kosten te beïnvloeden. Zo kan op lange termijn de machinecapaciteit aangepast worden, waardoor de daarmee samenhangende vaste kosten veranderen. Bij beslissingen die op de lange termijn betrekking hebben, moeten de variabele en de vaste kosten (integrale kosten) in de berekeningen worden opgenomen. Zo zal voor de beslissing om een bepaald product te gaan maken de integrale kostprijs (variabele + vaste kosten per eenheid) vergeleken worden met de verkoopprijs.

De voorstanders van de VC-methode brengen naar voren dat bij het besturen van organisaties de managers alleen aangesproken moeten worden op de factoren die zij kunnen beïnvloeden. De variabelekostencalculatie (variable costingmethode) sluit aan bij de indeling in beïnvloedbare en niet-beïnvloedbare kosten, zoals we die in hoofdstuk 3 hebben gemaakt. De vaste kosten zijn voor managers vaak niet-beïnvloedbaar. Ze krijgen vaak een bedrag aan vaste kosten doorberekend (bijvoorbeeld voor huisvestingskosten of een aandeel in de overheadkosten) waarop ze geen enkele invloed kunnen uitoefenen. Voor managers heeft het daarom weinig zin te sturen op de vaste kosten. Zij concentreren zich op het behalen van een dusdanige dekkingsbijdrage, dat daaruit de vaste kosten kunnen worden gedekt. Ook de VC-methode richt haar aandacht in eerste instantie op de dekkingsbijdrage en daarmee op de kosten die door de managers beïnvloedbaar zijn (dat zijn de variabele kosten). De VC-methode is daarom vooral geschikt voor situaties waarin managers geen invloed kunnen uitoefenen op de hoogte van de vaste kosten.
Deze methode heeft bovendien als voordeel dat (als er sprake is van proportioneel variabele kosten) geen uitspraak gedaan hoeft te worden over de omvang van de normale productie. Bij VC vindt immers geen toerekening van de vaste productiekosten aan de producten plaats.

Beïnvloedbare kosten

Niet-beïnvloedbare kosten

6.4.4 Fabricagekostprijs en commerciële kostprijs

In dit hoofdstuk veronderstellen we veelal (voor de eenvoud) dat er alleen productiekosten zijn. Maar naast productiekosten kunnen er ook verkoopkosten optreden. Voor de toerekening van de verkoopkosten aan de producten gelden dezelfde regels als voor de toerekening van de productiekosten. Als we alleen de variabele en vaste productiekosten aan het product toerekenen, spreken we van de integrale fabricagekostprijs. Als daarnaast de variabele en vaste verkoopkosten aan de producten zijn toegerekend, spreken we van de commerciële kostprijs. De commerciële kostprijs bestaat uit zowel productiekosten als verkoopkosten. We lichten dat in voorbeeld 6.4 toe.

Fabricagekostprijs

Commerciële kostprijs

■ Voorbeeld 6.4

Onderneming Bobbiland maakt slechts een soort speelgoed dat onder de naam Bobbi op de markt wordt gebracht (1 homogeen product). Verder is het volgende gegeven:
- De normale productieomvang is gelijk aan de normale verkoopomvang en bedraagt 20.000 eenheden per jaar.
- De verwachte productie voor komend jaar is 18.000 stuks, waarvoor de proportioneel variabele productiekosten €36.000 bedragen.
- De vaste productiekosten bedragen €60.000 per jaar.
- De verwachte verkopen voor komend jaar zijn 19.000 stuks, waarvoor de proportioneel variabele verkoopkosten €19.000 bedragen.
- De vaste verkoopkosten bedragen €30.000 per jaar.

De integrale fabricagekostprijs en de integrale commerciële kostprijs berekenen we als volgt.

Uitwerking:

Variabele productiekosten per eenheid: €36.000 : 18.000	= € 2,00
Vaste productiekosten per eenheid = C : N = €60.000 : 20.000	= € 3,00 +
Integrale fabricagekostprijs	€ 5,00
Variabele verkoopkosten per eenheid: €19.000 : 19.000	= € 1,00
Vaste verkoopkosten = C : N = €30.000 : 20.000	= € 1,50 +
	€ 2,50 +
Integrale commerciële kostprijs	€ 7,50

6.5 Break-evenberekeningen

We verdiepen ons in deze paragraaf eerst in het break-evenpunt. Vervolgens bespreken we een break-evenanalyse bij vervoerbedrijven. Ten slotte gaan we kort in op andere toepassingen van de break-evenanalyse.

6.5.1 Break-evenpunt

Bij het vaststellen van het beleid zal de leiding van de onderneming zich onder andere de vraag stellen hoeveel producten er verkocht (en vervaardigd) moeten worden om de totale kosten van de onderneming terug te verdienen. Het aantal verkochte (en voortgebrachte) producten waarbij de totale opbrengsten gelijk zijn aan de totale kosten van de onderneming noemen we het **break-evenpunt**. Bij het break-evenpunt wordt geen winst gemaakt, maar ook geen verlies geleden. De onderneming speelt dan precies quitte.

Bij de berekening van het break-evenpunt gaan we uit van een aantal veronderstellingen, om de berekeningen niet te ingewikkeld te maken. Deze veronderstellingen zijn:
1 Er wordt slechts één product geproduceerd en verkocht.

2 De geproduceerde aantallen zijn gelijk aan de verkochte aantallen (geen voorraadvorming). Hieruit volgt dat het perioderesultaat op basis van de integralekostprijsmethode gelijk is aan het perioderesultaat volgens de variabelekostencalculatie.
3 Er is sprake van proportioneel variabele kosten.
4 De verkoopprijs is constant, ongeacht de verkochte hoeveelheid (marktvorm van volkomen concurrentie).

Aan de hand van voorbeeld 6.5 berekenen we het break-evenpunt bij Firma Gebr. Huizinga.

■ Voorbeeld 6.5 Firma Gebr. Huizinga

Firma Gebr. Huizinga is fabrikant van fietsdragers die aan de trekhaak van auto's bevestigd kunnen worden. Deze fietsdragers worden verkocht voor €140, exclusief btw, ongeacht de te verkopen hoeveelheid.
De proportioneel variabele kosten bedragen €60 per fietsdrager, waarvan €50 productiekosten en €10 verkoopkosten. De rationele capaciteit is 13.000 eenheden per jaar. De vaste kosten voor het komende jaar bedragen €320.000, waarvan €220.000 productiekosten en €100.000 verkoopkosten. De normale productie is 10.000 eenheden. Voor het komende jaar wordt een verkoop- en productieomvang verwacht van 11.000 fietsdragers.

Wat is het break-evenpunt?

Uitwerking
De productieomvang (= verkoopomvang) waarvoor geldt dat de totale opbrengsten gelijk zijn aan de totale kosten, is het break-evenpunt. Bij het break-evenpunt (= q) geldt:
Totale opbrengst = Totale kosten
$$€140 \times q = €60 \times q + €320.000$$
$$€80 \times q = €320.000$$
$$q = 4.000$$

Het break-evenpunt is 4.000 eenheden.

Het break-evenpunt kunnen we ook met behulp van de volgende formule berekenen.

Totale opbrengsten = Totale kosten
$$p \times q = v \times q + C$$
$$p \times q - v \times q = C$$
$$(p - v) \times q = C$$

Break-evenpunt = $q = \dfrac{C}{p - v}$ (Hier geldt: $q = \dfrac{€320.000}{€140 - €60} = 4.000$)

Hierin is:
p = verkoopprijs per eenheid
v = proportioneel variabele kosten (zowel productie- als verkoopkosten)
C = constante kosten (zowel productie- als verkoopkosten)
q = productieomvang = verkoopomvang

Het break-evenpunt (BEP) kunnen we ook in een grafiek weergeven. Zie figuur 6.3.

Figuur 6.3 **Totale opbrengsten, totale kosten, BEP**

Kosten/opbrengsten (× €1.000)

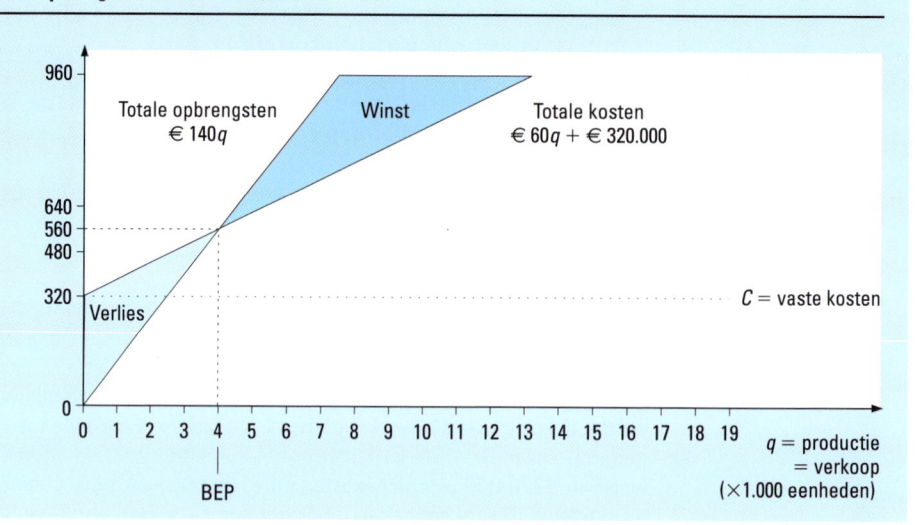

Totale opbrengsten €140q
Winst
Totale kosten €60q + €320.000
C = vaste kosten
Verlies
BEP
q = productie = verkoop (×1.000 eenheden)

We kunnen ook grafieken maken die aansluiten bij de integralekostprijsmethode (figuur 6.4) en bij de variabelekostencalculatie (figuur 6.5).

Toelichting bij figuur 6.4
Het break-evenpunt volgens de integralekostprijsmethode (absorption costing)
Voor de integralekostprijsmethode moet eerst de integrale kostprijs worden berekend:

Proportioneel variabele kosten per eenheid   € 60

Vaste kosten per eenheid: $\dfrac{C}{N} = \dfrac{€320.000}{10.000} =$ € 32 +

Integrale kostprijs: € 92

Het verschil tussen de lijnstukken AB en AC is het transactieresultaat. Het bezettingsverschil komt overeen met het verschil tussen de lijnen AC en DE. Bij het BEP geldt:
Transactiewinst = 4.000 × (€140 − €92) =   € 192.000
Onderbezettingsverlies = (4.000 − 10.000) × €32 =   € 192.000

Resultaat bij break-evenpunt   € 0

Zoals uit voorgaande berekening volgt, kan het break-evenpunt ook berekend worden door het transactieresultaat en het bezettingsresultaat met elkaar te vergelijken (zie ↕ in figuur 6.4).

Het transactieresultaat = (€140 − €92) × q = €48q
Het bezettingsresultaat = (q − 10.000) × €32 = €32q − €320.000
In het break-evenpunt geldt: transactieresultaat + bezettingsresultaat = 0
€48q + €32q − €320.000 = 0
€80q   = €320.000
q   = 4.000

Figuur 6.4 **Break-evengrafiek op basis van integrale kosten**

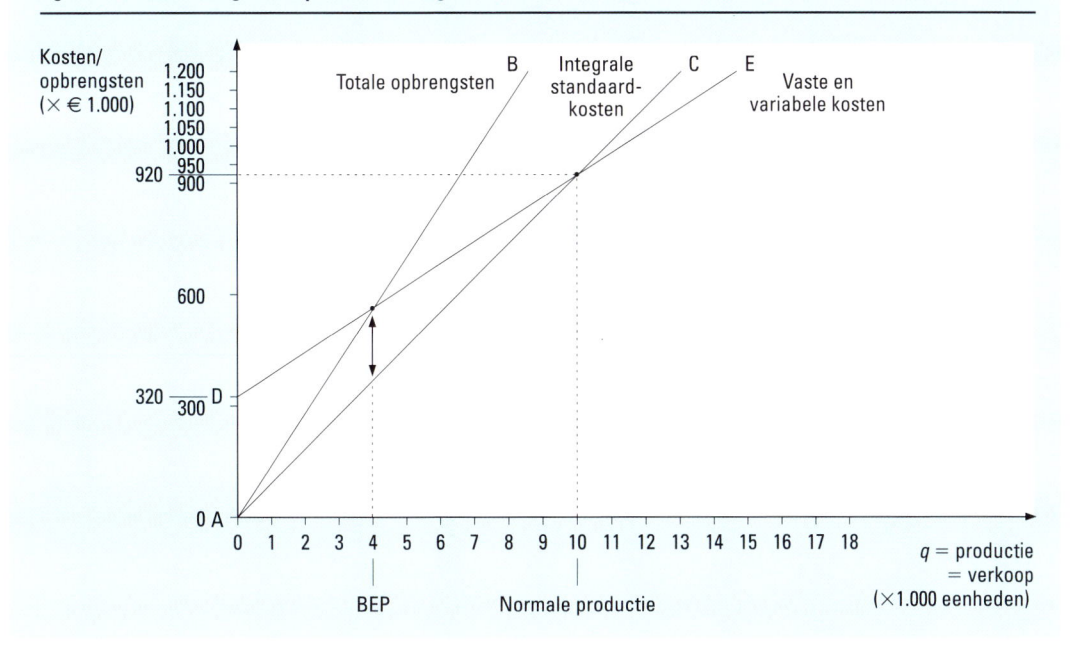

Toelichting bij figuur 6.4
Het break-evenpunt volgens de variabelekostencalculatie (variable costing)
Bij het break-evenpunt geldt volgens de *variabelekostencalculatie*:

Totale omzet: 4.000 × €140		€ 560.000
Variabele kosten:		
• productie 4.000 × €50 =	€ 200.000	
• verkoop 4.000 × €10 =	€ 40.000	
		€ 240.000 –
Dekkingsbijdrage		€ 320.000
Vaste kosten:		
• productie	€ 220.000	
• verkoop	€ 100.000	
		€ 320.000 –
Perioderesultaat		0

Dekkingsbijdrage

In figuur 6.5, waarin we het break-evenpunt dat aansluit bij de VC-methode grafisch weergeven, worden de vaste kosten met de totale dekkingsbijdrage vergeleken. Het verschil tussen de verkoopprijs exclusief btw (*p*) en de proportioneel variabele kosten (*v*) is de dekkingsbijdrage per eenheid, zoals die bij de variabelekostencalculatie besproken is. Per fietsdrager komt €140 – €60 = €80 beschikbaar ter dekking van de vaste kosten. Bij een afzet van 4.000 eenheden zullen, naast de variabele kosten, de totale vaste kosten van €320.000 gedekt zijn.

Zo gauw de dekkingsbijdrage meer bedraagt dan de vaste kosten, wordt winst gemaakt. Vooral verkoopmanagers zijn gewend te redeneren in dekkingsbijdragen. Omdat de vaste kosten op korte termijn vaak niet te beïnvloeden zijn, proberen zij een zo hoog mogelijke dekking voor deze vaste kosten te realiseren.

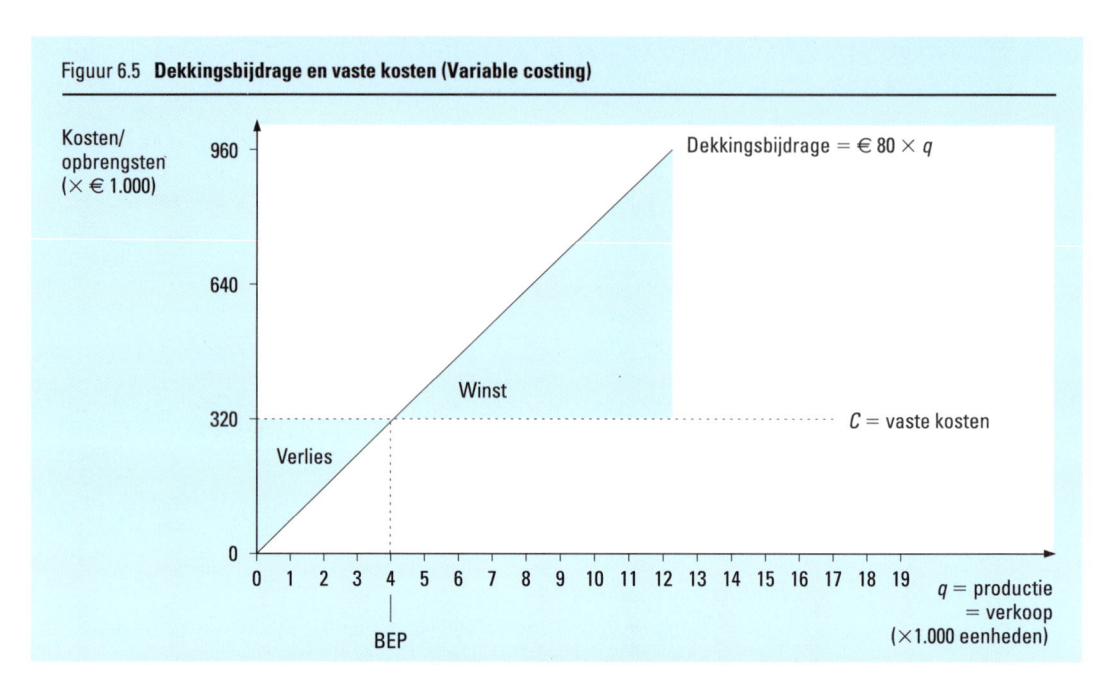

Figuur 6.5 Dekkingsbijdrage en vaste kosten (Variable costing)

Kosten/opbrengsten (× € 1.000)

Dekkingsbijdrage = € 80 × q

C = vaste kosten

Winst

Verlies

BEP

q = productie = verkoop (×1.000 eenheden)

Verkoopmanagers kunnen de break-evenberekening ook gebruiken om bepaalde winstdoelstellingen te vertalen in doelstellingen voor de verkoopafdeling. In de berekeningen moeten zij dan de vaste kosten verhogen met de omvang van de gewenste winst. Uit de berekening zal dan een hogere verkoopomvang volgen dan het break-evenpunt. Met hun kennis van de markt moeten zij beoordelen of een bepaalde verkoopomvang (en het daarbij behorende resultaat) haalbaar is. Zo kan de methode van de break-evenberekening ook worden gebruikt om bepaalde verkoopdoelstellingen vast te stellen.
Dit lichten we toe aan de hand van voorbeeld 6.5.

■ **Voorbeeld 6.5 (vervolg)**
Stel dat firma Gebr. Huizinga €80.000 winst wil maken. Hoeveel moet dan geproduceerd en verkocht worden om dit resultaat te behalen?

Uitwerking
De gevraagde productie- en verkoopomvang (X) volgt uit:

$$X = \frac{C + \text{gewenste winst}}{p - v} = \frac{€320.000 + €80.000}{€140 - €60} = 5.000$$

De firma Huizinga zal 5.000 fietsdragers moeten produceren en verkopen om een winst van €80.000 te kunnen realiseren. De verkoper van de firma Huizinga moet beoordelen of deze verkoopomvang haalbaar is.

6.5.2 Break-evenanalyse bij vervoerbedrijven

Een vervoerbedrijf is een voorbeeld van een kapitaalintensief bedrijf. Of het nu transport over land, over zee of door de lucht betreft, de kosten van afschrijvingen en onderhoud van de transportmiddelen, de besturing ervan en de brandstofkosten houden nagenoeg geen verband met het aantal goederen of personen dat tijdens het transport wordt vervoerd. Of bijvoorbeeld een Boeing 747 (Jumbojet) nu met 100 of 300 passagiers van Amsterdam naar New York vliegt, de kosten van de bemanning, afschrijving en onderhoud van het vliegtuig zullen weinig verschillen. Een zwaardere belasting zal tot meer brandstofverbruik leiden, maar dat zal op de totale kosten weinig uitmaken. Luchtvaartmaatschappijen hebben er dan ook alle belang bij dat er met een vliegtuig zo veel mogelijk vluchten worden gemaakt en dat deze tijdens de vluchten ook goed bezet zijn.

■ **Voorbeeld 6.6**
We laten de Manager Finance & Control van DutchRail weer aan het woord. 'Bij productiebedrijven die een homogeen product maken, kunnen we de productieomvang eenvoudig weergeven in aantallen producten. Bij DutchRail meten we de productieomvang in aantallen treinpaden. Een treinpad kan het beste worden omschreven als een recht voor een vervoerder om binnen de dienstregeling over de spoorlijn te rijden. Omdat (in verband met veiligheidsvoorschriften) de tijd tussen iedere trein minimaal 15 minuten moet bedragen, kunnen er per richting per uur maximaal 4 treinen vertrekken. De spoorlijn bestaat uit twee lijnen (een lijn van Rotterdam naar de Duitse grens en een lijn van de Duitse grens naar Rotterdam), zodat er per uur maximaal 8 treinen kunnen vertrekken. We geven deze situatie in figuur 6.6 weer.

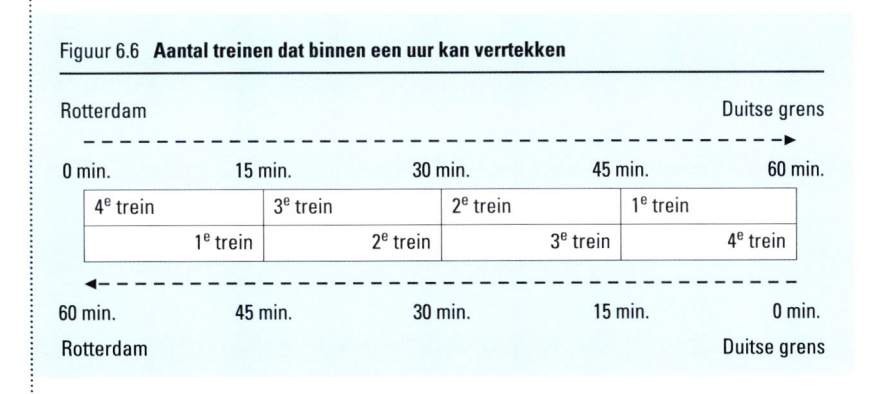

Figuur 6.6 **Aantal treinen dat binnen een uur kan verrtekken**

Rotterdam					Duitse grens
0 min.	15 min.	30 min.	45 min.		60 min.
	4^e trein	3^e trein	2^e trein	1^e trein	
		1^e trein	2^e trein	3^e trein	4^e trein
60 min.	45 min.	30 min.	15 min.		0 min.
Rotterdam					Duitse grens

DutchRail is een continubedrijf. Dit betekent dat in principe 7 dagen per week gedurende 24 uur per dag van de spoorlijn gebruik kan worden gemaakt. Omdat gedurende de week ook ruimte voor onderhoud van de spoorlijn wordt gereserveerd, gaat DutchRail uit van 6 werkdagen per week. Een jaar bestaat uit 50 werkweken. De maximale capaciteit (gemeten in treinpaden) volgt uit de volgende berekening: 24 uur × 6 werkdagen × 50 weken × 8 treinpaden per uur = 57.600 treinpaden per jaar. Bij DutchRail gaan we uit van een gemiddelde lengte van een treinreis van 120 kilometer. Dit is de gemiddelde afstand van Rotterdam naar de Duitse grens of terug. Bijna alle treinen leggen dit traject af. DutchRail streeft

Bezettingsgraad

ernaar zo veel mogelijk van de beschikbare hoeveelheid treinpaden aan derden te leveren. Naarmate de bezettingsgraad van de spoorlijn hoger is, ontvangt DutchRail een hogere vergoeding en nemen de financiële resultaten van DutchRail toe.'

Zoals uit de toelichting van de Manager Finance & Control van DutchRail blijkt, is de bezettingsgraad een belangrijke stuurvariabele bij vervoerbedrijven.

De bezettingsgraad drukken we uit in een percentage van de maximaal mogelijke bezetting. De bezettingsgraad voor DutchRail volgt uit de volgende berekening:

$$\text{Bezettingsgraad} = \frac{\text{Aantal treinpaden dat wordt afgenomen}}{\text{Maximale aantal treinpaden}} \times 100\%$$

We kunnen ook de bezettingsgraad berekenen waarbij een vervoerbedrijf geen winst maakt, maar ook geen verlies lijdt (break-evenpunt). Dat lichten we in voorbeeld 6.7 toe, waarbij we gebruikmaken van cijfers van DutchRail.

■ Voorbeeld 6.7 Break-evenpunt DutchRail

DutchRail is de enige aanbieder van vervoerscapaciteit van de spoorlijn. Aan iedere vervoerder die gebruikmaakt van de spoorlijn brengt DutchRail €360 per treinpad (per vertrekkende trein) in rekening. Omdat alle treinen ongeveer dezelfde afstand afleggen (120 km), kunnen we de variabele kosten per treinpad weergeven. Deze bedragen €120 per treinpad. De vaste kosten voor DutchRail als geheel bedragen €12 mln per jaar.

Het break-evenpunt kunnen we bepalen door de omzet gelijk te stellen aan de kosten.

Omzet = Variabele kosten + Vaste kosten
€360 × q = €120 × q + €12.000.000

€360 × q − €120 × q = €12.000.000

€240 × q = €12.000.000

q = 50.000

Omdat de maximale capaciteit 57.600 treinpaden per jaar bedraagt, volgt de break-evenbezettingsgraad uit de volgende berekening:

$$\frac{50.000}{57.600} \times 100\% = 86{,}8\%$$

Uit deze berekening volgt dat DutchRail bij een bezettingsgraad van 86,8%, geen winst maakt, maar ook geen verlies lijdt.

Omdat een vervoerbedrijf een kapitaalintensief bedrijf is, zal een kleine verandering in de bezettingsgraad grote gevolgen hebben voor het resultaat. We lichten dit in figuur 6.7 aan de hand van de gegevens over DutchRail toe.

Bij een bezettingsgraad van 0% zijn er alleen vaste kosten = €12.000.000
Bij een bezettingsgraad van 100% bedragen de:
- vaste kosten   € 12.000.000
- variabele kosten: 57.600 × €120 = € 6.912.000

- totale kosten   € 18.912.000

Bij een bezettingsgraad van 100% bedraagt de omzet:
57.600 × €360 = €20.736.000.

Figuur 6.7 **Break-evenbezettingsgraad**

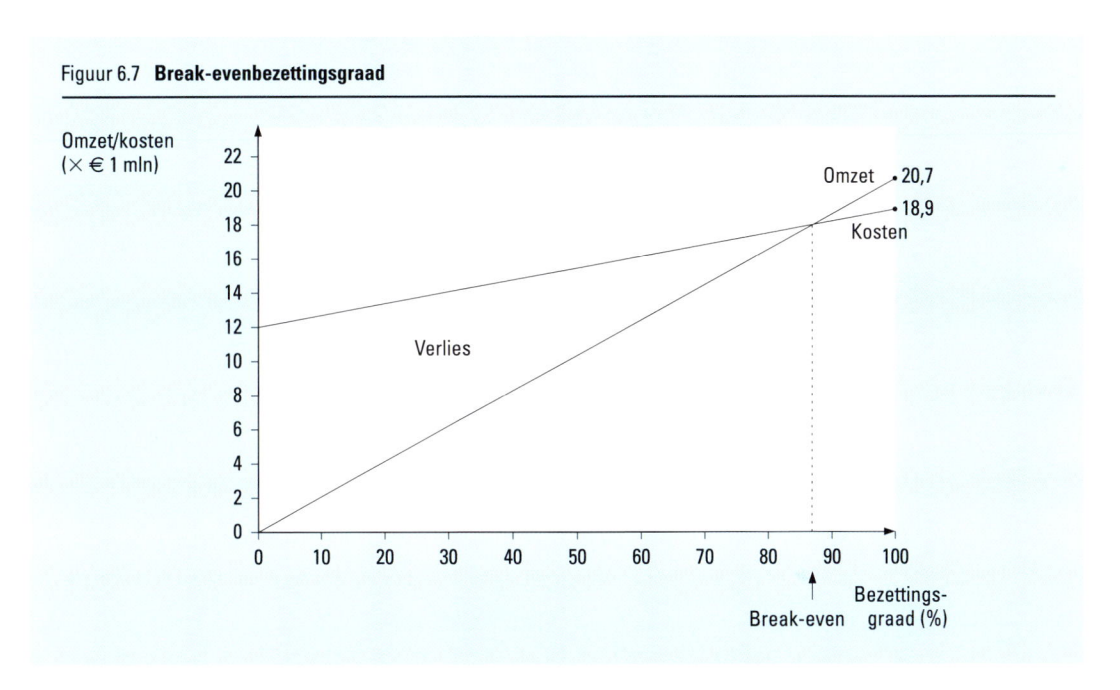

Uit figuur 6.7 en de daaraan voorafgaande berekeningen blijkt dat DutchRail verlies lijdt als de bezettingsgraad lager is dan 86,8%. Bij een bezettingsgraad van 70% kunnen we het verlies als volgt berekenen:

Omzet: 0,7 × 57.600 × €360 =   € 14.515.200
Kosten:
- vast   € 12.000.000
- variabel: 0,7 × 57.600 × €120 =   € 4.838.400

                                               € 16.838.400 –

Resultaat (negatief)   € 2.323.200 –

Tussenvraag 6.2
a Hoeveel bedraagt het verlies als de bezettingsgraad 60% bedraagt?
b Met welk bedrag daalt het resultaat als de bezettingsgraad daalt met 1%?

Het gebruik dat van de spoorlijn zal worden gemaakt, is ook afhankelijk van een aantal externe factoren. Zo zal de toename van het aantal files op de weg het goederenvervoer over het spoor bevorderen. Een stijging van de brandstofprijs en/of tolheffing voor vrachtwagens zal eenzelfde effect hebben.

6.5.3 Andere toepassingen

De berekening en grafische weergave van het break-evenpunt is niet alleen van belang om vast te stellen bij welke verkoopomvang een organisatie geen winst en geen verlies heeft. Als de ondernemingsleiding overweegt bepaalde beslissingen te nemen, kunnen op basis van de break-evenanalyse de gevolgen ervan worden berekend. Enkele vragen die op basis van de break-evenanalyse kunnen worden beantwoord, zijn de volgende:
1 Met hoeveel kan de verwachte afzet afnemen voordat de onderneming verlies gaat lijden?
2 Welke gevolgen heeft een verhoging van de verkoopprijs voor het break-evenpunt?
3 Welke gevolgen heeft een verhoging van de vaste kosten voor het break-evenpunt?
4 Welke gevolgen heeft een verlaging van de proportioneel variabele kosten voor het break-evenpunt?

Veiligheidsmarge

In verband met vraag 1 is het begrip veiligheidsmarge van belang. De veiligheidsmarge geeft weer hoeveel procent de werkelijke *afzet* onder de begrote afzet (= begrote *aantal producten*) mag liggen, voordat de onderneming verlies gaat lijden. De volgende formule geldt:

$$\text{Veiligheidsmarge} = \frac{\text{Begrote afzet} - \text{break-evenafzet}}{\text{Begrote afzet}} \times 100\%$$

Stel dat in voorbeeld 6.4 een afzet van 10.000 fietsdragers begroot zou zijn, terwijl het break-evenpunt op 4.000 ligt. In deze situatie bedraagt de veiligheidsmarge:

$$\frac{10.000 - 4.000}{10.000} \times 100\% = 60\%$$

Als de werkelijke afzet meer dan 60% onder de begrote afzet van 10.000 ligt, komt de onderneming in de verlieszone.

Het break-evenpunt wordt vooraf berekend op basis van de (verwachte) standaardkosten. Als achteraf blijkt dat er meer kosten zijn gemaakt dan er toegestaan en/of vooraf verwacht werden, zal er bij het vooraf berekende break-evenpunt toch een verlies optreden. In die situatie moeten er meer fietsendragers verkocht worden dan het vooraf berekende break-evenpunt om de onderneming geen verlies te laten lijden. Het antwoord op de vragen 2, 3 en 4 kunnen we berekenen door de betreffende variabelen in de formule van het break-evenpunt aan te passen.

Tussenvraag 6.3
Bereken voor voorbeeld 6.5 wat de gevolgen zijn voor het break-evenpunt als:
a de verkoopprijs €160 wordt;
b de vaste kosten met €40.000 stijgen naar €360.000;
c de proportioneel variabele kosten met €5 dalen naar €55.

Samenvatting

Om het perioderesultaat te berekenen, kunnen we uitgaan van de integralekostprijsmethode of van de variabelekostencalculatie. Bij de integralekostprijsmethode worden aan ieder product de variabele en de vaste productiekosten toegerekend. Bij de variabelekostencalculatie worden alleen de variabele productiekosten aan de producten toegerekend, terwijl de vaste kosten in één bedrag ten laste van het resultaat worden gebracht.

Door het verschil in verwerking van de vaste productiekosten kunnen er verschillen ontstaan in het resultaat volgens de integralekostprijsmethode en de variabelekostencalculatie. Dit verschil is gelijk aan de voorraadmutatie vermenigvuldigd met de vaste *productie*kosten per eenheid product.

Het break-evenpunt is de productie- en verkoopomvang waarbij de kosten gelijk zijn aan de opbrengsten. Hierbij zijn de opbrengsten gelijk aan het product van de verkochte hoeveelheid en de verkoopprijs exclusief btw. Bij het break-evenpunt wordt door de onderneming geen winst gemaakt, maar ook geen verlies geleden.

De break-evenanalyse is vooral van belang bij kapitaalintensieve productieprocessen, waarvan vervoermaatschappijen een voorbeeld zijn. Allerlei mogelijke alternatieven kunnen op basis daarvan doorgerekend en gebruikt worden bij de besluitvorming.

De veiligheidsmarge geeft aan met hoeveel procent de begrote afzet kan afnemen voordat de onderneming verlies gaat lijden.

Begrippenlijst

Afzet
Verkoopomvang in aantallen (producten).

Bezettingsgraad
De mate waarin de maximaal beschikbare capaciteit wordt benut.

$$= \frac{\text{Benutte productiecapaciteit}}{\text{Maximale productiecapaciteit}} \times 100\%$$

Bezettingsresultaat
Het bezettingsresultaat is gelijk aan (werkelijke productie − normale productie) × vaste productiekosten per eenheid product.

Break-evenpunt
De productieomvang (= verkoopomvang) waarbij de onderneming geen winst en geen verlies heeft.

Dekkingsbijdrage
Verkochte hoeveelheid × (verkoopprijs exclusief btw − variabele kosten). De dekkingsbijdrage is beschikbaar om de vaste kosten te dekken.

Homogene producten
Producten die onderling geen verschillen vertonen.

Integrale kostprijs
Kostprijs waarin zowel de variabele als de vaste kosten opgenomen zijn.

Integralekostprijsmethode (absorption costing)
Kostprijsberekening waarbij de kosten op basis van de integrale kostprijs worden doorberekend.

Normale productie
Gemiddelde verwachte productie over een reeks van toekomstige jaren.

Omzet (opbrengst verkopen)
Opbrengst van de verkopen = de afzet × verkoopprijs exclusief btw.

Proportioneel variabele kosten
Kosten waarbij de variabele kosten per eenheid gelijk zijn, ongeacht de bedrijfsdrukte.

Transactieresultaat
Verkochte hoeveelheid × (verkoopprijs exclusief btw − integrale standaardkostprijs).

Veiligheidsmarge
De veiligheidsmarge geeft weer hoeveel procent de werkelijke afzet onder de begrote afzet mag liggen voordat de onderneming verlies gaat lijden.

Variabelekostencalculatie (variable costing)
Kostenberekening waarbij de variabele productiekosten aan de producten worden toegerekend en de vaste productiekosten in een bedrag ten laste van het resultaat worden gebracht.

Vaste kosten
Kosten die niet veranderen ten gevolge van een verandering in de bedrijfsdrukte (zolang de bedrijfsdrukte binnen een bepaald gebied blijft).

Meerkeuzevragen

6.1 Het verschil in perioderesultaat volgens absorption costing en variable costing is gelijk aan
   a de voorraadomvang vermenigvuldigd met de vaste productiekosten per eenheid.
   b de voorraadmutatie vermenigvuldigd met de vaste productiekosten per eenheid.
   c de voorraadmutatie vermenigvuldigd met de variabele productiekosten per eenheid.
   d het bezettingsresultaat.

6.2 De integrale standaardkostprijs wordt gebruikt
   a bij de berekening van de dekkingsbijdrage.
   b voor de berekening van het bezettingsresultaat.
   c om het transactieresultaat te berekenen.
   d voor het nemen van kortetermijnbeslissingen.

6.3 Bij de variabelekostencalculatie worden de voorraden gewaardeerd tegen
   a de variabele productiekosten.
   b de vaste en de variabele productiekosten.
   c de variabele productie- en verkoopkosten.
   d de vaste productie- en verkoopkosten en de variabele productie- en verkoopkosten.

6.4 Bij de variabelekostencalculatie komen ten laste van het resultaat over een bepaalde periode
   a de variabele productiekosten van de geproduceerde hoeveelheid producten.
   b de variabele productiekosten van de verkochte producten en de vaste productiekosten van die periode.
   c de variabele en de vaste productiekosten van de geproduceerde hoeveelheid producten.
   d de variabele en de vaste productiekosten van de verkochte producten.

6.5 Bij het break-evenpunt geldt dat
   a het onderbezettingsverlies = de transactiewinst.
   b de overbezettingswinst = het transactieverlies.
   c de vaste kosten gelijk zijn aan de doorberekende vaste kosten.

6.6 De dekkingsbijdrage is
   a het verschil tussen de vaste kosten en de doorberekende vaste kosten.
   b gelijk aan (werkelijke productie − normale productie) × vaste kosten per eenheid product.
   c het verschil tussen de omzet (opbrengst verkopen) en de vaste kosten van de omzet.
   d het verschil tussen de omzet (opbrengst verkopen) en de variabele kosten van de omzet.

6.7 De bezettingsgraad volgt uit de berekening

a $\dfrac{\text{Werkelijke bezetting} - \text{maximale bezetting}}{\text{Maximale bezetting}} \times 100\%$

b $\dfrac{\text{Maximale bezetting} - \text{werkelijke bezetting}}{\text{Werkelijke bezetting}} \times 100\%$

c $\dfrac{\text{Werkelijke bezetting}}{\text{Maximale bezetting}} \times 100\%$

d $\dfrac{\text{Maximale bezetting}}{\text{Werkelijke bezetting}} \times 100\%$

6.8 De veiligheidsmarge volgt uit de berekening

a $\dfrac{\text{Break-evenafzet} - \text{begrote afzet}}{\text{Break-evenafzet}} \times 100\%$

b $\dfrac{\text{Break-evenafzet} - \text{werkelijke afzet}}{\text{Break-evenafzet}} \times 100\%$

c $\dfrac{\text{Begrote afzet} - \text{break-evenafzet}}{\text{Begrote afzet}} \times 100\%$

d $\dfrac{\text{Begrote afzet} - \text{normale afzet}}{\text{Begrote afzet}} \times 100\%$

6.9 De break-evenafzet zal stijgen door
a een stijging van de verkoopprijs.
b een stijging van de variabele kosten.
c een daling van de vaste kosten.
d een toename van de werkelijke productie.

PDCA-cyclus

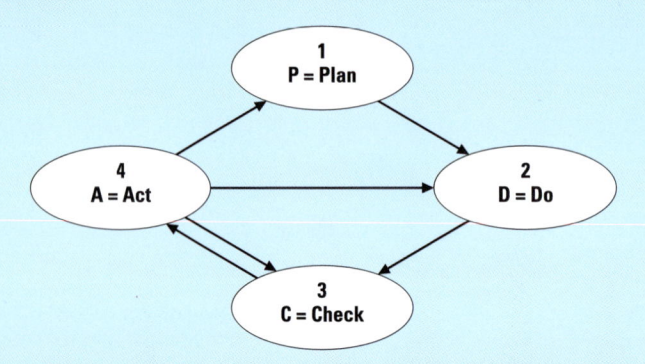

```
            ┌─────────┐
            │    1    │
            │ P = Plan│
            └─────────┘
           ↗           ↘
    ┌─────────┐   ┌─────────┐
    │    4    │ → │    2    │
    │ A = Act │   │ D = Do  │
    └─────────┘   └─────────┘
           ↖           ↙
            ┌─────────┐
            │    3    │
            │C = Check│
            └─────────┘
```

De PDCA-cyclus geeft in grote lijnen de werkwijze bij budgettering weer. In eerste instantie worden de plannen van een organisatie vertaald in budgetten (1 = Plan). Op basis daarvan worden de werkzaamheden uitgevoerd (2 = Do). Na de uitvoering van de plannen worden de werkelijke resultaten vergeleken met de gebudgetteerde resultaten (3 = Check = controleren). Op basis van de resultaten uit de 'check'-fase worden er acties ondernomen (4 = Act), die ertoe kunnen leiden dat:
- *de plannen worden aangepast;*
- *de uitvoering wordt aangepast;*
- *de beheerstechnieken worden aangepast.*

Budgettering en verschillenanalyse

7

- 7.1 Leiding van een organisatie
- 7.2 Planning op lange en korte termijn
- 7.3 Budgettering als sturingsinstrument
- 7.4 Budgettering van een productieonderneming
- 7.5 Budgettering van kosten
- 7.6 Het budgetteringsproces
- 7.7 Budgettering van het productieproces
- 7.8 Vergelijking van het productiebudget en de werkelijke productiekosten
- 7.9 Budgettering van het verkoopproces
- 7.10 Vergelijking van het verkoopbudget en de werkelijke verkoopresultaten
- 7.11 Responsibility accounting
- Samenvatting
- Begrippenlijst
- Meerkeuzevragen

De leiding van een organisatie heeft de taak richting te geven aan de activiteiten van de organisatie. Bij het verstrekken van opdrachten aan zijn medewerkers neemt het management de doelstelling van de organisatie als uitgangspunt. Een organisatie kan de plannen voor de korte termijn in een budget weergeven. In een budget worden de activiteiten die de diverse afdelingen op korte termijn moeten uitvoeren, nauwkeurig omschreven. Het geven van opdrachten is echter niet voldoende. Het management zal ook *toezicht en controle op de uitvoering* van het uitgestippelde beleid willen uitoefenen. Budgettering is een belangrijk instrument bij het besturen van een organisatie. De wijze waarop het beleid van een organisatie kan worden vertaald in concrete plannen (budgetten) en de controle op de uitvoering daarvan, komen in dit hoofdstuk aan de orde. Het vergelijken van budgetten met de werkelijke resultaten, de analyse van de verschillen en het bijstellen van het beleid op basis van deze analyse wordt in de Engelstalige literatuur management control genoemd. 'Control' heeft daarbij de betekenis van 'beheersen'.

7.1 Leiding van een organisatie

De besturing van een jumbojet is in handen van de gezagvoerder en de co-piloten. Om hun taak uit te kunnen voeren, moeten zij veel informatie vergaren, zoals de windrichting, de windsnelheid, de weersverwachtingen en de technische gegevens van het vliegtuig.
De hoeveelheid informatie die de piloten moeten verwerken, is zo omvangrijk dat zij daarbij gebruikmaken van computers. Bij moderne vliegtuigen is men zover dat zelfs de besturing volledig door computers kan worden overgenomen. Door allerlei meetapparatuur en gegevens, die onder andere verschaft worden door de verkeersleiding, worden de computers van informatie voorzien. Op basis daarvan passen de boordcomputers (automatische piloot) zo nodig de koers van het vliegtuig aan. Alleen in noodgevallen nemen de piloten de besturing van het vliegtuig van de automatische piloot over.

Met enige fantasie kunnen we het management van een grote organisatie vergelijken met de piloten van een jumbojet. Ook het management van een organisatie maakt bij het vaststellen van zijn beleid gebruik van veel informatie. De leiding van de organisatie kan al deze informatie niet zonder hulpmiddelen verzamelen en verwerken. De uitgebreide afdeling Administratie (die onder andere gebruikmaakt van computers) staat de variableie terzijde. De Raad van Bestuur (waarbinnen de voorzitter de rol van gezagvoerder vervult) houdt zich met name met de grote lijnen van het beleid bezig. Wanneer de organisatie in negatieve zin te veel uit de koers dreigt te raken, zal het bestuur ingrijpen (management by exception). Minder belangrijke beslissingen worden overgelaten aan leidinggevenden die zich lager in de organisatie bevinden. Daarbij schrijft het bestuur bepaalde procedures voor om ook op deze beslissingen invloed te kunnen uitoefenen.

Management by exception

7.2 Planning op lange en korte termijn

Bij het besturen van een organisatie is de doelstelling van de organisatie het uitgangspunt voor het vaststellen van de te ondernemen activiteiten.
De doelstelling van de organisatie wordt in algemene bewoordingen geformuleerd. De leiding van de organisatie vertaalt de algemene doelstelling van de organisatie in een aantal subdoelstellingen. Een subdoelstelling van een onderneming kan bijvoorbeeld het behalen van een bepaald marktaandeel zijn of het streven naar een bepaalde jaarlijkse groei van de activiteiten. Deze subdoelstellingen worden nader uitgewerkt in een aantal concrete plannen.
Ten aanzien van de planning van de activiteiten maakt men onderscheid in planning op lange en planning op korte termijn.
Een *planning op lange termijn* heeft een globaal karakter, omdat er bij de ontwikkelingen op lange termijn veel onzekerheden zijn. Deze planning op lange termijn heeft de vorm van een *prognose*, waarin de verwachte toekomstige activiteiten in grote lijnen zijn weergegeven. Een planning op lange termijn die verschillende jaren omvat, noemen we een *meerjarenraming*.

Meerjarenraming

Begroting

Budget

Budgethouder

De *planning op korte termijn* heeft meestal de vorm van een begroting. In een begroting worden de activiteiten die de diverse afdelingen moeten uitvoeren, nauwkeurig omschreven. Nadat de begroting door de variableie is goedgekeurd, krijgt ze een *taakstellend karakter* en dan spreken we van een budget. Het budget geeft nauwkeurig aan welke bedragen voor de in het budget omschreven activiteiten mogen worden besteed en is tevens een *machtiging* om de in het budget opgenomen gelduitgaven te verrichten. De *budgethouder* is de functionaris die als opdracht heeft de in zijn budget genoemde activiteiten uit te voeren (*taakopdracht*). Van hem wordt verwacht dat hij deze activiteiten verricht binnen de kostenbedragen die in zijn budget zijn vastgelegd. Na uitvoering van de activiteiten kunnen de werkelijke bedragen vergeleken worden met de in het budget opgenomen bedragen (budget als *controlemiddel*).

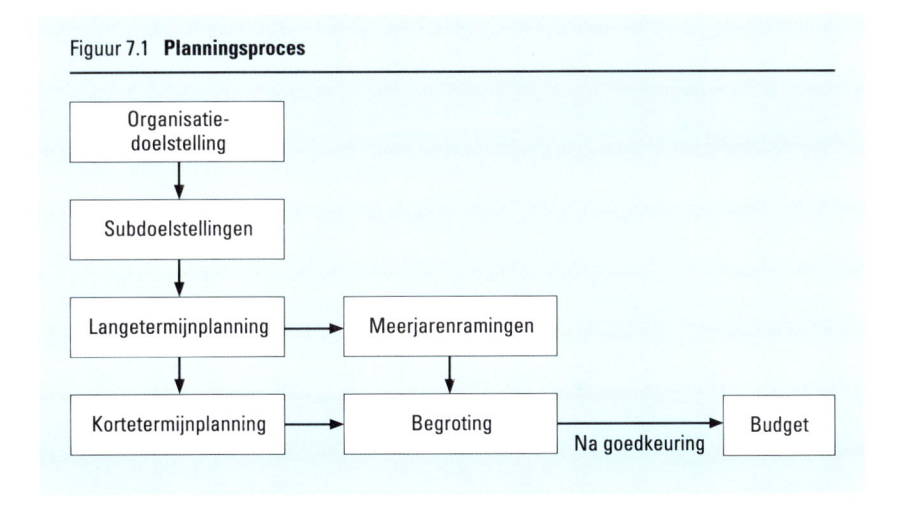

Figuur 7.1 **Planningsproces**

Organisatiedoelstelling → Subdoelstellingen → Langetermijnplanning → Meerjarenramingen; Langetermijnplanning → Kortetermijnplanning → Begroting → (Na goedkeuring) → Budget

Tussenvraag 7.1
Wat zijn de kenmerkende verschillen tussen een begroting en een budget?

7.3 Budgettering als sturingsinstrument

Het bestuur van een organisatie vertaalt de doelstelling van de organisatie allereerst in globale langetermijnplannen en daarna in concrete activiteitenplannen. In deze plannen worden de gewenste activiteiten vermeld die tot realisatie van de (sub)doelstellingen van de organisatie moeten leiden. De gevolgen van de toekomstige activiteiten worden vertaald in financiële gegevens, zoals opbrengsten, kosten, geldontvangsten, gelduitgaven en resultaten. Deze gegevens komen tot uitdrukking in diverse begrotingen, zoals de liquiditeitsbegroting, een voorgecalculeerde winst- en verliesrekening en een voorgecalculeerde balans.

De activiteiten van de diverse afdelingen van de organisatie moeten op elkaar worden afgestemd. Het opstellen van begrotingen en de definitieve goedkeuring ervan vereist daarom veelvuldig overleg tussen de hoofden van deze afdelingen. Begrotingen (en de daaruit voortkomende budgetten) komen we tegen bij allerlei soorten organisaties zoals scholen, ziekenhuizen, accountantskantoren en productiebedrijven.

Tussenvraag 7.2
Hoe kan budgettering als besturingsinstrument worden gebruikt?

7.4 Budgettering van een productieonderneming

Door het toekennen van budgetten delegeert de variableie een deel van de beslissingen aan leidinggevenden op een lager niveau in de onderneming. De variableie blijft echter wel eindverantwoordelijk voor het geheel. Delegeren houdt niet in dat de verantwoordelijkheden worden overgedragen.

Het budget wordt vóór het begin van een periode opgesteld en heeft betrekking op activiteiten die in de komende periode worden verwacht. Daarom noemen we dit budget een ex ante-budget. Het ex ante-budget gaat uit van verwachte activiteiten, standaardkosten en verwachte verkopen.

Ex ante-budget

Tijdens de periode kunnen er gebeurtenissen optreden waardoor de in het budget gestelde doelen niet meer te realiseren zijn. Een onverwachte achteruitgang in de conjunctuur zal er bijvoorbeeld toe leiden dat de verwachte verkoopaantallen niet kunnen worden gehaald. In dat geval wordt de verwachte verkoopomvang aangepast. Tevens zal een aanpassing in het productiebudget en andere daarmee samenhangende budgetten plaatsvinden. Budgettering is geen eenmalige activiteit aan het begin van een periode, maar een voortdurend proces. In de praktijk kunnen we ook voortschrijdende budgetten gebruiken. Zo kunnen voor het begin van ieder kwartaal de budgetten voor de volgende vier kwartalen opnieuw worden vastgesteld. Nieuwe informatie die in het lopende kwartaal beschikbaar is gekomen, kan dan in de nieuwe budgetten worden verwerkt.

Voortschrijdende budgetten

Na afloop van een budgetperiode kunnen de werkelijke activiteiten en de werkelijke resultaten worden vastgesteld. In het ex post-budget worden de standaardkosten van de werkelijke activiteiten weergegeven. Nadat de verschillen tussen de werkelijke kosten, het ex ante-budget en het ex post-budget vastgesteld zijn, kan het onderzoek naar de oorzaken van de verschillen beginnen. Na de analyse van de verschillen kan de leiding van een onderneming beslissen of en zo ja, welke maatregelen moeten worden getroffen om de onderneming op koers te houden.

Ex post-budget

De analyse in de verkoopsfeer richt zich met name op een verklaring van de verschillen tussen de verwachte opbrengst verkopen en verwachte verkoopkosten (ex ante-verkoopbudget) en de werkelijke opbrengst verkopen en werkelijke verkoopkosten.
In figuur 7.2 wordt de relatie tussen budgetten en werkelijke resultaten weergegeven.

Om de efficiency van het productieproces vast te stellen, wordt het verschil tussen het *ex post*-productiebudget en de werkelijke productiekosten geanalyseerd. Zie figuur 7.2.

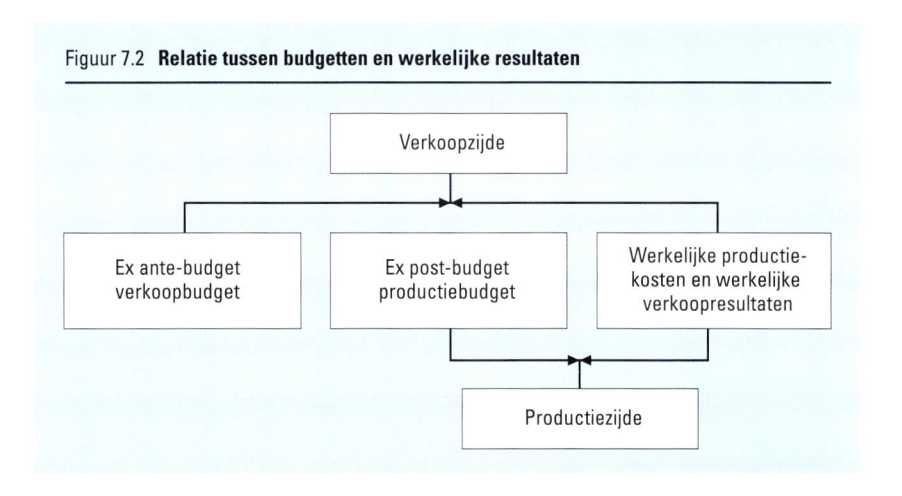

Figuur 7.2 **Relatie tussen budgetten en werkelijke resultaten**

```
                    ┌──────────────┐
                    │ Verkoopzijde │
                    └──────────────┘
         ┌─────────────┬─────────────┐
         ▼             ▼             ▼
┌──────────────┐ ┌──────────────┐ ┌────────────────────┐
│ Ex ante-budget│ │ Ex post-budget│ │ Werkelijke productie-│
│ verkoopbudget │ │ productiebudget│ │ kosten en werkelijke│
│               │ │               │ │ verkoopresultaten  │
└──────────────┘ └──────────────┘ └────────────────────┘
                    ▲             ▲
                    └──────┬──────┘
                    ┌──────────────┐
                    │ Productiezijde│
                    └──────────────┘
```

NB Aan de productiezijde heeft het geen zin om de werkelijke kosten van de gerealiseerde productie te vergelijken met het ex ante-productiebudget. Stel dat een productieomvang van 200.000 stuks was begroot en dat het daarbij behorende productiebudget €1 mln bedraagt (het ex ante-budget bedraagt €5 per geproduceerde eenheid). Vervolgens nemen we aan dat in werkelijkheid slechts 120.000 stuks zijn geproduceerd en dat de werkelijke productiekosten €720.000 bedragen. De werkelijke productiekosten zijn €280.000 lager dan het ex ante-productiebudget, maar toch is er een negatief budgetresultaat op de productie van €120.000. Het ex post-budget bedraagt namelijk 120.000 × €5 = €600.000.

Tussenvraag 7.3
Is de overschrijding van een *ex ante*-productiebudget altijd een negatief teken?

7.5 Budgettering van kosten

In een kostenbudget worden de standaardkosten vermeld die verband houden met de in het budget omschreven activiteiten. De standaardkosten per activiteit worden afgeleid uit de standaardkostprijs van het product. In de standaardkostprijs zijn onder andere de toegestane hoeveelheid arbeidsuren per product en de arbeidskosten per uur opgenomen. Ook kunnen het toegestane grondstofverbruik (in kilogram of liters) en de grondstofprijs per kilogram uit de standaardkostprijs worden afgeleid. Voor de verwerking van de vaste productiekosten in de budgettering is het onderscheid in absorption costing (AC) en variable costing (VC) van belang. Bij absorption costing verdelen we de vaste productiekosten over de producten op basis van de normale productieomvang. Bij variable costing worden de vaste productiekosten als totaalbedrag in de budgettering opgenomen. De wijze van budgettering moet aansluiten bij de methode van resultaatberekening (AC of VC).

Bij de budgettering van de kosten wordt rekening gehouden met de wijze waarop de kosten reageren op een verandering in de bedrijfsdruk-

te. Er kan sprake zijn van variabele en vaste kosten. Als we rekening houden met de wijze waarop de kosten reageren op een verandering in de bedrijfsdrukte, maken we onderscheid in:
1 een variabel budget;
2 een vast budget;
3 een gemengd budget;
4 een flexibel budget.

Ad 1 Variabel budget

Variabel budget

Budgettarief

Als er alleen proportioneel variabele kosten zijn, maakt men gebruik van een variabel budget. In een variabel budget worden de hoeveelheden toegestane productiemiddelen vermenigvuldigd met het toegestane tarief per eenheid (budgettarief). De toegestane hoeveelheid en het budgettarief worden afgeleid uit de standaardhoeveelheden en de standaardprijzen die zijn gebruikt bij de berekening van de standaardkostprijs.
Stijgt de productie, dan nemen ook de toegestane kosten toe. Bij een daling van de productie neemt het toegestane kostenbedrag af. Een variabel budget kan toegepast worden voor kosten zoals grondstofverbruik en energieverbruik.

Ad 2 Vast budget

Vast budget

Als op een afdeling alleen vaste kosten optreden, werkt men met een vast budget. Bij een vast budget heeft een verandering in de bedrijfsdrukte geen invloed op de toegestane kosten (zolang de onderneming binnen het relevante productiegebied blijft). Een vast budget kan worden toegepast voor kosten als reclamekosten en kosten voor research & ontwikkeling.

Ad 3 Gemengd budget

Gemengd budget

Als op een afdeling sprake is van proportioneel variabele kosten én vaste kosten, kan een gemengd budget worden toegepast. Voor bijvoorbeeld de afdeling Fabricage kan men met een gemengd budget werken. Het variabel deel heeft betrekking op de proportioneel variabele kosten (zoals grondstofkosten) en het vast gedeelte zou de afschrijvingskosten van het fabrieksgebouw kunnen betreffen.

Ad 4 Flexibel budget

Flexibel budget

Als (een deel van) de kosten degressief stijgend, progressief stijgend of trapsgewijs variabel zijn met de bedrijfsdrukte, heeft een flexibel budget de voorkeur. In een flexibel budget worden voor diverse bezettingsgraden de toegestane kosten vermeld. De toegestane kosten worden in een *budgettabel* weergegeven, die er voor de fabricageafdeling uit kan zien zoals tabel 7.1.

Bij een variabel, gemengd en flexibel budget hangt het budget (voor zover het de variabele kosten betreft) af van het werkelijke aantal geleverde prestaties. De hoogte van deze budgetten kan daarom pas na afloop van de budgetperiode worden vastgesteld (ex post-budget).
Het kenmerkende verschil tussen een gemengd en een flexibel budget is het verschil ten aanzien van de variabele kosten. Bij een gemengd budget is sprake van *proportioneel variabele kosten*, terwijl bij een flexibel budget de *variabele kosten niet-proportioneel variabel* zijn. In beide budgetten kan een vast bedrag voor vaste kosten zijn opgenomen.

Tabel 7.1 **Budgettabel fabricageafdeling**

Bezetting (in machine-uren)	Toegestane kosten (in euro's)
< 10.000	200.000
10.000 – < 12.000	240.000
12.000 – < 14.000	270.000
14.000 – < 16.000	295.000
16.000 – < 18.000	310.000
18.000 – < 20.000	320.000

7.6 Het budgetteringsproces

In een onderneming worden verschillende soorten planningen gemaakt. Allereerst wordt, op basis van de ondernemingsdoelstelling, een *strategisch plan* opgesteld. Hierin worden de grote lijnen van het te voeren beleid uiteengezet. Binnen het kader dat aangegeven wordt door het strategisch plan, worden de activiteiten voor de lange termijn (*langetermijnplan*) vastgesteld. De financiële vertaling van het langetermijnplan leidt tot een *meerjarenbegroting*.

Voor de korte termijn wordt gewerkt met deelbudgetten. In een budget staan de kosten die gedurende het komende jaar voor een bepaald soort activiteit mogen worden gemaakt. Zo kunnen er een verkoopbudget, een inkoopbudget, een productiebudget en een reclamebudget zijn. Uit de gebudgetteerde cijfers worden een voorgecalculeerde winst- en verliesrekening en een voorgecalculeerde balans opgesteld.

Het is de taak van de leiding van de onderneming om de deelbudgetten op elkaar af te stemmen. Als in het productiebudget een bepaalde hoeveelheid producten is opgenomen, zal men in het inkoopbudget daarmee rekening houden. De omvang van de inkopen moet voldoende zijn om de productie ongestoord te laten verlopen. Ook moet er afstemming plaatsvinden tussen de productie en de verkoop.

Het samenhangend geheel van deelbudgetten noemen we moederbudget of masterbudget. Het voorgaande geven we in figuur 7.3 weer.

Het masterbudget is het resultaat van een omvangrijk communicatieproces binnen de onderneming. In overleg met de hoofden van de diverse afdelingen wordt vastgesteld welke resultaten van de afdelingen worden verwacht. Daarna is het aan de managers om aan te geven op welke wijze en tegen welke kosten zij de gestelde doelen denken te realiseren. De budgetvoorstellen die door deze managers worden opgesteld, worden besproken met de ondernemingsleiding. De *controller* is belast met de beheersing van het budgetteringsproces. Hij zorgt ervoor dat de budgetvoorstellen, die door de managers aangedragen worden, tijdig en juist worden verwerkt. De controller vervult een coördinerende taak. Het budgetteringsproces zal uiteindelijk leiden tot een samenhangend masterbudget, dat uit deelbudgetten kan bestaan, zoals figuur 7.4 laat zien.

Figuur 7.3 **Van ondernemingsdoelstelling naar masterbudget**

```
Ondernemings-
doelstelling
      │
      ▼
Strategisch plan
      │
      ▼
Meerjarenbegroting
      │
      ▼
Masterbudget per jaar
   ├──┬──┬──┬──┬──┐
   □  □  □  □  □  □
   Deelbudgetten per jaar
```

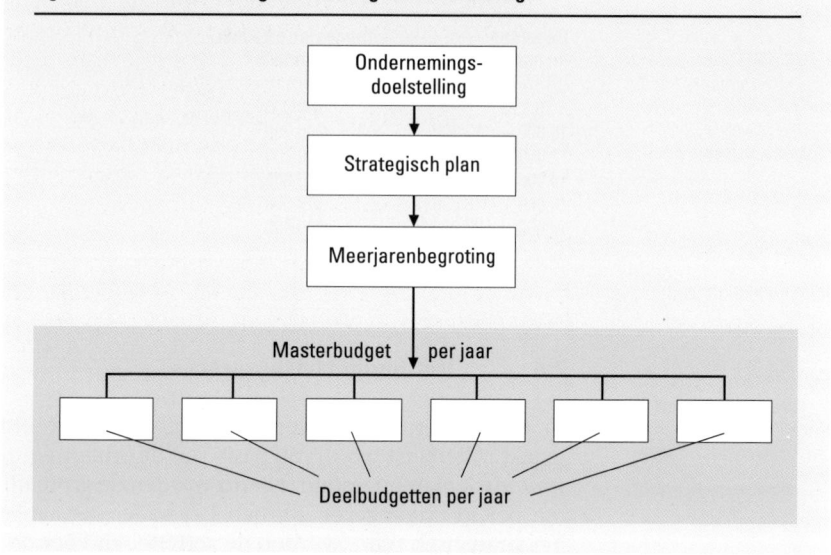

Figuur 7.4 **Samenstelling masterbudget**

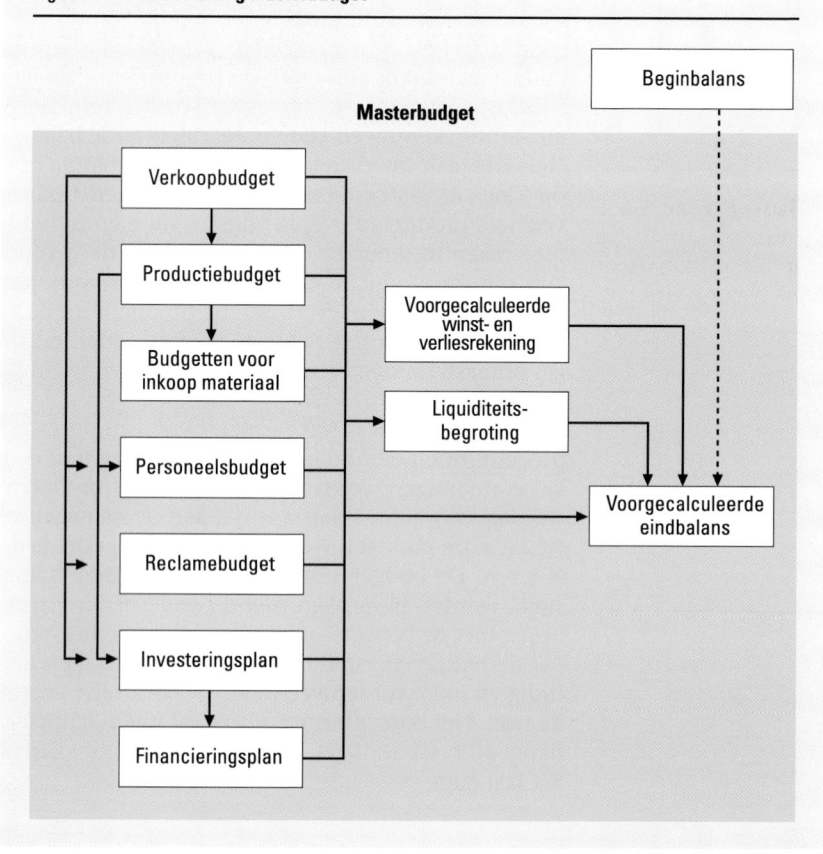

```
Masterbudget                                Beginbalans

   Verkoopbudget
        │
        ▼
   Productiebudget ──────► Voorgecalculeerde
        │                   winst- en
        ▼                   verliesrekening
   Budgetten voor
   inkoop materiaal ─────► Liquiditeits-
        │                   begroting
        ▼
   Personeelsbudget ─────────────────────► Voorgecalculeerde
        │                                   eindbalans
        ▼
   Reclamebudget
        │
        ▼
   Investeringsplan
        │
        ▼
   Financieringsplan
```

De verwachte verkopen worden als uitgangspunt van het masterbudget genomen. In het verkoopbudget wordt de verwachte omzet weergegeven door de verwachte afzet (hoeveelheden) te vermenigvuldigen met de verwachte verkoopprijzen. Door rekening te houden met de gewenste voorraden, kan uit het verkoopbudget de vereiste productieomvang worden afgeleid. Uit het verkoopbudget en het productiebudget kunnen de budgetten voor inkoop materiaal, personeel, reclame en investeringen worden vastgesteld. In het financieringsplan geeft de onderneming aan hoe ze de voorgenomen investeringen denkt te financieren.

Uit voorgaande budgetten kunnen de verwachte opbrengsten en kosten en dus de voorgecalculeerde winst- en verliesrekening worden afgeleid. De verwachte geldontvangsten en -uitgaven worden in de liquiditeitsbegroting verwerkt. Op basis van de beginbalans, de voorgecalculeerde winst- en verliesrekening en de liquiditeitsbegroting wordt de voorgecalculeerde (eind)balans opgesteld. Dan is de cirkel rond.

Onder andere voor de budgettering worden de activiteiten binnen een onderneming gesplitst in verschillende soorten werkzaamheden, zoals inkoop, productie en verkoop. De budgethouder is de medewerker die verantwoordelijk is voor een bepaald activiteitengebied. Om de activiteiten die in het budget zijn opgenomen te kunnen uitvoeren, wordt hij gemachtigd het bedrag dat in het budget staat vermeld te besteden. Na afloop van de budgetperiode worden de verschillen tussen de werkelijke resultaten en het budget geanalyseerd. Uit de verschillenanalyse wordt duidelijk welke budgethouder voor welk verschil verantwoordelijk is. Ook geeft deze analyse de mogelijkheid om het ondernemingsbeleid bij te sturen (stuurfunctie).

Tussenvraag 7.4
Wat bepaalt de omvang van de activiteiten van een organisatie?
a De productiecapaciteit.
b De omvang van de vraag naar een product of dienst.

Als de werkelijke resultaten ongunstiger uitvallen dan de gebudgetteerde cijfers, kan de leiding van een onderneming genoodzaakt zijn ingrijpende maatregelen te treffen. Dat blijkt uit het volgende artikel.

Air France hoopt met vrijwillig vertrek 800 banen te schrappen

Van onze verslaggever
Peter de Waard

Amsterdam • Air France hoopt 800 banen te schrappen via een vrijwillige vertrekregeling. Deze maatregel werd donderdag aangekondigd en loopt vooruit op een kostenreductieplan van Air France KLM die in totaal twee miljard euro moet opleveren.

Air France legde de maatregel donderdag voor aan de eigen ondernemingsraad. Het gaat om 500 banen bij het personeel op de grond en 300 bij het cabinepersoneel: stewards en stewardessen. In totaal werken bij Air France meer dan 70 duizend mensen.
Air France KLM zal goedkoper moeten opereren om te kunnen concurreren tegen zogenoemde prijsbrekers als Ryanair en EasyJet die een steeds groter deel van de markt veroveren.
Met de ondernemingsraad is donderdag gesproken over een palet van maatregelen die de concurrentiekracht van de maatschappij moet vergroten. Behalve dat de lonen moeten worden gematigd, zal ook de produktiviteit moeten worden vergroot. Daarnaast zal de omvang van de vloot mogelijk worden teruggebracht. Opsteker voor Air France KLM is de lagere olieprijs, maar die hebben de andere maatschappijen ook. Daarnaast wordt die voor een groot deel ongedaan gemaakt door de stijgende koers van de dollar, die door de stimuleringsmaatregelen van de Europese Centrale Bank nog verder is opgelopen. De olieprijzen worden in dollars genoteerd.

Vliegtuigen van Air France op de Parijse luchthaven Orly. De maatschappij wil de omvang van de vloot terugbrengen. Foto AFP

Volgens de Franse krant La Tribune wil Air France dit jaar proberen de kosten met 1,5 procent omlaag te brengen. De KLM wil in 2015 700 miljoen euro besparen op de kosten. Op dit moment lopen gesprekken met de piloten voor een vrijwillig loonoffer van 10 procent. De piloten hebben gezegd daartoe eventueel bereid te zijn in ruil voor aandelen in het bedrijf. ■

Bron: *de Volkskrant,* 23 januari 2015

7.7 Budgettering van het productieproces

De budgettering van een productieproces lichten we toe aan de hand van Telematica nv, fabrikant van mobiele telefoons.
Bij de productie van mobiele telefoons maakt Telematica nv gebruik van een sterk geautomatiseerde productietechniek. Daarnaast is menselijke arbeid echter onontbeerlijk om het productieproces in goede banen te leiden.
Voor Telematica nv lichten we de belangrijkste onderdelen van het masterbudget toe. De fabricagekosten worden door de onderneming in dit voorbeeld volgens de absorption-costing-methode (integralekostprijsmethode) berekend. De grondstofkosten bedragen €2 (0,2 kg × €10 per kg) per telefoon en de arbeidskosten bedragen €15 (0,3 uur × €50 per uur) per telefoon. De machinekosten bestaan uit vaste en variabele kosten. De vaste machinekosten bedragen €870.000 per jaar, waarvan €420.000 afschrijvingskosten. De proportioneel variabele machinekosten zijn €32 per machine-uur. Voor één telefoon is 1/8 machine-uur toegestaan. De normale productie voor het jaar 2017 bedraagt 120.000

mobiele telefoons per jaar. De normale productie is gelijkmatig over het jaar verdeeld, naar verwachting worden iedere maand 10.000 telefoons geproduceerd.

Masterbudget

De onderdelen uit het masterbudget zijn schematisch weergegeven in figuur 7.5.

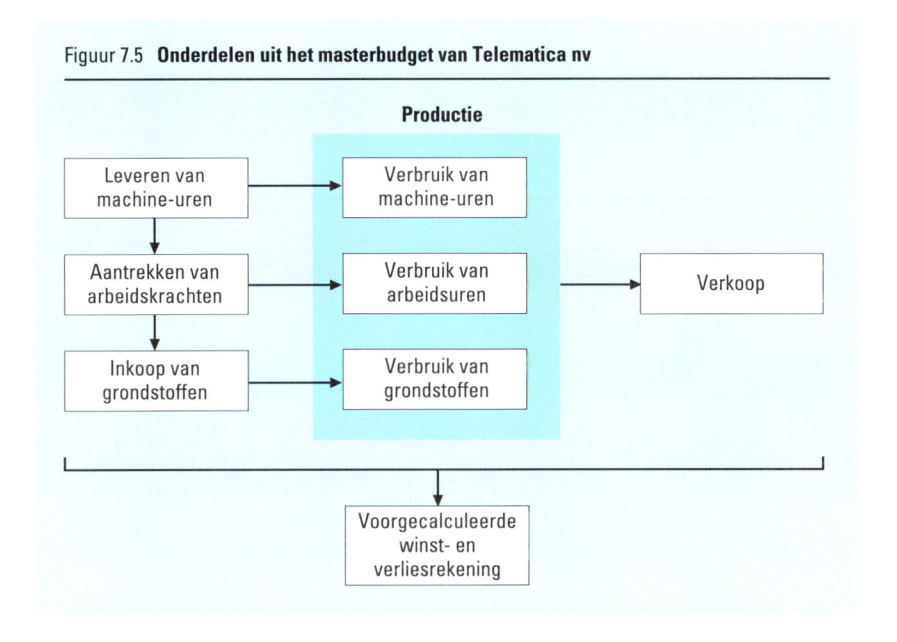

Figuur 7.5 **Onderdelen uit het masterbudget van Telematica nv**

Fabricagekostprijs (absorption costing)
De standaardfabricagekostprijs van een mobiele telefoon bestaat uit:

Grondstof:	0,2 kg × €10/kg =	€ 2
Arbeid:	0,3 uur × €50/uur =	€ 15
Variabele machinekosten:	1/8 uur × €32/uur =	€ 4
Variabele productiekosten		€ 21
Vaste machinekosten:	1/8 uur × € 58/uur =	€ 7,25
Integrale standaard*fabricage*kostprijs		€ 28,25

NB De normale productie in machine-uren = normale productie van 120.000 eenheden × 1/8 machine-uur per telefoon = 15.000 machine-uren. Het tarief voor vaste machinekosten = €870.000 : 15.000 uur = €58/machine-uur.

Berekeningen van het productiebudget voor 2017
Op basis van voorgaande informatie bedraagt het ex ante-productiebudget 10.000 × €28,25 = €282.500 per maand.

7.8 Vergelijking van het productiebudget en de werkelijke productiekosten

De werkelijke ontwikkelingen binnen een onderneming kunnen afwijken van wat werd verwacht. Nadat de verschillen tussen de verwachte en de werkelijke resultaten zijn vastgesteld, kan een verklaring voor de afwijkingen worden gezocht. We geven hiervan een voorbeeld op basis van Telematica nv.

Werkelijke gegevens Telematica nv over januari 2017
Uit de financiële administratie over januari blijkt dat 9.000 mobiele telefoons zijn geproduceerd, waarvoor in werkelijkheid de volgende kosten zijn gemaakt.

Grondstofkosten:	2.000 kg, totale inkoopwaarde	€ 19.600
Arbeidskosten:	2.600 uur, loonkosten	€135.200
Variabele machinekosten:	1.200 uur, kosten	€ 36.000
	Variabele productiekosten	€190.800
	Vaste machinekosten	€ 75.000
Werkelijke productiekosten (voor 9.000 telefoons)		€265.800

Ex ante-budget

Als we de werkelijke productiekosten (€265.800) vergelijken met het ex ante-budget (€282.500) blijkt er een positief verschil op te treden. We hebben echter al toegelicht dat een vergelijking van de werkelijke productiekosten met het ex ante-productiebudget niet zinvol is.

Ex post-budget

Voor de verschillenanalyse aan de productiezijde moeten we de werkelijke productiekosten vergelijken met het ex post-productiebudget. Dit laatste bepalen we door de werkelijk geproduceerde aantallen te vermenigvuldigen met de standaardkostprijs.

Ex post-productiebudget: 9.000 × €28,25 =	€254.250
Werkelijke productiekosten	€265.800 −
Te verklaren verschil aan de productiezijde	€ 11.550 (negatief)

We verdiepen ons in de analyse van de verschillen aan de productiezijde. Daarbij kijken we eerst naar de verschillen op variabele productiekosten en daarna op vaste productiekosten.

7.8.1 Verschillen op variabele productiekosten

De variabele productiekosten zijn opgebouwd uit een hoeveelheidscomponent en een prijscomponent. De toegestane standaardkosten berekenen we door de standaardhoeveelheid (SH) te vermenigvuldigen met de standaardprijs (SP). De standaardhoeveelheid kunnen we afleiden uit de voorgeschreven samenstelling van het product. De werkelijke kosten zijn gelijk aan de werkelijke hoeveelheid verbruikte productiemiddelen (WH) vermenigvuldigd met de werkelijk betaalde prijs (WP). Het verschil tussen de standaardkosten en de werkelijke kosten = SH × SP − WH × WP. Dit verschil geven we in figuur 7.6 weer.

Figuur 7.6 **Prijs- en hoeveelheidsverschil**

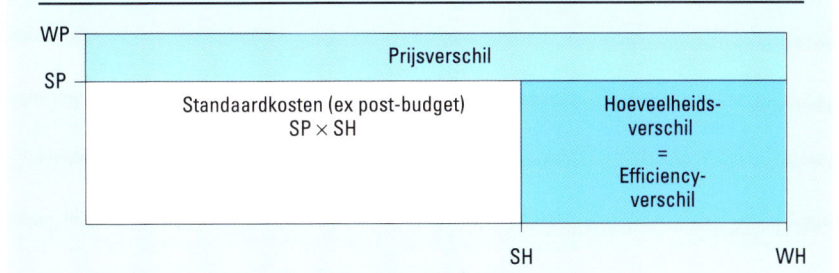

```
WP ┬──────────────────────────────────────────────┬─────────────────┐
   │                  Prijsverschil               │                 │
SP ├──────────────────────────────────────────────┼─────────────────┤
   │        Standaardkosten (ex post-budget)      │  Hoeveelheids-  │
   │                    SP × SH                   │     verschil    │
   │                                              │        =        │
   │                                              │    Efficiency-  │
   │                                              │      verschil   │
   └──────────────────────────────────────────────┴─────────────────┘
                                                 SH               WH
```

Prijsverschil

Het verschil in variabele kosten kan ontstaan door een prijsverschil (PV) en/of een efficiencyverschil (EV).
Er ontstaat een prijsverschil als de werkelijk betaalde prijs (WP) afwijkt van de standaardprijs (SP).
Het prijsverschil is gelijk aan (SP – WP) × WH.

Efficiencyverschil

Een afwijking tussen de werkelijk verbruikte hoeveelheid (WH) en de standaardhoeveelheid (SH) leidt tot een efficiencyverschil.
We wijzen er met nadruk op dat SH de hoeveelheid is die *toegestaan* is om de *werkelijke productie* te kunnen realiseren. SH moeten we dus berekenen door de werkelijke productieomvang te vermenigvuldigen met de SH per product.
Het efficiencyverschil is gelijk aan (SH – WH) × SP.

Dus de volgende formules gelden:
Prijsverschil   = (SP – WP) × WH
Efficiencyverschil = (SH – WH) × SP

7.8.2 Verschillen op vaste productiekosten

De vaste kosten per eenheid product berekenen we door de vaste productiekosten te delen door de normale productie (*C/N*). Achteraf kan blijken dat de werkelijke productie afwijkt van de normale productie. Als de werkelijke productie (*W*) hoger is dan de normale productie (*N*) spreken we van overbezetting, als de werkelijke productie lager is dan de normale productie treedt er onderbezetting op. Het bezettingsresultaat (winst of verlies) berekenen we door het verschil tussen de werkelijke en normale productie te vermenigvuldigen met de vaste kosten per eenheid product. Dat levert de volgende formule op:

Bezettingsresultaat

$$\text{Bezettingsresultaat} = (W - N) \times \frac{C}{N}.$$

Voor de vaste productiekosten (*C*) wordt vooraf een vast bedrag begroot. Achteraf kan blijken dat de werkelijke vaste productiekosten meer of minder bedragen dan begroot. Een eventueel verschil noemen we een budgetverschil of prijsverschil omdat het verschil vaak wordt veroorzaakt door onverwachte prijsveranderingen.

Voor Telematica nv kunnen we het resultaat op de productiekosten nu opsplitsen in prijsverschillen, efficiencyverschillen en een bezettingsverschil.

Prijsverschillen = (SP − WP) × WH = SP × WH − WP × WH
Grondstof: (€10 × 2.000) − € 19.600 = € 400 (+)
Arbeid: (€50 × 2.600) − €135.200 = € 5.200 (−)
Variabele machinekosten: (€32 × 1.200) − € 36.000 = € 2.400 (+)

Efficiencyverschil = (SH − WH) × SP
Om het efficiencyverschil te kunnen berekenen, moeten we eerst de SH voor de werkelijk gerealiseerde productie berekenen.
Voor grondstof: SH = 9.000 × 0,2 kg = 1.800 kg
Voor arbeid: SH = 9.000 × 0,3 uur = 2.700 uur
Voor variabele machine-
kosten: SH = 9.000 × 1/8 uur × 1.125 uur
De efficiencyverschillen bedragen:
Grondstof: (1.800 − 2.000) × €10 = € 2.000 (−)
Arbeid: (2.700 − 2.600) × €50 = € 5.000 (+)
Variabele machinekosten: (1.125 − 1.200) × €32 = € 2.400 (−)

Verschillen op vaste productiekosten:
Bezettingsverschil:
(W − N) × C/N = (9.000 − 10.000) × €7,25 = € 7.250 (−)
Vooraf begrote vaste productiekosten
€870.000 : 12 = €72.500
Werkelijke vaste productiekosten − 75.000

Prijsverschil op vaste productiekosten € 2.500 (−)

Totaal verschil dat verklaard is: €11.550 (−)

Dit verschil komt overeen met het verschil tussen het *ex post*-productiebudget (€254.250) en de werkelijke productiekosten (€265.800).

Tussenvraag 7.5
Waarom is het vergelijken van een ex ante-productiebudget met de werkelijke productiekosten niet zinvol?

7.9 Budgettering van het verkoopproces

Telematica nv maakt gebruik van een team verkopers dat regelmatig telecombedrijven bezoekt. Hieraan zijn vaste verkoopkosten, zoals salaris- en reiskosten, verbonden van € 180.000 per jaar. Daarnaast zijn er variabele verkoopkosten, die €2 per verkochte mobiele telefoon bedragen.

Voor de resultatenberekening worden naast de standaardfabricagekosten per verkochte telefoon nog €2 variabele verkoopkosten en per maand €15.000 (€180.000 : 12) vaste verkoopkosten in rekening gebracht. De vaste verkoopkosten worden niet aan de normale verkoopomvang toegerekend, maar in één bedrag ten laste van de winst- en verliesrekening gebracht. Ten aanzien van de verkoopkosten past Telematica nv variable costing toe.

Nu we ook de verkoopkosten kennen, kunnen we de commerciële kostprijs van een mobiele telefoon berekenen. De commerciële kostprijs van een mobiele telefoon bestaat uit:

Integrale standaardfabricagekostprijs	€ 28,25
Variabele verkoopkosten	€ 2,00
Commerciële kostprijs	€ 30,25

We merken op dat in deze commerciële kostprijs geen vaste verkoopkosten en geen btw zijn opgenomen.

Begrote verkoopgegevens over 2017
Telematica nv verwacht in 2017 120.000 mobiele telefoons te verkopen, waarbij we veronderstellen dat deze verkopen gelijkmatig over het jaar zijn verdeeld. De begrote verkoopprijs bedraagt €50 per telefoon. Met btw houden we in dit voorbeeld geen rekening.

Omdat de leiding van Telematica nv de financiële gang van zaken nauwlettend wil volgen, worden iedere maand de gebudgetteerde resultaten vergeleken met de werkelijke resultaten. In dit voorbeeld gaan we het ex ante-verkoopbudget over de maand januari 2017 vergelijken met de werkelijke cijfers over die maand.

Ex ante-verkoopbudget

Ex ante-verkoopbudget voor de maand januari 2017

Verwachte omzet: 10.000 × €50 =	€ 500.000
Standaardfabricagekosten: 10.000 × €28,25 =	€ 282.500 −
Begrote brutomarge (ex ante)	€ 217.500
Toegestane variabele verkoopkosten: 10.000 × €2 =	€ 20.000 −
Begrote dekkingsbijdrage	€ 197.500
Toegestane vaste verkoopkosten	€ 15.000 −
Begroot resultaat (ex ante-budget)	+ € 182.500

7.10 Vergelijking van het verkoopbudget en de werkelijke verkoopresultaten

Na afloop van de maand januari 2017 heeft de controller van Telematica nv de volgende werkelijke cijfers voor de verkoopafdeling over januari 2017 verzameld:

Werkelijke gegevens over januari 2017

Werkelijke omzet:	10.800 × €47 =	€507.600
Standaardfabricagekosten:	10.800 × €28,25 =	€305.100 −
Werkelijke brutomarge (ex post)		€202.500
Werkelijke variabele verkoopkosten:	10.800 × €1,90 =	€ 20.520 −
Werkelijke dekkingsbijdrage		€181.980
Werkelijke vaste verkoopkosten		€ 16.000 −
Werkelijk resultaat		+ €165.980

Omdat de manager van de verkoopafdeling niet verantwoordelijk is voor de verschillen aan de productiezijde, worden aan deze afdeling de standaardfabricagekosten in rekening gebracht. Verschillen tussen de standaardfabricagekosten en de werkelijke fabricagekosten moeten door de manager van de productieafdeling worden verantwoord. Deze verschillen hebben we in paragraaf 7.10 besproken. We gaan nu de verschillen aan de verkoopzijde vaststellen.

Begroot resultaat (ex ante-verkoopresultaat) =	+ €182.500
Werkelijk resultaat	+ €165.980
Te verklaren verschil aan de verkoopzijde	€ 16.520 (negatief)

We verdiepen ons in de analyse van de verschillen aan de verkoopzijde. Verschillen aan de verkoopzijde kunnen zowel betrekking hebben op de brutomarge als op de verkoopkosten.

7.10.1 Verschillenanalyse met betrekking tot de brutomarge

In het voorbeeld van Telematica nv wordt een omzet van €500.000 als taakstelling voor de verkoopafdeling gezien. Verwacht werd dat er 10.000 telefoons verkocht zouden kunnen worden voor €50 per stuk. Achteraf blijkt dat 10.800 telefoons zijn verkocht tegen een verkoopprijs van €47 (werkelijke omzet = €507.600). De werkelijke (gerealiseerde) verkoopprijs wijkt af van de gebudgetteerde verkoopprijs. Ook de werkelijke afzet komt niet overeen met de geschatte afzet. Dit leidt tot een verschil tussen de verwachte brutomarge (ex ante) en de werkelijke brutomarge (ex post). In dat geval treden er verkoopprijs- en verkoopomvangverschillen op. Figuur 7.7 laat dit zien.

Figuur 7.7 Verkoopprijsverschil en verkoopomvangverschil (m.b.t. brutomarge)

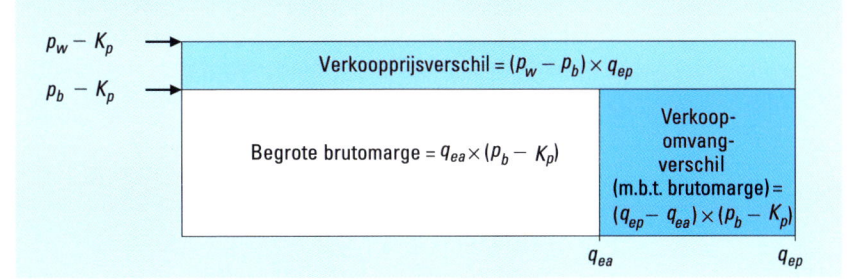

$p_w - K_p$
$p_b - K_p$

Verkoopprijsverschil $= (p_w - p_b) \times q_{ep}$

Begrote brutomarge $= q_{ea} \times (p_b - K_p)$

Verkoopomvangverschil (m.b.t. brutomarge) $= (q_{ep} - q_{ea}) \times (p_b - K_p)$

q_{ea} q_{ep}

Verkoopprijsverschil
Verkoopomvang-verschil

De volgende formules gelden:
Verkoopprijsverschil $= q_{ep} \{(p_w - K_p) - (p_b - K_p)\} = q_{ep} \times (p_w - p_b)$
Verkoopomvangverschil (m.b.t. brutomarge) $= (q_{ep} - q_{ea}) \times (p_b - K_p)$

Hierin is:
K_p = standaardfabricagekostprijs
p_w = werkelijke verkoopprijs
p_b = begrote verkoopprijs
q_{ep} = werkelijke verkoopomvang (ex ante post = ep)
q_{ea} = begrote verkoopomvang (ex ante = ea)

In figuur 7.7 veronderstellen we dat $p_w > p_b$ en $q_{ep} > q_{ea}$

Werkelijke brutomarge: 10.800 × (€47 − €28,25) = €202.500
Begrote brutomarge: 10.000 × (€50 − €28,25) =   €217.500

Verschil in brutomarge   € 15.000 (negatief)

Analyse van het verschil in de brutomarge
Verkoopprijsverschil: (€47 − €50) × 10.800 = € 32.400 (−)
Verkoopomvangverschil (m.b.t. brutomarge):
(10.800 − 10.000) × (€50 − €28,25) =   € 17.400 (+)

Verkoopprijsverschil + verkoopomvangverschil = € 15.000 (−)
                 (m.b.t. brutomarge)

Verkoopprijsverschillen en verkoopomvangverschillen kunnen het gevolg zijn van onverwachte wijzigingen in het verkoopbeleid. Zo kan de bedrijfsleiding besluiten de verkoopprijzen te verlagen om de afzet te stimuleren. De mate waarin de gevraagde (en verkochte) hoeveelheid reageert op de prijsverandering is afhankelijk van de prijselasticiteit van de gevraagde hoeveelheid (voor dat product).

Prijselasticiteit

De prijselasticiteit van de gevraagde hoeveelheid =

$$\frac{\text{Procentuele verandering van de gevraagde hoeveelheid}}{\text{Procentuele verandering van de prijs}}$$

Als de prijs daalt, zal de vraag stijgen; als de prijs stijgt, zal de vraag dalen: de prijselasticiteit van de gevraagde hoeveelheid heeft altijd een negatieve waarde. Als de prijselasticiteit van de gevraagde hoeveelheid bijvoorbeeld –2 is, dan zal een *prijsdaling* van bijvoorbeeld $\frac{3}{4}$% tot een *stijging van de vraag* met $2 \times \frac{3}{4}\% = 1\frac{1}{2}\%$ leiden. Een prijsdaling van $\frac{3}{4}$% in combinatie met een afzetstijging van $1\frac{1}{2}$% zal tot een omzetstijging leiden. In deze situatie zal een negatief verkoopprijsverschil ontstaan, dat meer dan gecompenseerd wordt door een verkoopomvangverschil. Het verkoopprijsverschil en het verkoopomvangverschil moeten daarom in combinatie met elkaar worden beoordeeld.

7.10.2 Verschillenanalyse met betrekking tot de verkoopkosten

We onderscheiden:
1. verschillen in de variabele verkoopkosten;
2. verschil in vaste verkoopkosten.

Ad 1 Verschillen in de variabele verkoopkosten
Per telefoon is €2 voor variabele verkoopkosten begroot. Achteraf blijken de werkelijke variabele verkoopkosten €20.520 te bedragen (10.800 stuks × €1,90). Dergelijke verschillen ontstaan bijvoorbeeld als de verzendkosten hoger/lager zijn dan begroot of als de werkelijk betaalde provisie aan de vertegenwoordigers afwijkt van wat is begroot.
Het totale verschil op variabele verkoopkosten is €20.000 – €20.520 = – €520. Dit verschil bestaat uit een prijsverschil en een verkoopomvangverschil (m.b.t. variabele verkoopkosten):

PV = (SP – WP) × q_{ep} = (€2 – €1,90) × 10.800 =	€ 1.080	(+)
Verkoopomvangverschil (m.b.t. variabele verkoopkosten)[1] =		
(q_{ep} – q_{ea}) × – SP = (10.800 – 10.000) × – €2 =	€ 1.600	(–)
Voor SP staat een min-teken omdat het in deze formule om kosten gaat.	€ 520	(–)

Ad 2 Verschil in vaste verkoopkosten
Voor de maand januari 2017 werd een bedrag van €15.000 aan vaste verkoopkosten verwacht (en gebudgetteerd). In werkelijkheid bedragen de vaste verkoopkosten €16.000. Dit verschil wordt **budgetverschil** of prijsverschil genoemd en is hier €1.000 (negatief).

Omdat voor de vaste verkoopkosten de variable-costing-methode toegepast wordt, kan er geen bezettingsresultaat op vaste verkoopkosten ontstaan.

Verkoopprijsverschil + verkoopomvangverschil (m.b.t. brutomarge)	€15.000	(–)
Verschillen op variabele verkoopkosten	€ 520	(–)
Verschillen op vaste verkoopkosten	€ 1.000	(–)
Totaal verschil dat verklaard is:	€16.520	(–)

Dit verschil komt overeen met het verschil tussen het ex ante-verkoopresultaat (€182.500) en het werkelijke resultaat (€165.980).

[1] Verkoopomvangverschil. Hier is bewust gekozen voor de term verkoopomvangverschil omdat het een verschil is tussen de verwachte (ex ante) afzet en de werkelijke (ex post) afzet. Het verschil heeft geen betrekking op de efficiency van het verkoopproces.

Tussenvraag 7.6
Is een negatief verkoopomvangverschil op variabele verkoopkosten het gevolg van het inefficiënt functioneren van de verkoopafdeling?

7.11 Responsibility accounting

Nadat de kostenverschillen en hun oorzaken zijn vastgesteld, moet worden nagegaan *welke functionarissen* voor welke verschillen *verantwoordelijk zijn*. De verschillen waarvoor een functionaris verantwoordelijk wordt gesteld, moeten betrekking hebben op kosten die door de functionaris kunnen worden beïnvloed.

Zo zal de chef Inkoop verantwoordelijk worden gesteld voor een prijsverschil op grondstoffen. In het voorbeeld van Telematica nv werd van hem verwacht dat hij in staat zou zijn om de grondstoffen voor €10 per kilogram in te kopen. Een hogere inkoopprijs kan het gevolg zijn van een prijsstijging van de grondstof op de wereldmarkt. Om dit verschil te verklaren, zal hij wijzen op de stijging van de wereldmarktprijs voor deze grondstof. Dit prijsverschil wordt de inkoper niet aangerekend omdat hij op de marktprijs voor grondstoffen geen invloed kan uitoefenen.

De productiechef zal verantwoordelijk worden gesteld voor een efficiencyverschil op grondstoffen. Als men afziet van een tussentijdse aanpassing in de samenstelling van het product, wordt van de productiechef verwacht dat hij 0,2 kg grondstof zal verbruiken per mobiele telefoon.

Het systeem van kostencalculatie waarbij de verschillen tussen toegestane en werkelijke kosten worden vastgesteld per verantwoordelijke functionaris, noemen we responsibility accounting. Het opsporen van verschillen tussen de begrote en werkelijke cijfers en de analyse van deze verschillen zijn hulpmiddelen bij het besturen van organisaties. Door deze analyse regelmatig uit te voeren, houdt het management de gang van zaken binnen de organisatie nauwlettend in het oog. Het kan dan tijdig maatregelen treffen als ongewenste situaties dreigen te ontstaan.

Responsibility accounting

Samenvatting

Het bestuur van een organisatie heeft tot taak leiding te geven aan de activiteiten van de organisatie. Om deze taak uit te kunnen voeren, vertaalt het bestuur de doelstelling van de organisatie in subdoelstellingen. De subdoelstellingen worden omgezet in concrete activiteiten, die na het doorlopen van het begrotingsproces in een budget worden vastgelegd. In het budget worden tevens de kosten vermeld die gemaakt mogen worden om de in het budget opgenomen activiteiten uit te voeren. Een budget leidt tot:
- een taakstelling voor de budgethouder;
- een machtiging tot het verrichten van bepaalde gelduitgaven en/of het gebruik van bepaalde middelen;
- een delegatie van beslissingen.

De budgetten kunnen we onderverdelen in variabele, vaste, gemengde en flexibele budgetten. Een variabel budget passen we toe als er sprake is van proportioneel variabele kosten. Als bij de in het budget opgenomen activiteiten alleen vaste kosten optreden, wordt een vast budget toegepast. In een gemengd budget zijn zowel variabele als vaste kosten opgenomen. Een flexibel budget heeft de voorkeur als er sprake is van degressief stijgende, progressief stijgende of trapsgewijs variabele kosten. De samenhang tussen de verschillende budgetten komt tot uitdrukking in het masterbudget. Het masterbudget kan onder andere bestaan uit een verkoopbudget, productiebudget, budget voor inkoop van materialen, personeelsbudget, reclamebudget, investeringsplan, financieringsplan, liquiditeitsbegroting, voorgecalculeerde winst- en verliesrekening en voorgecalculeerde balans.

Bij de verschillenanalyse maken we een onderscheid tussen verschillen aan de productiezijde en verschillen aan de verkoopzijde. Om de verschillen aan de productiezijde vast te stellen, maken we eerst een *ex post-productiebudget* waarin de toegestane productiekosten worden vermeld van de werkelijk geproduceerde hoeveelheden. Dit ex post-budget vergelijken we met de werkelijke productiekosten.

Aan de verkoopzijde vergelijken we het ex ante-verkoopbudget met de werkelijke verkoopkosten. De verschillen kunnen we opsplitsen in: verkoopprijsverschil, verkoopomvangverschil, prijsverschil en/of hoeveelheidsverschil op variabele kosten en budgetverschil.

De budgethouder wordt verantwoordelijk gesteld voor de verschillen tussen het budget en de werkelijke resultaten (responsibility accounting). De budgethouder is alleen verantwoordelijk voor de kosten waarop hij invloed kan uitoefenen. Het opstellen van budgetten en de analyse van de verschillen tussen budget en werkelijke cijfers zijn belangrijke hulpmiddelen bij het besturen van organisaties.

Begrippenlijst

Bezettingsresultaat	(Werkelijke productieomvang − normale productie) × vaste kosten per eenheid = $(W - N) \times C/N$
Budget	Gedetailleerde weergave van de activiteiten die door een bepaald onderdeel van de organisatie moeten worden verricht, waarbij tevens de toegestane kosten worden vermeld.
Budgettarief	Kosten die volgens het budget zijn toegestaan per eenheid product (prestatie).
Budgetverschil	Verschil tussen de gebudgetteerde (vaste) kosten en de werkelijke (vaste) kosten.
Efficiency	Het doelmatig aanwenden van productiemiddelen.
Efficiencyverschil	Het verschil tussen de standaardhoeveelheid en de werkelijke hoeveelheid vermenigvuldigd met de standaardprijs. Het efficiencyverschil = $(SH - WH) \times SP$
Ex ante-budget	Budget dat voorafgaand (ex ante) aan de productie en/of verkoop wordt opgesteld op basis van de verwachte productie en/of verkoop.
Ex post-productiebudget	Budget dat na afloop (ex post) van de productie wordt opgesteld op basis van de werkelijke productieomvang.
Extern budget	Het totaal bedrag (budget) dat zorgverzekeraars voor het komende budgetjaar met een bepaald ziekenhuis afspreken als vergoeding voor de door het ziekenhuis te verrichten medische handelingen.
Flexibel budget	Budget waarbij voor ieder productie-interval de toegestane kosten worden vermeld.
Gemengd budget	Budget dat voor een deel uit een vast en voor een deel uit een variabel bedrag bestaat.
Management by exception	Wijze van leidinggeven waarbij het management van een organisatie het algemene beleid uitstippelt en alleen ingrijpt als de werkelijke resultaten (in negatieve zin) afwijken van de verwachte resultaten.
Management control	Het vergelijken van budgetten met de werkelijke resultaten, de analyse van de verschillen en het bijstellen van het beleid op basis van deze analyse.
Masterbudget	Het geheel van met elkaar samenhangende deelbudgetten van een onderneming.

Meerjarenraming	Financiële weergave van de langetermijnplannen van een organisatie. Een meerjarenbegroting heeft betrekking op een periode van vijf à tien jaar en heeft een globaal karakter.
Prijsverschil	Het verschil tussen de standaardprijs en de werkelijke prijs vermenigvuldigd met de werkelijk verbruikte hoeveelheid. Het prijsverschil = (SP − WP) × WH
Responsibility accounting	Systeem van kostencalculatie waarbij de verschillen tussen de toegestane en de werkelijke kosten worden vastgesteld per verantwoordelijke functionaris.
Strategisch plan	Globale omschrijving van het ondernemingsbeleid voor de lange termijn.
Variabel budget	Budget waarbij de toegestane kosten recht evenredig veranderen met een verandering in de productie- en/of verkoopomvang.
Vast budget	Budget waarbij de toegestane kosten niet veranderen ten gevolge van een verandering in de productie- en/of verkoopomvang (zolang de productie en/of verkoop binnen het relevante gebied blijft).
Verkoopomvangverschil (m.b.t. brutomarge)	Het verschil tussen de werkelijke verkoopomvang en de begrote verkoopomvang vermenigvuldigd met de begrote transactiewinst per eenheid. Verkoopomvangverschil = $(q_{ep} - q_{ea}) \times (p_b - K_p)$
Verkoopomvangverschil (m.b.t. variabele verkoopkosten)	In formulevorm: $(q_{ep} - q_{ea}) \times - SP$
Verkoopprijsverschil	Het verschil tussen de werkelijke verkoopprijs en de begrote verkoopprijs vermenigvuldigd met de werkelijke verkoopomvang. Verkoopprijsverschil = $q_{ep} \{(p_w - K_p) - (p_b - K_p)\} = q_{ep} \times (p_w - p_b)$
Voortschrijdend budget	Budget dat periodiek wordt aangepast doordat een reeds verstreken periode uit het budget wordt verwijderd en een nieuwe periode wordt toegevoegd.

Meerkeuzevragen

7.1 De langetermijnplanning van een organisatie
 a is afgeleid van de organisatiedoelstelling en draagt een globaal karakter.
 b is vastgelegd in het masterbudget.
 c wordt weergegeven in een voorgecalculeerde winst- en verliesrekening en voorgecalculeerde balans.
 d is afgeleid van de plannen op korte termijn.

7.2 Welke van de volgende kenmerken geldt niet voor een budget?
 a Taakopdracht.
 b Controlemiddel.
 c Uitsluitend van toepassing op productiekosten en niet op verkoopkosten.
 d Delegatie van bevoegdheden.
 e Machtiging tot het doen van bepaalde gelduitgaven.

7.3 Bij de verschillenanalyse op *productie*kosten worden met elkaar vergeleken
 a de werkelijke kosten en het ex ante-budget.
 b de werkelijke kosten en het ex post-budget.
 c meerjarenbegrotingen en het masterbudget.
 d het variabel budget en het flexibel budget.

7.4 Als er sprake is van proportioneel variabele kosten en vaste kosten, gaat de voorkeur uit naar een
 a variabel budget.
 b vast budget.
 c gemengd budget.
 d flexibel budget.

7.5 Het laatste onderdeel van een masterbudget is
 a de voorgecalculeerde winst- en verliesrekening.
 b de liquiditeitsbegroting.
 c het productiebudget.
 d de voorgecalculeerde balans.

7.6 Het efficiencyverschil op grondstof of arbeid is gelijk aan
 a (standaardhoeveelheid − werkelijke hoeveelheid) × standaardprijs.
 b (standaardhoeveelheid − werkelijke hoeveelheid) × werkelijke prijs.
 c (werkelijke hoeveelheid − standaardhoeveelheid) × integrale kostprijs.

7.7 Het prijsverschil op grondstof of arbeid is gelijk aan
 a (standaardprijs − werkelijke prijs) × standaardhoeveelheid.
 b (standaardprijs − werkelijke prijs) × werkelijke hoeveelheid.
 c (werkelijke prijs − standaardprijs) × normale productieomvang.

7.8 Het verkoopprijsverschil is gelijk aan
  a (werkelijke verkoopomvang − begrote verkoopomvang) × (begrote verkoopprijs − standaardfabricagekostprijs).
  b (werkelijke verkoopomvang − begrote verkoopomvang) × begrote verkoopprijs.
  c (werkelijke verkoopomvang − begrote verkoopomvang) × werkelijke verkoopprijs.
  d werkelijke verkoopomvang × (werkelijke verkoopprijs − begrote verkoopprijs).

7.9 Het verkoopomvangverschil is gelijk aan
  a (werkelijke verkoopomvang − begrote verkoopomvang) × (begrote verkoopprijs − standaardfabricagekostprijs).
  b (werkelijke verkoopomvang − begrote verkoopomvang) × begrote verkoopprijs.
  c (werkelijke verkoopomvang − begrote verkoopomvang) × werkelijke verkoopprijs.
  d werkelijke verkoopomvang × (werkelijke verkoopprijs − begrote verkoopprijs).

7.10 Bij de verschillen op variabele kosten in de verkoopsfeer wordt de standaardhoeveelheid (SH) afgeleid van
  a het ex post-budget.
  b het werkelijk aantal verkochte eenheden.
  c het begrote aantal te verkopen eenheden uit het ex ante-budget.

Bij grote investeringen gaan ondernemingen niet over een nacht ijs. Aan de hand van een investering bij Van der Zee Vlees BV lichten we toe welke factoren een rol hebben gespeeld bij de investering in een nieuwe etiketteermachine. Deze machine is hierboven afgebeeld.

Beslissingondersteunende calculaties

8

8.1 Lange- en kortetermijnbeslissingen
8.2 Investeringsselectie
8.3 Beoordeling investeringsproject
8.4 Methoden om investeringsvoorstellen te beoordelen
8.5 Keuze uit verschillende investeringsmogelijkheden
8.6 Vergelijking van de selectiemethoden
8.7 Keuze van de productiemethode
8.8 Zelf produceren of werk uitbesteden?
8.9 Differentiële calculatie
  Samenvatting
  Begrippenlijst
  Meerkeuzevragen

In een organisatie worden voortdurend beslissingen genomen. Voor de meeste problemen is meer dan één oplossing mogelijk. De leidinggevenden van de organisatie zullen een keuze moeten maken uit de verschillende alternatieven die voor de oplossing van het vraagstuk beschikbaar zijn. Om deze keuze te onderbouwen, kunnen calculaties worden gemaakt. In bepaalde situaties zijn deze berekeningen gebaseerd op opbrengsten en/of kosten. In andere gevallen gaan we uit van in- en uitgaande geldstromen. De inhoud van de calculaties hangt sterk af van het vraagstuk waarvoor het management zich geplaatst ziet.
We maken een onderscheid in lange- en kortetermijnbeslissingen. Op lange termijn zijn meer factoren te beïnvloeden of aan veranderingen onderhevig dan op korte termijn. Zo zullen op korte termijn de vaste kosten niet of nauwelijks te veranderen zijn. Bij kortetermijnbeslissingen worden de calculaties daarom beperkt tot de variabele kosten. Op lange termijn zijn ook de vaste kosten te beïnvloeden. Bij langetermijnbeslissingen zijn zowel de variabele kosten als de vaste kosten van belang.

De keuzevraagstukken die in dit hoofdstuk aan de orde komen, zijn:
- de keuze uit verschillende investeringsmogelijkheden;

- de bepaling van de productiemethode;
- de keuze tussen zelf produceren of werk uitbesteden;
- de vaststelling van de optimale bestelgrootte of optimale seriegrootte;
- de beoordeling van een incidentele order;
- de vaststelling van de optimale productiesamenstelling.

8.1 Lange- en kortetermijnbeslissingen

Voor langetermijnbeslissingen geldt dat de gevolgen ervan over een groot aantal jaren merkbaar zijn. Zo zal de beslissing om een nieuwe fabriek te bouwen gevolgen hebben voor de omzet en kosten over een reeks van jaren. Het is dan ook begrijpelijk dat aan een dergelijke beslissing een grondig onderzoek naar de verwachte financiële gevolgen voorafgaat. Dat geldt vast en zeker ook voor buitenlandse ondernemingen die in Nederland willen gaan investeren. Zoals uit het volgende artikel blijkt, hebben buitenlandse ondernemingen in 2014 voor een recordbedrag van €3,2 miljard in Nederland geïnvesteerd. Bedrijven zoals Google zien Nederland blijkbaar als een gunstige vestigingsplaats, ook op lange termijn.

Recordbedrag van €3,2 mrd aan buitenlandse investeringen

Amsterdam • Buitenlandse ondernemingen investeerden vorig jaar met steun van de rijksoverheid een recordbedrag van €3,2 mrd in de Nederlandse economie. Dat blijkt uit de jaarcijfers van de Netherlands Foreign Investment Agency (NFIA). In 2013 bedroegen de buitenlandse investeringen nog €1,7 mrd.
In totaal zijn er 187 nieuwe projecten gerealiseerd waaronder hoofdkantoren, productiefaciliteiten en datacentra. De investeringen leverden 6.304 extra banen op. 'Onze goedopgeleide beroepsbevolking, digitale infrastructuur van wereldklasse, en de aantrekkende economie werken als een magneet op investeerders', aldus minister Henk Kamp van Economische Zaken.

Onder meer boekingssite Expedia heeft het servicecenter in Amsterdam uitgebreid met 120 extra banen. Ook vestigde Netflix zijn nieuwe Europese hoofdkantoor in Nederland. Daarnaast bouwt Google voor €600 mln een nieuw datacentrum in de Groningse Eemshaven en steekt het Canadese bedrijf Northland Power €1,6 mrd in windpark Gemini. ■

Bron: *Het Financieele Dagblad*, 10 maart 2015

Bij investeringsbeslissingen worden keuzes gemaakt, die een grote invloed kunnen hebben op de toekomst van een organisatie.

Bij het beoordelen van de keuzemogelijkheden is het belangrijk dat we een onderscheid maken tussen lange- en kortetermijnbeslissingen.
Op lange termijn zijn in een organisatie veel veranderingen mogelijk. Als een organisatie in de toekomst een toename van de activiteiten verwacht, zal zij bijvoorbeeld de bedrijfsgebouwen, het personeelsbestand

Langetermijn-beslissingen

en de beschikbare financiële middelen daarop afstemmen. Bij langetermijnbeslissingen spelen niet alleen de variabele kosten, maar ook de vaste kosten een rol. Langetermijnbeslissingen beïnvloeden in het algemeen de capaciteit van de organisatie en daarmee ook de hoogte van de vaste kosten. Omdat bij langetermijnbeslissingen zowel de variabele als de vaste kosten een rol spelen, gaat men bij deze beslissingen uit van de integrale kosten (absorption costing).

Kortetermijn-beslissingen

Kortetermijnbeslissingen hebben geen invloed op de capaciteit van de organisatie. De omvang van de bedrijfsgebouwen, het personeelsbestand en de wijze waarop de onderneming gefinancierd is, zijn op korte termijn meestal niet te wijzigen. Kortetermijnbeslissingen zullen de (vaste) kosten die verbonden zijn aan deze productiefactoren, niet beïnvloeden. In die situatie baseren we deze beslissingen op een berekening van uitsluitend de variabele kosten.

8.2 Investeringsselectie

Om haar werkzaamheden uit te kunnen voeren, heeft een organisatie activa nodig. De leiding van de onderneming staat regelmatig voor de vraag welke activa aan te schaffen. Zij moet een keuze maken uit de verschillende investeringsmogelijkheden. Met name de aankoop van duurzame activa heeft verstrekkende gevolgen voor de organisatie. Aan de hand van een voorbeeld ontleend aan Van der Zee Vlees BV lichten we toe welke aspecten een rol kunnen spelen bij investeringsbeslissingen.

Van der Zee Vlees BV is een producent van vlees, vleesproducten en fijne vleeswaren voor de horeca, instellingen en grootverbruikers. Mede naar aanleiding van omvangrijke ziekten onder vee in het verleden en de mogelijke gevolgen ervan voor de volksgezondheid, moet de vleesverwerkende industrie voldoen aan strenge hygiënevoorschriften. Ook moeten de verschillende schakels in de vleesverwerkende sector nauwkeurig vastleggen wat de oorsprong van de producten is. Dit is vereist om in geval van een calamiteit vast te kunnen stellen waar de betreffende partij van afkomstig is. Als de partij vlees nauwkeurig te traceren is, hoeft alleen de betreffende partij vernietigd te worden. Als de herkomst van een partij niet bekend is, bestaat het gevaar dat alle producten van de onderneming waar de ziekte is aangetroffen, moeten worden geruimd (met alle financiële gevolgen van dien). Mede daarom legt Van der Zee Vlees BV bij de ontvangst van het vlees in een barcode onder andere de datum van ontvangst, de naam van de leverancier en het land van herkomst vast.

Artikel 30 van de Warenwetregeling Hygiëne van levensmiddelen (WHl) verplicht levensmiddelenbedrijven om hun werkwijze zodanig in te richten, dat zij op een systematische wijze de veiligheid van hun producten waarborgen. Dit houdt in dat ze verplicht zijn een bewakingssysteem te hebben waarmee hun hele proces wordt gecontroleerd. Dit bewakingssysteem, ofwel voedselveiligheidsysteem, moet gebaseerd zijn op HACCP, het Hazard Analysis and Critical Control Points System. HACCP is geen tastbare handleiding met voorschriften, maar een systeem dat op zeven principes is gebaseerd. Deze principes worden gehanteerd om de voedselveiligheid te garanderen. De VWA (Voedsel en WarenAutoriteit) controleert of een onderneming voldoet aan de principes van HACCP. Als dat het geval is, mag het bedrijf het predikaat 'HACCP controlled' voeren. Van der Zee Vlees BV is 'HACCP controlled' zoals uit het etiket hiernaast blijkt. Daarnaast bevat het etiket allerlei informatie over de herkomst van het product en de temperaturen waarbij het opgeslagen en getransporteerd moet worden.

De te bespreken selectiemethoden zullen vooral ten aanzien van de aanschaf van duurzame activa worden toegelicht. Een aantal methoden die gebruikt worden om investeringsmogelijkheden te beoordelen, gaan uit van de *verwachte ingaande en uitgaande geldstromen* die het gevolg zijn van het betreffende investeringsalternatief.

In dit hoofdstuk zal blijken dat de berekeningsmethode die gekozen wordt, afhangt van het concrete probleem dat moet worden opgelost. Voor zover bij deze berekeningen verkoopprijzen een rol spelen, wordt de verkoopprijs exclusief btw bedoeld.

We verdiepen ons in deze paragraaf in de begrippen investeren en investeringsproject.

8.2.1 Investeren

Investeren

Investeren is het aanschaffen van vaste of vlottende activa. Uit deze definitie van investeren blijkt dat ook het uitbreiden van de voorraden of een toename van de post Debiteuren onder het begrip investeren valt. De financiële middelen van een organisatie kunnen onvoldoende zijn om alle investeringsmogelijkheden daadwerkelijk uit te voeren. Er zal dan een keuze moeten worden gemaakt. Het *investeringsvraagstuk* houdt zich bezig met deze keuze, die van invloed is op de omvang en samenstelling van de activa.

Voor een onderneming die financieel-economisch zelfstandig wil zijn, geldt dat de geldontvangsten uit een investering de daaraan verbonden gelduitgaven moeten overtreffen. In dat geval is aan een van de voorwaarden voor het voortbestaan van een onderneming voldaan.

De investeringsbeslissing is een voorbeeld van een *langetermijnbeslissing*. Investeringen kunnen we verdelen in vervangings- en uitbreidingsinvesteringen. Een investering die geen invloed heeft op de productiecapaciteit is een vervangingsinvestering. Een voorbeeld hiervan is de vervanging van een oude machine door de aanschaf van een nieuwe machine met dezelfde productiecapaciteit. Door een uitbreidingsinvestering neemt de productiecapaciteit toe. De vervanging van een oude machine door een nieuwe machine met een grotere capaciteit is, voor zover zij de oude vervangt, een vervangingsinvestering en voor de rest een uitbreidingsinvestering.

Vervangings- investering

Uitbreidings- investering

8.2.2 Investeringsproject

Niet iedere aankoop zal door de onderneming aan een grondige analyse worden onderworpen. De aandacht richt zich met name op investeringen waarmee omvangrijke bedragen zijn gemoeid. De mogelijke introductie van een nieuwe productietechniek is daar een voorbeeld van. Hierbij zal niet alleen gekeken moeten worden naar de aanschaf van nieuwe machines, maar ook naar de gevolgen die dat heeft voor de investeringen in andere activa. De nieuwe productiewijze zou gepaard kunnen gaan met bijvoorbeeld een lagere investering in voorraden, een hogere investering in gereedschappen, hogere energiekosten en lagere arbeidskosten. Bij de beoordeling van een investeringsvoorstel moeten alle gevolgen daarvan in de beoordeling worden betrokken. Naast de investering in de nieuwe productietechniek zullen investeringen in andere vaste en/of vlottende activa noodzakelijk zijn. Er is dan sprake van een *investeringsproject*. We geven de volgende definitie:

Investeringsproject

> Een investeringsproject is het totaal van investeringen in vaste en vlottende activa dat nodig is om een bepaalde investeringsbeslissing uit te voeren.

In de theorie en in de praktijk is de aandacht met name gericht op investeringen in vaste activa, waarbij ook rekening wordt gehouden met de daaraan verbonden investeringen in vlottende activa. De hoge investeringsbedragen en de lange omlooptijd van duurzame activa zijn hiervoor een verklaring.

Bij het beoordelen van investeringsprojecten is de financieringswijze ook van belang. In dit boek blijft de wijze waarop de investeringen gefinancierd worden, echter buiten beschouwing.
Om een investeringsproject te beoordelen, maakt men vooraf een schatting van de verwachte gelduitgaven en de verwachte geldontvangsten die uit het project voortvloeien. De gelduitgaven zijn vaak moeilijk in te schatten. Dit geldt in nog sterkere mate voor de geldontvangsten. Omdat investeringsprojecten te maken hebben met de toekomst, spelen onzekerheden een grote rol.

8.3 Beoordeling investeringsproject

Bij de beoordeling van investeringsprojecten gaat men in het algemeen uit van ingaande en uitgaande geldstromen. Door de ingaande geldstromen ten gevolge van de investering te vergelijken met de uitgaande geldstromen van het investeringsproject, wordt inzicht verkregen in de aanvaardbaarheid van het project.

Bij een eenvoudig investeringsproject worden de gelduitgaven aan het begin van de looptijd van het project verricht. Gedurende de economische levensduur van het project wordt een reeks nettogeldontvangsten verwacht. Het kan voorkomen dat ook tijdens de looptijd negatieve nettogeldontvangsten optreden, bijvoorbeeld in het geval van een revisie.

Nettogeldontvangst Om de nettogeldontvangst te berekenen, worden alle geldontvangsten ten gevolge van de investering verminderd met de gelduitgaven die noodzakelijk zijn om deze geldontvangsten voort te brengen. *Het investeringsbedrag zelf wordt daarbij niet tot de gelduitgaven gerekend.*

Bij investeringsbeslissingen gaat het om uitgaande en ingaande geldstromen en niet om kosten en opbrengsten. Vaak veronderstellen we dat opbrengsten direct tot geldontvangsten en kosten direct tot gelduitgaven leiden. In dat geval is er geen verschil tussen geldontvangsten en opbrengsten en tussen gelduitgaven en kosten. In werkelijkheid komt het echter veel voor dat de opbrengsten niet direct tot geldontvangsten en de kosten niet direct tot gelduitgaven leiden.

Bij het beoordelen van investeringsvoorstellen houden we alleen rekening met de primaire geldstromen na vennootschapsbelasting. De geldstromen van en naar de vermogensmarkt (dat zijn secundaire geldstromen, zoals de betaling van interest en aflossingen) laten we daarbij buiten beschouwing. De te betalen vennootschapsbelasting berekenen we dan over het bedrijfsresultaat (= EBIT = Earnings *Before Interest* and Taxes).

Aan de hand van voorbeeld 8.1 berekenen we de nettogeldontvangst van Techno bv, fabrikant van elektrische scheerapparaten. Voor de eenvoud zien we af van verkoopkosten.

■ Voorbeeld 8.1 Techno bv

Techno bv overweegt voor de fabricage van haar scheerapparaten een nieuwe machine te kopen, met een aanschafwaarde van €170.000 (exclusief btw).

Deze machine wordt in vier jaar met gelijke bedragen per jaar afgeschreven. Aan het einde van het vierde jaar kan de machine verkocht worden voor €50.000.

Met deze machine worden jaarlijks 3.000 scheerapparaten geproduceerd, die in het jaar van productie verkocht worden.

De overige kosten per scheerapparaat (exclusief vermogenskosten) bedragen:
Grondstofkosten €30
Kosten van arbeid (inclusief sociale lasten) €50
Deze kosten worden contant betaald.

Alle scheerapparaten worden à contant verkocht voor €145 per apparaat (exclusief btw). Over de winst is 25% vennootschapsbelasting verschuldigd, die aan het einde van ieder jaar wordt betaald.
De kostprijs per scheerapparaat (exclusief vermogenskosten) bedraagt:

Grondstofkosten	€30
Loonkosten	€50
Afschrijvingskosten[1]	€10
Kostprijs	€90

De afschrijvingen per scheerapparaat zijn €30.000 : 3.000 = €10

1 De afschrijvingen per jaar zijn $\frac{€170.000 - €50.000}{4} = €30.000$

Bereken de nettogeldontvangst van Techno bv.

Uitwerking
Bij de berekening van de te betalen vennootschapsbelasting gaan we uit van de EBIT. We houden immers *geen rekening* met de secundaire geldstromen, zoals *interestkosten*.
De EBIT per scheerapparaat bedraagt €145 – €90 = €55.
De jaarlijkse EBIT vóór belastingen bedraagt dan 1.000 × €55 = €55.000. Hierover wordt jaarlijks 25% belasting (€13.750) betaald. De jaarlijkse EBIT na belasting bedraagt 75% van €55.000 = €41.250.
De berekening van de nettogeldontvangst is te zien in tabel 8.1.

Tabel 8.1 **Berekening nettogeldontvangst** (bedragen in euro's)

	Jaar 1	Jaar 2	Jaar 3	Jaar 4	Jaar 1 t.e.m. 4
Geldontvangsten uit:					
Verkoop scheerapparaten	145.000	145.000	145.000	145.000	580.000
Restwaarde machine				50.000	50.000
Totale geldontvangst	145.000	145.000	145.000	195.000	630.000
Gelduitgaven voor:					
Grondstof	20.000	20.000	20.000	20.000	80.000
Lonen	40.000	40.000	40.000	40.000	160.000
Belastingen	13.750	13.750	13.750	13.750	55.000
Totale gelduitgaven	73.750	73.750	73.750	73.750	295.000
Nettogeldontvangst	71.250	71.250	71.250	121.250	**335.000**

De totale nettogeldontvangst gedurende de gehele levensduur van de machine bedraagt €335.000. Deze nettogeldontvangst is het gevolg van de investering in deze machine en bestaat uit:

EBIT na belasting (4 × €41.250)	€ 165.000
Vergoeding voor afschrijvingen (4 × €30.000)	€ 120.000
Restwaarde van de machine	€ 50.000
	€ 335.000

Via de verkoop van de scheerapparaten is onder andere €120.000 ontvangen als vergoeding voor de waardedaling van de machine (vrijgekomen afschrijvingen). De vermogensbehoefte in verband met de machine is tijdens deze vier jaar geleidelijk afgenomen van €170.000 naar €50.000. In figuur 8.1 is het investeringsproject schematisch weergegeven.

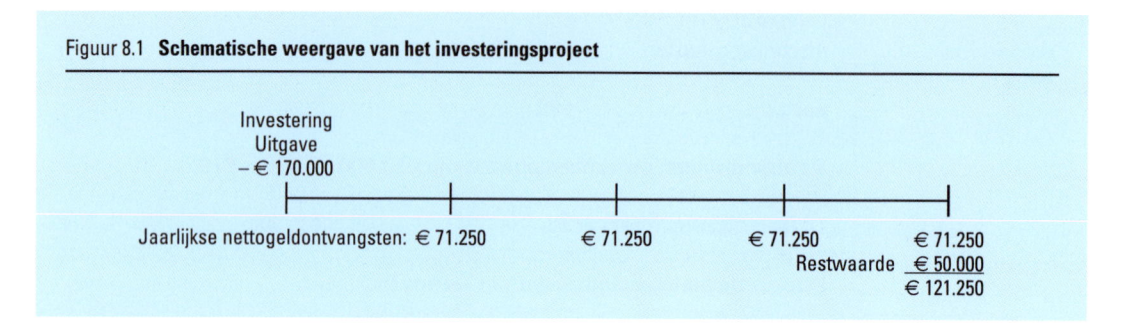

Figuur 8.1 Schematische weergave van het investeringsproject

Investering
Uitgave
− € 170.000

Jaarlijkse nettogeldontvangsten: € 71.250   € 71.250   € 71.250   € 71.250
                                                                 Restwaarde € 50.000
                                                                             € 121.250

Kasoverschot
Cashflow

De nettogeldontvangst noemen we ook wel kasoverschot of cashflow.

8.4 Methoden om investeringsvoorstellen te beoordelen

Er is een aantal methoden die behulpzaam kunnen zijn bij het kiezen uit investeringsalternatieven (investeringsselectie).

De methoden om investeringsvoorstellen te beoordelen, kunnen we opsplitsen in twee groepen: de boekhoudkundige en de economische methoden. Boekhoudkundig betekent in dit verband dat we geen rekening houden met tijdvoorkeur. Dan geldt bijvoorbeeld dat €10.000 te ontvangen op dit moment eenzelfde waarde heeft als €10.000 te ontvangen over bijvoorbeeld zes jaar. De boekhoudkundige benadering houdt bovendien in dat bedragen die op verschillende momenten beschikbaar komen zonder verdere bewerkingen bij elkaar mogen worden opgeteld. Bijvoorbeeld: iemand heeft gedurende de komende drie jaar aan het einde van ieder jaar recht op €3.000. Wat is de totale waarde van dit recht op dit moment (nu)? Volgens de boekhoudkundige benadering is dat €3.000 + €3.000 + €3.000 = €9.000.

Boekhoudkundige benadering

We bespreken de volgende methoden om investeringsvoorstellen te beoordelen:

Boekhoudkundige methoden
- boekhoudkundige methoden:
  - de boekhoudkundige terugverdienperiode (BTP);
  - de gemiddelde boekhoudkundige rentabiliteit (GBR);

Economische methoden
- economische methoden:
  - de economische terugverdienperiode (ETP);
  - de nettocontantewaardemethode (NCW-methode). Deze methode noemen we ook wel de kapitaalwaardemethode.

De wijze van berekenen verschilt per methode. Belangrijk daarbij is het begrip tijdvoorkeur, dat we bespreken bij de behandeling van de economische methoden. Nadat de selectiemethoden door middel van een cijfervoorbeeld zijn toegelicht, worden de voor- en nadelen van iedere methode aangestipt. Mede op basis daarvan kan in een concrete situatie worden vastgesteld welke methode de voorkeur verdient.

8.4.1 Boekhoudkundige terugverdienperiode (BTP)

Bij de terugverdienperiode wordt de nadruk gelegd op het snel terugontvangen van het geïnvesteerde bedrag. De tijd die nodig is om door middel van de nettogeldontvangsten het geïnvesteerde bedrag terug te ontvangen, is de terugverdienperiode.

Boekhoudkundige terugverdienperiode

Techno bv uit voorbeeld 8.1 ontvangt de nettogeldontvangsten aan het einde van ieder jaar. De boekhoudkundige terugverdienperiode is drie jaar. De nettogeldontvangsten gedurende de eerste drie jaar (3 × €71.250 = €213.750) zijn dan voldoende om het investeringsbedrag (€170.000) terug te ontvangen.

De leiding van de onderneming moet bepalen hoelang de terugverdientijd maximaal mag zijn. Hierbij zal zij rekening houden met het risico dat aan de projecten is verbonden. Voor projecten met een hoog risico zal een kortere terugverdienperiode vastgesteld worden dan voor projecten met een laag risico.

8.4.2 Gemiddelde boekhoudkundige rentabiliteit (GBR)

Gemiddelde boekhoudkundige rentabiliteit

Bij de gemiddelde boekhoudkundige rentabiliteit (GBR) wordt de gemiddelde EBIT na belasting die het gevolg is van het investeringsproject, gedeeld door het gemiddeld in het project geïnvesteerde vermogen. De volgende formule geldt:

$$\text{GBR} = \frac{\text{Gemiddelde EBIT na belasting}}{\text{Gemiddeld geïnvesteerd vermogen}}$$

Bij de berekening van het gemiddeld geïnvesteerde vermogen kan verondersteld worden dat de vermogensbehoefte in verband met de aanschaf van een duurzaam productiemiddel geleidelijk daalt naar het niveau van zijn restwaarde.

Voor het voorbeeld van Techno bv (paragraaf 8.3) ontstaat dan het verloop van het geïnvesteerde vermogen, zoals in figuur 8.2 is aangegeven.

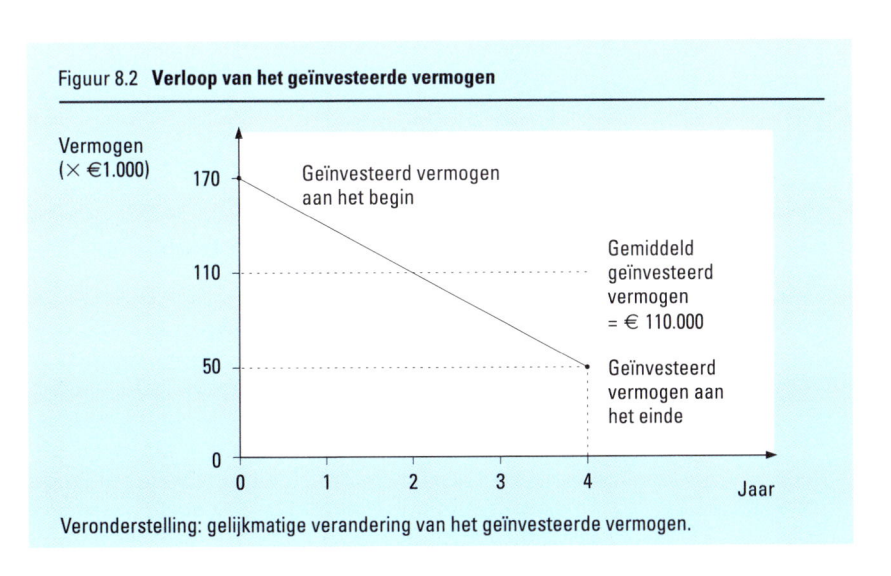

Figuur 8.2 **Verloop van het geïnvesteerde vermogen**

Veronderstelling: gelijkmatige verandering van het geïnvesteerde vermogen.

Gemiddeld geïnvesteerd vermogen

$$\text{Gemiddeld geïnvesteerd vermogen} = \frac{€170.000 + €50.000}{2} = €110.000$$

$$\text{GBR} = \frac{\text{Gemiddelde EBIT na belasting}}{\text{Gemiddeld geïnvesteerd vermogen}} \times 100\%$$

De gemiddelde EBIT na belasting kunnen we ook berekenen door alle primaire gelduitgaven (inclusief het investeringsbedrag) en alle primaire geldontvangsten na belasting bij elkaar op te tellen en dit totaal te delen door het aantal jaren. Hier geldt:

$$\frac{-€170.000 + €71.250 + €71.250 + €71.250 + €121.250}{4} = \frac{€165.000}{4} = €41.250$$

$$\text{GBR} = \frac{€41.250}{€110.000} \times 100\% = 37,5\%$$

Gemeten over de gehele levensduur van het project wordt per jaar een (gemiddelde) rentabiliteit verwacht van 37,5% (over het gemiddeld in dit project geïnvesteerde vermogen). Als de GBR van een project hoger is dan de gemiddelde kosten van het totale vermogen, is het project aanvaardbaar. Er wordt dan immers een hogere rentabiliteit verwacht dan de vereiste vermogenskostenvoet.

8.4.3 Economische methoden

Economische methoden

Bij de economische terugverdienperiode en de nettocontantewaardemethode houden we rekening met de tijdvoorkeur en met het risico dat aan investeringen is verbonden. Wat we onder tijdvoorkeur verstaan en de invloed van risico op de hoogte van de vermogenskostenvoet, lichten we hierna toe.

Tijdvoorkeur

Tijdvoorkeur

Met tijdvoorkeur bedoelen we dat aan een bedrag dat bijvoorbeeld over één jaar wordt ontvangen, een hogere waarde wordt toegekend dan aan eenzelfde bedrag dat over bijvoorbeeld vier jaar wordt ontvangen. De voorkeur om bedragen op een eerder tijdstip te ontvangen, wordt duidelijk als we rekening houden met de interest die over de reeds ontvangen bedragen verkregen kan worden. Aan de hand van voorbeeld 8.2 wordt dit duidelijk.

■ **Voorbeeld 8.2**
Iemand heeft de keuze:
a een bedrag van €1.000 direct te ontvangen, of
b €1.000 te ontvangen over drie jaar.

De bank is bereid op spaartegoeden 8% interest te vergoeden. Omdat aangenomen mag worden dat de bank haar verplichtingen exact zal nakomen, is in dit percentage geen vergoeding voor risico opgenomen.
Welk alternatief zal hij kiezen?

Tijdvoorkeurvoet

Het in voorbeeld 8.2 vermelde interestpercentage van 8% is alleen een vergoeding voor de tijdvoorkeur en wordt daarom tijdvoorkeurvoet genoemd.

Uitwerking
Het bedrag van €1.000 dat direct ontvangen wordt, kan op een spaarrekening bij de bank worden gezet. Hierover wordt dan gedurende drie jaar interest verkregen. De aangroei van dit bedrag gedurende deze drie jaar is in figuur 8.3 berekend.

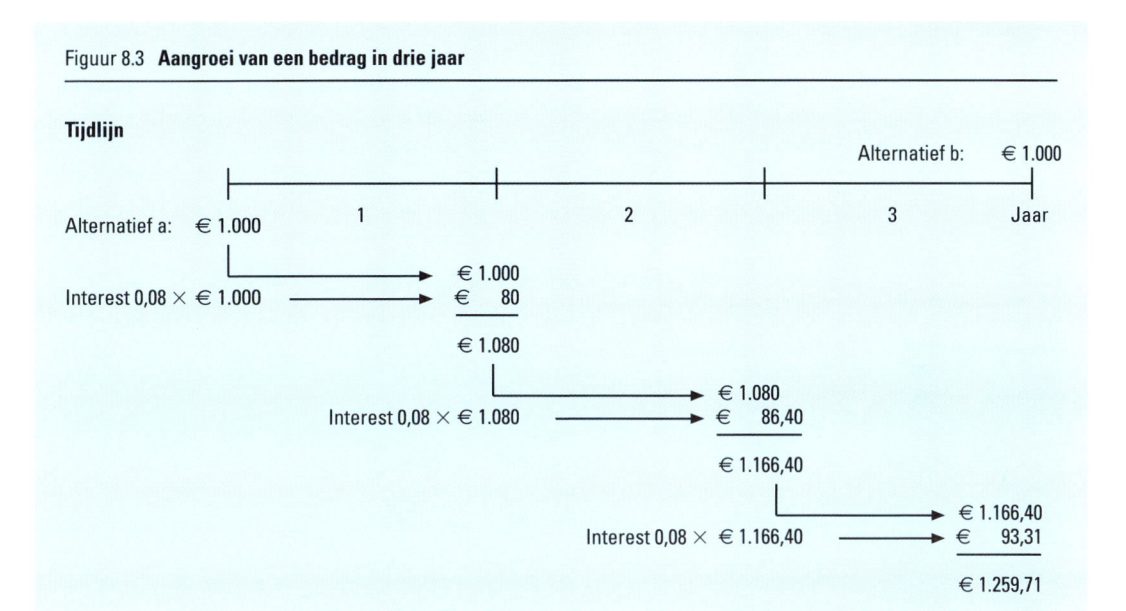

Figuur 8.3 Aangroei van een bedrag in drie jaar

Tijdlijn

					Alternatief b:	€ 1.000
Alternatief a: € 1.000	1		2		3	Jaar

Interest 0,08 × € 1.000 → € 1.000
€   80
€ 1.080

Interest 0,08 × € 1.080 → € 1.080
€   86,40
€ 1.166,40

Interest 0,08 × € 1.166,40 → € 1.166,40
€   93,31
€ 1.259,71

Eindwaarde

Het bedrag van €1.000, dat direct ontvangen wordt, blijkt (bij het gegeven interestpercentage van 8%) over drie jaar €1.259,71 waard te zijn. Alternatief a heeft daarom de voorkeur boven alternatief b. Het bedrag €1.259,71 is de eindwaarde van alternatief a. Deze eindwaarde blijkt gelijk te zijn aan $(1 + 0{,}08)^3 \times €1.000 = €1.259{,}71$.

Contante waarde

Uit voorgaande berekening blijkt ook dat (bij een gegeven interestpercentage van 8%!) een bedrag van €1.259,71, te ontvangen over drie jaar, eenzelfde waarde heeft als een bedrag van €1.000 dat direct (heden) wordt ontvangen. Het bedrag van €1.000 is de contante waarde van €1.259,71. Deze contante waarde berekenen we als volgt:

$$\text{Contante waarde} = \frac{\text{Eindwaarde}}{(1 + \text{interestperunage})^n}$$

waarin:
n = aantal perioden
interestperunage = interestpercentage/100 (bijvoorbeeld 0,08 = 8/100)

$$\text{Contante waarde} = \frac{€1.259{,}71}{(1 + 0{,}08)^3} = €1.000$$

De mate waarin tijdvoorkeur optreedt, wordt tot uitdrukking gebracht in de hoogte van het interestpercentage. Een hoog interestpercentage wijst op een sterkere mate van tijdvoorkeur. In dat geval wordt aan bedragen die in de toekomst ontvangen worden, een geringere (contante) waarde toegekend. Als het interestpercentage bijvoorbeeld 10% bedraagt, dan is de contante waarde van €1.259,71 (te ontvangen over drie jaar) slechts €946,44. Want €1.259,71 : $1,10^3$ = €946,44.

Risico

Vermogens-kostenvoet

De vermogenskostenvoet is de vergoeding (uitgedrukt in een percentage) die de onderneming minimaal wil ontvangen over het in het project vastgelegde vermogen. Deze vermogenskostenvoet bestaat uit de tijdvoorkeurvoet en een vergoeding voor het *risico* dat aan het project verbonden is. Als de tijdvoorkeurvoet bijvoorbeeld 8% is en de onderneming een vergoeding van 4% voor het risico wenst, dan bedraagt de vermogenskostenvoet 12%. De toekomstige nettogeldontvangsten worden dan contant gemaakt tegen deze 12%.

8.4.4 Berekening economische terugverdientijd

Economische terugverdientijd

We veronderstellen dat voor het project van voorbeeld 8.1 (Techno bv) een vermogenskostenvoet geldt van 14% en berekenen op basis daarvan eerst de contante waarde van de afzonderlijke nettogeldontvangsten van dit project.

€ 71.250 : $1,14^1$ = €62.500
€ 71.250 : $1,14^2$ = €54.824,56
€ 71.250 : $1,14^3$ = €48.091,72
€121.250 : $1,14^4$ = €71.789,73

We moeten nu de vraag beantwoorden hoelang het duurt om het investeringsbedrag (€170.000) terug te verdienen:
- na 1 jaar: €62.500 terugverdiend;
- na 2 jaar: €62.500 + €54.824,56 = €117.324,56 terugverdiend;
- na 3 jaar: €62.500 + €54.824,56 + €48.091,72 = €165.416,28 terugverdiend;
- na 4 jaar: €62.500 + €54.824,56 + €48.091,72 + €71.789,73 = €237.206,02 terugverdiend.

Uit deze berekening blijkt dat er nu vier jaar nodig is om de investering van €170.000 terug te verdienen. De economische terugverdienperiode (ETP) bedraagt vier jaar.

8.4.5 Nettocontantewaardemethode

NCW-methode

Bij de NCW-methode worden alle toekomstige nettogeldontvangsten contant gemaakt. Dit betekent dat alle nettogeldontvangsten naar het moment worden gebracht waarop de investeringsbeslissing moet worden genomen. De nettogeldontvangsten (inclusief de geldontvangst van de restwaarde) worden daarbij contant gemaakt tegen de voor het project vereiste vermogenskostenvoet. Nadat alle nettogeldontvangsten contant gemaakt zijn, mogen ze *bij elkaar worden opgeteld*. De contante waarde van alle nettogeldontvangsten wordt vergeleken met het investeringsbedrag. Het verschil tussen de contante waarde van de nettogeldontvangsten en het investeringsbedrag wordt *netto contante waarde* (NCW) genoemd.

Netto contante waarde

Voor Techno bv kunnen we nu de netto contante waarde bij de genoemde vermogenskostenvoet van 14% berekenen. De berekening staat in figuur 8.4.

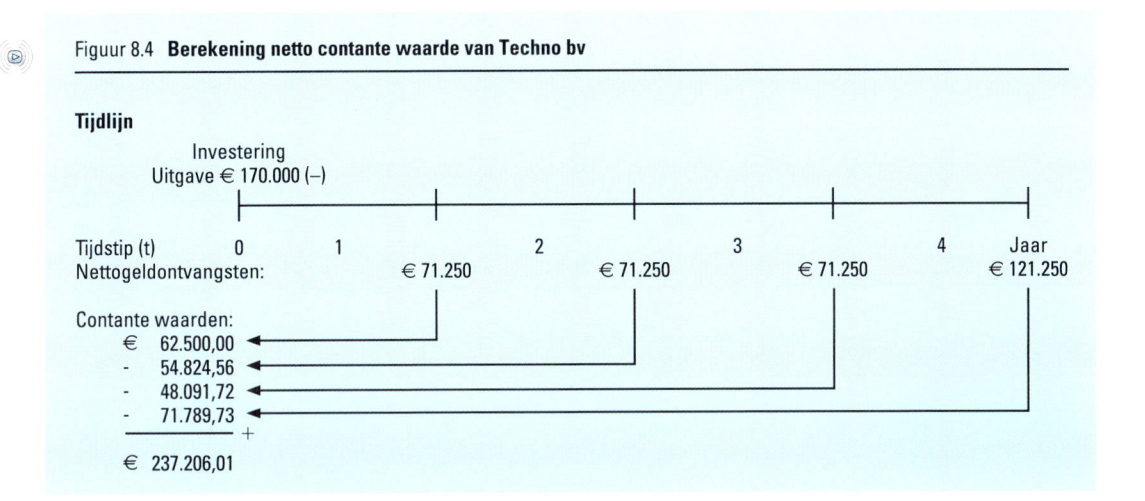

Figuur 8.4 **Berekening netto contante waarde van Techno bv**

Tijdlijn

```
              Investering
         Uitgave € 170.000 (–)
         |────────|────────|────────|────────|
Tijdstip (t)  0        1        2        3        4    Jaar
Nettogeldontvangsten:    € 71.250  € 71.250  € 71.250  € 121.250

Contante waarden:
   €  62.500,00  ◄────────┘
   -  54.824,56  ◄─────────────────┘
   -  48.091,72  ◄──────────────────────────┘
   -  71.789,73  ◄───────────────────────────────────┘
   ─────────── +
   € 237.206,01
```

Berekeningen:
€ 71.250 : $1{,}14^1$ = €62.500
€ 71.250 : $1{,}14^2$ = €54.824,56
€ 71.250 : $1{,}14^3$ = €48.091,72
€121.250 : $1{,}14^4$ = €71.789,73

Nadat de nettogeldontvangsten na belasting naar het tijdstip $t = 0$ (= moment van de investeringsbeslissing) teruggebracht zijn, mogen ze bij elkaar opgeteld worden en vergeleken worden met het investeringsbedrag. De netto contante waarde bedraagt:
€237.206,02 – €170.000 = + € 67.206,02

Een *positieve netto contante waarde* betekent dat de contante waarde van de nettogeldontvangsten meer bedraagt dan het investeringsbedrag. In dat geval zal de waarde van de organisatie toenemen, zodat het investeringsvoorstel aanvaard kan worden. Bij een negatieve netto contante waarde moet het investeringsproject verworpen worden, omdat het tot een waardedaling van de organisatie zou leiden.

8.5 Keuze uit verschillende investeringsmogelijkheden

Het bedrag dat een onderneming beschikbaar heeft voor nieuwe investeringen zal in de praktijk beperkt zijn. Als er verschillende investeringsmogelijkheden (projecten) zijn, rijst de vraag welke investeringsprojecten de voorkeur verdienen. Er zal een keuze gemaakt moeten worden uit de beschikbare investeringsalternatieven. Zie voorbeeld 8.3.

■ Voorbeeld 8.3 Investment bv

Voor het komende jaar heeft onderneming Investment bv €1 mln beschikbaar voor nieuwe investeringen. De leiding van de onderneming kan kiezen uit de volgende investeringsprojecten (bedragen × €1.000).

Project	Investering	Nettogeldontvangsten (aan het einde van de periode)		
	$t=0$	$t=1$	$t=2$	$t=3$
A	1.000	500	700	
B	800	300	400	480

Project A heeft een restwaarde aan het einde van het tweede jaar van €400.000. De vermelde geldontvangst van €700.000 voor project A aan het einde van het tweede jaar is inclusief de ontvangst van deze restwaarde. Project B heeft geen restwaarde.

Voor alle investeringsprojecten geldt een vermogenskostenvoet van 10%. In dit percentage is zowel de tijdvoorkeur als een vergoeding voor risico verwerkt. Gezien het risico dat aan de projecten verbonden is, stelt de leiding van de onderneming als voorwaarde dat de terugverdientijd maximaal drie jaar mag bedragen. Er wordt op de projecten afgeschreven met gelijke bedragen per jaar.

Welk investeringsproject kiest Investment bv?

Uitwerking
Omdat er slechts €1 mln beschikbaar is voor nieuwe investeringen, kan er maar één project worden uitgevoerd. Er zal een keuze moeten worden gemaakt.
We beoordelen de investeringsprojecten aan de hand van de verschillende methoden.

Boekhoudkundige methoden

Boekhoudkundige terugverdienperiode (BTP)
De geldontvangsten van de investeringsprojecten zijn weergegeven in tabel 8.2.

Conclusie:
BTP(A) = 2 jaar
BTP(B) = 3 jaar

Het project met de kortste terugverdienperiode, hier project A, verdient volgens deze methode de voorkeur.

Tabel 8.2 **De terugverdienperiode als de *bedragen aan het einde van de periode* ontvangen worden** (in euro's)

Project	Investeringen	Geldontvangsten		
		Jaar 1	t.e.m. jaar 2	t.e.m. jaar 3
A	1.000.000	500.000	1.200.000	
B	800.000	300.000	700.000	1.140.000

Gemiddelde boekhoudkundige rentabiliteit (GBR)

$$\text{GBR} = \frac{\text{Gemiddelde EBIT}}{\text{Gemiddeld geïnvesteerd vermogen}} \times 100\%$$

$$\text{Gemiddelde EBIT} = \frac{\text{Som van alle gelduitgaven en alle geldontvangsten}}{\text{Looptijd van het project}}$$

Project A:

$$\text{Gemiddelde EBIT} = \frac{-€1.000.000 + €500.000 + €700.000}{2} = €100.000$$

$$\text{GBR(A)} = \frac{€100.000}{\frac{(€1.000.000 + €400.000)}{2}} \times 100\% = 14{,}3\%$$

Project B:

$$\text{Gem. EBIT} = \frac{-€800.000 + €300.000 + €400.000 + €480.000}{3} = €126.666{,}67$$

$$\text{GBR(B)} = \frac{€126.666{,}67}{\frac{(€800.000 + €0)}{2}} \times 100\% = 31{,}7\%$$

Vermogens-kostenvoet

NB Afhankelijk van de *tijdvoorkeurvoet* en het *risico* dat aan een investeringsproject verbonden is, zal de leiding van de onderneming een minimaal vereiste vermogenskostenvoet per project vaststellen. Voor projecten met een hoog risico zal een hogere vermogenskostenvoet vereist worden dan voor projecten met een laag risico. Projecten met een hoog risico zullen een hogere rentabiliteit moeten opleveren om het nadeel van het hoge risico te compenseren. Projecten waarvan de GBR groter is dan de vereiste vermogenskostenvoet, kunnen worden geaccepteerd.

In voorbeeld 8.3 is de vereiste vermogenskostenvoet voor alle projecten gelijk. De projecten hebben blijkbaar eenzelfde risico. Beide projecten hebben een GBR die groter is dan de minimaal vereiste vermogenskostenvoet (10%) en zijn aanvaardbaar. Omdat de GBR van project B de hoogste is, verdient volgens deze methode project B de voorkeur.

Economische methoden
Bij de economische methoden houden we in de calculaties rekening met de vereiste vermogenskostenvoet voor het betreffende investeringsproject. In voorbeeld 8.3 is dat 10%.

Economische terugverdienperiode (ETP)
Project A
Berekening van de contante waarde van de afzonderlijke nettogeldontvangsten van project A.
€500.000 : $1,10^1$ = €454.545,45
€700.000 : $1,10^2$ = €578.512,40

We moeten nu de vraag beantwoorden hoelang het duurt om het investeringsbedrag (€1.000.000) terug te verdienen:
- na 1 jaar: €454.545,45 terugverdiend;
- na 2 jaar: €454.545,45 + 578.512,40 = €1.033.057,85 terugverdiend.

Uit deze berekening blijkt dat er twee jaar nodig is om de investering van €1.000.000 terug te verdienen. De economische terugverdienperiode (ETP) voor project A bedraagt twee jaar.

Project B
Berekening van de contante waarde van de afzonderlijke nettogeldontvangsten van project B.
€300.000 : $1,10^1$ = €272.727,27
€400.000 : $1,10^2$ = €330.578,51
€480.000 : $1,10^3$ = €360.631,10

We moeten nu de vraag beantwoorden hoelang het duurt om het investeringsbedrag (€1.000.000) terug te verdienen:
- na 1 jaar: €272.727,27 terugverdiend;
- na 2 jaar: €272.727,27 + €330.578,51 = €603.305,78 terugverdiend;
- na 3 jaar: €272.727,27 + €330.578,51 + €360.631,10 = €963.936,88 terugverdiend.

Het duurt drie jaar voordat de investering van €800.000 is terugverdiend. De economische terugverdienperiode (ETP) voor project B bedraagt drie jaar.

Nettocontantewaardemethode (NCW-methode)
De vermogenskostenvoet bedraagt 10%.
Project A

Investering
− €1.000.000

Nettogeldontvangsten €500.000   €700.000

$$NCW(A) = -€1.000.000 + \frac{€500.000}{1,1} + \frac{€700.000}{1,1^2}$$

$$NCW(A) = -€1.000.000 + €454.545,45 + €578.512,40 = +€33.057,85$$

Project B

Investering
− €800.000

Nettogeldontvangsten €300.000   €400.000   €480.000

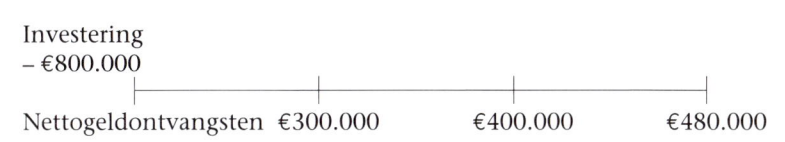

$$\text{NCW(B)} = -€800.000 + \frac{€300.000}{1,1} + \frac{€400.000}{1,1^2} + \frac{€480.000}{1,1^3}$$

NCW(B) = − €800.000 + €272.727,27 + €330.578,51 + €360.631,10 = + €163.936,88

Omdat de netto contante waarde van alle projecten positief is, zijn ze alle aanvaardbaar. Project B heeft echter de hoogste NCW en verdient daarom volgens deze methode de voorkeur.

Tussenvraag 8.1
Binnen organisaties kunnen op hetzelfde moment verschillende projecten in overweging worden genomen. Dit aantal kan zodanig groot zijn dat er een keuze moet worden gemaakt.
Welke factoren bemoeilijken het vergelijken van de verschillende projecten?

Tussenvraag 8.2
Zal door een stijging van de vermogenskostenvoet de NCW stijgen of dalen?

8.6 Vergelijking van de selectiemethoden

In deze paragraaf gaan we de selectiemethoden (boekhoudkundige terugverdienperiode, gemiddelde boekhoudkundige rentabiliteit, economische terugverdienperiode en nettocontantewaardemethode) vergelijken. We noemen daarbij de voor- en nadelen. Daarna geven we een algemene conclusie.

Voor- en nadelen

8.6.1 Voor- en nadelen boekhoudkundige terugverdienperiode

De boekhoudkundige terugverdienperiode (BTP) geeft de voorkeur aan projecten waarvan het investeringsbedrag snel in de onderneming terugvloeit door middel van de nettogeldontvangsten. Deze methode laat de nettogeldontvangsten die na de terugverdienperiode binnenkomen, bij de beoordeling van de projecten echter buiten beschouwing. De rangorde van projecten op basis van de terugverdienperiode geeft geen informatie over de winstgevendheid of rentabiliteit van de projecten. De rangorde is alleen gebaseerd op de tijd die nodig is om het geïnvesteerde bedrag terug te ontvangen. Deze methode legt dus de nadruk op liquiditeit.

Voordelen van de boekhoudkundige terugverdienperiode zijn de volgende:
1. De BTP is eenvoudig te berekenen.
2. De keuze voor projecten met een korte terugverdienperiode is gunstig voor de liquiditeit.
3. De keuze voor projecten met een korte terugverdienperiode leidt tot minder risico voor de onderneming. De gelduitgaven en geldontvangsten van kortlopende projecten zijn beter te overzien dan die van langlopende projecten.

Nadelen van de boekhoudkundige terugverdienperiode zijn de volgende:
1. De nettogeldontvangsten na de terugverdienperiode worden in de berekening buiten beschouwing gelaten. De terugverdienperiode zegt niets over de winstgevendheid van de projecten.
2. Bij de boekhoudkundige terugverdienperiode wordt geen rekening gehouden met tijdvoorkeur. De verdeling van de nettogeldontvangsten binnen de terugverdienperiode speelt bij deze methode geen rol.

8.6.2 Voor- en nadelen gemiddelde boekhoudkundige rentabiliteit

De gemiddelde boekhoudkundige rentabiliteit (GBR) berekent een gemiddelde rentabiliteit over de looptijd van het project door de gemiddelde EBIT (na belasting) te delen door het gemiddeld geïnvesteerde vermogen. Bij de berekening van de gemiddelden wordt geen rekening gehouden met tijdvoorkeur.

Voordelen van de gemiddelde boekhoudkundige rentabiliteit zijn de volgende:
1. De GBR is redelijk eenvoudig te berekenen.
2. De GBR geeft informatie over de rentabiliteit van de projecten (in de vorm van een percentage).

Nadelen van de gemiddelde boekhoudkundige rentabiliteit zijn de volgende:
1. De GBR houdt geen rekening met de tijdruimtelijke verdeling van de geldstromen. Tijdvoorkeur speelt geen rol.
2. Een rentabiliteitspercentage geeft niet het absolute winstbedrag van een project weer. Een onderneming geeft bijvoorbeeld de voorkeur aan een project dat 10% over €1.000.000 realiseert (een winst van €100.000) boven een project dat 12% over €800.000 (een winst van €96.000) oplevert. We veronderstellen hierbij dat voor het verschil van €200.000 geen investeringsmogelijkheid beschikbaar is. De GBR-methode geeft echter de voorkeur aan het project met een rentabiliteit van 12%.

8.6.3 Voor- en nadelen economische terugverdienperiode

Voor de economische terugverdienperiode (ETP) gelden dezelfde voor- en nadelen als voor de boekhoudkundige terugverdienperiode (BTP) met één uitzondering: de ETP houdt wel rekening met tijdvoorkeur en dat is een voordeel van de ETP ten opzichte van de BTP.

8.6.4 Voor- en nadelen nettocontantewaardemethode

Bij de nettocontantewaardemethode (NCW-methode) worden alle nettogeldontvangsten naar het moment van investeren gebracht (contant gemaakt). Op de contante waarde van de nettogeldontvangsten wordt het investeringsbedrag in mindering gebracht. Het verschil is de netto contante waarde.
Door het aanvaarden van projecten met een positieve NCW neemt de waarde van de onderneming toe. Daarom zijn alle projecten met een positieve contante waarde in principe aanvaardbaar. Als het bedrag om te investeren echter beperkt is, zal een keuze moeten worden gemaakt.

Voordelen van de nettocontantewaardemethode zijn de volgende:
1 Er wordt rekening gehouden met tijdvoorkeur en met het risico dat aan de verschillende projecten verbonden is.
2 De NCW geeft informatie over de waarde die het investeringsproject voor de onderneming oplevert.

Nadelen van de nettocontantewaardemethode zijn de volgende:
1 De berekeningen zijn gecompliceerder dan bij de andere methoden. Door de NCW te berekenen met behulp van een computerprogramma kan dit bezwaar grotendeels worden weggenomen.
2 Er wordt geen rekening gehouden met een verschil in looptijd van de projecten.
3 Er wordt geen rekening gehouden met eventuele verschillen in de hoogte van het investeringsbedrag van de verschillende projecten.

8.6.5 Algemene conclusie

We geven de volgende conclusies:
1 De NCW-methode berekent de waardestijging van de onderneming die het gevolg is van de investering. Bij deze berekening wordt rekening gehouden met de tijdvoorkeur en het risico van het project. Om die redenen verdient deze methode de voorkeur bij het selecteren van investeringsprojecten.
2 De NCW-methode houdt onvoldoende rekening met verschillen in looptijd en geïnvesteerd bedrag. Project A heeft slechts een looptijd van twee jaar. Omdat project A reeds na twee jaar beëindigd is, kunnen de middelen die daaruit vrijkomen weer op korte termijn voor een nieuwe investering worden gebruikt. De winsten die uit dit nieuwe project voortvloeien, vergroten de aantrekkelijkheid van project A. Daar staat tegenover dat project B slechts een investeringsbedrag van €800.000 vergt, terwijl het andere project een investering van €1.000.000 vereist. Het verschil van €200.000 kan mogelijk nog op een andere wijze aangewend worden en een positieve NCW opleveren. Deze NCW moet dan opgeteld worden bij de NCW van project B.

Ondanks de laatste twee tekortkomingen verdient de NCW-methode de voorkeur, mits rekening wordt gehouden met eventuele verschillen in looptijden en/of investeringsbedragen.

We lichten de besluitvorming rond investeringen toe aan de hand van een praktijkvoorbeeld. Daaruit zal blijken dat ook andere dan zuiver financiële motieven daarbij een rol kunnen spelen.

■ Voorbeeld 8.4

Van der Zee Vlees bv koopt in grote hoeveelheden vlees in van hoogwaardige kwaliteit en maakt daar kleinere porties van (dat heet portioneren) voor de horeca, instellingen en grootverbruikers. Na het portioneren wordt het vlees verpakt en voorzien van informatie over het product. Het verpakken van het product gebeurde voorheen volledig handmatig. Daarvoor waren vier medewerkers nodig, waarvan de gemiddelde loonkosten €25.000 per jaar bedragen. Voor het inpakken van het vlees en het voorzien van etiketten kan ook gebruik worden gemaakt van een machine. De etiketteermachine die voor Van der Zee Vlees bv in aanmerking komt, kost €150.000. De machine wordt in vijf jaar volledig afgeschreven (restwaarde = €0). De verwachting is echter dat de machine tien jaar in gebruik zal blijven en daarna niets meer waard zal zijn. In de eerste vijf jaar wordt geen onderhoud verwacht, daarna wordt rekening gehouden met €1.000 onderhoudskosten per jaar. De kosten van energie voor de machine bedragen €800 per jaar. Het tarief voor vennootschapsbelasting bedraagt 30%.

Als de machine wordt aangeschaft zijn nog slechts twee van de vier medewerkers nodig voor het inpakken. Voor de twee medewerkers die overtollig zijn, zijn vervangende werkzaamheden beschikbaar.

a Bereken de geldstromen die verband houden met de investering in deze etiketteermachine (we veronderstellen dat alle geldstromen aan het begin of aan het einde van een jaar plaatsvinden).
b Van der Zee Vlees bv beoordeelt haar investeringsprojecten op basis van de netto contante waarde (NCW). Voor deze investering eist Van der Zee Vlees bv een rentabiliteit van 12%.
Bereken de NCW van dit project.

Uitwerking
a Jaarlijkse besparing op loonkosten: 2 × €25.000 = €50.000
Afschrijvingskosten per jaar (gedurende de eerste vijf jaar):
€150.000 : 5 = €30.000
Extra energiekosten (jaarlijks): €800
Onderhoudskosten per jaar (gedurende de laatste vijf jaar): €800
Berekening van de geldstromen (in euro's):

Omschrijving	Jaren 1 tot en met 5		Jaren 6 tot en met 10	
Besparing op loonkosten		50.000		50.000
Extra afschrijvingskosten	30.000			
Extra energiekosten	800 +		800	
Extra onderhoudskosten			1.000 +	
Totaal extra kosten		30.800 −		1.800 −
Extra winst per jaar		19.200		48.200
Extra te betalen belastingen		5.760 −		14.460 −
Extra winst na belasting		13.440		33.740
Afschrijvingen (geen uitgave)		30.000 +		0 +
Nettogeldontvangst (cashflow)		43.440		33.740

b We geven de relevante geldstromen in een tijdlijn weer (alle bedragen in euro's).

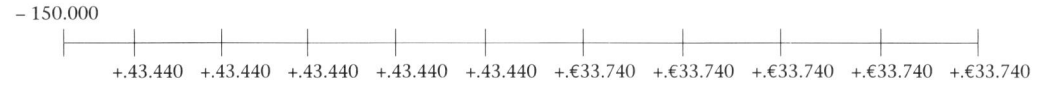

```
− 150.000
   |──┬──┬──┬──┬──┬──┬──┬──┬──┬──┬──|
    +.43.440 +.43.440 +.43.440 +.43.440 +.43.440 +.€33.740 +.€33.740 +.€33.740 +.€33.740 +.€33.740
```

Contante waarde van de ingaande geldstromen (in euro's):
$43.440/1,12 + 43.440/1,12^2 + 43.440/1,12^3 + 43.440/1,12^4 + 43.440/1,12^5 + 33.740/1,12^6 + 33.740/1,12^7 + 33.740/1,12^8 + 33.740/1,12^9 + 33.740/1,12^{10} = 38.785,71 + 34.630,10 + 30.919,73 + 27.606,91 + 24.649,02 + 17.093,73 + 15.262,26 + 13.627,02 + 12.166,98 + 10.863,38 = 225.604,84$

Contante waarde van de ingaande geldstromen:	€ 225.604,84
Investeringsbedrag	€ 150.000,00 −
Netto contante waarde	€ 75.604,84

Omdat de NCW van dit project positief is, heeft Van der Zee Vlees bv besloten de etiketteermachine aan te schaffen.

Naast de financiële aspecten speelt nog een aantal factoren een rol bij de aanschaf van de etiketteermachine door Van der Zee Vlees bv. De etiketteermachine heeft ook de mogelijkheid alle informatie die bij de ontvangst van het vlees in de barcode is opgeslagen, om te zetten in leesbare tekst en deze te vermelden op het etiket. Zo kan op het etiket worden vermeld: land van geboorte van het dier, land van mest, land van slacht, land van uitsnijden, temperatuur bij opslag en tijdens vervoer van het vlees enzovoort. Deze productinformatie is belangrijk voor de afnemers en ook bij het traceren van een bepaalde partij.

Ook zien de machinaal verpakte producten er beter uit en zit het etiket steeds op dezelfde plaats. Dit komt de uitstraling van het product ten goede, wat vanuit commercieel oogpunt belangrijk is.

De nieuwe machine heeft als bijkomend voordeel dat eenvoudiger aan de eisen van HACCP kan worden voldaan.

Investeringsbeslissingen zijn ingrijpende beslissingen die de toekomst van een organisatie in hoge mate bepalen. Bij dit soort beslissingen zullen daarom de belangrijkste managers betrokken zijn. Bij hun beslissingen houden zij rekening met de doelstelling van de organisatie en met het strategisch plan. Investeringsbeslissingen moeten daarbij aansluiten. Als een investeringsbeslissing is genomen, moet de uitvoering ervan nauwlettend worden gevolgd. Tijdens de looptijd van het project moet vastgesteld worden of de werkelijke kasstromen afwijken van de verwachte kasstromen, op basis waarvan de beslissing is genomen. Grote afwijkingen kunnen voor het management aanleiding zijn om in het investeringsproject in te grijpen. Daarbij geldt overigens wel dat de keuzemogelijkheden beperkt zijn. Investeringsbeslissingen leiden vaak tot verplichtingen op lange termijn, die moeilijk teruggedraaid kunnen worden.

Tussenvraag 8.3
Wie kunnen er in een organisatie voorstellen doen voor nieuwe investeringen?

8.7 Keuze van de productiemethode

Een productieproces kan in het algemeen door de onderneming op verschillende manieren worden opgezet. Een van de mogelijkheden is een productiewijze waarbij gebruikgemaakt wordt van veel machines, robots, computers enzovoort. Deze productiemiddelen leiden tot hoge vaste kosten. Daar staat tegenover dat de variabele kosten laag zijn. (Niemand zit te wachten op een productiemethode met hoge vaste kosten én hoge variabele kosten.) De productiemethode waarbij er veel vaste en weinig variabele kosten optreden, noemen we de **kapitaalintensieve productiemethode**.

Een andere mogelijkheid is een productiemethode waarbij weinig vaste en veel variabele kosten optreden. Deze methode heet de **niet-kapitaalintensieve productiemethode**.

Het kiezen van de productiemethode is een voorbeeld van een *langetermijnbeslissing*. Zowel de omvang van de vaste als van de variabele kosten wordt door de keuze beïnvloed en in de kostencalculaties betrokken (absorption costing).

Aan de hand van voorbeeld 8.5 berekenen we welke productiemethode we het beste kunnen kiezen.

■ **Voorbeeld 8.5 Zilvertoom bv**
Zilversmelterij Zilvertoom bv kan bij de productie van ruw zilver gebruikmaken van een hypermoderne machine, waardoor de variabele kosten per kilogram ruw zilver drastisch afnemen. Ook is het mogelijk de productie uit te voeren met een traditionele machine.

	Traditionele machine	Hypermoderne machine
Vaste kosten	€4.000/jaar	€10.000/jaar
Variabele kosten	€10/kg	€4/kg

Voor de eenvoud laten we de vermogenskosten buiten beschouwing.

Bij de keuze van de productiemethode kijkt men onder andere naar het verschil in productiekosten. Berekend kan worden bij welke productieomvang beide methoden tot dezelfde kosten leiden. Deze productieomvang noemen we het **indifferentiepunt** (q).

Uitwerking
Kosten traditionele machine = kosten hypermoderne machine
$$€10 \times q + €4.000 = €4 \times q + €10.000$$
$$€10 \times q - €4 \times q = €10.000 - €4.000$$
$$€6 \times q = €6.000$$
$$q = 1.000$$

Bij een productie van 1.000 kg ruw zilver zullen de kosten van beide productiemethoden aan elkaar gelijk zijn.
In figuur 8.5 is de vergelijking tussen productiemethoden in beeld gebracht.

Figuur 8.5 Vergelijking tussen productiemethoden

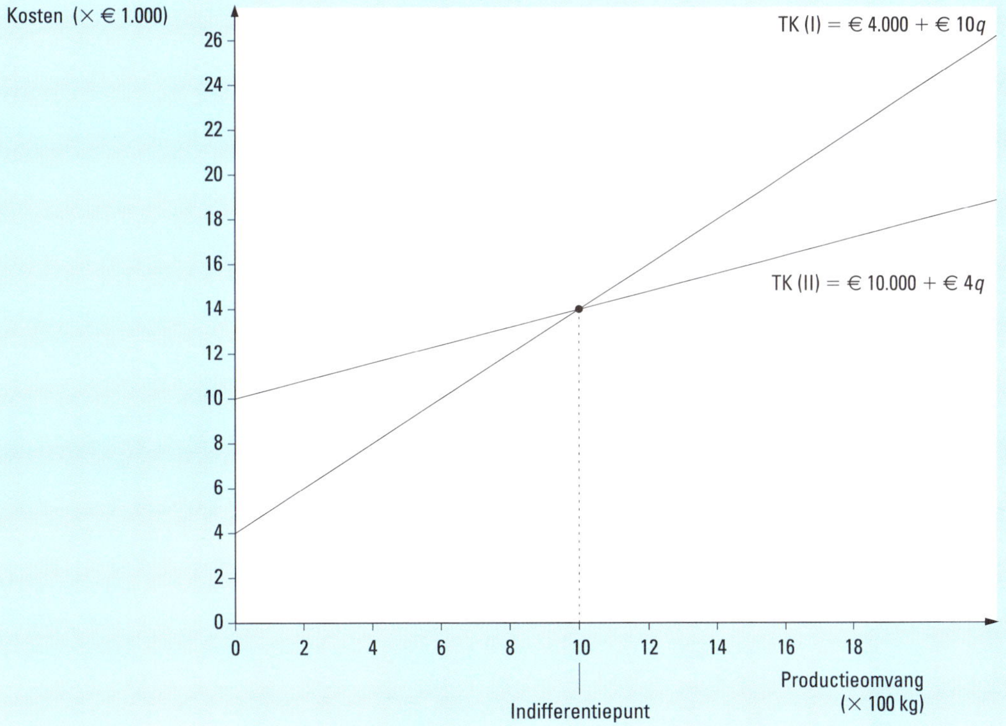

Toelichting
TK(I) = totale kosten niet-kapitaalintensieve productiemethode (exclusief vermogenskosten)
TK(II) = totale kosten kapitaalintensieve productiemethode (exclusief vermogenskosten)

De keuze van de productiemethode heeft grote gevolgen voor de mate waarin het resultaat van de onderneming reageert op veranderingen in de productie- en verkoopomvang. Om dat te verduidelijken geven we het verloop van de EBIT weer bij verschillende productie- en verkoopvolumes. Daarbij veronderstellen we dat de verkoopprijs €20 per kilo bedraagt.

Niet-kapitaal-intensieve productiemethode

Figuur 8.6 heeft betrekking op de niet-kapitaalintensieve productiemethode, figuur 8.7 op de kapitaalintensieve productiemethode.

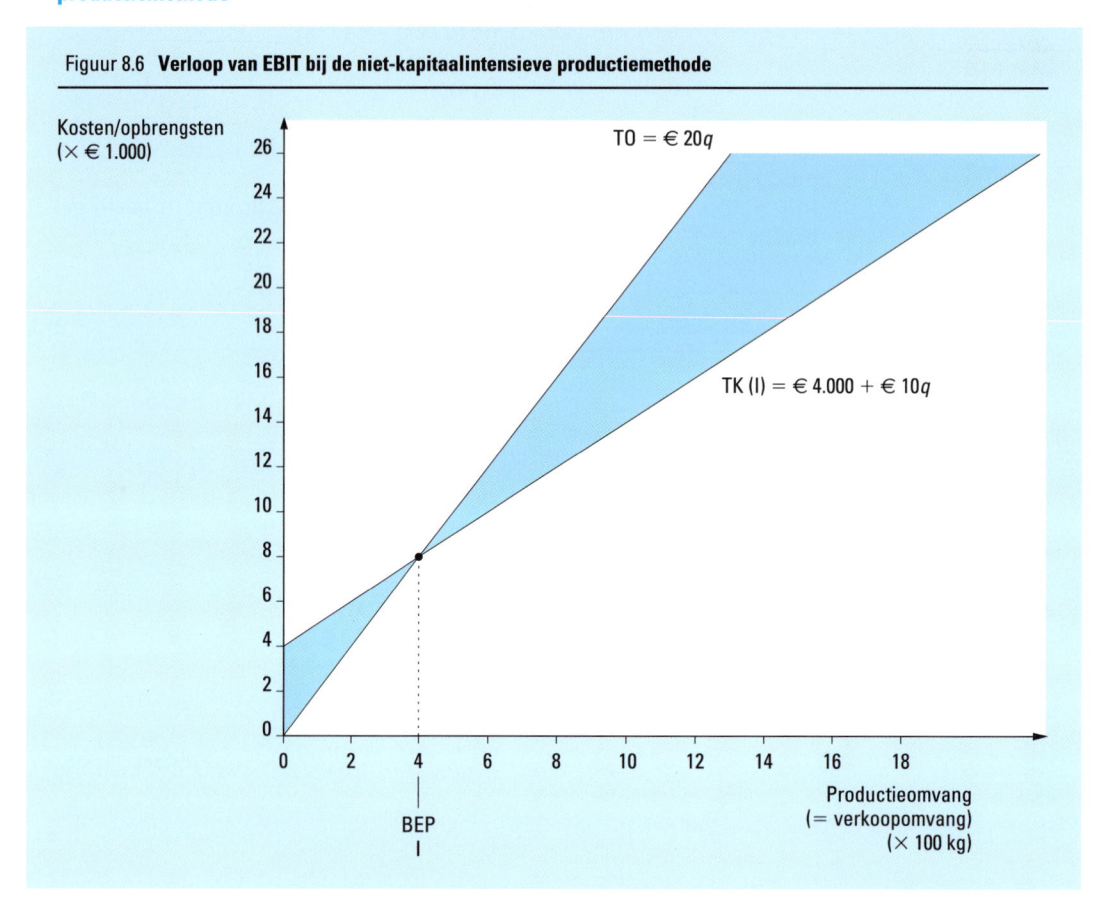

Figuur 8.6 Verloop van EBIT bij de niet-kapitaalintensieve productiemethode

Kosten/opbrengsten (× € 1.000)

$TO = €\ 20q$

$TK(I) = €\ 4.000 + €\ 10q$

Productieomvang (= verkoopomvang) (× 100 kg)

BEP

Toelichting
TO = totale opbrengst
TO − TK(I) = EBIT bij de niet-kapitaalintensieve methode
Het break-evenpunt voor de niet-kapitaalintensieve methode ligt bij 400 kg.

Figuur 8.7 Verloop van EBIT bij de kapitaalintensieve productiemethode

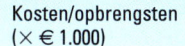

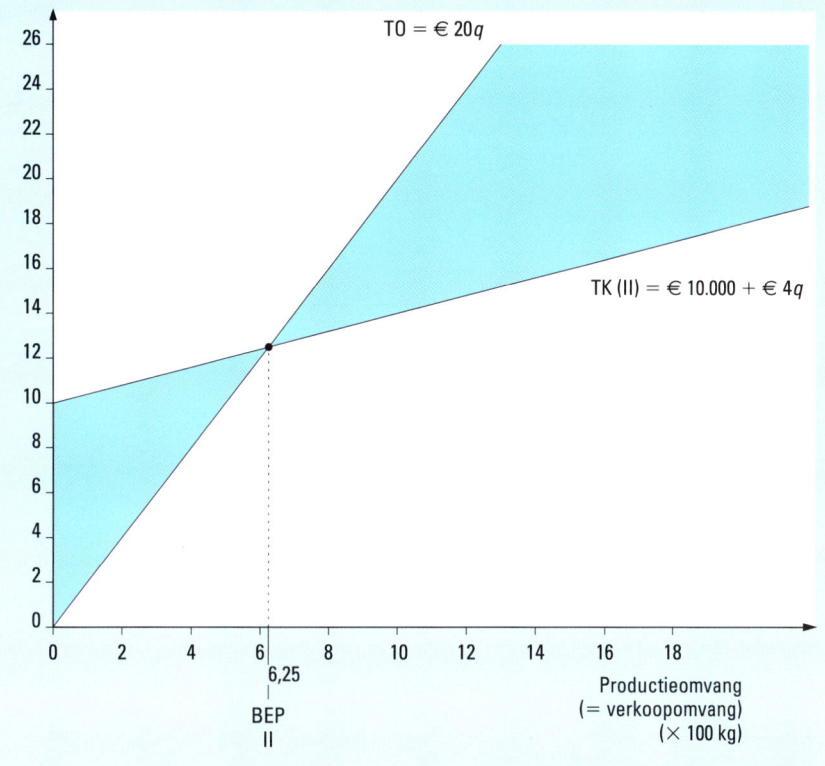

Kosten/opbrengsten (× € 1.000)

TO = € 20q
TK (II) = € 10.000 + € 4q

BEP II = 6,25

Productieomvang (= verkoopomvang) (× 100 kg)

Toelichting
TO = totale opbrengst
Kapitaalintensieve productiemethode TO − TK(II) = EBIT bij de kapitaalintensieve productiemethode
Het break-evenpunt voor de kapitaalintensieve methode ligt bij 625 kg.

Voor voorbeeld 8.5 geldt dat in het break-evenpunt de EBIT nihil is.

Bij de voorgaande berekeningen en de figuren 8.5 tot en met 8.7 zijn we van de volgende *veronderstellingen* uitgegaan:
1 Er wordt één homogeen product voortgebracht.
  De productieomvang is gelijk aan de verkoopomvang.
2 Er is sprake van proportioneel variabele kosten.
3 De vaste kosten zijn constant (de productie blijft binnen de beschikbare capaciteit).
4 De verkoopprijs is constant, ongeacht de verkoopomvang (volkomen concurrentie).

Bij de niet-kapitaalintensieve productiemethode (figuur 8.6) ontstaan relatief geringe negatieve EBIT's of bescheiden positieve EBIT's. Bij de kapitaalintensieve methode (figuur 8.7) treden grote schommelingen in de EBIT's op. Bij een lage productie ontstaan grote negatieve EBIT's. Bij een hoge productie worden omvangrijke positieve EBIT's gerealiseerd. Bovendien is bij de niet-kapitaalintensieve methode het breakevenpunt eerder bereikt dan bij de kapitaalintensieve methode.

Kostenstructuur

We kunnen ook een verband leggen tussen de aard van de branche en de kostenstructuur. In sommige branches zal gelden dat ze te maken hebben met relatief veel vaste kosten en weinig variabele kosten (kapitaalintensief), andere branches hebben relatief weinig vaste kosten en veel variabele kosten (niet-kapitaalintensief). In tabel 8.3 geven we daarvan enkele voorbeelden.

Tabel 8.3 Kapitaalintensieve en niet-kapitaalintensieve branches

Kapitaalintensief	Niet-kapitaalintensief
Auto-industrie	Detailhandel (onder meer supermarkten)
Vliegtuigbouw	Ambulante handel (zoals marktkooplieden)
Staalindustrie	
Drukkerijen	

Bedrijfsrisico

De kapitaalintensieve productiemethode leidt tot grotere schommelingen in de bedrijfsresultaten (EBIT) en daardoor tot een hoger bedrijfsrisico dan de niet-kapitaalintensieve productiemethode. Grotere fluctuaties in de EBIT en daardoor in de rentabiliteit van het totale vermogen (RTV) leiden tot een groter bedrijfsrisico. Voor de bespreking van de RTV verwijzen we naar hoofdstuk 12.

Tussenvraag 8.4
Stel dat de leiding van een organisatie de keuze heeft uit een kapitaalintensieve of niet-kapitaalintensieve wijze van werken (productie of dienstverlening). Welke factoren spelen een rol bij de keuze?

8.8 Zelf produceren of werk uitbesteden?

Het uitbesteden van werk kan betrekking hebben op het overhevelen van de productie naar een ander bedrijf of ander land, maar ook op het door anderen laten uitvoeren van bepaalde diensten. Met name door de opkomst van internet is het uitvoeren van bepaalde administratieve handelingen minder plaatsgebonden. Door de moderne communicatiemiddelen kunnen grote hoeveelheden data in korte tijd over de gehele wereld worden verstuurd.

Uitbesteding

Bij de beslissing om bepaalde activiteiten aan andere ondernemingen uit te besteden, speelt een aantal factoren een rol. Het ontbreken van voldoende technische kennis kan de reden zijn om een gedeelte van het productieproces uit te besteden (*technische uitbesteding*). Een onderneming kan ook een gedeelte van de producten die zij voor de verkoop nodig heeft, als gereed product van een andere onderneming betrekken.

Hierdoor kunnen sterke schommelingen in de afzet en/of productie worden opgevangen.

Het besluit tot uitbesteding kan genomen worden op grond van kostenoverwegingen. Als een onderneming het product zelf wil produceren, zal zij daarvoor een productieapparaat moeten opzetten, wat gepaard gaat met vaste en variabele kosten. Bij uitbesteding van de productie zal in het algemeen een vaste vergoeding per eenheid product betaald moeten worden. In dat geval zijn er alleen variabele kosten.
Omdat een beslissing invloed heeft op de productiecapaciteit en op de vaste kosten van de onderneming, is er sprake van een langetermijnbeslissing.
Aan de hand van voorbeeld 8.6 bekijken we of het voordeliger is om uit te besteden of dat beter zelf kan worden geproduceerd.

■ Voorbeeld 8.6 Triomf nv
Als autofabrikant Triomf nv de koplampen voor zijn auto's zelf produceert, bedragen de vaste kosten €600.000 per jaar en de variabele kosten €40 per koplamp. De gemiddelde vraag naar koplampen is 12.000 per jaar. Triomf nv kan deze koplampen ook betrekken van een toeleverancier. In dat geval moet per koplamp €100 betaald worden.
Wat is het voordeligst, uitbesteden of zelf produceren?

Uitwerking
Stel q = aantal koplampen.
In geval van zelf produceren bedragen de kosten: €40 × q + €600.000.
Als de productie uitbesteed wordt, bedragen de kosten: €100 × q.
Het aantal koplampen (q) waarbij de kosten van uitbesteden en de kosten van zelf produceren aan elkaar gelijk zijn, volgt uit:
$$€100 \times q = €40 \times q + €600.000$$
$$€60 \times q = €600.000$$
$$q = 10.000$$

In figuur 8.8 is de keuze voor uitbesteden of zelf produceren in beeld gebracht.

Bij een productie van meer dan 10.000 eenheden zijn de kosten van zelf produceren geringer dan van uitbesteden. Omdat de gemiddelde verwachte productie 12.000 eenheden bedraagt, zou men kunnen beslissen de koplampen zelf te gaan produceren. Zelf produceren leidt tot *hoge vaste kosten*, die niet verminderen als de productie in de toekomst afneemt. In de situatie van uitbesteding zijn er geen vaste kosten en dalen door een lagere afname de kosten met €100 per eenheid.

Bij uitbesteding is er sprake van een grotere *flexibiliteit* in de kosten (vaste kosten gaan over in variabele kosten). Ook dit aspect speelt een rol bij de keuze uitbesteden of zelf produceren.

Het komt voor dat een onderneming de technische kennis mist om een bepaald product of een onderdeel daarvan zelf te maken. Dan heeft ze de keuze het product door een derde te laten maken of de *technische kennis* zelf te verwerven. Als de onderneming zelf over de technische kennis wil beschikken, zal ze haar werknemers daartoe moeten opleiden. Ze kan ook een bedrijf overnemen dat wel over de technische kennis beschikt. Sommige ondernemingen gaan ertoe over medewerkers van de concurrent aan te trekken. Dit doen ze in de verwachting dat daarmee ook een deel van de technische kennis van de concurrent beschikbaar komt.

Tussenvraag 8.5
Welke nadelen zouden er aan het uitbesteden van een gedeelte van het productieproces verbonden kunnen zijn?

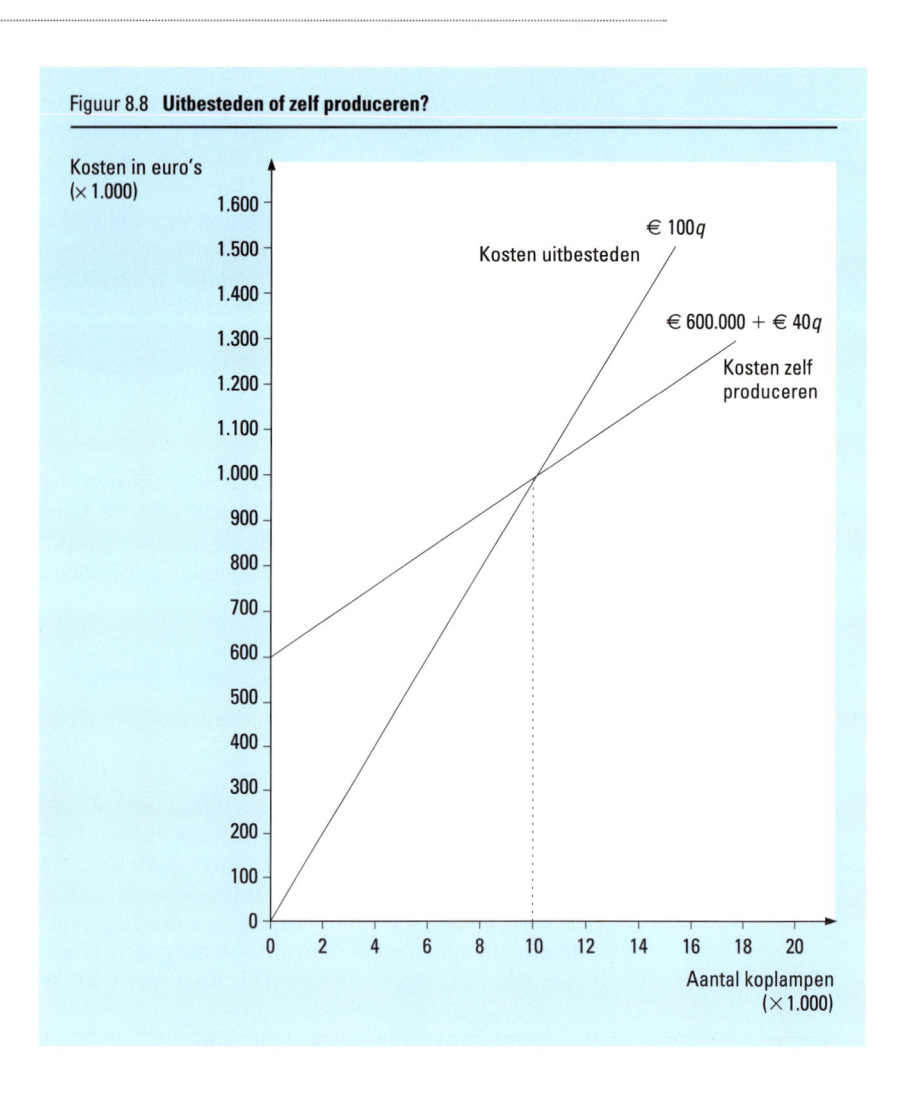

Figuur 8.8 Uitbesteden of zelf produceren?

Kosten in euro's (× 1.000)

Kosten uitbesteden: € 100q

Kosten zelf produceren: € 600.000 + € 40q

Aantal koplampen (× 1.000)

8.9 Differentiële calculatie

Bij de beslissing om een bepaald product *te gaan maken* wordt de integrale kostprijs (absorption costing) vergeleken met de verkoopprijs. Als de verkoopprijs groter is dan de integrale kostprijs, is de productie en verkoop winstgevend. In dat geval zal de onderneming tot productie overgaan. Het besluit om een product te gaan maken, is een langetermijnbeslissing. Zowel de vaste als de variabele kosten spelen daarbij een rol.

Nadat de onderneming besloten heeft het product te gaan maken, kan een situatie ontstaan waarin de integrale kosten groter worden dan de verkoopprijs. Dit kan het gevolg zijn van een stijging van de kosten en/of van een daling van de verkoopprijs.

Nu doet zich de vraag voor of een onderneming *door moet gaan* met produceren als de integrale kostprijs hoger geworden is dan de verkoopprijs. Aan de hand van voorbeeld 8.7 wordt geprobeerd een antwoord te geven op die vraag. Bij dit vraagstuk gaat men uit van de beschikbare productiecapaciteit. Het is een voorbeeld van een kortetermijnbeslissing.

■ Voorbeeld 8.7 Iron Horse bv

Iron Horse bv is drie jaar geleden gestart met de productie van gemotoriseerde grasmaaiers. Op het moment van beslissen bedroegen de vaste kosten €1 mln per jaar en de variabele kosten €600 per motormaaier. Omdat de normale productie 2.000 eenheden bedraagt, zijn de vaste kosten per eenheid gelijk aan €1.000.000 : 2.000 = €500 per eenheid. De integrale kostprijs bedraagt dan €1.100. Op het moment van beslissen werd een gemiddelde verkoopprijs verwacht van €1.500 per motormaaier.

Door de felle concurrentie is nu (drie jaar na de start van de productie) de verkoopprijs beneden de integrale kostprijs gedaald. In de kosten zijn geen wijzigingen opgetreden.

Onlangs is Iron Horse bv benaderd door een groothandel die bereid is 100 motormaaiers te kopen voor een prijs van €900 per stuk.

Zal deze producent op dit aanbod ingaan?

Uitwerking

Het bijzondere aan deze situatie is dat de onderneming in het verleden reeds met de productie begonnen is. Als de productie nu stopgezet wordt, zullen de vaste kosten voorlopig niet dalen. Welke beslissing ook genomen wordt, de vaste kosten veranderen niet. Zij spelen daarom bij deze beslissing geen rol. Om een keuze te maken is het voldoende om de *extra-opbrengsten* ten gevolge van het accepteren van de order te vergelijken met de *extra-kosten*. Een dergelijke berekening, waarbij alleen maar gelet wordt op de veranderingen in de opbrengsten en de kosten, noemen we een differentiële calculatie.

Differentiële calculatie

Voor deze order geldt:
Extra-opbrengsten   100 × €900 = € 90.000
Extra-kosten (alleen variabel) 100 × €600 = € 60.000 −

Extra-winst   € 30.000

Hoewel de verkoopprijs beneden de integrale kostprijs ligt, kan deze order worden geaccepteerd. Bij acceptatie ontvangt de onderneming tenminste nog €30.000 ter dekking van de reeds gemaakte vaste kosten. Als de order niet aanvaard wordt, ontvangt de onderneming helemaal geen vergoeding voor de vaste kosten.

Een onderneming kan deze situatie echter slechts een korte periode volhouden. In de toekomst zal de verkoopprijs moeten stijgen en/of zullen de kosten moeten dalen om de productie en verkoop weer winstgevend te maken. Als dit niet lukt, zal het productieapparaat niet vervangen worden en de productie op den duur worden gestaakt. Mocht de verkoopprijs beneden de €600 dalen dan zal de productie *onmiddellijk* gestaakt worden, omdat bij die verkoopprijs zelfs (de nog te maken) *variabele kosten* niet worden gedekt.

De differentiële calculatie kan ook toegepast worden in situaties waarin de productiecapaciteit niet volledig benut is. Dan kan men overwegen de productie te vergroten door het accepteren van orders van *incidentele afnemers*. Zolang voor deze orders een verkoopprijs kan worden gerealiseerd die boven de variabele kosten ligt, wordt een extra vergoeding ontvangen voor de reeds gemaakte vaste kosten. Deze vergoeding loopt de onderneming mis als de incidentele orders niet worden geaccepteerd. Het gevaar bestaat dat men op basis van de differentiële calculatie genoegen neemt met een (te) lage verkoopprijs. Als de *vaste afnemers* kennisnemen van de lage verkoopprijs (die aan de incidentele afnemers is toegestaan) zullen ook zij een lagere verkoopprijs eisen. Het toepassen van een differentiële calculatie moet daarom zo veel mogelijk beperkt blijven tot incidentele afnemers die niet in contact staan met de vaste afnemers. Als aan deze beperking niet voldaan is, kan de differentiële calculatie tot prijsbederf en een daling van de totale winst op *lange termijn* leiden.

Samenvatting

Bij het nemen van beslissingen spelen verschillende factoren een rol, zoals de financiële gevolgen van de beslissing. Er kunnen berekeningen worden gemaakt om de gevolgen van een beslissing voor opbrengsten, kosten, ingaande en uitgaande geldstromen na te gaan. De keuze die gemaakt wordt, zal mede gebaseerd zijn op de uitkomsten van deze berekeningen.
Bij investeringsbeslissingen moeten we niet alleen kijken naar de aanschaf van dure installaties. Ook de aanschaf van aanvullende activa (voorraden, hulpmiddelen) en het aantrekken van voldoende gekwalificeerd personeel maakt onderdeel uit van het investeringsproject.
Er wordt een onderscheid gemaakt in korte- en langetermijnbeslissingen. Bij kortetermijnbeslissingen houden we alleen met de variabele kosten rekening. Bij langetermijnbeslissingen betrekken we ook de vaste kosten in de berekening.
Bij het kiezen uit verschillende investeringsalternatieven gaan we uit van ingaande en uitgaande geldstromen. Bij de terugverdienperiode stellen we vast hoeveel tijd er nodig is om het investeringsbedrag via de verkoop van producten terug te ontvangen. De gemiddelde boekhoudkundige rentabiliteit berekenen we door de gemiddelde geldontvangst (de investering en restwaarde meegerekend) te delen door het gemiddeld geïnvesteerd vermogen. De nettocontantewaardemethode gaat

ook uit van geldstromen, waarbij we rekening houden met tijdvoorkeur en risico. Een investeringsbeslissing is een voorbeeld van een langetermijnbeslissing.

De keuze van de productiemethode is een voorbeeld van een langetermijnbeslissing, waarbij vaste en variabele kosten een rol spelen. Ook bij de keuze zelf produceren of werkzaamheden uitbesteden kunnen de variabele en vaste kosten van belang zijn.

Om vast te stellen of een incidentele order kan worden aanvaard, wordt een differentiële calculatie uitgevoerd. Bij deze calculatie houdt men alleen rekening met de extra opbrengsten en de extra kosten die het gevolg zijn van het aanvaarden van deze order. Als de extra opbrengsten hoger zijn dan de extra kosten, is de order aanvaardbaar. Bij de uiteindelijke beslissing houdt men echter ook met andere factoren rekening. De beslissing een incidentele order al dan niet te accepteren, is een kortetermijnbeslissing die gevolgen kan hebben voor de lange termijn.

Begrippenlijst

Bedrijfsrisico — Mate van fluctuaties in de EBIT en daardoor in de RTV.

Boekhoudkundige terugverdienperiode (BTP) — Tijd die nodig is om door middel van de nettogeldontvangsten het geïnvesteerde bedrag terug te verdienen.

Brutowinst — Verkoopprijs exclusief btw verminderd met de variabele kosten van het product.

Cashflow (kasoverschot) — Het verschil tussen geldontvangsten en gelduitgaven gedurende een bepaalde periode. In sommige situaties geldt cashflow = winst na belastingen + afschrijvingen.

Contante waarde — Waarde, op dit moment, van een in de toekomst te ontvangen bedrag.

Differentiële calculatie — Berekening waarbij alleen rekening gehouden wordt met de extra kosten en extra opbrengsten die het gevolg zijn van een bepaalde (te nemen) beslissing.

Economische terugverdienperiode (ETP) — Tijd die nodig is om door middel van de *contante waarde* van de nettogeldontvangsten het geïnvesteerde bedrag terug te verdienen.

Eindwaarde — Waarde, op een bepaald toekomstig tijdstip, van een bedrag of van een aantal bedragen dat voor dat toekomstige tijdstip wordt ontvangen.

Gemiddelde boekhoudkundige rentabiliteit —
$$GBR = \frac{\text{gemiddelde EBIT (van een project) na belasting}}{\text{gemiddeld (in het project) geïnvesteerd vermogen}}$$

Indifferentiepunt — Productieomvang waarbij de kosten van de kapitaalintensieve productiemethode gelijk zijn aan de kosten van de niet-kapitaalintensieve productiemethode.

Investeren — Het aanschaffen van vaste en vlottende activa door organisaties.

Investeringsproject — Het totaal van investeringen in vaste en vlottende activa dat nodig is om een bepaalde investeringsbeslissing uit te voeren.

Kapitaalintensieve productiemethode — Productiemethode met relatief veel vaste kosten en weinig variabele kosten.

Kortetermijnbeslissing — Beslissing waarbij de beschikbare productiecapaciteit van de onderneming als gegeven wordt beschouwd.

Langetermijnbeslissing — Beslissing die gevolgen heeft voor de productiecapaciteit van de organisatie.

Netto contante waarde (NCW)	Contante waarde (op moment van investeren) van alle nettogeldontvangsten van een investeringsproject minus het investeringsbedrag.
Nettogeldontvangst	Alle primaire geldontvangsten ten gevolge van een investering na aftrek van de primaire gelduitgaven die noodzakelijk zijn om deze geldontvangsten voort te brengen. Het investeringsbedrag zelf wordt daarbij niet tot de gelduitgaven gerekend.
Niet-kapitaal-intensieve productiemethode	Productiemethode met relatief weinig vaste kosten en veel variabele kosten.
Tijdvoorkeur	Aan een bedrag dat op een bepaald tijdstip ontvangen wordt, wordt een hogere (contante) waarde toegekend dan aan eenzelfde bedrag dat op een later tijdstip wordt ontvangen.
Tijdvoorkeurvoet	Vergoeding die de mate van tijdvoorkeur tot uitdrukking brengt.
Uitbesteding	Het door een andere onderneming laten uitvoeren van een deel van het productieproces.
Uitbreidingsinvestering	Investering die leidt tot een uitbreiding van de productiecapaciteit.
Vervangingsinvestering	Investering die dient om een productiemiddel te vervangen en die niet tot een wijziging in de productiecapaciteit leidt.

Meerkeuzevragen

8.1 Bij langetermijnbeslissingen wordt rekening gehouden met
   a alleen de variabele kosten.
   b alleen de vaste kosten.
   c de variabele en de vaste kosten.
   d de differentiële kosten.

8.2 Een vervangingsinvestering
   a heeft geen invloed op de productiecapaciteit.
   b leidt tot een toename van de productiecapaciteit.
   c leidt tot een verlaging van de productiecapaciteit.

8.3 Bij welke van de onderstaande methoden wordt met tijdvoorkeur rekening gehouden?
   a De terugverdienperiode.
   b De gemiddelde boekhoudkundige rentabiliteit.
   c De nettocontantewaardemethode.

8.4 Een kapitaalintensieve productiemethode
   a leidt tot grote fluctuaties in de resultaten ten gevolge van een verandering in de productie- en verkoopomvang.
   b leidt tot geringe fluctuaties in de resultaten ten gevolge van een verandering in de productie- en verkoopomvang.
   c heeft geen invloed op de fluctuaties in de resultaten.

8.5 Het bedrijfsrisico is groter als een onderneming
   a relatief weinig vaste kosten heeft ten opzichte van de variabele kosten.
   b relatief veel vaste kosten heeft ten opzichte van de variabele kosten.
   c een gedeelte van haar werkzaamheden heeft uitbesteed aan derden.

8.6 Een differentiële kostencalculatie
   a leidt tot hogere kosten per eenheid dan een integrale kostencalculatie.
   b bestaat hoofdzakelijk uit variabele kosten.
   c bestaat hoofdzakelijk uit vaste kosten.
   d maken we om langetermijnbeslissingen te onderbouwen.

Besturing vanuit een financieringsperspectief

3

9 **Vermogensbehoefte** *337*

10 **Vormen van eigen vermogen** *359*

11 **Vormen van vreemd vermogen** *389*

12 **Analyse van de financiële structuur** *423*

In deel 3 gaan we in op de vermogensbehoefte van organisaties, op de wijzen waarop een organisatie vermogen kan aantrekken en op de financiële resultaten die daarmee worden behaald. Omdat het vermogen wordt aangetrokken van de vermogensmarkt, lichten we in dit deel ook de rol en betekenis van deze markt toe.

Hoofdstuk 9 gaat in op de factoren die de aard en de omvang van de vermogensbehoefte bepalen. Daarbij bespreken we ook de mogelijkheden die een organisatie heeft om de totale vermogensbehoefte te beperken.

In hoofdstuk 10 besteden we aandacht aan de vormen van eigen vermogen, waarbij we bijzondere aandacht schenken aan de uitgifte van nieuwe aandelen door een nv en de financiering van bedrijven in het midden- en kleinbedrijf (MKB).

Verschillende vormen van vreemd vermogen komen in hoofdstuk 11 aan de orde. Daarbij onderscheiden we vreemd vermogen op lange en op korte termijn. Naast de looptijd van vreemd vermogen besteden we aandacht aan de interestvergoedingen en aan de zekerheden die aan vreemd vermogen verbonden kunnen zijn.

In hoofdstuk 12 leggen we een relatie tussen het geïnvesteerde vermogen en de resultaten die een organisatie daarmee behaalt. Op grond van de analyse van de financiële resultaten kan het management besluiten zijn beleid aan te passen. Financiële gegevens en de analyse van deze gegevens zijn belangrijke hulpmiddelen bij het besturen van een organisatie. Bovendien geven ze inzicht in het financiële draagvlak van een organisatie, die van doorslaggevende betekenis is voor haar voortbestaan.

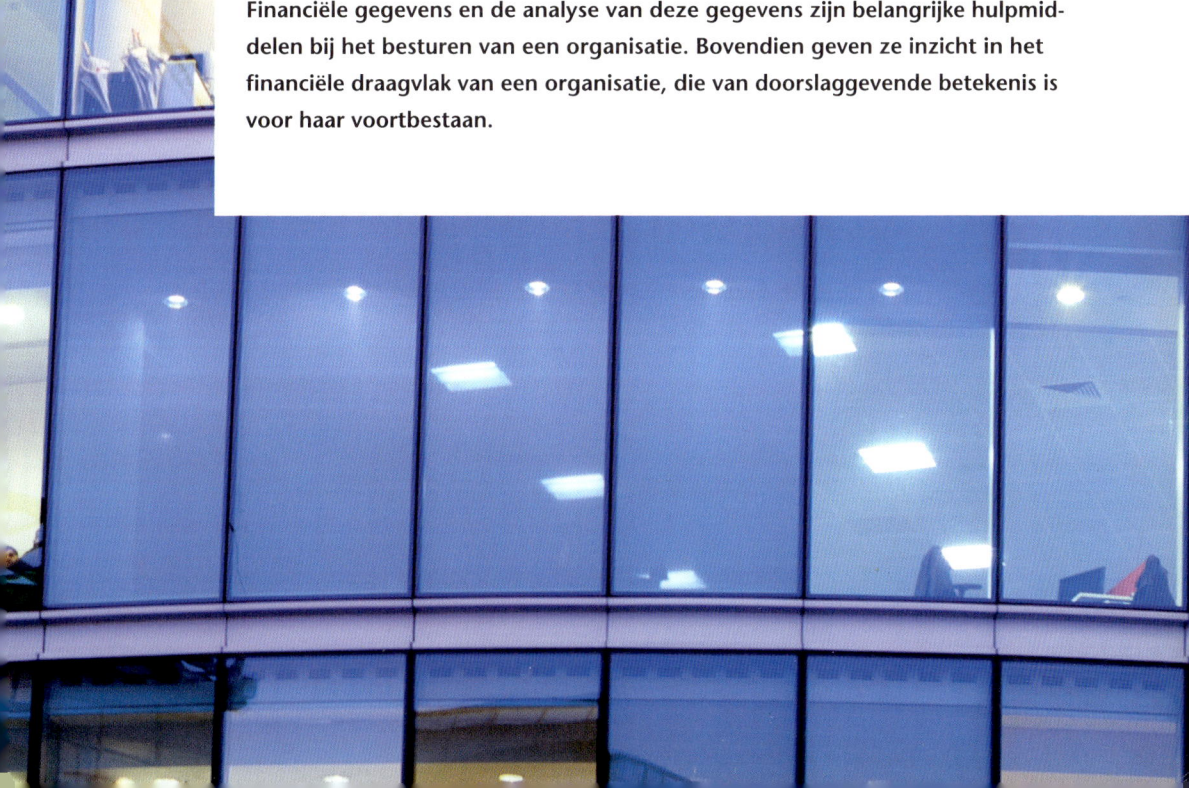

Factoring en leasing zijn twee mogelijkheden om de vermogensbehoefte van een onderneming te beperken. Een voorbeeld van een lease- en factormaatschappij is 'De Lage Landen'. Vanuit het hoofdkantoor van De Lage Landen in Eindhoven worden de factoringactiviteiten in heel Nederland en de leasingactiviteiten wereldwijd gecoördineerd.

Vermogensbehoefte

9

9.1 Bepaling van de vermogensbehoefte
9.2 Diversiteitsverschijnsel
9.3 Vermindering van de vermogensbehoefte door factoring en/of leasing
9.4 Vermindering van de vermogensbehoefte door huur en outsourcing
9.5 Werkkapitaalbeheer en Enterprise Resources Management (ERM)
Samenvatting
Begrippenlijst
Meerkeuzevragen

In dit hoofdstuk besteden we aandacht aan de aard en omvang van de vermogensbehoefte. Voordat een organisatie geld (in de vorm van eigen en/of vreemd vermogen) gaat aantrekken, moet zij vaststellen over hoeveel vermogen ze in totaal de beschikking wil hebben om de geplande activiteiten uit te kunnen voeren.
De vermogensbehoefte hangt af van de aard en omvang van de activa die de organisatie denkt aan te schaffen. Het kopen van een bedrijfspand met ondergrond, de aanschaf van machines, maar ook omvangrijke voorraden leiden tot een grote vermogensbehoefte. De onderneming zou haar vermogensbehoefte kunnen beperken door bijvoorbeeld haar bedrijfspanden te huren in plaats van te kopen. We gaan in dit hoofdstuk ook in op andere mogelijkheden die een onderneming heeft om de totale vermogensbehoefte te verminderen. Daarbij komen begrippen als factoring, leasing en outsourcing aan de orde.

9.1 Bepaling van de vermogensbehoefte

De activa waarover een organisatie voor haar functioneren moet beschikken, leiden tot een vermogensbehoefte. Daarin wordt voorzien door het aantrekken van eigen en vreemd vermogen. Tijdens het bestaan van de organisatie treden er wijzigingen op in de omvang en de samenstelling van de kapitaalgoederen. Een toename van de benodigde hoeveelheid activa kan het gevolg zijn van de groei van de organisatie. Ook veranderingen in de wijze van produceren kunnen aanleiding geven tot een wijziging in de vermogensbehoefte. Het tijdig vaststellen van wijzigingen in de vermogensbehoefte is van groot belang voor de organisatie. De financiering van de organisatie zal op verantwoorde wijze moeten worden aangepast aan de veranderde omstandigheden.

Vermogensbehoefte

De hoeveelheid 'geld' (vermogen) waarover een organisatie moet beschikken om de activa te kunnen financieren, noemen we de vermogensbehoefte. Doordat de waarde van de activa in de loop van de tijd zal veranderen, zal ook de vermogensbehoefte die daarmee samenhangt, steeds veranderen.
Om de duur en de aard van de vermogensbehoefte vast te kunnen stellen, is inzicht in het verloop van de waarde van de activa noodzakelijk.

Als we letten op de aard van de activa, dan kunnen we de productiemiddelen verdelen in vaste en vlottende activa. Dat bespreken we in deze paragraaf.

9.1.1 Vaste activa

Vaste activa

Vaste activa zijn activa die via de productie en verkoop van producten *niet binnen één jaar* in liquide middelen kunnen worden omgezet. Voorbeelden hiervan zijn gebouwen, transportmiddelen, machines en inventaris.

Bij de productie van auto's wordt veelvuldig gebruikgemaakt van robots. Deze robots zijn voorbeelden van vaste activa.

De waarde van deze activa neemt af door het gebruik dat ervan wordt gemaakt en/of door de tijd. Zo zal de waarde van een nieuwe auto, ook al wordt er niet mee gereden, meestal dalen naarmate hij ouder wordt. Door het gebruik van de auto zal de waarde nog verder dalen. De waardedaling van vaste activa vormt kosten voor de organisatie en wordt *afschrijvingskosten* genoemd. Deze afschrijvingskosten worden in de kostprijs van het product of de dienst doorberekend. De verkoopprijs die de organisatie voor haar producten of diensten ontvangt, is onder andere een vergoeding voor de kosten die door de organisatie zijn gemaakt. Via de verkoop van producten of diensten ontvangt de organisatie tevens een vergoeding voor de afschrijvingskosten.

Aan de hand van voorbeeld 9.1 voeren we een aantal berekeningen uit met betrekking tot de afschrijvingen op vaste activa.

■ **Voorbeeld 9.1**

Een machine met een aanschafwaarde van €100.000 heeft een levensduur van vijf jaar, waarna zij geen restwaarde meer heeft. Omdat de productie ieder jaar 2.000 eenheden bedraagt, schrijft de onderneming met gelijke bedragen per jaar af. (Afschrijven is het in de boekhouding tot uitdrukking brengen van de waardedaling van duurzame activa.) De aanschaf van deze machine is geheel gefinancierd met vreemd vermogen. De lening moet met gelijke bedragen per jaar worden afgelost. Met interestkosten wordt in dit voorbeeld geen rekening gehouden.

Afschrijven

De overige kosten bedragen per eenheid product:
- grondstoffen   € 8
- salarissen (inclusief sociale lasten)   € 12

Deze kosten leiden direct tot gelduitgaven.

De producten die met deze machine worden gemaakt, worden voor €50 per eenheid verkocht.

We gaan nu berekenen:
1 de kostprijs per eenheid product;
2 de winst per jaar;
3 de jaarlijkse geldontvangsten en gelduitgaven en het verschil daartussen.

Uitwerking
Ad 1 De kostprijs per eenheid bestaat uit:

Grondstoffen	€ 8
Salarissen	€ 12
Afschrijvingen[1]	€ 10
Kostprijs per eenheid product	€ 30

Ad 2 De winst per jaar bedraagt 2.000 × (€50 − €30) = €40.000.

1 De afschrijvingen per eenheid =

$$\frac{\text{Afschrijvingen per jaar}}{\text{Productie per jaar}} = \frac{€100.000 : 5 = €20.000}{2.000 \text{ eenheden}} = €10 \text{ per eenheid}$$

Ad 3 Overzicht van geldontvangsten en gelduitgaven per jaar:

Geldontvangsten uit verkoop producten: 2.000 × €50 =   €100.000
Gelduitgaven in verband met:
grondstoffen: 2.000 × €8 =   € 16.000
salarissen: 2.000 × €12 =   € 24.000
aflossing lening: € 20.000

                                          € 60.000

                         Kasoverschot   € 40.000

NB Door de ontvangst van de verkoopprijs wordt, naast de vergoeding voor grondstofkosten en salariskosten, ook een vergoeding ontvangen voor de waardedaling van de machine. De vergoeding voor de afschrijvingskosten (2.000 × €10) wordt in dit voorbeeld gebruikt om de lening af te lossen. In dat geval komt het kasoverschot overeen met de winst die op deze producten is gemaakt: 2.000 × (€50 − €30) = €40.000.

Vermogensbehoefte

Als de productie en de verkoop gelijkmatig over het jaar gespreid zijn, zal de vermogensbehoefte *in verband met deze machine* afnemen, zoals in figuur 9.1 is weergegeven.

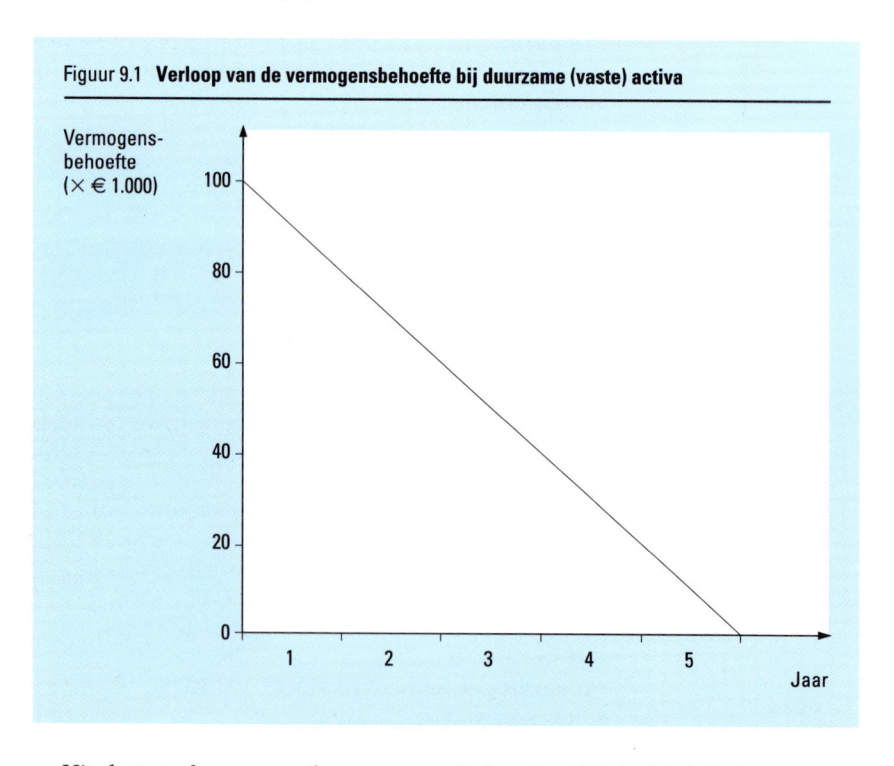

Figuur 9.1 **Verloop van de vermogensbehoefte bij duurzame (vaste) activa**

Uit het verloop van de vermogensbehoefte blijkt dat bij *duurzame activa*:
- aan het begin van de levensduur van het duurzaam actief (= duurzaam productiemiddel) een groot vermogen is vastgelegd;
- het geïnvesteerde vermogen afneemt naarmate het duurzaam actief (= duurzaam productiemiddel) ouder wordt.

9.1.2 Vlottende activa

Vlottende activa

Vlottende activa zijn activa die via de productie en verkoop van producten *binnen één jaar* in liquide middelen kunnen worden omgezet, zoals grondstoffen en energie. Als bijvoorbeeld een hoeveelheid grondstof voor een bepaald product is gebruikt, kunnen dezelfde grondstoffen niet meer voor een ander product worden aangewend. Ook activa zoals debiteuren en liquide middelen behoren tot de vlottende activa. Kenmerkend voor de vlottende activa is dat de daaruit voortvloeiende vermogensbehoefte sterk kan wisselen. De omlooptijd van vlottende activa is in het algemeen korter dan van vaste activa. *De omlooptijd* is de tijd die ligt tussen het moment dat vermogen in een productiemiddel wordt vastgelegd en het moment waarop het daarin geïnvesteerde vermogen (via de verkoop van producten of levering van diensten) wordt terugontvangen. Tot de vlottende activa behoren ook de liquide middelen (kas, bank en giro) en de overige activa die binnen één jaar tot een geldontvangst leiden.

Aan de hand van voorbeeld 9.2 bepalen we het verloop van de vermogensbehoefte bij vlottende activa bij Parcom nv.

■ **Voorbeeld 9.2 Parcom nv**
Papierfabrikant Parcom nv houdt voorraden grondstof (hout) aan om verstoringen in de aanvoer van grondstoffen en/of een onverwachte stijging in het grondstoffenverbruik op te kunnen vangen (veiligheidsvoorraad). De veiligheidsvoorraad is 500 kg. De inkoopprijs wordt constant verondersteld en bedraagt €10 per kilogram.
Aan het begin van iedere maand wordt er een bestelling geplaatst van 1.000 kg. De levertijd wordt op nihil gesteld. De voorraad aan het begin van iedere maand is dan:

Veiligheidsvoorraad	500 kg
Ontvangst bestelling	1.000 kg
	1.500 kg

De productie en verkoop zijn gelijkmatig over de maand verdeeld. Iedere maand is 1.000 kg hout nodig voor de productie. Dan zal aan het einde van iedere maand de voorraad hout 500 kg (de veiligheidsvoorraad) zijn. Op dat moment wordt een nieuwe bestelling van 1.000 kg met een inkoopprijs van €10 per kilogram ontvangen. Dit verloop van de voorraad grondstoffen herhaalt zich iedere maand.
Door de *ontvangst van de verkoopprijs* wordt onder andere een vergoeding voor de verbruikte grondstoffen ontvangen. Hierdoor neemt de vermogensbehoefte in verband met voorraden af. De verkopen zijn gelijkmatig over het jaar gespreid.
In figuur 9.2 geven we het verloop van de vermogensbehoefte in verband met de voorraad hout weer.

Uit figuur 9.2 blijkt dat de vermogensbehoefte in verband met vlottende activa binnen het jaar sterk kan schommelen. In figuur 9.1 (*vaste activa*) treedt tijdens het jaar een gelijkmatige daling op.

Figuur 9.2 Verloop van de vermogensbehoefte bij vlottende activa

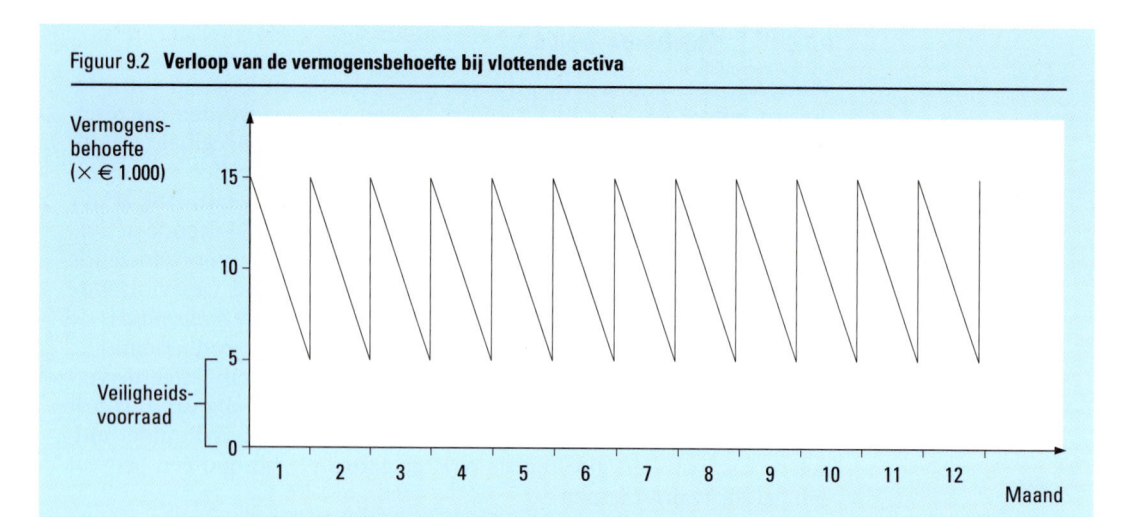

Het verloop van de totale vermogensbehoefte van een organisatie stellen we vast door eerst voor iedere post op de debetzijde van de balans afzonderlijk de vermogensbehoefte te bepalen. Door optelling van de vermogensbehoeften van de afzonderlijke activa krijgen we de totale vermogensbehoefte gedurende een aantal jaren. De duur en de aard van de *totale* vermogensbehoefte hangt onder andere af van de mate waarin de vermogensbehoeften in verband met de *individuele* activa elkaar compenseren. Dit aspect behandelen we in paragraaf 9.2.

9.2 Diversiteitsverschijnsel

In de praktijk blijkt dat de vermogensbehoeften die voortvloeien uit de afzonderlijke activa, niet op hetzelfde moment hun hoogste waarde of laagste waarde bereiken. De totale vermogensbehoefte bepalen we door de afzonderlijke vermogensbehoeften op te tellen. De totale vermogensbehoefte blijkt veel gelijkmatiger te verlopen dan de afzonderlijke vermogensbehoeften. Het verschijnsel dat de afzonderlijke activa op diverse (verschillende) momenten hun maximale en minimale vermogensbehoefte bereiken, noemen we het diversiteitsverschijnsel.
In deze paragraaf gaan we nader in op de gevolgen van het diversiteitsverschijnsel van de totale vermogensbehoefte en op intensieve financiering.

9.2.1 Gevolgen diversiteitsverschijnsel voor de totale vermogensbehoefte

De gevolgen van het diversiteitsverschijnsel voor de totale vermogensbehoefte lichten we met voorbeeld 9.3 toe.

■ **Voorbeeld 9.3 Rain & Gain nv**
Rain & Gain nv is fabrikant van regenjassen, waarvan de productie gelijkmatig over het jaar is verdeeld. De afzet van regenjassen aan de groothandel vindt met name in het eerste en derde kwartaal plaats. Op gebouwen wordt met

een vast bedrag per jaar afgeschreven, de afschrijvingen op machines en inventaris worden op kwartaalbasis verricht. Van deze onderneming zijn de volgende vermogensbehoeften gegeven:

Balans debetzijde (bedragen × €1.000)

	Kwartaal			
	1	2	3	4
Activa:				
Gebouwen	500	500	500	480
Machines en inventaris	300	280	240	200
Voorraden grondstof	90	110	80	120
Voorraad eindproduct	120	200	140	220
Debiteuren	80	100	60	110
Liquide middelen	10	20	20	30
Totale vermogensbehoefte	1.100	1.210	1.040	1.160

De sterke fluctuaties in de totale vermogensbehoefte van Rain & Gain nv leiden voor de onderneming tot een aantal nadelen:
- In tijden met een (zeer) hoge vermogensbehoefte moet een groot bedrag aan vermogen (extra) worden aangetrokken.
- In tijden met een (zeer) lage vermogensbehoefte moet voor het overtollige vermogen een rendabele bestemming worden gezocht. In veel gevallen lukt het niet om over het overtollige vermogen een opbrengst te realiseren die gelijk is aan de vermogenskosten die over dit vermogen moeten worden vergoed. In dat geval leidt de onderneming een verlies op de overtollige liquide middelen.

Organisaties streven er daarom naar de vermogensbehoeften in verband met de verschillende activa zodanig te spreiden, dat de totale vermogensbehoefte minder hoge pieken en minder diepe dalen vertoont.

Tussenvraag 9.1
Zal de totale vermogensbehoefte van een organisatie waarbij de vraag naar het product of de dienst onderhevig is aan seizoensinvloeden in de tijd gelijkmatig verlopen of juist sterk fluctueren?
Betrek in je antwoord ook de invloed van het aanhouden van voorraden (als dat mogelijk is).

9.2.2 Intensieve financiering

Intensieve financiering

We spreken van intensieve financiering als de geldontvangsten in verband met afschrijvingen en restwaarden weer direct (of zo snel mogelijk) in de organisatie worden aangewend om nieuwe productiemiddelen te kopen. Het aan de organisatie beschikbaar gestelde vermogen wordt dan intensief gebruikt. Door toepassing van intensieve financiering kan met een gelijkblijvend vermogen een grotere hoeveelheid productiemiddelen worden aangetrokken. Een organisatie kan proberen door haar investeringen zorgvuldig te plannen (en te spreiden) diversiteit in de vermogensbehoefte te realiseren. Door toepassing van intensieve financiering kan zij het vermogen dat van buiten de organisatie moet worden aangetrokken, beperken. Om een goed inzicht te krijgen in de diversiteit van de vermogensbehoefte en in de beschikbaarheid van de interne financieringsmiddelen, is een nauwkeurige liquiditeitsbegroting vereist. Daaruit blijken de verwachte in- en uitgaande geldstromen en de eventuele behoefte aan externe financiering. Onder externe financiering verstaan we het aantrekken van eigen of vreemd vermogen van de vermogensmarkt. Aandelenvermogen, obligatieleningen, rekening-courantkrediet en crediteuren zijn voorbeelden van externe financiering.

Externe financiering

9.3 Vermindering van de vermogensbehoefte door factoring en/of leasing

Door gebruik te maken van intensieve financiering zijn organisaties in staat de totale vermogensbehoefte te verminderen en de omloopsnelheid van het totaal vermogen te vergroten.

De omloopsnelheid van het totaal vermogen geeft de verhouding weer tussen de omzet exclusief btw en het gemiddeld geïnvesteerde totaal vermogen, dat aangewend is om deze omzet te realiseren. Dat is vastgelegd in de volgende formule:

Omloopsnelheid van het totaal vermogen

Omloopsnelheid van het totaal vermogen =

$$\frac{\text{Omzet (in verkoopprijzen) excl. btw}}{\text{Gemiddeld totaal vermogen}}$$

Intensieve financiering leidt ertoe dat met hetzelfde vermogen een hogere omzet of eenzelfde omzet met een lager vermogen kan worden gerealiseerd. Hierdoor neemt de omloopsnelheid van het totaal vermogen toe. Ondernemingen zullen steeds weer proberen (onder andere door intensieve financiering) de omloopsnelheid van het totaal vermogen te vergroten.

Naast intensieve financiering zijn er nog andere mogelijkheden om de omvang van de totale vermogensbehoefte, die voortvloeit uit de activa van de organisatie, te verminderen. Factoring en leasing zijn daar twee voorbeelden van.

9.3.1 Factoring

Als een organisatie aan haar afnemers goederen en/of diensten levert op rekening, ontstaat een vordering op deze afnemers. In de leveringsvoorwaarden is vastgelegd binnen welke termijn deze afnemers worden geacht de vordering te voldoen. Het totaal van deze vorderingen vormt de balanspost Debiteuren. Een toename van de post Debiteuren betekent dat de organisatie een groter bedrag (in de vorm van geleverde goederen) aan haar afnemers beschikbaar heeft gesteld. Dit leidt tot een grotere vermogensbehoefte.

Factoring

Factormaatschappijen zijn, uiteraard tegen vergoeding, bereid op deze vorderingen op de afnemers van de organisatie hun dienstverlening toe te passen. Er is sprake van factoring als een onderneming met een factormaatschappij een overeenkomst sluit, waarbij de factormaatschappij zich verplicht alle door haar goedgekeurde vorderingen (van de onderneming op haar afnemers) te bewaken/incasseren, te financieren en/of te verzekeren tegen non-betaling (insolventierisicodekking).

Primaire voorwaarden om te komen tot een factoringsamenwerking zijn het bestaan van een business-to-businessrelatie en van de verkopen op rekening.

Enkele facetten van factoring lichten we toe:
- *Bewaking/incasso van debiteurenvorderingen.* Bewaking en/of incasso van vorderingen op debiteuren (creditmanagement) kan bij de factormaatschappij worden gelegd. Het non-betalingsrisico blijft echter bij de facturerende organisatie. Deze bewaking kan volledig (vanaf de vervaldatum van de vordering) of uitgesteld (vanaf x dagen na vervaldatum van de vordering) worden verzorgd.
- *Financiering.* Een factormaatschappij financiert tot maximaal 100% op de door haar goedgekeurde debiteurenvorderingen. De hoogte van het financieringspercentage is met name afhankelijk van de kwaliteit van debiteuren en de debiteurenvorderingen.
- *Insolventierisicodekking.* Vorderingen kunnen via een factormaatschappij verzekerd worden tegen non-betaling voor zover zij vallen binnen een vooraf vastgesteld maximum (de kredietwaardigheid van de debiteur) en de vordering niet wordt betwist (veelal als gevolg van een ondeugdelijke levering van goederen en/of diensten).

De betaling vanuit de factormaatschappij wordt in principe als volgt geregeld:

Old-line factoring

De factormaatschappij betaalt een groot gedeelte (75% tot maximaal 100%) van de vordering direct bij verpanding van de vordering als voorschot uit aan de onderneming. Deze vorm van factoring noemen we old-line factoring. Omdat bij old-line factoring een voorschot wordt ontvangen van de factormaatschappij, leidt dit tot een vermindering van de vermogensbehoefte.

Het restant van de vordering wordt uitbetaald op het moment dat de debiteur de vordering betaalt aan de factormaatschappij, onder aftrek van:
- een vergoeding voor administratie- en incassokosten en voor het te lopen risico van wanbetaling;
- een interestvergoeding over het voorschot, te berekenen over de tijdsduur tussen de betaling van het voorschot en de afrekening op basis van de betaling van de debiteur.

Maturity factoring

In geval van een non-betaling van de debiteur vindt de afrekening plaats op basis van de insolventierisico-uitkering. Een andere vorm van factoring is maturity factoring. Daarbij wordt van de factoormaatschappij geen voorschot ontvangen (de factormaatschappij betaalt uit, nadat zij het bedrag van de debiteur heeft ontvangen). Maturity factoring leidt niet tot een vermindering van de vermogensbehoefte.

Voor de onderneming heeft factoring een aantal voordelen:
- continuïteit in creditmanagement en verkorting van de gemiddelde betaaltermijn in de debiteurenportefeuille;
- geen risico van wanbetaling met betrekking tot door de factormaatschappij goedgekeurde vorderingen;
- verruiming van de liquiditeitspositie binnen de organisatie.

9.3.2 Leasing

Ondernemingen hebben om hun productieproces uit te kunnen voeren duurzame productiemiddelen nodig, zoals gebouwen, machines en inventaris. Aanschaf van deze activa zal tot een toename van de vermogensbehoefte leiden.

In veel gevallen kan de onderneming duurzame activa huren. Het huren wordt dan door de onderneming gezien als een alternatief voor het kopen van deze activa, waarbij het aankoopbedrag geleend zou moeten worden. Duurzame activa, zoals machines, computers, kopieerapparatuur en dergelijke, kunnen gehuurd worden van ondernemingen die zich in de verhuur ervan hebben gespecialiseerd (leasemaatschappijen).

Leasing

Bij leasing is er sprake van een huurovereenkomst tussen een organisatie of particulier en een leasemaatschappij (lessor). Deze huurovereenkomst kan zowel roerende als onroerende goederen betreffen. De huurder wordt ook wel lessee genoemd.

Leasecontracten kunnen we onderverdelen in:
1. operational-leasecontracten;
2. financial-leasecontracten.

Ad 1 Operational-leasecontracten

Operational lease

Operational lease is een *opzegbaar* huurcontract, waarbij de kosten van onderhoud, verzekering en dergelijke meestal ten laste van de verhuurder komen. Omdat het contract afkoopbaar is, ligt het risico van economische veroudering bij de verhuurder. Bij het afkopen van het leasecontract moet de leasenemer een vergoeding betalen aan de leasemaatschappij in verband met gemiste inkomsten. Operational lease komt met name voor bij duurzame activa die sterk aan economische veroudering onderhevig zijn of waarvoor specialistisch onderhoud vereist is, zoals computers, kopieerapparatuur en auto's.

Ad 2 Financial-leasecontracten

Financial lease

Financial lease is een *onopzegbaar* huurcontract, waarbij de kosten van onderhoud, verzekering en dergelijke ten laste van de huurder komen. De looptijd van het contract komt ongeveer overeen met de economische levensduur van het betreffende duurzame productiemiddel. Omdat het contract onopzegbaar is, komt het risico van economische veroudering te liggen bij de huurder. De huurder is *economisch eigenaar* van het geleasde object. De leasemaatschappij is de juridische eigenaar. Financial lease komt bijvoorbeeld voor in situaties waarin voor een onderneming een speciale machine gebouwd is, die niet door andere ondernemingen te gebruiken is.

Het totaal van de leasebetalingen gedurende de totale looptijd van het contract komt ongeveer overeen met het totaal van de afschrijvings- en interestkosten van het geleasde object. In de vorm van leasetermijnen betaalt de huurder in feite alle kosten die aan het gehuurde object zijn verbonden. In het contract wordt daarom aan de huurder meestal het recht verleend om aan het einde van het contract het geleasde object tegen een symbolische prijs te kopen (*koopoptie*).

De beslissing om tot leasing over te gaan, kan gebaseerd zijn op fiscale motieven. De grotere flexibiliteit en het gemak dat leasing in het algemeen biedt ten opzichte van aanschaf van de activa, kunnen ook de reden zijn. Zo komt het leasen van (zaken)auto's door ondernemingen veel voor. Omdat de leasemaatschappij het beheer heeft over een grote hoeveelheid auto's, kan zij bij de aanschaf, voor het onderhoud en de autoverzekering hoge kortingen bedingen. Deze kortingen kunnen voor een deel in de leasetarieven worden verwerkt. Hierdoor kan leasing voor de onderneming uit kostenoogpunt aantrekkelijk zijn. Bovendien is de onderneming verlost van het kopen, het onderhouden en het verkopen van (de gebruikte) auto's. Voor producten van sommige fabrikanten (bijvoorbeeld bij kopieerapparatuur) is leasing de enige mogelijkheid. Deze fabrikanten zijn niet bereid hun producten te verkopen en bieden alleen de mogelijkheid van leasing aan.

Meer leaseauto's verkocht

Het aantal lease-auto's in Nederland is in 2014 met 0,4 procent toegenomen tot 720.000. Het marktaandeel van de VNA-leden steeg in 2014 naar 91 procent. Een en ander blijkt uit de publicatie 'Autoleasemarkt in cijfers 2014' van de Vereniging Nederlandse Autoleasemaatschappijen (VNA).

Eind 2014 had de Nederlandse leasevloot een omvang van 720.000 lease-auto's; daarvan waren 579.000 personenauto's en 141.000 bestelauto's. De groei ten opzichte van 2013 zit hem deels in de forse toename van privélease (+10.000). Daarnaast groeide de zakelijke markt met zo'n 15.000 auto's. Inmiddels is de sector goed voor 42 procent van de nieuw verkochte auto's in Nederland. VNA-directeur Renate Hemerik: "We zien een stijgende interesse voor leasing bij zowel zakelijk als privé. En bestelauto's stijgen zelfs extra hard, met een plus van 7 procent. Ik constateer dat zowel bedrijven als overheid en in toenemende mate consumenten kiezen voor zorgeloze mobiliteit met duidelijkheid vooraf over de kosten."
Bron: www.vna-lease.nl , 21 mei 2015

Personenauto's zijn een voorbeeld van activa die geleased kunnen worden.

9.4 Vermindering van de vermogensbehoefte door huur en outsourcing

Het begrip leasing betekent huur. Als organisaties bijvoorbeeld machines, auto's, kopieermachines en andere bedrijfsmiddelen huren, wordt vaak het begrip leasing gebruikt. Als een onderneming gebruikmaakt van leasing, hoeft ze zelf minder te investeren in (vaste) activa en neemt de totale vermogensbehoefte af. Ondernemingen kunnen hun vermogensbehoefte ook beperken door bijvoorbeeld bedrijfspanden te huren (bij onroerend goed spreekt men meestal van huur en niet van leasing). Vooral startende ondernemers zullen in het begin van hun onderneming eerder kiezen voor het huren van een bedrijfspand dan voor het kopen ervan. Op die wijze kunnen ze hun vermogensbehoefte aanzienlijk verkleinen.

Outsourcing

Ook het uitbesteden van werkzaamheden of het betrekken van halffabricaten van toeleveranciers (outsourcing) leidt tot een lagere vermogensbehoefte. De onderneming hoeft dan niet zelf de activa aan te schaffen om het halffabricaat te kunnen maken of de dienst te kunnen leveren. In plaats daarvan moet aan de toeleverancier een vergoeding per geleverde prestatie of geleverd halffabricaat worden betaald.

Whitelane Research:

Outsourcing blijft groeien, vooral door cloud

Amstelveen – Bijna alle organisaties in Nederland besteden IT-diensten uit en zij doen dit in toenemende mate, vooral door diensten in de cloud af te nemen. Bedrijven gebruiken IT-outsourcing vooral om zich te richten op kernactiviteiten, kosten te besparen én de kwaliteit te verhogen. Onderzoek van adviesbureau Quint Wellington Redwood en Whitelane Research duidt hierop.

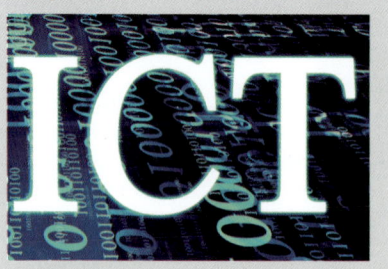

De helft van de respondenten (49 procent; 2014: 43 procent) geeft aan in de komende tijd meer IT-diensten te gaan uitbesteden. Ruim eenderde (36 procent; 2014 35 procent) houdt alles zoals het is. 9 procent denkt nog na en slechts 6 procent geeft aan minder te gaan uitbesteden. De onderzoekers verwachten daarom dat de groei van de IT-outsourcingmarkt doorzet. Traditionele outsourcing, waarbij IT-systemen inclusief apparatuur en personeel 'as is' buiten de organisatie worden ondergebracht, komt steeds minder voor.

[...]

Over het onderzoek

Whitelane Research heeft de ervaringen en meningen gevraagd van meer dan 200 organisaties in Nederland, die in totaal zo'n 550 outsourcingcontracten hebben afgesloten. Alleen contracten met elk een waarde boven 1 miljoen dollar per jaar zijn meegenomen in het onderzoek. ∎

Bron: *Het Financieele Dagblad*, 9 juni 2015

Leasing wordt als een alternatief gezien voor de aanschaf van de activa waarbij het aankoopbedrag met vreemd vermogen wordt gefinancierd. Als voor de aankoop van de activa gebruik wordt gemaakt van vreemd vermogen, neemt het balanstotaal aan de debet- én de creditzijde in dezelfde mate toe. In plaats van het alternatief kopen en lenen kan ook worden gekozen voor het alternatief leasing. In het geval van operational lease krijgt de onderneming de beschikking over dezelfde activa, zonder dat daardoor veranderingen op de balans optreden. In vergelijking met het alternatief kopen en lenen zal een lager balanstotaal (*balansverkorting*) het gevolg zijn. Bij operational lease kan over dezelfde activa worden beschikt als bij het alternatief kopen en lenen, zodat de omzet bij beide alternatieven gelijk zal zijn. Bij operational lease zal, ten opzichte van kopen en lenen, sprake zijn van een lager geïnvesteerd vermogen bij een gelijke omzet. Door gebruik te maken van operational lease kan de omloopsnelheid van het gemiddeld geïnvesteerde vermogen dus worden vergroot.

Balansverkorting

Bij financial lease moet de contante waarde van alle toekomstige leaseverplichtingen op de balans als schuld worden opgenomen. Dezelfde waarde komt ook op de balans aan de debetzijde te staan, omdat de huurder economisch eigenaar is. Bij financial lease treedt daarom *geen balansverkorting* op.

Omdat bij financial lease de (contante) waarde van de leaseverplichtingen zowel op de balans aan de creditzijde als op de balans aan de debetzijde wordt opgenomen, neemt het geïnvesteerde vermogen door financial lease niet af. Financial lease heeft daardoor geen invloed op de omloopsnelheid van het gemiddeld geïnvesteerde vermogen.

Het komt voor dat een onderneming een duurzaam productiemiddel dat in haar bezit is, verkoopt aan een leasemaatschappij om het gelijktijdig weer te huren van deze maatschappij. In dat geval is er sprake van sale and lease back. De onderneming kan de geldmiddelen die door de verkoop van het duurzaam productiemiddel beschikbaar komen, gebruiken om andere activa aan te schaffen of om vreemd vermogen af te lossen.

Sale and lease back

9.5 Werkkapitaalbeheer en Enterprise Resources Management (ERM)

Een organisatie probeert bij het uitvoeren van haar activiteiten zo min mogelijk productiemiddelen op te offeren. Of anders geformuleerd: haar omzet te realiseren tegen zo laag mogelijke kosten, waardoor haar resultaat zo hoog mogelijk is. Dit vereist ook een efficiënt beheer van het werkkapitaal. Onder werkkapitaalbeheer verstaan we het beheer van de voorraden, de debiteuren en de liquide middelen, maar ook het beheer van de crediteuren. Voor een efficiënt beheer van het werkkapitaal is informatie over de ontwikkeling en veranderingen in de balansposten Debiteuren, Voorraden, Liquide middelen en Crediteuren vereist. Een Enterprise Resources Management-systeem (ERM-systeem) kan deze informatie leveren. Een ERM-systeem is een door computers

Werkkapitaalbeheer

ERM-systeem

en software ondersteund informatiesysteem met behulp waarvan een organisatie nauwkeurig en real-time alle goederen- en geldstromen binnen haar organisatie kan bijhouden. Managers gebruiken deze informatie bij het nemen van hun beslissingen. Een ERM-systeem maakt het mogelijk de verschillende fasen in het productieproces nauwkeurig op elkaar af te stemmen. Hierdoor kan de hoeveelheid voorraden grondstoffen, halffabricaten en eindproducten verlaagd worden, zonder dat de voortgang van het productieproces in gevaar komt.

Voorraadbeheer

Voorraadbeheer

Door de verschillende fasen van het productieproces nauwkeurig op elkaar af te stemmen, kan een onderneming de voorraden grondstoffen, halffabricaten en eindproducten tot een minimum beperken.

Het is de kunst een zodanig bestelbeleid te voeren dat de vereiste goederen ontvangen worden juist op het moment dat ze nodig zijn (of korte tijd ervoor). We spreken dan van 'just-in-time'-management (JIT). JIT wordt toegepast in onder meer de auto-industrie en bij supermarkten. In de auto-industrie werken de autodealers, de autofabrikanten en de toeleveranciers nauw samen. Op het moment dat er bij de dealer een nieuwe auto wordt besteld, wordt deze direct door de autoproducent ingepland en worden bij de toeleveranciers de vereiste onderdelen besteld. Ook bij supermarkten worden de voorraden nauwkeurig bijgehouden. Alle artikelen zijn van een streepjescode voorzien en door zowel de ontvangen als de verkochte artikelen te scannen, wordt de voorraad direct geactualiseerd en kunnen er mogelijk nieuwe bestellingen worden geplaatst. Door JIT nemen het in voorraden geïnvesteerde vermogen en daardoor de vermogenskosten af. Het gevaar bestaat dan echter dat door onvoorziene omstandigheden (zoals stakingen en natuurrampen) er een vertraging optreedt in de levering. De besparing op kosten van vermogen en van opslag moet worden afgewogen tegen de kosten van het niet tijdig kunnen leveren, bederf en het uit de mode raken. Het te voeren voorraadbeleid moet er uiteindelijk toe leiden dat de winst van de organisatie zo hoog mogelijk wordt.

'Just-in-time'-management

Debiteurenbeheer

Debiteurenbeleid

Ook bij het ontwikkelen van een debiteurenbeleid gaat het erom de gevolgen voor de omzet en de kosten tegen elkaar af te wegen. De omvang van het bedrag aan debiteuren op de balans hangt af van de hoogte van de omzet op rekening, van de betalingsvoorwaarden en het incassobeleid. Een toename van de post Debiteuren leidt tot meer vermogenskosten, doordat het van de debiteuren te vorderen bedrag moet worden voorgefinancierd (door de onderneming die de vordering heeft). Soepele betalingsvoorwaarden en een soepel incassobeleid leiden tot meer omzet (op rekening). Dat is op zich gunstig, maar er zijn ook nadelen (kosten) aan verbonden. Naast hogere vermogenskosten bestaat ook het gevaar dat er afnemers worden aangetrokken met een zwakke financiële positie. Dan dreigt het gevaar van wanbetaling. We spreken van wanbetaling als een afnemer later betaalt dan in de betalingsvoorwaarden is overeengekomen of slechts gedeeltelijk of in het

Incassobeleid

geheel niet betaalt. In het kader van het debiteuren- en incassobeleid is het belangrijk dat:
- een zorgvuldige beoordeling van de financiële positie van de afnemer die op rekening wil kopen, wordt gemaakt (kredietwaardigheidsbeoordeling);
- de betalingsvoorwaarden in overeenstemming zijn met wat in de betreffende branche gebruikelijk is;
- een stringent incassobeleid wordt gevoerd (verzoeken om te betalen tijdig versturen en correct formuleren).

Een onderneming kan ook besluiten de incasso over te dragen aan een factormaatschappij. Ook daarvoor geldt dat de voordelen ervan (opbrengsten) moeten worden afgewogen tegen de nadelen (kosten).

Liquide middelen
Onder liquide middelen verstaan we het totaal van het kassaldo (dat is per definitie positief) en de saldi (kan negatief of positief zijn) van de rekening-courantrekeningen bij banken. Bij het beheer van de liquide middelen is het belangrijk dat de organisatie ervoor zorgt dat ze altijd aan haar betalingsverplichtingen kan voldoen (tegen zo laag mogelijke kosten). Hierbij moeten we bedenken dat kassaldi geen rente opleveren, terwijl aan schulden in rekening-courant rentekosten zijn verbonden. Daarom moet een organisatie zien te voorkomen dat er *onnodig* hoge kassaldi worden aangehouden, terwijl er gelijktijdig schulden in rekening-courant zijn. In die situatie kan beter het gedeelte van de kassaldi dat overtollig is, worden gebruikt om het rekening-courantkrediet (gedeeltelijk) af te lossen.

Crediteuren
Soms lijkt het erop dat aan de post Crediteuren op de balans (het is een vorm van vreemd vermogen op korte termijn) geen kosten zijn verbonden. Maar schijn bedriegt ook in dit geval. De kosten van het ontvangen leverancierskrediet bestaan uit de *gemiste kortingen*, die de onderneming (de schuldenaar) zou hebben ontvangen als ze contant zou hebben betaald. Deze kosten komen echter niet in de winst- en verliesrekening onder de post Interestkosten te staan, maar leiden tot een *hogere inkoopwaarde* van de omzet.

Nettowerkkapitaal
Het saldo van de posten Voorraden, Debiteuren, Liquide middelen en Crediteuren (eventueel aangevuld met andere voorbeelden van vlottende activa en kort vreemd vermogen) noemen we het nettowerkkapitaal. Een ERM-systeem maakt het mogelijk de ontwikkelingen in de verschillende onderdelen van het nettowerkkapitaal nauwkeurig te volgen en zo nodig op basis van de informatie die het ERM-systeem oplevert, maatregelen te treffen.

Samenvatting

Bij het maken van het ondernemingsplan in hoofdstuk 3 bleek al, dat de vermogensbehoefte van een onderneming voortvloeit uit de activa die ze nodig heeft om de onderneming te kunnen drijven. Het totaal van de balans aan de debetzijde geeft tevens de totale vermogensbehoefte aan. Door een aantal maatregelen, zoals leasing, factoring, huur en outsourcing, kan de leiding van een organisatie de vermogensbehoefte verminderen. Door het optreden van het diversiteitsverschijnsel zullen pieken en dalen in de waarde van de individuele activa elkaar in de tijd gedeeltelijk kunnen opheffen, waardoor de totale vermogensbehoefte afneemt. De diversiteit in de vermogensbehoefte kan worden vergroot door niet alle activa tegelijk aan te schaffen, maar de aanschaf ervan in de tijd te spreiden.

Daarnaast kan een onderneming gebruikmaken van old-line factoring om haar vermogensbehoefte te verminderen.

Een andere mogelijkheid om de vermogensbehoefte terug te dringen, is het huren van productiemiddelen in plaats van ze te kopen. Het leasen van bedrijfswagens, kantoorinventaris en het huren van bedrijfspanden zijn daar voorbeelden van. Ook het van toeleveranciers betrekken van halffabricaten (outsourcing) heeft tot gevolg dat de onderneming zelf minder activa nodig heeft, waardoor de vermogenbehoefte afneemt.

De vermogensbehoefte van een organisatie (en daarmee de vermogenskosten) kunnen aanzienlijk worden verminderd door een efficiënt beheer van de voorraden, debiteuren, liquide middelen en crediteuren. Een ERM-systeem maakt het mogelijk de ontwikkelingen in de verschillende onderdelen van het nettowerkkapitaal nauwkeurig te volgen en zo nodig op basis van de informatie die het ERM-systeem oplevert, maatregelen te treffen.

Begrippenlijst

Afschrijven — Het in de boekhouding vastleggen van de waardedaling van duurzame activa.

Balansverkorting — Het verminderen van de totale waarde van de activa (van het balanstotaal) door beslissingen zoals factoring, leasing en outsourcing.

Diversiteitsverschijnsel — Het verschijnsel dat de afzonderlijke activa op diverse (verschillende) momenten hun maximale en minimale vermogensbehoefte bereiken.

ERM-systeem — Een door computers en software ondersteund informatiesysteem met behulp waarvan een organisatie nauwkeurig en real-time alle goederen- en geldstromen binnen een organisatie kan bijhouden.

Externe financiering — Het van buiten de organisatie aantrekken van vermogen door een beroep te doen op de vermogensmarkt.

Factoring — Het overdragen van het beheer en de incasso van de vorderingen op afnemers aan een factormaatschappij.

Factormaatschappij — Een onderneming die zich heeft gespecialiseerd in het beheer en de incasso van de vorderingen van andere organisaties.

Financial lease — Een onopzegbaar huurcontract dat met een leasemaatschappij is afgesloten voor een tijdsduur die ongeveer overeenkomt met de economische levensduur van het geleasde object.

Intensieve financiering — Het direct of op korte termijn in de eigen organisatie herinvesteren van vrijgekomen afschrijvingsgelden.

Just-in-time-management — Een managementsysteem waarbij de vereiste goederen (productiemiddelen) op een zodanig tijdstip worden besteld dat ze juist op het moment dat ze voor de productie (aflevering) nodig zijn, worden ontvangen.

Leasing — Het huren van duurzame gebruiksvoorwerpen door bedrijven of particulieren.

Maturity factoring — Factoring waarbij de factormaatschappij geen voorschot verstrekt, maar pas betaalt nadat zij het bedrag van de debiteur heeft ontvangen. Maturity factoring heeft geen gevolgen voor de vermogensbehoefte.

Nettowerkkapitaal — Omvang van de vlottende activa – omvang kort vreemd vermogen.

Old-line factoring — Factoring waarbij van de factormaatschappij een voorschot wordt ontvangen, waardoor de vermogensbehoefte daalt.

Omloopsnelheid van het totale vermogen — Het aantal malen dat de omzet het gemiddeld totaal vermogen overtreft. De omloopsnelheid van het totaal vermogen wordt berekend door de omzet te delen door het gemiddeld totaal vermogen.

Operational lease	Een huurcontract met een leasemaatschappij dat (onder bepaalde voorwaarden en tegen een vergoeding wegens winstderving) op korte termijn opzegbaar is.
Outsourcing	Het uitbesteden van werkzaamheden aan en/of het inkopen van halffabrikaten bij andere organisaties/toeleveranciers.
Sale and lease back	Het verkopen van activa die eigendom zijn van de organisatie en het gelijktijdig weer huren ervan.
Vaste activa	Activa die via de productie en verkoop van producten en/of diensten *niet binnen* één jaar in liquide middelen kunnen worden omgezet.
Vermogensbehoefte	De behoefte aan eigen en vreemd vermogen van een organisatie, waarvan de omvang wordt bepaald door de totale waarde van de activa.
Vlottende activa	Activa die via de productie en verkoop van producten en/of diensten *binnen* één jaar in liquide middelen kunnen worden omgezet.
Werkkapitaalbeheer	Alle activiteiten die te maken hebben met het beheer van de balansposten Voorraden, Debiteuren, Liquide middelen en Crediteuren.

Meerkeuzevragen

9.1 Stelling 1: De totale vermogensbehoefte van een productieonderneming met 1.000 medewerkers (die alle activa in eigendom heeft) zal groter zijn dan de totale vermogensbehoefte van een dienstverlenende organisatie met 1.000 medewerkers (die alle activa in eigendom heeft).
Stelling 2: Door gebruik te maken van factoring neemt de totale vermogensbehoefte af.
a Stelling 1 en stelling 2 zijn juist.
b Stelling 1 is juist, stelling 2 is onjuist.
c Stelling 1 is onjuist, stelling 2 is juist.
d Stelling 1 en stelling 2 zijn onjuist.

9.2 Stelling 1: De vermogensbehoefte van een groothandel in levensmiddelen zal minder fluctueren dan de vermogensbehoefte van een groothandel in wintersportartikelen.
Stelling 2: Door gebruik te maken van intensieve financiering neemt de vermogensbehoefte toe.
a Stelling 1 en stelling 2 zijn juist.
b Stelling 1 is juist, stelling 2 is onjuist.
c Stelling 1 is onjuist, stelling 2 is juist.
d Stelling 1 en stelling 2 zijn onjuist.

9.3 Stelling 1: Operational lease leidt tot balansverkorting.
Stelling 2: Financial lease leidt *niet* tot balansverkorting.
a Stelling 1 en stelling 2 zijn juist.
b Stelling 1 is juist, stelling 2 is onjuist.
c Stelling 1 is onjuist, stelling 2 is juist.
d Stelling 1 en stelling 2 zijn onjuist.

9.4 Stelling 1: Outsourcing leidt *niet* tot balansverkorting.
Stelling 2: Sale and lease back (financial lease) leidt tot balansverkorting.
a Stelling 1 en stelling 2 zijn juist.
b Stelling 1 is juist, stelling 2 is onjuist.
c Stelling 1 is onjuist, stelling 2 is juist.
d Stelling 1 en stelling 2 zijn onjuist.

9.5 Stelling 1: Naarmate duurzame productiemiddelen ouder worden en/of intensiever worden gebruikt, neemt de vermogensbehoefte toe.
Stelling 2: De vermogensbehoefte in verband met vaste activa is (in de tijd gezien) constanter dan de vermogensbehoefte in verband met vlottende activa.
a Stelling 1 en stelling 2 zijn juist.
b Stelling 1 is juist, stelling 2 is onjuist.
c Stelling 1 is onjuist, stelling 2 is juist.
d Stelling 1 en stelling 2 zijn onjuist.

9.6 Stelling 1: Het diversiteitsverschijnsel houdt in dat de activa van een organisatie tot verschillende vermogensbehoeften leiden.
Stelling 2: Een factormaatschappij neemt het debiteurenbeheer en de incasso over van *alle* vorderingen van de organisatie waarmee ze een factorovereenkomst heeft afgesloten.
a Stelling 1 en stelling 2 zijn juist.
b Stelling 1 is juist, stelling 2 is onjuist.
c Stelling 1 is onjuist, stelling 2 is juist.
d Stelling 1 en stelling 2 zijn onjuist.

9.7 Onder liquide middelen verstaan we:
a het totaal van het kassaldo en de *positieve* saldi van de rekening-courant.
b het totaal van het kassaldo en de *positieve én negatieve* saldi van de rekening-courant.
c de voorraad geld in kas.

9.8 Het ontvangen leverancierskrediet (de post Crediteuren op de balans hangt daarmee samen):
a wordt gratis door de leverancier verstrekt.
b leidt tot interestkosten.
c leidt tot hogere inkoopwaarde van de omzet.

De New York Stock Exchange is een van de grootste effectenbeurzen van de wereld. Op de foto zien we het gebouw van de effectenbeurs, 11 Wall Street in New York.

Vormen van eigen vermogen

10

10.1 Behoefte aan eigen vermogen
10.2 Eigen vermogen
10.3 Aandelenkapitaal
10.4 Soorten aandelen
10.5 Waarde van een aandeel
10.6 Preferente aandelen
10.7 Dividendbetalingen
10.8 Emissie van aandelen
10.9 Emissieprijs
10.10 Mutaties in het aandelenvermogen
10.11 Reserves
Samenvatting
Begrippenlijst
Meerkeuzevragen

Om haar werkzaamheden uit te kunnen voeren, heeft een organisatie de beschikking over diverse productiemiddelen. De organisatie heeft de keuze deze productiemiddelen te huren of te kopen. In het laatste geval ontstaat een behoefte aan financiële middelen. De toename van de vermogensbehoefte door het aanschaffen van nieuwe activa blijkt uit de investeringsbegroting. De totale vermogensbehoefte van een organisatie blijkt uit de debetzijde van de balans. In hoofdstuk 9 hebben we de factoren besproken, die de duur en omvang van de vermogensbehoefte bepalen. In deze vermogensbehoefte kan worden voorzien door het aantrekken van eigen en/of vreemd vermogen.
In hoofdstuk 3 hebben we al stilgestaan bij de omvang en de aard van de vermogensbehoefte van een onderneming die gaat uitbreiden. In de hoofdstukken 10 en 11 gaan we nader in op het aantrekken van eigen en vreemd vermogen door organisaties. De diverse vormen van eigen vermogen behandelen we in dit hoofdstuk.

10.1 Behoefte aan eigen vermogen

De redenen om nieuw eigen vermogen aan te trekken, kunnen zeer verschillend zijn. Zo zal een onderneming die een sterke groei doormaakt, deze groei niet in alle gevallen volledig kunnen financieren door winst in te houden of vreemd vermogen aan te trekken. Het aantrekken van extra eigen vermogen kan dan een oplossing bieden. Dit geldt ook voor de financiering van grote investeringsprojecten of het overnemen van een andere onderneming.

Ook minder ingrijpende beslissingen binnen het primaire proces van een organisatie kunnen gevolgen hebben voor de behoefte aan vermogen. Zo kan een uitbreiding van de capaciteit tot hogere voorraden en een grote behoefte aan huisvesting leiden. Door bedrijfsmiddelen te huren, kan een organisatie het vermogen dat zij moet aantrekken, echter weer beperken. Voor activa die aangekocht worden, zal een passende financiering moeten worden gezocht. In de vermogensbehoefte die ontstaat door de aanschaf van activa kan worden voorzien door het inhouden van winsten (interne financiering). Als dit niet voldoende is, kan van buiten de organisatie eigen of vreemd vermogen (externe financiering) worden aangetrokken. De organisatie doet dan een beroep op de vermogensmarkt. De geldstromen van en naar de vermogensmarkt noemen we secundaire geldstromen, omdat zij afgeleid zijn van de geldstromen die met het primaire proces samenhangen. Voorgaande hebben we globaal in het volgende goederen- en geldstromenschema weergegeven (zie figuur 10.1).

Interne financiering
Externe financiering

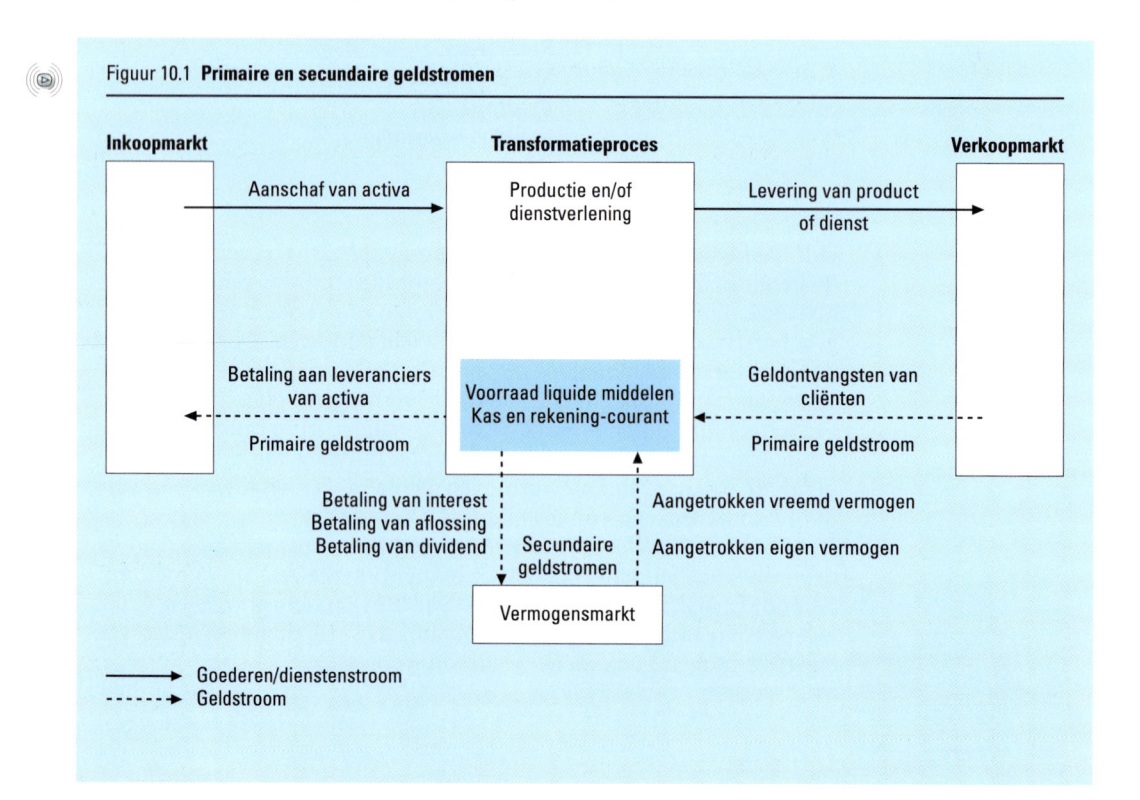

Figuur 10.1 **Primaire en secundaire geldstromen**

Inkoopmarkt	Transformatieproces	Verkoopmarkt
→ Aanschaf van activa →	Productie en/of dienstverlening	→ Levering van product of dienst →
← Betaling aan leveranciers van activa ←	Voorraad liquide middelen Kas en rekening-courant	← Geldontvangsten van cliënten ←
Primaire geldstroom		Primaire geldstroom

Betaling van interest
Betaling van aflossing
Betaling van dividend

Secundaire geldstromen

Aangetrokken vreemd vermogen
Aangetrokken eigen vermogen

Vermogensmarkt

→ Goederen/dienstenstroom
--→ Geldstroom

In dit hoofdstuk staan de relaties van een organisatie met de vermogensmarkt centraal, waarbij we ons concentreren op het aantrekken van eigen vermogen.

We nemen als voorbeeld de uitgifte van nieuwe aandelen door DPA Group N.V. in verband met de overname van de Nederlandse Interim Groep B.V. (zie het volgende persbericht). DPA is een organisatie die haar werkzaamheden kernachtig als volgt omschrijft: 'Linking Knowledge. Al meer dan 18 jaar verbindt DPA de kennisbehoefte van private en publieke opdrachtgevers aan de specifieke vakkennis van zijn consultants. De vorm van de dienstverlening omvat detachering en interim-management, werving en selectie, business consultancy en projectmanagement. DPA levert deze kennis- en capaciteitsoplossingen op de gebieden Finance, IT en Supply Chain. DPA Group N.V. is genoteerd aan de NYSE Euronext te Amsterdam'.

■ **Voorbeeld 10.1 DPA Group N.V.**

Persbericht DPA Group N.V. (gedeeltelijk weergegeven)
Amsterdam, 6 april 2011

Emissie en notering van nieuwe aandelen DPA Group N.V.
Op 14 januari 2011 heeft DPA Group N.V. ('DPA Group' of de 'Onderneming') een emissie aangekondigd van 23,9 miljoen nieuwe gewone aandelen, die op 9 maart 2011 is goedgekeurd door de buitengewone vergadering van aandeelhouders van DPA in verband met de overname van de Nederlandse Interim Groep B.V. ('NIG'). 12 miljoen aandelen ('Private Placement Aandelen') worden uitgegeven aan de verkopende aandeelhouders van NIG en de overige aandelen worden door middel van een claimemissie aan bestaande aandeelhouders van DPA uitgegeven tegen een uitgiftekoers van EUR 1,50 per aandeel.

2 voor 3 claimemissie van 11.910.997 nieuwe gewone aandelen tegen uitgifteprijs van EUR 1,50 per nieuw gewoon aandeel
DPA Group kondigt een volledig gegarandeerde 2 voor 3 claimemissie aan van 11.910.997 nieuwe gewone aandelen van nominaal EUR 0,10 elk in het kapitaal van DPA Group (de 'Nieuwe Aandelen') tegen een uitgifteprijs van EUR 1,50 per Nieuw Aandeel (de 'Uitgifteprijs'). In dit kader zullen, onderworpen aan het toepasselijke effectenrecht en de voorwaarden opgenomen in het Prospectus, de bestaande houders van gewone aandelen DPA Group ('Gewone Aandelen') overdraagbare inschrijvingsrechten (de 'Inschrijvingsrechten') toegekend krijgen, naar rato van hun bezit van gewone aandelen DPA Group op de Registratiedatum (de 'Claimemissie'). De inschrijvingsrechten verschaffen Gerechtigde Houders het recht om, onder voorbehoud van toepasselijke wet- en regelgeving en het prospectus gedateerd 5 april 2011 (het 'Prospectus'), Nieuwe Aandelen te nemen tegen de Uitgifteprijs.

Handel in Inschrijvingsrechten
Handel in de Inschrijvingsrechten op Euronext Amsterdam zal naar verwachting aanvangen op 7 april 2011 om 09.00 uur Nederlandse tijd en zal voortduren tot 20 april 2011 om 13.00 uur Nederlandse tijd, onvoorziene omstandigheden daargelaten.

> **Voorwaarden voor de Emissie**
>
> Een aantal grootaandeelhouders dat in totaal ongeveer 66% van de uitstaande aandelen in het kapitaal van DPA vertegenwoordigt, heeft zich gecommitteerd om pro rata ieders huidige belang de aandelen te nemen waarvoor geen claims worden uitgeoefend tegen de emissieprijs van EUR 1,50. Project Holland Deelnemingen B.V. (de 'Underwriter') garandeert de opbrengst van het resterende gedeelte van de claimemissie.

Bron: www.dpa.nl, 6 april 2011

In voorbeeld 10.1 komt een aantal nieuwe begrippen voor, die we kort zullen belichten. Later in dit hoofdstuk gaan we op enkele van deze begrippen nader in.

Inschrijvingsrechten
Uit het persbericht blijkt dat de houders van reeds uitgegeven aandelen twee nieuwe aandelen krijgen per drie bestaande aandelen (2 voor 3 claimemissie). Per bestaand aandeel wordt een inschrijvingsrecht toegekend. Deze rechten zijn overdraagbaar (verhandelbaar) en kunnen in de periode 7 april 2011 tot 20 april 2011 op de Euronext Amsterdam verhandeld worden. Een dergelijk inschrijvingsrecht heet in het Engels 'claim'.

Claim

Informatie over Euronext is beschikbaar op de website www.euronext.com. Andere belangrijke websites voor informatie over de financiële wereld zijn: www.fd.nl en www.bloomberg.com.

Uitgifteprijs
De prijs die bij uitgifte van de nieuwe aandelen per nieuw aandeel moet worden betaald (= emissieprijs). De emissieprijs bedraagt €1,50 per nieuw aandeel.

Emissieprijs

De opbrengst van de nieuwe aandelen bedraagt 11.910.997 × €1,50 = €17.866.495,50. Dit bedrag gaat DPA Group N.V. gebruiken voor de financiering van de overname van de Nederlandse Interim Groep B.V.

Nominale waarde EUR 0,10
De nominale waarde van een aandeel is de waarde van de aandelen die in de statuten van de nv staat vermeld. Volgens het Nederlandse recht moet aan een aandeel een nominale waarde worden toegekend en in de statuten worden vermeld. Het verschil tussen de emissieprijs (€1,50) en de nominale waarde (€0,10) noemen we agio (€1,40).

Nominale waarde

Underwriter
Het kan gebeuren dat een aantal houders van de inschrijvingsrechten (claims) van hun recht om nieuwe aandelen te kopen geen gebruik wensen te maken. Dat zou ertoe kunnen leiden dat er minder dan de beoogde 11.910.997 nieuwe aandelen worden uitgegeven en dat de emissie minder opbrengt dan de gewenste €17.866.495,50. Om dat te voorkomen heeft een aantal grootaandeelhouders zich bereid verklaard de aandelen te kopen waarvoor geen claims worden uitgeoefend. Zij garanderen op die manier het slagen van de emissie. De instantie (persoon) die deze garantie afgeeft, wordt in het Engels 'underwriter' genoemd.

Underwriter

Voor het besturen van een organisatie is de omvang van het eigen vermogen (ten opzichte van het vreemd vermogen) een belangrijke stuurvariabele. In hoofdstuk 12 gaan we nader in op de financiële kengetallen die een belangrijke rol spelen bij het besturen van organisaties.

10.2 Eigen vermogen

De wijze waarop ondernemingen in hun vermogensbehoefte voorzien, is mede afhankelijk van de omvang van het aan te trekken vermogen. Relatief kleine ondernemingen hebben in het algemeen de rechtsvorm van eenmanszaak, vennootschap onder firma, maatschap, commanditaire vennootschap of besloten vennootschap. Het eigen vermogen van deze ondernemingen wordt veelal door de ondernemers zelf of door familie en/of goede relaties van de ondernemers ingebracht. Deze inbreng komt tot stand door een direct contact tussen de onderneming en de verschaffers van eigen vermogen. De voorwaarden waartegen dit eigen vermogen beschikbaar wordt gesteld, komen dan door onderling overleg tot stand. Aanpassing van de voorwaarden aan de wensen van de betrokkenen is daardoor mogelijk.

Grote ondernemingen hebben doorgaans de rechtsvorm van een naamloze vennootschap. Zij doen voor het aantrekken van eigen vermogen in de regel een beroep op een grote groep beleggers door het uitgeven van aandelen. In dit hoofdstuk gaan we dieper in op het aantrekken van eigen vermogen door het uitgeven van aandelen.

Eigen vermogen is *eigendom* van:
- de onderneming als deze een rechtspersoon is (bijvoorbeeld een nv of bv);
- de eigenaar of eigenaren van de onderneming als deze geen rechtspersoon is (bijvoorbeeld een eenmanszaak, een maatschap, een vennootschap onder firma of een commanditaire vennootschap).

Bij ondernemingen die geen rechtspersoon zijn, wordt het eigen vermogen ingebracht door de ondernemer(s) en/of door relaties van de ondernemer(s). Dit eigen vermogen neemt toe als de onderneming winst maakt of als er nieuwe stortingen door de eigenaren plaatsvinden. Verlies van de onderneming of onttrekkingen door de eigenaren verlagen het eigen vermogen.

Eigen vermogen

> Eigen vermogen is vermogen dat permanent aan de onderneming beschikbaar is gesteld. Zolang de onderneming niet geliquideerd wordt, is de onderneming *niet verplicht* dit eigen vermogen aan de verschaffers van het eigen vermogen terug te betalen.

De vergoeding over het eigen vermogen hangt af van de ondernemingsresultaten. Voor de verschaffers van vreemd vermogen vervult het eigen vermogen een bufferfunctie. Dit betekent dat eventuele verliezen in eerste instantie ten koste gaan van de omvang van het eigen vermogen. De terugbetaling van het vreemde vermogen komt pas in gevaar als door aanhoudende verliezen het eigen vermogen geheel is verdwenen. Het eigen vermogen wordt ook wel ondernemend of risicodragend vermogen genoemd.

Ondernemend of risicodragend vermogen

Bij een nv of bv wordt het eigen vermogen ingebracht door de aandeelhouders. Dit eigen vermogen kan toenemen door winstinhoudingen (winstreserve), waardestijging van de activa (herwaarderingsreserve) of door nieuwe stortingen door de aandeelhouders. Verlies van de onderneming, terugbetalingen aan de aandeelhouders en dividenduitkeringen verlagen het eigen vermogen van de nv of bv.

Het eigen vermogen van een nv of bv bestaat uit het door aandeelhouders gestorte aandelenkapitaal en reserves. Omdat het eigen vermogen van een nv of bv eigendom is van de onderneming, is een nv of bv niet verplicht de aandelen van de aandeelhouders terug te kopen. Een aandeelhouder kan wel zijn aandeel via de effectenbeurs aan een andere belegger verkopen. Het aandelenkapitaal blijft echter permanent ter beschikking van de nv staan.

Bij een bv worden de aandelen geplaatst bij een kleine groep aandeelhouders. De namen van de aandeelhouders en het aantal aandelen dat zij in de bv bezitten, worden in een register vastgelegd. De aandelen staan op naam; er worden geen aandeelbewijzen uitgegeven. De aandelen van een bv zijn daardoor niet vrij verhandelbaar.

Een nv kan aandelen uitgeven, die gekocht kunnen worden door een grote groep aandeelhouders. Deze aandelen staan niet op naam en zijn in het algemeen vrij verhandelbaar.

Dividend

De aandeelhouders hebben recht op een deel van de winst van de onderneming. De aan de aandeelhouders uitgekeerde winst noemen we dividend. In de statuten van een nv of bv kunnen afspraken voorkomen met betrekking tot de winstverdeling. Ook kunnen sommige aandelen voorrechten geven bij de verdeling van de winst (preferente aandelen). Over dat deel van de winst waarover vooraf geen afspraken zijn gemaakt, beslist de Algemene Vergadering van Aandeelhouders. Bij kleine ondernemingen wordt in onderling overleg tussen de eigenaren vastgesteld op welke wijze de winst wordt verdeeld.

Dividendbeleid DPA Group N.V.

Dividendbeleid

Het reserverings- en dividendbeleid (de hoogte en bestemming van reservering, de hoogte van het dividend en de dividendvorm) wordt jaarlijks in de Algemene Vergadering van Aandeelhouders aan de orde gesteld. De Raad van Bestuur bepaalt onder goedkeuring van de Raad van Commissarissen welk deel van de winst wordt gereserveerd. De winst die resteert, staat ter beschikking van de Algemene Vergadering van Aandeelhouders.
De afgelopen jaren heeft DPA een terughoudend dividendbeleid gevoerd. Met het oog op het versterken van de onderneming na een roerige en verlieslatende periode is in 2012 en 2013 besloten om de gerealiseerde nettowinst in haar geheel aan het eigen vermogen toe te voegen. De verbeterde resultaten en versterkte financiële positie staan toe dat de in 2014 behaalde winst deels wordt uitgekeerd aan de aandeelhouders. Met ingang van 1 januari 2015 beoogt DPA een dividendbeleid in te zetten waarbij 40 procent van de winst wordt uitgekeerd aan de aandeelhouders. ∎

Bron: *Jaarverslag 2014 DPA Group N.V.*

10.3 Aandelenkapitaal

In de statuten van een nv of bv wordt de omvang van haar maatschappelijk kapitaal vastgesteld.

Maatschappelijk kapitaal

> Het maatschappelijk kapitaal is het maximale bedrag (gemeten in nominale waarde) waarvoor aandelen kunnen worden uitgegeven door de nv of bv zonder dat een statutenwijziging noodzakelijk is.

Nominale waarde

De nominale waarde van een aandeel is de *in de statuten vermelde waarde* van een aandeel. Deze waarde is meestal een rond bedrag (€1, €10, €100, €1.000 of een veelvoud van deze bedragen).

Geplaatst aandelenkapitaal

Gestort aandelenkapitaal

In werkelijkheid kan het voorkomen dat slechts een gedeelte van het maatschappelijk kapitaal is geplaatst. Dit gedeelte noemen we het geplaatst aandelenkapitaal. Het gedeelte van het geplaatste aandelenkapitaal (in nominale waarde) dat door de aandeelhouders reeds is gestort, heet het gestorte aandelenkapitaal. Op grond van de wet moet van het maatschappelijk kapitaal van een nv ten minste 20% worden geplaatst, met een minimum van €45.000.
Bij de oprichting van een bv is geen minimumkapitaal vereist.

We gaan hierna nader in op de volgende begrippen:
1 agio
2 aandeel.

Ad 1 Agio

Agio

We spreken van agio als bij de uitgifte (emissie) van aandelen de uitgiftekoers (emissiekoers) meer bedraagt dan 100%. Als een aandeel van nominaal €1.000 wordt geëmitteerd tegen 130%, bedraagt het agio €300 per uitgegeven aandeel. Dit bedrag komt overeen met 30% van €1.000 (= nominale waarde van het aandeel).

Tussenvraag 10.1
a Hoeveel bedraagt de agio per aandeel DPA Group N.V.?
  Zie voorbeeld 10.1.
b Zoek de beurskoers van een aandeel DPA Group N.V. op en vergelijk deze met de emissieprijs. De beurskoers van DPA Group N.V. staat onder 'Overige aandelen' onder de naam DPA Group.

Ad 2 Aandeel
De term *aandeel* komt in twee betekenissen voor:
- een gedeelte van het maatschappelijk kapitaal van een nv of bv;

Aandeelbewijs
- een schriftelijk bewijs van aandeel (aandeelbewijs).

De aandelen in een nv kunnen op naam of aan toonder luiden.
Niet-volgestorte aandelen moeten op naam staan omdat de nv moet kunnen vaststellen welke personen bij een eventuele volstorting moeten worden aangesproken.
Een *aandeel*bewijs is een *schriftelijk bewijs* van aandeel in een vennootschap. Als door de nv een aandeelhoudersregister wordt bijgehouden, dan staan de aandeelbewijzen *op naam*. In een aandeelhoudersregister

wordt vastgelegd welke personen en/of instellingen aandelen in de nv bezitten en tot welk bedrag zij deelnemen.

Wordt door de nv geen aandeelhoudersregister bijgehouden, dan luiden de aandelen onvermijdelijk *aan toonder*. Aan toonder wil zeggen dat degene die het aandeelbewijs in zijn bezit heeft (en kan tonen), als aandeelhouder wordt beschouwd.

Tussenvraag 10.2
Waarom kan een nv in het algemeen een groter aandelenkapitaal aantrekken dan een bv?

10.4 Soorten aandelen

Aandelen komen in drie vormen voor:
- het klassieke stuk (K-stuk);
- aandelen die uitgegeven worden door tussenkomst van het Centrum voor Fondsenadministratie (CF-stuk);
- global note.

Omdat de eerste twee vormen in de nabije toekomst zullen verdwijnen, besteden we daar slechts kort aandacht aan. Ook gaan we in deze paragraaf kort in op dematerialisatie.

10.4.1 Drie vormen aandelen

We bespreken hierna het K-stuk, het CF-stuk en de global note.

K-stuk
Het aandeelbewijs in zijn klassieke vorm is een dubbelgevouwen vel papier. Op het ene blad, dat *mantel* wordt genoemd, staan onder andere de naam van de nv, de nominale waarde van het aandeel en de handtekeningen van de bestuurders en commissarissen. Het andere blad bevat dividendbewijzen.

Houders van aandelen in de klassieke vorm, die aan toonder luiden, ontvangen tegen inlevering van een dividendbewijs met een bepaald nummer hun dividend. Het verzenden van dividendbewijzen, de uitbetaling van dividend en de levering en bewaring van klassieke stukken is erg arbeidsintensief en daardoor kostbaar. Dit is de oorzaak dat deze vorm van aandelen aan het uitsterven is.

CF-stuk
Het CF-stuk is een type aandeel dat de vorm heeft van een door de computer leesbaar document. Het Centrum voor Fondsenadministratie BV in Amsterdam verzorgt de dividendbetaling. Bij dit centrum geven banken en commissionairs de dividendbladen van CF-stukken in bewaring. De nv die dividend uitkeert op CF-stukken, betaalt het totale dividend, dat op alle CF-stukken verschuldigd is, uit aan het Centrum. Het Centrum maakt dit dividend over aan de banken en commissionairs die voor uitbetaling van het dividend aan de aandeelhouders zorg dragen. In figuur 10.2 is dit weergegeven.

Figuur 10.2 **Betaling dividend bij CF-stukken**

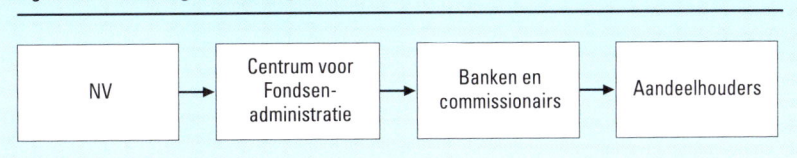

NV → Centrum voor Fondsen-administratie → Banken en commissionairs → Aandeelhouders

Global note
Een global note is een verzamelbewijs van effecten dat alle effecten van dezelfde soort vertegenwoordigt. Juridisch gezien is er een toonderstuk, maar dit is niet geschikt om te circuleren onder de beleggers. De registratie van de aandelen en de handel erin is volledig geautomatiseerd en wordt *giraal* afgewikkeld. Er vindt geen handel in tastbare aandeelbewijzen plaats.

10.4.2 Dematerialisatie

Op de bewaring en het beheer van effecten is een speciale wettelijke regeling van toepassing. Deze is opgenomen in de Wet giraal effectenverkeer (Wge). In 1997 wees de overheid het Nederlands Centraal Instituut voor Giraal Effectenverkeer (Necigef) aan als uitvoerder van de Wge. Informatie over de werkzaamheden van Necigef, dat werkt onder de handelsnaam Euroclear, is verkrijgbaar op haar website (www.euroclear.com). Amsterdam Exchanges werkt met de bedrijfstak hard aan dematerialisatie door de bestaande fysieke effectenvoorraden (K- en CF-stukken) om te zetten in global notes. Dematerialisatie wil zeggen dat de effecten *niet* de vorm hebben van een tastbaar stuk papier (materie), maar dat uitsluitend een registratie met behulp van computers plaatsvindt. Daarmee behoort het fysieke en kostbare effectenverkeer definitief tot het verleden en is er sprake van vrijwel volledige dematerialisatie.

Dematerialisatie

10.5 Waarde van een aandeel

Wat is *de* waarde van een aandeel? Het is een eenvoudige vraag die moeilijk te beantwoorden is. De schommelingen in de beurswaarde van aandelen (dat is de prijs waartegen de aandelen op de effectenbeurs worden verhandeld) tonen aan dat de waarde van een aandeel geen vaststaand gegeven is. Beurskoersen kunnen van dag tot dag, zelfs van minuut tot minuut veranderen. Bovendien zijn er verschillende manieren om aandelen te waarderen. Wij zullen hierna aandacht schenken aan de nominale waarde, de intrinsieke waarde, de rentabiliteitswaarde en de beurswaarde. Uit deze opsomming blijkt al dat we niet kunnen spreken van *de* waarde van een aandeel.

Beurswaarde

10.5.1 Nominale waarde

Nominale waarde

De nominale waarde is de in de statuten vermelde waarde van een aandeel. De nominale waarde van een aandeel is van belang in de volgende gevallen:
- *Bij de balanswaardering.* Het aandelenkapitaal wordt op de balans van een nv of bv gewaardeerd tegen de nominale waarde.

- *Bij de niet-volgestorte aandelen.* De houders van niet-volgestorte aandelen kunnen in sommige situaties, zoals faillissement, verplicht worden hun aandeel vol te storten tot aan de nominale waarde.
- *Bij een dividenduitkering.* De door de algemene vergadering van aandeelhouders vastgestelde dividenduitkering kan in een percentage luiden. Dit percentage wordt dan berekend over de nominale waarde van het geplaatste en gestorte nominale aandelenvermogen. Tegenwoordig maken de meeste ondernemingen het dividend bekend als een *bedrag per aandeel*.

10.5.2 Boekwaarde van het eigen vermogen

De boekwaarde van het eigen vermogen (EV) leiden we af uit de balansgegevens van de betreffende onderneming.

Boekwaarde EV = nominaal eigen vermogen + reserves
= boekwaarde van de activa − boekwaarde vreemd vermogen.

10.5.3 Intrinsieke waarde en rentabiliteitswaarde

Een belegger die een aandeel wenst te kopen of verkopen, zal de waarde van een aandeel zo goed mogelijk willen vaststellen voordat hij een opdracht tot koop of verkoop geeft. In de bedrijfseconomie kennen we diverse theorieën die een verklaring proberen te geven voor de waarde van een aandeel. We bespreken twee gangbare methoden om de *theoretische waarde* van een aandeel te bepalen:

1 De waarde van een aandeel hangt af van de intrinsieke waarde van de onderneming (intrinsieke waarde).
2 De waarde van een aandeel wordt bepaald door de contante waarde van de toekomstige geldontvangsten die uit het bezit van het aandeel voortvloeien (rentabiliteitswaarde).

Rentabiliteitswaarde

Intrinsieke waarde

Intrinsieke waarde

> De intrinsieke waarde (van het eigen vermogen) van een onderneming = de marktwaarde van de activa − de boekwaarde van het vreemd vermogen

De intrinsieke waarde van één aandeel berekenen we door de intrinsieke waarde (van het eigen vermogen) van de onderneming te delen door het aantal geplaatste aandelen.
Aan de hand van voorbeeld 10.2 berekenen we de intrinsieke waarde van onderneming Stralendorff nv.

■ **Voorbeeld 10.2 Stralendorff nv**
Onderneming Stralendorff nv heeft een maatschappelijk kapitaal van €1.000.000, waarvan 60% geplaatst is. Alle aandelen hebben een nominale waarde van €100. Op deze aandelen moet door de aandeelhouders nog 20% worden gestort.

Hoe moeten we op basis van de volgende balans per 31 december 2015 de intrinsieke waarde per aandeel van deze onderneming berekenen?

Balans Stralendorff nv per 31 december 2015 (bedragen in euro's)

Terreinen	400.000	Geplaatst aandelen-kapitaal	600.000
Gebouwen	800.000	Aandeelhouders nog te storten	120.000
Voorraden	300.000		
Debiteuren	160.000	Gestort aandelenkapitaal	480.000
Kas	40.000	Agioreserve	120.000
		Ingehouden winst	300.000
		Hypotheek	600.000
		Rekening-courant	80.000
		Crediteuren	120.000
Totaal activa	1.700.000	Totaal vermogen	1.700.000

De activia zijn gewaardeerd tegen de marktwaarde.

Uitwerking
Het eigen vermogen van deze onderneming bestaat uit:

Aandelenkapitaal	€ 480.000
Agioreserve	€ 120.000
Ingehouden winst	€ 300.000 +
Eigen vermogen = intrinsieke waarde =	€ 900.000

Het aantal geplaatste aandelen volgt uit:

$$\frac{\text{Geplaatst aandelenkapitaal}}{\text{Nominale waarde per aandeel}} = \frac{60\% \times €1.000.000 = €600.000}{€100} = 6.000$$

De intrinsieke waarde per aandeel bedraagt:
€900.000 : 6.000 aandelen = €150 per aandeel.

Rentabiliteitswaarde

Rentabiliteitswaarde De *rentabiliteitswaarde* van een onderneming berekent men door alle verwachte toekomstige winsten van de onderneming contant te maken. De rentabiliteitswaarde van één aandeel berekenen we vervolgens door de rentabiliteitswaarde van de onderneming te delen door het aantal geplaatste aandelen.
Een andere benadering om de rentabiliteitswaarde van een aandeel te berekenen gaat uit van de toekomstige geldontvangsten die op basis van het aandeel worden verwacht. De rentabiliteitswaarde van een aandeel berekenen we dan door de verwachte dividenden per aandeel en de geschatte toekomstige verkoopwaarde van het aandeel contant te maken.
In voorbeeld 10.3 berekenen we de rentabiliteitswaarde van onderneming Romen nv.

■ **Voorbeeld 10.3 Romen nv**
Van onderneming Romen nv bedraagt de intrinsieke waarde €7.000.000. Romen nv wordt in staat geacht gedurende een oneindig lange periode ieder jaar €1.000.000 winst te maken. Gezien het risico dat verbonden is aan een belegging in aandelen Romen nv wordt over het eigen vermogen een rentabiliteit vereist van 10% per jaar. Dit betekent dat de winst voldoende moet zijn om 10% vergoeding over het geïnvesteerde eigen vermogen (op basis van de rentabiliteitswaarde) op te leveren. Om de rentabiliteitswaarde van deze onderneming te bepalen maken we de volgende berekening:

$0,10 \times$ rentabiliteitswaarde = €1.000.000
Rentabiliteitswaarde = €1.000.000 : 0,10 = €10.000.000

De rentabiliteitswaarde blijkt gelijk te zijn aan:

$$\frac{\text{Jaarlijkse, gelijkblijvende winst (eeuwigdurend)}}{\text{Vereiste rentabiliteit}} = \frac{€1.000.000}{0,10} = €10.000.000$$

Goodwill

We spreken van *goodwill* als de rentabiliteitswaarde van een onderneming groter is dan de intrinsieke waarde. In voorbeeld 10.3 is er sprake van een goodwill van €3.000.000.

10.5.4 Beurswaarde

Beurswaarde

De intrinsieke waarde en de rentabiliteitswaarde zijn *theoretische waarden*. De werkelijke waarde (van de op de beurs genoteerde aandelen) komt vrijwel dagelijks tot stand op de effectenbeurs. De beurswaarde is de waarde van een aandeel, die op de effectenbeurs (onder invloed van de vraag naar en het aanbod van dat aandeel) tot stand komt. In de landelijke dagbladen worden de beurskoersen van de meest verhandelde aandelen vermeld.

10.6 Preferente aandelen

We geven de volgende definitie van preferente aandelen.

Preferente aandelen

> Preferente aandelen zijn aandelen waaraan voor de houder bepaalde voorrechten zijn verbonden.

De voorrechten kunnen betrekking hebben op:
- het beheer (de zeggenschap);
- de verdeling van een eventueel overschot in geval van liquidatie van de onderneming;
- de winstverdeling.

De preferente aandelen die betrekking hebben op het beheer van de nv of bv, worden *prioriteitsaandelen* genoemd. De houders van deze aandelen hebben extra zeggenschap bij belangrijke beslissingen, zoals de benoeming van leden van de Raad van Bestuur, de uitbreiding van het aandelenkapitaal en het accepteren van grote investeringsprojecten.

Het kan ook voorkomen dat aan bepaalde aandelen voorrechten zijn verleend bij de verdeling van een *positief liquidatiesaldo*. Deze aandelen zijn veelal uitgereikt aan personen die in het verleden een bijzondere prestatie voor de onderneming hebben geleverd. Hiertoe behoren de oprichters of de aandeelhouders die in het verleden bij een reorganisatie een grote financiële bijdrage hebben geleverd. In ruil daarvoor verkrijgen zij een voorrecht bij de verdeling van een positief liquidatiesaldo als de onderneming wordt beëindigd.

Aandelen die voorrechten geven bij de winstverdeling worden *winstpreferente aandelen* genoemd. Winstpreferente aandelen kunnen onderscheiden worden in:
1 preferente aandelen;
2 cumulatief preferente aandelen;
3 preferente, winstdelende aandelen;
4 cumulatief preferente, winstdelende aandelen.

Ad 1 Preferente aandelen
Op preferente aandelen wordt bij de winstverdeling een in de statuten vastgelegd dividendpercentage uitgekeerd voordat het dividend aan de houders van *gewone* aandelen wordt toegekend.

Ad 2 Cumulatief preferente aandelen
Het kan voorkomen dat de winst van de onderneming in een bepaald jaar onvoldoende is om het preferent dividend volledig uit te keren. Als in de statuten opgenomen is dat naast het preferent dividend over het lopende jaar ook het achterstallige preferent dividend moet worden uitgekeerd vóórdat op de gewone aandelen dividend wordt uitgekeerd, is er sprake van *cumulatief preferente aandelen*.

Ad 3 Preferente, winstdelende aandelen
Preferente, winstdelende aandelen zijn aandelen die na uitkering van het preferent dividend en het dividend op de gewone aandelen ook nog delen in een eventueel daarna resterende overwinst. De houders van gewone aandelen ontvangen naast het dividend dat in eerste instantie wordt toegekend, veelal ook nog een gedeelte van de overwinst.

Ad 4 Cumulatief preferente, winstdelende aandelen
Cumulatief preferente, winstdelende aandelen geven recht op (achterstallig) preferent dividend en delen ook in de overwinst.

10.7 Dividendbetalingen

Er zijn verschillende soorten dividend. In deze paragraaf bespreken we het interim-dividend, het slotdividend en het stockdividend. Daarbij komen ook het cashdividend en het keuzedividend aan de orde.

Interim-dividend en slotdividend

Interim-dividend

Tijdens een lopend boekjaar kan, vooruitlopend op de definitieve winstuitkering, aan de aandeelhouders dividend worden uitgekeerd. Dit dividend wordt interim-dividend genoemd. Na afloop van het boekjaar wordt het definitieve dividend vastgesteld en het verschil tussen het definitieve dividend en het interim-dividend uitbetaald. Het verschil noemen we slotdividend.

Slotdividend

Stockdividend

Stockdividend

Stockdividend is een dividenduitkering in de vorm van aandelen. De aandeelhouder heeft in dat geval veelal ook de mogelijkheid het dividend in contanten uitbetaald te krijgen. De aandeelhouders kunnen dan kiezen tussen uitkering in aandelen (stockdividend) en uitbetaling in contanten (cashdividend). Er is dan sprake van keuzedividend.

Cashdividend
Keuzedividend

Het volgende artikel geeft een voorbeeld van slotdividend.

Slotdividend KPN

Op 15 april 2015 heeft de AVA ingestemd met het voorstel om een dividend van EUR 0,07 per gewoon aandeel vast te stellen over het jaar 2014. Na aftrek van het interim dividend van EUR 0,02 per gewoon aandeel bedraagt het slotdividend EUR 0,05 per gewoon aandeel. Het slotdividend over het jaar 2014 wordt op 22 april 2015 betaalbaar gesteld onder aftrek van 15% dividendbelasting. Op 17 april 2015 zullen de aandelen ex-dividend worden genoteerd.

Bron: http://corporate.kpn.com

KPN heeft op 15 april 2015 het dividend over 2014 vastgesteld op €0,07. Omdat al een interim-dividend van €0,02 is uitgekeerd, komt het slotdividend uit op €0,05 per gewoon aandeel.

Tussenvraag 10.3
Zal een onderneming het interim-dividend aan de hoge kant of juist aan de lage kant vaststellen?

10.8 Emissie van aandelen

Een emissie van aandelen is de uitgifte van nieuw gecreëerde aandelen, waardoor extra eigen vermogen door de nv of bv wordt aangetrokken. Ondernemingen waarvan de aandelen niet op de beurs genoteerd staan, zullen de aandelen bij een kleine groep van belanghebbenden moeten plaatsen. In dat geval is er sprake van een *onderhandse uitgifte* van aandelen.

Openbare emissie

Een openbare emissie houdt in dat de aandelen van een nv door iedere willekeurige belegger kunnen worden gekocht.

In het algemeen zal de onderneming bij een omvangrijke openbare emissie gebruikmaken van een *emissiesyndicaat of consortium*. Dit is een groep van banken en/of commissionairs die de onderneming van advies dienen en de emissie begeleiden. De activiteiten van het consortium kunnen zich beperken tot het adviseren, het opstellen van het prospectus en de administratieve en logistieke afwikkeling van de emissie.

Het *prospectus* bevat naast de emissievoorwaarden, informatie over de emitterende onderneming. De potentiële kopers van de aandelen moeten zich mede op basis van de informatie uit het prospectus een beeld kunnen vormen van de onderneming. Ook de risico's die verbonden zijn aan het beschikbaar stellen van eigen vermogen aan deze onderneming, moeten zij mede op basis daarvan beoordelen.

Guichet-emissie

Een guichet-emissie is een emissie waarbij een consortium van banken zijn kantoren (loketten) beschikbaar stelt voor de verkoop van aandelen (guichet = loket). Het consortium draagt bij een guichet-emissie *niet het risico* van het mislukken van de emissie.

Overgenomen of gegarandeerde emissie

Bij een overgenomen of gegarandeerde emissie verleent het consortium dezelfde diensten als bij een guichet-emissie, maar bovendien neemt het consortium vooraf alle aangeboden aandelen over. Hierdoor komt het risico van het mislukken van de emissie bij het consortium te liggen. Het consortium verplicht zich alle aandelen die na sluiting van de emissie niet zijn geplaatst, tegen een vooraf overeengekomen prijs te kopen. Het consortium vervult dan ook de rol van underwriter.

Underwriter

De wijze van emitteren wordt onderscheiden in:

Vrije emissie
- *Vrije emissie*. Hierbij kan iedere belangstellende zich laten inschrijven voor een aantal aandelen.

Voorkeursemissie
- *Voorkeursemissie*. Hierbij worden aan een bepaalde groep belanghebbenden voorrechten verleend bij het inschrijven op de nieuwe aandelen. Deze voorrechten worden toegekend aan degenen die reeds aandelen van de emitterende onderneming bezitten.

De uitgifte van nieuwe aandelen door DPA Group N.V. is een voorbeeld van een voorkeursemissie (claimemissie). We herhalen enkele passages uit voorbeeld 10.1.

Claimemissie

2 voor 3 claimemissie van 11.910.997 nieuwe gewone aandelen tegen uitgifteprijs van EUR 1,50 per nieuw gewoon aandeel.

DPA Group kondigt een volledig gegarandeerde 2 voor 3 claimemissie aan van 11.910.997 nieuwe gewone aandelen van nominaal EUR 0,10 elk in het kapitaal van DPA Group (de 'Nieuwe Aandelen') tegen een uitgifteprijs van EUR 1,50 per Nieuw Aandeel (de 'Uitgifteprijs').

Bron: www.dpa.nl, 6 april 2011

Claimemissie

Bij een claimemissie krijgen de zittende (huidige) aandeelhouders voorrang bij het aankopen van nieuwe aandelen van DPA Group N.V. Drie inschrijvingsrechten (claims) en bijbetaling van $2 \times €1,50$ geven recht op twee nieuwe aandelen DPA Group N.V.

10.9 Emissieprijs

Emissieprijs

Voordat een onderneming tot emissie besluit zal zij, na advisering door en in overleg met het consortium, een beslissing moeten nemen over de hoogte van de emissieprijs.
De emissieprijs waartegen de aandelen uitgegeven worden, zal invloed hebben op het aantal uit te geven aandelen. Naarmate de emissieprijs lager wordt vastgesteld, zullen er meer aandelen uitgegeven moeten worden om de vastgestelde emissieopbrengst te realiseren. Het verband tussen de emissieprijs en het aantal uit te geven nieuwe aandelen (= m) wordt door de volgende formule weergegeven:

$$\text{Emissieprijs} = \frac{\text{Gewenste opbrengst van de emissie}}{\text{Aantal nieuwe aandelen }(m)}$$

De emissieprijs zal afnemen naarmate er meer nieuwe aandelen worden uitgegeven. Een toeneming van het aantal nieuwe aandelen leidt bovendien tot een lagere verwachte beurskoers na emissie, zoals uit de volgende formule blijkt (n = aantal uitstaande aandelen vóór de emissie):

Verwachte beurswaarde na emissie =

$$\frac{\text{Rentabiliteitswaarde van de onderneming direct na de emissie}}{\text{Aantal uitstaande aandelen na de emissie }(n + m)}$$

De maximaal mogelijke emissieprijs (bovengrens) komt overeen met de geschatte beurswaarde van het aandeel na emissie. De ondergrens wordt bepaald door wettelijke voorschriften. Dit wordt in figuur 10.3 schematisch weergegeven. Op grond van de wet is het niet toegestaan aandelen te emitteren tegen een waarde die beneden de nominale waarde ligt. Hierop wordt echter een uitzondering gemaakt voor een overgenomen emissie. Voor het gedeelte van de aandelen dat door de banken wordt overgenomen, is de minimale emissieprijs 94% van de nominale waarde.

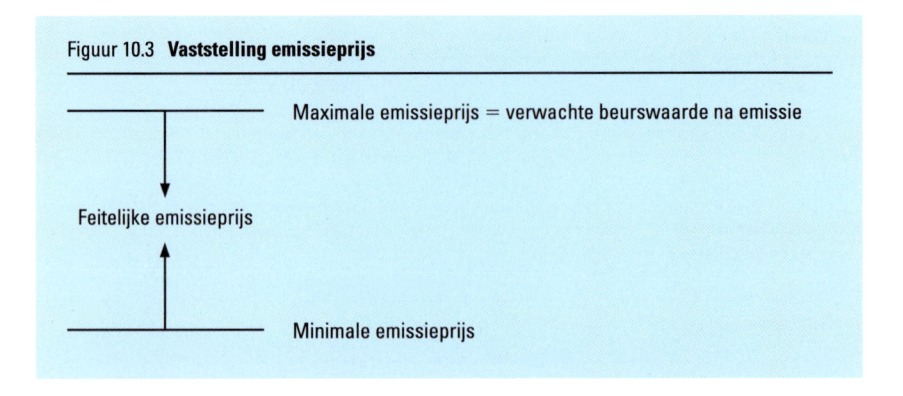

Figuur 10.3 **Vaststelling emissieprijs**

Maximale emissieprijs = verwachte beurswaarde na emissie

Feitelijke emissieprijs

Minimale emissieprijs

De vaststelling van de *werkelijke emissieprijs*, die zal liggen tussen de minimale en maximale waarde, hangt af van een aantal overwegingen.
Een hoge emissieprijs, die dicht bij de maximaal mogelijke emissieprijs ligt, heeft als voordeel dat er minder aandelen uitgegeven behoeven te worden. Dit leidt tot lagere emissiekosten en tot een geringere druk op

de koers van de aandelen. De wens om de aandelen uit te geven tegen een hoge koers kan ook in verband staan met het streven van ondernemingen om het dividend te stabiliseren. Veel aandeelhouders hebben een voorkeur voor min of meer constante inkomsten uit hun aandelenbezit. Daarom streven ondernemingen ernaar ieder jaar een min of meer gelijk dividend uit te keren. In jaren met hoge winsten wordt dan een deel van de winst ingehouden en toegevoegd aan de winstreserve. In jaren met slechtere resultaten kan een gedeelte van de winstreserve aangesproken worden om de dividenduitkering op het gewenste niveau te houden. Het streven van een onderneming naar **dividendstabilisatie** zal bij een hogere emissieprijs (waardoor minder nieuwe aandelen uitgegeven worden) eerder gerealiseerd kunnen worden dan bij een lagere emissieprijs. Naarmate het aantal nieuwe aandelen geringer is, zullen de intrinsieke waarde en de rentabiliteitswaarde van de aandelen minder sterk dalen. Een hoge emissieprijs brengt echter wel het gevaar van een *mislukking van de emissie* met zich mee. Potentiële kopers zouden het aandeel te duur kunnen vinden.

Een lage emissieprijs heeft tot gevolg dat er meer aandelen uitgegeven moeten worden om het gewenste bedrag te ontvangen. Hierdoor wordt de druk op de waarde van de aandelen groter. De waarde van de onderneming moet dan over een veel groter aantal aandelen worden verdeeld. De beurswaarde van de aandelen zal in dat geval meer dalen dan in het geval waarin een hoge emissieprijs wordt aangehouden. Een lagere beurswaarde verkleint ook de afstand tussen de beurswaarde en de nominale waarde, waardoor toekomstige emissies bemoeilijkt worden. De onderneming zal een emissieprijs vaststellen die in haar ogen de ondernemingsdoelstelling (en daarmee de belangen van de aandeelhouders) het beste dient. Zij zal hierbij rekening houden met de hiervoor genoemde overwegingen en met het advies van het bankconsortium dat de emissie begeleidt.

De nv die nieuwe aandelen gaat uitgeven, kan aan haar aandeelhouders een voorkeursrecht geven bij de aankoop van nieuwe aandelen, zoals dat bij DPA Group N.V. het geval was.
Het voorkeursrecht is gekoppeld aan het bezit van een dividendbewijs. Een dergelijk dividendbewijs wordt **claim** genoemd. De houders van de oude aandelen die van hun voorkeursrecht geen gebruik wensen te maken, kunnen deze dividendbewijzen (claims) verkopen via de effectenbeurs. Kopers van deze claims – dat kunnen ook belangstellenden zijn die nog geen aandelen in de onderneming bezitten – verkrijgen dan ook het recht om nieuwe aandelen te kopen.

In theorie kunnen we de waarde van een claim berekenen. Door het aantal uitstaande claims te delen door het aantal nieuwe aandelen, kunnen we het aantal claims berekenen dat bij aankoop van nieuwe aandelen per aandeel moet worden ingeleverd. Als per reeds uitgegeven aandeel één dividendbewijs als claim wordt aangewezen, geldt de volgende formule.

Aantal in te leveren claims per nieuw aandeel =

$$\frac{\text{Aantal claims in omloop} = \text{aantal uitstaande aandelen } (n)}{\text{Aantal nieuwe aandelen } (m)}$$

Aan de hand van voorbeeld 10.4 berekenen we de theoretische waarde van een claim bij Polyform nv.

■ Voorbeeld 10.4 Polyform nv

Polyform nv heeft een nominaal geplaatst aandelenvermogen van €10 mln. De onderneming gaat 2.000 nieuwe aandelen uitgeven tegen een koers van 160%. Alle aandelen hebben een nominale waarde van €1.000. Per uitstaand aandeel wordt één dividendbewijs als claim aangewezen. De verwachte beurswaarde van de onderneming direct na de emissie is €24 mln.

Wat is de theoretische waarde van een claim?

Uitwerking
De emissieprijs van een nieuw aandeel is €1.600 (160% van de nominale waarde).
Aantal in te leveren claims =

$$\frac{\text{Aantal claims in omloop} = 10.000}{\text{Aantal nieuwe aandelen} = 2.000} = 5 \text{ claims per nieuw aandeel}$$

De verwachte beurskoers van een aandeel na emissie =

$$\frac{\text{Verwachte beurswaarde van de onderneming na emissie}}{\text{Aantal uitstaande aandelen na emissie}} =$$

$$\frac{€24.000.000}{10.000 + 2.000} = €2.000 \text{ per aandeel}$$

Tegen inlevering van 5 claims met een bijbetaling van €1.600 verkrijgt men een nieuw aandeel met een verwachte waarde van €2.000. Daaruit kan de theoretische waarde van een claim berekend worden:

5 claims + €1.600 = €2.000
5 claims = €2.000 − €1.600

Theoretische waarde van een claim = $\frac{€2.000 - €1.600}{5} = €80$

We komen dan tot de volgende formule:

$C = \frac{MNP - EP}{n/m}$ (als per oud aandeel 1 dividendbewijs als claim wordt aangewezen)

Hierin is:
C = theoretische claimwaarde
MNP = de verwachte marktprijs (verwachte beurswaarde) van een aandeel direct na emissie
EP = emissieprijs
n = aantal uitstaande aandelen voor de emissie
m = aantal uit te geven nieuwe aandelen

De houders van claims die geen nieuwe aandelen wensen te kopen, kunnen hun claims op de effectenbeurs verkopen. De prijs die op de effectenbeurs tot stand komt onder invloed van vraag en aanbod, is de *beurswaarde* van de claim.

Tussenvraag 10.4
Wat zijn de gevolgen voor de zeggenschapsverhoudingen tijdens de aandeelhoudersvergaderingen als alle bezitters van (reeds uitgegeven) aandelen bij een emissie van nieuwe aandelen *zelf hun claims gebruiken* om nieuwe aandelen te kopen?

Tussenvraag 10.5 (zie ook voorbeeld 10.1)
De theoretische waarde van de claim kunnen we afleiden uit de beurswaarde van het aandeel DPA Group N.V. en de emissievoorwaarden. Stel dat de beurswaarde van het aandeel DPA Group N.V. op een bepaald moment (in de periode 7 april tot 20 april 2011) €2,10 bedraagt.
Bereken de theoretische waarde van één claim op dat moment (zie voor nadere gegevens ook voorbeeld 10.1).

10.10 Mutaties in het aandelenvermogen

Door een (openbare) emissie van aandelen neemt het aandelenvermogen toe. Naast een emissie kunnen er andere oorzaken of redenen zijn waardoor het aandelenvermogen een verandering ondergaat. We bespreken in deze paragraaf een aantal situaties waarin mutaties in het aandelenvermogen optreden.

10.10.1 Herkapitalisatie

Een onderneming die in het verleden veel winsten heeft behaald én gunstige winstverwachtingen heeft, zal de beurskoers van haar aandelen in het algemeen zien toenemen. Hoewel een hoge beurskoers een gunstig teken is, heeft het als nadeel dat de verhandelbaarheid van het aandeel afneemt. De potentiële koper moet voor een aandeel een groot bedrag op tafel leggen. Met name voor de kleine beleggers kan dit een probleem zijn.
Door de uitgifte van nieuwe aandelen ten laste van de reserves te brengen, kan de onderneming de beurswaarde van het aandeel in neerwaartse richting beïnvloeden. De totale waarde van de onderneming wordt dan over een groter aantal aandelen verdeeld. Deze nieuwe aandelen, die gratis aan de houders van oude aandelen worden verstrekt, heten **Bonusaandelen**. De gratis aandelen kunnen ten laste van de winst(reserve) komen of ten laste van de agioreserve. Als de uitgifte van bonusaandelen ten laste van de winst(reserve) komt, spreken we van **Stockdividend**; de aandeelhouder moet daarover dividendbelasting betalen. Als de uitgifte ten laste van de agioreserve komt, spreken we van een **Agiobonus**.

Van een agiobonus van bijvoorbeeld €200.000 wordt de journaalpost gemaakt:
Agioreserve   €200.000
Aan Aandelenvermogen   €200.000

Door de uitgifte van bonusaandelen komt er geen verandering in de totale omvang van het eigen vermogen. Er treedt alleen een verhoging van het aandelenvermogen op ten koste van de reserves.

Herkapitalisatie

> Een verandering binnen het eigen vermogen waarbij de omvang van het eigen vermogen ongewijzigd blijft, wordt herkapitalisatie genoemd.

10.10.2 Afstempelen van aandelen

Als een onderneming in het verleden veel verliezen heeft geleden, kan het eigen vermogen dalen beneden de nominale waarde van het aandelenvermogen. In dat geval wordt op de debetzijde van de balans een verliessaldo opgenomen. Dit saldo kan men wegwerken door de nominale waarde van de aandelen te verminderen, bijvoorbeeld door twee oude aandelen om te wisselen tegen één nieuw aandeel met dezelfde nominale waarde per aandeel. Het daadwerkelijke afstempelen door het op het aandeel stempelen van een lagere dan de oorspronkelijke nominale waarde, komt weinig voor.

Afstempelen

10.10.3 Aandelensplitsing

Aandelensplitsing

De beurskoers kan ook dalen door een aandelensplitsing. Bij een aandelensplitsing wordt ieder oud aandeel omgewisseld tegen twee of meer nieuwe aandelen met een lagere nominale waarde per aandeel. Hierdoor zal de beurswaarde van een aandeel dalen, doordat de totale waarde van de onderneming over een groter aantal aandelen moet worden verdeeld. Het totale geplaatste nominale aandelenkapitaal ondergaat echter geen verandering. Zo kan een onderneming bijvoorbeeld besluiten 10.000 aandelen van nominaal €1.000 te vervangen door 20.000 aandelen met een nominale waarde van €500.

10.10.4 Stockdividend

Stockdividend

Er treedt ook een vergroting van het aantal aandelen op als er een *stockdividend* wordt toegekend. Er is sprake van stockdividend als het dividend wordt uitgekeerd door uitgifte van nieuwe aandelen. Doordat in dit geval de totale waarde van de onderneming niet verandert, zal de waarde per aandeel afnemen.

Winstuitkering in de vorm van aandelen heeft als voordeel dat de liquide middelen van de onderneming niet aangesproken worden. Een onderneming kan naast stockdividend ook een dividend in contanten uitkeren. Het contante dividend (cashdividend) kan door de aandeelhouder gebruikt worden voor de betaling van de verschuldigde belasting over het stock- én cashdividend. Door de uitbetaling van cashdividend neemt het eigen vermogen af.

10.10.5 Inkoop eigen aandelen

Inkoop van eigen aandelen

Ondernemingen kunnen besluiten een gedeelte van de aandelen die ze in het verleden hebben uitgegeven, weer van de beleggers terug te kopen. We spreken dan van 'inkoop van eigen aandelen'. Een onderneming kan in een situatie terechtkomen waarin er onvoldoende investeringsprojecten zijn om alle liquide middelen zinvol aan te wenden. De inkoop van eigen aandelen wordt door de beleggers soms gezien als een zwakte. Blijkbaar is het management niet in staat voldoende investeringsprojecten te bedenken, die waarde aan de onderneming toevoegen. Uit de volgende artikelen blijkt dat Ahold (de moedermaatschappij van Albert Heijn) in de periode 1 tot en met 5 juni 2015 1.355.000 eigen aandelen heeft ingekocht.

De inkoop van eigen aandelen kan onder bepaalde voorwaarden vrij zijn van belastingen. Het geplaatste aandelenkapitaal mag na de inkoop van de eigen aandelen niet dalen beneden het wettelijk minimum, dat we in paragraaf 10.3 hebben besproken.

Ahold start inkoop eigen aandelen

Ahold start met het eerder aangekondigde aandeleninkoopprogramma. Dit meldde de Zaanse grootgrutter maandag voorbeurs.

Met het inkoopprogramma, dat 26 februari al is aangekondigd, wil Ahold eigen aandelen terugkopen tot een bedrag van €500 mln. Het doel is om waarde terug te geven aan de aandeelhouders. Het programma zal worden uitgevoerd door tussenpersonen via aankopen tijdens open en gesloten periodes op de beurs.

Ahold kan besluiten de eigen aandelen na aankoop in te trekken. De Zaanse grootgrutter verwacht het aandeleninkoopprogramma binnen 12 maanden af te ronden.

Het aandeel Ahold sloot vrijdag 1% hoger op €17,91.

Bron: *Het Financieele Dagblad*, 9 maart 2015

Ahold update terugkoop aandelen

Zaandam – Ahold heeft in de periode van 1 juni 2015 tot en met 5 juni 2015 1.355.000 van haar gewone aandelen teruggekocht.
De aandelen werden teruggekocht voor een gemiddelde prijs van €18,5534 per aandeel voor een totaalbedrag van €25,14 miljoen. De terugkoop vond plaats in het kader van het programma voor de terugkoop van €500 miljoen aan aandelen dat Ahold op 26 februari 2015 bekendmaakte. Tot op heden zijn in het kader van dit programma in totaal 7.299.640 gewone aandelen teruggekocht voor een totaalbedrag van €133,87 miljoen.

Bron: www.ahold.com, 8 juni 2015

10.11 Reserves

Reserves

Het eigen vermogen van een nv of bv bestaat naast het aandelenvermogen uit reserves. De totale waarde van de reserves komt overeen met het verschil tussen de totale waarde van het eigen vermogen en het nominale geplaatste én gestorte aandelenkapitaal. De reserves kunnen door verschillende oorzaken ontstaan zijn. Zo kan er sprake zijn van:
1 een agioreserve
2 een winstreserve
3 een herwaarderingsreserve.

Ad 1 Agioreserve

Agioreserve

Een agioreserve ontstaat als de nv of bv aandelen uitgeeft tegen een emissieprijs die boven de nominale waarde van het aandeel ligt. Het bedrag dat bij emissie door de koper van het aandeel betaald wordt boven de nominale waarde, wordt agio genoemd. Voorbeeld 10.5 is een voorbeeld van de toename van de agioreserve en het geplaatst aandelenvermogen.

■ **Voorbeeld 10.5**
1.000 aandelen met een nominale waarde van €1.000 per stuk worden geëmitteerd tegen een koers van €1.200. Hierdoor neemt de agioreserve met €200.000 en het geplaatste aandelenvermogen met €1 mln toe.

Ad 2 Winstreserve

Winstreserve

Een winstreserve ontstaat als een onderneming een deel van de winst niet uitkeert aan de aandeelhouders. Deze ingehouden winsten kan de onderneming gebruiken om de uitbreiding van haar activiteiten te financieren. Een winstreserve kan ook gebruikt worden om de *dividenden te stabiliseren*. In jaren met hoge winsten wordt een gedeelte van de winst toegevoegd aan de winstreserve. In jaren met een lage winst kan toch een (nagenoeg) gelijk dividendpercentage uitgekeerd worden als in de jaren met hoge winsten, door een gedeelte van het dividend ten laste van de winstreserve te laten komen. Beleggers geven in het algemeen de voorkeur aan een min of meer gelijkblijvend dividend boven een sterk wisselend dividend.

Dividendstabilisatie

In de jaren waarin de onderneming verlies lijdt, wordt veelal geen dividend uitgekeerd (het dividend wordt gepasseerd). De verliezen worden in dat geval geboekt ten laste van de winstreserve.

Ad 3 Herwaarderingsreserve

Herwaarderings-reserve

Een herwaarderingsreserve ontstaat door een waardestijging van de activa van een onderneming. Als deze waardestijging ook op de balans tot uitdrukking wordt gebracht, leidt dat tot een toename aan de debetzijde van de balans. Aan de creditzijde wordt de waardestijging vermeld onder de post Herwaarderingsreserve. Door herwaardering komen geen financiële middelen beschikbaar. Het is alleen een aanpassing van de waardering van de activa aan de actuele waarde. In hoofdstuk 13 gaan we nader in op de gevolgen van herwaardering.

De reserves kunnen we ook nog op een andere wijze indelen. Hierbij wordt gelet op het feit of *het bestaan en/of de omvang* van de reserves uit de balans zijn af te leiden. Dan is er sprake van:
a een open reserve
b een stille reserve
c een geheime reserve.

Ad a Open reserve

Open reserve

Een open reserve is een reserve waarvan de omvang én het bestaan uit de balans zijn af te leiden. Voorbeelden hiervan zijn de agioreserve en de winstreserve.

Ad b Stille reserve

Stille reserve

We spreken van een stille reserve als het bestaan ervan wel uit de balans blijkt maar de omvang niet. Het komt voor dat activa volledig afgeschreven zijn en in feite een boekhoudkundige waarde van €0 hebben. Omdat deze activa nog wel in de onderneming gebruikt (kunnen) worden, worden ze ook op de balans opgenomen. In dat geval worden ze vaak op de balans gewaardeerd tegen het symbolische bedrag van €1, terwijl het overduidelijk is dat de werkelijke waarde veel hoger ligt. Dat de werkelijke waarde van deze activa meer is dan €1 is duidelijk (het bestaan van de reserve blijkt uit de balans), alleen kan uit de balans niet afgeleid worden hoeveel meer (de omvang blijkt niet uit de balans).

Ad c Geheime reserve

Geheime reserve

Bij een geheime reserve is noch het bestaan noch de omvang uit de balans af te leiden. Voorbeelden hiervan zijn:
- het te laag waarderen van activa zonder dat buitenstaanders kunnen vermoeden dat deze waardering te laag is;
- het niet vermelden van bepaalde activa op de balans, die wel in het bezit zijn van de onderneming.

Het bestaan van stille en/of geheime reserves heeft tot gevolg dat op basis van de balans geen juist beeld kan worden gevormd van het eigen vermogen van de onderneming. Stille en geheime reserves geven de mogelijkheid om eventuele verliezen weg te werken, zonder dat dit in de balans en de verlies- en winstrekening tot uitdrukking komt.

Samenvatting

Eigen vermogen is een van de mogelijkheden om in de vermogensbehoefte van een onderneming te voorzien. Een nv of bv trekt eigen vermogen aan door aandelen uit te geven. De koper van een nieuw uitgegeven aandeel stelt het door hem betaalde bedrag permanent aan de onderneming ter beschikking. De waarde van een aandeel hangt af van de waarde van de onderneming die de aandelen heeft uitgegeven. De intrinsieke waarde van een onderneming is het verschil tussen de waarde van de activa en de omvang van het vreemd vermogen. De rentabiliteitswaarde komt overeen met de contante waarde van alle in de toekomst verwachte winsten.

Preferente aandelen kunnen recht geven op dividend voordat op gewone aandelen dividend wordt uitgekeerd. Er is dan sprake van winstpreferente aandelen. Preferente aandelen die aan de houders ervan extra beslissingsbevoegdheden geven, noemen we prioriteitsaandelen.

Een van de vraagstukken bij een emissie van aandelen is het vaststellen van de emissieprijs. Deze prijs moet liggen tussen de verwachte beurskoers van het aandeel direct na emissie en de nominale waarde van het uit te geven aandeel. Alleen bij een overgenomen emissie mag de emissieprijs minimaal 94% van de nominale waarde bedragen.

We spreken van een voorkeursemissie als de houders van reeds uitgegeven aandelen een voorrecht hebben bij de aankoop van nieuw uit te geven aandelen. Dit voorrecht is gekoppeld aan het bezit van een dividendbewijs met een bepaald nummer. Een dergelijk dividendbewijs is een claim, die op de effectenbeurs kan worden verhandeld.

Behalve het geplaatste en gestorte nominale aandelenkapitaal rekenen we ook de reserves tot het eigen vermogen. Enkele veelvoorkomende reserves zijn: agioreserve, winstreserve en herwaarderingsreserve. Een agioreserve ontstaat als er aandelen worden uitgegeven tegen een koers die hoger is dan de nominale waarde van het aandeel. Het inhouden van winsten leidt tot een winstreserve, terwijl een herwaarderingsreserve het gevolg is van een waardestijging van de activa van de onderneming.

Begrippenlijst

Aandeelbewijs — Bewijs van mede-eigendom in een nv of bv.

Aandelensplitsing — Bestaand aandeel wordt opgesplitst in meerdere aandelen met een lagere nominale waarde.

Afstempelen — Het verlagen van de nominale waarde van reeds uitgegeven aandelen.

Agio — Bedrag waarmee de emissieprijs de nominale waarde van het aandeel overtreft; verschil tussen de emissieprijs en de nominale waarde van het aandeel.

Agiobonus — Aandelen die uitgegeven zijn ten laste van de agioreserve.

Agioreserve — Reserve die ontstaat doordat de aandeelhouders voor de geplaatste aandelen meer betalen dan de nominale waarde van het aandeel.

Beurswaarde (van een onderneming) — De prijs van een aandeel, die op de effectenbeurs tot stand komt door vraag en aanbod.

Boekwaarde eigen vermogen — Het verschil tussen de boekwaarde van de activa en de boekwaarde van het vreemd vermogen van een onderneming.

Bonusaandelen — Aandelen die door de nv of bv worden uitgegeven zonder dat daar een directe betaling door de aandeelhouders tegenover staat (veelal ten laste van de agioreserve of winstreserve).

Cashdividend — Dividend dat in contanten wordt uitgekeerd.

Claim — Dividendbewijs met een bepaald nummer dat recht geeft op het kopen van nieuwe aandelen.

Claimemissie — Een emissie van nieuwe aandelen, waarbij degenen die al aandelen in de nv bezitten voorrang krijgen.

Dividend — Gedeelte van de winst dat aan de aandeelhouders wordt uitgekeerd.

Dividendstabilisatie — Het streven van een onderneming om ieder jaar per aandeel een min of meer gelijk bedrag aan dividend uit te keren.

Eigen vermogen — Vermogen dat permanent aan de onderneming beschikbaar is gesteld (permanent vermogen).

Emissieprijs — Prijs waartegen nieuwe aandelen worden uitgegeven.

Geheime reserve — Reserve waarvan noch het bestaan noch de omvang uit de balans af te leiden is.

Geplaatst aandelenkapitaal	Gedeelte van het maatschappelijk kapitaal dat door de nv of bv werkelijk is uitgegeven.
Gestort aandelenkapitaal	Gedeelte van het geplaatste kapitaal dat door de aandeelhouders gestort is.
Goodwill	Het positieve verschil tussen de rentabiliteitswaarde en de intrinsieke waarde van een onderneming.
Guichet-emissie	Uitgifte van aandelen waarbij het bankconsortium dat de emissie verzorgt, niet het risico van het mislukken van de emissie draagt.
Herkapitalisatie	Verandering binnen het eigen vermogen waarbij de omvang van het eigen vermogen ongewijzigd blijft; het vergroten van het nominale aandelenvermogen ten koste van de reserves.
Herwaarderingsreserve	Gedeelte van het eigen vermogen dat ontstaan is door een waardestijging van de activa.
Inkoop eigen aandelen	Het terugkopen van reeds uitgegeven aandelen door de onderneming die ze heeft uitgegeven.
Interim-dividend	Dividend dat tussentijds (tijdens het boekjaar) aan de aandeelhouders wordt uitgekeerd.
Intrinsieke waarde eigen vermogen	Het verschil tussen de marktwaarde van de activa en de boekwaarde van het vreemd vermogen van een onderneming.
Keuzedividend	Dividenduitkering waarbij de aandeelhouder de keuze heeft uit stock- of cashdividend.
Maatschappelijk kapitaal	Het maximale (nominale) aandelenkapitaal dat door de nv of bv uitgegeven mag worden zonder dat een statutenwijziging nodig is.
Nominale waarde	De in de statuten vermelde waarde van een aandeel.
Ondernemend vermogen	Vermogen waarvan de vergoeding afhankelijk is van de ondernemingsresultaten (eigen vermogen).
Openbare emissie	Uitgifte van aandelen via de effectenbeurs.
Open reserve	Reserve waarvan de omvang en het bestaan uit de balans af te leiden zijn.
Overgenomen emissie	Uitgifte van aandelen waarbij het bankconsortium dat de emissie verzorgt, zich verplicht heeft de aandelen die niet aan beleggers verkocht zijn, tegen een vooraf vastgestelde prijs te kopen.
Preferent aandeel	Aandeel waaraan bepaalde voorrechten zijn verbonden ten aanzien van winstverdeling of zeggenschap.
Rentabiliteitswaarde	Contante waarde van alle toekomstige winsten van een onderneming.

Reserves   Waarde van het eigen vermogen voor zover het de nominale waarde van het geplaatst aandelenvermogen overtreft; bestanddelen van het eigen vermogen naast het geplaatste en gestorte (nominale) aandelenkapitaal.

Slotdividend   Dividend dat als aanvulling op het interim-dividend wordt uitgekeerd.

Stille reserve   Reserve waarvan het bestaan wel, maar de omvang niet uit de balans af te leiden is.

Stockdividend   Dividend dat uitbetaald wordt in de vorm van aandelen.

Underwriter   De instantie (persoon) die het slagen van een aandelenemissie garandeert, door de verplichting op zich te nemen de onverkochte nieuwe aandelen te kopen tegen de emissieprijs.

Voorkeursemissie   Emissie waarbij alleen de houders van dividendbewijzen met een bepaald nummer het recht hebben om nieuwe aandelen te kopen.

Vrije emissie   Emissie van aandelen waarbij aan de huidige aandeelhouders geen voorrechten worden verleend.

Winstreserve   Gedeelte van het eigen vermogen dat ontstaat door het inhouden van winsten.

Meerkeuzevragen

10.1 Het eigen vermogen vervult een bufferfunctie. Hiermee wordt bedoeld dat
   a het eigen vermogen gebruikt kan worden om dividend uit te betalen.
   b bij liquidatie de aandeelhouders hun geld terugkrijgen voordat de verschaffers van vreemd vermogen worden afgelost.
   c eventuele verliezen in eerste instantie ten laste komen van het eigen vermogen. De verschaffers van vreemd vermogen lopen daardoor minder risico dat de aflossingen en interest niet betaald kunnen worden.
   d de onderneming beschermd is tegen een vijandige overname.

10.2 Het geplaatst en gestort aandelenvermogen van een naamloze vennootschap
   a moet tijdens het bestaan van de nv aan de aandeelhouders worden terugbetaald.
   b staat permanent ter beschikking van de nv.
   c komt altijd overeen met het maatschappelijk kapitaal.
   d neemt af door de betaling van dividend.

10.3 Op winst-preferente aandelen wordt dividend uitgekeerd
   a voordat interest betaald wordt aan de verschaffers van vreemd vermogen.
   b voordat dividend wordt uitgekeerd op prioriteitsaandelen.
   c voordat vennootschapsbelasting over de winst wordt betaald.
   d voordat dividend wordt uitgekeerd op de gewone aandelen.

10.4 Bij de uitgifte van nieuwe aandelen
   a is de emissieprijs maximaal gelijk aan de nominale waarde van het aandeel.
   b kan de emissieprijs lager zijn dan 100% van de nominale waarde als het een overgenomen emissie betreft.
   c is de emissieprijs hoger dan de verwachte beurskoers na emissie.
   d worden aan de houders van oude aandelen altijd claims toegekend.

10.5 Van een naamloze vennootschap is de volgende balans gegeven.

Balans per 31 december 2015 (bedragen × €1.000)

Vaste activa	8.000	Maatschappelijk kapitaal	20.000
Vlottende activa	5.000	Niet-geplaatste aandelen	12.000
		Geplaatst aandelenkapitaal	8.000
		Aandeelhouders nog te storten	2.000
		Geplaatst en gestort aandelenkapitaal	6.000
		Agioreserve	3.000
		Hypotheek	2.000
		Rekening-courantkrediet	600
		Crediteuren	400
		Winstsaldo 2015	1.000
Totaal activa	13.000	Totaal vermogen	13.000

De naamloze vennootschap kent 4% dividend toe.
Het uit te betalen dividend bedraagt dan
a €360.000.
b €320.000.
c €240.000.
d € 40.000.

10.6 Als de aandelen de vorm hebben van global notes, dan geldt
a de levering van het aandeel en de uitbetaling van het dividend op basis van fysieke (tastbare) stukken.
b de levering van het aandeel op basis van fysieke (tastbare) stukken en de uitbetaling van het dividend giraal.
c de levering van het aandeel giraal en de uitbetaling van het dividend op basis van fysieke (tastbare) stukken.
d de levering van het aandeel en de uitbetaling van het dividend giraal.

10.7 Reserves behoren tot
a het tijdelijk niet-ondernemend vermogen.
b het tijdelijk ondernemend vermogen.
c het vreemd vermogen.
d het permanent ondernemend vermogen.

10.8 Een onderneming heeft haar gebouwen op de balans gewaardeerd voor €1. Voor iedereen is duidelijk dat deze gebouwen veel meer waard zijn. De juiste waarde is echter niet bekend. In dat geval is er sprake van een
a stille reserve.
b geheime reserve.
c open reserve.
d herwaarderingsreserve.

Studio 100 NV, een internationale groep gericht op kwaliteitsvol multimedia familie-entertainment, geeft obligaties uit.
We zetten de voornaamste kenmerken voor u op een rij:
- Het betreft een **publiek aanbod van obligaties in België**;
- voor een bedrag van minimum van EUR 40.000.000 en maximum van EUR 90.000.000;
- met Coupures van **EUR 1.000**;
- en een looptijd van **7 jaar** (behoudens vervroegde terugbetaling op verzoek van de Emittent).
- De **uitgifteprijs** is vastgesteld op **101,875%** per Coupure, namelijk **EUR 1.018,75 per** Coupure.
- **Jaarlijks** heeft u per Coupure recht op een coupon met een **bruto interestvoet** van **3,35%** per jaar, namelijk EUR 33,50 per Coupure.
- Op de **Eindvervaldag** hebt u recht op een **terugbetaling** aan **100,00%** van het belegde bedrag (zonder Plaatsingscommissie), namelijk EUR 1.000 per Coupure. Mocht de Emittent en/of de Garanten in gebreke blijven, loopt de belegger het risico om de sommen waarop hij recht heeft niet te ontvangen en een deel van of het volledige belegde bedrag en interestbedragen te verliezen.
- Het **Bruto Actuarieel Rendement** (vóór roerende voorheffing) bedraagt **3,05%** op jaarbasis indien de Obligaties tot op de Eindvervaldag worden aangehouden.
- Het **Actuarieel Rendement na roerende voorheffing** (momenteel 25%) bedraagt 2,22% op jaarbasis indien de Obligaties tot op de Eindvervaldag worden aangehouden.

Voor bijkomende informatie of inschrijvingen kan u terecht bij:
Uw KBC-Bankkantoor   KBC-Website   KBC-Telecenter   KBC-Online

Bron: www.kbc.be

Toelichting

De emittent (KBC Bank NV) wijst de potentiële belegger op de risico's die aan deze belegging zijn verbonden. Studio 100 NV is opgericht naar Belgisch recht en ook de obligaties worden onder Belgisch recht uitgegeven. Het rendement wordt zowel voor als na roerende voorheffing weergegeven. Roerende voorheffing is de Belgische benaming voor dividendbelasting.

Vormen van vreemd vermogen

11

11.1 Behoefte aan vreemd vermogen
11.2 Vreemd vermogen
11.3 Indeling vreemd vermogen naar looptijd
11.4 Vormen van vreemd vermogen op lange termijn
11.5 Vormen van vreemd vermogen op korte termijn
11.6 Voorzieningen
11.7 Zekerheidstelling
11.8 Financiering midden- en kleinbedrijf
11.9 Nieuwe financieringsvormen voor het MKB
11.10 Dienstverlenende organisaties zonder winstoogmerk
Samenvatting
Begrippenlijst
Meerkeuzevragen

Uit de debetzijde van de balans blijkt over welke activa een organisatie beschikt om haar activiteiten uit te voeren. De totale vermogensbehoefte van een organisatie, die overeenkomt met dit balanstotaal, kan gefinancierd worden met eigen en/of vreemd vermogen. In hoofdstuk 10 hebben we de verschillende vormen van eigen vermogen besproken. In dit hoofdstuk gaat de aandacht uit naar het vreemd vermogen. We bespreken de verschillende vormen van vreemd vermogen en staan stil bij hun specifieke kenmerken.

11.1 Behoefte aan vreemd vermogen

In dit hoofdstuk staan de relaties van een organisatie met de vermogensmarkt centraal. Daarbij concentreren we ons op het aantrekken van vreemd vermogen. Dat het daarbij om grote bedragen kan gaan, blijkt uit de advertentie in de hoofdstukopening van KBC Bank NV.

De behoefte van een organisatie aan financiële middelen volgt uit de beslissingen die zijn genomen ten aanzien van het primaire proces. Zo zal een beslissing om bijvoorbeeld een nieuw pand of nieuwe kantoorapparatuur te kopen tot een toename van de vermogensbehoefte leiden. De omvang en wijze van financieren hangt af van (volgt uit) de aard en omvang van de activa. Daarom spreken we, als de organisatie in de vermogensbehoefte voorziet door een beroep te doen op de vermogensmarkt, van secundaire geldstromen. De geldstromen van en naar de vermogensmarkt zijn namelijk afhankelijk van de primaire geldstromen. In figuur 11.1 geven we deze relaties weer.

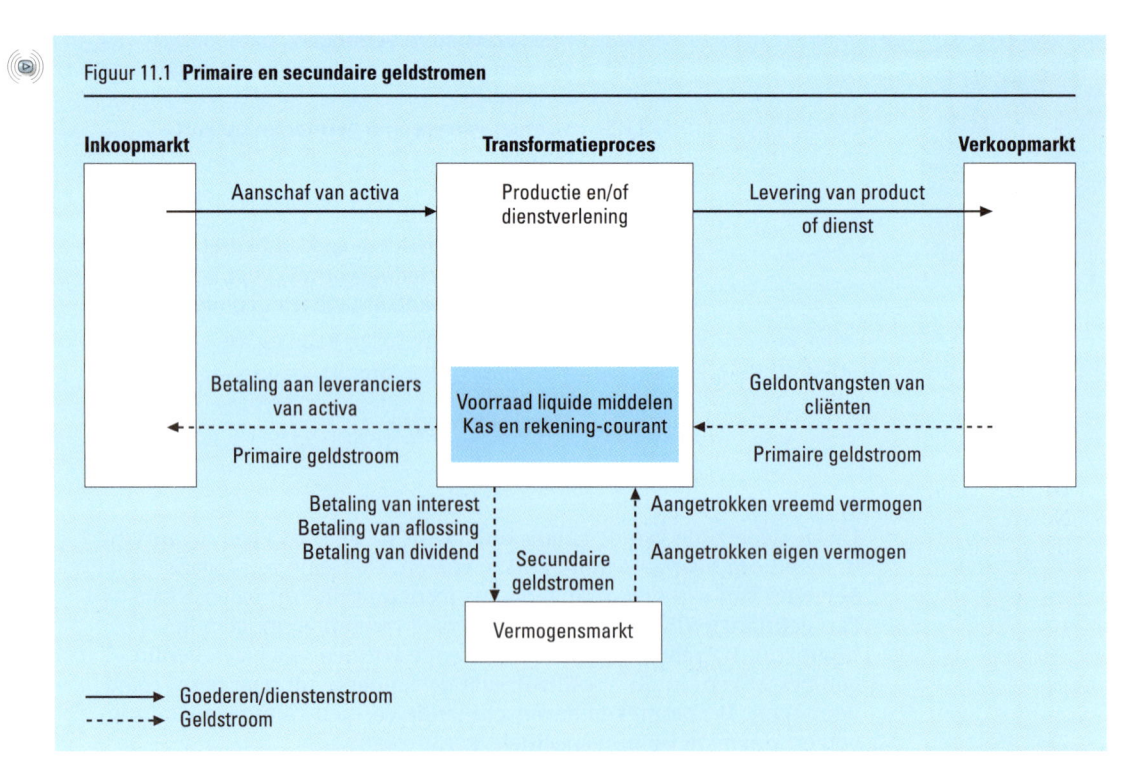

Figuur 11.1 Primaire en secundaire geldstromen

Voor het besturen van een organisatie is de omvang van het vreemd vermogen (ten opzichte van het eigen vermogen) een belangrijke stuurvariabele. In hoofdstuk 12 gaan we nader in op de financiële kengetallen die een belangrijke rol spelen bij het besturen van organisaties.

11.2 Vreemd vermogen

Vreemd vermogen

De verschaffers van vreemd vermogen zijn (in juridische zin) schuldeisers van de onderneming. De verschaffer van vreemd vermogen verleent krediet. De onderneming is meestal verplicht het vreemd vermogen binnen een bepaalde tijd terug te betalen. Vreemd vermogen wordt daarom ook wel *tijdelijk* vermogen genoemd. Dit in tegenstelling tot eigen vermogen dat niet terugbetaald hoeft te worden en daarom *permanent* vermogen heet. Bij een rentedragende lening is de onderneming verplicht een bepaalde interest te betalen aan de kredietverschaffers.

De aanbieders van vreemd vermogen zijn meestal financiële instellingen, zoals banken, pensioenfondsen en verzekeringsmaatschappijen. Ook welgestelde particulieren kunnen al dan niet met tussenkomst van de banken als aanbieders van vreemd vermogen optreden.

Belangrijke vragers naar vreemd vermogen zijn overheden, ondernemingen en particulieren.

Vreemd vermogen is geen eigendom van de onderneming en dient in de vorm van aflossingen terugbetaald te worden aan de verschaffers ervan. De vergoeding die de onderneming over het vreemd vermogen verstrekt, noemen we interest. Deze vergoeding is meestal onafhankelijk van de bedrijfsresultaten. Het vreemd vermogen noemen we daarom ook wel niet-ondernemend of niet-risicodragend vermogen. Bij beëindiging van de onderneming wordt allereerst het vreemd vermogen terugbetaald. Wat daarna resteert, komt toe aan de eigenaren van de onderneming. Hieruit blijkt dat de verschaffers van vreemd vermogen minder risico lopen dan de verschaffers van eigen vermogen.

Niet-ondernemend of niet-risicodragend vermogen

Het vreemd vermogen van een onderneming kan onderverdeeld worden in diverse vormen, die verband houden met verschillen in looptijd, rentetarief, verhandelbaarheid en zekerheidstelling.

Tussenvraag 11.1
Noem twee redenen waarom de verschaffers van vreemd vermogen minder risico lopen dan de verschaffers van eigen vermogen.

11.3 Indeling vreemd vermogen naar looptijd

Als we letten op de looptijd van het vreemd vermogen maken we onderscheid in vreemd vermogen op lange termijn en vreemd vermogen op korte termijn. De grens tussen lange en korte termijn wordt gelegd bij twee jaar.

De leningen met een looptijd korter dan twee jaar worden verhandeld op de geldmarkt. Leningen met een looptijd van twee jaar of meer worden op de kapitaalmarkt verhandeld. De vermogensmarkt (figuur 11.2) bestaat uit de geldmarkt en de kapitaalmarkt.

Vermogensmarkt

> De vermogensmarkt is het geheel van financiële markten en financiële instellingen.

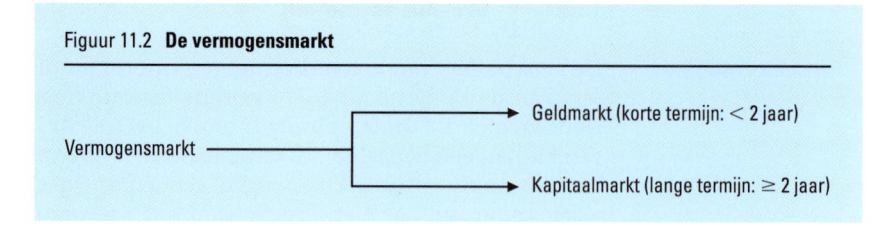

Figuur 11.2 **De vermogensmarkt**

Vermogensmarkt
- Geldmarkt (korte termijn: < 2 jaar)
- Kapitaalmarkt (lange termijn: ≥ 2 jaar)

Kapitaalmarkt

Geldmarkt

Externe verslaggeving

Kort vreemd vermogen

Lang vreemd vermogen

Tot de kapitaalmarkt behoren de vraag naar en het aanbod van eigen vermogen (de aandelenmarkt) en de vraag naar en het aanbod van vreemd vermogen met een looptijd van twee of meer jaar. Vreemd vermogen met een looptijd van minder dan twee jaar behoort tot de geldmarkt.

Bij het opstellen van de balans (zie *externe verslaggeving* in hoofdstuk 14) en bij de berekening van kengetallen (zie hoofdstuk 12) wordt er ook een onderscheid gemaakt tussen lang en kort vreemd vermogen. Daarvoor geldt dat verplichtingen die over één jaar of eerder opeisbaar zijn, onder kort vreemd vermogen vallen. Verplichtingen die over meer dan één jaar opeisbaar zijn, behoren tot het lang vreemd vermogen. Voor de indeling van de vermogensmarkt in lange en korte termijn gelden blijkbaar andere criteria dan de criteria die in de externe verslaggeving en bij het berekenen van kengetallen worden gebruikt.

11.4 Vormen van vreemd vermogen op lange termijn

Het vreemd vermogen op lange termijn komt in verschillende vormen voor. Deze verschillen kunnen betrekking hebben op de wijze waarop de vergoeding voor de verschaffers van vreemd vermogen tot stand komt. Ook de wijze waarop de zekerheid voor de geldgever geregeld is, kan verschillen.

We bespreken de volgende vormen van vreemd vermogen op lange termijn:
1 obligatieleningen
2 converteerbare obligaties
3 overige leningen.

11.4.1 Obligatieleningen

Obligatielening

> Een obligatielening is een lening die verdeeld is over een groot aantal schuldbekentenissen die *obligaties* worden genoemd (obligatie = verplichting).

De obligaties hebben een nominale waarde, worden in ronde bedragen (bijvoorbeeld €100 of €1.000) uitgegeven en zijn gesteld aan toonder, waardoor ze goed verhandelbaar zijn. De koper van een obligatie heeft recht op een vaste interestvergoeding en op aflossing.

Obligatieleningen kunnen uitgegeven worden door:
- ondernemingen, zoals nv's, bv's, stichtingen en coöperaties;
- overheden, zoals de Nederlandse Staat, provincies en steden; obligaties die door de Nederlandse Staat worden uitgegeven, worden *staatsobligaties* genoemd;

Staatsobligaties

Pandbrieven
- hypotheekbanken; obligaties die zijn uitgegeven door hypotheekbanken heten *pandbrieven*;
- verenigingen.

In haar klassieke vorm (K-stuk) bestaat een obligatie uit een mantel en een couponblad. Op de mantel staan onder andere de naam van de instelling die de obligatielening heeft uitgegeven (de schuldenaar) en de nominale waarde van de obligatie vermeld.

Het couponblad is verdeeld in een groot aantal coupons. Tegen inlevering van een coupon ontvangt de obligatiehouder de interest over de periode waarop de coupon betrekking heeft. De interest wordt achteraf betaald (meestal per kwartaal of per jaar).

Zowel voor aandelen als voor obligaties geldt dat deze bij nieuwe emissies niet meer de vorm hebben van een tastbaar bewijs (dematerialisatie). Obligaties hebben tegenwoordig de vorm van een global note (global certificate). Een global note vertegenwoordigt alle obligaties van dezelfde soort. In dat geval zijn de registratie en levering van aandelen en obligaties volledig geautomatiseerd en worden er geen eigendomsbewijzen overhandigd. Ook de interestbetaling is dan volledig geautomatiseerd en wordt giraal afgewikkeld.

Tussenvraag 11.2
Welk bedrag aan interest betaalt Studio 100 NV uit per obligatie (zie advertentie in de hoofdstukopening)?

Trustee
Om de belangen van de gezamenlijke obligatiehouders te behartigen, wordt een trustee (vertrouwenspersoon) aangesteld. In de trustakte wordt vastgelegd welke rechten de trustee namens de obligatiehouders kan uitoefenen.

We bespreken hierna de aflossing van de obligatielening, de hypothecaire obligatielening en de achtergestelde obligatielening.

Aflossing obligatielening
Vreemd vermogen is tijdelijk vermogen. Dit betekent dat vreemd vermogen in principe moet worden afgelost. De aflossing van de lening kan ineens plaatsvinden aan het einde van de looptijd van de lening of in gedeelten gedurende de looptijd van de lening. De eerste vorm noemen we een bulletlening. Voor de aflossing in gedeelten kunnen diverse methoden, waaronder loting, worden toegepast.

Bulletlening

In sommige gevallen heeft de schuldenaar het recht de obligatielening na een bepaald tijdstip vervroegd of versneld af te lossen. Als in de toekomst de vermogensbehoefte geringer is dan verwacht, kan van de mogelijkheid van vervroegde aflossing worden gebruikgemaakt. Ook kan als in de toekomst de interest daalt, een obligatielening met een hoge interest vervroegd afgelost worden en vervangen worden door een nieuwe lening met een lagere interest. De mogelijkheid van vervroegde aflossing biedt de geldnemer een grote flexibiliteit.

Pandbrieven

Gewone obligaties die door hypotheekbanken worden uitgegeven, heten *pandbrieven*. De opbrengst uit de emissie van deze pandbrieven gebruiken deze banken om hypothecaire leningen te verstrekken.

De hypothecaire obligatielening

Aan de koper van een obligatie worden geen zekerheden verstrekt. In dat geval moet de schuldeiser erop (kunnen) vertrouwen dat de schuldenaar zijn verplichtingen correct nakomt. In het geval de obligaties uitgegeven zijn door de Nederlandse Staat, zal dit voor de geldgever geen probleem zijn. Hij of zij kan erop rekenen dat de Nederlandse Staat zijn verplichtingen nakomt. Een belegging in staatsobligaties wordt daarom een risicovrije belegging genoemd.

Risicovrije belegging

Als de obligatielening door een onderneming wordt uitgegeven, bestaat het gevaar dat de onderneming niet aan haar verplichtingen kan voldoen. Om de nadelen voor de kopers van deze obligaties te beperken, kan de onderneming bepaalde zekerheden geven. Aan de obligatiehouders kan het recht verleend worden bepaalde onroerende zaken te verkopen als de onderneming in gebreke blijft. In dat geval verstrekt de onderneming het recht van hypotheek aan de obligatiehouders. We spreken dan van een hypothecaire obligatielening.

Hypothecaire obligatielening

Achtergestelde obligatielening

Het kan ook voorkomen dat de obligatiehouders met minder rechten dan alle of bepaalde andere schuldeisers van de onderneming genoegen nemen. Zij worden dan bij deze schuldeisers achtergesteld. De achterstelling heeft betrekking op de volgorde van aflossing. De achtergestelde obligatieleningen worden dan afgelost nadat de niet achtergestelde schulden van de onderneming voldaan zijn.

Achtergestelde obligatielening

Kapitaalobligaties

Kapitaalobligaties zijn achtergestelde obligaties die met name door financiële instellingen zijn uitgegeven.

11.4.2 Converteerbare obligaties

Converteerbare obligatie

> Een converteerbare obligatie is een obligatie die gedurende een bepaalde periode en onder bepaalde voorwaarden omgewisseld kan worden in aandelen.

De koper van een converteerbare obligatie *heeft het recht, maar niet de verplichting* de obligatie om te wisselen in aandelen.

De voorwaarden waartegen de obligatielening wordt uitgegeven, worden bij aanvang van de lening vastgelegd. Deze voorwaarden kunnen betrekking hebben op:
- de hoogte van de interestvergoeding;
- de omwisselingsverhouding: het aantal converteerbare obligaties dat ingewisseld moet worden om één aandeel te verkrijgen;
- de periode waarbinnen er kan worden geconverteerd;
- de omvang van de bijbetaling bij omwisseling;
- de mogelijkheid tot vervroegde aflossing.

Als de houders van converteerbare obligaties van hun recht gebruikmaken, zal daardoor het vreemd vermogen van de schuldenaar afnemen en zijn eigen vermogen toenemen (zie www.smartinvest.nl/convertibles.htm)

We verdiepen ons hierna in de conversiekoers en de conversiewaarde.

Conversiekoers

Aan de hand van voorbeeld 11.1 berekenen we de conversiekoers en we stellen de journaalpost en de balans op van onderneming Hestra nv.

■ **Voorbeeld 11.1 Hestra nv**

Van onderneming Hestra nv is de volgende balans gegeven.

Balans Hestra nv per 31 december 2015 (bedragen × €1.000)

Gebouwen en terreinen	22.500	Aandelenvermogen	20.000
Machines	11.250	Agioreserve	5.000
Inventaris	6.250	Converteerbare obligatielening	4.000
Voorraden	5.500	Hypothecaire lening	10.000
Debiteuren	3.000	Banklening	7.000
Kas	1.500	Rekening-courant	1.200
		Crediteuren	2.800
Totaal activa	50.000	Totaal vermogen	50.000

Zowel de aandelen als de converteerbare obligaties hebben een nominale waarde van €1.000. Vanaf 1 januari 2016 kunnen twee converteerbare obligaties, onder bijbetaling van €800, omgewisseld worden in één aandeel. Op 2 januari 2016 worden daadwerkelijk converteerbare obligaties met in totaal een nominale waarde van €3 mln omgewisseld in aandelen.

1 Wat is de conversiekoers?
2 Welke journaalpost wordt van deze conversie gemaakt?
3 Wat is de balans van Hestra nv direct na de conversie?

Uitwerking

Conversiekoers

1 De conversiekoers =

$$\frac{\text{Nominale waarde van de ingeleverde obligaties} + \text{Bijbetaling door obligatiehouder}}{\text{Nominale waarde van de ontvangen aandelen}} \times 100\% =$$

$$\frac{(2 \times €1.000) + €800}{€1.000} \times 100\% = 280\%$$

De conversiekoers kunnen we ook weergeven in een geldbedrag per te verkrijgen aandeel. Dan geldt:

Conversiekoers =

$$\frac{\text{Nominale waarde van de ingeleverde obligaties} + \text{Bijbetaling door de obligatiehouder}}{\text{Aantal te ontvangen aandelen}} =$$

$$\frac{2 \times €1.000 + €800}{1} = €2.800$$

Per twee ingeleverde converteerbare obligaties neemt/nemen:
- de converteerbare obligatielening af met €2.000;
- de kasmiddelen toe met €800;
- het aandelenvermogen toe met €1.000;
- de agioreserve toe met €1.800.

Deze bedragen moeten met 1.500 worden vermenigvuldigd, omdat €3 mln wordt geconverteerd.

2 Per twee ingeleverde converteerbare obligaties wordt de volgende journaalpost gemaakt:

	Converteerbare obligatielening	€	2.000	
	Kas	€	800	
Aan	Aandelenvermogen			€ 1.000
Aan	Agioreserve			€ 1.800

In werkelijkheid worden 3.000 converteerbare obligaties omgewisseld. De bedragen bij voorgaande journaalpost (die betrekking heeft op twee converteerbare obligaties) moeten we daarom met 1.500 vermenigvuldigen. De journaalpost wordt dan:

	Converteerbare obligatielening	€ 3.000.000	
	Kas	€ 1.200.000	
Aan	Aandelenvermogen		€ 1.500.000
Aan	Agioreserve		€ 2.700.000

3 De balans van Hestra nv direct na conversie wordt:

Balans Hestra nv per 2 januari 2016 (bedragen × €1.000)

Gebouwen en terreinen	22.500	Aandelenvermogen	21.500
Machines	11.250	Agioreserve	7.700
Inventaris	6.250	Converteerbare obligatielening	1.000
Voorraden	5.500	Hypothecaire lening	10.000
Debiteuren	3.000	Banklening	7.000
Kas	2.700	Rekening-courant	1.200
		Crediteuren	2.800
Totaal activa	51.200	Totaal vermogen	51.200

Hierna volgt een persbericht van USG People waarin de onderneming aankondigt de conversiekoers (weergegeven in een bedrag) te verlagen.

Conversiewaarde
Een houder van een converteerbare obligatie heeft de mogelijkheid zijn obligatie op de beurs te verkopen vóórdat conversie heeft plaatsgevonden. Om een idee te krijgen van de waarde van zijn obligatie kan hij de conversiewaarde van de obligatie berekenen. De conversiewaarde is de waarde van een converteerbare obligatie in het geval dat de obligatie omgewisseld zou worden in aandelen.
Aan de hand van voorbeeld 11.2 berekenen we de conversiewaarde bij schoenfabrikant Converse nv.

Aanpassing conversieprijs converteerbare obligaties

(ISIN: XS0230850389 / Common Code: 023085038)

Almere, 4 mei 2009 – USG People N.V. maakt bekend dat de conversieprijs van de uitstaande 3% achtergestelde converteerbare obligaties met een looptijd tot 2012, uitgegeven door USG People in oktober 2005, wordt aangepast conform de algemene voorwaarden van de converteerbare obligaties. De conversieprijs wordt verlaagd van €17,91 naar €16,18.

De aanpassing van de conversieprijs vloeit voort uit de goedkeuring van een dividend in aandelen van €0,58 per aandeel van nominaal €0,50 door de Algemene Vergadering van Aandeelhouders van USG People, die gehouden werd op 21 april 2009. De hoogte van het stockdividend werd vastgesteld op twee nieuwe aandelen per 23 uitstaande aandelen (of 8,7% stockdividend). Dit vertegenwoordigt een waarde van ongeveer €0,58, gegeven de slotkoers op 21 april 2009 van €6,73.

Conform de bepalingen 6.2 en 6.7 van de algemene voorwaarden van de obligaties meldt USG People hierbij dat de conversieprijs van de obligaties die niet vóór 15 mei 2009 worden geconverteerd, wordt verlaagd van €17,91 naar €16,18.

De aangepaste conversieprijs wordt van kracht per 15 mei 2009, de datum waarop het dividend betaalbaar wordt gesteld.

Bron: *Persbericht USG People*, 4 mei 2009

Door de uitbetaling van dividend worden de aandelen minder waard. De houders van de converteerbare obligaties die recht hebben op deze aandelen hoeven dan ook bij een eventuele conversie minder voor de aandelen te betalen (de conversiekoers wordt daarom verlaagd).

■ **Voorbeeld 11.2 Converse nv**
Sportschoenenfabrikant Converse nv heeft op 1 maart 2004 een converteerbare obligatielening uitgegeven van 6%, die in de periode van 1 maart 2014 tot 1 maart 2019 omgewisseld kan worden in aandelen. Tegen inwisseling van drie converteerbare obligaties (van €1.000 nominaal per obligatie) en bijbetaling van €800, worden twee aandelen (van €1.000 nominaal per aandeel) verstrekt. In maart 2016 overweegt belegger Gerlings, die in geldnood zit, zijn converteerbare obligatie op de beurs te verkopen. Op dat moment bedraagt de beurskoers van één aandeel Converse nv €2.200. De beurskoers van de converteerbare obligaties is op dat moment €1.300.

Om te beoordelen of deze beurskoers aantrekkelijk is, berekent de heer Gerlings de *conversiewaarde van de obligatie*. De conversiewaarde geeft de waarde van een converteerbare obligatie weer, *indien er op dit moment (maart 2016) geconverteerd zou worden*. Drie converteerbare obligaties, onder bijbetaling van €800, geven recht op twee aandelen. Daarom voert Gerlings de volgende berekening uit om de conversiewaarde te bepalen:
3 converteerbare obligaties + €800 = 2 aandelen
3 converteerbare obligaties + €800 = 2 × €2.200
3 converteerbare obligaties = €4.400 − €800 = €3.600

$$\text{Conversiewaarde van één obligatie} = \frac{€3.600}{3} = €1.200$$

Premie boven de conversiewaarde

In voorbeeld 11.2 bedraagt de beurskoers van de converteerbare obligatie (€1.300) €100 meer dan de conversiewaarde (€1.200). Deze €100 noemen we de premie boven de conversiewaarde. Beleggers verwachten blijkbaar dat de koers van de aandelen in de toekomst verder zal stijgen, waardoor bij conversie in de toekomst een hogere waarde dan €1.200 per obligatie kan worden gerealiseerd. In dit voorbeeld zal Gerlings niet tot conversie overgaan, maar zijn converteerbare obligatie voor €1.300 op de beurs verkopen.

Tussenvraag 11.3
a Welk voordeel heeft een converteerbare obligatie ten opzichte van een gewone obligatie voor de *geldgever*?
b Welk voordeel heeft een converteerbare obligatie ten opzichte van een gewone obligatie voor de *geldnemer*?

11.4.3 Overige leningen

We bespreken hierna de onderhandse lening, de hypothecaire lening en de achtergestelde lening.

Onderhandse lening

Onderhandse lening
Een onderhandse lening is een langlopende lening die wordt verstrekt door een of enkele geldgevers en tot stand komt in onderling overleg met de geldnemer (onderhands wil zeggen: buiten de kapitaalmarkt om).

De geldnemer kan een onderneming, een instelling of een overheid zijn. De geldgever is vaak een institutionele belegger, die uit hoofde van zijn functie over veel financiële middelen beschikt. Voorbeelden van institutionele beleggers zijn pensioenfondsen, levensverzekeringsmaatschappijen, hypotheekbanken en beleggingsmaatschappijen.

Deze geldgevers beschikken over een groot vermogen. Zij kunnen rechtstreeks (of via een tussenpersoon) met de geldnemer overleggen over de omvang en de voorwaarden van de lening.

Een onderhandse lening heeft zowel voor de geldgever als voor de geldnemer voordelen ten opzichte van een obligatielening, die via de kapitaalmarkt (openbare emissie) tot stand komt:

- Door het rechtstreekse (onderhandse) contact tussen geldgever en geldnemer kunnen in onderling overleg de leningsvoorwaarden worden vastgelegd. Eveneens kunnen de wensen van beide partijen op elkaar worden afgestemd (maatwerk is mogelijk). Bij de vaststelling van bijvoorbeeld de interestbetalingen en aflossingen kan rekening worden gehouden met de wensen van de geldnemer. Bij een publieke emissie moeten de leningsvoorwaarden voor een grote groep van geldgevers aantrekkelijk zijn (confectie).
- Het overleg tussen beide partijen is mogelijk zonder dat de ondernemingsplannen openbaar moeten worden gemaakt. Dit kan met name voor besloten vennootschappen van belang zijn.
- De onderhandse lening brengt minder kosten met zich mee. Er zijn geen emissiekosten, geen advertentiekosten en geen drukkosten van obligaties en prospectussen.

De voordelen voor de geldnemer worden echter ten dele tenietgedaan door de hogere interest die over een onderhandse lening moet worden betaald.

Voor de geldgever heeft de onderhandse lening als voordeel (naast de voordelen van maatwerk), dat er geen beursnotering voor geldt. Hierdoor is de waarde ervan niet onderhevig aan koersschommelingen.

Het feit dat de onderhandse lening niet via de beurs verhandeld kan worden, is voor de geldgever echter ook een nadeel. Het is niet eenvoudig een onderhandse lening waarbij het om een zeer groot bedrag gaat, aan één andere geldgever te verkopen. Dit bezwaar van geringe verhandelbaarheid kan voorkomen worden door in de leningsvoorwaarden te bepalen dat (onder bepaalde voorwaarden) de onderhandse lening kan worden omgezet in een obligatielening. Deze bepaling wordt **obligatieclausule** genoemd. Door splitsing van de onderhandse lening in een groot aantal obligaties neemt de verhandelbaarheid toe, maar vervallen de kostenvoordelen. Bij kleine ondernemingen wordt de onderhandse lening verstrekt door familieleden of bevriende relaties.

De hoogte van de rentevergoeding op vreemd vermogen is afhankelijk van een groot aantal factoren, zoals de verhandelbaarheid van het vreemd vermogen en de kredietwaardigheid van de organisatie die het vreemd vermogen aantrekt, maar ook macro-economische factoren zijn van invloed. In het artikel hieronder wordt een aantal van deze aspecten besproken.

Rentes omlaag op eerste dag QE

Van een onzer verslaggevers

Amsterdam • Eindelijk was het zover, de Europese Centrale Bank begon gisteren met een historisch stimuleringsprogramma van €1,1 biljoen.
Vermogensbeheerders, economen en journalisten speculeren al bijna een jaar over het programma. ECB-president Mario Draghi maakte het op 22 januari wereldkundig.

Om de kwakkelende economie te stimuleren gaat de centrale bank maandelijks €60 miljard aan obligaties kopen tot september 2016. Gisteren werden de eerste aankopen gedaan in het kader van dit pro-

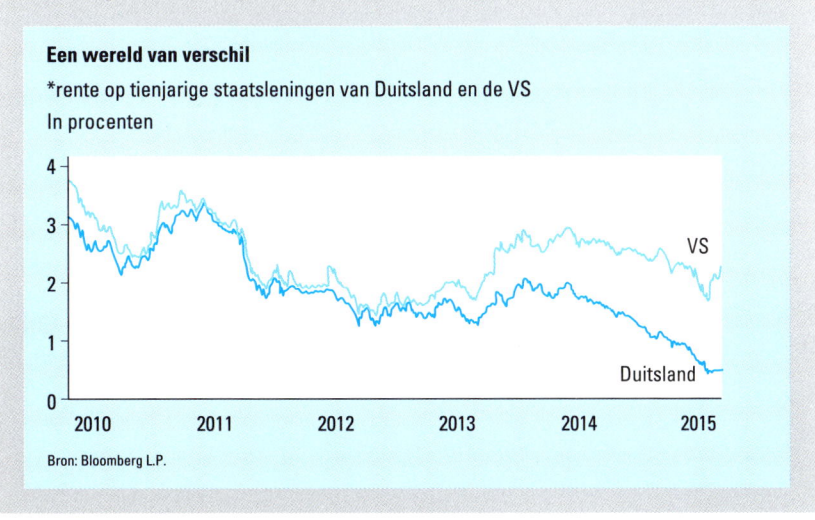

Een wereld van verschil
*rente op tienjarige staatsleningen van Duitsland en de VS
In procenten

Bron: Bloomberg L.P.

gramma dat ook als QE wordt aangeduid, de afkorting van quantitative easing ofwel kwantitatieve verruiming.

In aanloop naar QE waren rentes op staatsleningen al flink gedaald. Maar nu de ECB daadwerkelijk obligaties opkoopt, bleek gisteren dat het nog lager kon. Alle eurolanden zagen de tarieven op hun leningen dalen.

Inmiddels hebben tien Europese landen een rente op tienjarige staatsleningen van onder de 1%. Een ongekende situatie. Alleen de Griekse rente spoot gisteren met 65 basispunten omhoog. Beleggers zien een exit van Griekenland nog steeds als mogelijkheid.

Het renteverschil tussen Duitse en Amerikaanse obligaties met een looptijd van tien jaar steeg gisteren naar recordhoogte van ongeveer 2 procentpunt. Dit is het bewijs van de uiteenlopende situatie waarin de twee landen zich bevinden. De Amerikaanse economie komt op stoom terwijl die van de eurozone nog lang niet uit het dal is. ∎

Bron: *De Telegraaf*, 10 maart 2015

Toelichting

De Europese Centrale Bank (ECB) wil met quantitative easing (QE), ofwel kwantitatieve verruiming of versoepeling, de bedrijvigheid in de Eurozone stimuleren. Kwantitatieve verruiming wordt alleen toegepast als de rentetarieven dicht bij nul liggen en het niet meer mogelijk is om de uitgaven te stimuleren door de rentetarieven nog verder te verlagen.

Feitelijk doel van QE is om de economie in een sneller tempo te laten aantrekken dan anders het geval zou zijn geweest en de rentetarieven op den duur tot een normaler niveau te laten stijgen.

Hypothecaire lening

Hypothecaire lening

Een hypothecaire lening is een onderhandse lening waarbij, tot meerdere zekerheid voor de geldgever, het recht van hypotheek is verleend. Als de geldnemer niet aan zijn interest- en aflossingsverplichtingen voldoet, heeft de geldgever het recht zijn vorderingen te verhalen op de opbrengst van het (in de hypotheekakte vermelde) onroerend goed.

Achtergestelde lening

Achtergestelde lening

Houders van gewone obligaties hebben in geval van faillissement gelijke rechten als de overige crediteuren, zoals handelscrediteuren en bankschulden waaraan geen zekerheidstelling is verbonden. Het kan echter voorkomen dat in de leningsvoorwaarden overeengekomen is, dat de obligatiehouders in bepaalde situaties (zoals faillissement) hun vorderingen uitbetaald krijgen nádat aan de verplichtingen tegenover alle andere schuldeisers voldaan is, maar vóórdat aan de verschaffers van eigen vermogen betalingen worden verricht. In dat geval is er sprake van een achtergestelde lening. De verstrekkers van een achtergestelde lening lopen meer risico dan de gewone concurrerend crediteuren. Als compensatie daarvoor eisen ze een hogere interestvergoeding of een ander geldelijk voordeel. Ook kan aan een achtergestelde obligatielening het recht op conversie in aandelen verbonden worden. In dat geval is er sprake van een achtergestelde converteerbare obligatielening.

In zekere zin (met name wat risico betreft) kan de achtergestelde lening gezien worden als een tussenvorm tussen het eigen en vreemd vermogen.

11.5 Vormen van vreemd vermogen op korte termijn

De geldmarkt is de vraag naar en het aanbod van financiële transacties met een looptijd korter dan twee jaar. Op de geldmarkt spelen de banken een centrale rol. Ook grotere ondernemingen in de niet-financiële bedrijfstakken en overheden kunnen op de geldmarkt zelfstandig opereren.

Voor de Nederlandse geldmarkt is de herfinancieringsrente een belangrijk tarief. Dit rentetarief is het belangrijkste tarief van de European Central Bank (ECB), op basis waarvan grote banken hun rekening-couranttarieven vaststellen. Daarnaast is voor banken binnen het eurogebied de 'Euro Interbank Offered Rate' (Euribor) van groot belang. De Euribor is het gemiddelde van de rentetarieven (met uitzondering van de hoogste en laagste waarden) waartegen banken in het eurogebied bereid zijn interbancair euro's uit te lenen (zie www.ecb.int).

Euribor

We bespreken de volgende vormen van vreemd vermogen op korte termijn:
- rekening-courantkrediet
- leverancierskrediet
- afnemerskrediet
- nog te betalen bedragen.

11.5.1 Rekening-courantkrediet

Rekening-courant

> Een rekening-courant of een lopende rekening is een betaalrekening die een klant aanhoudt bij een bank.

Op een lopende rekening kunnen bedragen worden gestort. Ook kunnen bedragen van deze rekening worden opgenomen of overgeboekt. Aan de rekening-courant is de mogelijkheid verbonden om tot een bepaald maximumbedrag krediet op te nemen. De bank staat dan toe dat de cliënt gedurende een bepaalde tijd een negatief saldo op zijn rekening-courant heeft. De interestvergoeding over een positief saldo (creditrente) is in het algemeen zeer gering. Over een negatief saldo brengt de bank debetrente in rekening. Zowel de debet- als de creditrente is variabel en hangt af van de geldmarktinterest. Bovendien worden kosten in rekening gebracht (omzetprovisie), waarvan de omvang samenhangt met de waarde van de mutaties op de rekening-courant.

Het rekening-courantkrediet wordt verstrekt door banken. De financiële middelen van een bank bestaan uit eigen vermogen en vermogen dat door cliënten van de bank beschikbaar is gesteld. De positieve saldi op betaalrekeningen, spaargelden en/of termijndeposito's kan de bank gebruiken om leningen te verstrekken. Een termijndeposito is een tegoed van een cliënt bij een bank waarover de cliënt slechts na afloop van een bepaalde periode kan beschikken.

Een rekening-courant vergemakkelijkt het betalingsverkeer tussen handelspartners. Bovendien heeft ze voor organisaties het voordeel dat de omvang ervan aangepast kan worden aan de behoefte aan kortstondig vermogen. Tijdelijk overtollige middelen kunnen op deze rekening worden gestort. Als de behoefte aan kortstondig vermogen toeneemt, kan van de kredietmogelijkheid gebruik worden gemaakt.

11.5.2 Leverancierskrediet

Leverancierskrediet

> Er is sprake van leverancierskrediet als een leverancier aan zijn afnemer goederen op rekening verkoopt: de leverancier verleent leverancierskrediet, de afnemer ontvangt leverancierskrediet.

Veel ondernemingen verkopen hun producten op rekening omdat dat de gewoonte is in hun branche en/of om hun omzet te stimuleren. In de leveringsvoorwaarden is opgenomen binnen welke termijn de afnemer moet betalen. De betalingsvoorwaarden zijn meestal zodanig geformuleerd, dat de afnemer bij een betaling binnen een bepaalde korte periode een vast percentage op het factuurbedrag in mindering mag brengen.

Door de aanschaf van goederen door de onderneming ontstaat een vermogensbehoefte. Doordat de leverancier toestaat dat de goederen na verloop van een bepaalde periode betaald kunnen worden, wordt in feite gelijktijdig (kortstondig) vermogen aangetrokken voor de financiering van deze goederen. Dit komt tot uitdrukking in een toename van de post Crediteuren aan de creditzijde van de balans.

De duur van het leverancierskrediet kan gelijk zijn aan de periode waarin de ingekochte goederen in voorraad liggen. Dan wordt in de vermogensbehoefte, ten gevolge van de aankoop van deze goederen, volledig door de leverancier voorzien. De goederen kunnen ook langer dan de krediettermijn in voorraad liggen. De onderneming moet dan na afloop van de krediettermijn een andere financieringswijze zien te vinden. In figuur 11.3 is dit weergegeven.

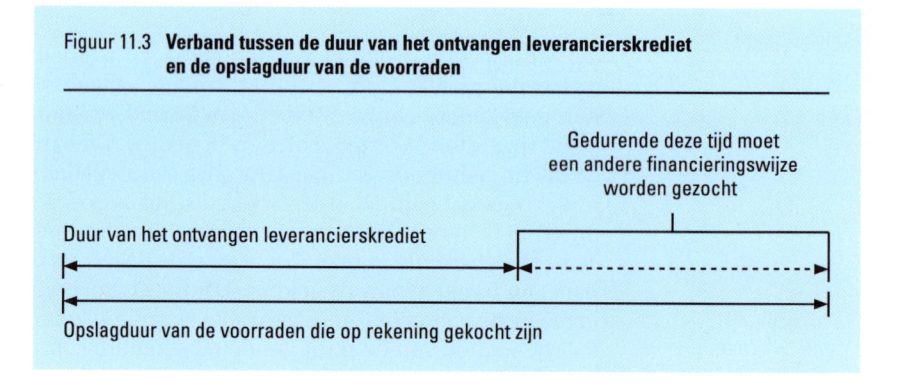

Figuur 11.3 Verband tussen de duur van het ontvangen leverancierskrediet en de opslagduur van de voorraden

Duur van het ontvangen leverancierskrediet

Gedurende deze tijd moet een andere financieringswijze worden gezocht

Opslagduur van de voorraden die op rekening gekocht zijn

De gebruikers van leverancierskrediet betalen vaak later dan de leveringsvoorwaarden toestaan. Hierdoor kunnen zij langer van het ontvangen leverancierskrediet gebruikmaken.

Voor ondernemingen die financieel zwak staan, is leverancierskrediet de enige mogelijkheid om (extra) vreemd vermogen aan te trekken. Bij financieel zwakke bedrijven zijn banken vaak al tot de grens van hun kredietverlening gegaan. Zij zijn dan niet bereid nog meer krediet te verstrekken.

Men gaat er nog wel eens ten onrechte van uit dat het leverancierskrediet kosteloos wordt verstrekt. De korting die de afnemer misloopt door de uitgestelde betaling, moet echter als kosten van het leverancierskrediet worden beschouwd. De gebruiker van het leverancierskrediet zal de kosten daarvan vergelijken met de kosten van andere financieringsmogelijkheden, zoals het rekening-courantkrediet.

In voorbeeld 11.3 vergelijken we de kosten van leverancierskrediet met de kosten van een rekening-courantkrediet.

■ Voorbeeld 11.3 Borcumij bv

Handelsonderneming Borcumij bv kan een partij goederen met een inkoopwaarde van €10.000 op rekening kopen. De betalingsvoorwaarden van de leverancier luiden:
- Betaling van de geleverde goederen moet uiterlijk binnen 30 dagen na de factuurdatum plaatsvinden.
- Als de goederen binnen 14 dagen na de factuurdatum betaald worden, mag een korting van 1% van de inkoopwaarde in mindering worden gebracht.

De in te kopen goederen zouden ook gefinancierd kunnen worden met een rekening-courantkrediet. De onderneming heeft de mogelijkheid extra rekening-courantkrediet op te nemen. De daaraan verbonden kosten zijn $1\frac{1}{2}$% per maand.

Om een keuze uit beide mogelijkheden te kunnen maken, vergelijken we de kosten van het leverancierskrediet met de kosten van het rekening-courantkrediet. We veronderstellen: 1 maand = 30 dagen, 1 jaar = 360 dagen.

Onder de gegeven betalingsvoorwaarden zal Borcumij uit de volgende mogelijkheden kiezen:
- Betaling 14 dagen na de factuurdatum. De redenering hierbij is dat de afnemer zo laat mogelijk wil betalen, maar nog net de korting wil incasseren. In dit geval moet €9.900 worden betaald.
- Betaling uiterlijk 30 dagen na de factuurdatum. We nemen aan dat Borcumij, wanneer de korting toch al misgelopen is, zich houdt aan de uiterlijke betaaldatum. In deze situatie moet zij €10.000 betalen.

Beide mogelijkheden worden op een tijdas weergegeven (figuur 11.4).

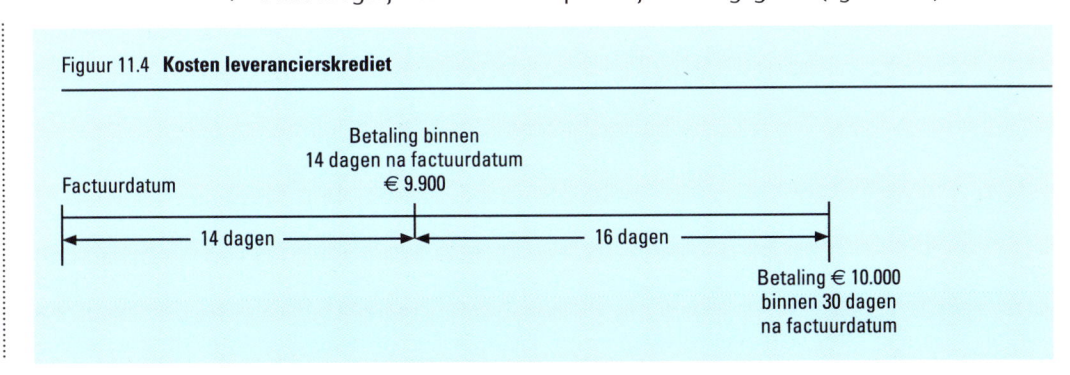

Figuur 11.4 Kosten leverancierskrediet

```
                    Betaling binnen
                14 dagen na factuurdatum
Factuurdatum            € 9.900
|———— 14 dagen ————|———————— 16 dagen ————————|
                                        Betaling € 10.000
                                        binnen 30 dagen
                                        na factuurdatum
```

Uit de vergelijking blijkt dat €100 meer betaald moet worden in het geval de afnemer 16 dagen later betaalt. De afnemer heeft ook de mogelijkheid €9.900 op te nemen ten laste van zijn rekening-courant om 14 dagen na de factuurdatum de rekening te voldoen. In feite is €100 beschikbaar om gedurende 16 dagen €9.900 te lenen van de bank. Hieruit kunnen we het interestpercentage op jaarbasis berekenen:

$$\frac{€100}{€9.900} \times \frac{360}{16} \times 100\% = 22{,}73\% \text{ per jaar}$$

Het percentage van 22,73% geeft de kosten van het leverancierskrediet weer. Deze kosten vergelijken we met de kosten van het rekening-courantkrediet: $12 \times 1\frac{1}{2}\% = 18\%$ per jaar. Bij deze gegevens gaat de voorkeur uit naar de financiering door rekening-courantkrediet. Dit houdt in dat Handelsonderneming Borcumij bv 14 dagen na de factuurdatum €9.900 opneemt ten laste van haar rekening-courant om daarmee de factuur te betalen.

In het algemeen zijn de kosten van het leverancierskrediet hoger dan de kosten van het rekening-courantkrediet. De leverancier wil naast een vergoeding voor rentederving ook een vergoeding hebben voor de kosten van debiteurenbewaking en het risico van wanbetaling. Toch zullen met name ondernemingen die de kredietlimiet van de rekening-courant bereikt hebben, dankbaar gebruikmaken van de mogelijkheden die het leverancierskrediet biedt.

11.5.3   Afnemerskrediet

Afnemerskrediet

Er is sprake van afnemerskrediet als een afnemer aan de leverancier goederen (of diensten) vooruitbetaalt: de afnemer verleent afnemerskrediet, de leverancier ontvangt afnemerskrediet.

Met name in de dienstverlenende sector, de agrarische sector en bij stukproductie komt afnemerskrediet voor. De reden waarom de afnemer vooruit betaalt, kan berusten op de wens van de producent of de afnemer.
In de dienstverlenende sector komt afnemerskrediet voor uit praktische overwegingen en om het risico van niet-betaling te vermijden. Zo moeten kaartjes voor een voetbalwedstrijd vooraf gekocht worden om te voorkomen dat de toeschouwers (vooral de supporters van het verliezende team) na afloop van de wedstrijd weigeren te betalen. Ook om praktische redenen moet het kaartje vooruit worden betaald. De chaos die ontstaat als de toeschouwers na afloop van de wedstrijd met z'n allen tegelijk gaan betalen, is niet te overzien.
Ook het kopen van een trein- of bioscoopkaartje is een voorbeeld van afnemerskrediet. Hierbij is de duur van het krediet (= tijd die ligt tussen de betaling voor en de levering van de dienst) extreem kort, soms zelfs minder dan een uur. Daarom kan in zulke gevallen het afnemerskrediet niet gezien worden als een middel om in de vermogensbehoefte te voorzien.
Andere voorbeelden van afnemerskrediet zijn het kopen van een boekenbon, cd-bon of museumkaart.

Ook een onderneming die voor een afnemer een duur product voortbrengt (dat aangepast is aan de wensen van deze ene afnemer), zal meestal betaling vooraf eisen. Omdat het een duur product betreft, moet de onderneming over veel vermogen beschikken om het goed te kunnen fabriceren. Bovendien bestaat het gevaar dat de afnemer na voltooiing van het product niet in staat is of niet bereid is voor het product te betalen.

In de woningbouw is het zeer gebruikelijk dat de bouw in een aantal fasen wordt opgesplitst. Voorafgaande aan een nieuwe fase moet een deel van de bouwkosten worden betaald. De eerste betaling vindt dan reeds voor de aanvang van de bouw plaats. Bij het begin van de laatste fase is nagenoeg de gehele bouwsom door de afnemer betaald. Na de oplevering van het gebouw vindt de definitieve afrekening plaats. Soortgelijke constructies doen zich ook voor in de scheepsbouw en bij de bouw van privéjets.

In de agrarische sector komt het voor dat juist de afnemer belang heeft bij het vooruitbetalen. Een suikerfabriek is bereid vooruit te betalen voor de nog te leveren suikerbieten. De suikerfabrikant is dan verzekerd van voldoende aanvoer van suikerbieten voor zijn productieproces. Voor de agrariër betekent het een welkome financieringsbron, waaruit de kosten van het zaaien en bewerken van de grond kunnen worden betaald.

11.5.4 Nog te betalen bedragen

Bedragen die nog aan een leverancier betaald moeten worden, omdat er gebruik is gemaakt van leverancierskrediet, worden op de balans opgenomen onder de post Crediteuren. Daarnaast kunnen er nog verplichtingen zijn tegenover de belastingdienst en/of de aandeelhouders en/of de werknemers en dergelijke. Deze schulden worden op de balans (externe verslaggeving) respectievelijk opgenomen onder de posten Te betalen belastingen, Te betalen dividend en Te betalen lonen, en behoren tot het vreemd vermogen op korte termijn (deze schulden zijn opeisbaar over één jaar of eerder).

11.6 Voorzieningen

Voorziening

> Een voorziening is een verplichting waarvan (op de balansdatum) het moment van ontstaan en de omvang niet exact bekend zijn, maar waarvan de omvang wel kan worden geschat.

Omdat een voorziening een verplichting is, wordt ze bedrijfseconomisch tot het vreemd vermogen van een onderneming gerekend. Door het vormen van voorzieningen ontstaat een juist beeld van de (toekomstige) verplichtingen van een onderneming.

Voorbeelden van voorzieningen zijn:
- pensioenvoorziening
- garantievoorziening
- voorziening groot onderhoud.

Bij een voorziening wordt niet, zoals bij de andere vormen van vreemd vermogen, van derden vermogen aangetrokken. Een voorziening ontstaat binnen de onderneming.
Achteraf kan blijken dat de verplichting lager uitvalt dan de verwachting was. Een deel van de voorziening blijkt achteraf niet nodig te zijn om aan de verplichting te voldoen. Dit gedeelte kan dan tot het *eigen vermogen* worden gerekend.

Er wordt nogal eens verondersteld dat de tegenwaarde van de voorziening in contanten moet worden aangehouden (een soort spaarpotje). Bedrijfseconomisch gezien is het niet verstandig als een organisatie een hoeveelheid geld in voorraad heeft, waarvoor op dat moment geen bestemming is. De financiële middelen die verband houden met een voorziening, kunnen tijdelijk in de onderneming worden aangewend. Bijvoorbeeld voor de financiering van de voorraden of voor de aankoop van courante effecten. Wel moeten de middelen tijdig vrijgemaakt kunnen worden om aan de verplichtingen in verband waarmee de voorziening is gecreëerd, te kunnen voldoen.

Dezelfde redenering geldt overigens ook voor de afschrijvingsgelden die via de verkoop van eindproducten vrijkomen. Ook de vrijgekomen afschrijvingsgelden kunnen tijdelijk in de onderneming gebruikt worden voor de aanschaf van (vlottende) activa. Ze kunnen eveneens gebruikt worden voor de aflossing van de schulden. Op het moment dat nieuwe duurzame activa moeten worden aangeschaft, moet dan weer (vreemd) vermogen worden aangetrokken.

Tussenvraag 11.4
Wat is het belangrijkste verschil tussen een voorziening en een reserve?

11.7 Zekerheidstelling

Zekerheidsstelling

Naast de indeling naar looptijd kan vreemd vermogen verdeeld worden in vreemd vermogen dat niet door zekerheden en vreemd vermogen dat wel door zekerheden wordt gedekt. Leverancierskrediet en nog te betalen bedragen zijn voorbeelden van vreemd vermogen die niet door zekerheden gedekt zijn. Als er een hypotheek verstrekt is of vorderingen gecedeerd zijn, is er sprake van door zekerheden gedekte leningen. Naarmate de financiële positie van een onderneming zwakker is, zal de geldgever meer zekerheden eisen.
In deze paragraaf gaan we nader in op de cessie van vorderingen en op het pandrecht.

11.7.1 Cessie van vorderingen

Akte van cessie

Een bank die een krediet verstrekt aan een onderneming, loopt het gevaar dat de onderneming niet aan haar verplichtingen kan of wil voldoen. Tot meerdere zekerheid voor de bank kan de onderneming door een akte van cessie haar vorderingen op de afnemers overdragen aan de bank. De bank verkrijgt hiermee het recht deze vorderingen te innen. Uit de opbrengst daarvan kan de bank haar vordering op de onderneming verhalen. De afnemers van de onderneming moeten van deze overdracht op de hoogte worden gesteld. De bankier stelt de afnemers meestal pas van de overdracht van de vorderingen in kennis als de bank van het recht tot incassering van de vorderingen gebruik gaat maken (bijvoorbeeld in geval van faillissement of surseance van betaling).

11.7.2 Pandrecht

Pandrecht

Vuistpand

Stil pandrecht

Een andere vorm van zekerheidsstelling is het pandrecht (art. 3: 236 t/m 258 BW). Pand wordt gevestigd op niet-registergoederen (art. 3:277 lid 1 BW), zoals voorraad goederen, aandelen en schilderijen. We spreken dan van roerende zaken. Het pandrecht wordt verleend door de schuldenaar/geldnemer aan de schuldeiser/geldgever en biedt meer zekerheid over de terugbetaling van een schuld, die voortvloeit uit een geldlening. Het recht kent twee vormen voor het vestigen van het pandrecht. Enerzijds door het vestigen van een vuistpand (art. 3: 236, lid 1 BW), waarbij het pand in de macht wordt gebracht van de geldgever. Anderzijds door het vestigen van bezitloos pand (stil pandrecht) bij authentieke of geregistreerde onderhandse akte (art. 3: 237, lid 1 BW), waarbij het pand in de macht blijft van de geldnemer. De gedachte achter het vestigen van een bezitloos pand is de schuldenaar in staat te stellen het pand functioneel te blijven gebruiken. Dit is met name van belang als de schuldenaar een onderneming drijft. In dat geval is het kunnen blijven gebruiken van het pand (denk bijvoorbeeld aan machines) in het kader van de onderneming essentieel voor de schuldenaar. Het pandrecht kan worden gevestigd op een roerende zaak, op een recht aan toonder of order, of op het vruchtgebruik van een zodanige zaak (art. 3: 236, lid 1 BW).

Ingeval de schuldenaar/pandgever in zijn betalingsverplichtingen tekortschiet of dreigt tekort te schieten, heeft de schuldeiser/geldgever het recht afgifte te vorderen, aan welke vordering de schuldenaar onverwijld uitvoering dient te geven. Afgifte houdt in dat het bezitloos pand feitelijk in zijn macht of dat van een derde wordt gebracht (art. 3: 237, lid 3 BW). Daarnaast heeft de pandhouder/geldgever het recht van parate executie. Dit wil zeggen dat wanneer de schuldenaar in verzuim is met de terugbetaling, de pandhouder/schuldeiser bevoegd is het verpande goed te verkopen en het hem verschuldigde op de opbrengst te verhalen (art. 3: 248, lid 1 BW). Dezelfde situatie doet zich voor ingeval de schuldenaar in staat van faillissement wordt verklaard. Dan is de pandhouder op grond van artikel 57 Faillissementswet als separatist gerechtigd het pand in het openbaar te verkopen en uit de verkoopopbrengst zijn vordering te verhalen. De pandhouder kan zich dan gedragen alsof er geen faillissement is.

Stil pandrecht

Bezitloos pandrecht wordt veel gebruikt bij voorraden en inventarissen. De pandgever moet dan de administratie zodanig inrichten dat daaruit kan worden afgeleid welke goederen onder het bezitloos pandrecht (stil pandrecht) vallen. Als de voorraad goederen toeneemt nadat het bezitloos pandrecht is gevestigd, kan deze toename weer een basis zijn om het krediet bij de bank te verhogen.

11.8 Financiering midden- en kleinbedrijf

De mogelijkheden die een onderneming heeft om vreemd vermogen aan te trekken zijn onder andere afhankelijk van de omvang van de onderneming. Grote, beursgenoteerde ondernemingen kunnen door het uitgeven van obligaties een groot aantal potentiële verschaffers van vreemd vermogen bereiken. Omdat grote ondernemingen verplicht zijn hun jaarrekening te publiceren, kunnen externe belangstellenden zich een goed beeld vormen van de financiële positie van deze ondernemingen. Ook allerlei instellingen in de financiële wereld, waaronder banken en beleggingsmaatschappijen, zullen de financiële positie van beursgenoteerde ondernemingen analyseren en daarover publiceren. Daarin zullen zij ook andere factoren, die niet uit de jaarrekening blijken, zoals de omvang van de orderportefeuille en toekomstverwachtingen, betrekken. Potentiële verstrekkers van vreemd vermogen kunnen zich daardoor een goed beeld vormen van de financiële positie van beursgenoteerde ondernemingen. Bij een goede financiële situatie en gunstige toekomstverwachtingen voor de onderneming lopen de verschaffers van vreemd vermogen weinig risico en zullen dan ook met een relatief lage interestvergoeding genoegen (moeten) nemen.

We gaan in deze paragraaf nader in op de kredietverstrekking aan MKB-ondernemingen, het bevorderen van kredietverstrekking aan MKB-ondernemingen en kredietverstrekking op korte termijn.

11.8.1 Kredietverstrekking aan MKB-ondernemingen

MKB

Kleinere ondernemingen, bijvoorbeeld in het midden- en kleinbedrijf (MKB), hebben geen beursnotering en kunnen dan ook geen beroep doen op de vermogensmarkt door het uitgeven van obligaties. Bij het aantrekken van vreemd vermogen door ondernemingen in het MKB spelen andere factoren een rol dan bij beursgenoteerde ondernemingen. Kleine ondernemingen in het MKB hoeven hun jaarrekening niet te publiceren en er wordt ook minder over geschreven in de financiële pers. Door de besloten structuur van MKB-ondernemingen hebben financiers zoals banken en leasemaatschappijen vaak minder informatie of minder goede informatie ter beschikking om de financiële positie van de onderneming te beoordelen. Ondernemers zijn soms niet bereid of niet in staat om hun bank volledig inzicht te geven in hun bedrijfsvoering en ondernemingsplannen. Bij het verstrekken van vreemd vermogen aan MKB-ondernemingen lopen banken daardoor meer risico's of kunnen die slechter inschatten. Dit heeft tot gevolg dat de banken

Kredietrisico

een hogere opslag voor het kredietrisico hanteren. Daarnaast moet de bank zijn kosten, voor het maken van een financieringsaanvraag (waaronder personeelskosten), over een relatief klein uit te lenen bedrag verdelen.

Voorgaande factoren hebben tot gevolg dat de verschaffers van vreemd vermogen van MKB-ondernemingen een relatief (ten opzichte van beursgenoteerde ondernemingen) hoge interestvergoeding eisen.

Banken spelen een belangrijke rol bij de financiering van het MKB, zoals uit het volgende artikel blijkt.

Banken in conclaaf over financiering mkb

Van onze redacteur

Amsterdam • Nederlandse gaan samen met werkgeversorganisatie VNO-NCW een top opzetten over de financiering van het midden- en kleinbedrijf (mkb). Doel is om te bepalen hoe de toekomstige financiering van het mkb eruit gaat zien.
Dat heeft voorzitter Chris Buijink van de Nederlandse Vereniging van Banken (NVB) maandagavond gezegd in zijn nieuwjaarstoespraak. Volgens Buijink is een dergelijke top bij een aantrekkende economische groei essentieel.

'Gebrek aan een passende financiering mag geen groeibreker in een aantrekkende economie zijn'

'Het midden- en kleinbedrijf is de motor van onze economie. De afgelopen jaren hebben laten zien dat financiering geen vanzelfsprekendheid is en in veel opzichten een andere aanpak vergt dan voor de crisis. Uitgangspunt is dat gebrek aan passende financiering in een aantrekkende economie geen groeibreker mag zijn.'
Betrokken partijen bij de top zijn volgens de NVB onder meer ondernemers en hun organisaties, brancheverenigingen, banken, alternatieve aanbieders van financiering en investeerders in het mkb.
Financiering is in veel gevallen niet langer iets tussen twee partijen. Daarom is de aanwezigheid van diverse betrokkenen bij de top gewenst, aldus Buijink. Hij denkt aan het opzetten van paneldebatten en het presenteren van ervaringen van ondernemers die vormen van financiering hebben toegepast die relevant voor de toekomst zijn. ∎

Bron: *Het Financieele Dagblad*, 13 januari 2015

Bankinstellingen, zoals de Rabobank, ABN AMRO Bank, ING en SNS zijn belangrijke verstrekkers van vreemd vermogen voor het MKB. De banken treden in de financiële wereld onder andere op als 'doorgeefluik' van geld van anderen. Zo trekken banken geld aan van spaarders en lenen dit weer uit aan particulieren en bedrijven. Banken moeten de aan hen toevertrouwde spaargelden zeer zorgvuldig beheren en vragen daarom aan degenen waaraan ze krediet verstrekken, zekerheden. Een voorbeeld van zekerheid verstrekken is het verstrekken van het recht van hypotheek aan de geldverstrekker. Bij hypotheek dient onroerend goed als onderpand. Als de geldnemer (de onderneming) zijn aflossing en/of rente niet betaalt, mag de geldverstrekker het onderpand verkopen en uit de opbrengst ervan zijn vorderingen innen. Daarnaast kijken de banken bij het verstrekken van krediet aan bedrijven naar de financiële prestaties van de kredietaanvrager in het verleden, de kwaliteit van de ondernemingsplannen, de sector(en) waarbinnen de onderneming werkzaam is en de aanwezigheid van onderpand. Voor startende en/of snelgroeiende ondernemingen is het daarom relatief moeilijk vreemd vermogen aan te trekken. Zij hebben immers nog geen financiële historie opgebouwd en kunnen weinig of geen zekerheden (in de vorm van onderpanden) bieden.

Hypotheek

Banken willen echter hun risico's beperkt houden. Ze zullen daarom alleen maar vreemd vermogen verstrekken als ze de overtuiging hebben, dat de organisaties waaraan ze geld uitlenen de interest kunnen opbrengen en in staat zijn hun schulden aan de bank op tijd af te lossen. Ze willen het risico dat hun vordering (bijvoorbeeld in geval van faillissement) oninbaar is, zo veel mogelijk beperken.

11.8.2 Bevorderen van kredietverstrekking aan MKB-ondernemingen

Omdat het MKB een belangrijke motor is voor de Nederlandse economie heeft de overheid een aantal maatregelen getroffen om de

kredietverstrekking aan kleine ondernemingen te bevorderen en goedkoper te maken. We bespreken twee van deze maatregelen:
- Borgstelling Midden- en Kleinbedrijf (BMKB).
- Durfkapitaal.

Borgstelling Midden- en Kleinbedrijf (BMKB)

Borgstelling Midden- en Kleinbedrijf (BMKB)

Borgstelling Midden- en Kleinbedrijf (BMKB) houdt in dat het ministerie van Economische Zaken voor een deel garant staat voor het krediet dat door een bank wordt verstrekt aan ondernemingen in het MKB.

De BMKB is bestemd voor zowel bestaande als startende ondernemingen in Nederland, die onvoldoende financiële middelen en een tekort aan zekerheden hebben. Als voorwaarde geldt onder andere dat de winstgevendheid en de vooruitzichten van het bedrijf goed zijn. Ondernemingen met maximaal 250 werknemers met een jaaromzet tot €50 miljoen óf een balanstotaal tot 43 miljoen euro komen voor de BMKB-regeling in aanmerking.

De borgstelling door het ministerie van Economische Zaken kan een eventueel tekort aan zekerheden compenseren, waardoor het gewenste bankkrediet toch kan worden aangetrokken.

Het aanvragen van de BMKB-garantieregeling gebeurt via de bank. Voor nadere informatie over de BMKB verwijzen we naar de website van de Rijksdienst voor Ondernemend Nederland www.rvo.nl.

Durfkapitaal

Durfkapitaal

Met durfkapitaal bedoelen we het vreemd vermogen dat wordt verstrekt aan ondernemingen die een meer dan gemiddeld risico lopen. Hierbij kunnen we denken aan startende ondernemingen en aan ondernemingen die zich op een nieuwe markt begeven. Omdat zowel bij startende ondernemingen als bij het betreden van nieuwe markten nog geen ervaring is opgebouwd, zijn de onzekerheden (over de bedrijfsresultaten) groter dan voor bedrijven die al een lange historie hebben en opereren op bestaande markten.

De verstrekkers van durfkapitaal kunnen zowel vermogende particulieren als financiële instellingen zijn. Tot de vermogende particulieren behoren onder andere ex-ondernemers die hun bedrijf (voor veel geld) hebben verkocht en een gedeelte ervan gebruiken om jonge, veelbelovende ondernemingen te financieren. Daarnaast zijn zij vaak ook als adviseur aan het bedrijf verbonden. Behalve vermogende particulieren zijn er ook financiële instellingen (vaak als onderdeel van een landelijk bekende bankinstelling), die zich speciaal toeleggen op het verstrekken van durfkapitaal.

Het doel van de verstrekker van durfkapitaal is om na een beperkt aantal jaren (daarbij kun je denken aan een periode van bijvoorbeeld vijf jaar) het vermogen uit de onderneming terug te trekken om het weer aan andere jonge, veelbelovende ondernemingen uit te lenen. Omdat de verstrekkers van durfkapitaal een hoog risico lopen, hopen zij een hoog rendement op het door hen verstrekte vreemd vermogen te behalen.

Achtergestelde lening

Durfkapitaal kan worden verstrekt in de vorm van een achtergestelde lening. Achtergesteld houdt in dat in geval van bedrijfsbeëindiging, bijvoorbeeld in geval van faillissement, deze schuld wordt afgelost nadat de andere (gewone, concurrerende) schulden zijn afgelost.

11.8.3 Kredietverstrekking op korte termijn

Hierna komen aan de orde: crediteuren, rekening-courantkrediet en de praktijk in het MKB.

Crediteuren

Crediteuren

De leveranciers van ondernemingen in het MKB zijn een andere belangrijke bron voor het aantrekken van vreemd vermogen. Door op rekening in te kopen, verstrekt de leverancier in feite krediet aan zijn afnemer (de leverancier schiet het factuurbedrag tijdelijk voor). Voor de onderneming die inkoopt is dit ontvangen leverancierskrediet vreemd vermogen op korte termijn, dat onder de naam Crediteuren aan de creditzijde van zijn balans staat.

Rekening-courantkrediet

Rekening-courantkrediet

Een andere vorm van vreemd vermogen op korte termijn, naast het ontvangen leverancierskrediet, is het rekening-courantkrediet. Een rekening-courant is een krediet bij een bankinstelling waarbij een bepaald kredietplafond wordt afgesproken. Het kredietplafond geeft aan tot welk bedrag het bedrijf maximaal 'rood' mag staan. De rente op het rekening-courantkrediet kan dagelijks worden aangepast en de vordering is door de bank direct opeisbaar. De rekening-courant wordt gebruikt om de rekeningen aan de leveranciers te betalen, terwijl de afnemers hun betalingen naar deze rekening kunnen overmaken. Alle landelijk bekende bankinstellingen bieden specifieke vormen van vreemd vermogen voor het bedrijfsleven aan. Zie hiervoor de websites van deze banken (onder de kop zakelijk).

De praktijk in het MKB

Uit analyses van Panteia (zie www.panteia.nl) blijkt dat het MKB in het algemeen over minder eigen vermogen beschikt dan het grootbedrijf. Dit blijkt ook uit tabel 11.2.

Tabel 11.2 Balansstructuur MKB versus Grootbedrijf 2013

	Midden- en kleinbedrijf	Grootbedrijf
Activastructuur		
Vaste activa:		
(Im)materiële	47%	31%
Financiële	9%	37%
Totaal vaste activa	56%	68%
Vlottende activa:		
Voorraden	10%	4%
Vorderingen	23%	23%
Liquide middelen	11%	5%
Totaal vlottende activa	44%	32%
Totaal activa	**100%**	**100%**
Vermogensstructuur		
Eigen vermogen	35%	50%
Vreemd vermogen:		
Lang vreemd vermogen	36%	26%
Kort vreemd vermogen	29%	24%
Totaal vreemd vermogen	65%	50%
Totaal vermogen	**100%**	**100%**

Bron: *Panteia, Kleinschalig ondernemen*, mei 2013

Alle landelijk bekende bankinstellingen bieden specifieke vormen van vreemd vermogen voor het bedrijfsleven aan. Zie hiervoor de websites van deze banken (onder de kop zakelijk).

Het MKB heeft relatief minder eigen vermogen en meer vreemd vermogen op korte en lange termijn dan het grootbedrijf. Dit kan erop wijzen dat het MKB minder toegang heeft tot de vermogensmarkt, doordat ondernemers in het MKB geen obligaties en/of aandelen kunnen uitgeven. Ondernemingen in het MKB maken in plaats daarvan meer gebruik van leningen bij de banken en van leverancierskrediet. Nadere informatie over het MKB is verkrijgbaar op www.eim.nl, www.mkb.nl en www.ondernemerschap.nl.

Markt MKB-financiering in Nederland uit evenwicht

Er zijn steeds meer aanwijzingen voor knelpunten bij de financiering van het Nederlandse mkb. Dergelijke financieringsknelpunten remmen het herstel van werkgelegenheid, innovatie en economische groei. Nederland moet voor de markt van mkb-financiering op zoek naar een nieuw, duurzaam houdbaar evenwicht.

Knelpunten financiering en kredietverlening mkb
De huidige financieringsproblemen van het mkb in Nederland zijn een samenspel van vier factoren:
- Terugval in de binnenlandse bestedingen: Nederland is hard geraakt en het mkb is afhankelijk van binnenlandse vraag. En bij minder klanten is er ook minder behoefte aan krediet;
- De financiële positie van het mkb is verzwakt door vijf jaar vraaguitval. Daarnaast kampt een deel van het mkb ook met structurele veranderingen (aankopen on-line). Vooral het kleinste mkb is kwetsbaar;
- Banken moeten hun eigen balansen versterken en doen dat onder meer via balansverkorting: maar bij balansverkorting is er ook minder ruimte voor mkb-financiering;
- De markt voor mkb-financiering heeft last van marktfalen, met name uit hoofde van transactiekosten en informatieknelpunten. Daarnaast is de marktstructuur in Nederland niet gunstig voor mkb-financiering. Mkb-bedrijven zijn erg afhankelijk van bancair krediet en er is een hoge bancaire concentratiegraad (vier grootbanken). Als de eigen bank nee zegt, dan zijn er maar weinig alternatieven.

■

Bron: *SER-Adviesrapport*, 8 oktober 2014 (Commissie Sociaal-Economische Aangelegenheden), zie www.ser.nl

Toelichting
Het MKB is hard geraakt door de financiële crisis die in 2007/2008 begon. Medio 2015 staan 'alle seinen echter weer op groen' en wordt voor de jaren 2015 en 2016 een economische groei van ongeveer 2% per jaar verwacht.

11.9 Nieuwe financieringsvormen voor het MKB

Sinds de financiële crisis zijn banken terughoudender geworden bij het financieren van MKB-bedrijven. Dit heeft ertoe geleid dat MKB-bedrijven op zoek zijn gegaan naar nieuwe vormen van financiering. We spreken daarbij van crowdfunding en kredietunie.

Crowdfunding

Crowdfunding

Crowdfunding is een vorm van financiering waarbij de geldgever en de geldvrager rechtstreeks aan elkaar worden gekoppeld. Bij crowdfunding trekt een onderneming vermogen aan bij vrienden, bekenden en andere geïnteresseerden, waaronder welvarende particulieren (investeerders). Crowdfunding vindt plaats buiten de reguliere banken zoals Rabobank, ABN AMRO en ING om.

Crowdfunding voorbij de €100 miljoen

door Jarco de Swart

Amsterdam • Vier jaar na de lancering in Nederland van het financieringsfenomeen 'crowdfunding' is de mijlpaal van €100 miljoen aan opgehaald kapitaal gehaald. Dat meldt het crowdfundingadviesbureau Douw&Koren, dat voor het ministerie van Economische Zaken alle projecten in kaart brengt.

Crowdfunding is een manier voor bedrijven en instellingen om geld voor een project bij elkaar te harken bij vrienden, bekenden en andere geïnteresseerden. Het afgelopen jaar werd €63 miljoen aan financiering opgehaald via crowdfunding voor 2.027 projecten en ondernemingen, zo telde Douw&Koren. De crowdfundingmarkt is daarmee opnieuw in een jaar tijd verdubbeld.

'Crowdfunding blijft groeien. Het ontwikkelt zich van innovatieve financieringsvorm naar meer mainstream. Naast bron van financiering wordt crowdfunding ook steeds vaker ingezet als marketinginstrument, waarbij een project of onderneming meer zichtbaarheid en draagvlak krijgt', zegt Gijsbert Koren van Douw&Koren in een toelichting.

Het afgelopen jaar werd €63 miljoen opgehaald, waarvan meer dan €50 miljoen door ondernemingen (gemiddeld €85.000). Maatschappelijke projecten (€10.000) en creatieve projecten (€7.000) waren duidelijk minder aantrekkelijk.

Volgens crowdfundingadviseur Ronald Kleverlaan van de CrowdfundingHub was Snappcar het afgelopen jaar veruit het meest populaire crowdfundingproject. Het autodeelproject haalde volgens hem €560.000 op onder crowdfans.

Crowdfunding voorziet volgens de adviseurs in een sterke en blijvende behoefte om ondernemingen en projecten te financieren die sinds de economische crisis op zoek zijn naar nieuwe bronnen van kapitaal. Koren: 'We verwachten komend jaar een sterke groei van "stapelfinanciering", waarbij ondernemers en projecteigenaren verschillende vormen van financieren combineren om tot een passende financieringsmix te komen.' ∎

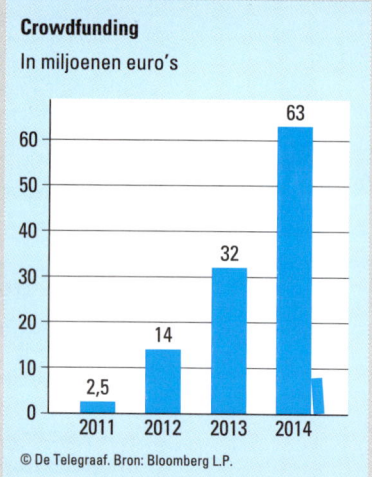

Crowdfunding
In miljoenen euro's

Jaar	Miljoenen euro's
2011	2,5
2012	14
2013	32
2014	63

© De Telegraaf. Bron: Bloomberg L.P.

Bron: *De Telegraaf*, 20 januari 2015/Bloomberg L.P.

Kredietunie

Kredietunie

Een kredietunie is een coöperatieve vereniging met uitgesloten aansprakelijkheid waarbij de leden bestaan uit geldgevers en geldvragers (geldnemers). Iedere kredietunie geeft aandelen of ledencertificaten uit of vraagt storting op een ledenrekening om eigen vermogen te vormen. De leden zijn niet verder aansprakelijk dan het bedrag dat ze aan de kredietunie beschikbaar hebben gesteld.

Kredietunies kunnen per branche of per regio worden opgericht. Enkele voorbeelden van kredietunies zijn: Kredietunie Stad Amsterdam (www.kredietuniestadamsterdam.nl), Kredietunie Brabant (www.kredietuniebeheer.nl.), Kredietunie Midden-Nederland (www.kredietuniemiddennederland.nl), Kredietunie Eemsregio (www.kredietunie-eemsregio.nl) en Kredietunie Gooi en Vechtstreek (zie www.kredietunie-gooienvechtstreek.nl). Nadere informatie over kredietunies is ook beschikbaar op www.dekredietunie.nl.

Nieuwe vormen van kredietverlening vragen in veel gevallen ook een aanpassing van de wetgeving, zoals uit het volgende artikel blijkt.

Initiatiefwet Kredietunies

Hard zochten ondernemers de afgelopen jaren naar alternatieve financiering omdat hun bank op de rem stond. Kredietunies zouden een uitkomst zijn. In deze coöperaties verenigen ondernemers zich per branche of per regio en lenen elkaar geld uit. In het buitenland zijn deze unies heel gebruikelijk, maar in Nederland waren ze in de vergetelheid geraakt.

Nadat de coöperaties waren afgestoft, bleek dat bestaande regelgeving ze in de weg zit. Een kredietunie valt onder het toezicht op banken op het moment dat zij obligaties uitgeeft of geld uitleent. Die regels zijn streng op punten als bedrijfsvoering en kapitaalvereisten. Kamerleden Agnes Mulder (CDA) en Henk Nijboer (PvdA) hebben een initiatiefwet ingediend, die kredietunies daarvan uitzondert. Kredietunies vormen door hun vaak beperkte omvang geen gevaar voor de stabiliteit van de financiële sector, zeggen zij.

In het voorstel hoeven kleine kredietunies die minder dan €10 mln te vergeven hebben, geen vergunning van De Nederlandsche Bank te hebben. Kredietunies tot €100 mln en 25.000 leden vallen onder een apart regime, waarvoor geen volledige bankvergunning maar een aparte vergunning voor kredietunies nodig is. Voor dat toezicht betaalt een unie €20.000 per jaar. Alle coöperaties die meer geld te verdelen hebben, moeten wel een volledige bankvergunning aanvragen. ∎

Bron: *Het Financieele Dagblad*, 4 maart 2015

11.10 Dienstverlenende organisaties zonder winstoogmerk

Organisaties in de dienstverlenende sector die geen winstoogmerk hebben, zoals ziekenhuizen en scholen, doen meestal geen beroep op de kapitaalmarkt door een openbare emissie. In veel gevallen lenen zij rechtstreeks bij banken of institutionele beleggers. Zij kunnen dan de leningsvoorwaarden in onderling overleg afstemmen. Als dienstverlenende organisaties zonder winstoogmerk een zeer grote investering moeten doen (bijvoorbeeld de bouw van een nieuw ziekenhuis) dan zouden zij tot een openbare emissie van obligaties kunnen besluiten. Daarnaast maken deze instellingen gebruik van de vormen van vreemd vermogen op korte termijn (geldmarkt), die we in paragraaf 11.5 hebben besproken.

Samenvatting

Een organisatie kan behalve eigen vermogen ook vreemd vermogen aantrekken om in de vermogensbehoefte te voorzien. In tegenstelling tot eigen vermogen moet vreemd vermogen aan de verschaffers ervan worden terugbetaald. Bovendien ontvangen de verschaffers van vreemd vermogen meestal een interestvergoeding die onafhankelijk is van de resultaten van de organisatie.

Als we letten op de looptijd van de gemaakte afspraken, kan de vermogensmarkt onderverdeeld worden in de geldmarkt en de kapitaalmarkt. Er is sprake van een obligatielening als de lening over een groot aantal schuldbekentenissen (obligaties) is verdeeld. Deze obligaties kunnen achtergesteld zijn. Dit houdt meestal in dat zij afgelost worden nadat de overige schulden van de onderneming zijn voldaan.

Een converteerbare obligatie is een obligatie die gedurende een bepaalde periode en onder bepaalde voorwaarden omwisselbaar is in aandelen. Door conversie neemt het eigen vermogen toe, terwijl gelijktijdig het vreemd vermogen afneemt.

Obligatieleningen met een looptijd van meer dan twee jaar rekenen we tot de kapitaalmarkt. Vormen van leningen op korte termijn zijn rekening-courantkrediet, leverancierskrediet en afnemerskrediet. Deze vormen van vreemd vermogen worden tot de geldmarkt gerekend. De kosten van het leverancierskrediet bestaan uit de gemiste korting als de afnemer niet binnen een bepaalde termijn betaalt.

Een voorziening is een vorm van vreemd vermogen, die niet het gevolg is van afspraken tussen geldgever en geldnemer. Door het vormen van voorzieningen wordt een verwachte toekomstige verplichting tot uitdrukking gebracht. Hierdoor ontstaat een juister beeld van de toekomstige verplichtingen van de onderneming.

Grote ondernemingen met de rechtsvorm nv kunnen een beroep doen op de vermogensmarkt door het uitgeven van aandelen en/of obligaties. Voor het midden- en kleinbedrijf ligt deze weg niet open en ondernemers in het MKB zullen bij het voorzien in hun vermogensbehoefte vooral gebruikmaken van bankleningen en andere vormen van vermogen, die speciaal voor het MKB in het leven zijn geroepen. Nieuwe vormen van financiering voor het MKB zijn crowdfunding en kredietunie.

Begrippenlijst

Achtergestelde lening	Lening waarbij de schuldeisers hun vorderingen uitbetaald krijgen nadat de concurrent-crediteuren betaald zijn.
Afnemerskrediet	Krediet dat door de afnemer aan de leverancier wordt verstrekt. Dit krediet ontstaat als de afnemer de goederen betaalt, voordat ze geleverd zijn.
Borgstellingsregeling (BMKB)	Borgstelling door de overheid voor leningen die aan het MKB worden verstrekt.
Bulletlening	Een lening die aan het einde van de looptijd ineens wordt afgelost.
Cessie van vorderingen	Overdragen van vorderingen aan de schuldeiser. Dit gebeurt om de schuldeiser meer zekerheid te geven dat de verplichtingen door de geldnemer worden nagekomen.
Conversiekoers	Koers waartegen converteerbare obligaties omgewisseld kunnen worden in aandelen.
Conversiewaarde	Waarde van een converteerbare obligatie in het geval tot conversie zou worden overgegaan.
Converteerbare obligatie	Obligatie die onder bepaalde voorwaarden en gedurende een bepaalde periode door de houder kan worden omgewisseld in aandelen.
Crediteuren	Schuld die een onderneming heeft aan haar leveranciers.
Crowdfunding	Een wijze van financieren waarbij vermogen wordt aangetrokken bij 'de menigte' (veelal vermogende particulieren, vrienden of bekenden).
Durfkapitaal	Vreemd vermogen waaraan een relatief hoog risico is verbonden.
Euribor	Euro Interbank Offered Rate (Euribor) is het gemiddelde van de rentetarieven (met uitzondering van de hoogste en laagste waarden) waartegen banken in het eurogebied bereid zijn interbancair euro's uit te lenen.
Geldmarkt	Onderdeel van de vermogensmarkt waarop leningen met een looptijd korter dan twee jaar worden verhandeld.
Hypothecaire lening	Lening waarbij de geldnemer het recht van hypotheek heeft verleend aan de geldgever.
Kapitaalmarkt	Onderdeel van de vermogensmarkt waarop leningen met een looptijd van twee jaar of meer worden verhandeld.
Kort vreemd vermogen	Verplichtingen met een looptijd van één jaar of minder (externe verslaggeving).

Kredietunie	Een kredietunie is een coöperatieve vereniging met uitgesloten aansprakelijkheid waarbij de leden bestaan uit geldgevers en geldvragers.
Lang vreemd vermogen	Verplichtingen met een looptijd van meer dan één jaar (externe verslaggeving).
Leverancierskrediet	Krediet dat door de leverancier aan zijn afnemers wordt verstrekt. Dit krediet ontstaat als de leverancier goederen op rekening verkoopt.
Niet-ondernemend vermogen	Vermogen waarvan de beloning niet afhankelijk is van de bedrijfsresultaten (vreemd vermogen).
Obligatieclausule	Leningsvoorwaarde bij een (onderhandse lening) die de geldnemer het recht geeft de lening om te zetten in obligaties.
Obligatielening	Lening die opgesplitst is in een groot aantal schuldbekentenissen.
Onderhandse lening	Lening die tot stand komt in onderling overleg tussen de geldgever en geldnemer (eventueel via bemiddeling van een financiële instelling).
Pandbrieven	Obligaties die uitgegeven worden door hypotheekbanken.
Pandrecht	Een recht dat door de schuldenaar aan de schuldeiser wordt verleend, waardoor de schuldeiser het recht heeft om roerende goederen van de schuldenaar te (laten) verkopen als de schuldenaar zijn verplichtingen niet nakomt.
Rekening-courant	Betaalrekening die een klant aanhoudt bij een bank. De bank staat toe dat op deze rekening tot een bepaald bedrag (kredietplafond) krediet mag worden opgenomen.
Stil pandrecht	Pandrecht waarbij de roerende goederen in de macht van de schuldenaar blijven.
Trustee	Vertrouwenspersoon die de belangen van de obligatiehouders behartigt.
Vermogensmarkt	Het geheel van financiële markten en financiële instellingen, onderverdeeld in de geldmarkt en de kapitaalmarkt.
Voorziening	Verplichtingen, verliezen of risico's die tot een betaling in de toekomst leiden en waarvan de omvang op de balansdatum niet exact bekend is maar wel kan worden geschat.
Vreemd vermogen	Vermogen dat door de onderneming terugbetaald moet worden aan de verschaffers van vreemd vermogen en waarover meestal een vaste interest moet worden vergoed.
Vuistpandrecht	Pandrecht waarbij de roerende goederen in de macht van de schuldeiser worden gebracht.

Meerkeuzevragen

11.1 De geldmarkt is een onderdeel van
a de kapitaalmarkt.
b de vermogensmarkt.
c de effectenmarkt.

11.2 Welke van de volgende vormen van vreemd vermogen behoort tot de geldmarkt?
a Voorzieningen.
b Rekening-courantkrediet.
c Converteerbare obligatielening.
d Kapitaalobligaties.

11.3 Voor de *externe verslaggeving* en bij het berekenen van *kengetallen* geldt:
a verplichtingen die over één jaar of eerder opeisbaar zijn, behoren tot het kort vreemd vermogen.
b verplichtingen die binnen twee jaar opeisbaar zijn, behoren tot het kort vreemd vermogen.
c verplichtingen die over twee jaar of later opeisbaar zijn, behoren tot het lang vreemd vermogen.

11.4 Voor de indeling van de *vermogensmarkt* geldt:
a verplichtingen die over één jaar of later opeisbaar zijn, behoren tot de kapitaalmarkt.
b verplichtingen die binnen twee jaar opeisbaar zijn, behoren tot de geldmarkt.
c verplichtingen die over één jaar tot twee jaar opeisbaar zijn, behoren tot de kapitaalmarkt.

11.5 Een lening met een looptijd van 36 maanden valt onder:
a de geldmarkt.
b lang vreemd vermogen.
c kort vreemd vermogen.

11.6 Een onderneming zal tot vervroegde aflossing van een obligatielening overgaan als
a de nominale interest van de lening gelijk is aan de huidige marktinterestvoet.
b de nominale interest van de lening kleiner is dan de huidige marktinterestvoet.
c de nominale interest van de lening groter is dan de huidige marktinterestvoet.

11.7 Bij welke van de volgende vormen van vreemd vermogen is er sprake van zekerheidstelling?
a Hypothecaire lening.
b Ontvangen leverancierskrediet.
c Nog te betalen belastingen.

11.8 Een achtergestelde lening wordt afgelost
 a nadat het eigen vermogen is terugbetaald.
 b nadat het niet-achtergestelde vreemd vermogen is afgelost.
 c nadat het preferente aandelenkapitaal is terugbetaald.

11.9 Als houders van converteerbare obligaties van hun conversierecht gebruikmaken, zal de omvang van
 a het vreemd vermogen toenemen.
 b het vreemd vermogen afnemen.
 c het eigen vermogen afnemen.
 d het eigen en vreemd vermogen toenemen.

11.10 Een onderhandse lening heeft als voordeel boven een obligatielening dat
 a de voorwaarden beter afgestemd kunnen worden op de wensen van de geldgever en de geldnemer.
 b de verhandelbaarheid groter is.
 c er een beursnotering tot stand komt.

11.11 De omvang van het ontvangen leverancierskrediet neemt toe naarmate
 a de verkopen op rekening toenemen.
 b de vermogensbehoefte van een onderneming toeneemt.
 c de inkopen op rekening toenemen.

11.12 De vermogensbehoefte van een onderneming zal door het ontvangen van afnemerskrediet
 a afnemen.
 b gelijk blijven.
 c toenemen

11.13 Bij vuistpand zijn
 a roerende goederen in de macht van de schuldenaar (geldnemer).
 b onroerende goederen in de macht van de schuldenaar (geldnemer).
 c roerende goederen in de macht van de schuldeiser (geldgever).
 d onroerende goederen in de macht van de schuldeiser (geldgever).

11.14 Bij bezitloos pandrecht (stil pandrecht) zijn
 a roerende goederen in de macht van de schuldenaar (geldnemer).
 b onroerende goederen in de macht van de schuldenaar (geldnemer).
 c roerende goederen in de macht van de schuldeiser (geldgever).
 d onroerende goederen in de macht van de schuldeiser (geldgever).

Jeroen Vrolijks, manager zakelijke relaties bij de Rabobank, legt in dit hoofdstuk uit met welke factoren hij rekening houdt bij het beoordelen van de financiële positie van een onderneming. Daarbij is het ook belangrijk een goed beeld van de gang van zaken binnen de onderneming te hebben. De bank verdiept zich daarom onder meer in de ondernemer en het primaire proces. Op de foto is een financieringsspecialist van de Rabobank op bezoek bij een van zijn zakelijke relaties, die luxe jachten bouwt en voor zijn onderneming een krediet heeft aangevraagd.

Analyse van de financiële structuur

12

12.1 Het begrip financiële structuur
12.2 Afstemming tussen vermogensbehoefte en financieringswijze
12.3 Partiële en totale financiering
12.4 Verhouding tussen vreemd en eigen vermogen
12.5 Interne financiering
12.6 Berekening van kengetallen
12.7 Rentabiliteit
12.8 Liquiditeit
12.9 Solvabiliteit
12.10 Activiteitskengetallen
12.11 Verbanden tussen diverse kengetallen
12.12 Vergelijking van kengetallen
12.13 Kasstroomoverzicht
12.14 Financiering vanuit de bank gezien
12.15 Beleggingskengetallen
12.16 Functies binnen het financieel management
Samenvatting
Begrippenlijst
Meerkeuzevragen

Het doel van de analyse van de financiële structuur is inzicht te krijgen in de factoren die de resultaten van een organisatie bepalen. Op basis van deze analyse kunnen beslissingen worden genomen om de resultaten te verbeteren.

De analyse van de financiële structuur is vooral van belang voor:
- de leiding van de organisatie;
- de verschaffers van eigen vermogen;
- de verschaffers van vreemd vermogen;
- de werknemers van de organisatie;
- de overheid.

Bij de beoordeling van de financiële structuur van een organisatie leggen we een verband tussen de financiële middelen (eigen en vreemd vermogen), die aan de organisatie beschikbaar zijn gesteld, de wijze waarop deze middelen in de organisatie zijn aangewend (samenstelling van de activa) en de resultaten die met deze activa behaald zijn. De resultaten blijken uit de winst- en verliesrekening. Er kunnen ook middelen gebruikt zijn die niet uit de balans blijken. Dit is bijvoorbeeld het geval als een organisatie productiemiddelen heeft gehuurd of geleased. Bij de beoordeling van de financiële structuur moet daarmee ook rekening worden gehouden.

De leiding van een organisatie zal over meer en nauwkeuriger informatie beschikken dan belanghebbenden buiten de organisatie, zoals vermogensverschaffers, werknemers en overheid. Om de informatieverstrekking aan de externe belanghebbenden te waarborgen, heeft de overheid *wettelijke eisen* opgesteld. Op grond daarvan zijn grotere ondernemingen verplicht bepaalde financiële gegevens te publiceren. In de hoofdstukken 13 en 14 worden de wettelijke voorschriften voor het opstellen van de jaarrekening (balans en winst- en verliesrekening) besproken. Externe belanghebbenden kunnen zich mede op basis van deze gepubliceerde jaarrekening een beeld vormen van de gang van zaken in de onderneming. De verschaffers van eigen vermogen zullen bovendien geïnteresseerd zijn in het verband tussen de resultaten van de onderneming en de beurskoers van het aandeel. Zij maken daarbij onder andere gebruik van beleggingskengetallen, waarvan we er in dit hoofdstuk een aantal zullen bespreken.

12.1 Het begrip financiële structuur

Financiële structuur De financiële structuur omvat alle factoren die van invloed zijn op de financiële resultaten van een organisatie. Hierbij kunnen we denken aan de samenstelling van de activa of de wijze waarop de organisatie is gefinancierd. Ook de samenstelling van de omzet en kosten en de veranderingen daarin zijn van invloed op de financiële structuur. Bij grote organisaties zoals Philips, Shell, Unilever en Ahold is de Chief Financial Officer (CFO) belast met de financiële gang van zaken van de organisatie. De CFO onderhoudt de contacten met de vermogensmarkt en ook het beheer van de secundaire geldstromen behoort tot zijn takenpakket. De Corporate Controller is dan voornamelijk verantwoordelijk voor de operationele activiteiten. De controller stelt budgetten op en voorziet het management van informatie voor het besturen van het inkoopproces, het primaire proces (productieproces) en het verkoopproces. Bij kleinere organisaties worden de werkzaamheden die tot het takenpakket van de CFO en controller behoren door een persoon vervult. Deze gecombineerde werkzaamheden worden dan meestal door de controller vervuld.

De controller heeft onder andere tot taak het management van informatie te voorzien waarmee het zijn beslissingen kan onderbouwen. Ook het bewaken van de interne procedures die moeten worden gevolgd bij belangrijke beslissingen maakt onderdeel uit van zijn takenpakket. Een controller is geen controleur, maar een functionaris die de interne processen binnen een organisatie beheerst. Het houdt onder andere in dat hij verantwoordelijk is voor het opzetten en uitvoeren van het budgetteringsproces. Ook moet hij regelmatig de begroting en realisatie met elkaar vergelijken. Dit alles heeft tot doel ervoor te zorgen dat de organisatie op koers blijft. Als te veel wordt afgeweken van de (financiële) doelstellingen van de organisatie, moeten er maatregelen worden getroffen. Dit kan betekenen dat het beleid wordt aangepast of dat de doelstelling van de organisatie wordt bijgesteld.

We kunnen het besturen van een organisatie vergelijken met het besturen van een vliegtuig. De cockpit van een vliegtuig is overladen met allerlei metertjes die samen een goed beeld geven van het verloop van de vlucht. Ook een organisatie is altijd op weg om haar doelstelling te realiseren. Daarbij worden allerlei metingen verricht zoals de omzetgroei, de behaalde rentabiliteit, de verhouding tussen vreemd en totaal vermogen, de verhouding vaste en totale kosten, ziekteverzuim en de te betalen belastingen. Dit zijn allemaal factoren (kengetallen of stuurvariabelen) die de financiële structuur van een organisatie beïnvloeden. Ook deze factoren kunnen we door middel van allerlei meetapparatuur weergeven. Het bestuur van de organisatie zal daarop letten bij het uitstippelen van zijn beleid.

In figuur 12.1 is de vergelijking van een organisatie met het besturen van een vliegtuig weergegeven.

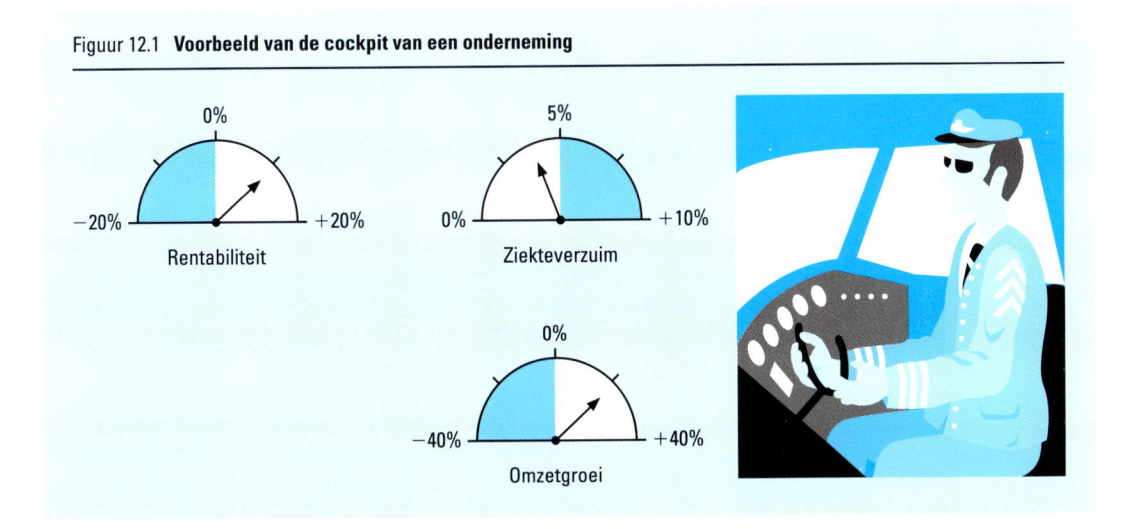

Figuur 12.1 **Voorbeeld van de cockpit van een onderneming**

Het bestuur van een organisatie moet naast de afzonderlijke factoren ook letten op de samenhang tussen deze factoren. Zo zal een toename van het ziekteverzuim negatieve gevolgen kunnen hebben voor de omzetgroei, waardoor de rentabiliteit zal dalen. Allerlei beslissingen binnen een organisatie zullen direct of indirect gevolgen hebben voor de financiële situatie van de organisatie en spelen daarom een rol bij de beoordeling van de financiële structuur.

12.2 Afstemming tussen vermogensbehoefte en financieringswijze

De omvang en het verloop van de vermogensbehoefte van een organisatie zijn van invloed op de wijze waarop in deze vermogensbehoefte wordt voorzien. De behoefte aan financiële middelen wordt bepaald door het totaal van de activa waarover de organisatie wenst te beschikken. In deze behoefte wordt voorzien door het aantrekken van eigen en/of vreemd vermogen.

De financiële structuur van een organisatie heeft onder andere betrekking op de afstemming tussen de vermogensbehoefte van een organisatie en het aan te trekken eigen en/of vreemd vermogen.

De volgende begrippen zijn in dit hoofdstuk van belang:
1 activastructuur
2 vermogensstructuur
3 financiële structuur.

Ad 1 Activastructuur

Activa

Activastructuur

Activa zijn goederen die door de organisatie zijn aangeschaft, zoals gebouwen, machines, inventaris en voorraad grondstoffen. Deze activa kunnen we verdelen in vaste en vlottende activa. Onder de activastructuur van een organisatie verstaan we de samenstelling van de activa van een organisatie. Daarbij staat de verhouding tussen de vaste en vlottende activa (balans debetzijde) centraal. Als eenmaal de totale waarde van de activa en daarmee de vermogensbehoefte van de organisatie bekend is, kan het aan te trekken eigen en/of vreemd vermogen daarop worden afgestemd.

Ad 2 Vermogensstructuur

Vermogensstructuur

De vermogensstructuur van een organisatie is de wijze waarop het vermogen van een organisatie is samengesteld (balans creditzijde). Hierbij besteden we met name aandacht aan de verhouding tussen het eigen en het vreemd vermogen.

Bij het aantrekken van vermogen zal de organisatie rekening moeten houden met de activastructuur. Met andere woorden, de vermogensstructuur moet wat looptijd en omvang betreft worden afgestemd op de activastructuur.

Ad 3 Financiële structuur

Financiële structuur

De financiële structuur, die we in dit hoofdstuk bespreken, wordt voor een groot gedeelte bepaald door de activastructuur en de vermogensstructuur. De financiële structuur kan echter niet volledig uit de balans worden afgeleid. Ook factoring en operational lease hebben invloed op de financiële structuur. De gevolgen daarvan komen echter niet in alle gevallen op de balans tot uitdrukking. Ook factoren die niet uit de balans blijken, kunnen dus invloed hebben op de financiële structuur van een organisatie.

De samenhang tussen activastructuur en vermogensstructuur geven we in figuur 12.2 globaal weer.

De vermogensstructuur stemmen we af op de activastructuur. De financiële structuur van de organisatie hangt af van de activastructuur, de vermogensstructuur en factoren die niet uit de balans blijken, waaronder posten van de winst- en verliesrekening.

Figuur 12.2 **Schema van de onderlinge relaties**

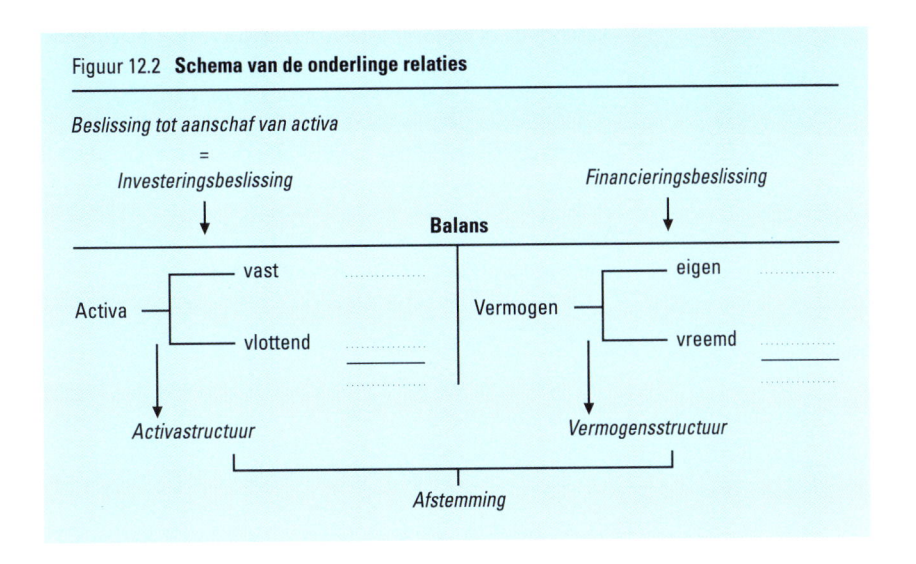

Beslissing tot aanschaf van activa
=
Investeringsbeslissing → Balans ← Financieringsbeslissing

Activa — vast / vlottend
Vermogen — eigen / vreemd

Activastructuur — Vermogensstructuur
Afstemming

12.3 Partiële en totale financiering

Binnen een organisatie worden allerlei beslissingen genomen die gevolgen kunnen hebben voor de omvang en de samenstelling van de activa. De keuzes die worden gemaakt voor de aanschaf van activa en de wijze waarop deze worden gefinancierd, komen onder andere tot uitdrukking in de balans. Aan de hand van voorbeeld 12.1 lichten we toe hoe de afstemming tussen de vermogensbehoefte en de financieringswijze tot stand komt bij fabrikant Rascom bv.

■ **Voorbeeld 12.1 Rascom bv**

Rascom bv is fabrikant van voorgebakken patates frites. Van deze onderneming is de volgende balans gegeven:

Balans (bedragen × €1.000)

Vaste activa:			Eigen vermogen:			
Grond	100		Aandelenvermogen	400		
Gebouwen	400		Agioreserve	100		
Machines	300		Winstreserve	100		
		800				600
Vlottende activa:			Vreemd vermogen:			
Voorraden	150		Obligatielening	100		
Debiteuren	100		Hypotheek	300		
Kas	50				400	
		300	Vreemd vermogen:			
			Rekening-courant	40		
			Crediteuren	60		
					100	
						500
Totaal activa		1.100	Totaal vermogen			1.100

Rascom bv heeft in totaal €1 mln lang vermogen aangetrokken. Dit bedrag is opgesplitst in €600.000 eigen vermogen en €400.000 vreemd vermogen op lange termijn. De totale vaste activa bedragen €800.000. In deze situatie is €200.000 lang vermogen beschikbaar voor de financiering van de vlottende activa. Daarnaast is nog €100.000 vreemd vermogen op korte termijn beschikbaar voor de financiering van de vlottende activa.

We gaan in deze paragraaf nader in op partiële financiering, totale financiering en de goudenbalansregel.

12.3.1 Partiële financiering

Partiële financiering

Als aan een bepaald soort activa een bijpassende financieringswijze wordt gekoppeld, spreken we van partiële financiering. Voorbeelden hiervan vinden we bij de volgende activa:
- Grond en gebouwen die worden gefinancierd met een *hypothecaire lening:* de omvang van de lening en het aflossingsschema worden afgestemd op de aanschafwaarde van de activa en de omvang van de vrijkomende afschrijvingen.
- Voorraden die worden gefinancierd met leverancierskrediet: door het kopen van goederen op rekening wordt de financieringswijze (in de vorm van *leverancierskrediet*) in feite bijgeleverd. De duur van het leverancierskrediet kan korter zijn dan de voorraadduur van de goederen. Dan zal op een later tijdstip op een andere wijze in de vermogensbehoefte moeten worden voorzien.
- Machines waarover men door middel van een *financial-lease*-contract de beschikking heeft gekregen: de duur van het leasecontract stemt ongeveer overeen met de economische levensduur van het geleasde object zodat geen aanvullende financiering nodig is.

12.3.2 Totale financiering

Naast partiële financiering kan er ook sprake zijn van totale financiering.

Totale financieringsbehoefte

Bij *totale financiering* zoeken we niet bij ieder soort actief een bijpassende financiering, maar gaan we uit van de totale financieringsbehoefte. Op basis van de totale vermogensbehoefte gaan we na op welke wijze dit totaal het beste kan worden gefinancierd. Hierbij letten we met name op de afstemming tussen de tijd dat het vermogen vastligt in de activa en de tijd dat het aan te trekken vermogen aan de onderneming ter beschikking wordt gesteld.

12.3.3 Goudenbalansregel

Goudenbalansregel

Bij de afstemming tussen het aan te trekken vermogen en de vermogensbehoefte maken we onder andere gebruik van vuistregels. Een van deze vuistregels is de *goudenbalansregel*. Deze regel houdt in dat de vaste activa en het vaste gedeelte van de vlottende activa moeten worden gefinancierd met eigen vermogen en/of vreemd vermogen op lange termijn. Het fluctuerende deel van de vlottende activa kan worden gefinancierd met vreemd vermogen op korte termijn. Figuur 12.3 laat dit zien (deze figuur heeft overigens geen betrekking op Rascom bv).

Figuur 12.3 Verloop van de totale vermogensbehoefte

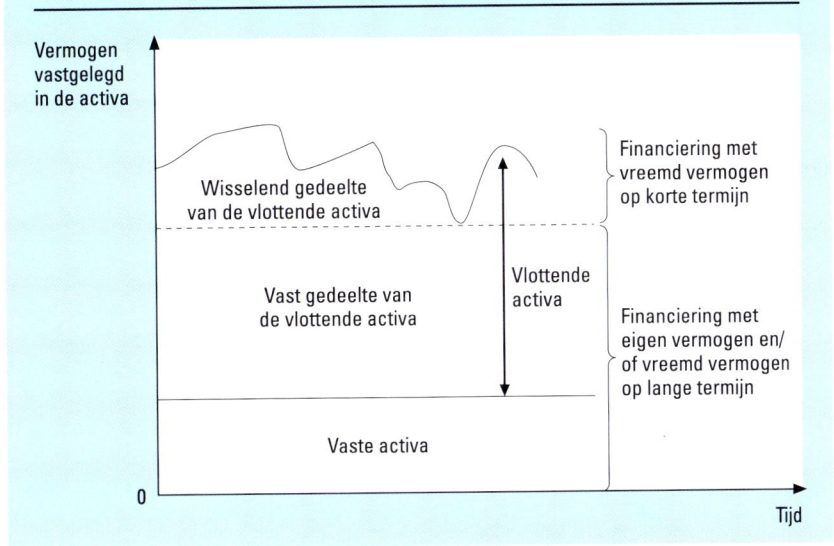

[Grafiek: Vermogen vastgelegd in de activa, uitgezet tegen Tijd. Van onder naar boven: Vaste activa; Vast gedeelte van de vlottende activa; Wisselend gedeelte van de vlottende activa. De vlottende activa worden rechts aangeduid. Financiering met eigen vermogen en/of vreemd vermogen op lange termijn dekt de vaste activa en het vaste deel van de vlottende activa; Financiering met vreemd vermogen op korte termijn dekt het wisselende gedeelte.]

Als er minder vermogen op lange termijn aangetrokken is dan op basis van de vermogensbehoefte op lange termijn wenselijk is, kunnen er problemen ontstaan. In dat geval is een gedeelte van de vermogensbehoefte op lange termijn gefinancierd met vermogen op korte termijn. Dit kan tot gevolg hebben dat het vermogen nog in de activa vastligt, terwijl de daarvoor bestemde financiering afgelost moet worden. Dit probleem hoeft echter niet onoverkomelijk te zijn. Als er nieuwe financiering aangetrokken kan worden, die de af te lossen lening vervangt, is het probleem opgelost. Het is de taak van de treasurer/controller erop toe te zien dat aan de goudenbalansregel wordt voldaan. De goudenbalansregel zal in de praktijk niet tot op de cent nauwkeurig worden toegepast. De regel benadrukt wel dat er een zekere afstemming moet zijn tussen de duur dat het vermogen aan de organisatie beschikbaar is gesteld, en de duur van de vermogensbehoefte.

12.4 Verhouding tussen vreemd en eigen vermogen

Een ander belangrijk aspect bij de bepaling van de financiële structuur is de verhouding tussen eigen en vreemd vermogen.
Bij de bespreking van de ondernemingsvormen hebben we al opgemerkt dat de verschaffers van vreemd vermogen een zekere waarborg zoeken. Zij willen de zekerheid hebben dat de aflossingen en interest over de verstrekte leningen tijdig zullen worden voldaan. Een van de factoren die hierbij een belangrijke rol spelen, is de omvang van het eigen vermogen. Het eigen vermogen vervult een bufferfunctie. Als de resultaten van de organisatie negatief zijn, wordt allereerst het eigen vermogen van de organisatie aangesproken. Nadat het eigen vermogen geheel verdwenen is, kunnen de verschaffers van vreemd vermogen een deel van hun vorderingen verliezen.

Bufferfunctie

De verhouding eigen vermogen / vreemd vermogen is ook van belang voor de *zeggenschapsverhoudingen* in de organisatie. Onder normale omstandigheden zullen de verschaffers van het eigen vermogen het in de organisatie voor het zeggen hebben. Als het vreemd vermogen echter veel groter is geworden dan het eigen vermogen, zullen de verschaffers van het vreemd vermogen meer zeggenschap opeisen. Deze situatie doet zich met name voor bij organisaties die op de rand van faillissement balanceren.

12.5 Interne financiering

Een organisatie kan besluiten vermogen van de vermogensmarkt aan te trekken (externe financiering) of een gedeelte van de winst te gebruiken om nieuwe investeringen te financieren. Het laatste geval is een voorbeeld van *interne financiering*: de activa worden aangeschaft met financiële middelen die door de bedrijfsuitoefening beschikbaar zijn gekomen.

Interne financiering

Ook het gebruik van vrijgekomen afschrijvingsgelden voor de financiering van nieuwe activa wordt als een vorm van interne financiering gezien. Deze afschrijvingsgelden komen beschikbaar door de verkoop van producten. Een gedeelte van deze verkoopopbrengst is een vergoeding voor afschrijvingen.

Tussenvraag 12.1
Wat is de samenhang tussen externe en interne financiering of is er geen samenhang?

Interne financiering heeft voor een naamloze vennootschap het voordeel dat er geen beroep gedaan hoeft te worden op de kapitaalmarkt. De kosten voor advertenties, adviseurs en prospectussen kunnen zodoende vermeden worden. Ook komen er geen nieuwe aandeelhouders bij die invloed op het beleid van de onderneming kunnen gaan uitoefenen.

In dit hoofdstuk lichten we onder meer aan de hand van de balans, de winst- en verliesrekening en de winstverdeling van Beter Bed Holding NV een aantal kengetallen en begrippen toe. Op basis daarvan proberen we ons een oordeel te vormen over de financiële structuur van Beter Bed. Beter Bed is actief in de Europese markt voor slaapcomfort (zie www.beterbedholding.nl). De activiteiten omvatten detailhandel met circa 1.200 winkels. Winkelketens die onder de holding vallen zijn: Beter Bed (Nederland en België), Matratzen Concord (Duitsland, Zwitserland en Oostenrijk), El Gigante del Colchón (Spanje) en Beddenreus (Nederland). Verder is Beter Bed Holding via haar dochter DBC International actief in de ontwikkeling en groothandel van merkartikelen in de slaapkamerbranche in Nederland, Duitsland, België, Spanje, Oostenrijk en Zwitserland. Beter Bed Holding NV behaalt circa 70% van de omzet buiten Nederland.

Voorbeeld 12.2 Beter Bed Holding NV

Balansgegevens Beter Bed Holding NV

	31 dec. 2014	31 dec. 2013
Balans (voor winstverdeling)		
Activa (× €1.000)		
Vaste activa:		
· Materiële vaste activa	28.889	25.591
· Immateriële vaste activa	3.517	2.833
· Overige vaste activa	768	826
Totaal vaste activa	33.174	29.250
Vlottende activa:		
· Voorraden	53.481	55.549
· Vorderingen	9.585	8.132
· Liquide middelen	20.883	9.554
Totaal vlottende activa	83.949	73.235
Totaal activa	117.123	102.485
Passiva (× €1.000)		
Eigen vermogen:		
· Nominaal aandelenkapitaal	438	436
· Agioreserve	17.673	16.145
· Overige reserves	33.664	33.184
· Onverdeelde winst	16.860	8.198
Totaal eigen vermogen	68.635	57.963
Vreemd vermogen:		
· Voorzieningen	1.251	2.678
· Belastingverplichtingen	2.218	2.424
Vreemd vermogen op lange termijn	3.469	5.102
· Rekening-courant banken/leningen k.t.	0	4.975
· Crediteuren	17.517	8.746
· Overige verplichtingen op korte termijn	27.502	25.699
Vreemd vermogen op korte termijn	45.019	39.420
Totaal vreemd vermogen	48.488	44.522
Totaal eigen en vreemd vermogen	117.123	102.485

Bron: *Jaarverslag Beter Bed Holding NV 2014*

Geconsolideerde winst- en verliesrekening Beter Bed Holding NV over 2014 en 2013
(bedragen × €1.000)

	2014	2013
Omzet	363.953	357.363
Inkoopwaarde van de omzet	155.300 −	154.178 −
Brutowinst	208.653	203.185
Kosten:		
• Personeelskosten	89.858	87.369
• Afschrijvingen	8.242	9.988
• Overige bedrijfskosten	87.511 +	93.544 +
Totaal kosten exclusief financieringskosten	185.611	190.901
Bedrijfsresultaat (EBIT)	23.042	12.284
Financieringslasten	299 −	716 −
Winst voor belastingen	22.743	11.568
Winstbelastingen	5.883 −	3.370 −
Winst na belastingen	**16.860**	**8.198**

Bron: *Jaarverslag Beter Bed Holding NV 2014*

Tussenvraag 12.2
Wat is het verschil in de definitie van liquide middelen die Beter Bed Holding NV hanteert en de definitie die we in dit boek aanhouden?

Winstbestemming Bij de bestemming van de winst moet de nv rekening houden met hetgeen daarover in de statuten van de nv staat vermeld. We geven een gedeelte van de statuten van Beter Bed Holding NV, dat over de winstbestemming gaat, hierna weer.

Artikel 34 van de statuten van Beter Bed Holding NV (voor zover relevant):

Lid 1   Jaarlijks wordt door de Directie onder goedkeuring van de Raad van Commissarissen vastgesteld welk deel van de winst (het positieve saldo van de winst- en verliesrekening) wordt gereserveerd.

Lid 2   De winst na reservering volgens het voorgaande lid staat ter beschikking van de algemene vergadering.

Bron: *Jaarverslag Beter Bed Holding NV 2014*

Winstverdeling — De Raad van Bestuur doet een voorstel voor de winstverdeling aan de Algemene Vergadering van Aandeelhouders (AVA).

De directie van Beter Bed heeft het volgende voorstel voor de winstverdeling voorgelegd aan de AVA (bedragen × €1.000):

Winst over 2014	16.860 +
Interim-dividend	6.133 –
Toevoeging aan reserves	2.623 –
Voor uitkering beschikbaar (slotdividend)	8.104

Bron: *Jaarverslag Beter Bed Holding NV 2014*

Interim-dividend

Slotdividend

Cashdividend
Stockdividend
Keuzedividend

Als een onderneming voor het lopende jaar een winst verwacht, kan ze besluiten al tijdens het lopende boekjaar een tussentijds dividend toe te kennen. Dit noemen we een interim-dividend (bij Beter Bed bedraagt dat €6.133.000 over het boekjaar 2014). Na afloop van het boekjaar (als de winst definitief bekend is) wordt dan het resterende gedeelte van het dividend uitgekeerd. Dit noemen we het slotdividend (bij Beter Bed bedraagt dat €8.104.000 over 2014). Het kan voorkomen dat de aandeelhouders de keuze hebben om het dividend in de vorm van contanten (cashdividend) of in de vorm van aandelen (stockdividend) uitgekeerd te krijgen. We spreken dan van keuzedividend.

Het uitkeren van dividend in aandelen heeft voor de onderneming het voordeel dat geen liquide middelen hoeven te worden afgestaan. Dit is gunstig voor haar liquiditeit.

De vorm waarin het dividend wordt uitgekeerd (cash- of stockdividend) en de hoogte van het werkelijk uitbetaalde dividend is *niet van belang voor* de berekening van de verschuldigde *belastingen* over inkomsten uit aandelen. De te betalen belastingen over inkomsten uit beleggingen (waaronder aandelen) hangt af van de waarde van de beleggingen aan het begin van het kalenderjaar. De belastingdienst gaat ervan uit dat over deze waarde een *fictief (forfaitair) rendement* wordt behaald van 4% (belastingjaar 2015). Bij de berekening van de belastingen in box 3 wordt voor het jaar 2015 uitgegaan van inkomsten uit beleggingen = 4% van de waarde van de beleggingen aan het begin van het kalenderjaar. We geven een voorbeeld, waarbij er sprake is van slechts één verdienende partner (zonder kinderen).

Fictief rendement

■ **Voorbeeld 12.3**

Berekening te betalen belastingen in box 3 (belastingjaar 2015, in euro's)

	Waarde per 1 januari
Bezittingen:	
Spaartegoeden	25.000
Aandelen, obligaties	35.480 +
	60.480
Schulden	19.400
Af: doelmatigheidsdrempel[1]	3.000 −
	16.400 −
Rendementsgrondslag	44.080
Heffingvrij vermogen[2]	21.330 −
Grondslag forfaitair rendement	22.750

Belastbaar inkomen box 3 = 4% × 22.750 = 910
Te betalen belasting in box 3 = 30% × 910 = 273

[1] Een gedeelte van de schulden mag niet in mindering worden gebracht. Voor 2015 is de drempel €3.000 per partner.
[2] Een gedeelte van het vermogen is vrijgesteld van belastingheffing. Voor 2015 bedraagt dit bedrag €21.330 per partner.

12.6 Berekening van kengetallen

Kengetal

Bij de financiële analyse van organisaties maken we onder andere gebruik van kengetallen. Om een kengetal te berekenen, worden meestal twee grootheden met elkaar in verband gebracht. Zo wordt om de rentabiliteit te berekenen de winst gedeeld door het geïnvesteerde vermogen. We moeten er zo veel mogelijk voor zorgen dat de twee grootheden die we met elkaar in verband brengen, ook *vergelijkbaar* zijn. We moeten zien te voorkomen dat we appels met peren vergelijken. We verdiepen ons in deze paragraaf in de stroom- en voorraadgrootheden, in historische kosten en recente prijzen en in het gebruik van kengetallen.

12.6.1 Stroom- en voorraadgrootheden

Voor de berekening van de rentabiliteit wordt de winst gedeeld door het geïnvesteerde vermogen. De winst is het verschil tussen opbrengsten en kosten gedurende een bepaalde periode. Opbrengsten hangen samen met verkopen in een bepaalde periode. Door de opbrengsten gedurende een periode te verminderen met de kosten die gemaakt zijn om deze opbrengsten te kunnen realiseren, berekent men de winst.

Stroomgrootheid
Voorraadgrootheid

Winst heeft betrekking op een periode en is dus een stroomgrootheid. Het geïnvesteerde vermogen zoals dat uit de balans blijkt, is een voorraadgrootheid omdat de balans de omvang van het vermogen op één bepaald moment weergeeft. In figuur 12.4 is dit te zien.

Figuur 12.4 **Stroom- en voorraadgrootheden**

```
                          Stroomgrootheden
         ┌──────────────┬──────────────┬──────────────┐
         ▼              ▼              ▼              ▼
       Winst          Winst          Winst          Winst
   1ste kwartaal 2015  2de kwartaal 2015  3de kwartaal 2015  4de kwartaal 2015

  Vermogen per                                              Vermogen per
   1-1-2015                                                  31-12-2015

              Voorraadgrootheden = tijdstipgrootheden
```

NB Stroomgrootheden hebben op een bepaalde periode betrekking, terwijl voorraadgrootheden (tijdstipgrootheden) op één moment betrekking hebben.

De omvang van het geïnvesteerde vermogen kan in loop van de tijd fluctueren. In dat geval moeten we over de periode waarin de winst behaald is, een *gemiddeld geïnvesteerd vermogen* berekenen. Dit gemiddelde kan dan als een stroomgrootheid worden gezien. Om de rentabiliteit te berekenen, delen we de winst in een bepaalde periode door het gemiddeld (in die periode) geïnvesteerde vermogen.

Ook bij de berekening van andere kengetallen moeten we erop letten dat *voorraadgrootheden met voorraadgrootheden* en *stroomgrootheden met stroomgrootheden* worden vergeleken.

12.6.2 Historische kosten en recente prijzen

Een ander probleem bij het berekenen van kengetallen doet zich voor bij de gehanteerde *waarderingsgrondslagen*. Om de winst te berekenen, verminderen we de opbrengst van de verkopen (omzet) met de kosten van de omzet. De omzet geven we weer in actuele verkoopprijzen (*recente prijzen*). De kosten van de omzet kunnen we berekenen op basis van de prijzen die bij de aanschaf van de productiemiddelen zijn betaald (historische kosten). Als we de kosten van de omzet op basis van historische kosten berekenen, ontstaat een winstbedrag waarbij zowel recente als historische prijzen een rol spelen. Dit is met name een probleem in tijden van grote prijsstijgingen. Recente hoge verkoopprijzen worden gesteld tegenover historische (lage) kosten. Het gevaar bestaat dan dat de winst te hoog wordt vastgesteld. Op dit probleem gaan we in hoofdstuk 13 nader in.

Historische kosten

Bij de bepaling van het geïnvesteerde vermogen doen zich soortgelijke problemen voor. Ook dan kunnen we uitgaan van historische kosten of recente prijzen.

12.6.3 Gebruik van kengetallen

Ondanks de haken en ogen die kleven aan het gebruik van kengetallen, gebruikt men ze veelvuldig om jaarrekeningen van organisaties te analyseren. De geschetste problemen leiden er niet toe dat het gebruik van kengetallen niet zinvol is. Wel is voorzichtigheid geboden. Als dit niet gebeurt, kunnen we foutieve conclusies trekken.

De kengetallen die we berekenen om de financiële prestaties van een organisatie te beoordelen, kunnen betrekking hebben op:
- de rentabiliteit;
- de liquiditeit;
- de solvabiliteit;
- de efficiency van de activiteiten;
- de winstgevendheid van beleggingen.

12.7 Rentabiliteit

Bij het aantrekken van vermogen voor de financiering van de activa zal de organisatie met een groot aantal factoren rekening moeten houden. Een van deze factoren betreft de vermogenskosten die verbonden zijn aan het aan te trekken vermogen. De organisatie zal in staat moeten zijn de overeengekomen interestvergoedingen voor de verschaffers van vreemd vermogen te betalen. Ook zal er voor de aandeelhouders een redelijke vergoeding beschikbaar moeten komen. De inkomsten van de organisatie moeten met andere woorden voldoende zijn om alle vermogensverschaffers de door hen vereiste vergoedingen te kunnen bieden. Alleen dan is de organisatie in staat haar continuïteit te waarborgen.
We gaan in deze paragraaf dieper in op de winstgevendheid van een onderneming, de rentabiliteitskengetallen, de hefboomwerking van de financiële structuur, het bedrijfsrisico en de rentedekkingsfactor.

12.7.1 Winstgevendheid van een onderneming

Rentabiliteit

De winstgevendheid van een onderneming hangt af van een groot aantal beslissingen. De keuze van de activa, de wijze waarop in de vermogensbehoefte wordt voorzien en de wijze waarop de activa worden gebruikt, hebben alle invloed op de winstgevendheid. De winst van een onderneming (gedurende een bepaalde periode) gedeeld door het gemiddeld (in die periode) geïnvesteerde vermogen noemen we rentabiliteit. Om een oordeel te kunnen vormen over de rentabiliteit van de onderneming, is het van belang de afzonderlijke factoren die de winstgevendheid bepalen, te analyseren. De rentabiliteitskengetallen geven aan in welke mate de onderneming in staat is het beschikbaar gestelde vermogen winstgevend in de onderneming aan te wenden.
Aan de hand van voorbeeld 12.4 bepalen we de winst bij het bedrijf Lobel nv.

■ **Voorbeeld 12.4 Lobel nv**

Lobel nv heeft over 2015 een gemiddeld geïnvesteerd totaal vermogen van €12.000.000, terwijl het gemiddeld geïnvesteerd vreemd vermogen over 2015 €4.000.000 bedraagt.
Bovendien is over 2015 gegeven (in euro's):

Omzet exclusief btw (opbrengst verkopen)	24.000.000
Kosten van de verkochte goederen (kostprijs verkopen) exclusief interestkosten vreemd vermogen	21.600.000 −
EBIT = bedrijfsresultaat	2.400.000
Interestkosten vreemd vermogen	400.000 −
Resultaat voor belasting	2.000.000
Vennootschapsbelasting 25%	500.000 −
Resultaat na belasting	1.500.000

12.7.2 Rentabiliteitskengetallen

Aan de hand van voorbeeld 12.4 lichten we de belangrijkste rentabiliteitskengetallen toe.
Voor het berekenen van de brutowinstmarge geldt de volgende formule:

Brutowinstmarge

$$\text{Brutowinstmarge (BWM)} = \frac{\text{Omzet excl. btw} - \text{kosten van de omzet excl. interestkosten}}{\text{Omzet excl. btw}} \times 100\%$$

$$= \frac{\text{EBIT (bedrijfsresultaat)}}{\text{Omzet excl. btw}} \times 100\%$$

In het voorbeeld van Lobel nv betekent dit:

$$\text{BWM} = \frac{€2.400.000}{€24.000.000} \times 100\% = 10\%$$

De interestkosten beschouwen we hierbij niet als kosten van de omzet. Om de brutowinst te berekenen gaan we uit van de omzet exclusief de belasting over de toegevoegde waarde (btw). De verkoopprijs die de afnemer aan de onderneming betaalt, is inclusief btw. De btw moet echter door de onderneming aan de belastingdienst worden afgedragen en is geen opbrengst voor de onderneming.
De brutowinstmarge per product is het verschil tussen de verkoopprijs (exclusief btw) en de kostprijs (exclusief interestkosten) van het product. Dit verschil geeft tevens de ruimte aan die beschikbaar is om de verkoopprijs te verlagen (indien de concurrentiepositie daartoe aanleiding geeft) of om kostenstijgingen op te vangen.

Rentabiliteit van het totaal vermogen

De winstgevendheid van de totale onderneming geven we weer door de rentabiliteit van het totaal vermogen. Daarvoor geldt de volgende formule:

Rentabiliteit van het totaal vermogen (RTV) =

$$= \frac{\text{EBIT (bedrijfsresultaat)}}{\text{Gemiddeld totaal vermogen}} \times 100\%$$

In het geval van Lobel nv is dit:

$$\text{RTV} = \frac{€2.400.000}{€12.000.000} \times 100\% = 20\%$$

De aandeelhouders van een nv of bv zullen met name geïnteresseerd zijn in de nettowinst na vennootschapsbelasting, omdat de (dividend)uitkeringen aan de eigenaren van deze nettowinst afhankelijk zijn. Daarvoor is onder andere de nettowinstmarge van belang. Dit kengetal geeft de nettowinst als percentage van de omzet weer. De nettowinstmarge berekenen we met de volgende formule:

Nettowinstmarge

$$\text{Nettowinstmarge (NWM)} = \frac{\text{Winst (na aftrek van belastingen)}}{\text{Omzet exclusief btw}} \times 100\%$$

In het voorbeeld van Lobel nv betekent dit:

$$\text{NWM} = \frac{€1.500.000}{€24.000.000} \times 100\% = 6{,}25\%$$

De winst die wordt behaald over het geïnvesteerde eigen vermogen geven we weer door de rentabiliteit van het eigen vermogen. Daarvoor geldt de volgende formule:

Rentabiliteit van het eigen vermogen

Rentabiliteit van het eigen vermogen (REV) =

$$= \frac{\text{Winst na aftrek van belastingen}}{\text{Gemiddeld eigen vermogen}} \times 100\%$$

Toegepast op Lobel nv:

$$\text{REV} = \frac{€1.500.000}{€8.000.000} \times 100\% = 18{,}75\%$$

12.7.3 Hefboomwerking van de vermogensstructuur

De verschaffers van vreemd vermogen ontvangen een vergoeding in de vorm van interest over het door hen beschikbaar gestelde vermogen. De kosten van het vreemd vermogen komen overeen met de gemiddelde interestvergoeding over het vreemd vermogen. Deze berekenen we als volgt:

Kosten van het vreemd vermogen

Kosten van het vreemd vermogen (KVV) =

$$= \frac{\text{Interestkosten}}{\text{Gemiddeld vreemd vermogen}} \times 100\%$$

Weer toegepast op Lobel nv:

$$\text{KVV} = \frac{€400.000}{€4.000.000} \times 100\% = 10\%$$

Als de rentabiliteit van het totaal vermogen (RTV) groter is dan de kosten van het vreemd vermogen (KVV), wordt er in feite *winst* gemaakt op iedere euro vreemd vermogen die in de onderneming is geïnvesteerd. Deze winst op het vreemd vermogen komt ten goede aan de verschaffers van het eigen vermogen en heeft een gunstige invloed op de rentabiliteit van het eigen vermogen (REV).

Is de rentabiliteit van het totaal vermogen (RTV) kleiner dan de kosten van het vreemd vermogen (KVV), dan wordt er *verlies* geleden op iedere euro vreemd vermogen die in de onderneming is geïnvesteerd. Dit verlies op het vreemd vermogen komt ten laste van de verschaffers van het eigen vermogen en heeft een ongunstige invloed op de rentabiliteit van het eigen vermogen.

Hefboomwerking van de vermogensstructuur

De hefboomwerking van de vermogensstructuur treedt op als RTV ≠ KVV.

De financiering met vreemd vermogen heeft een positieve invloed op de REV als de RTV groter is dan de KVV: *positieve hefboomwerking*. Als de RTV kleiner is dan de KVV is er sprake van een *negatieve hefboomwerking*.

Om de RTV, KVV en REV te berekenen, delen we de vergoedingen over de diverse vormen van vermogen door de omvang van de betreffende soorten vermogen. De winst voor aftrek van belasting en interestkosten, de interestkosten en de winst na belasting zijn de vergoedingen die in de berekening van de RTV, KVV en REV worden opgenomen. Deze vergoedingen hebben betrekking op een bepaalde periode en zijn stroomgrootheden. Om een juiste vergelijking te maken, delen we de vergoedingen door het vermogen dat in de betreffende periode gemiddeld is geïnvesteerd.

Gemiddeld vermogen

In eenvoudige situaties berekenen we het gemiddeld vermogen door de omvang van het vermogen aan het begin en aan het einde van de periode bij elkaar op te tellen en vervolgens te delen door twee (zie figuur 12.5). Deze berekeningswijze is alleen juist als de omvang van het vermogen gedurende de betreffende periode gelijkmatig verandert.

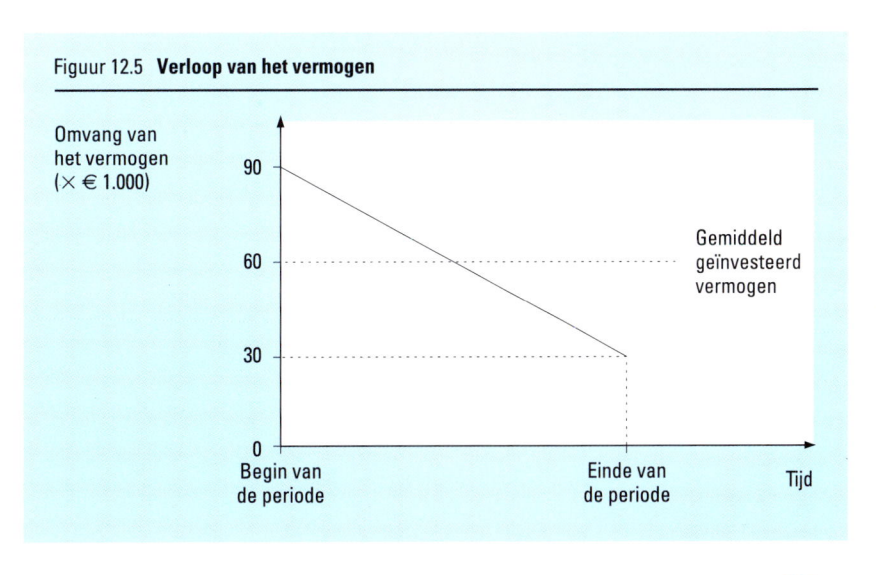

Figuur 12.5 **Verloop van het vermogen**

Het gemiddeld (gedurende de periode) geïnvesteerd vermogen bedraagt:

$$\frac{€90.000 + €30.000}{2} = €60.000$$

De hefboomwerking van de vermogensstructuur lichten we toe aan de hand van voorbeeld 12.5.

■ Voorbeeld 12.5 Bakker Bram bv

Banketbakkerij Bakker Bram bv (BBB) heeft zich toegelegd op de productie van luxe gebakjes en taarten. Deze producten worden dagelijks geleverd aan een aantal regionale supermarkten. De balans en de winst- en verliesrekening van Bakker Bram bv zijn hierna weergegeven. Op basis van deze gegevens lichten we de invloed van de financiering met vreemd vermogen op de rentabiliteit van het eigen vermogen toe.

Balans per 31 december na winstverdeling (bedragen × €1.000)

	2015	2014		2015	2014
Vaste activa:			Eigen vermogen:		
Gebouwen	390	460	Aandelenvermogen	400	400
Machines	230	340	Agioreserve	100	100
Inventaris	100	90	Winstreserve	80	120
	720	890		580	620
Vlottende activa:			Vreemd vermogen:		
Voorraden	120	100	Hypotheek	160	140
Debiteuren	80	40	Banklening	20	40
Kas	30	20	Rekening-courant	40	48
			Crediteuren	30	38
	230	160	Te betalen dividend	86	80
			Te betalen belasting	34	84
				370	430
Totale activa	950	1.050	Totaal vermogen	950	1.050

We veronderstellen dat de veranderingen in de balansposten (= voorraadgrootheden) gelijkmatig tijdens het jaar zijn opgetreden.

Winst- en verliesrekening over 2015 (in euro's):

Omzet (excl. btw)		1.100.000
Kosten van de omzet (excl. Interestkosten):		
Exploitatiekosten	700.000	
Afschrijvingen	200.000	
		900.000 −
EBIT = bedrijfsresultaat		200.000
Interestkosten		20.000 −
Resultaat voor belastingen		180.000
Vennootschapsbelasting 25%		45.000 −
Resultaat na belastingen		135.000

Winstverdeling (in euro's):
Resultaat na belastingen   135.000
Winstinhouding (interne financiering)   49.000 –

Te betalen dividend   86.000

De winstverdeling is reeds in de balans verwerkt.

Uitwerking

Berekening RTV, KVV en REV
Gemiddeld eigen vermogen: (€580.000 + €620.000) : 2 = € 600.000
Gemiddeld vreemd vermogen: (€370.000 + €430.000) : 2 = € 400.000

Gemiddeld totaal vermogen   €1.000.000

$$\text{RTV} = \frac{\text{EBIT (bedrijfsresultaat)}}{\text{Gemiddeld totaal vermogen}} = \frac{€200.000}{€1.000.000} = 0{,}20 \ (20\%)$$

$$\text{KVV} = \frac{\text{Interestkosten}}{\text{Gemiddeld vreemd vermogen}} = \frac{€20.000}{€400.000} = 0{,}05 \ (5\%)$$

$$\text{REV} = \frac{\text{Winst na belasting}}{\text{Gemiddeld eigen vermogen}} = \frac{€135.000}{€600.000} = 0{,}225 \ (22{,}5\%)$$

NB De voorgaande uitkomsten kunnen we zowel in een decimale breuk als in een percentage weergeven. Voor berekeningen is het echter eenvoudiger als we met decimale getallen werken.

Als de RTV groter is dan de KVV, is de rentabiliteit die de onderneming behaalt over het vreemd vermogen hoger dan het interestpercentage dat zij verschuldigd is aan de verschaffers van het vreemd vermogen. Het verschil tussen de RTV en de KVV wordt behaald over iedere euro vreemd vermogen. De totale winst op het vreemd vermogen bedraagt (RTV − KVV) × VV. Deze winst komt toe aan de verschaffers van het eigen vermogen. De extra rentabiliteit die daardoor over het eigen vermogen behaald wordt, bedraagt:

$$\frac{(\text{RTV} - \text{KVV}) \times \text{VV}}{\text{EV}}$$

De rentabiliteit van het eigen vermogen voor vennootschapsbelasting (REV$_{VB}$) wordt daardoor:

$$\text{REV}_{VB} = \text{RTV} + \frac{(\text{RTV} - \text{KVV}) \times \text{VV}}{\text{EV}} = \text{RTV} + (\text{RTV} - \text{KVV}) \times \frac{\text{VV}}{\text{EV}}$$

Door voorgaande berekening te vermenigvuldigen met (1 − F) krijgen we REV (die we berekenen na aftrek van vennootschapsbelasting).

Het verband tussen de RTV, KVV en REV kunnen we weergeven door de volgende formule:

$$\text{REV} = (1 - F) \times \left[\text{RTV} + (\text{RTV} - \text{KVV}) \times \frac{\text{VV}}{\text{EV}} \right]$$

Hierin is:
F = belastingvoet = belasting over ondernemingswinsten (hier 0,25)

Hefboomfactor

$\dfrac{VV}{EV}$ = hefboomfactor

Voor Bakker Bram bv in het voorbeeld geldt:

$$REV = (1 - 0{,}25) \times \left[0{,}20 + (0{,}20 - 0{,}05) \times \dfrac{400}{600}\right]$$

$$REV = 0{,}75 \times (0{,}20 + 0{,}15 \times \tfrac{2}{3}) = 0{,}75 \times (0{,}20 + 0{,}10) = 0{,}225 \;(22{,}5\%)$$

Hefboomwerking

De hefboomwerking van de vermogensstructuur lichten we in figuur 12.6 toe.

Figuur 12.6 **Hefboomwerking van de vermogensstructuur voor Bakker Bram bv**

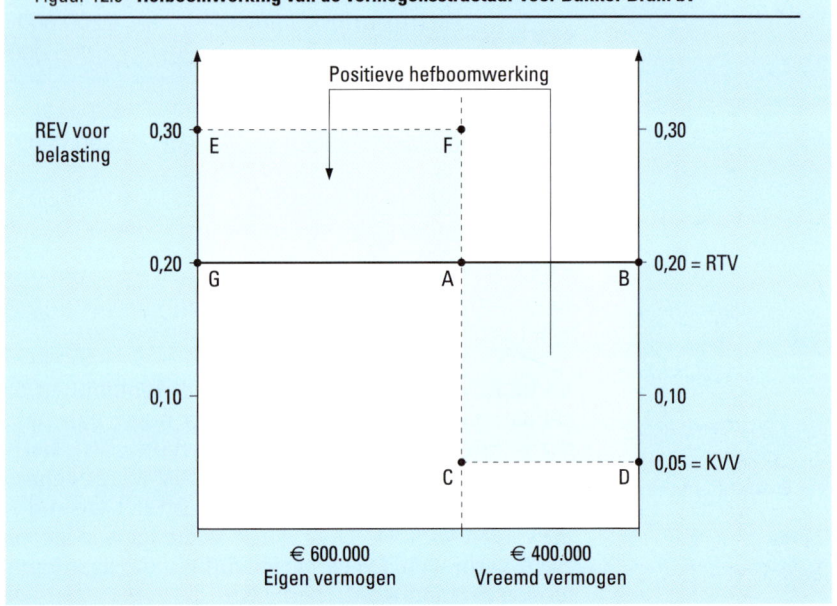

De winst op het vreemd vermogen is $0{,}20 - 0{,}05 = 0{,}15$

REV na belasting = $0{,}75 \times (0{,}20 + 0{,}15 \times \tfrac{2}{3}) = 0{,}75 \times (0{,}20 + 0{,}10) = 0{,}225$

Uit figuur 12.6 blijkt dat de winst op het vreemd vermogen wordt overgeheveld naar het eigen vermogen. De winst op het vreemd vermogen komt overeen met de oppervlakte ABCD. Deze oppervlakte is gelijk aan €400.000 × (0,20 − 0,05) = €60.000.

De oppervlakte ABCD is gelijk aan de oppervlakte EFGA, zoals blijkt uit de volgende berekening: €600.000 × (0,30 − 0,20) = €60.000.

Door veranderingen in de omstandigheden kan een positieve hefboomwerking omslaan in een negatieve. Om dit te illustreren, kijken we naar het voorbeeld van Bakker Bram bv.

We veronderstellen dat door een stijging van bijvoorbeeld de loonkosten de RTV van Bakker Bram bv daalt naar 7%. Gelijktijdig stijgen de interestkosten (KVV) van 5% naar 10%. De belastingvoet (0,25) en de verhouding VV/EV (2/3) veranderen niet.
Hoeveel bedraagt de rentabiliteit over het eigen vermogen (REV) van Bakker Bram bv na deze wijzigingen?

Uitwerking naar aanleiding van deze wijzigingen;
Negatieve hefboomwerking

$$REV = (1 - 0{,}25) \times (0{,}07 + \overbrace{(0{,}07 - 0{,}10)}^{} \tfrac{2}{3})$$

$$REV = 0{,}75 \times (0{,}07 - 0{,}03 \times \tfrac{2}{3}) = 0{,}0375 \qquad (REV = 3{,}75\%)$$

De omvang van de financiële hefboomwerking hangt af van het verschil tussen de RTV en de KVV en van de verhouding vreemd vermogen tot eigen vermogen. Er treedt een sterke werking van het hefboomeffect op als in een onderneming:
- veel vreemd vermogen is aangetrokken ten opzichte van het eigen vermogen (VV/EV is hoog);
- het verschil tussen RTV en KVV groot is.

Opmerking
Om te beoordelen of de hefboomwerking van de vermogensstructuur een negatieve of een positieve invloed heeft op de rentabiliteit van het eigen vermogen vergelijken we de RTV met de KVV. Als de RTV groter is dan de KVV spreken we van een positieve hefboomwerking van de vermogensstructuur. Hier is echter enige nuancering op zijn plaats.
Bij de berekening van de KVV delen we de interestkosten door het totale vreemd vermogen. Hierbij moeten we echter bedenken dat binnen het totale vreemd vermogen ook vormen van vreemd vermogen kunnen voorkomen waarover geen interest is verschuldigd. Dit noemen we het **niet-rentedragend vreemd vermogen**. Voorbeelden daarvan zijn: Crediteuren, Nog te betalen dividend en Nog te betalen kosten. Door deze posten mee te nemen in de berekening van de KVV valt de KVV relatief laag uit (voor het niet-rentedragende vreemd vermogen geldt in theorie immers een interestpercentage van 0%). Ook in het voorgaande cijfervoorbeeld van Bakker Bram bv doet dit probleem zich voor. Dit leidt tot een relatief lage KVV van 5%.
Om te beoordelen of er sprake is van een positieve of negatieve hefboomwerking is het in de praktijk beter om bij de berekening van de KVV het niet-rentedragend vreemd vermogen buiten beschouwing te laten. Voor het voorbeeld van Bakker Bram bv zou dat tot de volgende berekening leiden:

$$\frac{\text{Interestkosten}}{\text{Rentedragend vreemd vermogen}} = \frac{€20.000}{€150.000 + €30.000 + €44.000} \times 100\% = 8{,}9\%$$

Dit is aanmerkelijk hoger dan de aanvankelijk berekende 5%.

We gaan nu de rentabiliteitskengetallen van Beter Bed NV berekenen op basis van de winst- en verliesrekening over 2014 en balans voor 2013 en 2014 (zie voorbeeld 12.2).

$$RTV = \frac{€23.042}{\dfrac{(€117.123 + €102.485)}{2} = €109\,804} = 0{,}2098 \quad (20{,}98\%)$$

$$REV = \frac{€16.860}{\dfrac{€68.635 + €57.963}{2} = €63.299} = 0{,}2664 \quad (26{,}64\%)$$

$$KVV = \frac{€299}{€109.804 - €63.299 = €46.505} = 0{,}0064 \quad (0{,}64\%)$$

Belastingquote = €5.883 : €22.743 = 0,259 (op basis van jaar 2014).

Formule voor de hefboomwerking van de vermogensstructuur:

$$REV = (1 - 0{,}259) \times \left[0{,}2098 + (0{,}2098 - 0{,}0064) \times \frac{46.505}{63.299} \right]$$

$$REV = 0{,}741 \times [0{,}2098 + 0{,}2034 \times 0{,}734688] = 0{,}2662 \; (26{,}62\%)$$

NB Het kleine verschil ten opzichte van de hiervoor berekende REV is ontstaan door afrondingen.

Tussenvraag 12.3
Waarom wordt bij de berekening van de RTV, REV en KVV uitgegaan van het gemiddeld geïnvesteerd vermogen?

12.7.4 Rentedekkingsfactor

Rentedekkingsfactor De rentedekkingsfactor geeft aan in welke mate de onderneming in staat is uit het bedrijfsresultaat (EBIT) de interestlasten te dekken. Dat wordt uitgedrukt in de volgende formule:

$$\text{Rentedekkingsfactor} = \frac{\text{EBIT (bedrijfsresultaat)}}{\text{Interestlasten}}$$

Een hoge rentedekkingsfactor wijst erop dat de EBIT van de onderneming groot genoeg is om de interest aan de verschaffers van vreemd vermogen te kunnen vergoeden. De rentedekkingsfactor gaat uit van stroomgrootheden en is daarom een betere maatstaf dan de debt ratio, die we berekenen op basis van voorraadgrootheden. Stroomgrootheden geven een beter beeld van de ontwikkelingen gedurende de betreffende periode (meestal een jaar) dan voorraadgrootheden, die alleen iets zeggen over de situatie op één bepaald moment. Daar komt bij dat stroomgrootheden aansluiten op ingaande en uitgaande kasstromen, een benaderingswijze die we in het bedrijfsleven steeds vaker tegenkomen.

Interest coverage ratio De Engelstalige term voor rentedekkingsfactor is interest coverage ratio (ICR).

12.7.5 Risicobeheer

Omdat de bedrijfsresultaten van een onderneming van jaar tot jaar kunnen verschillen, lopen de vermogenverschaffers risico. Zij zijn er nooit zeker van of de onderneming in staat zal zijn de door hen vereiste vergoedingen te betalen. Het risico voor de verschaffers van vreemd vermogen is beperkt. Zij hebben recht op een vaste interestvergoeding. Alleen bij slechte bedrijfsresultaten lopen zij het risico dat de interest niet kan worden voldaan. De verschaffers van eigen vermogen lopen het meeste risico. Hun vergoeding is afhankelijk van de winst die overblijft na aftrek van interestkosten over het vreemd vermogen.

De rentabiliteit van het eigen vermogen (REV) blijkt onder andere afhankelijk te zijn van de rentabiliteit van het totaal vermogen (RTV) en van de verhouding vreemd tot eigen vermogen (hefboomfactor).

Bedrijfsrisico

De mate waarin de RTV afwijkt van de gemiddelde (verwachte) RTV wordt bedrijfsrisico genoemd. Grote schommelingen in de RTV wijzen op een groot bedrijfsrisico. Dit bedrijfsrisico neemt toe naarmate er in verhouding tot de variabele kosten veel vaste kosten zijn (kapitaalintensieve productiemethode). Een verandering in de omzet leidt in dat geval tot een sterke schommeling in de bedrijfsresultaten (EBIT) en tot een hoog bedrijfsrisico. Bij de bespreking van de keuze van de productiemethode in hoofdstuk 8 hebben we ook aandacht besteed aan de gevolgen van een kapitaalintensieve productiemethode voor de veranderingen in de bedrijfsresultaten.

We geven de volgende definitie van bedrijfsrisico.

> Bedrijfsrisico is de mate waarin de rentabiliteit van het totaal vermogen (RTV) afwijkt van de gemiddelde (verwachte) RTV.

Naast de schommelingen in de RTV blijkt de verhouding vreemd tot eigen vermogen (hefboomfactor) van invloed op de schommelingen in de REV. Een hoge waarde van de hefboomfactor leidt ertoe dat schommelingen in de RTV versterkt worden doorgegeven aan REV.

We kunnen de formule REV = $(1 - F) \times [RTV + (RTV - KVV) \times VV/EV]$ uit de vorige paragraaf ook gebruiken om de gevolgen van de verschillende risico's voor de eigenaren van de onderneming toe te lichten. Deze formule splitsen we allereerst op in twee delen:

REV = $(1 - F) \times RTV + (1 - F) \times [(RTV - KVV) \times VV/EV]$

Basisrentabiliteit

Als er in een onderneming geen vreemd vermogen aanwezig is, is het VV gelijk aan 0 en vervalt het tweede gedeelte van de formule. Dan geldt: REV = $(1 - F) \times RTV$. Dit zou de REV zijn geweest als het vreemd vermogen nihil is en dit noemen we de basisrentabiliteit.

Financieringsbijdrage

Door gebruik te maken van vreemd vermogen kan de REV afwijken van de basisrentabiliteit, doordat dan ook rekening moet worden gehouden met de gevolgen van de financiering met vreemd vermogen. Deze gevolgen berekenen we met behulp van de volgende formule: $(1 - F) \times [(RTV - KVV) \times VV/EV]$. Deze formule brengt de financieringsbijdrage tot uitdrukking. Als de RTV groter is dan de KVV is de financieringsbijdrage positief (positieve hefboomwerking), als de RTV kleiner is dan de KVV is de financieringsbijdrage negatief (negatieve hefboomwerking). Naarmate de verhouding VV/EV groter is, zullen fluctuaties in de RTV en de KVV tot grotere fluctuaties in de financieringsbijdrage en daardoor in de REV leiden (meer risico voor de eigenaren!).

Kostenstructuur
Conjunctuurgevoeligheid

De fluctuaties in de RTV hangen af van de kostenstructuur van de onderneming en van de conjunctuurgevoeligheid van de afzet. Naarmate een onderneming meer vaste kosten heeft en/of de afzet conjunctuurgevoeliger is, zal de EBIT en daarmee de RTV sterkere schommelingen laten zien.

De RTV berekenen we door de EBIT te delen door het gemiddeld totaal vermogen.
Vooral bij bedrijven die te maken hebben met relatief veel vaste kosten en een conjunctuurgevoelige afzet zal de EBIT en daardoor de RTV sterk kunnen fluctueren. We lichten dat in figuur 12.7 toe.

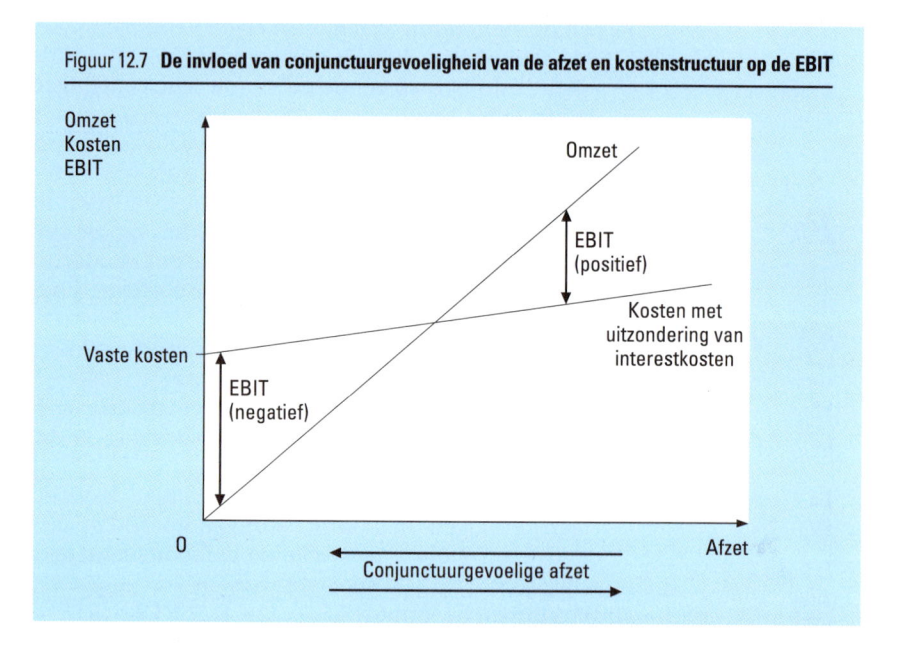

Figuur 12.7 De invloed van conjunctuurgevoeligheid van de afzet en kostenstructuur op de EBIT

Bij een onderneming met relatief veel vaste kosten en weinig variabele kosten zal de lijn die het verloop van totale kosten weergeeft, een vlak verloop vertonen. Dat betekent dat de kosten weinig veranderen als de afzet fluctueert. Dit *kan* ertoe leiden dat het verschil tussen omzet en kosten (EBIT) sterk fluctueert. We spreken bewust over *kan*, omdat de mate waarin de EBIT fluctueert ook afhangt van de conjunctuurgevoeligheid van de afzet. Als de afzet nauwelijks fluctueert, zal ook de EBIT nagenoeg gelijk blijven. Als de afzet echter sterk schommelt (een beweging langs de horizontale as), zal ook de EBIT sterk fluctueren. Andere factoren die een grote invloed op de hoogte van de EBIT kunnen hebben, zijn prijsveranderingen van de productiemiddelen zoals de grondstofkosten en de arbeidskosten. De kostenlijn komt dan hoger of lager te liggen.

Kapitaalintensieve kostenstructuur

Op basis van het voorgaande kunnen we onder meer concluderen dat het beter is om ondernemingen met een *kapitaalintensieve kostenstructuur* en een *conjunctuurgevoelige afzet* te financieren met relatief *veel eigen vermogen* (en dus weinig eigen vermogen).

De fluctuaties in de kosten van het vreemd vermogen (KVV) hangen af van de ontwikkelingen op de vermogensmarkt. Ondernemingen kunnen vreemd vermogen aantrekken tegen een variabele rente of een vaste rente. De KVV zal sterk schommelen voor ondernemingen die

Variabele rente een variabele rente zijn overeengekomen en die te maken krijgen met sterke schommelingen in de marktrentevoet op de vermogensmarkt.

Vaste rente Voor leningen waarvoor de onderneming een vaste rente heeft afgesproken, zullen de rentekosten (KVV) gedurende de rentevaste periode niet fluctueren.

Veranderingen in de RTV en de KVV zijn ook van invloed op het verschil tussen (RTV – KVV). Ook dit verschil kan sterk fluctueren, hetgeen nog eens wordt versterkt als de onderneming met relatief veel vreemd vermogen is gefinancierd (de verhouding VV/EV is dan erg hoog).

Wisselkoersen Ook veranderingen in de wisselkoersen kunnen gevolgen hebben voor de resultaten (en dus voor Rev) van een onderneming, zoals uit het volgende artikel blijkt.

Eurodip geeft exporteurs vleugels

door **Theo Besteman**

Amsterdam • De lagere euro geeft Nederlandse exporteurs stevige rugwind. Het CBS noemt de 10,2% groei over januari op jaarbasis desgevraagd 'een echte klapper'.

En er zit meer in het vat. Want de grootste daling van de euro kwam na januari, waardoor er dit kwartaal al meer mogelijk is voor bedrijven, aldus de statistici. Maar ook de binnenlandse vraag herstelt dermate goed dat de economie op stoom raakt. Nederland profiteert nog altijd het meeste van zijn export van aardolieproducten, industriële machines en elektronische apparatuur, in januari vooral naar de VS en China.

ABN Amro betitelt, net als het CBS, 2014 als overgangsjaar. In 2015 en in 2016 zou de productiegroei in alle branches van de industrie toenemen. Slechts de bezetting per machine zit nog onder het langjarige gemiddelde, ziet zijn sectoreconoom Casper Burgering.

Detailhandelsbedrijven verkochten 3,1% meer dan vorig jaar hoewel tegen 2,2% prijskorting. Ook de Federatie van technologiebranches (FHI) ziet een hogere orderontvangst na een sterk laatste kwartaal. In de industrie wint een nieuwe bedrijfstak snel aan terrein. De 3D-printermarkt is wereldwijd nu €2,74 miljard groot, met in Nederland volgens ABN Amro net €45 miljoen aan verkochte producten. ABN typeert deze sector als 'dwerg' maar dan met 'groeistuipen'. Per jaar groeit 3D-printen in omzet volgens de bank met 30%. In 2020 zou dat, wereldwijd gemeten, €20 miljard aan marktvolume zijn.

Bron: *De Telegraaf*, 17 maart 2015

Toelichting bij artikel

Een zwakkere euro leidt ertoe dat producten en diensten die in Nederland worden voortgebracht voor buitenlandse ondernemingen en consumenten goedkoper worden. Dit leidt tot een toename van de export van Nederlandse bedrijven.

Risico We kunnen concluderen dat de verstrekkers van eigen vermogen een groot risico lopen (dat wil zeggen dat grote schommelingen in de REV kunnen optreden) als:
- de onderneming met relatief veel vaste kosten heeft te maken;
- de afzet conjunctuurgevoelig is (de verkochte hoeveelheid kan dan sterk fluctueren);
- de onderneming met relatief veel vreemd vermogen is gefinancierd;

- vreemd vermogen is aangetrokken tegen variabele rente én de marktrente sterk fluctueert;
- de prijzen van de productiemiddelen sterk fluctueren;
- een onderneming veel importeert uit en/of exporteert naar landen met een andere valuta (fluctuaties in de wisselkoersen beïnvloeden de omzet en/of kosten);
- de verkoopprijzen van de eindproducten of diensten van de onderneming sterk fluctueren (bijvoorbeeld bij de marktvorm van volkomen concurrentie door veranderingen in vraag en aanbod).

Risicobeheer

In het bedrijfsleven neemt risicobeheersing een steeds belangrijkere plaats in. Het risicobeheer van een onderneming moet zich richten op alle factoren die (grote) invloed kunnen uitoefenen op de hoogte van de EBIT en op de interestkosten. Vooral de eigenaren van een onderneming (aandeelhouders) zijn geïnteresseerd in het risicomanagement van de onderneming, omdat zij de eerste klappen opvangen. Het eigen vermogen vervult een bufferfunctie, omdat eventuele verliezen in eerste instantie op het eigen vermogen in mindering worden gebracht.

Bodemonderzoeker Fugro lijdt half miljard euro verlies

Van onze verslaggever
Jeroen Trommelen

Leidschendam: Lage olieprijzen en verlaagde investeringen van oliemaatschappijen hebben bodemonderzoeker Fugro in Leidschendam vorig jaar een nettoverlies opgeleverd van bijna een half miljard euro. Het bedrijf gaat het verliesgevende bodemonderzoek in de diepzee nu geheel afstoten. De beurskoers steeg met 17 procent.

Fugro keert terug naar de kernactiviteiten funderingstechniek en bodemmechanica voor de bouw en kartering voor de olie- en gasindustrie. Het bedrijf houdt rekening met aanhoudend slechte marktomstandigheden in de olie- en gassector.

Het vrijdag gepresenteerde verlies kwam niet onverwacht. In oktober vorig jaar werd al duidelijk dat het bedrijf geplaagd wordt door 'vertraging, uitstel en afstel' van orders uit de olie-industrie en dat het over 2014 geen dividend zou uitkeren.

Fugro schreef noodgedwongen nog eens 200 tot 250 miljoen euro af op bezittingen en goodwill, na een eerdere afschrijving van 300 miljoen.

Fugro was vorige jaar de grootste daler in de Amsterdamse beursindex AEX, met 62 procent waardeverlies.

Bron: *de Volkskrant*, 28 februari 2015

Toelichting
Door een verlies daalt het eigen vermogen van een onderneming en worden de aandelen minder waard.

Niet alleen de aandeelhouders (eigenaren) maar ook de verschaffers van vreemd vermogen en niet te vergeten de overheid zijn geïnteresseerd in het risicobeheer van ondernemingen. Immers, de inkomsten van de overheid (in dit geval de te ontvangen vennootschapsbelastingen en omzetbelasting) hangen af van de hoogte van de omzet en kosten van de onderneming. Naarmate de omzet en kosten (en daardoor het resultaat) sterker fluctueren, zullen ook de overheidsinkomsten uit vennootschapsbelasting en omzetbelasting sterker fluctueren.

12.8 Liquiditeit

Een organisatie is liquide als op ieder moment de ingaande geldstromen voldoende zijn om daaruit de uitgaande geldstromen te kunnen voldoen. Als de uitgaande primaire geldstromen de ingaande primaire geldstromen overtreffen, kan een beroep op de vermogensmarkt noodzakelijk zijn (dit leidt tot een ingaande secundaire geldstroom) om de liquiditeit van de organisatie te waarborgen.

Liquiditeit

We geven de volgende definitie van liquiditeit.

> Een organisatie is *liquide* als zij op ieder moment in staat is om (zonder dat financieel ongewenste maatregelen genomen moeten worden) aan haar betalingsverplichtingen te voldoen.

Liquiditeitsbegroting

Voor de interne bedrijfsvoering stellen organisaties een liquiditeitsbegroting op om inzicht te krijgen in de *verwachte* ingaande en uitgaande geldstromen van de organisatie. De bewaking van liquiditeit die op basis van de verwachte ingaande en uitgaande geldstromen plaatsvindt, heet dynamische liquiditeit. Voor de bewaking van de dynamische liquiditeit zijn interne gegevens van de organisatie nodig.

Dynamische liquiditeit

Als uit de liquiditeitsbegroting blijkt dat de voorraad liquide middelen vermeerderd met de verwachte ingaande geldstromen (op ieder moment) de verwachte uitgaande geldstromen overtreft, is de organisatie liquide. Voor perioden waarin dit niet het geval dreigt te zijn, zal de organisatie extra financiële middelen moeten aantrekken (bijvoorbeeld door het afsluiten van een lening). Het opstellen van de liquiditeitsbegroting hebben we in hoofdstuk 3 bij de behandeling van het ondernemingsplan besproken.

De liquiditeitsbegroting is een belangrijk instrument binnen organisaties om de liquiditeit te bewaken.

Ook voor personen en instanties buiten de organisatie kan het belangrijk zijn inzicht te hebben in de liquiditeit van een organisatie. Deze buitenstaanders beschikken echter niet over de informatie om een liquiditeitsbegroting op te stellen. Zij zullen zich moeten baseren op informatie die door de organisatie wordt gepubliceerd.

Jaarrekening

Grotere ondernemingen brengen een *jaarrekening* uit waarin de balans en de winst- en verliesrekening zijn opgenomen. Buitenstaanders gebruiken deze gepubliceerde informatie om diverse kengetallen te berekenen om een indruk te krijgen van de rentabiliteit, de liquiditeit en de solvabiliteit van de organisatie. De beoordeling van de liquiditeit op basis van kengetallen, die afgeleid zijn uit balansgegevens, is de statische liquiditeit. Bij de statische liquiditeit gaan we in feite alleen na of de organisatie op *één bepaald moment* liquide is. Deze kengetallen geven meestal geen juist beeld van de liquiditeit op andere momenten tijdens het jaar.

Statische liquiditeit

De kengetallen om de statische liquiditeit van een organisatie te beoordelen zijn:
- current ratio
- nettowerkkapitaal
- quick ratio.

We verdiepen ons hierna in deze kengetallen en het gebruik ervan in de praktijk.

12.8.1 Current ratio

Current ratio

De current ratio vergelijkt de omvang van de vlottende activa met de omvang van de vlottende passiva. Tot de *vlottende activa* behoren het kassaldo, de kortlopende tegoeden bij bank en/of giro, de vorderingen op debiteuren, de courante effecten, de voorraden eindproducten en de voorraden grond- en hulpstoffen.

De *vlottende passiva* zijn de verplichtingen met een looptijd korter dan één jaar. Hiertoe behoren: de (binnen één jaar) te betalen belastingen, het rekening-courantkrediet, de schulden aan crediteuren en andere kortlopende verplichtingen.

De current ratio berekenen we als volgt:

$$\text{Current ratio} = \frac{\text{Vlottende activa}}{\text{Vlottende passiva}}$$

Going-concern

De current ratio geeft een indruk van de *liquiditeit op korte termijn*. Hierbij veronderstellen we dat de vlottende activa snel in geld omgezet kunnen worden. De current ratio gaat uit van de onderneming als een *going-concern*. Onder going-concern verstaan we dat de onderneming haar activiteiten voortzet, zodat de vlottende activa via het productieproces in geld kunnen worden omgezet. Het geld dat uit de vlottende activa vrijkomt, is beschikbaar om aan de lopende verplichtingen te voldoen. Als de current ratio ≥ 1 is, kunnen we *niet* concluderen dat de onderneming liquide is. De kengetallen die we op basis van *balansgegevens* berekenen, hebben slechts betrekking op de situatie op *één bepaald moment*. Vooral voor seizoenbedrijven geeft de current ratio niet altijd een juiste indruk van de liquiditeit. Als voorbeeld kan de producent van schaatsen dienen. Zijn voorraad schaatsen is eind september, voordat de leveringen aan de winkeliers beginnen, maximaal. Als we op dat moment de current ratio zouden berekenen, worden deze voorraden in de berekening van de current ratio opgenomen. Dit gebeurt in de veronderstelling dat deze schaatsen *op korte termijn* (de komende winter) verkocht kunnen worden. Als de winter echter erg zacht is, wordt maar een klein gedeelte van de voorraad verkocht en in geld omgezet. Dit kan tot gevolg hebben dat de organisatie in het begin van het nieuwe kalenderjaar niet in staat is aan haar lopende verplichtingen te voldoen, hoewel de current ratio in september nog gunstig was. Bij de beoordeling van de liquiditeit op basis van de current ratio moeten we onder andere rekening houden met de invloed van de seizoenen.

We leggen hierna uit wat wordt verstaan onder window dressing en we gaan kort in op de liquiditeitsbalans.

Window dressing

Window dressing

De hoogte van de current ratio geeft niet altijd een juist beeld van de liquiditeit. Bovendien kan de current ratio door tijdelijke maatregelen gunstig worden beïnvloed (zie voorbeeld 12.6).

■ **Voorbeeld 12.6 Baykal Techniek**

De administrateur van de vennootschap onder firma Baykal Techniek legt op 29 december 2015 de volgende voorlopige balans voor aan de firmanten.

Voorlopige balans per 29 december 2015 (bedragen in euro's)

Gebouwen	300.000	Eigen vermogen	420.000
Machines	200.000	Hypotheek	260.000
Inventaris	100.000	Te betalen belastingen	90.000
Voorraden	120.000	Crediteuren	130.000
Debiteuren	20.000		
Rekening-courant	150.000		
Kas	10.000		
Totaal activa	900.000	Totaal vermogen	900.000

Aan het rekening-courantkrediet is een kredietmaximum verbonden van €100.000.

Op basis van de voorlopige balans heeft de administrateur de current ratio berekend. Deze bedraagt:

$$\frac{€120.000 + €20.000 + €150.000 + €10.000}{€90.000 + €130.000} = \frac{€300.000}{€220.000} = 1,36$$

De firmanten weten dat de bank bij het vaststellen van het kredietmaximum onder andere kijkt naar de current ratio. Zij zoeken daarom naar mogelijkheden om de current ratio te verbeteren. Op het einde van de dag (op 29 december 2015) besluiten ze ten laste van het tegoed op de rekening-courant €100.000 aan de crediteuren en €30.000 aan de Belastingdienst te betalen.
Na verwerking van deze mutaties ziet de voorlopige balans er als volgt uit:

Voorlopige balans per 29 december 2015 (bedragen in euro's)

Gebouwen	300.000	Eigen vermogen	420.000
Machines	200.000	Hypotheek	260.000
Inventaris	100.000	Te betalen belastingen	60.000
Voorraden	120.000	Crediteuren	30.000
Debiteuren	20.000		
Rekening-courant	20.000		
Kas	10.000		
Totaal activa	770.000	Totaal vermogen	770.000

Na deze betalingen wordt de current ratio per 29 december 2015:

$$\frac{€120.000 + €20.000 + €20.000 + €10.000}{€60.000 + €30.000} = \frac{€170.000}{€90.000} = 1,89$$

Tussen 29 december en 31 december 2015 vinden er geen transacties meer plaats. De current ratio op basis van de balans per 31 december 2015 zal dan ook 1,89 bedragen.

In het nieuwe jaar zullen de posten Crediteuren en Rekening-courant waarschijnlijk weer geleidelijk op hun oude niveau terechtkomen. De betalingen door de firmanten hebben de current ratio slechts *tijdelijk* verhoogd. In werkelijkheid is de liquiditeit daardoor niet toegenomen. Deze kan zelfs tijdelijk afgenomen zijn, doordat het saldo op de rekening-courant in het begin van het nieuwe jaar erg laag zal zijn.

Handelingen van de organisatie die als enig doel hebben de financiële structuur een te rooskleurig aanzien te geven, noemen we *window dressing*.

Tussenvraag 12.4
Geef een voorbeeld van window dressing op basis van de current ratio als:
a de current ratio > 1;
b de current ratio < 1.

Liquiditeitsbalans
In voorgaande balansen zijn de activa opgenomen in volgorde van liquiditeit. De minst liquide activa, zoals gebouwen, machines en inventaris, staan bovenaan. Zij zijn niet op korte termijn in geld omzetbaar. De vaste activa worden gevolgd door de vlottende activa, die op korte termijn in geld kunnen worden omgezet (voorraden en debiteuren). Als laatste worden de liquide middelen (kas en banktegoeden) opgenomen. Een balans waarop de activa gerangschikt zijn naar de mate van liquiditeit, noemen we een liquiditeitsbalans.

12.8.2 Nettowerkkapitaal

De omvang van het nettowerkkapitaal van een organisatie is een andere maatstaf om de statische liquiditeit van de organisatie te meten. De omvang kunnen we op twee manieren berekenen, namelijk met de volgende formules:

1 Nettowerkkapitaal = Vlottende activa − vlottende passiva
2 Nettowerkkapitaal = Eigen vermogen + vreemd vermogen op lange termijn − vaste activa

Op grond van de voorlopige balans (voordat window dressing van de firma Baykal in voorbeeld 12.6 heeft plaatsgevonden) kunnen we het nettowerkkapitaal berekenen.

Het nettowerkkapitaal bedraagt:
€300.000 − €220.000 = €80.000 of
€680.000 − €600.000 = €80.000

Voorlopige balans (bedragen in euro's)			
Vaste activa	600.000	Eigen vermogen + vreemd vermogen op lange termijn	680.000
Nettowerkkapitaal			
Vlottende activa	300.000	Vlottende passiva	220.000
	900.000		900.000

De betalingen door de firmanten op 29 december 2015 (ten laste van het tegoed op de rekening-courant) hebben geen invloed op de omvang van het nettowerkkapitaal. De vlottende activa en de vlottende passiva nemen in dat geval met eenzelfde bedrag (€130.000) af. Het verschil blijft daardoor hetzelfde. Voor het nettowerkkapitaal treedt dan geen window dressing op.

12.8.3 Quick ratio

Bij de bepaling van de current ratio zijn alle vlottende activa in de berekening betrokken. Als we letten op de tijd die nodig is om bepaalde vlottende activa in geld om te zetten, zijn er duidelijke verschillen tussen de vlottende activa vast te stellen. De meest liquide vormen van vlottende activa zijn het kassaldo en de tegoeden bij de bank. Voorraden onderhanden werk zijn veel minder liquide. Deze halffabricaten moeten eerst voltooid worden, voordat ze kunnen worden verkocht. Als de afnemers op rekening kopen, verstrijkt er bovendien nog een geruime tijd voordat de verkoop van de eindproducten tot een ingaande geldstroom leidt.

Bij de berekening van de quick ratio worden alleen de vlottende activa betrokken die zeer snel in geld kunnen worden omgezet. De voorraden grond- en hulpstoffen en de voorraden half- en eindproducten laten we daarom bij de berekening van de quick ratio buiten beschouwing.

Voor quick ratio geldt de volgende formule:

Quick ratio

$$\text{Quick ratio} = \frac{\text{Vlottende activa} - \text{voorraden}}{\text{Vlottende passiva}}$$

Voor de firma Baykal Techniek van voorbeeld 12.6 geldt (voordat window dressing heeft plaatsgevonden):

$$\text{Quick ratio} = \frac{€300.000 - €120.000}{€220.000} = 0{,}82$$

12.8.4 Bezwaren van liquiditeitskengetallen

De current ratio, de quick ratio en het nettowerkkapitaal hebben als nadeel dat ze uitgaan van de situatie op één bepaald moment (momentopname). De current ratio en de quick ratio kan de organisatieleiding op eenvoudige wijze manipuleren door de verhouding tussen vlottende activa en vlottende passiva te wijzigen.

De current ratio en het nettowerkkapitaal hebben als nadeel dat de waarde ervan mede bepaald wordt door de waardering van de voorraden. Omdat de waardering van voorraden per onderneming kan verschillen, is het vaak moeilijk om ondernemingen op basis van deze kengetallen te vergelijken.

Een hoge current en quick ratio en een hoog nettowerkkapitaal wijzen op een gunstige liquiditeit. We moeten daarbij wel bedenken dat deze kengetallen *momentopnames* (uit het verleden) zijn. Zij hoeven geen juiste afspiegeling te zijn over de afgelopen periode en zeggen bovendien weinig over de mate van liquiditeit in de toekomst. Voor het ontwikkelen van een financieel beleid is juist de toekomst van belang en daarom hecht het management van een organisatie meer belang aan een liquiditeitsbegroting.

12.9 Solvabiliteit

Bij de beoordeling van de liquiditeit letten we op het feit of de organisatie in staat is om op korte termijn aan haar betalingsverplichtingen te voldoen. Naast inzicht in de liquiditeit is het vooral voor de verstrekkers van vreemd vermogen van belang, of de organisatie ook op lange termijn haar verplichtingen kan nakomen. Zij zijn met name geïnteresseerd in de solvabiliteit. In feite in het antwoord op de vraag: kan de organisatie aan al haar verplichtingen voldoen? Om de solvabiliteit van een organisatie te beoordelen, vergelijken we de omvang van het vreemd vermogen met een andere grootheid (zoals bijvoorbeeld het totaal vermogen).
We geven de volgende definitie van solvabiliteit.

> Solvabiliteit is de mate waarin de organisatie in geval van liquidatie in staat is aan haar verplichtingen ten opzichte van de verschaffers van vreemd vermogen te voldoen.

Zolang de (liquidatie)waarde van de activa meer bedraagt dan het totaal vreemd vermogen, is de organisatie solvabel.
De solvabiliteit is vooral van belang in situaties waarin een organisatie al dan niet vrijwillig tot liquidatie overgaat. Juist dan willen de verschaffers van vreemd vermogen weten in welke mate de organisatie in staat is haar verplichtingen na te komen.

Bij de berekening van kengetallen om de solvabiliteit van een onderneming te beoordelen, worden de activa gewaardeerd tegen de *going-concern-waarde* (zie subparagraaf 12.9.1). In het algemeen zal de opbrengst van activa in geval van liquidatie echter aanmerkelijk lager liggen dan de waarde die het betreffende productiemiddel heeft bij voortzetting van de activiteiten.

Voor de beoordeling van de solvabiliteit van een organisatie zijn van belang:
- de debt ratio
- de leencapaciteit
- het weerstandsvermogen.

We verdiepen ons in deze paragraaf in deze kengetallen en het gebruik ervan in de praktijk.

12.9.1 Debt ratio

Debt ratio

De debt ratio vergelijkt de omvang van het vreemd vermogen met de omvang van het totaal vermogen. Dat wordt uitgedrukt in de volgende formule:

$$\text{Debt ratio} = \frac{\text{Vreemd vermogen}}{\text{Totaal vermogen}}$$

Het totaal vermogen van de organisatie komt overeen met de totale waarde van de activa. De liquidatiewaarden van de activa zijn meestal alleen bij een feitelijke liquidatie vast te stellen. Daarom gaan we bij de berekening van het totaal vermogen uit van de verwachting dat de onderneming ook in de toekomst blijft bestaan (*going-concern*). Daarnaast doet zich nog het probleem voor, of we de activa moeten waarderen tegen balanswaarden of tegen marktwaarden. Met name voor activa die geruime tijd geleden zijn aangeschaft, kan er een aanmerkelijk verschil optreden tussen beide waarden.

Een andere moeilijkheid bij het vaststellen van het eigen en het vreemd vermogen van een organisatie komt door het bestaan van voorzieningen en stille en/of geheime reserves. Een voorziening rekenen we in principe tot het vreemd vermogen. Het kan echter voorkomen dat – achteraf gezien – de feitelijke verplichting geringer is dan de omvang van de voorziening. Het bedrag waarmee de voorziening de verplichting overtreft, mogen we dan tot het eigen vermogen rekenen.

12.9.2 Leencapaciteit

Leencapaciteit

Onder leencapaciteit worden de mogelijkheden verstaan die de organisatie heeft om (nieuw) vreemd vermogen aan te trekken. Voordat een potentiële vermogensverschaffer vreemd vermogen aan de organisatie beschikbaar stelt, zal hij beoordelen of de organisatie in staat is de rente- en aflossingsverplichtingen na te komen. Bij deze beoordeling speelt de omvang van het *garantievermogen* (= *aansprakelijk vermogen*) een belangrijke rol. Het garantievermogen bestaat uit het eigen vermogen vermeerderd met het achtergestelde vreemd vermogen. Bij een eventuele liquidatie wordt allereerst het garantievermogen aangesproken. Ook de interest- en aflossingsverplichtingen en andere financiële verplichtingen spelen een rol bij de beoordeling van de leencapaciteit.

Garantievermogen

De behoefte aan (vreemd) vermogen kunnen we beperken door bijvoorbeeld gebruik te maken van *leasing*. Het leasen van bedrijfsactiva wordt als alternatief gezien voor het kopen van deze activa en de financiering van de koopsom met vreemd vermogen. Door gebruik te maken van leasing hoeft de organisatie geen vreemd vermogen aan te trekken. Hierdoor nemen de rente- en aflossingsverplichtingen niet toe. Hieruit kan ten onrechte de conclusie worden getrokken dat door gebruik te maken van leasing, de leencapaciteit van de organisatie niet wordt aangetast. Leasing van een productiemiddel kunnen we echter vergelijken met de aanschaf van het productiemiddel waarvan de koopsom wordt gefinancierd met vreemd vermogen. In de praktijk blijkt dat de omvang van de leaseverplichtingen ongeveer overeenkomt met de interest- en aflossingsverplichtingen indien de activa worden aangeschaft en met vreemd vermogen worden gefinancierd. De totale omvang van de betalingsverplichtingen zullen voor beide alternatieven ongeveer gelijk zijn. Ze zullen dan ook eenzelfde invloed hebben op de leencapaciteit van de onderneming.

Tussenvraag 12.5
In welke situaties zal er aan de solvabiliteitskengetallen bijzondere aandacht worden besteed?

12.9.3 Weerstandsvermogen

Weerstandsvermogen

Ook het weerstandsvermogen van een organisatie is belangrijk voor de beoordeling van de solvabiliteit. Onder het weerstandsvermogen verstaan we de mogelijkheden die de organisatie heeft om eventuele verliezen op te vangen en faillissement te voorkomen. Het weerstandsvermogen neemt toe naarmate de omvang van het eigen vermogen ten opzichte van het vreemd vermogen toeneemt. Als de omvang van het vreemd vermogen relatief gering is, heeft de organisatie geringe interest- en aflossingsverplichtingen. Ook in minder gunstige tijden zal zij dan waarschijnlijk in staat zijn deze geringe verplichtingen na te komen.

Het eigen vermogen vervult voor de verschaffers van vreemd vermogen ook een bufferfunctie. Eventuele verliezen komen in eerste instantie ten laste van het eigen vermogen. Pas nadat het eigen vermogen geheel of grotendeels verdwenen is, ontstaat voor de verschaffers van vreemd vermogen het gevaar dat ze een deel van hun vordering niet kunnen innen. Een organisatie met relatief veel eigen vermogen (een grote buffer) heeft een kleine kans om failliet te gaan. De buffer kan worden vergroot door het aantrekken van nieuw eigen vermogen en/of het inhouden van winsten (winstreserve).

Het weerstandsvermogen kunnen we uitdrukken in een kengetal. Daarvoor geldt de volgende formule:

$$\text{Weerstandsvermogen} = \frac{\text{Eigen vermogen}}{\text{Totaal vermogen}}$$

Naarmate dit kengetal hoger is, zijn het weerstandsvermogen en de solvabiliteit gunstiger. Het weerstandsvermogen kunnen we ook in de vorm van een percentage uitdrukken. We noemen dit dan het solvabiliteitspercentage:

Solvabiliteitspercentage

$$\text{Solvabiliteitspercentage} = \frac{\text{Eigen vermogen}}{\text{Totaal vermogen}} \times 100\%$$

12.10 Activiteitskengetallen

Activiteitskengetallen

Activiteitskengetallen berekenen we om inzicht te krijgen in de doelmatigheid van het gebruik van de productiemiddelen van de onderneming. De activiteitskengetallen kunnen we bovendien gebruiken om een verandering in de rentabiliteit van een onderneming te verklaren. Voor de berekening van de omloopsnelheid van de voorraad geldt de volgende formule:

Omloopsnelheid van de voorraad

$$\text{Omloopsnelheid van de voorraad} = \frac{\text{Omzet in verkoopprijzen excl. btw}}{\text{Gemiddelde voorraad}}$$

De voorraad waarderen we (meestal) tegen *inkoopprijzen*. Dan zou in de teller van de voorgaande formule ook de *inkoopwaarde* van de omzet moeten worden opgenomen. In de praktijk gebruiken we echter zowel voor de berekening van de omloopsnelheid van de voorraden als voor de berekening van de brutowinstmarge de *omzet in verkoopprijzen*.

De uitkomsten van de kengetallen zullen per onderneming en per branche verschillen. Zo is de brutowinstmarge bij supermarkten (foodsector) laag ten opzichte van gebruiksartikelen en luxegoederen (non-foodsector). Voor Ahold NV (de supermarktorganisatie achter onder meer Albert Heijn en Etos) gelden bijvoorbeeld andere brutowinstmarges en omloopsnelheden van de voorraden dan voor Macintosh NV (de organisatie achter winkelketens als Kwantum, Scapino, Manfield en Dolcis). In tabel 12.1 geven we enkele activiteitskengetallen weer voor het jaar 2014.

Tabel 12.1 **Brutowinstmarges en omloopsnelheid van de voorraad**

	Ahold NV	Macintosh NV
Brutowinstmarge	26,5%	50,1%
Omloopsnelheid van de voorraad	15,9	2,0

In de foodsector wordt een lage brutowinstmarge gerealiseerd, die echter gepaard gaat met een hoge omloopsnelheid van de voorraden.

Omdat de omzet een periodegrootheid is, wordt er in de noemer uitgegaan van de gemiddelde voorraad. Een hoge omloopsnelheid van de voorraden wijst erop dat met een relatief geringe voorraad een hoge omzet is behaald.

Op basis van de omloopsnelheid van de voorraad kunnen we de tijdsduur waarin de goederen op voorraad liggen, berekenen. Dat doen we met de volgende formule:

Opslagduur van de voorraad

Opslagduur van de voorraad (in dagen) =

$$\frac{1}{\text{Omloopsnelheid van de voorraad}} \times 365 = \frac{\text{Gemiddelde voorraad gedurende het jaar}}{\text{Jaaromzet in verkoopprijzen excl. btw}} \times 365$$

Een hoge omloopsnelheid gaat gepaard met een korte opslagduur van de voorraden, wat erop wijst dat de organisatie met een relatief kleine voorraad een bepaalde omzet kan realiseren. Als een lage voorraad niet ten koste gaat van de omzet zijn een hoge omloopsnelheid en een korte opslagduur van de voorraden positieve signalen. We kunnen geen streefwaarden voor deze kengetallen geven, omdat deze per branche en per situatie kunnen verschillen.

De gemiddelde krediettermijn van *debiteuren* geeft de tijd weer die er gemiddeld ligt tussen het moment waarop er op rekening wordt verkocht en de betaling door de debiteur.
Dat berekenen we met de volgende formule:

Gemiddelde krediettermijn van debiteuren

Gemiddelde krediettermijn van debiteuren (van het *verleende* leverancierskrediet) = $\frac{\text{Gemiddelde } \textit{debiteuren} \text{saldo}}{\text{Verkopen op rekening incl. btw}} \times 365$ dagen

Als we de voorgaande breuk vermenigvuldigen met 12 maanden, krijgen we de gemiddelde krediettermijn in maanden. Het gemiddelde debiteurensaldo en de verkopen op rekening (inclusief btw) moeten op dezelfde periode betrekking hebben.

Een lage gemiddelde krediettermijn (van het verleende leverancierskrediet) wijst erop dat het gemiddelde debiteurensaldo relatief (ten opzichte van de verkopen op rekening) laag is. Dit kan wijzen op een debiteurenbeleid waarbij nauwlettend wordt gekeken aan welke afnemers op rekening mag worden verkocht en op een stringente invordering van de vorderingen op debiteuren. Als het voorgaande niet tot een daling van de omzet leidt, is een lage gemiddelde krediettermijn (van het verleende leverancierskrediet) een gunstig teken. Het wijst namelijk op een relatief lage investering in debiteuren.

We kunnen de gemiddelde kredietduur van het *ontvangen* leverancierskrediet berekenen met de volgende formule:

Gemiddelde krediettermijn van crediteuren

Gemiddelde krediettermijn van crediteuren (van het *ontvangen* leverancierskrediet) = $\frac{\text{Gemiddelde } \textit{crediteuren} \text{saldo}}{\text{Inkopen op rekening incl. btw}} \times 365$ dagen

Een hoge gemiddelde krediettermijn (van het ontvangen leverancierskrediet) wijst erop dat het gemiddelde crediteurensaldo relatief (ten opzichte van de inkopen op rekening) hoog is. Dit kan wijzen op een crediteurenbeleid waarbij de rekeningen op een laat tijdstip worden betaald. Dit zou een gunstig signaal kunnen zijn, als:
- door de late betalingen geen omvangrijke kortingen wegens contante betaling worden misgelopen;
- de relatie met de leveranciers niet verstoord raakt.

Nettowerkkapitaal

De investeringen in de balansposten Voorraden en Debiteuren leiden tot een vermogensbehoefte, waarin gedeeltelijk door de leveranciers die op krediet hebben geleverd (de post Crediteuren op de balans hangt daarmee samen), wordt voorzien. Als we veronderstellen dat de vlottende activa uitsluitend bestaan uit de balansposten Voorraden en Debiteuren en het kort vreemd vermogen uitsluitend uit Crediteuren, dan geldt: nettowerkkapitaal (nwk) = Voorraden + Debiteuren − Crediteuren. Het aantal dagen dat het nettowerkkapitaal moet worden gefinancierd, kan dan bijvoorbeeld worden vastgesteld zoals weergegeven in figuur 12.8.

Figuur 12.8 **Bepaling van het aantal financieringsdagen nettowerkkapitaal**

```
|───────────────────────────────────────────|───────────────────────|
         Opslagduur voorraden                 Krediettermijn debiteuren
         = bijvoorbeeld 250 dagen              = bijvoorbeeld 76 dagen

|───────────────────────────────|- - - - - - - - - - - - - - - - - ->
  Krediettermijn crediteuren        Aantal dagen dat nwk moet
  = bijvoorbeeld 93 dagen           worden gefinancierd = 233 dagen
```

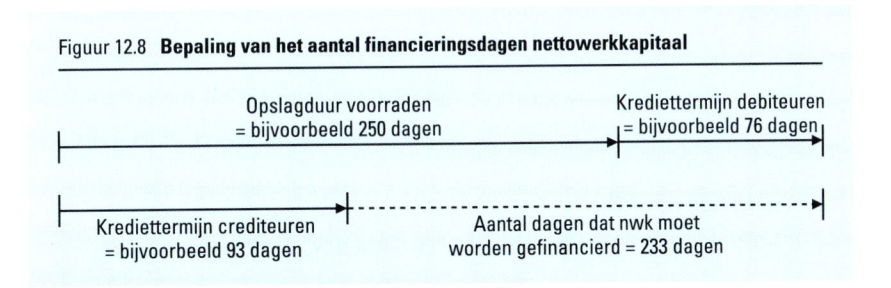

Een toename van het aantal dagen nettowerkkapitaal leidt tot een toename van de vermogensbehoefte van de onderneming, waarin onder meer kan worden voorzien door een verhoging van het rekening-courantkrediet. Een efficiënter beheer van de Voorraden en Debiteuren en een toename van de krediettermijn crediteuren leiden tot een geringer aantal dagen dat het nettowerkkapitaal moet worden gefinancierd. Hierdoor kunnen het rekening-courantkrediet en de interestkosten afnemen. Een toename van de krediettermijn crediteuren leidt echter ook tot kosten in verband met de gemiste kortingen doordat de onderneming niet contant betaalt. De onderneming moet bij het beheer van het nettowerkkapitaal de hiervoor besproken aspecten tegen elkaar afwegen.

De omloopsnelheid van het totaal vermogen geeft de verhouding weer tussen de omzet exclusief btw en het gemiddeld geïnvesteerde totaal vermogen, dat aangewend is om deze omzet te realiseren. Dat wordt uitgedrukt in de volgende formule:

Omloopsnelheid van het totaal vermogen

Omloopsnelheid van het totaal vermogen (in dagen) =

$$\frac{\text{Omzet (in verkoopprijzen) excl. btw}}{\text{Gemiddeld totaal vermogen}} \times 365 \text{ dagen}$$

Intensieve financiering

Intensieve financiering leidt ertoe dat met hetzelfde vermogen een hogere omzet gerealiseerd kan worden of eenzelfde omzet met een lager vermogen. Hierdoor neemt de omloopsnelheid van het totale geïnvesteerde vermogen toe.

Ondernemingen zullen steeds weer proberen (onder andere door intensieve financiering) de omloopsnelheid van het gemiddeld geïnvesteerde vermogen te vergroten. Een hoge waarde van de omloopsnelheid betekent namelijk dat het beschikbaar gestelde vermogen efficiënt (intensief) in de onderneming wordt aangewend.

Een hoge omloopsnelheid van het totaal vermogen wijst erop dat de omzet met een relatief laag geïnvesteerd vermogen is gerealiseerd. Dit is op zich een gunstig teken, maar ook hier geldt dat het kengetal een vertekend beeld kan geven. Bedrijven met veel oude activa (waarop al veel is afgeschreven) hebben een laag geïnvesteerd vermogen. Zij zullen een hogere omloopsnelheid hebben dan bedrijven met nieuwe, moderne productiemiddelen. Een hoge omloopsnelheid is niet altijd een gunstig teken. Ook hier zijn streefwaarden moeilijk te geven doordat die ook per branche en situatie zullen verschillen.

Voorgaande kengetallen kunnen we bijvoorbeeld gebruiken om de gevolgen van een wijziging in het voorraadbeheer voor de rentabiliteit vast te stellen. Een efficiënter voorraadbeheer leidt ertoe dat de gemiddelde voorraad afneemt. Daardoor neemt het gemiddelde totaal vermogen af, terwijl de omzet geen verandering ondergaat. Dit leidt tot een toename van de omloopsnelheid van het totaal vermogen.

Er zijn meer voorbeelden. Zo zal een efficiënter debiteuren- en liquiditeitsbeheer leiden tot een lagere investering in de posten Debiteuren en Liquide middelen, waardoor het gemiddeld geïnvesteerde vermogen zal afnemen. De omloopsnelheid van het totaal vermogen neemt daardoor toe.

Een toename van de omloopsnelheid van het gemiddeld geïnvesteerde totaal vermogen heeft een gunstige invloed op de rentabiliteit van het totaal en het eigen vermogen (indien alle overige factoren geen verandering ondergaan). Deze invloed blijkt als we de formules voor de RTV en de REV enigszins herschrijven:

$$\text{RTV} = \frac{\text{EBIT (bedrijfsresultaat)}}{\text{Gemiddelde totaal vermogen}}$$

$$\text{RTV} = \frac{\text{EBIT (bedrijfsresultaat)}}{\text{Omzet excl. btw}} \times \frac{\text{Omzet excl. btw}}{\text{Gemiddeld totaal vermogen}}$$

$$= \text{Brutowinstmarge} \times \text{omloopsnelheid van het totaal vermogen}$$

Een toename van de omloopsnelheid van het totaal vermogen zal (bij een gelijkblijvende brutowinstmarge) leiden tot een stijging van de RTV.

Ook de rentabiliteit van het eigen vermogen hangt van een aantal factoren af. Dat drukken we uit in de volgende formules:

$$REV = \frac{\text{Resultaat na aftrek van belastingen}}{\text{Gemiddelde eigen vermogen}}$$

$$REV = \frac{\text{Resultaat na belasting}}{\text{Omzet excl. btw}} \times \frac{\text{Omzet excl. btw}}{\text{Gemiddeld totaal vermogen}} \times \frac{\text{Gemiddeld totaal vermogen}}{\text{Gemiddeld eigen vermogen}}$$

$$REV = \text{Nettowinstmarge} \times \text{Omloopsnelheid van het totaal vermogen}$$
$$\times \frac{\text{Gemiddeld totaal vermogen}}{\text{Gemiddeld eigen vermogen}}$$

Ook hier blijkt een toename van de omloopsnelheid van het totaal vermogen een gunstige invloed op de rentabiliteit van het eigen vermogen te hebben (als de andere factoren geen verandering ondergaan).

Tussenvraag 12.6
Wie maken met name gebruik van activiteitskengetallen?

12.11 Verbanden tussen diverse kengetallen

Voor de beoordeling van de financiële situatie van een onderneming moeten de kengetallen niet afzonderlijk worden beoordeeld. Juist door de verschillende kengetallen met elkaar in verband te brengen, kunnen we een totaalbeeld van de onderneming krijgen. In figuur 12.9 worden deze onderlinge verbanden in kaart gebracht. Dit schema staat bekend als de Dupont-chart.

Dupont-chart

De gevolgen van de veranderingen in de financiële structuur kunnen we op grond van dit schema vaststellen.

Operational lease
Factoring

Zo kunnen we de invloed van bijvoorbeeld *operational lease* en *factoring* op de rentabiliteit van de onderneming nagaan. Door over te stappen op operational lease en factoring zullen de opbrengsten, de kosten en de brutowinstmarge geen verandering ondergaan. Het totaal geïnvesteerde vermogen zal echter afnemen, waardoor de omloopsnelheid van het totaal vermogen toeneemt. Op basis van dit schema kunnen we concluderen dat door gebruik te maken van operational lease en factoring de rentabiliteit van het totaal vermogen zal toenemen ten opzichte van de situatie waarin van deze instrumenten geen gebruik wordt gemaakt.

Op basis van de balans, de winst- en verliesrekening en andere financiële gegevens kunnen we allerlei kengetallen berekenen. Deze kengetallen zijn de metertjes op basis waarvan de leiding van een organisatie de gevolgen van het gevoerde financiële beleid kan vaststellen (*analyse achteraf*). Als de kengetallen wijzen op een ongunstige ontwikkeling in de financiële structuur, kan de leiding van de organisatie op basis daarvan het beleid bijstellen. Kengetallen zijn op deze wijze een belangrijk instrument bij het besturen van organisaties. De kengetallen zijn de metertjes in de cockpit van de organisatie. Als daaruit blijkt dat

Figuur 12.9 **Dupont-chart**

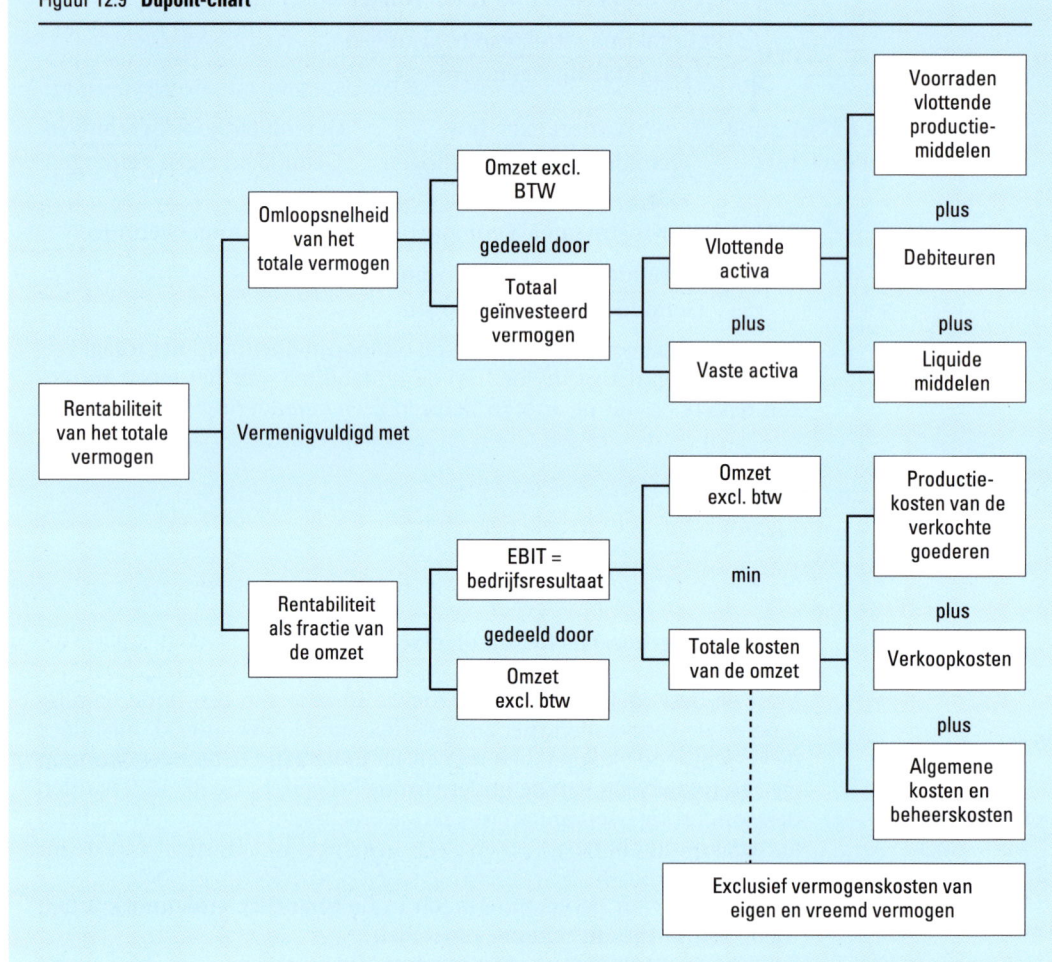

```
                                    ┌─ Omzet excl. BTW                         ┌─ Voorraden vlottende productiemiddelen
                   Omloopsnelheid ──┤                        ┌─ Vlottende ─────┤  plus
                   van het totale   │  gedeeld door          │  activa         ├─ Debiteuren
                   vermogen ────────┤                        │                 │  plus
                                    └─ Totaal geïnvesteerd ──┤  plus           └─ Liquide middelen
                                       vermogen             └─ Vaste activa
Rentabiliteit ─────┤
van het totale     Vermenigvuldigd met
vermogen           │
                                    ┌─ EBIT = bedrijfsresultaat  ┌─ Omzet excl. btw   ┌─ Productiekosten van de verkochte goederen
                   Rentabiliteit ───┤                            │                    │  plus
                   als fractie van  │  gedeeld door              │  min               ├─ Verkoopkosten
                   de omzet ────────┤                            │                    │  plus
                                    └─ Omzet excl. btw           └─ Totale kosten ────┤
                                                                    van de omzet      └─ Algemene kosten en beheerskosten

                                                                 Exclusief vermogenskosten van
                                                                 eigen en vreemd vermogen
```

er zich ongunstige ontwikkelingen voordoen in de rentabiliteit, liquiditeit, solvabiliteit of andere financiële aspecten, dan kan de leiding van de organisatie haar *beleid bijstellen* zodat in de toekomst een betere financiële structuur kan worden gerealiseerd. Kengetallen gebruiken we om een oordeel te vormen over het *verleden* van de organisatie en ze zijn het uitgangspunt bij het vaststellen van het financiële beleid voor de *toekomst*. Steeds moeten we eraan denken dat de hoogte van de kengetallen per branche en per situatie kan verschillen. Het is daarom niet mogelijk algemeen aanvaarde streefwaarden voor de kengetallen vast te stellen.

12.12 Vergelijking van kengetallen

De bruikbaarheid van de financiële analyse op basis van kengetallen wordt als volgt vergroot:

Historische analyse
1 Door vergelijking van kengetallen van één onderneming die op verschillende momenten zijn berekend (historische analyse): door deze vergelijking kunnen we de historische ontwikkeling in de kengetal-

len vaststellen. Op basis daarvan kan mogelijk iets worden gezegd over de in de toekomst te verwachten omvang van de kengetallen.
2 Door vergelijking van kengetallen van verschillende ondernemingen uit dezelfde branche (op hetzelfde moment berekend): dit noemen we *externe bedrijfsvergelijking* of branchevergelijking. Op basis van branchevergelijking kan worden vastgesteld hoe een onderneming presteert ten opzichte van de branchegenoten. De bedrijven die worden vergeleken, moeten naar branche en naar omvang vergelijkbaar zijn. Het Economisch Instituut voor Midden- en Kleinbedrijf (EIM) verricht branchevergelijkend onderzoek en publiceert de resultaten ervan.
Het vergelijken van branchegenoten wordt bemoeilijkt door verschillen in de waardering van de activa en de afschrijvingsmethoden die worden toegepast. Het opzetten van een branchevergelijking dient daarom met de grootst mogelijke voorzichtigheid te geschieden.
Bedrijven vergelijken zich vaak met een soortgelijk bedrijf, dat binnen de branche het beste presteert (benchmark). Benchmarking kun je zien als het vergelijken met 'het knapste jongetje uit de klas'.

Branchevergelijking

12.13 Kasstroomoverzicht

We geven de volgende definitie van kasstroomoverzicht.

Kasstroomoverzicht

> **Een kasstroomoverzicht is een overzicht van de geldmiddelen die in de verslagperiode beschikbaar zijn gekomen en van het gebruik dat van deze geldmiddelen is gemaakt.**

De verslagperiode is de periode (meestal een kalenderjaar) waarop het jaarverslag betrekking heeft.

Een kasstroomoverzicht (KSO) geeft inzicht in de oorzaken van de ingaande en uitgaande geldstromen in een onderneming.
De kasstromen in een KSO kunnen we in drie categorieën onderverdelen:
1 de kasstroom uit operationele activiteiten;
2 de kasstroom uit investeringsactiviteiten;
3 de kasstroom uit financieringsactiviteiten.

De kasstroom uit operationele activiteiten houdt verband met de winst- en verliesrekening. De kasstroom uit investeringsactiviteiten houdt verband met de debetzijde van de balans, terwijl de kasstromen uit financieringsactiviteiten verband houden met de creditzijde van de balans. In schema ziet dat er als volgt uit:

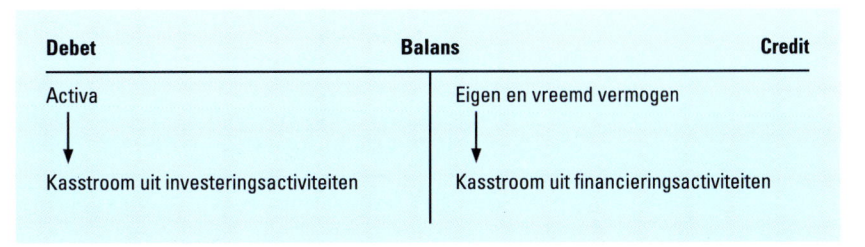

Debet	Balans	Credit
Activa		Eigen en vreemd vermogen
↓		↓
Kasstroom uit investeringsactiviteiten		Kasstroom uit financieringsactiviteiten

De kasstromen uit operationele activiteiten kunnen we volgens de directe methode of de indirecte methode berekenen.

Directe methode

Bij de *directe* methode worden de kasstromen uit operationele activiteiten direct afgeleid uit het kas- en bankboek. Het bevat posten als ontvangsten van afnemers, betalingen aan leveranciers en betaalde salarissen en sociale lasten. Direct betekent in dit verband dat de kasstromen rechtstreeks uit de in- en uitgaande geldstromen (kas, bank) worden afgeleid.

Indirecte methode

Bij de *indirecte* methode wordt uitgegaan van de winst of het verlies zoals dat uit de winst- en verliesrekening blijkt. Op de winst of het verlies worden correcties aangebracht om tot de operationele kasstromen te komen.

Het kasstroomoverzicht geeft een verklaring voor de *mutatie in de liquide middelen* die in een bepaalde periode (meestal een jaar) is opgetreden. Bij de indirecte methode nemen we de EBIT (het bedrijfsresultaat) als vertrekpunt. De EBIT berekenen we door de omzet te verminderen met alle kosten (met uitzondering van interestkosten). Maar opbrengsten leiden niet per definitie in dezelfde periode tot geldontvangsten, terwijl kosten niet in dezelfde periode tot gelduitgaven hoeven te leiden. Een voorbeeld van het laatste zijn afschrijvingskosten. Ze zijn wel bij de berekening van de EBIT van de omzet afgehaald, maar ze leiden niet tot gelduitgaven in dezelfde periode. Daarom tellen we de afschrijvingen op bij de EBIT om de mutatie in de liquide middelen te verklaren.

Ook opbrengsten hoeven niet direct tot geldontvangsten te leiden. Een toename van de verkopen op rekening leidt tot een toename van de post Debiteuren op de balans, maar niet tot een toename van de liquide middelen. Bovendien leidt een toename van de voorraden tot een uitgaande geldstroom (tenzij op rekening is ingekocht en nog niet is betaald), maar niet tot een toename van de kosten. Alle mutaties in vlottende activa (met uitzondering van liquide middelen) en vreemd vermogen kort vatten we samen onder de kop 'mutatie in het nettowerkkapitaal (exclusief liquide middelen)'. Het nettowerkkapitaal (exclusief liquide middelen) berekenen we als volgt:

Vlottende activa (exclusief liquide middelen)	....
Vreemd vermogen kort	....
Nettowerkkapitaal (exclusief liquide middelen)	....

Als het nettowerkkapitaal exclusief liquide middelen *toeneemt* (bijvoorbeeld doordat de voorraden zijn toegenomen) dan moeten we in het kasstroomoverzicht deze mutatie als een *gelduitgave* verwerken. Immers, de onderneming heeft liquide middelen gebruikt om bijvoorbeeld haar voorraden te vergroten. Als het nettowerkkapitaal exclusief liquide middelen *afneemt* (bijvoorbeeld doordat de balanspost Debiteuren is afgenomen) dan moeten we in het kasstroomoverzicht deze mutatie als een *geldontvangst* verwerken. Debiteuren hebben bijvoorbeeld betaald, waardoor er een geldontvangst is en de post Debiteuren op de balans afneemt.

Omdat over het resultaat ook belasting moet worden betaald, moet de te betalen belasting ook als een gelduitgave worden verwerkt.

Naast een mutatie in de vlottende activa en vlottende passiva, kan de hoeveelheid liquide middelen ook veranderen door investeringen of desinvesteringen in vaste activa. Een investering in vaste activa leidt tot een genduitgave, een desinvestering tot een geldontvangst.

Ten slotte kan de hoeveelheid liquide middelen veranderen door van de vermogensmarkt geld op te nemen (het aantrekken van eigen en/of vreemd vermogen) en door het aflossen van vreemd vermogen en het betalen van interest en dividend. De geldstromen van en naar de vermogensmarkt worden afzonderlijk op het kasstroomoverzicht vermeld.

Het opstellen van een kasstroomoverzicht volgens de *indirecte methode* lichten we in voorbeeld 12.7 toe.

■ Voorbeeld 12.7 Halifax bv

Van onderneming Halifax bv zijn de volgende balans en winst- en verliesrekening gegeven.

Balans Halifax bv (bedragen × €1.000)

	31-12-2016	31-12-2015		31-12-2016	31-12-2015
Vaste activa	9.600	10.100	Eigen vermogen:		
			Geplaatst aandelenkap.	6.000	6.000
Vlottende activa:			Winstreserve	2.820	1.000
Voorraden	1.700	1.900			
Debiteuren	900	600		8.820	7.000
	2.600	2.500	Vreemd vermogen lang:		
Kas	500	650	Banklening	1.600	4.230
			Vreemd vermogen kort:		
	3.100	3.150	Te betalen		
			Belastingen	300	260
			Crediteuren	900	960
			Rekening-courant	1.080	800
				2.280	2.020
Totaal activa	12.700	13.250	Totaal vermogen	12.700	13.250

Winst- en verliesrekening van Halifax bv over 2016 (bedragen × €1.000)

Omzet	10.000
Kosten van de omzet (m.u.v. interestkosten):	
• inkoopwaarde van de omzet	4.000
• loonkosten (incl. sociale lasten)	2.000
• afschrijvingen	1.000
	7.000 −
EBIT (Bedrijfsresultaat)	3.000
Interestkosten	400 −
Resultaat voor belastingen	2.600
Vennootschapsbelasting (30%)	780 −
Resultaat na belasting	1.820

Uitwerking
Op basis van de balansgegevens en de winst- en verliesrekening stellen we het kasstroomoverzicht over 2016 op.

Volgens het hiernavolgende kasstroomoverzicht is de hoeveelheid kasgeld afgenomen met €150.000. Dat komt overeen met de gegevens op de balans, waar de post KAS is gedaald van €650.000 naar €500.000.

Kasstroomoverzicht Halifax bv over 2016 (bedragen × €1.000)

EBIT (Bedrijfsresultaat)		3.000 +
Afschrijvingen		1.000 +
Kasstroom op winstbasis		4.000 +
Afname nettowerkkapitaal (excl. kas)[1]		160 +
Belastingen lopend boekjaar		780 −
Operationele kasstroom		3.380 +
Bruto-investering in vaste activa[2]		500 −
Vrije kasstroom		2.880 +
Geldstromen van en naar de vermogensmarkt:		
• aflossing banklening	2.630	
• betaalde interest	400	
		3.030 −
Mutatie kas		150 −

1 Nettowerkkapitaal (excl. kas) per 31 december 2015: 2.500 − 2.020 =   480
   Nettowerkkapitaal (excl. kas) per 31 december 2016: 2.600 − 2.280 =   320

   Afname nettowerkkapitaal (excl. kas) in 2016:   160

2 Boekwaarde eindbalans   9.600
   Boekwaarde beginbalans 10.100
   Afschrijvingen   1.000
                                 9.100

   Bruto-investering in vaste activa: 500

Tussenvraag 12.7
Wat is het verschil tussen een kasstroomoverzicht opgesteld volgens de indirecte en een volgens de directe methode?

12.14 Financiering vanuit de bank gezien

Ondernemingen kunnen voor de financiering van hun activa een beroep doen op bankleningen. Voordat een bank een besluit neemt over een kredietaanvraag zal ze de financiële positie van de onderneming

die de aanvraag heeft ingediend, grondig analyseren. We bespreken de factoren waarmee de bank rekening houdt. We houden daarbij een financieel analysemodel aan, dat bestaat uit vijf onderdelen:
1 de ondernemer en onderneming
2 liquiditeit;
3 rentabiliteit
4 solvabiliteit;
5 zekerheden.

Financieel analysemodel

De volgorde die we bij dit financieel analysemodel aanhouden, geeft ook de belangrijkheid van de verschillende onderdelen weer.

Binnen elk onderdeel spelen de volgende factoren een rol:
1 *de ondernemer:*
   - visie en strategie
   - ervaring
   - opleidingsniveau
   - netwerken
   - leeftijd
   - privésituatie

   de onderneming:
   - organisatiestructuur
   - aard van de activiteiten (verdienmodel)
2 *liquiditeit:*
   - kengetallen
   - begroot kasstroomoverzicht
3 *rentabiliteit:*
   - historische ontwikkelingen
   - in de toekomst verwachte rentabiliteit
   - ontwikkeling van en fluctuaties in winstgevendheid
   - vergelijking met de branche
4 *solvabiliteit*:
   - samenstelling van het vermogen
   - ontwikkeling in verhouding eigen/vreemd vermogen
5 *zekerheden*:
   - zekerheidsrechten
   - borgstelling
   - financiële betrokkenheid van ondernemer

Behalve met voorgaande aspecten moet nog rekening worden gehouden met bijzondere omstandigheden en bijzondere ontwikkelingen.

Track record

Bij het beoordelen van de plannen en de kredietaanvraag speelt ook een rol of het een nieuwe relatie van de bank is, of dat de onderneming al langer klant is. In het laatste geval heeft de bank ervaringen met de klant (een 'track record') opgebouwd. Deze ervaringen zal de bank betrekken bij het beoordelen van de kredietaanvraag.
In eerste instantie zal de bank onderzoeken of de verwachte financiële resultaten van de onderneming voldoende zijn om, naast de reeds bestaande verplichtingen, de nieuwe verplichtingen in verband met de extra lening in de toekomst na te komen. Om dat te beoordelen zijn de onderdelen 1 tot en met 4 van belang. Onderdeel 5 (zekerheden) wordt actueel als de onderneming haar verplichtingen niet nakomt en in een

situatie van faillissement terechtkomt. In dat geval zal de bank proberen haar vordering te verhalen op de bezittingen van de onderneming, en bij een eenmanszaak, vof en maatschap ook op de privébezittingen van de eigenaren. Het aspect zekerheden komt als laatste aan bod.

Ad 1 De ondernemer en onderneming
Voor een bank is het belangrijk dat ze vertrouwen heeft in het management van de onderneming (is de ondernemer uit het goede hout gesneden?) en in de strategie van de onderneming (weet het management wat er in de branche speelt en hoe de onderneming haar product/dienst aan de man moet brengen?). Aspecten die in hoofdstuk 3 van dit boek bij het opstellen van een ondernemingsplan zijn besproken, komen bij dit onderdeel aan de orde. Ook zal de bank bij het beoordelen van de in de toekomst te verwachten rentabiliteit aandacht schenken aan de factoren die in het vijfkrachtenmodel van Porter zijn opgenomen. (Zie daarvoor hoofdstuk 1.)
Als op basis van het eerste onderdeel het oordeel van de bank negatief is, zullen de volgende vier aspecten waarschijnlijk onvoldoende gewicht in de schaal leggen om de bank positief te laten oordelen over de kredietaanvraag.
Jeroen Vrolijks (Rabobank): 'Daar het erg subjectief kan zijn om de kwaliteit van een ondernemer te beoordelen, proberen wij de beoordeling altijd te toetsen aan hetgeen de ondernemer heeft laten zien of de wijze waarop hij zich voorbereid heeft op zijn onderneming. Wij kijken bijvoorbeeld of prognoses ook daadwerkelijk gehaald worden, op welke wijze hij zijn managementinformatie heeft ingericht en, belangrijker nog, wat hij daarmee doet. Voor een startende ondernemer is dat natuurlijk moeilijker, we gaan dan het gesprek aan over zijn ondernemingsplan en proberen een inschatting te maken van de kwaliteit.'

Ad 2 Liquiditeit
We lichten de berekening van de liquiditeitsratio's toe aan de hand van de gegevens van Beter Bed NV.
De current en quick ratio voor Beter Bed NV kunnen we op basis van de balansgegevens berekenen (zie voorbeeld 12.2).

$$\text{Current ratio per 31 december 2014} = \frac{€83.949}{€45.019} = 1{,}86$$

$$\text{Current ratio per 31 december 2013} = \frac{€73.235}{€39.420} = 1{,}86$$

$$\text{Quick ratio per 31 december 2014} = \frac{€83.949 - €53.481 = €30.468}{€45.019} = 0{,}68$$

$$\text{Quick ratio per 31 december 2013} = \frac{€73.235 - €55.549 = €17.686}{€39.420} = 0{,}45$$

Bron: *Jaarverslag 2014 Beter Bed Holding NV*

We laten Jeroen Vrolijks (Rabobank) weer aan het woord:
'De current ratio is stabiel en ligt ruim boven de 1. Maar dat zegt niet alles. Uit het verschil tussen de current en de quick ratio blijkt dat een groot deel van de vlottende activa uit voorraden bestaat. De quick ratio ligt beduidend onder de 1, maar is wel gunstiger geworden. Of Beter Bed liquide is, hangt af van de courantheid van de voorraden: hoe snel kunnen de voorraden in geld worden omgezet? Daarnaast is het in dit kader van belang om te kijken hoe Beter Bed omgaat met de waardering van de incourante voorraad (winkeldochters).'

Maar hoe wordt de situatie als Beter Bed NV in 2015 grote gelduitgaven verwacht in verband met een omvangrijke investering? De current ratio en de quick ratio op 31 december 2014 geven daarin onvoldoende inzicht en dan zal de liquiditeitsbegroting uitsluitsel moeten geven. In de bankwereld wordt ook gewerkt met de **debt service coverage ratio** (DSCR). De DSCR berekenen we door de vrije kasstroom te delen door de som van de geldstromen die naar de vermogensmarkt gaan.

$$\text{Debt service coverage ratio} = \frac{\text{Vrije kasstroom}}{\text{Rentekosten na belasting} + \text{Aflossingsverplichtingen}}$$

Als de DSCR gelijk aan of hoger dan 1 is, is de onderneming in principe in staat haar verplichtingen ten opzichte van de verstrekkers van vreemd vermogen na te komen.

Vervolgens plaatst Jeroen Vrolijks een kritische kanttekening bij het gebruik van kengetallen:
'Bij de beoordeling van de liquiditeit gaat het erom vast te stellen of de toekomstige cashflows voor de onderneming voldoende zijn om in de toekomst haar betalingsverplichtingen na te komen en om de gewenste groei te realiseren. Om dat te beoordelen voldoen kengetallen die op het verleden zijn gebaseerd, niet. De beste manier om daar inzicht in te krijgen is het opstellen van kasstroomoverzichten over een reeks van toekomstige jaren. Begrote kasstroomoverzichten gaan uit van de toekomst en houden naast de winstverwachtingen ook rekening met verwachte (des)investeringen in nettowerkkapitaal en vaste activa.'

Ad 3 Rentabiliteit
Jeroen Vrolijks, manager zakelijke relaties bij de Rabobank, geeft een toelichting bij de rentabiliteitscijfers van Beter Bed NV.
'Voor een kredietverstrekker zoals de Rabobank is het belangrijk vast te stellen of de winstgevendheid van een onderneming voldoende is om daaruit de interest over het vreemd vermogen te dekken. Voor de kredietverstrekkers is de omvang van het bedrijfsresultaat (EBIT = Earnings Before Interest and Taxes) een belangrijk gegeven. Het bedrijfsresultaat is in principe beschikbaar om de interestkosten te dekken. De verhouding tussen de EBIT en de te betalen interest is de rentedekkingsfactor en wordt in het Engels **interest coverage ratio** (ICR) genoemd. De ICR berekenen we door de EBIT te delen door de financial charges (interestkosten).

$$\text{ICR} = \frac{\text{EBIT}}{\text{Interestkosten}}$$

Als de ICR 1 bedraagt, is de EBIT van de onderneming net voldoende om de interestkosten te dekken. In de praktijk zal door de geldverstrekker een ICR worden vereist die ruim boven de 1 ligt. De ICR voor Beter Bed NV voor de jaren 2014 en 2013 volgt uit de volgende berekening:

Beter Bed NV	2014	2013
$\dfrac{\text{EBIT}}{\text{Interestkosten}}$	$\dfrac{€23.042}{€299} = 77,1$	$\dfrac{€12.284}{€716} = 17,16$

De ICR van Beter Bed NV is zonder meer goed te noemen.'

De ICR is vooral van belang voor financieringen waarop niet wordt afgelost, zoals het rekening-courantkrediet. De bank kan op basis van de ICR beoordelen of de onderneming in staat is de interestkosten terug te verdienen. Als er op leningen moet worden afgelost, kijkt de bank ook naar de debt-service rato (DSR).

$$\text{DSR} = \frac{\text{EBITDA (= EBIT voor aftrek van afschrijvingen)}}{\text{Interestkosten + aflossingsverplichtingen}}$$

Op basis van de DSR kan de bank beoordelen of de winstgevendheid van de onderneming voldoende is om de interestkosten en de aflossingsverplichtingen te dekken.

Debt/EBITDA

De debt-service-ratio wordt met name gebruikt bij kleinere (MKB-)financieringen. Bij grootzakelijke financieringen kijkt de bank naar de debt/EBITDA-ratio. Een hoge waarde van deze ratio wijst erop dat de onderneming relatief (ten opzichte van de EBITDA) veel vreemd vermogen heeft aangetrokken. Dat de debt/EBITDA-ratio tussen ondernemingen sterk kan verschillen, blijkt uit het volgende artikel.

Convenants

Banken kunnen met de ontvanger van een lening afspraken maken over de minimale hoogte van de ICR, de DSR en de debt/EBITDA-ratio. Deze financiële afspraken zijn voorbeelden van financiële convenants. Deze convenants stellen de bank in staat aanvullende eisen te stellen als op enig moment niet aan de afspraken wordt voldaan. Zo zou de bank de lening kunnen opeisen, nadere afspraken kunnen maken of aanvullende zekerheden vestigen. Het maken van financiële convenants geeft mogelijkheden de vinger aan de pols te houden en biedt de bank enige bescherming.

Kerncijfers AirFrance-KLM

(Bedragen × €1.000.000)

	2010	2011	2012	2013	2014
Eigen vermogen	6.980	6.040	4.924	2.293	− 632
Vreemd vermogen (= Debt)	6.224	6.515	5.970	5.348	5.407
Ebitda	355	1.344	1.448	1.855	1.589
Ebit	− 1.285	− 65	− 300	130	− 129
Nettoresultaat	− 1.559	− 809	− 1.192	− 1.827	− 198
Debt/Ebitda (kengetal, niet in €)	17,53	4,85	4,12	2,88	3,40

Bron: www.4-traders.com

Verdwaald met de kaart
Air France-KLM heeft een duidelijke kaart van waar het bedrijf heen gaat, zei financieel bestuurder Pierre-François Riolacci woensdag bij de presentatie van de derdekwartaalcijfers. Toch zijn de onderliggende tussenstations niet helder bij de door een pilotenstaking geplaagde Nederlands-Franse luchtvaartmaatschappij. Die kostte €416 mln, en het duurt zeker een jaar voordat deze schade is ingehaald.
Hoe gaat Air France-KLM dat doen? Een concreet getal, bijvoorbeeld de benodigde bezuinigingen om de netto schuld omlaag te brengen of een termijn waarop het eigen vermogen weer positief moet zijn, werd woensdag niet gegeven. Het lijkt alsof de Air France-KLM-directie verdwaald is met de eigen kaart in de hand en geen idee heeft waar ze uit moet komen.
Een paar jaar geleden was het doel nog om eind 2014 een netto schuld te hebben van €4,5 mrd. Riolacci deed woensdag een leugentje om bestwil toen hij zei dat er geen doelstellingen met betrekking tot de schuld waren afgesproken. Die waren er wel degelijk, maar Air France-KLM wil hier niet meer aan herinnerd worden.
Op dit moment heeft Air France-KLM meer schulden dan bezittingen, zo blijkt uit de derdekwartaalcijfers. Het eigen vermogen is negatief geworden, €251 mln. Dit kan op verschillende manieren worden opgelost, bijvoorbeeld door de verkoop van bedrijfsonderdelen, de uitgifte van aandelen of simpelweg beter presteren zodat er winst wordt gemaakt.
Riolacci zei woensdag te verwachten dat de verhouding tussen de schuld en het resultaat (ebitda) naar verwachting in 2017 uitkomt op 2,5. Volgens Bloomberg ligt het ebitdaresultaat in 2017 op €2,5 mrd. Als we van de beoogde resultaten 25% afhalen komen we uit op een ebitda van €2 mrd, waarbij dan een netto schuld hoort van €5,1 mrd om tot de verhouding van 2,5 te komen. Dit laatste is al haast bereikt. Analisten geraadpleegd door Bloomberg zijn echter een stuk optimistischer en zien deze verhouding in 2017 op 1,8 uitkomen. Air France-KLM is zelf dus pessimistischer geworden ten aanzien van de toekomst.
De conclusie moet zijn dat het de komende tijd op het vlak van de bedrijfsvoering niet fantastisch zal gaan. Daarom zal Air France-KLM vooral moeten werken aan de verlaging van de netto schuld. Er is op dat vlak iets wat de komende tijd soelaas biedt, want het bedrijf wordt geholpen door het feit dat de plannen van Transavia Europe niet doorgaan. De beoogde investering van €1 mrd kan nu gestoken worden in schuldaflossing. Het blijft natuurlijk wel zuur dat de luchtvaartmaatschappij door het afblazen van de Transavia-plannen nog verder op afstand komt te staan van de concurrentie. Maar omdat een extreme kostenverlaging er waarschijnlijk niet in zit door de macht van de vakbonden, is een forse aflossing van de schuld de enige weg vooruit.

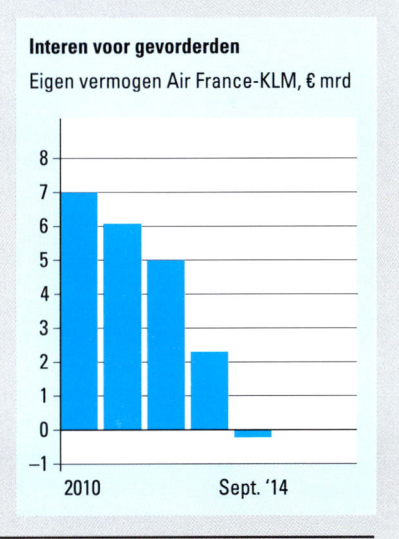

Interen voor gevorderden
Eigen vermogen Air France-KLM, € mrd

Bron: www.fd.nl, 30 oktober 2014 *(Het Financieele Dagblad)*

Jeroen Vrolijks (Rabobank) licht toe waarom de inschatting van het bedrijfsrisico belangrijk is voor een kredietverschaffer:
'Uit het overzicht met kerncijfers blijkt dat AirFrance-KLM al jaren achtereen grote verliezen leidt (zie nettoresultaat). Door deze aanhoudende verliezen is het eigen vermogen van AirFrance-KLM gedaald van ongeveer €7 miljard positief (eind 2010) naar €632 miljoen negatief per eind 2014.
Een negatief eigen vermogen betekent dat AirFrance-KLM meer schulden heeft dan de waarde van haar bezittingen. De omvang van het vreemd vermogen blijft hoog: hoger dan de doelstelling van AirFrance-KLM. Door de tegenvallende resultaten is het de vraag of AirFrance-KLM in de toekomst in staat is haar interestlasten op te brengen. Om dat te beoordelen is de verhouding debt/ebitda een belangrijk kengetal. Niet alleen voor de bank maar ook voor de aandeelhouders. Het kengetal geeft aan hoe de schuld van de onderneming zich verhoudt tot de winstgevendheid. Een hoge ratio houdt in de regel in dat de financieringslasten een relatief groot deel van de winstgevendheid opslokken.

Bovendien is dan de ruimte om additionele financiering aan te trekken beperkter.

De verhouding debt/ebitda is voor AirFrance-KLM, in vergelijking met haar concurrenten, ongunstig. De hele Ebitda zou in principe gebruikt kunnen worden om de interest over het vreemd vermogen te betalen. Maar dan kunnen de vrijgekomen afschrijvingen niet worden gebruikt om oude vliegtuigen te vervangen. Daarin schuilt het gevaar dat Air France-KLM in de toekomst met meer onderhoudskosten wordt geconfronteerd of dat het imago van de luchtvaartmaatschappij wordt aangetast. Om het resultaat weer positief te maken zal AirFrance-KLM ingrijpende maatregelen moeten treffen, waaronder een verlaging van de schulden en lagere exploitatiekosten. De werknemers van AirFrance-KLM zijn echter niet bereid grote loonoffers te brengen, zoals blijkt uit de pilotenstaking die voor AirFrance-KLM een extra kostenpost van €416 miljoen opleverde.'

Scenario-analyse

Als een bedrijf een nieuwe lening aanvraagt, kijkt de bank niet alleen naar de rentabiliteit die in het verleden is gerealiseerd. Bij grotere zakelijke financieringsaanvragen beoordeelt de bank de aanvraag steeds meer op de toekomstige ontwikkeling van de rentabiliteit. Standaard wordt aan de betreffende onderneming een prognose gevraagd die door de bank wordt getoetst op haalbaarheid. Om daarnaast de situatie te beoordelen wanneer de door de onderneming opgestelde prognoses niet worden gehaald, stelt de bank zelf scenario's op. De prognose die door de leiding van de onderneming die de lening aanvraagt wordt aangeleverd, gebruikt de bank als management case. Wanneer de bank de prognose niet haalbaar acht dan past zij deze prognose aan. Deze aangepaste prognose noemen we de banking case.

Management case

Banking case

Worst case

Daarnaast wordt een worst case scenario opgesteld. In deze worst case wordt doorgerekend wat de winstgevendheid wordt wanneer er twee of meer belangrijke tegenvallers tegelijkertijd optreden. Hierbij kan gedacht worden aan het wegvallen (faillissement) van een grote afnemer, een sterke daling van de brutowinstmarge of een sterke terugval van de omzet. De in deze paragraaf besproken convenants worden vervolgens berekend op basis van deze scenario's. Voor de bank is het belangrijk om de convenants zo op te stellen dat het nog mogelijk is om, wanneer de convenants doorbroken worden, samen met de onderneming te kijken welke acties ingezet kunnen worden om het tij te keren.

Ad 4 Solvabiliteit
Een lage debt ratio in combinatie met een grote leencapaciteit, een hoge rentedekkingsfactor én een hoog weerstandsvermogen betekent dat de solvabiliteit van de betreffende onderneming gunstig is. Jeroen Vrolijks (Rabobank) zegt hierover: 'Als deze kengetallen wijzen op een slechte solvabiliteit, maar de winstgevendheid van de onderneming is nog steeds goed, dan kan de bank van de eigenaren (aandeelhouders) vragen extra eigen vermogen beschikbaar te stellen of hun dividend te verlagen zodat het eigen vermogen in de onderneming toeneemt. Beide maatregelen leiden tot een verbetering van de solvabiliteit en kunnen de mogelijkheden om vreemd vermogen aan te trekken, versterken.

Solvabiliteit

Als naast een zwakke solvabiliteit ook de winstgevendheid van de onderneming ongunstig is, zal de bank zeer terughoudend zijn met het verstrekken van extra vreemd vermogen. In uitzonderlijke gevallen kan deze situatie er zelfs toe leiden dat de bank de door haar verstrekte leningen opeist. Dit laatste gebeurt alleen in het geval er geen vertrouwen meer bestaat in een verbetering van de financiële positie van de onderneming.'

We gaan hierna de solvabiliteitskengetallen van Beter Bed NV berekenen op basis van de winst- en verliesrekening en balans voor 2014 en 2013 (zie voorbeeld 12.2) en geven daarna weer het woord aan Jeroen Vrolijks.

Kengetal	Berekeningswijze	2014	2013
Debt ratio	$\dfrac{\text{vreemd vermogen}}{\text{totaal vermogen}}$	$\dfrac{48.488}{117.123} = 0{,}41$	$\dfrac{44.522}{102.485} = 0{,}43$
Weerstandsvermogen	$\dfrac{\text{eigen vermogen}}{\text{totaal vermogen}}$	$\dfrac{68.635}{117.123} = 0{,}59$	$\dfrac{57.963}{102.485} = 0{,}57$
Solvabiliteitspercentage	$\dfrac{\text{eigen vermogen}}{\text{totaal vermogen}} \times 100\%$	59%	57%

Jeroen Vrolijks geeft zijn visie op de solvabiliteit van Beter Bed NV:
'Uit de debt ratio blijkt dat ongeveer 40% van het totale vermogen uit vreemd vermogen bestaat, hetgeen goed te noemen is in deze branche. Een groot gedeelte van het vreemd vermogen bestaat uit kortlopende schulden, waaronder de post Crediteuren. Over de schuld aan

Crediteuren wordt geen interest berekend, waardoor de post interestkosten in de winst- en verliesrekening relatief laag blijft. De lage interestkosten in combinatie met een gunstig bedrijfsresultaat leiden tot een hoge rentedekkingsfactor (ICR). De verschaffers van rentedragend vreemd vermogen hoeven vooralsnog niet te vrezen dat Beter Bed NV de interest niet kan betalen. Ook het weerstandsvermogen van Beter Bed NV is goed. Het eigen vermogen is ongeveer 60% van het totale vermogen en vervult een bufferfunctie voor de verschaffers van het vreemd vermogen. Als een onderneming verlies lijdt, wordt het eigen vermogen als eerste aangesproken, voordat de verschaffers van vreemd vermogen in de problemen komen.
Tot slot licht Jeroen Vrolijks toe wat het belang is van een financiële analyse op basis van kengetallen:

Kengetallen

'Kengetallen geven op bondige wijze de financiële positie van een organisatie weer. Door de samenhang tussen de kengetallen, de vergelijking met vergelijkbare organisaties en met andere jaren kan het inzicht worden vergroot. Vooral de vergelijking van de kengetallen van een bepaald bedrijf met andere bedrijven in dezelfde branche is belangrijk. Wij gebruiken daarvoor *Cijfers en Trends* die door de Rabobank worden opgesteld en gepubliceerd (zie www.Rabobank.nl). Dan kan worden vastgesteld hoe goed of slecht de betreffende onderneming het doet ten opzichte van haar concurrenten. Bij het verstrekken van een krediet kijkt de bank niet alleen naar de financiële gegevens. Met name ook de kwaliteit van het management en de economische vooruitzichten voor de branche zijn belangrijke aspecten waarmee bij het verstrekken, verlengen en/of uitbreiden van een krediet rekening wordt gehouden.

Een financiële analyse op basis van kengetallen is ook van belang voor de opdrachtgevers, toeleveranciers en afnemers van een organisatie. Op basis daarvan kunnen ze de continuïteit van de onderneming vaststellen en beoordelen of ze met de betreffende onderneming een transactie willen aangaan. De hiervoor genoemde partijen zullen met name naar de solvabiliteitskengetallen kijken, omdat die inzicht geven in de bestaansmogelijkheden van de onderneming waarmee ze zaken doen of van plan zijn zaken te gaan doen. Soms worden door afnemers of opdrachtgevers bepaalde minimumeisen gesteld aan de solvabiliteitskengetallen.'

Ad 5 Zekerheden
Op basis van voorgaande vier onderdelen beoordeelt de bank of de onderneming in staat is in de toekomst de toegenomen verplichtingen in verband met aflossingen en rente na te komen. Als dat een positief resultaat oplevert, zal de bank in principe bereid zijn de extra leningen te verstrekken. Maar de werkelijke financiële resultaten kunnen achteraf ongunstiger uitvallen dan vooraf werd verwacht. Om in geval van een negatieve ontwikkeling de verliezen voor de bank te voorkomen of te beperken, vraagt de bank zekerheden (onderdeel 5). Jeroen Vrolijks licht toe waarom banken genoodzaakt zijn zekerheden te vragen: 'Het geld dat banken in de vorm van kredieten aan ondernemingen verstrekken is afkomstig van derden, zoals particuliere spaarders en bedrijven die (tijdelijk) geld overhebben. Deze derden willen niet het risico lopen dat ze het geld dat ze aan de bank beschikbaar hebben gesteld, kwijtraken. Banken moeten daarom alles in het werk stellen om dit te garanderen en vragen daarom zekerheden. Mochten de bedrijfsresultaten ongunstig uitvallen, dan kan de bank gebruikmaken van de verstrekte zekerheden en daarop haar vorderingen verhalen.

Ten slotte zijn inzicht in de verwachte ontwikkeling van de economie en in de toekomstverwachtingen voor de branche daarom belangrijk bij het beoordelen van een aanvraag voor extra vreemd vermogen.'

Zekerheden

Beter Bed vindt weg omhoog

Van onze verslaggever
Jarl van der Ploeg

Amsterdam • Na een lange en moeizame periode gaat het weer eens goed met Beter Bed. Het slaapconcern uit Uden presenteerde vrijdag de jaarcijfers waaruit blijkt dat de weg naar boven weer is gevonden. De reden, aldus topman Ton Anbeek: een herstellende economie én een nieuwe winkelformule. 'Retteketet hoort niet langer bij Beter Bed.'

Er zijn eigenlijk twee zaken veranderd in 2014', zegt Anbeek. 'Het consumentenvertrouwen en de koopbereidheid zijn toegenomen, wat zich vertaalde naar meer verhuizingen en dus meer bedden, en wij zijn onszelf beter gaan verkopen.'

Zijn bedrijf, de Beter Bed holding, is actief in zes landen, met formules als Matratzen Concord (groot in Duitsland, Oostenrijk en Zwitserland), El Gigante del Colchón (Spanje), Beddenreus en Beter Bed (België en Nederland). [...]
Anbeek: 'In feite is het merk nog grotendeels hetzelfde, maar we vertelden ons verhaal wat beter in 2014. Wij zijn nog altijd een discounter, nog altijd prijsgeoriënteerd, maar we verpakken en verkopen onszelf nu beter. Vergelijk het met een H&M, Zara of Primark. Die zijn allemaal goedkoop, maar zien er allemaal goed uit. Net als wij nu.'
Naast de cosmetische ingrepen sloot het concern in 2014 ook 111 filialen verspreid over Europa en werden 63 nieuwe winkels geopend op betere plaatsen, wat in Nederland betekent: woonboulevards. In totaal zijn er nu 1.127 winkels, waarvan het gros opereert onder de Duitse Matratzen Concord-vlag (966 winkels).
Beter bed, naamgever van het concern, was in 2014 dankzij de make-over de meest succesvolste formule: de 92 filialen waren goed voor meer dan een kwart van de totale omzet. Die groeide in 2014 met 1,8 procent naar 364 miljoen euro. Het nettoresultaat was afgelopen jaar 16,9 miljoen euro, tegen 8,2 miljoen euro in 2013.
Op het Damrak, waar Beter Bed samen met andere kleinere bedrijven als fietsenbouwer Accell en groothandel Sligro door het leven gaat als Smallcaps-fonds, werd verheugd gereageerd op de cijfers. De hele dag was het bedrijf koploper in Amsterdam, wat uiteindelijk resulteerde in een plus van ruim 5 procent bij het sluiten van de markt. ∎

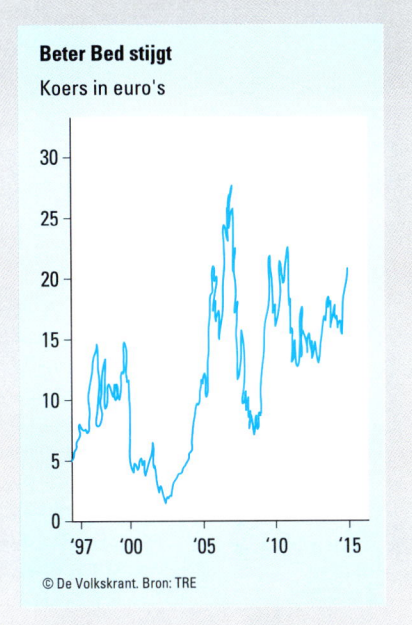

Beter Bed stijgt
Koers in euro's

© De Volkskrant. Bron: TRE

Bron: *de Volkskrant*, 14 maart 2015

Toelichting
Dat het met Beter Bed in 2014 beter is gegaan, vinden we ook terug in de kengetallen. De quick ratio, de interest coverage ratio en de debt ratio zijn gunstiger geworden. Dat duidt op een verbetering van de liquiditeit, rentabiliteit en solvabiliteit.

12.15 Beleggingskengetallen

Beleggers zullen bij de financiële beoordeling van hun beleggingen onder andere uitgaan van de financiële gegevens zoals die in jaarrekeningen worden gepubliceerd. Daarnaast beschikken zij over informatie over de ontwikkeling in de beurskoersen van de diverse aandelen.

Beleggingskengetallen

De kengetallen die beleggers gebruiken om hun beleggingen te beoordelen, verdelen we in twee groepen:
1 kengetallen die uitgaan van de uitgekeerde winsten:
   · dividendrendement;
   · pay-out ratio;
2 kengetallen die uitgaan van de beurskoers van het aandeel:
   · koersrendement;
   · koers-winstverhouding;
   · verhouding koers-cashflow;
   · verhouding koers-intrinsieke waarde.

12.15.1 Kengetallen die uitgaan van de uitgekeerde winsten

Het dividendrendement berekenen we door de uitgekeerde winst (dividend) te delen door de beurskoers van het aandeel aan het begin van het boekjaar. Daarvoor geldt de volgende formule:

Dividendrendement

$$\text{Dividendrendement} = \frac{\text{Uitgekeerde winst (dividend) per aandeel}}{\text{Beurswaarde van het aandeel aan het begin van het boekjaar}} \times 100\%$$

Een aandeel met een hoog dividendrendement is niet per definitie aantrekkelijker dan een aandeel met een lager dividendrendement. Ondernemingen die veel winst maken, maar deze bijna volledig inhouden, zullen (op dit moment!) een laag dividendrendement hebben. Als de ingehouden winsten echter winstgevend worden geïnvesteerd, zullen de winsten in de toekomst verder stijgen. In de *toekomst* kunnen dan hoge dividenden worden uitgekeerd, dat gunstig is voor de beurskoers (de belegger kijkt naar de toekomst!). Een laag dividend en een hoge beurskoers leiden tot een laag dividendrendement, maar de prestaties van deze onderneming zijn zeker niet slecht te noemen.

Pay-out ratio

Het is ook van belang welk gedeelte van de winst na belasting door de onderneming in de vorm van dividend wordt uitbetaald. De pay-out ratio geeft aan welk gedeelte van de winst door de onderneming wordt uitgekeerd. Dat wordt uitgedrukt in de volgende formule:

$$\text{Pay-out ratio} = \frac{\text{Dividend per aandeel}}{\text{Winst na belasting per aandeel}}$$

Een lage pay-out ratio wijst erop dat relatief veel van de winst wordt ingehouden. In hoeverre dit gunstig is voor de aandeelhouders, hangt af van de resultaten die de onderneming met de ingehouden winsten kan realiseren. Ondernemingen zien het inhouden van winsten als een voordelige en eenvoudige manier om hun expansie te financieren. Voor een goede beoordeling van de winstgevendheid (rentabiliteit) op een belegging moeten het rentabiliteitspercentage en de pay-out ratio in hun onderlinge samenhang worden beoordeeld.

12.15.2 Kengetallen die uitgaan van de beurskoers van het aandeel

Het koersrendement berekenen we door de koersverandering tijdens het jaar te delen door de beurskoers van het aandeel aan het begin van het boekjaar. Daarvoor geldt de volgende formule:

Koersrendement

$$\text{Koersrendement} = \frac{\text{Beurswaarde van het aandeel aan het \textit{einde} van het jaar} - \text{beurswaarde van het aandeel aan het \textit{begin} van het jaar}}{\text{Beurswaarde van het aandeel aan het begin van het boekjaar}} \times 100\%$$

We merken op dat het koersrendement ook negatief kan zijn. Dit is het geval als de beurswaarde van het aandeel aan het einde van het jaar lager is dan aan het begin van het jaar. Deze situatie kan zich voordoen als de aandelenmarkt na een hausse een sterke terugval doormaakt. Het totale rendement op een aandeel berekenen we door het dividendrendement en het koersrendement op te tellen. Daarbij moeten we bedenken dat de bankkosten daarop nog in mindering moeten worden gebracht.

De relatie tussen de koers en de winst per aandeel wordt weergegeven door de volgende formule:

Koers-winstverhouding

$$\text{Koers-winstverhouding} = \frac{\text{Beurswaarde aan einde boekjaar}}{\text{Winst na belasting per aandeel}}$$

Een lage koers-winstverhouding kan erop wijzen dat een aandeel ondergewaardeerd is. Het kan ook inhouden dat de winst dit jaar toevallig hoog is ten opzichte van de in de toekomst te verwachten winsten.

De koers van een aandeel kunnen we ook beoordelen door de koers te vergelijken met de cashflow of de intrinsieke waarde per aandeel. Dan geldt de volgende formule:

Koers-cashflowverhouding

$$\text{Koers-cashflowverhouding} = \frac{\text{Beurswaarde aan einde boekjaar}}{\text{Cashflow per aandeel}}$$

De cashflow wordt in dit verband gedefinieerd als winst na belastingen + afschrijvingen. Dit kengetal heeft als voordeel boven de koers-winstverhouding, dat de wijze van afschrijven de hoogte van de cashflow niet beïnvloedt. Wijzigingen in de afschrijvingsmethoden hebben dan ook geen invloed op de koers-cashflowverhouding.

We geven nog een formule:

Koers-intrinsieke-waardeverhouding

$$\text{Koers-intrinsieke-waardeverhouding} = \frac{\text{Beurswaarde aan einde boekjaar}}{\text{Intrinsieke waarde per aandeel}}$$

Een hoge koers-intrinsieke-waardeverhouding wijst erop dat met activa waarvan de intrinsieke waarde relatief laag is, een hoge rentabiliteit wordt behaald.

Voorgaande beleggingskengetallen berekenen we op basis van gegevens uit het verleden. Voor beleggers zijn de *toekomstige resultaten* van een onderneming echter veel belangrijker. Daarbij spelen factoren zoals concurrentiepositie, kwaliteit van het management en investeringsprojecten die in uitvoering zijn een belangrijke rol. Het berekenen en analyseren van beleggingskengetallen kan zinvol zijn voor zover uit de historische ontwikkeling in de kengetallen verwachte toekomstige ontwikkelingen kunnen worden afgeleid. De toekomst blijft echter onzeker, een gegeven waarmee een belegger zal moeten leren leven.

12.16 Functies binnen het financieel management

Chief Financial Officer (CFO)

Het bewaken van de financiële structuur van een organisatie is een belangrijke taak. Bij grote organisaties, die vaak de rechtsvorm van nv hebben, is deze taak toebedeeld aan de Chief Financial Officer (CFO). Onder de CFO komen de treasurer en de controller. Andere benamingen voor functies in het financieel management zijn manager finance en hoofd administratie. Bij de treasurer en de manager finance staan de financieringsaspecten op de voorgrond, bij de controller en het hoofd administratie aspecten die tot de management accounting behoren.

Treasurer

De *financieel manager* (treasurer) is de functionaris binnen een organisatie die verantwoordelijk is voor een goede afstemming tussen de vermogensbehoeften en de wijze waarop daarin kan worden voorzien. Tot zijn takenpakket behoren bovendien:
- het onderling afstemmen van ingaande en uitgaande geldstromen;
- het beoordelen van investeringsalternatieven;
- het onderhouden van contacten met de verschaffers van vermogen;
- het valutabeheer.

Controller

De volgende advertentie geeft een indruk van de competenties waarover treasurers of controllers moeten beschikken.

Stichting Groenhuysen
Het bedrijfsbureau van Groenhuysen voert bedrijfsondersteunende activiteiten uit ten behoeve van het primaire zorgproces. Het bedrijfsbureau bestaat uit de afdelingen Administratie, Advies, Interne Service, I&A en Relatiebeheer. De bedrijfseconomische medewerkers vallen onder de afdeling Administratie.

Bedrijfseconomisch medewerker

Functieomschrijving
In deze ondersteunende functie draag je bij aan de ontwikkeling en uitvoering van het financiële beleid van de organisatie. Je adviseert op proactieve wijze het management op financieel en bedrijfseconomisch gebied. In samenwerking met het management stel je analyses en prognoses op.
Je verzorgt de periodieke managementrapportages en levert een bijdrage aan de jaarrekening, nacalculatie en begrotingscyclus. Je analyseert en controleert financiële cijfers.
Ten aanzien van de veranderingen in de zorg en de gecreëerde analyses adviseer je tijdig het management en de bedrijfsadviseurs over de mogelijke (financiële) consequenties.

Functie-eisen
Tenminste een afgeronde bedrijfseconomische opleiding op HBO of academisch niveau. Daarbij beschik je over minimaal 5 jaar ervaring in een brede financiële functie bij voorkeur in een vergelijkbare omgeving. Je beschikt over kennis van de diverse financieringssystematieken (ZZP's en DBC's) die binnen de zorg gebruikt worden en hebt oog voor de externe ontwikkelingen waaraan de zorgsector onderhevig is. Je bent een stevige persoonlijkheid met een pro-actieve, oplossingsgerichte en klantgerichte houding, gewend aan het nemen van initiatieven. Een sterk analytisch vermogen en uitstekende communicatieve vaardigheden maken dat je complexe materie helder en begrijpelijk uit kan leggen. Bovenal ben je een teamplayer.
Kortom onze nieuwe collega beschikt over:

➢ Afgerond diploma bedrijfseconomische opleiding op HBO of academisch niveau
➢ Minimaal 5 jaar ervaring in soortgelijke functie
➢ Kennis van financieringssystematiek binnen de zorgsector
➢ Stevige persoonlijkheid, doortastend, initiatiefvol
➢ Klantgerichtheid en is een teamplayer

Arbeidsvoorwaarden:
➢ Uren: 32-36 uur per week
➢ Salaris: €2.640 - €3.792 per maand

Bedrijfsprofiel
Stichting Groenhuysen is een eigentijdse en ontwikkelingsgerichte organisatie en zet zich in voor overwegend ouderen. Ouder worden, jezelf blijven staat bij ons voorop en staat centraal in al onze ontmoetingen. Iedereen met een vraag van verzorgende, verpleegkundige of (para) medische aard kan bij ons terecht. We hebben een breed aanbod variërend van een maaltijdservice tot langdurige intensieve zorg.

Bron: www.intermediair.nl

Bij kleine(re) organisaties wordt de financiële functie slechts door één persoon uitgevoerd. De functieaanduiding is dan vaak controller of financieel manager.

Samenvatting

De analyse van de financiële structuur geeft inzicht in de financiële situatie van een organisatie. Het oordeel over de financiële structuur baseren we onder andere op de rentabiliteit, de liquiditeit en de solvabiliteit van de organisatie.

De leiding van een onderneming zal door de eigenaren met name worden beoordeeld op de winstgevendheid van de onderneming. De rentabiliteit over het totaal vermogen zal voldoende moeten zijn om de vereiste interest over het vreemd vermogen te kunnen vergoeden. De door de eigenaren vereiste rentabiliteit moet beschikbaar komen uit de winst na aftrek van interestkosten en belastingen.

Als de rentabiliteit over het totaal vermogen (RTV) meer bedraagt dan de gemiddelde kosten van het vreemd vermogen (KVV), komt het verschil ten goede aan het eigen vermogen. We spreken van een positieve financiële hefboomwerking. Als de RTV kleiner is dan de KVV, treedt een negatieve financiële hefboomwerking op.

Een organisatie is liquide als zij in staat is aan haar direct opeisbare betalingsverplichtingen te voldoen. De statische liquiditeit van een organisatie kunnen we beoordelen op basis van kengetallen, zoals de current ratio, de quick ratio, het nettowerkkapitaal en de cash coverage ratio. De dynamische liquiditeit blijkt uit een liquiditeitsbegroting.
Vooral voor de verschaffers van vreemd vermogen is het van belang te beoordelen of een organisatie in staat is om aan al haar schulden te voldoen. Voor de beoordeling van de solvabiliteit zijn de debt ratio, de rentedekkingsfactor en het weerstandsvermogen van belang.
De rentabiliteit van een organisatie hangt af van de mate waarin de activa die de organisatie ter beschikking staan, efficiënt worden aangewend. Op grond van activiteitskengetallen, zoals omzetsnelheid van de voorraden, gemiddelde krediettermijn en omloopsnelheid van het totaal vermogen, kunnen managers de efficiency van de bedrijfsvoering beoordelen. Zo nodig kunnen ze op basis daarvan de organisatie bijsturen.
De verbanden tussen de verschillende kengetallen die uiteindelijk de rentabiliteit van het totaal vermogen bepalen, kunnen we in een Dupont-chart weergeven. Daardoor wordt zichtbaar welke kengetallen elkaar beïnvloeden en wat de gevolgen voor het eindresultaat (RTV) zijn. Het kasstroomoverzicht geeft inzicht in de geldmiddelen die in de verslagperiode beschikbaar zijn gekomen, en in het gebruik dat van deze geldmiddelen is gemaakt.

Om de financiële structuur van een organisatie te analyseren, maken we onder andere gebruik van kengetallen, die we berekenen op basis van gegevens uit het verleden. Voor het beoordelen van de financiële structuur zijn factoren die de *toekomstige resultaten* beïnvloeden echter belangrijker. Het berekenen en analyseren van beleggingskengetallen kan zinvol zijn voor zover uit de historische ontwikkeling in de kengetallen verwachte toekomstige ontwikkelingen kunnen worden afgeleid.

Begrippenlijst

Activastructuur — Verhouding tussen de vaste activa en de vlottende activa van een organisatie.

Activiteitskengetal — Kengetal dat inzicht geeft in de doelmatigheid van de aanwending van de activa.

Bedrijfsrisico — De mate waarin de rentabiliteit van het totale vermogen (RTV) afwijkt van de gemiddelde (verwachte) RTV.

Beleggingskengetallen — Kengetallen die een belegger gebruikt om het rendement op aandelen te beoordelen.

Beurswaarde — De prijs van een aandeel, die op de effectenbeurs tot stand komt door vraag en aanbod.

Branchevergelijking — Vergelijking op een bepaald moment van de financiële ratio's van verschillende ondernemingen in dezelfde branche.

Bufferfunctie — De bescherming die het eigen vermogen biedt voor de verschaffers van vreemd vermogen.

Convenant — Afspraken met een bank over de waarde (de hoogte) waaraan bepaalde kengetallen moeten voldoen.

Current ratio — $$\frac{\text{Vlottende activa}}{\text{Vlottende passiva (kort vreemd vermogen)}}$$

Debt/EBITDA-ratio — $$\frac{\text{Debt}}{\text{EBITDA}}$$

Debt ratio — $$\frac{\text{Vreemd vermogen}}{\text{Totaal vermogen}}$$

Debt-service ratio — $$\frac{\text{EBITDA}}{\text{Interestkosten} + \text{aflossingsverplichtingen}}$$

Debt-service coverage ratio (dscr) — $$\frac{\text{Vrije kasstroom}}{\text{Rentekosten na belasting} + \text{Aflossingsverplichtingen}}$$

Dividendrendement — $$\frac{\text{Uitgekeerde winst (dividend)}}{\text{Beurswaarde aan begin van boekjaar}} \times 100\%$$

Dupont-chart — Schema waarin de relaties tussen diverse kengetallen worden weergegeven.

Dynamische liquiditeit — Liquiditeit van een organisatie zoals die tot uitdrukking komt in een liquiditeitsbegroting.

Externe financiering	Het financieren van de activa van een organisatie met vermogen dat van buiten de organisatie is aangetrokken.
Fictief rendement	Het rendement op beleggingen waar de belastingdienst vanuit gaat bij het berekenen van de verschuldigde inkomstenbelastingen.
Financieel risico	De verandering in de rentabiliteit van het eigen vermogen (REV) die het gevolg is van de financiering met vreemd vermogen {financieel risico = bedrijfsrisico × (VV/EV)}.
Financiële covenant	Afspraak met de bank met betrekking tot de hoogte van bepaalde financiële kengetallen.
Financiële structuur	Het geheel van relaties tussen de kapitaalstructuur, de vermogensstructuur en de resultaten die de onderneming met behulp van haar activa behaald heeft.
Garantievermogen	Eigen vermogen + achtergesteld vreemd vermogen.
Gemiddelde krediettermijn van crediteuren (van het ontvangen leverancierskrediet)	$\dfrac{\text{Gemiddelde crediteurensaldo}}{\text{Inkopen op rekening incl. btw}} \times 365 \text{ dagen}$
Gemiddelde krediettermijn van debiteuren (van het verleende leverancierskrediet)	$\dfrac{\text{Gemiddelde debiteurensaldo}}{\text{Verkopen op rekening incl. btw}} \times 365 \text{ dagen}$
Goudenbalansregel	Vuistregel die stelt dat de vaste activa en het vaste gedeelte van de vlottende activa moeten worden gefinancierd met eigen en/of vreemd vermogen op lange termijn.
Hefboomfactor	Omvang van het vreemd vermogen gedeeld door de omvang van het eigen vermogen.
Hefboomwerking van de financiële structuur	Overheveling van de winst of het verlies op het vreemd vermogen naar het eigen vermogen.
Historische kosten	Kosten die gebaseerd zijn op de werkelijk betaalde prijzen.
Historische ratioanalyse	Vergelijking van de financiële ratio's (kengetallen) van dezelfde onderneming op verschillende momenten in het verleden.
Intensieve financiering	Het efficiënt aanwenden van het aan de onderneming beschikbaar gestelde vermogen.
Interest coverage ratio	Zie Rentedekkingsfactor.

Interne financiering	Het financieren van de activa van een organisatie met ingehouden winsten of vrijgekomen afschrijvingen.
Intrinsieke waarde	Het verschil tussen de vervangingswaarde van de activa en de omvang van het vreemd vermogen van een onderneming.
Jaarrekening	Balans en winst- en verliesrekening met toelichtingen.
Kasstroomoverzicht	Overzicht van de geldmiddelen die in de verslagperiode beschikbaar zijn gekomen en van het gebruik dat van deze middelen is gemaakt. Overzicht van de financiële oorzaken, die tot de mutatie in de liquide middelen hebben geleid.
Kengetal	Verhoudingsgetal waarbij twee met elkaar samenhangende grootheden worden vergeleken.
Keuzedividend	Dividend waarbij de aandeelhouder de keuze heeft uit dividend in contanten of dividend in de vorm van aandelen.
Koers-cashflowverhouding	$\dfrac{\text{Beurswaarde van een aandeel aan einde boekjaar}}{\text{Cashflow per aandeel}}$
Koers-intrinsieke-waardeverhouding	$\dfrac{\text{Beurswaarde van een aandeel aan einde boekjaar}}{\text{Intrinsieke waarde per aandeel}}$
Koersrendement	$\dfrac{\text{Beurswaarde aan einde van boekjaar} - \text{beurswaarde aan begin van boekjaar}}{\text{Beurswaarde aan begin van boekjaar}} \times 100\%$
Koers-winstverhouding	$\dfrac{\text{Beurswaarde van een aandeel aan einde boekjaar}}{\text{Winst (na belasting) per aandeel}}$
Kosten van het vreemd vermogen	$\dfrac{\text{Interestkosten}}{\text{Gemiddeld vreemd vermogen}}$
Leencapaciteit	Mogelijkheden die een organisatie heeft om nieuw vreemd vermogen aan te trekken.
Liquiditeit	De mate waarin een organisatie in staat is aan haar direct opeisbare verplichtingen te voldoen.
Liquiditeitsbalans	Balans waarop de activa gerangschikt zijn naar de mate van liquiditeit.
Liquiditeitsbegroting	Begroting van ingaande en uitgaande geldstromen gedurende een bepaalde periode.
Nettowerkkapitaal	Vlottende activa – vlottende passiva = (eigen vermogen + vreemd vermogen op lange termijn – vaste activa).

Nettowinstmarge	$\dfrac{\text{Winst (na aftrek van belastingen)}}{\text{Omzet excl. btw}}$
Omloopsnelheid van de voorraad	$\dfrac{\text{Omzet in verkoopprijzen (exl. btw)}}{\text{Gemiddelde voorraad}}$
Omloopsnelheid van het totale vermogen	$\dfrac{\text{Omzet in verkoopprijzen (excl. btw)}}{\text{Gemiddeld geïnvesteerd totaal vermogen}}$
Opslagduur van de voorraad (in dagen)	$\dfrac{\text{Gemiddelde jaarvoorraad}}{\text{Jaaromzet in verkoopprijzen (excl. btw)}} \times 365 \text{ dagen}$
Partiële financiering	Wijze van financieren die afgestemd is op één bepaald soort activa.
Pay-out ratio	$\dfrac{\text{Dividend per aandeel}}{\text{Winst (na belasting) per aandeel}}$
Quick ratio	$\dfrac{\text{Vlottende activa} - \text{voorraden}}{\text{Vlottende passiva (kort vreemd vermogen)}}$
Rentabiliteit	Verhouding tussen de opbrengst van het geïnvesteerde vermogen en het gemiddeld geïnvesteerde vermogen.
Rentabiliteit als fractie van de omzet	$\dfrac{\text{Omzet excl. btw} - \text{kosten v.d. omzet excl. interestkosten}}{\text{Omzet excl. btw}} = \dfrac{\text{EBIT}}{\text{Omzet excl. btw}}$
Rentabiliteit van het eigen vermogen	$\dfrac{\text{Winst (na aftrek van belastingen)}}{\text{Gemiddeld eigen vermogen}} =$ $\dfrac{\text{Winst (na belastingen)}}{\text{Omzet excl. btw}} \times \dfrac{\text{Omzet excl. btw}}{\text{Gemiddeld totaal vermogen}} \times \dfrac{\text{Gemiddeld totaal vermogen}}{\text{Gemiddeld eigen vermogen}} =$ Nettowinstmarge $\times$ Omloopsnelheid van totaal vermogen $\times \dfrac{\text{Gemiddeld totaal vermogen}}{\text{Gemiddeld eigen vermogen}}$
Rentabiliteit van het totale vermogen	$\dfrac{\text{EBIT} = \text{Bedrijfsresultaat}}{\text{Gemiddeld totaal vermogen}} =$ $\dfrac{\text{EBIT} = \text{Bedrijfsresultaat}}{\text{Omzet excl. btw}} \times \dfrac{\text{Omzet excl. btw}}{\text{Gemiddeld totaal vermogen}} =$ Rentabiliteit als fractie van de omzet $\times$ Omloopsnelheid van het totaal vermogen
Rentedekkingsfactor	$\dfrac{\text{Bedrijfsresultaat}}{\text{Interestkosten}}$

Scenario-analyse	Het opstellen van verschillende toekomstige situaties (scenario's) met hun financiële gevolgen. We onderscheiden de management case, banking case en worst case.
Solvabiliteit	De mate waarin een organisatie in geval van liquidatie in staat is aan haar verplichtingen tegenover de verschaffers van vreemd vermogen te voldoen.
Statische liquiditeit	De liquiditeit van een organisatie waarbij wordt uitgegaan van kengetallen die op een bepaald moment betrekking hebben.
Stockdividend	Dividend in de vorm van aandelen.
Stroomgrootheid	Grootheid die het aantal eenheden (meestal gemeten in geld) gedurende een bepaalde periode weergeeft.
Totale financiering	Wijze van financiering waarbij voor het aantrekken van vermogen uitgegaan wordt van de totale vermogensbehoefte.
Track record	De financiële informatie die over een onderneming beschikbaar is over een aantal reeds verstreken jaren.
Treasurer	Functionaris in een organisatie die verantwoordelijk is voor een juiste afstemming tussen de kapitaalstructuur en de vermogensstructuur, het contact onderhoudt met de financiële instellingen en belast is met het valutabeheer en het beheer van de liquide middelen.
Vermogensstructuur	Verhouding tussen het eigen vermogen en het vreemd vermogen.
Voorraadgrootheid	Grootheid die het aantal eenheden (meestal gemeten in geld) dat op een bepaald moment aanwezig is, weergeeft.
Weerstandsvermogen	Het vermogen van een organisatie om in financieel slechte omstandigheden aan haar verplichtingen te voldoen en faillissement te voorkomen.
Window dressing	Handelingen van de organisatie die als enig doel hebben de financiële structuur een te rooskleurig aanzien te geven.

Meerkeuzevragen

12.1 Onder de financiële structuur van een organisatie wordt verstaan
  a de samenstelling van de activa waarover de organisatie de beschikking heeft.
  b de verdeling van het totaal vermogen in eigen en vreemd vermogen.
  c de afstemming tussen de vermogensbehoefte (balans debetzijde) en de wijze waarop in die behoefte wordt voorzien door het aantrekken van eigen en vreemd vermogen (balans creditzijde).
  d de afstemming tussen de vermogensbehoefte (balans debetzijde) en de wijze waarop in die behoefte wordt voorzien door het aantrekken van eigen en vreemd vermogen (balans creditzijde). Daarnaast kunnen factoren een rol spelen die niet uit de balans blijken (zoals operational lease).

12.2 Er is sprake van partiële financiering als
  a de vermogensbehoefte gedeeltelijk met eigen en gedeeltelijk met vreemd vermogen is gefinancierd.
  b de vaste activa met eigen vermogen en de vlottende activa met vreemd vermogen worden gefinancierd.
  c in een gedeelte van de vermogensbehoefte voorzien wordt door het inhouden van winsten.
  d per actiefpost van de balans een afzonderlijke financiering wordt aangetrokken.

12.3 De goudenbalansregel houdt in dat
  a de vaste activa en het vaste gedeelte van de vlottende activa moeten worden gefinancierd met eigen en/of vreemd vermogen op lange termijn.
  b de vaste activa moeten worden gefinancierd met eigen en/of vreemd vermogen op lange termijn.
  c de vaste activa en het vaste gedeelte van de vlottende activa moeten worden gefinancierd met eigen vermogen.
  d de vlottende activa moeten worden gefinancierd met vreemd vermogen op korte termijn.

12.4 In welke van de volgende situaties is er sprake van interne financiering?
  a Toename van de post Crediteuren.
  b Uitgifte van nieuwe aandelen.
  c Conversie van converteerbare obligaties.
  d Het inhouden van een gedeelte van de winst.

12.5 In welke van de volgende situaties is er sprake van externe financiering?
  a Uitgifte van nieuwe aandelen.
  b Uitkering van bonusaandelen ten laste van de agioreserve.
  c Vrijgekomen afschrijvingen worden aangewend voor de aanschaf van nieuwe activa.

12.6 Onder de intrinsieke waarde van een onderneming wordt verstaan:
a de prijs waarvoor een onderneming kan worden verkocht.
b de nominale waarde van het geplaatst aandelenvermogen.
c de marktwaarde van de activa verminderd met de boekwaarde van het vreemd vermogen.
d de totale marktwaarde van de activa van een onderneming.

12.7 De analyse van de financiële structuur heeft betrekking op
a de activastructuur.
b de vermogensstructuur.
c de activastructuur en de vermogensstructuur.
d de activastructuur, de vermogensstructuur en de winst- en verliesrekening.

12.8 Een stroomgrootheid heeft betrekking op
a een bepaalde periode.
b een bepaald moment.
c alleen geldstromen.
d alleen goederenstromen.

12.9 De hefboomwerking van de vermogensstructuur treedt op als
a RTV groter is dan REV.
b KVV groter is dan REV.
c RTV ongelijk is aan KVV.

12.10 De rentabiliteit van het totaal vermogen (RTV) wordt berekend door
a de winst na aftrek van interestkosten te delen door het gemiddeld geïnvesteerde totaal vermogen.
b de winst na aftrek van interestkosten en na belastingen te delen door het gemiddeld geïnvesteerde totaal vermogen.
c de winst voor aftrek van interestkosten en belastingen (EBIT = bedrijfsresultaat) te delen door het gemiddeld geïnvesteerde totaal vermogen.

12.11 Van een onderneming is het volgende gegeven:
RTV = 0,12; KVV = 0,10; VV/EV = 8/10; belastingvoet = 0,4.
De rentabiliteit van het eigen vermogen bedraagt
a 14,5%.
b 8,16%.
c 13,6%.
d 8,7%.

12.12 Een toename van de verhouding vreemd vermogen tot eigen vermogen
a heeft geen invloed op het financieel risico.
b leidt tot een stijging van het financieel risico.
c leidt tot een daling van het financieel risico.
d leidt tot een stijging van het bedrijfsrisico.

12.13 De dynamische liquiditeit van een organisatie wordt beoordeeld op basis van de
a liquiditeitsbalans.
b liquiditeitsbegroting.
c current ratio.
d quick ratio.

12.14 Een toename van de voorraden (gefinancierd met ingehouden winsten)
  a heeft geen gevolgen voor de quick ratio.
  b leidt tot een stijging van de quick ratio.
  c leidt tot een afname van de current ratio.
  d leidt tot een afname van het nettowerkkapitaal.

12.15 Window dressing met betrekking tot de current ratio is mogelijk als de current ratio vóór de wijzigingen
  a ongelijk aan één is.
  b gelijk aan één is.
  c groter dan één is.
  d kleiner dan één is.

12.16 Het nettowerkkapitaal kunnen we berekenen door
  a het totaal vermogen te verminderen met de vlottende passiva.
  b het totaal vermogen te verminderen met de vlottende activa.
  c het eigen vermogen + het vreemd vermogen op lange termijn te verminderen met de duurzame activa.
  d het totaal vermogen te verminderen met de duurzame activa.

12.17 De current ratio van onderneming Window is groter dan één. Nadat deze current ratio berekend is, wordt een gedeelte van de liquide middelen van Window gebruikt om crediteuren te betalen. Hierdoor
  a zal de current ratio toenemen en het nettowerkkapitaal gelijk blijven.
  b zal de current ratio afnemen en het nettowerkkapitaal gelijk blijven.
  c zullen de current ratio en het nettowerkkapitaal toenemen.
  d zal de current ratio toenemen en het nettowerkkapitaal afnemen.

12.18 Een toeneming van het gemiddelde debiteurensaldo leidt tot
  a een daling van de gemiddelde krediettermijn van het verleende leverancierskrediet.
  b een daling van de gemiddelde krediettermijn van het ontvangen leverancierskrediet.
  c een stijging van de gemiddelde krediettermijn van het verleende leverancierskrediet.
  d een stijging van de gemiddelde krediettermijn van het ontvangen leverancierskrediet.

12.19 Het dividendrendement op een belegging in aandelen berekenen we door
  a de winst van de onderneming te delen door het gemiddeld geïnvesteerde totaal vermogen.
  b de winst van de onderneming te delen door de gemiddelde intrinsieke waarde van de onderneming.
  c de uitgekeerde winst te delen door de gemiddelde intrinsieke waarde van de onderneming.
  d de uitgekeerde winst per aandeel te delen door de beurswaarde van het aandeel aan het einde van het boekjaar.

12.20 In welke situatie lopen de aandeelhouders van een nv het *meeste* risico?
  a kapitaalintensieve productiemethode + relatief weinig vreemd vermogen + conjunctuurgevoelig product.
  b niet-kapitaalintensieve productiemethode + relatief weinig vreemd vermogen + conjunctuurgevoelig product.
  c kapitaalintensieve productiemethode + relatief veel vreemd vermogen + niet-conjunctuurgevoelig product.
  d kapitaalintensieve productiemethode + relatief veel vreemd vermogen + conjunctuurgevoelig product.

12.21 Van een onderneming zijn de volgende gegevens bekend:
  - aantal debiteurendagen = 30
  - aantal crediteurendagen = 45
  - aantal voorraaddagen = 90

Het aantal dagen dat het nettowerkkapitaal moet worden gefinancierd, bedraagt:
  a 15 dagen
  b 75 dagen
  c 105 dagen
  d 165 dagen

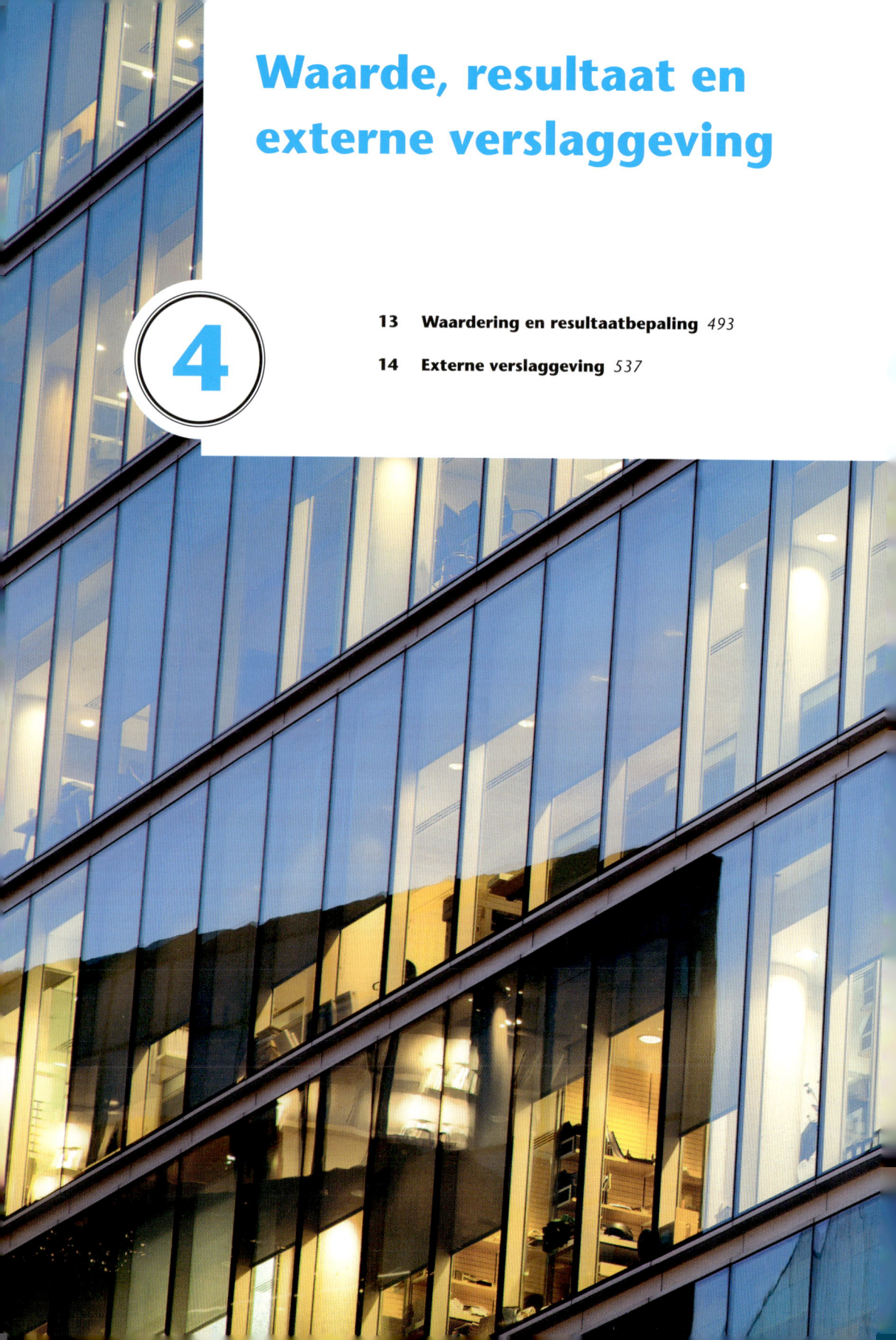

Waarde, resultaat en externe verslaggeving

4

13 **Waardering en resultaatbepaling** *493*

14 **Externe verslaggeving** *537*

In de delen 2 en 3 hebben we stilgestaan bij de informatie die de leiding van een organisatie nodig heeft voor het besturen van de organisatie. Het verstrekken en analyseren van deze informatie behoort tot het vakgebied van de interne verslaggeving (management accounting). In deel 4 bespreken we de wijze waarop de leiding van een organisatie aan de belanghebbenden bij de organisatie verantwoording aflegt over het gevoerde beleid. De wijze waarop dit kan geschieden en de voorschriften die daarvoor gelden zijn onderwerpen die tot het vakgebied van de externe verslaggeving (financial accounting) behoren. Interne en externe verslaggeving verschaffen informatie over het verleden en de toekomst van de onderneming. Bij interne verslaggeving ligt de nadruk op informatie die van belang is voor de interne bedrijfsvoering, waarbij aspecten die *de toekomst* van de organisatie betreffen een belangrijke rol spelen. Bij externe verslaggeving ligt het accent op de informatieverstrekking over het *in het verleden* gevoerde beleid. De laatste jaren neemt in de externe verslaggeving echter het belang van informatie over de toekomst van de organisatie toe. De belangrijkste verschillen tussen interne en externe verslaggeving zijn in het volgende overzicht weergegeven.

Interne verslaggeving	Externe verslaggeving
· voor een groot deel gericht op de toekomst	· voor een groot deel gebaseerd op gegevens uit het verleden
· interne gebruikers	· externe gebruikers
· gericht op interne verantwoording en beleidsondersteuning	· gericht op externe verantwoording
· vorm en inhoud van de verslaglegging zijn vrij te bepalen	· wettelijke voorschriften voor de vorm en inhoud van de verslaglegging

Veel belanghebbenden zijn behalve in de waarde van de onderneming ook geïnteresseerd in de winst. Er zijn verschillende manieren om de winst van een onderneming vast te stellen. In hoofdstuk 13 bespreken we een aantal methoden om de winst te berekenen, zoals fifo, gemiddelde inkoopprijs en lifo. Daarbij komen onderwerpen aan de orde zoals de waardering van voorraden én de invloed daarvan op de ondernemingsresultaten. Ook besteden we aandacht aan de waardering van ondernemingen. De waarde van ondernemingen blijkt afhankelijk te zijn van de situatie waarin de onderneming verkeert: gaat het om een (goed)lopende onderneming (going-concern), om een onderneming in staat van faillissement of om een onderneming die bij een fusie of overname is betrokken? Externe verslaggeving houdt zich bezig met het verstrekken van financiële gegevens aan belanghebbenden buiten de onderneming. Daarbij spelen wetten en richtlijnen een belangrijke rol. In hoofdstuk 14 bespreken we de wetten en richtlijnen die hierop betrekking hebben.

Mr. Wim Eikendal, advocaat bij Boels Zanders Advocaten in Venlo, beschrijft de rol van een curator bij een faillissement. Ook legt hij uit met welke waarderingen hij als curator bij een faillissement rekening houdt.

Waardering en resultaatbepaling

13

13.1 Waardering en resultaatbepaling bij een going-concern
13.2 Waardering van ondernemingen bij fusie en overname
13.3 Waardering bij faillissement
Samenvatting
Begrippenlijst
Meerkeuzevragen

De waarde van de afzonderlijke activa van een onderneming of van de waarde van de onderneming als geheel is mede afhankelijk van de situatie waarin de onderneming zich bevindt op het moment van waarderen. Daarnaast speelt het doel van de waardering een rol bij de keuze van de waarderingsmethode. In dit hoofdstuk onderscheiden we drie situaties.
In eerste instantie gaan we in op de waardering van een bestaande onderneming, die ook in de toekomst haar activiteiten zal voortzetten. We spreken dan van een going-concern. Daarbij zullen we aantonen dat er een direct verband is tussen de waardering van activa en de hoogte van het resultaat van de onderneming.
Een tweede geval waarbij het waarderen een belangrijke rol speelt, is een situatie waarin een onderneming overweegt een andere onderneming over te nemen of met een andere onderneming een fusie aan te gaan.
Ten slotte besteden we aandacht aan het waarderen van activa van een onderneming die in een situatie van faillissement is geraakt en die haar activiteiten staakt.
Bij het bespreken van het onderwerp kosten zijn we de uitspraak 'different costs for different purposes' tegengekomen. Voor het waarderen van activa geldt een soortgelijke uitspraak: 'different values for different situations'. We zullen zien dat 'de enige echte waarde' niet bestaat. De waarde van de activa hangt mede af van de situatie waarin de onderneming zich op het moment van waarderen bevindt en van het doel van de waardering.

13.1 Waardering en resultaatbepaling bij een going-concern

Going-concern

De meeste bedrijven behalen positieve resultaten en zetten hun activiteiten ook in de toekomst voort. Er is dan sprake van een voortdurende in- en uitgaande goederenstroom en een continue beweging van in- en uitgaande geldstromen. We spreken dan van een going-concern.
Het resultaat van een onderneming berekenen we door de opbrengsten te verminderen met de kosten. Op het eerste gezicht lijkt dit een eenvoudige opdracht, maar het zal blijken dat er verschillende methoden te zijn om het resultaat te bepalen. Bovendien blijkt er een verband te bestaan tussen de waardering van activa en de hoogte van het resultaat. De wijze van waardering en resultaatbepaling, zoals we die in deze paragraaf bespreken, heeft vooral betrekking op de financiële informatie die de onderneming beschikbaar stelt aan externe belanghebbenden. Daarop zijn ook wettelijk regels van toepassing, die we zowel in hoofdstuk 13 als in hoofdstuk 14 aan de orde stellen.

In deze paragraaf wordt veel besproken. De begrippen winst en waarde komen aan de orde. We verdiepen ons in de wettelijke voorschriften voor de waardering en resultaatbepaling. We bespreken enkele resultaat- en waardebepalingsmethoden en geven er voorbeelden van. We behandelen de vervangingswaarde en de materiële vaste activa. We gaan kort in op het verband tussen winst en mutatie liquide middelen. Ten slotte vergelijken we de resultaatbepalingsmethoden voor de praktijk.

13.1.1 Waarde en winst

De financiële resultaten van een organisatie kunnen zowel positief als negatief uitvallen. In het eerste geval spreken we van winst, in het tweede geval van verlies. Uit het volgende zal echter blijken dat het op de juiste wijze bepalen van het resultaat in werkelijkheid niet zo eenvoudig is. Zowel grote als kleine bedrijven worstelen met het vraagstuk van de winstbepaling. Aan de hand van een anekdote lichten we een van de problemen toe.

Het op de juiste wijze vaststellen van de winst bezorgt de eigenaar van Jan Spijker's ijzerwinkel de nodige hoofdbrekens.

De anekdote van de roestige spijker

De jaren twintig van de vorige eeuw werden gekenmerkt door hoge inflatie en grote werkloosheid. In die tijd was het heel gewoon dat jongeren na de lagere school een baas gingen zoeken om een vak te leren. Ook Jan Spijker doet dat. Bij een aannemer volgt Jan een opleiding tot timmerman. De economische situatie verslechtert echter. De aannemer ziet zich genoodzaakt Jan na een dienstverband van vier jaar te ontslaan. Allerlei pogingen om een andere baan te vinden mislukken. Daarom besluit Jan een eigen handeltje te beginnen. De ouders van Jan stellen een gedeelte van de ouderlijke woning beschikbaar waarin hij een handel in spijkers start.

Tijdens de vier jaar waarin hij bij de aannemer gewerkt had, was het hem gelukt wat te sparen. Het spaargeld van €100 (een groot bedrag in die tijd) wordt gebruikt om 10.000 spijkers te kopen. De inkoopprijs van één spijker is op dat moment €0,01. Na een maand zijn alle spijkers verkocht. De gemiddelde verkoopprijs blijkt €0,015 per spijker te zijn. Na afloop van deze maand stelt Jan de volgende berekening op:

Opbrengst verkopen: 10.000 × €0,015 = €150
Inkoopwaarde omzet: 10.000 × €0,01 = €100

Winst € 50

Jan heeft inmiddels een leuk meisje ontmoet, dat hij het hof wil maken. Hij besluit daarom de winst van €50 te gebruiken om een gouden ring met briljant voor haar te kopen (winstuitkering = €50).

Aangemoedigd door de goede resultaten gedurende de eerste maand, besluit de jonge ondernemer opnieuw spijkers in te kopen. De inkoopprijs van de spijkers blijkt inmiddels gestegen te zijn naar €0,0125 per stuk. Voor het resterende bedrag van €100 (geldontvangst uit verkoop minus winstuitkering) kunnen nu slechts 8.000 spijkers (€100 : €0,0125 = 8 000) worden teruggekocht. Na verkoop van deze 8.000 spijkers, waarvan de gemiddelde verkoopprijs €0,0155 per spijker blijkt te zijn, werden opnieuw de resultaten berekend:

Opbrengst verkopen: 8.000 × €0,0155 = €124
Inkoopwaarde omzet: 8.000 × €0,0125 = €100

Winst € 24

Deze winst gebruikt Jan voor een korte vakantie (winstuitkering = €24).
Na de uitkering van de winst blijft €100 (geldontvangst uit verkoop minus winstuitkering) beschikbaar voor de inkoop van spijkers. Omdat de inkoopprijs inmiddels verder gestegen is naar €0,016 per stuk, worden er slechts 6.250 spijkers (€100 : €0,016 = 6.250) teruggekocht.

Deze wijze van winstberekening (in een periode met hoge inflatie!) leidde ertoe dat Jan Spijker steeds minder spijkers kon terugkopen. Uiteindelijk is de inkoopprijs zo hoog geworden, dat nog slechts één spijker kon worden teruggekocht. Volgens de overlevering heeft Jan zich ten einde raad aan deze laatste (roestige) spijker opgehangen. Hoe het verder met zijn verloofde is afgelopen, is tot op heden onbekend.

Bovenstaand verhaal roept een aantal vragen op:
- Welke fout(en) maakte Jan Spijker?
- Hoe had de winst berekend moeten worden?

In deze paragraaf gaan we op deze vragen nader in. Hierna gaan we in op het begrip winst en de nominalistische en substantialistische resultaatbepalingsmethoden.

Wat is winst?
Een juiste wijze van resultaatbepaling is in tijden van (voortdurende en grote) prijsstijgingen van groot belang. Een onjuiste winstberekening kan de continuïteit van de onderneming ernstig in gevaar brengen. De anekdote van de roestige spijker (zie hiervoor) maakt dat duidelijk.
Voor een goed inzicht in de resultaatbepalingsmethoden is het noodzakelijk het begrip winst kort toe te lichten.

Winst

|| **Winst is het bedrag dat aan de onderneming mag worden onttrokken, zonder het voortbestaan van de onderneming in gevaar te brengen.**

In de anekdote van de roestige spijker werd de winst blijkbaar te hoog vastgesteld. Uitkering van deze (te hoge) winst leidde daar tot de ondergang van de onderneming. Winst (mits juist berekend!) kan aan de eigenaren van de onderneming worden uitgekeerd en noemen we daarom ook wel verteerbaar inkomen.

Verteerbaar inkomen

Het begrip winst kan ook worden toegelicht door een vergelijking te maken met verschijnselen uit de natuur. De vruchten van een fruitboom kunnen we vergelijken met de winst van een onderneming. Door de vruchten te oogsten (winst) wordt de boom zelf (de onderneming) niet aangetast. De boom staat er na het oogsten weer even goed voor als in dezelfde periode van het vorige jaar. We kunnen de vruchten (winst) oogsten zonder de boom (de onderneming) aan te tasten.

Er zijn in de bedrijfseconomie verschillende manieren om het resultaat van de onderneming te berekenen. Deze methoden verdelen we onder in *nominalistische* en *substantialistische resultaatbepalingsmethoden*. Er kan sprake zijn van een negatief resultaat (verlies) of van een positief resultaat (winst).

Nominalistische resultaatbepalingsmethoden

Nominalisme

Bij de nominalistische resultaatbepalingsmethoden wordt geen rekening gehouden met veranderingen in de koopkracht van de euro. Bij deze methode is een euro van 2010 gelijkwaardig aan een euro van 2016 (euro = euro-regel). Er wordt gedacht in euro's, het nominale bedrag staat op de voorgrond. De wijze waarop in de anekdote van de roestige spijker de winst is berekend, valt onder de nominalistische methoden. Deze methoden houden geen rekening met de hoge inflatie en de geldontwaarding. Consequente toepassing van de nominalistische resultaatbepalingsmethoden (in combinatie met de uitkering van de volledige winst) zal in tijden van voortdurende *prijsstijgingen* leiden tot de ondergang van de onderneming. Bij deze methoden wordt niet een bepaalde hoeveelheid goederen maar een bepaalde hoeveelheid geld gehandhaafd. In de anekdote bleef na de winstuitkering €100 over, waarmee steeds minder goederen (spijkers) teruggekocht konden worden. De nominalistische methoden leiden ertoe dat slechts het *oorspronkelijk geïnvesteerde eigen vermogen (gemeten in euro's)* wordt gehandhaafd.

Nominalistische winst

Volgens de nominalistische methoden is de winst gelijk aan het eigen vermogen (in euro's gemeten) aan het einde van de periode, verminderd met het eigen vermogen (in euro's gemeten) aan het begin van de periode.
Deze wijze van winstberekening staat bekend als *winstberekening door vermogensvergelijking*. Als in een periode geen geld aan de onderneming

onttrokken of erin gestort is, komt het verschil in eigen vermogen overeen met het perioderesultaat.

Substantialistische resultaatbepalingsmethoden

In tijden van voortdurende prijsstijgingen zal de waarde van een – in hoeveelheid gelijkblijvende – voorraad steeds toenemen als de voorraden worden gewaardeerd tegen *actuele waarden*. De vervangingswaarde (de prijs die betaald moet worden als de voorraden op dit moment ingekocht zouden worden) is een voorbeeld van een actuele waarde. In tijden van prijsstijgingen zal waardering tegen de actuele waarde leiden tot een hogere waarde van de voorraden. Deze waardestijging van de voorraden komt in het eigen vermogen terecht. Hierdoor neemt het eigen vermogen aan het einde van de periode toe ten opzichte van het eigen vermogen aan het begin van de periode. De vermogensstijging die hierdoor ontstaat, is echter niet uitkeerbaar, omdat *in goederen gemeten* de voorraad niet is toegenomen.

Vervangingswaarde

Met name in tijden van continue en omvangrijke prijsstijgingen is veel aandacht besteed aan de wijze waarop de bedrijfsresultaten moeten worden berekend. De wijze waarop rekening moet worden gehouden met de waardestijging van de activa staat daarbij centraal.

Substantialisme

De substantialistische resultaatbepalingsmethoden stellen zich niet ten doel een bepaalde hoeveelheid geld (eigen vermogen) maar *een bepaalde hoeveelheid goederen* (de hoeveelheid goederen waarmee de onderneming is gestart) te handhaven.

Bij deze methoden wordt de prijsstijging van de (normale) voorraden activa buiten de winst gehouden. De wijze waarop dit gerealiseerd wordt, verschilt per methode.

13.1.2 Wettelijke voorschriften voor de waardering en resultaatbepaling

In de wet is voor de diverse activa de wijze van waardering voorgeschreven. Ook methoden voor de bepaling van het resultaat over het verslagjaar worden erin aangegeven. Van deze voorschriften moet echter worden afgeweken, als dat voor een verbetering van het inzicht in het vermogen en het resultaat van de onderneming noodzakelijk is.

De wet vermeldt dat als grondslag voor de waardering en resultaatbepaling de aanschaffings- of vervaardigingsprijs in aanmerking komen. (De vervaardigingsprijs bestaat uit de kosten die de onderneming heeft gemaakt bij het zelf vervaardigen van de activa.) Materiële en financiële *vaste activa en voorraden* mogen ook tegen hun actuele waarde worden gewaardeerd.

In de Richtlijnen voor de Jaarverslaggeving (RJ) blijkt een voorkeur voor de toepassing van de actuele waarde bij de waardering van financiële *vaste activa en voorraden*. Met name in perioden met grote prijsstijgingen geven de historische kosten een onjuist beeld van het bedrijfsresultaat en van het vermogen.

Actuele waarde

Onder de actuele waarde kan worden verstaan de vervangingswaarde, de directe opbrengstwaarde of de bedrijfswaarde. Als de onderneming kiest voor de *actuele waarde* (bij de waardering van *vaste activa en voorraden*), dan *moet* het volgende gebeuren:

Vervangingswaarde
- De vervangingswaarde moet worden gebruikt als de activa na verkoop of verbruik weer vervangen zullen worden. Vooral in situaties van economische vervanging is het moeilijk de vervangingswaarde van een productiemiddel nauwkeurig (en objectief) vast te stellen. In dat geval mag worden gewerkt met schattingen, waarbij een beroep kan worden gedaan op de deskundigheid van experts of leveranciers. Ook kan gebruik worden gemaakt van prijsindexcijfers om de vervangingswaarde te schatten.

Directe opbrengstwaarde
- De directe opbrengstwaarde moet worden gebruikt als activa opbrengsten kunnen opleveren zonder dat deze activa in de bedrijfsuitoefening worden gebruikt of verbruikt. Onder de directe opbrengstwaarde wordt het bedrag verstaan waarvoor de activa, onder aftrek van kosten, verkocht kunnen worden.

Bedrijfswaarde
- De bedrijfswaarde moet worden gebruikt als de bedrijfsactiviteiten op korte termijn worden voortgezet, maar de betreffende activa op lange termijn niet zullen worden vervangen. De bedrijfswaarde is de waarde die de activa op het moment van waarderen voor de onderneming hebben (indirecte opbrengstwaarde).

Binnen één jaarrekening kunnen voor verschillende soorten activa verschillende waarderingsmethoden worden toegepast. In de toelichting dienen de grondslagen van balanswaardering en resultaatbepaling uiteengezet te worden. Ook moet bij toepassing van de actuele waarde de invloed op het vermogen en het resultaat ten opzichte van de historische kosten in de toelichting worden getoond.

In het buitenland, maar ook in Nederland, vindt de waardering meestal plaats op basis van historische kosten (verkrijgings- of vervaardigingsprijs). Het voordeel van waardering op basis van historische kosten is dat de benodigde gegevens (objectief) uit de administratie zijn af te leiden. Bij toepassing van actuele waarde moet men veelal met (subjectieve) schattingen werken.

13.1.3 Waarderings- en resultaatbepalingsmethoden

In deze subparagraaf bespreken we een aantal methoden om *voorraden* te waarderen, die door de wet zijn toegestaan en regelmatig worden toegepast. We bespreken hier alleen methoden die uitgaan van de historische verkrijgingsprijs (historische inkoopprijs of historische vervaardigingsprijs). Het is niet noodzakelijk dat voor elk individueel element in de voorraad de historische verkrijgingsprijs wordt bepaald. Voorraadwaardering van gelijksoortige bestanddelen mag geschieden op basis van gewogen gemiddelde prijzen en regels als *fifo* (first in first out) en *lifo* (last in first out).

Na een korte beschrijving van deze methoden volgt in subparagraaf 13.1.4 een cijfervoorbeeld, op basis waarvan de verschillende methoden worden doorgerekend.

De Raad voor de Jaarverslaggeving (RJ) spreekt zijn voorkeur uit voor waardering op basis van fifo of de methode waarbij de gemiddelde prijzen worden gebruikt en stelt dat lifo slechts mag worden gebruikt als in de toelichting aanvullende informatie wordt verstrekt. Wij zullen ons daarom beperken tot een bespreking van fifo, lifo en gemiddelde prijzen. Ook gaan we nog kort in op de begrippen technische en economische voorraad.

Fifo

Fifo-methode
De fifo-methode behoort tot de *nominalistische resultaatbepalingsmethoden*. Bij de fifo-methode worden de historisch betaalde inkoopprijzen als kosten beschouwd. Bij deze methode doet men (om het resultaat op een transactie vast te stellen) alsof de goederen die het eerst worden ontvangen ook het eerst worden verkocht ('*first in, first out*'). Met nadruk wijzen we erop dat fifo alleen betrekking heeft op de *administratieve volgorde* in verband met het bepalen van het resultaat en niet op de werkelijke volgorde waarin de goederen het magazijn verlaten.

Minimumwaarderingsregel

De fifo-methode kan worden aangevuld met de minimumwaarderingsregel. Bij toepassing van deze regel worden de voorraden (op het balansmoment) gewaardeerd tegen de laagste van:
- de historische inkoopprijs (uitgaande van de fifo-volgorde);
- de vervangingswaarde;
- de opbrengstwaarde.

Het is gebruikelijk de minimumwaarderingsregel per schijf van aankoop (per ingekochte partij) toe te passen. De minimumwaarderingsregel is een toepassing van het voorzichtigheidsbeginsel. Dit beginsel lichten we in hoofdstuk 14 toe.

Lifo-methode

Lifo

Ook lifo gaat uit van historisch betaalde inkoopprijzen. Bij deze methode *doet men* (om het resultaat op een transactie vast te stellen) *alsof* de goederen die het laatst worden ontvangen het eerst worden verkocht ('*last in, first out*'). Ook lifo heeft alleen betrekking op de *administratieve volgorde* in verband met het bepalen van het resultaat, en niet op de werkelijke volgorde waarin de goederen het magazijn verlaten. Deze methode leidt ertoe dat de voorraden worden gewaardeerd tegen relatief oude, lage inkoopprijzen. Een deel van de waardestijging van de voorraden komt niet tot uitdrukking in de voorraadwaardering en kan daardoor ook niet in de winst terechtkomen. Deze methode rekenen we daarom tot de substantialistische resultaatbepalingsmethoden.

Tussenvraag 13.1
Kan lifo ook worden toegepast bij goederen die aan bederf onderhevig zijn?
Motiveer het antwoord.

De gemiddelde inkoopprijs
Bij de methode van de gemiddelde inkoopprijs berekenen we de kostprijs van de verkochte eenheden door na iedere inkoop de gemiddelde inkoopprijs van de dan aanwezige goederen te berekenen. Deze gemiddelde inkoopprijs is de kostprijs die voor de eerstvolgende verkoop gehanteerd wordt. Deze methode houdt het midden tussen nominalisme en substantialisme.

Technische en economische voorraad

Technische voorraad
Economische voorraad

In hoofdstuk 4 (paragraaf 4.5) hebben we onderscheid gemaakt tussen economische en technische voorraden. De technische voorraad is de werkelijk aanwezige voorraad. De economische voorraad is de technische voorraad vermeerderd met de bestelde maar nog niet ontvangen goederen, en verminderd met de verkochte maar nog niet afgeleverde goederen.

Voor de externe verslaggeving is het gebruikelijk op de balans de *technische voorraden* te vermelden.

Voorraadwaardering bij bouwbedrijf Heijmans NV

	31 december 2014	31 december 2013
	(bedragen × €1.000)	
Strategische grondposities	182.936	211.622
Woningen in voorbereiding en in aanbouw	81.555	86.047
Voorraad grond- en hulpstoffen	17.379	16.105
Voorraad gereed product	6.425	10.858
Totaal	288.295	324.6322

Strategische grondposities
Strategische grondposities worden gewaardeerd tegen kostprijs of lagere netto realiseerbare waarde. De netto realiseerbare waarde van deze posities kan zijn de directe opbrengstwaarde of de indirecte opbrengstwaarde. De netto realiseerbare waarde is gebaseerd op de verwachte wijze en tijdslijnen van realisatie, en is derhalve in de meeste gevallen gebaseerd op een indirecte opbrengstwaarde-methodiek. De indirecte opbrengstwaarde is de geschatte opbrengst in het kader van de normale bedrijfsvoering minus de geschatte kosten van voltooiing en verkoop, waarbij de verwachte kasstromen veelal contant worden gemaakt tegen een disconteringsvoet van 6%, tenzij in een samenwerking als gevolg van gunstige financieringsafspraken een ander percentage is afgesproken. Bij het bepalen van de disconteringsvoet wordt rekening gehouden met de verwachte vermogensstructuur, operationele risico's en Heijmans- of projectspecifieke omstandigheden.
Bij de bepaling van de indirecte opbrengstwaarde wordt gebruikgemaakt van beoordelingen en schattingen. Hierbij worden onzekerheden die betrekking hebben op strategische grondposities, zoals demografische ontwikkelingen, ligging, invulling en uitwerking van ontwikkelplannen en bestuurlijke besluitvorming, zoveel mogelijk locatiespecifiek, meegenomen. Dit resulteert per locatie in een verwachte ontwikkeling van de grond- en woningprijzen en overige variabelen, die uiteindelijk bepalend zijn voor de indirecte opbrengstwaarde. De Groep voert twee keer per jaar een interne integrale beoordeling van de waardering van de grondposities uit.

Bron: *Jaarverslag Heijmans NV 2014*

Opmerking
Bij de resultaatbepalingsmethoden speelt de wijze waarop de voorraden worden gewaardeerd een belangrijke rol. De hoogte van de voorraadwaardering is direct van invloed op de hoogte van het eigen vermogen. Een hogere voorraadwaardering leidt tot een hoger eigen vermogen. Bij de substantialistische resultaatbepalingsmethoden zoals lifo wordt (een gedeelte van) de waardestijging van de voorraden buiten de winst gehouden.

13.1.4 Voorbeeld waarderings- en resultaatbepalingsmethoden

Onderneming Wimbledon bv handelt in slechts één soort tennisracket, Smash genaamd. De beginbalans van Wimbledon bv is:

Beginbalans van Wimbledon bv per 1 januari 2016 (bedragen in euro's)			
Voorraad goederen	40.000	Eigen vermogen	30.000
		Vreemd vermogen	10.000
	40.000		40.000

De inkoopprijs van één racket bedraagt op 1 januari 2016 €40. De voorraad tennisrackets (1.000 stuks) is tegen deze prijs ingekocht. De totale waarde van de activa in aantal rackets gemeten (substantie) is 1.000.
Bij het doorrekenen van de diverse resultaatbepalingsmethoden laten we de btw buiten beschouwing (alle genoemde geldsbedragen zijn exclusief btw).

Met betrekking tot de eerste twee maanden van 2016 is de volgende informatie beschikbaar. (Om de verschillen tussen de diverse resultaatbepalingsmethoden te illustreren en de berekeningen eenvoudig te houden, zijn we uitgegaan van extreme prijsveranderingen.)

Inkopen/verkopen in januari 2016:

3-1 inkoop   200 stuks à €41
8-1 verkoop   500 stuks à €50
11-1 inkoop   600 stuks à €44
15-1 verkoop   200 stuks à €56
20-1 verkoop   400 stuks à €58

Inkopen/verkopen in februari 2016:

1-2 inkoop   800 stuks à €54
7-2 verkoop   500 stuks à €60
12-2 inkoop   400 stuks à €55
24-2 verkoop   300 stuks à €65

Verkoopprijs op 29 februari 2016 is €70

De ingekochte goederen zijn reeds ontvangen en de verkochte goederen zijn afgeleverd. Er is dus alleen sprake van een technische voorraad.

Gevraagd:
Bereken de winst of het verlies over de maanden januari en februari 2016 volgens:
1 fifo
2 lifo
3 de gemiddelde inkoopprijs.

Opmerkingen
1 Bij de resultaatberekeningen houden we geen rekening met afschrijvings- en interestkosten. Deze kosten moeten nog op de berekende resultaten in mindering worden gebracht om het bedrijfsresultaat te berekenen.
2 Alle in- en verkopen worden contant afgerekend.

3 De geldontvangsten ten gevolge van de verkopen en de gelduitgaven in verband met de inkopen zijn voor alle methoden gelijk. Het verloop van de liquide middelen is hierna weergegeven.

Uitwerking
Berekening kas:
Beginsaldo per 1 januari 2016: € 0
Geldontvangsten januari:
500 × €50   € 25.000
200 × €56   € 11.200
400 × €58   € 23.200
                                      € 59.400 +

Gelduitgaven januari:
200 × €41   € 8.200
600 × €44   € 26.400
                                      € 34.600 −

Toename kas in januari   € 24.800
                                                                          +
Beginsaldo per 1 februari 2016:   € 24.800
Geldontvangsten februari:
500 × €60   € 30.000
300 × €65   € 19.500
                                      € 49.500 +

Gelduitgaven februari:
800 × €54   € 43.200
400 × €55   € 22.000
                                      € 65.200 −

Afname kas in februari   € 15.700 −

Saldo kas per 29 februari 2016   € 9.100

1 Fifo-methode

Fifo-methode

Bij de fifo-methode doen we alsof de goederen die het eerst zijn gekocht, ook het eerst worden verkocht. De fifo-methode berekent per transactie een resultaat. De som van de transactieresultaten is het perioderesultaat.

Transactieresultaten januari:
8 jan. 500 × (€50 − €40) =   € 5.000
15 jan. 200 × (€56 − €40) =   € 3.200
20 jan. 400 ┬─ 300 × (€58 − €40) = € 5.400
             └─ 100 × (€58 − €41) = € 1.700
                                               +
                                         € 7.100
                                                                +
Periodewinst januari   (Transporteren)   € 15.300

(Transport) € 15.300
Transactieresultaten februari:

7 febr. 500 ┬ 100 × (€60 − €41) = € 1.900
            └ 400 × (€60 − €44) = € 6.400
                                  ─────── +
                                  € 8.300

24 febr. 300 ┬ 200 × (€65 − €44) = € 4.200
             └ 100 × (€65 − €54) = € 1.100
                                   ─────── +
                                   € 5.300
                                   ─────── +
Periodewinst februari   € 13.600
                                   ─────── +
Totale winst fifo   € 28.900

De eindvoorraad op 29 februari 2016 is 1.100 rackets. Bij deze methode waarderen we de voorraad tegen de laatste inkoopprijzen:
400 × €55 = €22.000 (laatste inkoopprijs, bij fifo beginnen we achter-
                     aan met waarderen)
700 × €54 = €37.800 (voorlaatste inkoopprijs)
─────────
€59.800

Balans Wimbledon bv per 29 februari 2016 (bedragen in euro's)

Voorraad goederen	59.800	Eigen vermogen (begin)	30.000
Kas	9.100	Winst januari + februari	28.900
		Vreemd vermogen	10.000
	68.900		68.900

De winst is in principe het bedrag dat kan worden uitgekeerd zonder dat het voortbestaan van de onderneming daardoor in gevaar komt. Ook Wimbledon bv wil de winst over januari en februari volledig uitkeren. Daarvoor zal *in dit voorbeeld* eerst een gedeelte van de voorraden moeten worden afgestoten. Omdat slechts €9.100 in kas is, zal uit de voorraad €28.900 − €9.100 = €19.800 beschikbaar moeten komen. *We veronderstellen nu* dat eind februari een gedeelte van de laatste inkoop wordt teruggezonden om kasmiddelen beschikbaar te krijgen. In dit geval moeten er €19.800 : €55 = 360 rackets retourgezonden worden. Hierna bedraagt de hoeveelheid rackets 1.100 − 360 = 740. Na deze transacties en na winstuitkering geeft de balans het volgende beeld te zien:

Balans Wimbledon bv per 29 februari 2016 (na winstuitkering) op fifo-basis (bedragen in euro's)

Voorraad goederen (740 rackets) (€59.800 − €19.800) =	40.000	Eigen vermogen (eind)	30.000
Kas (€9.100 + €19.800 − €28.900) =	0	Vreemd vermogen	10.000
	40.000		40.000

Na de winstuitkering blijkt de waarde van de onderneming (in euro's gemeten) gelijk te zijn gebleven (nominalisme). In goederen gemeten is er echter een achteruitgang van 1.000 naar 740 rackets. Volgens het substantialisme is de winst te hoog vastgesteld. Hierdoor wordt de onderneming in haar oorspronkelijke omvang aangetast. De fifo-methode berekent in tijden van prijsstijgingen blijkbaar een winstbedrag dat te hoog is.

2 Lifo-methode

Lifo-methode

Bij de lifo-methode doet men alsof de goederen die het laatst zijn gekocht, het eerst worden verkocht.
De lifo-methode berekent per transactie een resultaat. De som van de transactieresultaten is het perioderesultaat.

Transactieresultaten januari:

8 jan. 500 ┬ 200 × (€50 − €41) = € 1.800
           └ 300 × (€50 − €40) = € 3.000
                                 ─────── +
                                 € 4.800
15 jan. 200 × (€56 − €44) =   € 2.400
20 jan. 400 × (€58 − €44) =   € 5.600
                                 ─────── +

Periodewinst januari   € 12.800

Transactieresultaten februari:
7 febr. 500 × (€60 − €54) =   € 3.000
24 febr. 300 × (€65 − €55) =   € 3.000
                                 ─────── +

Periodewinst februari   € 6.000
                                                    ─────── +
Totale winst lifo   € 18.800
                                                    ═══════

Tabel 13.1 **Overzicht voorraadmutaties bij lifo**

	Beginvoorraad 1.000 à €40	Inkoop 3 jan. 200 à €41	Inkoop 11 jan. 600 à €44	Inkoop 1 febr. 800 à €54	Inkoop 12 febr. 400 à €55
Verkopen:					
8 jan.	− 300	− 200			
15 jan.			− 200		
20 jan.			− 400		
7 febr.				− 500	
24 febr.					− 300
Eindvoorraad	700	0	0	300	100

Waarde voorraad rackets per 29 februari 2016:

700 × €40 = € 28.000
300 × €54 = € 16.200
100 × €55 = € 5.500
             ────────
             € 49.700

Balans Wimbledon bv per 29 februari 2016 (bedragen in euro's)

Voorraad goederen	49.700	Eigen vermogen (begin)	30.000
Kas	9.100	Winst januari + februari	18.800
		Vreemd vermogen	10.000
	58.800		58.800

In tijden van prijsstijging is de winst volgens de lifo-methode in het algemeen lager dan bij fifo. De lifo-methode gaat bij de vaststelling van de inkoopprijs uit van recente prijzen. In tijden van prijsstijging zijn dat hogere inkoopprijzen. Dit gaat alleen op als er regelmatig en veelvuldig wordt ingekocht. In dat geval blijft bij lifo de oorspronkelijke voorraad gewaardeerd tegen de lage inkoopprijs. Lifo geeft dan een lagere voorraadwaardering en een lagere winst dan fifo.

Als bij lifo echter niet tijdig wordt ingekocht, zal de winst (in tijden van inflatie) hoger uitvallen dan de winst volgens fifo. Door het niet tijdig inkopen worden de oude (lage) inkoopprijzen als kostprijs in de winstberekening opgenomen. Om deze situatie te illustreren veronderstellen we als aanvulling op de basisgegevens dat in de maand maart 2016 slechts één transactie plaatsvindt. Op 18 maart worden 800 rackets verkocht voor €70. De resultaatbepaling over maart 2016 is dan als volgt:

Fifo
Opbrengst verkopen: 800 × €70 =   € 56.000
Kostprijs verkopen
18 maart 800 ┬ 700 × €54 (inkoop 1-2) =   € 37.800
             └ 100 × €55 (inkoop 12-2) =   € 5.500
                                           ─────── +
                                           € 43.300 −

Winst fifo   € 12.700

Lifo
Opbrengst verkopen: 800 × €70 =   € 56.000
Kostprijs verkopen
18 maart 800 ┬ 100 × €55 (inkoop 12-2) =   € 5.500
             ├ 300 × €54 (inkoop 1-2) =   € 16.200
             └ 400 × €40 (inkoop 1-1) =   € 16.000
                                           ─────── +
                                           € 37.700 −

Winst lifo   € 18.300

Omdat niet tijdig is ingekocht, wordt bij lifo onder andere de inkoopprijs van 1 januari 2016 als inkoopprijs van de verkopen in maart 2016 genomen. Hierdoor heeft lifo in maart een hogere winst dan fifo.

Bij de fifo- en lifo-methode moet men per transactie vaststellen uit welke inkopen de verkochte hoeveelheden afkomstig zijn. Dit heeft omvangrijke administratieve werkzaamheden tot gevolg, die echter met behulp van een computer eenvoudig zijn uit te voeren.

3 Gemiddelde inkoopprijs (Gip)

Gemiddelde inkoopprijs

Een van de bezwaren van het fifo- en lifo-stelsel is dat dezelfde goederen op hetzelfde moment tegen *verschillende prijzen* worden gewaardeerd. Dit bezwaar kunnen we wegnemen door na iedere inkoop een nieuwe gemiddelde inkoopprijs te berekenen.

Voorraad(mutaties) gedurende de maand januari 2016

```
1-1 Voorraad   1.000 × €40       = € 40.000
3-1 Inkoop       200 × €41       = €  8.200
                                            +
               1.200 × €40,166 = € 48.200  ⎤
                                            ⎬ + €4 afrondingsverschil
               1.200 × €40,17  = € 48.204  ⎦
8-1 Verkoop      500 × €40,17   = € 20.085
                                            −
                 700 × €40,17   = € 28.119
11-1 Inkoop      600 × €44      = € 26.400
                                            +
               1.300 × €41,938 = € 54.519  ⎤
                                            ⎬ + €3 afrondingsverschil
               1.300 × €41,94  = € 54.522  ⎦
15-1 Verkoop     200 × €41,94   = €  8.388  −
20-1 Verkoop     400 × €41,94   = € 16.776  −

Eindvoorraad     700 × €41,94   = € 29.358
```

Transactieresultaten in januari:

```
8-1    500 × (€50 − €40,17)   = €  4.915
15-1   200 × (€56 − €41,94)   = €  2.812
20-1   400 × (€58 − €41,94)   = €  6.424
                                          +
Totale transactiewinst januari   €14.151
```

Voorraad(mutaties) gedurende de maand februari 2016:

```
1-2 Voorraad   700 × €41,94   = € 29.358
1-2 Inkoop     800 × €54      = € 43.200
                                          +
               1.500 × €48,372 = € 72.558 ⎤
                                           ⎬ − €3 afrondingsverschil
               1.500 × €48,37  = € 72.555 ⎦
7-2 Verkoop      500 × €48,37  = € 24.185
                                          −
               1.000 × €48,37  = € 48.370
12-2 Inkoop      400 × €55     = € 22.000
                                          +
               1.400 × €50,264 = € 70.370 ⎤
                                           ⎬ − €6 afrondingsverschil
               1.400 × €50,26  = € 70.364 ⎦
24-2 Verkoop     300 × €50,26  = € 15.078
                                          −
Eindvoorraad   1.100 × €50,26  = € 55.286
```

Transactieresultaten in februari:

7-2 500 × (€60 − €48,37) = € 5.815
24-2 300 × (€65 − €50,26) = € 4.422
                                        +
Totale transactiewinst februari €10.237

Transactiewinsten Gip €14.151 + €10.237 = € 24.388
Afrondingsverschillen €4 + €3 − €3 − €6 = €   2 −

Totale winst Gip   € 24.386

Balans Wimbledon bv per 29 februari 2016 (Gemiddelde inkoopprijs) (bedragen in euro's)

Voorraad goederen	55.286	Eigen vermogen (begin)	30.000
Kas	9.100	Winst januari + februari	24.386
		Vreemd vermogen	10.000
	64.386		64.386

De kostprijs van de verkopen op basis van de gemiddelde inkoopprijs is een gemiddelde van oude (fifo-) en recente (lifo-)prijzen. Dit leidt ertoe dat de resultaten die op basis van mengprijzen zijn berekend, in het algemeen tussen de resultaten van fifo en de resultaten van lifo liggen.

Tabel 13.2 Vergelijking resultaten fifo, gemiddelde prijs en lifo (bedragen in euro's)

Maand	Fifo	Gemiddelde inkoopprijs	Lifo
Januari	15.300	14.158	12.800
Februari	13.600	10.228	6.000

Het nadeel van de gemiddelde inkoopprijs is dat we na iedere inkoop een nieuwe gemiddelde inkoopprijs moeten berekenen (hoewel dat met behulp van de computer minder tijdrovend is). Bovendien komt bij deze methode toch een groot gedeelte van de prijsstijging in de winst terecht.

IFRS

Vanaf 1 januari 2005 moeten de jaarrekeningen van Europese beursgenoteerde ondernemingen voldoen aan IFRS (International Financial Reporting Standards), zie hoofdstuk 14.
Ten aanzien van de voorraden merken we op dat IFRS geen waardering op basis van lifo toestaat. IFRS streeft ernaar de waardering van de activa zo goed mogelijk te laten aansluiten bij de economische waarde *op het moment van waarderen* (actuele waarde). Bij lifo is daar geen sprake van, omdat lifo de voorraad waardeert tegen prijzen uit het (verre) *verleden*.
Ook is de lifo-volgorde geen juiste weergave van de goederenstromen zoals die in werkelijkheid in de organisatie plaatsvinden. Dit is een ander argument waarom IFRS de lifo-methode niet toestaat.
Op grond van het voorzichtigheidsbeginsel is het gebruikelijk dat naast de resultaatbepalingsmethoden (een variant van) de minimumwaarde-

ringsregel wordt toegepast. Toepassing van deze regel kan tot een lagere waardering van de voorraden leiden dan de waardering volgens de gekozen resultaatbepalingsmethode. Is dat het geval, dan wordt de lagere waardering op de balans opgenomen. De waardevermindering wordt in dat geval ten laste van het resultaat gebracht.

Tussenvraag 13.2
Bestaat er in tijden van voortdurende *prijsdalingen* ook het gevaar dat de winst te hoog wordt vastgesteld, zoals het geval is in tijden van voortdurende prijsstijgingen?

Sterke daling afzetprijzen Nederlandse industrie door lage olieprijs

Amsterdam • De fors gedaalde olieprijs vertaalt zich in een stevige daling van de afzetprijzen van de Nederlandse industrie. Deze waren in december 2014 8,0% lager dan in december 2013. In november waren de prijzen 3,7% lager dan een jaar eerder. Een daling van 8% is uitzonderlijk groot en is een signaal dat ook de consumptieprijzen verder onder druk kunnen komen. Het cijfer is vrijdag door het Centraal Bureau voor de Statistiek gepubliceerd.
Het verloop van de afzetprijzen van de industrie hangt sterk samen met de ontwikkeling van de olieprijs, aldus het CBS. Exclusief de aardolie-industrie komt de prijsdaling in de industrie uit op 3,5%. In 2014 lagen de afzetprijzen van de industrie gemiddeld 2,2% lager dan in 2013.

Net als in de voorafgaande maanden daalde in december de olieprijs. North Sea Brent-olie kostte €51 per vat, ruim 36% minder dan in december 2013. In november was de prijsdaling op jaarbasis 20%. Producten van de aardolie-industrie waren in december ruim 31% goedkoper dan in december 2013. Een maand eerder was de prijsdaling ruim 14%. Het prijsverloop in deze sector wordt uiteraard sterk beïnvloed door de prijsontwikkeling van ruwe aardolie. De prijzen van de producten van de chemische industrie waren ruim 9% lager dan een jaar eerder. Producten van de voedings- en genotmiddelenindustrie waren 4% goedkoper dan een jaar eerder. Ook de prijzen van de machine-industrie waren iets lager. ∎

Bron: *Het Financieele Dagblad*, 31 januari 2015

Toelichting
In tijden van prijsdaling bestaat niet het gevaar dat ondernemingen het resultaat te hoog vaststellen en te veel winst uitkeren.

13.1.5 Vervangingswaarde en materiële vaste activa

Vervangingswaarde

De wet staat toe dat materiële vaste activa worden gewaardeerd tegen de actuele waarde. We nemen aan dat als actuele waarde de vervangingswaarde wordt gebruikt. De vervangingswaarde is het bedrag dat bij de huidige prijzen nodig zou zijn om het goed te vervangen door een goed dat voor de bedrijfsuitoefening in economisch opzicht eenzelfde betekenis heeft. Duurzame productiemiddelen, zoals machines, behoren tot de materiële vaste activa. In hoofdstuk 4 (paragraaf 4.7) zijn de kosten van duurzame productiemiddelen (dpm) reeds besproken. Een dpm is daarbij voorgesteld als een voorraad werkeenheden. Door gebruik van het dpm neemt het aantal resterende werkeenheden en daarmee de waarde van het dpm af. De hoogte van de afschrijvingskosten moet zodanig worden vastgesteld dat deze overeenkomt met de waardedaling van het dpm.

Een probleem doet zich echter voor als de prijzen van het dpm stijgen én het dpm op basis van de historische aanschafwaarde is afgeschreven. In die situatie zal aan het einde van de economische levensduur de restwaarde, vermeerderd met de afschrijvingsbedragen, onvoldoende zijn om een nieuw dpm aan te schaffen. Achteraf blijkt er dan te weinig afgeschreven te zijn. Dit probleem kunnen we voorkomen door bij de waardering en bij het bepalen van de afschrijvingskosten uit te gaan van de vervangingswaarde. Vanaf het moment waarop een prijsstijging optreedt, wordt op basis van deze nieuwe prijs (vervangingswaarde) afgeschreven. Over de reeds verstreken jaren is achteraf gezien te weinig afgeschreven. Over deze jaren wordt een inhaalafschrijving verricht.

Inhaalafschrijving

■ Voorbeeld 13.1

De directeur van technisch installatiebureau Holland Techniek bv heeft precies twee jaar geleden een Jaguar XJ6 Portfolio gekocht voor €120.000. Hij verwacht dat deze auto van de zaak vier jaar in gebruik zal blijven en dan voor €40.000 kan worden ingeruild voor een gelijkwaardige auto. Op de auto schrijft Holland Techniek bv met gelijke bedragen per jaar af.
Nadat op de auto over de eerste drie jaren is afgeschreven, blijkt de aanschafwaarde van een nieuwe Jaguar XJ6 Portfolio met 10% gestegen te zijn. Er treden geen verdere prijsstijgingen op. We veronderstellen dat de restwaarde aan het einde van het derde jaar ook met 10% stijgt.
1   Welk bedrag is aan het einde van het vierde jaar beschikbaar als op basis van de historische aanschafwaarde wordt afgeschreven?
2   Welke bedragen moeten worden afgeschreven als de waardering en de afschrijvingen plaatsvinden op basis van de vervangingswaarde?

Uitwerking
1   De jaarlijkse afschrijvingen bedragen:

$$\frac{€120.000 - €40.000}{4} = €20.000$$

Aan het einde van de economische levensduur is beschikbaar:

Totaal afschrijvingen (4 × €20.000)   € 80.000
Restwaarde (€40.000 + 10%)   € 44.000 +
                                        €124.000

Aan het einde van het vierde jaar kost deze auto echter €132.000, zodat €8.000 te weinig beschikbaar is voor de vervanging van de auto.

2   Als op de auto op basis van de vervangingswaarde wordt afgeschreven, wordt over de eerste drie jaren in eerste instantie ook €20.000 per jaar afgeschreven. Op het moment waarop de prijsstijging bekend wordt, wordt *over de reeds verstreken jaren een inhaalafschrijving* verricht.

Achteraf gezien had per jaar moeten worden afgeschreven:

$$\frac{€132.000 - €44.000}{4} = €22.000$$

Over de eerste drie jaren moet daarom een inhaalafschrijving van 3 × €2.000 = €6.000 worden verricht.

Aan het einde van de economische levensduur is beschikbaar:

Afschrijvingen eerste drie jaren: 3 × €20.000 =	€ 60.000
Inhaalafschrijvingen over eerste drie jaren: 3 × €2.000 =	€ 6.000
Afschrijving in het vierde jaar	€ 22.000
Restwaarde (€40.000 + 10%)	€ 44.000
Totaal	€132.000

Aan het eindresultaat heeft Holland Techniek bv precies voldoende om een nieuwe Jaguar XJ Portfolio te kunnen kopen.

Opmerking
Bij toepassing van de vervangingswaardemethode wordt een inhaalafschrijving van €6.000 verricht én wordt over het vierde jaar €2.000 meer afgeschreven dan bij toepassing van de historische kosten. Hierdoor zal de winst op basis van vervangingswaarde €8.000 lager uitkomen. Dit is precies het bedrag dat nodig is om de gevolgen van de prijsstijging van de auto op te vangen (€12.000 hogere aanschafwaarde – €4.000 hoger inruilwaarde).

13.1.6 Verband tussen winst en mutatie kas

Als alle transacties contant worden afgewikkeld en er geen voorraadmutaties optreden, is de toename van de voorraad kasmiddelen gelijk aan de gerealiseerde winst. Een deel van deze kasmiddelen kan echter gebruikt zijn voor investeringen. In subparagraaf 13.1.4 zijn de voorraden toegenomen ten koste van de kasmiddelen (zie ook tabel 13.3). Bij het vaststellen van het verband tussen de winst en de mutatie in kasmiddelen moeten we met deze investeringen in voorraden rekening houden.

Tussenvraag 13.3
Er blijkt een verband te bestaan tussen de mutatie in de kasmiddelen, de voorraadmutatie en de omvang van het resultaat. Voor alle methoden geldt dat de kasmiddelen toenemen met €9.100. De methoden leiden echter tot verschillende resultaten.
Licht op grond van tabel 13.3 toe wat bedoeld wordt met de uitspraak 'cash is a fact, profit an opinion'.

Tabel 13.3 Resultaat bij verschillende winstbepalingsmethoden (bedragen in euro's)

	Fifo	Lifo	Gemiddelde inkoopprijs
Toename kas	9.100	9.100	9.100
Toename voorraden	19.800	9.700	15.286
Winst	28.900	18.800	24.386

13.1.7 Vergelijking van de resultaatbepalingsmethoden voor de praktijk

De resultaatbepalingsmethoden hebben we onderverdeeld in *nominalistische* en *substantialistische* methoden, waarbij we de fifo-methode en de gemiddelde inkoopwaarde tot de nominalistische methoden rekenen. Ook gaan we hierna nog in op winstberekening op basis van de vervangingswaarde en op de relatie tussen resultaat en de beoordeling van managers.

De nominalistische methoden

De nominalistische methoden hebben als nadeel dat prijsstijgingen in de voorraadwaardering en daardoor in de winst terechtkomen. Als deze te hoge winst wordt uitgekeerd, wordt de oorspronkelijke omvang van de onderneming aangetast. De berekende winst voldoet bij deze methoden niet aan de voorwaarde dat ze volledig uitkeerbaar is. Door de berekende winst niet volledig uit te keren, kan voorkomen worden dat de onderneming in haar oorspronkelijke omvang wordt aangetast.

De substantialistische methoden

De substantialistische methoden berekenen een winstbedrag dat in principe volledig uitkeerbaar is. Uitkering van deze winst tast de oorspronkelijke omvang van de onderneming niet aan. De lifo-methode is een voorbeeld van een substantialistische methode. Daarbij merken we echter op dat alleen een substantialistisch resultaat wordt berekend als er regelmatig in- en verkopen plaatsvinden. Alleen dan worden recente prijzen als kostprijs van de verkopen berekend en worden prijsstijgingen zo veel mogelijk buiten de winst gehouden.

Winstberekening op basis van de vervangingswaarde

IFRS

IFRS (zie hoofdstuk 14) verplicht ondernemingen waarvan de aandelen op de effectenbeurs staan genoteerd, de activa te waarderen tegen de actuele waarde. In bepaalde situaties kan de actuele waarde gelijk zijn aan de vervangingswaarde.

Resultaat en beoordeling van de managers

Het resultaat dat door een onderneming wordt behaald, is een belangrijke, zo niet de belangrijkste graadmeter bij het beoordelen van het gevoerde beleid. Het management wordt afgerekend op de behaalde resultaten. Het is dan ook niet verwonderlijk dat managers in ondernemingen bij het nemen van beslissingen na zullen gaan wat de (verwachte) gevolgen van hun beslissingen zijn voor het eindresultaat van de onderneming. Ze sturen op resultaat.

We hebben gezien dat het resultaat dat een onderneming behaalt ook afhankelijk is van de wijze waarop het resultaat wordt vastgesteld. In de ene situatie geeft fifo het hoogste resultaat, in een andere situatie komt lifo met het hoogste resultaat uit de bus. Managers zouden de neiging kunnen hebben in het ene geval methode X te kiezen en in de andere situatie methode Y. Het is dan ook niet verwonderlijk dat de wetgever wetten heeft opgesteld om de grenzen voor de resultaatbepaling en waardering aan te geven. Bovendien geven accountantsorganisaties allerlei richtlijnen voor het bepalen van het resultaat en de waardering van activa en passiva. Deze wetten en richtlijnen bespreken we in hoofdstuk 14.

13.2 Waardering van ondernemingen bij fusie en overname

Bij de waardering in geval van fusie en overname spelen vergelijkbare factoren een rol.

Fusie

We spreken van een fusie als de samenwerking tussen twee of meer bedrijven leidt tot een volledige samenvoeging van alle activiteiten. Na de fusie ontstaat in feite één onderneming. Een fusie is te beschouwen als de meest vergaande vorm van samenwerking tussen min of meer gelijkwaardige bedrijven. De gefuseerde ondernemingen profiteren in ongeveer gelijke mate van de voordelen van de fusie. Bekende voorbeelden van fusie zijn:
- het samengaan van Nationale Nederlanden (verzekeringen) met de Postbank in de Internationale Nederlanden Groep (ING);
- de samensmelting van de ABN-bank en de AMRO Bank in de ABN AMRO Bank;
- de fusie van de luchtvaartmaatschappijen Air France en KLM.

Overname

Als een grote onderneming een kleinere onderneming koopt, spreken we van een overname. In tegenstelling tot bij een fusie, is bij een overname geen sprake van gelijkwaardigheid. De overnemende partij beschouwt de overname vaak als een snelle manier om haar marktaandeel te vergroten of om technologische kennis te verwerven.

Aan een fusie of overname gaan in het algemeen langdurige gesprekken en onderhandelingen, tussen de bestuurders van de ondernemingen die samengaan, vooraf. Zowel bij een fusie als bij een overname speelt de waardering van de afzonderlijke ondernemingen een belangrijke rol. Daarnaast zal ook de verwachte waarde van de onderneming nadat de fusie of overname is voltooid een rol spelen bij het bepalen van de onderlinge ruilverhoudingen (bij fusie) of van de overnameprijs in geval van een bedrijfsovername. De redenen om tot fusie of overname te besluiten kunnen van financiële, juridische of organisatorische aard zijn of kunnen door de markt opgedrongen worden. Vooral nieuwe ontwikkelingen geven vaak een stimulans tot fusie en overname. Zo is het wegvallen van de (economische) grenzen binnen de Europese Unie voor veel bedrijven aanleiding geweest hun activiteiten samen te voegen. Er ontstond een grotere interne markt waarop het aantal concurrenten toenam. Bedrijven hebben hierin aanleiding gezien hun krachten te bundelen, waardoor grotere ondernemingen ontstonden, die in staat zijn zich op een grotere markt te handhaven. Het motto is vaak: overnemen of overgenomen worden.

In de bank- en verzekeringsbranche vinden al sinds jaar en dag fusies en overnames plaats. In het verleden waren de bank- en verzekeringsactiviteiten ondergebracht in afzonderlijke ondernemingen. De fusies tussen bank- en verzekeringsmaatschappijen spelen zich nu vooral op Europees en mondiaal niveau af. De globalisering van de financiële wereld is daar debet aan.

Synergie

Bij een fusie of overname kunnen synergie-effecten optreden. Daarmee bedoelen we dat de samenvoeging tot bepaalde voordelen leidt, waardoor de waarde van de nieuwe onderneming (na samenvoeging) meer bedraagt dan de som van de waarden van de afzonderlijke ondernemingen. De synergie-effecten kunnen bijvoorbeeld het gevolg zijn van het samenvoegen van productielocaties of van research & developmentafdelingen. Daardoor kunnen aanzienlijke besparingen worden gerealiseerd in de productiekosten (denk aan de lagere machinekosten en lagere loonkosten) en lagere kosten voor onderzoek naar en ontwikkeling van nieuwe producten.

Synergie wordt ook wel eens aangeduid als het '1 + 1 = 3'-effect of als een win-winsituatie. Deze benamingen brengen tot uitdrukking dat het totaal meer bedraagt dan de som van de afzonderlijke onderdelen.

Anti-kartelwetgeving

NMa

Fusies mogen er niet toe leiden dat er monopolieposities ontstaan. Bedrijven die willen fuseren zullen daarvoor toestemming moeten krijgen van de autoriteiten. In Nederland is dat de Nederlandse Mededingingsautoriteit (NMa) en in Europees verband is toestemming van de Europese Commissie (mededinging) vereist. Voor nadere informatie hierover zie: www.nmanet.nl en www.eu.nl.

Flinke stijging aantal fusiemeldingen

Van onze redacteur

Amsterdam • Het aantal fusies en overnames is in 2014 met 13% gestegen tot 387. Daarmee ligt het totaal aantal fusiemeldingen weer bijna op het niveau van 2012, toen het er 400 waren. Dat bracht maandag de Sociaal-Economische Raad (SER) naar buiten.

Het gaat om bij de SER aangemelde fusies. Het overgrote deel van de fusiemeldingen werd volgens de SER gedaan op initiatief van de fusiepartijen. Voor de overige fusiemeldingen deed de SER eerst navraag bij partijen. De stijging in 2014 ten opzichte van 2013 zit vooral in het derde kwartaal, met 99 fusiemeldingen. Ook in het laatste kwartaal van 2014 was er een stijging van het aantal fusiemeldingen, van 101 in 2013 naar 110.

De meeste fusies (37%) vonden plaats in de industrie. Daarvan kwam een kwart voor rekening van de metaalsector en automotive. In de dienstensector (32%) vonden de meeste fusies plaats in de automatisering, en waren er relatief veel fusies bij drukkerijen-uitgeverijen en in de media. In de handel (11%) ging het met name om fusies in de groothandel. De non-profitsector, 9%, kende de meeste fusies in de zorg, waaronder thuis- en zorginstellingen, ziekenhuizen en gezondheidsdiensten.

De SER meldt in een persbericht dat de 'SER-Fusiegedragsregels' zijn opgesteld om de belangen van werknemers bij fusies te beschermen. Organisaties van werkgevers en werknemers binnen de SER hebben zich verplicht tot naleving van die regels. Het is daarmee een vorm van zelfregulering. Volgens de regels moeten ondernemingen in het bedrijfsleven fusie- of overnameplannen tijdig melden aan de betrokken vakbonden en de SER. Op een zodanig moment dat de vakbonden nog invloed kunnen uitoefenen op het tot stand komen van de fusie en de uitvoering daarvan.

Met ingang van dit jaar kunnen fusiemeldingen ook digitaal ingediend worden via de site van de SER. ■

Bron: *Het Financieele Dagblad*, 13 januari 2015

Bij fusie en overname moet naast de waardering van de afzonderlijke ondernemingen ook een schatting worden gemaakt van de waarde van de totale onderneming, nadat de samenvoeging is gerealiseerd. Daarbij moeten we onder andere rekening houden met de voordelen van synergie, de reorganisatiekosten, voor- of nadelen die verband houden met het bestuur van de ondernemingen en de fiscale gevolgen.

Een belangrijk onderdeel in het proces van fusie en overname is de waardering van de verschillende ondernemingen zowel voordat de fusie of overname heeft plaatsgevonden als erna. De waarde van een onderneming kunnen we zowel op een boekhoudkundige als op een economische benadering baseren. Beide benaderingen bespreken we in deze paragraaf.

13.2.1 Boekhoudkundige benadering

Bij de boekhoudkundige benadering is de waarde van de activa gebaseerd op de prijs waarvoor de activa *in het verleden* zijn aangeschaft (historische uitgaafprijs), terwijl de schulden worden gewaardeerd tegen de nominale waarden. De boekwaarde van het eigen vermogen berekenen we door de boekwaarde van de activa te verminderen met de nominale waarde van de schulden. Nadat we hierna nader zijn ingegaan op de boekwaarde, gaan we uitgebreid in op de intrinsieke waarde.

Boekwaarde

Boekwaarde

De boekwaarde van de activa (die op de balans staat vermeld) kan als uitgangspunt worden genomen om de waarde van een onderneming vast te stellen. Het nadeel van het gebruik van boekwaarden is, dat zij gebaseerd zijn op gegevens uit het verleden. Het is echter de vraag of in het verleden betaalde bedragen bepalend zijn voor de waarde op dit moment. Wat bepaalt de waarde van bijvoorbeeld een machine die vorig jaar is aangeschaft voor €600.000, maar waarvoor er door een stagnatie in de afzet onvoldoende werk is en die daarom niet wordt ingezet voor het productieproces? Wat is de waarde van een tweedehands auto die onlangs voor €3.000 is aangeschaft, maar bij de eerstvolgende APK-keuring door de mand valt en door een recyclingbedrijf moet worden afgevoerd?

Intrinsieke waarde

Intrinsieke waarde

De intrinsieke waarde van een onderneming leiden we voor een deel af uit gegevens van de balans en rangschikken we onder de boekhoudkundige methoden. De intrinsieke waarde berekenen we door de waarde van de activa te verminderen met de omvang van de schulden.

De activa worden hierbij gewaardeerd tegen de actuele waarde. Voor het bepalen van de actuele waarde komen in aanmerking de vervangingswaarde, de bedrijfswaarde en de opbrengstwaarde.

Vervangingswaarde

Bedrijfswaarde

Opbrengstwaarde

De vervangingswaarde komt overeen met het bedrag dat (op het moment van waarderen) betaald zou moeten worden om eenzelfde of gelijkwaardig actief te kopen. De bedrijfswaarde is de waarde die het actief heeft voor de onderneming zelf (indirecte opbrengstwaarde). De opbrengstwaarde is het bedrag waarvoor het actief kan worden verkocht, onder aftrek van de gemaakte kosten (directe opbrengstwaarde). De intrinsieke waarde kan afwijken van de waardering in de fiscale jaarrekening, waarin we veelal gebruikmaken van waarderingen op basis van historische kosten. Als het eigen vermogen op basis van de intrinsieke waarde hoger is dan het eigen vermogen op basis van historische kosten, zal de fiscus dit verschil zien als een winst en overeenkomstig belasten. Met deze extra belastingverplichting moet bij de waardebepaling van de onderneming rekening worden gehouden.

Boekenonderzoek

Due diligence

Voor het bepalen van de (intrinsieke) waarde van de over te nemen onderneming, zal de overnemende partij een boekenonderzoek (laten) verrichten bij de over te nemen onderneming. Een boekenonderzoek houdt in dat de overnemende partij alle posten op de balans en winst- en verliesrekening kritisch doorneemt en eventueel aanpassingen aanbrengt. We spreken in dit verband ook wel van *due diligence* (zie ook google en zoek 'due-diligence'). Due diligence beperkt zich echter niet tot het onderzoeken van de balans en de winst- en verliesrekening. In de praktijk wordt bij een due-diligence-onderzoek aandacht geschonken aan alle factoren die van invloed zijn op de toekomstige resultaten en dus op de waarde van de over te nemen onderneming. Mogelijke aandachtsgebieden bij een due-diligence-onderzoek zijn: activa, schulden, samenstelling afnemersgroepen, omgevingsfactoren, lopende juridische procedures, producten, toeleveranciers, aard en kwaliteit van het productieproces, kwaliteit van de medewerkers, financiële positie, garantieverplichtingen, pensioenverplichtingen enzovoort.

In het volgende beperken we ons tot een aantal balansposten, die bijzondere aandacht verdienen. Ook verplichtingen die niet uit de balans blijken, komen kort aan de orde.

Grond
De koper van een onderneming moet na laten gaan of de grond niet is vervuild. Is er een schonegrondverklaring aanwezig? Wat kost eventueel het schoonmaken van vervuilde grond? Het schoonmaken van vervuilde grond is een kostbare aangelegenheid, waardoor de waarde van vervuilde grond aanzienlijk lager is dan de waarde van schone grond. Houd daarmee bij het waarderen van de grond rekening.

Gebouwen
Gebouwen worden op de balans vaak opgenomen tegen de historische aanschafwaarde verminderd met de afschrijvingen (boekwaarde). Als de prijzen van onroerend goed sterk stijgen, kan de marktwaarde van de gebouwen hoger uitvallen dan de boekwaarde. Dit leidt tot een toename van de waarde van de activa aan de debetzijde van de balans en daardoor tot een hoger eigen vermogen (toename van de herwaarderingsreserve).

Voorraden
Bij de voorraden is het van belang de staat van de voorraad goed te beoordelen en na te gaan of de voorraden courant zijn en dus gemakkelijk in geld zijn om te zetten. Incourante of beschadigde voorraden brengen vaak minder op dan de waarde waarvoor ze op de balans staan. Bij incourante of beschadigde voorraden moet de waardering in neerwaartse richting worden aangepast, waardoor het eigen vermogen daalt.

Debiteuren
Bij debiteuren kan zich het probleem voordoen dat een deel van de vorderingen op debiteuren oninbaar is. Het is belangrijk de ouderdom van de vorderingen te onderzoeken. Voor vorderingen die al meer dan bijvoorbeeld vier maanden uitstaan, kan in de toekomst blijken dat een gedeelte ervan oninbaar is. Er kunnen bijvoorbeeld vorderingen bij zitten op ondernemingen die failliet zijn verklaard. In dat geval moet de post Debiteuren in neerwaartse richting worden bijgesteld.

Pensioenvoorziening
Een belangrijk onderdeel van de verplichtingen (vreemd vermogen) bestaat uit de pensioenvoorziening. De hoogte van de schuld in verband met de pensioenvoorziening wordt berekend door de in de toekomst te betalen pensioenuitkeringen contant te maken. Zijn alle pensioenaanspraken van ex-medewerkers in de berekeningen betrokken en op de juiste wijze vastgesteld? Een te lage inschatting van de pensioenverplichtingen leidt tot

een te laag vreemd vermogen en daardoor tot een te hoge intrinsieke waarde. Voor de overnemende partij bestaat dan het gevaar dat een te hoge overnameprijs wordt overeengekomen.

Verplichtingen die niet uit de balans blijken
Reeds afgesloten contracten waaraan de overnemende partij ook is gebonden, moeten ook in de waardering worden betrokken. Zo zou een scheepvaartonderneming voor €40 mln een nieuwe mammoettanker besteld kunnen hebben, die over bijvoorbeeld twee jaar wordt opgeleverd. Bij de berekening van de waarde moet ook met deze verplichting rekening worden gehouden.

De overnemende partij moet ook onderzoeken of er zich geen 'lijken in de kast' bevinden. Hiermee bedoelen we mogelijke (toekomstige) verplichtingen die niet uit de balans blijken. Zijn er in de toekomst grote gelduitgaven te verwachten in verband met bijvoorbeeld garantieverplichtingen? Lopen er schadeclaims die nog niet zijn afgewikkeld? Of kan de overnemende onderneming aansprakelijk worden gesteld voor gebreken aan de producten van de overgenomen onderneming, die pas in de toekomst blijken? Stel je voor dat je een producent van medicijnen hebt overgenomen en dat na de overname blijkt dat een van de medicijnen ernstige bijwerkingen vertoont, waardoor de gebruikers blijvend letsel oplopen of zelfs overlijden. Als de overnemende partij aansprakelijk is, kunnen daar grote schadeclaims uit voortkomen. Het zijn mogelijk factoren waarmee bij de bepaling van de waarde van de over te nemen onderneming rekening moet worden gehouden.

Nadat op de balansposten alle correcties zijn aangebracht die uit de hiervoor genoemde (en eventueel andere) oorzaken voortvloeien, kan op basis van de aangepaste balans de intrinsieke waarde worden vastgesteld.

13.2.2 Economische benadering

Netto-ingaande geldstromen

Bij de economische benadering wordt de waarde van een goed of onderneming afgeleid uit de netto-ingaande geldstromen die het goed of de onderneming *in de toekomst* zal opleveren. Met netto-ingaande geldstromen bedoelen we het verschil tussen de ingaande geldstromen en de uitgaande geldstromen. We gaan er in deze subparagraaf van uit dat de ingaande geldstromen groter zijn dan de uitgaande geldstromen, zodat de netto-ingaande geldstromen positief zijn. In tegenstelling tot de boekhoudkundige benadering spelen nu toekomstverwachtingen een belangrijke rol. Het nadeel van de economische benadering is, dat bij de waardering wordt uitgegaan van toekomstige grootheden. Deze zijn vooraf niet bekend en er moeten dus schattingen worden gemaakt. Daarbij kunnen schattingsfouten optreden, omdat niemand de toekomst nauwkeurig kan voorspellen. Er kunnen daardoor flinke verschillen van inzicht ontstaan over de economische waarde van een onderneming. De een schat de toekomstige netto-ingaande geldstromen misschien te hoog in, waardoor de waarde te hoog wordt vastgesteld. Een ander is pessimistischer, waardoor de economische waarde lager uitvalt. Wie er gelijk heeft, zal pas achteraf blijken. De rentabiliteitswaarde, die we hierna bespreken, is een voorbeeld waarbij we de economische benaderingswijze toepassen. Ook komen de synergievoordelen aan de orde. We gaan kort in op het bepalen van de overnameprijs. En ten slotte kijken we naar de waardering van ondernemingen in de praktijk.

Rentabiliteitswaarde

Rentabiliteitswaarde
Voor de berekening van de rentabiliteitswaarde van een onderneming gaan we uit van alle (toekomstige) verwachte geldstromen van een onderneming. De hoogte van de rentabiliteitswaarde hangt ook af van het rendement dat men wil behalen over de aankoopsom van het over te nemen bedrijf. Om het vereiste rendement te bepalen moet men in feite de volgende vraag beantwoorden: welk rendementspercentage kan worden behaald als de overnamesom belegd zou worden in een beleggingsportefeuille *met eenzelfde risico*, als het risico verbonden aan de overname? Als het antwoord op deze vraag bijvoorbeeld 12,5% zou zijn, dan moet de jaarlijkse (eeuwigdurend gelijkblijvende) cashflow worden gedeeld door 0,125 om de rentabiliteitswaarde te berekenen.

Goodwill
We spreken van goodwill als de rentabiliteitswaarde van een onderneming groter is dan de intrinsieke waarde. Bij een overname wordt de goodwill gelijkgesteld aan het positieve verschil tussen de overnameprijs (die in theorie ongeveer gelijk zal zijn aan de rentabiliteitswaarde) en de intrinsieke waarde. Het ligt voor de hand dat de verkopende partij de toekomstige (ingaande) geldstromen rooskleurig voorstelt, terwijl de kopende partij er belang bij heeft deze juist laag in te schatten.

Hoe we de rentabiliteitswaarde berekenen, lichten we aan de hand van voorbeeld 13.2 toe.

■ **Voorbeeld 13.2 Summer nv en Heconad nv**
Van onderneming Summer nv is gegeven dat de intrinsieke waarde €6.000.000 bedraagt en dat ze in staat wordt geacht gedurende een oneindig lange periode ieder jaar €392.000 winst na belasting te behalen. Onderneming Heconad nv, die in dezelfde branche als Summer nv werkzaam is, is van plan alle aandelen in Summer nv te kopen. Gezien het risico dat verbonden is aan een belegging in aandelen Summer nv, wordt door Heconad nv een rendement vereist van 12,5%.

We geven de winst- en verliesrekening van Summer nv kort weer:

Winst- en verliesrekening Summer nv

Resultaat voor aftrek van afschrijvingen en interest	€ 1.258.000	= EBITDA
Afschrijvingskosten	€ 398.000 −	
Resultaat voor aftrek van interestkosten	€ 860.000	= Bedrijfsresultaat = EBIT
Interestkosten	€ 300.000 −	
Resultaat voor vennootschapsbelasting	€ 560.000	
Vennootschapsbelasting: 0,3 × €560.000 =	€ 168.000	
Resultaat na aftrek van vennootschapsbelasting	€ 392.000	

De EBITDA berekenen we door van de omzet alle kosten af te halen, met uitzondering van interestkosten, afschrijvingen over vaste activa en afschrijvingen op goodwill.

De EBIT berekenen we door van de omzet alle kosten af te halen, met uitzondering van interestkosten.

Om de rentabiliteitswaarde te kunnen berekenen, moeten we eerst de jaarlijks netto-ingaande geldstromen berekenen. Daarbij moeten we de uitgaande geldstromen in verband met interestkosten buiten beschouwing laten. Bovendien moet we er rekening mee houden dat afschrijvingskosten weliswaar het resultaat negatief beïnvloeden, maar dat ze niet tot uitgaande geldstromen leiden. We gaan nu op basis van de winst- en verliesrekening uit voorbeeld 13.2 de netto-ingaande geldstroom (cashflow) berekenen.

Uitwerking

Resultaat voor aftrek van afschrijvingen en interest	€ 1.258.000	(EBITDA)
Afschrijvingskosten	€ 398.000 −	
Resultaat voor aftrek van interestkosten	€ 860.000	(EBIT)
Vennootschapsbelasting: 0,3 × €860.000 =	€ 258.000 −	
Resultaat na aftrek van vennootschapsbelasting	€ 602.000	
Afschrijvingen	€ 398.000 +	
Netto-ingaande geldstroom = cashflow	€ 1.000.000	

Heconad nv zal voor de aandelen Summer nv een zodanig bedrag willen betalen, dat 12,5% van de aankoopsom overeenkomt met de jaarlijks (eeuwigdurend) te ontvangen cashflow van €1.000.000. In dat geval wordt precies aan de rendementseis van 12,5% voldaan. Dit blijkt uit de volgende berekening: 0,125 × aankoopsom = €1.000.000. Heconad nv zal daarom maximaal €1.000.000 : 0,125 = €8.000.000 willen betalen voor alle aandelen van Summer nv. Dit bedrag is de rentabiliteitswaarde van Summer nv. Uit dit voorbeeld blijkt dat we de rentabiliteitswaarde als volgt kunnen berekenen:

$$\frac{\text{Jaarlijkse, eeuwigdurend gelijkblijvende cashflow}}{\text{Vereist rendement}} = \frac{€1.000.000}{0,125} = €8.000.000$$

Goodwill

Als Heconad nv inderdaad €8.000.000 betaalt voor alle aandelen Summer nv, dan bedraagt de betaalde goodwill €2.000.000. Dan geldt namelijk:

Aankoopsom	€ 8.000.000
Intrinsieke waarde (gegeven)	€ 6.000.000 −
Goodwill	€ 2.000.000

Tussenvraag 13.4
Van onderneming Matrix is gegeven dat de intrinsieke waarde €2.600.000 bedraagt. Voor deze onderneming wordt eeuwigdurend een jaarlijks gelijkblijvende cashflow verwacht van €600.000. Gezien het risico dat verbonden is aan de activiteiten van Matrix wordt een rendement geëist van 20%.
Bereken:
a de rentabiliteitswaarde van Matrix;
b de omvang van de goodwill.

Synergievoordelen
Het realiseren van synergievoordelen wordt vaak (en terecht) gebruikt als argument om andere bedrijven over te nemen. Synergievoordelen

kunnen bijvoorbeeld ontstaan doordat ondernemingen bepaalde activiteiten die voorheen door ieder afzonderlijk werden verricht, na de samenvoeging gemeenschappelijk gaan uitvoeren. Daarbij kunnen we bijvoorbeeld denken aan het gezamenlijk verrichten van onderzoek naar en ontwikkeling van nieuwe producten. Door de afdelingen Research & development van ondernemingen samen te voegen, kunnen aanzienlijke kostenbesparingen worden gerealiseerd. Bovendien kan kennis worden uitgewisseld. Synergie-effecten kunnen ook het gevolg zijn van het samenvoegen van productielocaties of het gemeenschappelijk aanpakken van de marketing van de producten. Om de mogelijke gevolgen van synergie-effecten voor de waardering te illustreren, geven we een voorbeeld.

Synergie-effecten

■ Voorbeeld 13.3 Innovatie bv en Techniek bv

Onderneming Innovatie bv en onderneming Techniek bv zijn producenten van mobiele telefoons, met een marktaandeel van respectievelijk 6,4% en 3%. Door de heftige concurrentie in de branche staan de bedrijfsresultaten onder druk. De directies van beide ondernemingen onderzoeken of door samenvoeging van beide bedrijven hun positie in de markt kan worden verstevigd. Van beide bedrijven zijn de volgende financiële gegevens bekend. We veronderstellen dat beide ondernemingen alleen met eigen vermogen zijn gefinancierd (daarom ontbreekt de post Interestkosten).

	Onderneming Innovatie	Onderneming Techniek
Omzet	€ 30.000.000	€ 14.000.000
Inkoopwaarde van de omzet	€ 12.000.000 −	€ 5.600.000 −
Brutomarge	€ 18.000.000	€ 8.400.000
Kosten:		
Huisvesting	€ 1.000.000	€ 400.000
Loonkosten	€ 7.600.000	€ 3.500.000
Afschrijvingskosten	€ 3.800.000	€ 1.750.000
Research & development	€ 2.000.000	€ 1.000.000
Verkoopkosten	€ 3.000.000 +	€ 1.250.000 +
	€ 17.400.000 −	€ 7.900.000 −
Winst	€ 600.000	€ 500.000
Vennootschapsbelasting (30%)	€ 180.000 −	€ 150.000 −
Winst na belasting	€ 420.000	€ 350.000
Afschrijvingen	€ 3.800.000 +	€ 1.750.000 +
Cashflow	€ 4.220.000	€ 2.100.000

De managementteams van beide ondernemingen hebben een onderzoek laten verrichten naar de voor- en nadelen van een samenvoeging en de financiële gevolgen ervan. Door de samenvoeging van de productie kan €1.200.000 op loonkosten worden bespaard en €1.000.000 op afschrijvingskosten. De afdelingen Research & development van beide bedrijven worden samengevoegd, waardoor een kostenbesparing van €800.000 kan worden gerealiseerd. Uitwisseling van technische kennis zal leiden tot een beter product.

Mede daardoor zal de omzet naar verwachting met 10% stijgen. De inkoopwaarde van de omzet blijft 40% van de omzet. De kosten in verband met de samenvoeging en reorganisatie worden geschat op €15.000.000. Dit is een eenmalige uitgave.

Mede op basis van voorgaande informatie is de volgende schatting gemaakt van de resultaten van de gezamenlijke onderneming. Als de samenvoeging doorgaat zal de onderneming worden voortgezet onder de gemeenschappelijke naam Innotech bv.

Verwachte resultaten van Innotech bv (bedragen × 1.000)

Omzet	(€30.000 + €14.000) × 1,10 =	€ 48.400
Inkoopwaarde van de omzet: 0,4 × €48.400 =		€ 19.360 −
Brutomarge		€ 29.040
Kosten:		
Huisvesting	€1.000 + €400 =	€ 1.400
Loonkosten	€7.600 + €3.500 − €1.200 =	€ 9.900
Afschrijvingskosten	€3.800 + €1.750 − €1.000 =	€ 4.550
Research & development	€2.000 + €1.000 − € 800 =	€ 2.200
Verkoopkosten	€3.000 + €1.250 =	€ 4.250 +
		€ 22.300 −
Winst		€ 6.740
Vennootschapsbelasting (30%)		€ 2.022 −
Winst na belasting		€ 4.718
Afschrijvingen		€ 4.550 +
Cashflow		€ 9.268

We veronderstellen dat de cashflow van de ondernemingen eeuwigdurend op hetzelfde niveau blijven. De waarde van de afzonderlijke en de samengevoegde ondernemingen bepalen we op basis van de rentabiliteitswaarde. Om deze te kunnen berekenen, hebben we de vereiste rentabiliteit op investeringen in deze ondernemingen nodig. We veronderstellen dat de vereiste rentabiliteit steeds 10% bedraagt.

Berekening rentabiliteitswaarden:

Innotech bv	€9.268.000 : 0,10 =		€ 92.680.000
Innovatie bv	€4.220.000 : 0,10 =	€ 42.200.000	
Techniek bv	€2.100.000 : 0,10 =	€ 21.000.000 +	
			€ 63.200.000 −
Waardecreatie door synergie-effecten			€ 29.480.000
Eenmalige reorganisatiekosten			€ 15.000.000 −
Waardetoevoeging door samenvoeging			€ 14.480.000

Samenvoeging van beide bedrijven levert door het optreden van synergie-effecten blijkbaar een hoge toegevoegde waarde op. In deze omstandigheden moet het al erg gek gaan, willen beide bedrijven niet tot overeenstemming komen over een samenvoeging. Samenvoeging levert voor beide partijen voordelen op. De totale waarde van Innotech bv (€92.680.000) bedraagt veel meer dan de som van de afzonderlijke waarden van Innovatie bv (€42.200.000) en Techniek bv (€21.000.000).

Stel dat Innovatie bv voor de overname van Techniek bv €28.000.000 betaalt, €7.000.000 meer dan de waarde van Techniek bv als ze zelfstandig zou blijven. In dat geval is de netto contante waarde van deze overname (gezien vanuit Innovatie bv) = €14.480.000 − €7.000.000 = €7.480.000. Maar ook Techniek bv is beter af. Zij ontvangt €7.000.000 meer dan de waarde van Techniek bv als het bedrijf zelfstandig zou blijven. Door de synergie-effecten ontstaat er inderdaad een win-winsituatie.

Bepalen van de overnameprijs

Overnameprijs

Het bepalen van de overnameprijs is niet alleen een kwestie van het maken van rekensommetjes. Ook andere dan in de berekeningen opgenomen factoren kunnen een rol spelen. Uiteindelijk zal de overnameprijs in onderling overleg tot stand komen. De hiervoor besproken waarderingsmethoden kunnen bij de onderhandelingen als uitgangspunt dienen.

We kunnen bij het berekenen van de rentabiliteitswaarde ook gebruikmaken van een spreadsheetprogramma, zoals Excel. Daarmee kunnen we verschillende varianten van toekomstige cashflows, die het gevolg zijn van de overname, doorrekenen. Per variant wordt een rentabiliteitswaarde berekend. Het spreadsheetprogramma geeft ook de mogelijkheid na te gaan hoe gevoelig de berekende rentabiliteitswaarde is voor wijzigingen in de basisgegevens (gevoeligheidsanalyse).

Waardering van ondernemingen in de praktijk

Uit verschillende onderzoeken blijkt dat in de praktijk de economische benadering nog niet veel wordt toegepast. Boekhoudkundige maatstaven blijken ook bij strategische beslissingen nog steeds de boventoon te voeren.

In de praktijk wordt vaak de volgende vuistregel gebruikt:
de waarde van een onderneming = de jaarlijkse cashflow × een bepaalde factor.

De jaarlijkse cashflow wordt daarbij gelijkgesteld aan de gemiddelde cashflow berekend over een periode uit het verleden (bijvoorbeeld de afgelopen vijf jaar). Aan een onderneming met een gemiddelde cashflow van €600.000 en een vermenigvuldigingsfactor 5 wordt dan een waarde toegekend van €600.000 × 5 = €3.000.000.

De hoogte van de vermenigvuldigingsfactor hangt mede af van de aspecten die wij in het voorgaande hebben besproken, zoals het optreden van synergie-effecten en het risico. Maar ook een sterke klantenbinding, een grote naamsbekendheid en gemotiveerd en deskundig personeel leiden tot een hoge factor. Daarnaast spelen de branche waarin de over te nemen onderneming actief is en de winstverwachtingen een rol bij het vaststellen van de hoogte van de vermenigvuldigingsfactor.

Vermenigvuldigingsfactor

De gedachtegang achter de toepassing van een vermenigvuldigingsfactor is dezelfde als de redenering die we toepassen bij het berekenen van de rentabiliteitswaarde. Bij het vaststellen van de rentabiliteitswaarde wordt de (eeuwigdurend gelijkblijvende) cashflow gedeeld door de vereiste vermogenskostenvoet. Stel dat we een eeuwigdurende gelijkblijvende cashflow verwachten van €1.000.000 en een rendement eisen van 12,5%. Dan bedraagt de rentabiliteitswaarde €1.000.000 : 0,125 = €8.000.000. Deze waarde krijgen we ook als we de cashflow vermenigvuldigen met een factor 8. Dit is ook niet verwonderlijk, want:

$$\frac{€1.000.000}{0,1215} = €1.000.000 \times \frac{1}{0,125} = €1.000.000 \times 8 = €8.000.000.$$

Het toepassen van een vermenigvuldigingsfactor van 8 houdt in, dat een rendement van 12,5% wordt vereist.

Bij toepassing van de vermenigvuldigingsfactor wordt (zoals bij de berekening van de rentabiliteitswaarde) het volgende verondersteld:
- De toekomstige cashflows blijven eeuwigdurend gelijk. Om de (eeuwigdurend gelijkblijvende) cashflows te bepalen, wordt uitgegaan van de gemiddelde in het verleden behaalde cashflow. Dit gemiddelde wordt eventueel aangepast voor factoren die *in de toekomst* de hoogte van het resultaat kunnen beïnvloeden.
- Het rendement wordt eeuwigdurend gelijk verondersteld (er wordt met één vermenigvuldigingsfactor gewerkt).

Aan de toepassing van de vermenigvuldigingsfactor kleven dezelfde bezwaren als aan de toepassing van de rentabiliteitswaarde:
- De toekomstige cashflows moeten worden ingeschat (over een oneindige periode).
- De cashflows worden eeuwigdurend constant verondersteld.
- Het vereiste rendement wordt eeuwigdurend gelijk verondersteld.

Bij het vaststellen van de waarde van de afzonderlijke ondernemingen die bij een fusie of overname betrokken zijn, kunnen een of meer van voorgaande waarderingen (boekwaarde, intrinsieke waarde, rentabiliteitswaarde) een rol spelen. Door onderhandelingen en mogelijk in overleg met externe financieel deskundigen zal de uiteindelijke overnameprijs tot stand komen.

13.3 Waardering bij faillissement

Faillissement

Artikel 1 van de Faillissementswet (FW) luidt: 'De schuldenaar, die in den toestand verkeert dat hij heeft opgehouden te betalen, wordt, hetzij op eigen aangifte, hetzij op verzoek van een of meer zijner schuldeischers, bij rechterlijk vonnis in staat van faillissement verklaard.' In lid 2 wordt daaraan toegevoegd: 'De faillietverklaring kan ook worden uitgesproken, om redenen van openbaar belang, op de vordering van het Openbaar Ministerie.'

Het faillissement kan worden aangevraagd door een of meer schuldeisers. Er moeten ten minste twee schulden én twee schuldeisers zijn, waarvan ten minste één schuld opeisbaar is en de schuldenaar in een toestand verkeert dat hij heeft opgehouden te betalen. Het doel van het faillissement is te zorgen dat de gezamenlijke schuldeisers voldaan worden uit de opbrengst van de executie van het vermogen. Bij de verdeling van de opbrengst wordt het beginsel 'paritas creditorum' toegepast. Dit beginsel houdt in dat de verdeling naar evenredigheid van iedere vordering plaatsvindt. In de wet is echter geregeld dat bepaalde schuldeisers voorrang hebben bij de verdeling van de executieopbrengst.

We spreken van een faillissementsaanvraag op 'eigen verzoek' als de schuldenaar zelf aangifte doet bij de rechtbank. Wanneer het faillissement wordt uitgesproken, worden alle gelegde beslagen opgeheven en wordt er gestopt met de lopende executies.

Ook het Openbaar Ministerie kan het faillissement aanvragen ingeval het algemeen belang in het geding is. Dit is bijvoorbeeld het geval als er een groot aantal gedupeerden is.

In deze paragraaf bespreken we eerst de procedure bij een faillissement. Vervolgens gaan we uitgebreid in op de waardering van de activa. Daarna verdiepen we ons in de verdeling van de waarde van de failliete boedel. Ten slotte komt de positie van de geldgever aan de orde.

Bedrijfssluitingen

Aantal faillissementen daalt, aantal wanbetalingen blijft hoog

Amsterdam • Het aantal faillissementen zal in 2015 met 15% dalen, is de verwachting van Atradius. Uit het donderdag gepubliceerde onderzoek van de kredietverzekeraar blijkt ook dat het aantal wanbetalingen hoog blijft.
Met 6.500 ligt het aantal faillissementen nog altijd 42 hoger dan voor de crisis in 2007. In de bouwsector sloten vooral middelgrote installatiebedrijven hun deuren. Vooral het aantal wanbetalingen in de sectoren bouw en non-food-retail vallen op.
In de bouw neemt het aantal verkochte huizen toe, maar komt de productie pas later op gang. Door tegenvallende resultaten in de kledingsector verkeren winkelketens als Miss Etam en Mexx in problemen.
Wat faillissementen betreft doet Nederland het binnen Europa relatief slecht. Sinds 2007 stijgt het aantal bedrijfssluitingen alleen in Zuid-Europa en Ierland sneller. De vooruitzichten voor Nederland voor 2015 zijn daarentegen volgens Atradius wel beter dan de meeste andere Europese landen. ∎

Bron: *Het Financieele Dagblad*, 29 mei 2015

13.3.1 Procedure bij faillissement

Een faillissement moet worden aangevraagd bij de rechtbank van de woonplaats waar de natuurlijk persoon woont of de rechtspersoon is gevestigd (art. 1:10 BW en art. 2:1 FW).

Curator

De rechter-commissaris wijst een curator aan, die belast wordt met het beheer en de vereffening van de failliete boedel (art. 68 FW). In de praktijk betekent dit dat de curator de boedel naar buiten toe bindt. Dit wil zeggen dat de curator gerechtigd is de activa van de failliete onderneming te verkopen en de opbrengst ervan te verdelen onder de schuldeisers.

De schuldeisers moeten hun vorderingen ter verificatie indienen bij de curator (art. 110 FW). De curator beoordeelt de rechtmatigheid van de ingediende vorderingen door de ingezonden vorderingen te toetsen aan de administratie van de gefailleerde. De curator onderzoekt zodoende de deugdelijkheid van de ingediende vorderingen (art. 111 FW).

Bij de verdere afwikkeling van een faillissement is een groot aantal varianten en procedures mogelijk. Behandeling daarvan valt echter buiten het bestek van dit boek.

13.3.2 Waardering van de activa

In geval van faillissement van een onderneming is het belangrijk vast te stellen wat de waarde van de activa van de failliete onderneming is en hoe deze waarde wordt verdeeld onder de schuldeisers. Wij beperken ons in het volgende tot de aspecten die de waarde van de activa van een failliete onderneming bepalen en op de volgorde bij de verdeling van de opbrengst van de boedel.

Een faillissement komt in het algemeen niet uit de lucht vallen. Ondernemingen die failliet worden verklaard, hebben vaak al jaren verliezen geleden. Hierdoor neemt hun eigen vermogen af. Als de verliezen aanhouden en omvangrijk zijn, kan een situatie ontstaan dat de onderneming niet meer aan haar verplichtingen ten opzichte van de schuldeisers kan voldoen. Vaak zijn acute liquiditeitsproblemen de reden om een faillissement aan te vragen. In geval van faillissement wordt er een curator aangesteld die tot taak heeft de belangen van de gezamenlijke schuldeisers zo goed mogelijk te behartigen. Dit betekent dat hij de activa van de onderneming moet verkopen en zorg dragen voor de verdeling van de opbrengst ervan onder de schuldeisers. In het volgende gaan we ervan uit dat de onderneming die failliet wordt verklaard, ophoudt te bestaan en geliquideerd wordt. In deze situatie komt de waarde van de activa overeen met het bedrag dat een eventuele koper van de activa voor de activa zou willen betalen. Het bedrag dat een potentiële koper wil betalen, hoeft niet overeen te komen met de waarde waarvoor de activa in de boeken van de onderneming staan (dit is de boekwaarde). In de praktijk blijkt de opbrengst van de activa in geval van liquidatie vaak lager te zijn dan de boekwaarde. Denk maar eens aan een textielfabrikant die failliet gaat en waarvan de curator een grote textielmachine, die twee jaar geleden in gebruik is genomen, moet verkopen. Wie kan zo'n tweedehands machine gebruiken en wil deze kopen? De kans is groot dat voor de machine geen belangstellenden te vinden zijn en dat de machine voor de oudijzerprijs verkocht moet worden. In dat geval zal de liquidatiewaarde aanmerkelijk lager liggen dan de boekwaarde ervan.

Boekwaarde

Liquidatiewaarde

Wim Eikendal, advocaat bij Boels Zanders in Venlo, licht toe hoe in geval van faillissement de waardebepaling van de activa tot stand komt. Hij vertelt over zijn werkzaamheden als curator bij een faillissement: 'Voor de waarde van de activa van de failliete boedel is het in de meeste gevallen belangrijk de onderneming nog even draaiende te houden. Een onderneming, maar ook de afzonderlijke activa zijn meer waard als potentiële kopers de onderneming nog in bedrijf kunnen zien. Deze periode kan echter niet te lang duren, omdat er kosten gemaakt moeten worden om de zaak aan de gang te houden. Ik houd daarvoor meestal een periode van drie weken aan, omdat de praktijk leert dat potentiële kopers zich al snel melden. Direct na het uitspreken van het faillissement schakel ik een taxateur in. De taxateur stelt een executiewaarde, een onderhandse verkoopwaarde en een going-concern-waarde van de activa vast. De executiewaarde is de waarde die de activa (volgens de schatting van de taxateur) op zullen brengen bij verkoop op een veiling. De onderhandse verkoopwaarde is de waarde die de activa op zullen brengen als de curator de activa aan een potentiële

Taxateur

Executiewaarde

Onderhandse verkoopwaarde

Going-concern-waarde

koper onderhands (dat wil zeggen: buiten een veiling om) verkoopt. De onderhandse verkoopwaarde is hoger dan de executiewaarde. De going-concern-waarde is de waarde van de activa als ze worden gebruikt in de onderneming waartoe ze behoren.
Een curator moet zich in de branche van de failliet en in de branche van potentiële kopers verdiepen. Daaruit kan blijken hoeveel belangstelling er is voor de activa, en dat is medebepalend voor de waarde die gerealiseerd kan worden. Naast materiële activa kunnen er ook immateriële activa zijn, zoals informatie over het klantenbestand, de rechten op bepaalde modellen, patenten, octrooien of auteursrechten. De curator moet dan inschatten wat de waarde hiervan is voor potentiële kopers. Bij de uiteindelijke bepaling van de waarde waartegen de activa aan derden worden verkocht, speelt het onderhandelingsproces een belangrijke rol. Daarbij is het ook van belang of er slechts één potentiële koper is of dat er meer gegadigden zijn.
Meteen na inventarisatie van de activa ga ik op zoek naar potentiële kopers, als die zich al dan niet hebben gemeld. Het is mijn taak een zo hoog mogelijke opbrengst uit de boedel te halen. Daarbij is het streven in ieder geval de executiewaarde te overtreffen en zo dicht mogelijk bij de onderhandse verkoopwaarde te komen. Dat is voor mij als curator een van de uitdagingen.'

Het volgende artikel beschrijft de gang van zaken rond het faillissement van de keten Hans Textiel.

Voor miljoenen beslag op panden eigenaar failliete keten Hans Textiel.

Sandra Olsthoorn
Amsterdam

Het faillissement van winkelketen Hans Textiel krijgt een staartje voor de voormalige eigenaar, Hans van Heelsbergen. De curator van de winkelketen, Jeroen Princen, heeft beslag laten leggen op panden van Van Heelsbergen.
Uit een melding bij het Kadaster blijkt dat het gaat om acht woon- en bedrijfspanden, voornamelijk in Rotterdam en Schiedam, met een gezamenlijke waarde van ruim €3,2 mln. De panden zijn in bezit van J.M. van Heelsbergen Holding, de moedermaatschappij van Hans Textiel.
Het beslag werd eind juni door de voorzieningenrechter in Rotterdam verleend. Dat was kort nadat uit het eerste curatorenverslag was gebleken dat Van Heelsbergen vlak voor het faillissement in mei zogenoemde pandrechten op Hans Textiel had laten leggen.
Met die rechten maakte Van Heelsbergen zich via een andere bv een preferente schuldeiser van zijn eigen winkels. Bij faillissement zou de prominente Rotterdammer en oud-Spartavoorzitter eerder geld krijgen dan andere schuldeisers.

Nog vlak voor het faillissement liet Van Heelsbergen zich preferente schuldeiser maken

Op het moment dat de pandrechten werden gevestigd, verkeerde Hans Textiel al geruime tijd in financiële problemen. Het is verboden in aanloop naar een faillissement geld aan een onderneming te onttrekken en op die manier andere schuldeisers te benadelen. Hans Textiel, dat in hetzelfde segment opereerde als Zeeman en Wibra, telde op het hoogtepunt meer dan tweehonderd winkels in heel Nederland. Van Heelsbergen stond in de Quote 500 van rijkste Nederlanders. Zo'n zes jaar geleden belandde het bedrijf in de rode cijfers, om daar ook niet meer uit te komen. Begin dit jaar leek het erop dat Van Heelsbergen Hans Textiel kon verkopen aan de Duitse keten NKD. Die deal werd om onduidelijke redenen afgeblazen.
Van Heelsbergen sloot vervolgens het hoofdkantoor en magazijn en verkocht losse winkels. Met 63 locaties lukte dat niet. Op 23 mei ging de keten failliet.

Bron: *Het Financieele Dagblad*, 15 augustus 2011

Toelichting
Het is niet toegestaan om in een situatie van dreigend faillissement bepaalde schuldeisers te bevoordelen ten koste van andere (gelijkgerechtigde) schuldeisers.

Tussenvraag 13.5
a Wat is de rol van een curator bij een faillissement?
b Wat is de rol van een taxateur bij een faillissement?

13.3.3 Verdeling van de waarde van de failliete boedel

Al met al kan het verkopen van de activa van een failliete onderneming geruime tijd in beslag nemen. Als alle activa zijn verkocht, doet zich de vraag voor hoe de opbrengst over de verschillende schuldeisers moet worden verdeeld. Daarbij is ook van belang in welke volgorde de vorderingen worden vereffend.

Uit de opbrengst van de boedel worden in eerste instantie de vorderingen van de hypotheekhouders en pandhouders voldaan. De hypotheekhouders en pandhouders noemen we separatisten, omdat ze in feite hun vorderingen opeisen buiten het faillissement om. Zij kunnen hun vordering op onderdelen van de boedel verhalen, alsof er geen faillissement is (art. 3:278 BW). Het bedrag dat resteert nadat bovenbedoelde vorderingen zijn voldaan, valt in het faillissement.

Separatisten

Bij een faillissement is het belangrijk onderscheid te maken tussen faillissementsschulden en boedelschulden. Faillissementsschulden zijn de schulden die zijn ontstaan in de periode voorafgaand aan het moment waarop het faillissement is uitgesproken, boedelschulden ontstaan erna. We geven dat in figuur 13.1 weer.

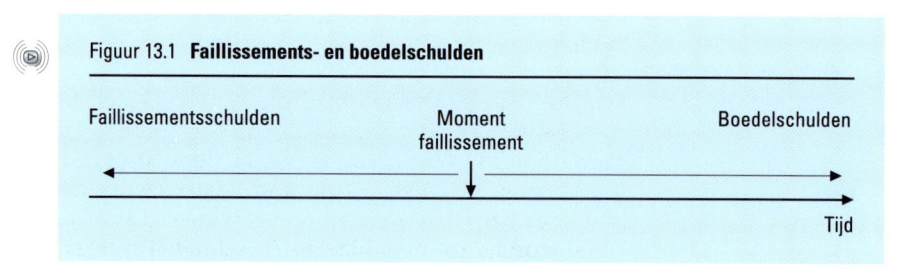

Faillissementsschulden

Boedelschulden

Figuur 13.1 **Faillissements- en boedelschulden**

Faillissementsschulden ← | Moment faillissement | → Boedelschulden
Tijd

Bij de verdeling van het restant, nadat de vorderingen van de separatisten zijn voldaan, is de rangorde tussen de overige schuldeisers van belang. Deze geven we hierna kort weer:
1 Boedelschulden
2 Faillissementsschulden:
   a belastingen en premies sociale verzekeringen;
   b bijzondere voorrechten;
   c algemene voorrechten;
   d concurrente crediteuren;
   e achtergestelde leningen.

Voorgaande volgorde is belangrijk bij het vaststellen van het bedrag dat aan de verschillende schuldeisers wordt uitgekeerd. Schuldeisers die achteraan in de rij staan, zullen in het algemeen slechts een klein gedeelte van hun vordering kunnen incasseren of niets ontvangen.

Ad 1 Boedelschulden
Boedelschulden zijn schulden die de curator heeft gemaakt, nadat het faillissement is uitgesproken. Voorbeelden hiervan zijn de kosten van het taxeren van de activa, het honorarium van de curator, loonvorderingen van werknemers en premieschulden, beide vanaf het moment van faillissement.

Ad 2a Belastingen en sociale verzekeringen
De fiscus heeft een aantal bijzondere bevoegdheden die haar in bepaalde gevallen de status van superpreferente schuldeiser kunnen verschaffen. Een voorbeeld van een bijzondere bevoegdheid is het zogenoemde versnelde invorderingsrecht dat de fiscus heeft (art. 10 IW). Hierdoor kan de fiscus onmiddellijke voldoening uit de baten van de boedel eisen. Een ander voorbeeld is het *bodemvoorrecht*. Dit recht wordt aan de fiscus toegekend door het invorderingsrecht (art. 22:3 IW). Dit recht maakt het mogelijk dat de fiscus beslag laat leggen op bepaalde roerende zaken die bij de belastingplichtige (op zijn 'bodem') worden aangetroffen. Hierbij is het niet van belang of de roerende zaken aan de belastingplichtige of aan een derde toebehoren.

Bodemvoorrecht

We nemen als voorbeeld een computerleverancier die enkele maanden geleden aan een bedrijf dat inmiddels failliet is verklaard op rekening een nieuwe computer met een verkoopwaarde van €3.000 heeft verkocht en afgeleverd. De failliete onderneming heeft nog niet betaald, zodat de computerleverancier een concurrente vordering heeft van €3.000 op de failliete onderneming. De fiscus kan nu beslag op deze computer laten leggen en de opbrengst ervan aanwenden ter vereffening van de belastingschulden van de failliete onderneming. De computerleverancier behoudt een concurrente vordering van €3.000 op de failliete onderneming, maar kan de door hem geleverde computer niet terugvorderen.

Een deel van de vorderingen van de werknemer die verband houden met loonvorderingen van werknemers en premieschulden *voorafgaand aan de faillietverklaring* kan door het Uitvoeringsinstituut Werknemers Verzekeringen (UWV) op grond van de zogenoemde loongarantieregeling door het UWV worden overgenomen. Deze vorderingen van het UWV worden tot de faillissementsschulden gerekend. De premies sociale verzekeringen zijn preferent en van gelijke rangorde als de fiscus (art. 16 CSV).

UWV

Ad 2b Bijzondere voorrechten
Bijzondere voorrechten (art. 3:283 e.v. BW) zijn onder andere:
- *Kosten tot behoud van een zaak gemaakt*. Dit zijn kosten die moeten worden gemaakt om een fysieke zaak voor tenietgaan te behoeden. Kosten van onderhoud vallen daar niet onder (art. 3:284 BW).
- *Aanneming van werk*. Hij die uit hoofde van een overeenkomst tot aanneming van werk, een vordering heeft wegens bearbeiding van een zaak, heeft op die zaak een bijzonder voorrecht, mits hij persoonlijk aan de uitvoering heeft deelgenomen (art. 3:285 BW).

Ad 2c Algemene voorrechten
Algemene voorrechten (art. 3:288 BW) zijn onder andere:
- kosten van de aanvraag van het faillissement;
- kosten van lijkbezorging;
- pensioentermijnen;
- loon in ruime zin over het lopende en voorafgaande kalenderjaar, beide voorafgaand aan de datum van het faillissementsvonnis.

Concurrente crediteuren

Ad 2d Concurrente crediteuren
De vorderingen van handelscrediteuren die goederen op rekening hebben verkocht aan de gefailleerde onderneming, vallen onder de concurrente crediteuren. Tot de concurrente crediteuren behoren ook degenen die een lening aan de onderneming hebben verstrekt en daarbij geen zekerheden (zoals pand of hypotheek) hebben bedongen.

Achtergestelde leningen

Ad 2e Achtergestelde leningen
We spreken van een achtergestelde lening (art. 3:277 lid 2 BW) als de schuldenaar en schuldeiser onderling zijn overeengekomen dat de vordering van de schuldeiser wordt terugbetaald nadat de vorderingen van andere schuldeisers zijn voldaan. Eerst moeten de vorderingen van alle voorgaande schuldeisers worden voldaan, voordat de verstrekkers van het achtergestelde vreemd vermogen iets ontvangen. In geval van faillissement is de kans klein dat er voor de verstrekkers van achtergestelde leningen nog iets overblijft.

13.3.4 Positie van de geldgever (schuldeiser)

De wijze waarop een faillissement wordt afgewikkeld en de volgorde bij de verdeling van de opbrengst van de activa is ook van belang voor het inschatten van de risico's van de kredietverstrekkers en voor het bepalen van de waarde van hun vorderingen.
Als er geen zekerheden zijn gesteld, worden de schuldeisers ingedeeld bij de concurrente crediteuren en is de kans groot dat een belangrijk gedeelte van hun vorderingen niet geïncasseerd kan worden. Als een onderneming onroerend goed of voorraden bezit, kunnen deze als zekerheid dienen. De geldnemer kan op basis van deze bezittingen vreemd vermogen aantrekken. Voor de geldgever geeft de aanwezigheid van deze activa enige zekerheid in het geval de onderneming (geldnemer) niet in staat is zijn verplichtingen na te komen. Vooral banken zullen bij het verstrekken van vreemd vermogen zekerheden (in de vorm van bijvoorbeeld hypotheek of pand) vragen.

Inzicht in de afwikkeling van een faillissement is ook van belang voor de waardering van de vorderingen op afnemers. Vorderingen op afnemers staan onder de naam Debiteuren aan de debetzijde van de balans. Als een onderneming failliet is verklaard, zullen de vorderingen op deze afnemer lager gewaardeerd moeten worden en moet de balanspost Debiteuren worden verlaagd. Door de daling van de waarde van de balanspost Debiteuren daalt ook het eigen vermogen van de onderneming. Voor een juiste bepaling van de (intrinsieke) waarde van een onderneming is inzicht in de waarde van de vorderingen (zoals debiteuren bij een handelsonderneming of verstrekte leningen bij bankinstellingen) van belang.

Samenvatting

In tijden van prijsstijgingen bestaat het gevaar dat de prijsstijging van de voorraden in de winst wordt opgenomen. Als een in hoeveelheid gelijkblijvende voorraad in prijs stijgt, neemt de voorraad in geld gemeten (nominaal) toe. In aantal goederen (substantie) is er echter geen vooruitgang, zodat er in feite geen sprake is van winst. Winst wordt in dit verband gedefinieerd als het bedrag dat aan de onderneming kan worden onttrokken zonder dat daardoor de omvang van de onderneming wordt aangetast.
De fifo-methode en de methode van de gemiddelde inkoopprijs berekenen een winst in nominalistische zin. Bij deze methoden komt de prijsstijging van de voorraden (gedeeltelijk) in de winst terecht. Volledige uitkering van deze winst leidt tot een vermindering van de omvang van de onderneming. Deze methoden berekenen in tijden van prijsstijgingen een te hoog winstbedrag.
De lifo-methode houdt de prijsstijgingen gedeeltelijk buiten de winst. Deze methode slaagt daar met name in als er regelmatig in- en verkopen plaatsvinden, waardoor recente prijzen als inkoopprijzen van de verkochte goederen worden berekend.
Ondanks de theoretische voordelen van de vervangingswaardemethode is het in de praktijk gebruikelijk te waarderen op basis van historische kosten. Het nadeel van de vervangingswaardemethode is het feit dat de vervangingswaarde van activa moeilijk vast te stellen is. Dit geldt met name voor vaste activa die reeds geruime tijd geleden zijn aangeschaft.
Vanaf 1 januari 2005 moeten de jaarrekeningen van Europese beursgenoteerde ondernemingen voldoen aan IFRS (International Financial Reporting Standards). IFRS staat waardering van voorraden op basis van lifo niet toe.
Ongeacht het systeem dat gekozen wordt, is toepassing van (een variant van) de minimumwaarderingsregel gebruikelijk. Deze regel is een toepassing van het realisatiebeginsel. Dit beginsel vloeit weer voort uit het voorzichtigheidsbeginsel. Deze begrippen bespreken we in hoofdstuk 14.
Uit de berekeningen op basis van het voorbeeld uit subparagraaf 13.1.4 blijkt dat alle methoden tot een verschillend resultaat leiden. Wat onder winst wordt verstaan, is blijkbaar niet eenduidig vast te stellen. De mutatie in de liquide middelen is echter bij alle methoden gelijk. Dit verklaart de uitspraak: 'cash is a fact, profit an opinion'.
Wat de waarde van activa betreft, kan een soortgelijke uitspraak worden gedaan. Het blijkt dat de waardering bij een going-concern afwijkt van de waardering in geval van faillissement, terwijl bij fusie en overname weer andere factoren invloed hebben op de waarde. Het feit dat de waarde van iets afhankelijk is van de situatie waarin de waardering plaatsvindt, wordt kernachtig weergegeven door de uitspraak: 'different values for different situations'.

Begrippenlijst

Achtergestelde lening — Een lening waarbij de schuldenaar en schuldeiser zijn overeengekomen dat de vordering van de schuldeiser wordt terugbetaald nadat de vorderingen van andere schuldeisers zijn voldaan.

Actuele waarde — Waardering tegen de vervangingswaarde, opbrengstwaarde of bedrijfswaarde. Welke waarde van toepassing is, hangt af van de concrete situatie.

Bedrijfswaarde — Contante waarde van de geschatte toekomstige in- en uitgaande kasstromen bij voortgezet gebruik van het actief en bij het uiteindelijk afstoten aan het einde van de economische levensduur.

Bodemvoorrecht — Het voorrecht dat (alleen) de fiscus heeft om beslag te laten leggen op goederen die zich op het grondgebied (de bodem) van de failliet bevinden.

Boedelschulden — Schulden die zijn ontstaan in de periode die volgt op het moment waarop het faillissement is uitgesproken.

Boekenonderzoek — Zie: due diligence.

Boekwaarde — De waarde van activa, schulden en eigen vermogen zoals die blijkt uit de balans.

Cashflow — Netto-ingaande geldstroom. Als we veronderstellen dat er geen wijziging optreedt in het nettowerkkapitaal geldt:
cashflow = winst na belastingen + afschrijvingen.

Curator — Functionaris die door de rechter-commissaris wordt aangesteld en belast is met het beheer en de vereffening van de failliete boedel.

Directe opbrengstwaarde — Verkoopprijs die gerealiseerd wordt bij verkoop van een product of productiemiddel.

Due diligence — Een onderzoek naar de financiële positie en waarde van een onderneming, dat in het kader van een overname of fusie plaatsvindt.

Economische voorraad — De technische voorraad + reeds bestelde maar nog niet ontvangen goederen − reeds verkochte maar nog niet geleverde goederen = de voorraad waarover prijsrisico wordt gelopen.

Executiewaarde — De waarde van activa die kan worden gerealiseerd door de activa op een veiling te verkopen.

Faillissement — Een situatie waarin een organisatie heeft opgehouden te betalen.

Faillissementsschulden — Schulden die zijn ontstaan in de periode die voorafgaat aan het moment waarop het faillissement is uitgesproken.

Fifo	Resultaatbepalingsmethode waarbij gedaan wordt alsof de goederen die het eerst zijn gekocht, het eerst worden verkocht ('first in, first out').
Fusie	Samenvoeging van min of meer gelijkwaardige bedrijven.
Gemiddelde inkoopprijs	Prijs waartegen de inkopen gemiddeld zijn gedaan; na elke nieuwe inkoop wordt de gemiddelde inkoopprijs opnieuw berekend.
Going-concern	Een onderneming die van plan is haar activiteiten voort te zetten.
Going-concern-waarde	Waarde van activa, als ze worden gebruikt in de onderneming waartoe ze behoren.
Goodwill	Het positieve verschil tussen de aankoopsom en de intrinsieke waarde.
IFRS	International Financial Reporting Standards: internationaal geldende richtlijnen waaraan de jaarrekening van beursgenoteerde ondernemingen buiten de Verenigde Staten van Amerika moet voldoen.
Inhaalafschrijving	Extra afschrijving ten gevolge van een stijging van de vervangingswaarde van duurzame activa.
Intrinsieke waarde	De waarde van de activa minus de waarde van de schulden. De activa worden hierbij gewaardeerd tegen de actuele waarde.
Lifo	Resultaatbepalingsmethode waarbij per transactie gedaan wordt alsof de goederen die het laatst zijn gekocht, het eerst worden verkocht ('last in, first out').
Liquidatiewaarde	Opbrengst van de activa bij een (gedwongen) verkoop.
Minimum-waarderingsregel	Waarderingsregel waarbij de waarde van de productiemiddelen gebaseerd wordt op de laagste van de historische inkoopprijs, de vervangingsprijs (vervangingswaarde) en de verkoopprijs (opbrengstwaarde).
Netto-ingaande geldstroom	Ingaande geldstromen minus uitgaande geldstromen.
NMa	Nederlandse Mededingingsautoriteit: overheidsinstelling die erop toeziet dat er voldoende concurrentie in de branche blijft bestaan en die toestemming moet geven voor een voorgenomen fusie of overname.
Nominalisme	Methode van waardering en resultaatbepaling waarbij geen rekening wordt gehouden met geldontwaarding (euro = euro-regel).
Onderhandse verkoopwaarde	De waarde van activa die kan worden gerealiseerd door de activa onderhands (buiten een veiling om) te verkopen.
Opbrengstwaarde	Bedrag waarvoor een bepaald actief kan worden verkocht, onder aftrek van kosten (directe opbrengstwaarde).
Overname	Samenvoeging van twee bedrijven, waarbij een grote onderneming een kleinere overneemt.

Pand	Vorm van zekerheidstelling waarbij roerende zaken als zekerheid dienen.
Rentabiliteitswaarde	Contante waarde van de verwachte netto-ingaande geldstromen.
Separatisten	Schuldeisers die, in geval van faillissement van de schuldenaar, hun vordering op de boedel kunnen verhalen alsof er geen faillissement zou zijn. Separatisten zijn de houders van het recht van hypotheek en van het vuistpandrecht.
Substantialisme	Methode van waardering en resultaatbepaling waarbij rekening wordt gehouden met geldontwaarding.
Synergie	Een situatie waarbij door samenvoeging van bepaalde activiteiten voordelen worden behaald, waardoor de waarde van het geheel meer bedraagt dan de som van de afzonderlijke onderdelen.
Taxateur	Een specialist die op basis van zijn deskundigheid in staat wordt geacht de waarde van materiële en immateriële activa te bepalen.
Technische voorraad	De werkelijke in de onderneming aanwezige voorraad.
UWV	Uitvoeringsinstituut Werknemers Verzekeringen.
Vervangingswaarde	Het bedrag dat bij de huidige prijzen nodig zou zijn om het goed te vervangen door een goed dat voor de bedrijfsuitoefening in economisch opzicht eenzelfde betekenis heeft.
Vervangingswaardemethode	Methode van waardering en resultaatbepaling die uitgaat van de vervangingswaarde.
Winst	Opbrengsten minus kosten.

Meerkeuzevragen

13.1 In tijden van prijsstijgingen (inflatie) berekenen de nominalistische resultaatbepalingsmethoden een resultaat
   a dat volledig uitkeerbaar is.
   b waarin de invloed van prijsstijgingen buiten het resultaat wordt gehouden.
   c dat niet (volledig) uitkeerbaar is.

13.2 Waardering tegen de actuele waarde komt overeen met waardering tegen
   a de vervangingswaarde.
   b de (directe) opbrengstwaarde.
   c de bedrijfswaarde (indirecte opbrengstwaarde).
   d de vervangingswaarde of (directe) opbrengstwaarde of bedrijfswaarde.

13.3 Bij de fifo-methode wordt de eindvoorraad gewaardeerd tegen
   a de laatst betaalde inkoopprijzen.
   b de eerst betaalde inkoopprijzen.
   c de actuele waarde.
   d een vaste prijs.

13.4 In tijden van voortdurende prijsstijgingen (en regelmatige in- en verkopen) wordt het hoogste resultaat behaald bij toepassing van
   a fifo.
   b de gemiddelde prijs.
   c lifo.

13.5 Bij welke van de volgende methoden om het resultaat te bepalen worden de individuele onderdelen waaruit de voorraden zijn opgebouwd altijd tegen een en dezelfde prijs gewaardeerd?
   a Fifo.
   b Gemiddelde prijs.
   c Lifo.

13.6 Welke van de volgende methoden heeft in tijden van voortdurende prijsstijgingen (en regelmatige in- en verkopen) de hoogste voorraadwaardering?
   a Fifo.
   b Gemiddelde prijs.
   c Lifo.

13.7 Welke van de volgende waarderingen gaat uit van de economische benadering?
   a De boekwaarde.
   b De rentabiliteitswaarde.
   c De intrinsieke waarde.
   d De executiewaarde.

13.8 Stelling 1: Faillissementsschulden ontstaan na het moment waarop het faillissement is uitgesproken.
Stelling 2: Boedelschulden ontstaan in de periode die voorafgaat aan het moment waarop het faillissement is uitgesproken.
a Stelling 1 en stelling 2 zijn juist.
b Stelling 1 is juist, stelling 2 is onjuist.
c Stelling 1 is onjuist, stelling 2 is juist.
d Stelling 1 en stelling 2 zijn onjuist.

13.9 Stelling 1: Faillissementsschulden hebben bij faillissement voorrang boven boedelschulden.
Stelling 2: Concurrente crediteuren hebben bij faillissement voorrang boven verstrekkers van achtergestelde leningen.
a Stelling 1 en stelling 2 zijn juist.
b Stelling 1 is juist, stelling 2 is onjuist.
c Stelling 1 is onjuist, stelling 2 is juist.
d Stelling 1 en stelling 2 zijn onjuist.

Dit hoofdstuk is tot stand gekomen in samenwerking met Babil Demirdag RA. Hij is accountant bij accountantskantoor Ernst & Young in Arnhem (zie foto). Als openbaar accountant houdt hij zich bezig met het controleren van de jaarrekening van grote ondernemingen. Internationaal geaccepteerde standaarden spelen daarbij een belangrijke rol.

Externe verslaggeving

14

14.1 Externe verslaggeving vanuit een internationaal perspectief
14.2 Functies van verslaggeving
14.3 Wettelijke verplichtingen
14.4 Financieel verslag
14.5 Publicatieplicht
14.6 Hoofdindeling van de balans
14.7 Hoofdindeling van de winst- en verliesrekening
14.8 Modellen voor de balans en de winst- en verliesrekening
14.9 Rechtspleging inzake het financieel verslag
14.10 Financieel verslag als verantwoording
Samenvatting
Begrippenlijst
Meerkeuzevragen

Interne verslaggeving houdt zich bezig met de interne informatieverzorging voor de leiding van de onderneming. De onderneming kan de inhoud en vorm van de interne informatieverzorging zelf bepalen. Deze informatie wordt door de leiding gebruikt om de onderneming (bij) te sturen. Ze wordt daarom ook wel stuurinformatie genoemd. Externe verslaggeving, het onderwerp van dit hoofdstuk, houdt zich daarentegen bezig met de berichtgeving ten behoeve van belanghebbenden buiten de onderneming. Gezien het maatschappelijk belang van een juiste informatieverschaffing aan externe belanghebbenden zijn er wettelijke voorschriften opgesteld. Deze voorschriften hebben betrekking op de bepaling van het vermogen van de onderneming en op de wijze waarop de bedrijfsresultaten moeten worden berekend. Ook de vorm, inhoud en frequentie van de externe informatieverstrekking worden door de wet in grote lijnen voorgeschreven. Deze wettelijke voorschriften zijn vastgelegd in Boek 2, titel 9 van het Burgerlijk Wetboek.

Door het internationale karakter van de financiële markten en het bedrijfsleven in het algemeen is het belang van internationaal geldende standaarden sterk toegenomen. Belanghebbenden bij grote internationaal opererende bedrijven kunnen over de gehele wereld zijn verspreid. Deze belanghebbenden (waaronder institutionele beleggers) willen bij de keuze van hun beleggingen bedrijven over de gehele wereld met elkaar kunnen vergelijken en zijn gebaat bij internationaal geldende richtlijnen om ondernemingen te waarderen en hun resultaten te bepalen. Ook aan deze aspecten besteden we in dit hoofdstuk aandacht.

14.1 Externe verslaggeving vanuit een internationaal perspectief

Moderne communicatie- en transportmogelijkheden leiden ertoe dat steeds meer organisaties internationaal gaan opereren. Een e-mail is binnen een seconde over de hele wereld verstuurd, terwijl met behulp van internet snel informatie over bepaalde transacties en organisaties in andere landen is te verkrijgen. Mede door deze ontwikkelingen zijn de markten waarop organisaties hun producten of diensten aanbieden steeds minder aan nationale grenzen gebonden. Dit geldt zeker voor grote ondernemingen. Bedrijven als Shell, Ahold en Unilever werken wereldwijd en hebben vestigingen in verschillende landen en trekken hun eigen en vreemd vermogen aan via de effectenbeurzen in Europa, Amerika en andere werelddelen. Bij het verstrekken van financiële informatie moeten deze bedrijven voldoen aan de voorschriften die gelden in het land waarin ze zijn gevestigd of genoteerd. Ieder land heeft eigen regels, waardoor bedrijven verplicht zijn verschillende versies van hun winst- en verliesrekening en balans op te stellen. Dit kan ertoe leiden dat een resultaat berekend volgens de Amerikaanse standaarden (in belangrijke mate) afwijkt van het resultaat dat volgens de Europese standaarden is opgesteld.

Bepaalde organisaties stellen richtlijnen voor de jaarverslaggeving op, die ondernemingen moeten naleven bij het opstellen van hun jaarrekening. Accountants controleren of de jaarrekening is opgesteld volgens de wet- en regelgeving die geldt voor de onderneming. We behandelen slechts summier de organisaties die betrokken zijn bij het opstellen van de richtlijnen voor de jaarverslaggeving. Daarbij beperken we ons tot Europa en de Verenigde Staten van Amerika (United States = US).

FASB

US GAAP

De 'Financial Accounting Standards Board' (FASB) is de organisatie die de in de Verenigde Staten algemeen aanvaarde grondslagen voor de financiële verslaggeving bepaalt en vastlegt in standaarden. De richtlijnen van de FASB staan bekend onder de naam United States Generally Accepted Accounting Principles (US GAAP). In Europa kent ieder land in principe zijn eigen richtlijnen. Zo kennen we de UK GAAP, German GAAP, French GAAP enzovoort. In Nederland bepaalt de Raad voor de Jaarverslaggeving (RJ) de Nederlandse regelgeving, de Dutch GAAP.

IASB

IFRS

Zeker in het licht van de globalisering is het niet verwonderlijk dat de behoefte groot is om de landelijke richtlijnen om te zetten in internationaal geldende richtlijnen (met uitzondering van de US, die hun eigen US GAAP willen behouden). Internationaal is hiertoe de 'International Accounting Standards Board' (IASB) opgericht, een soort 'tegenhanger' van de FASB. De richtlijnen die de IASB heeft opgesteld, dragen de naam 'International Financial Reporting Standards' (IFRS). De IASB streeft naar uniformering van kwalitatief hoogwaardige internationale standaarden voor de verslaggeving.

Dutch GAAP

De Europese Unie heeft een verordening vastgesteld, op grond waarvan *beursgenoteerde* ondernemingen sinds 1 januari 2005 verplicht zijn hun geconsolideerde jaarrekening op te stellen volgens IFRS. Voor Nederlandse, niet-beursgenoteerde ondernemingen blijft voorlopig Dutch GAAP van toepassing. De Europese richtlijn biedt echter wel de mogelijkheid dat de nationale wetgever de IFRS-richtlijnen ook van toepassing verklaart op de laatstgenoemde ondernemingen. Ook in Nederland is de toepassing van IFRS voor Nederlandse, niet-beursgenoteerde ondernemingen op vrijwillige basis mogelijk.

We geven de situatie die vanaf 1 januari 2005 geldt in tabel 14.1 kort weer.

Tabel 14.1 Richtlijnen voor de jaarverslaggeving vanaf 1 januari 2005

	Europese beursgenoteerde ondernemingen	Nederlandse niet-beursgenoteerde ondernemingen	United States
Regelgever	IASB	Wetgever en/of Raad voor de Jaarverslaggeving (RJ)	FASB
Regels voor de jaarverslaggeving	IFRS	Titel 2.9 BW en vrijwillige toepassing IFRS	US GAAP

SEC

Er bestaan nog steeds verschillen tussen US GAAP en IFRS, hetgeen voor internationaal opererende bedrijven lastig kan zijn. De FASB en IASB streven echter naar een nauwere samenwerking. Dit heeft ertoe geleid dat ze ten aanzien van bepaalde onderwerpen (zoals de 'revenue recognition standard') bijna volledig overeenkomende richtlijnen hebben opgesteld. In Amerika is de 'Security Exchange Committee' (SEC) belast met het toezicht op de werking van de Amerikaanse effectenbeurzen. De SEC staat toe dat buitenlandse bedrijven die een notering hebben op een Amerikaanse effectenbeurs hun jaarrekening opstellen volgens IFRS.

De samenwerking tussen de FASB en de IASB kan er in de toekomst mogelijk toe leiden dat er een GAAP komt, die wereldwijd wordt geaccepteerd (Global GAAP).

IFRS SME

IFRS, dat van toepassing is op beursgenoteerde ondernemingen, is vanaf juli 2009 ook in afgeslankte vorm beschikbaar voor (kleinere) niet-beursgenoteerde ondernemingen. De afgeslankte vorm staat bekend als IFRS SME, waarbij SME staat voor Small and Medium-sized Entities (= middelgrote organisaties).

In dit hoofdstuk besteden we met name aandacht aan de externe verslaggeving voor zover die betrekking heeft op Nederlandse niet-beursgenoteerde ondernemingen. Op deze ondernemingen is Titel 2.9 BW en Dutch GAAP van toepassing.

14.2 Functies van verslaggeving

Verslaggeving

Verslaggeving is het proces van het verzamelen, groeperen en verstrekken van (financiële) gegevens ten behoeve van belanghebbenden binnen en buiten de onderneming.
De functies die door de verslaggeving worden vervuld, zijn:
1 informatievoorziening ten behoeve van de besluitvorming binnen de onderneming (*beslissingsondersteunende functie*);
2 verstrekken van informatie over de voortgang van de werkzaamheden binnen de onderneming. Op basis van deze informatie kan het management beslissen of er moet worden bijgestuurd (*beheersingsfunctie* of *stuurfunctie*);
3 het afleggen van verantwoording (*verantwoordingsfunctie*);
4 informatievoorziening voor het nemen van economische beslissingen door externe gebruikers van de jaarrekening.

Ad 1 Beslissingsondersteunende functie
Het interne verslaggevingssysteem levert de informatie die nodig is om beslissingen te onderbouwen. Voor zover informatie wordt verstrekt aan de *leidinggevenden binnen een onderneming*, spreken we van interne verslaggeving ('management accounting'). Omdat deze informatie alleen bestemd is voor gebruik binnen de onderneming, is de onderneming vrij in de wijze waarop zij de interne verslaggeving tot stand brengt. Bij de beslissingsondersteunende functie maken we regelmatig gebruik van berekeningen die de financiële gevolgen van bepaalde alternatieven in kaart brengen. Deze financiële gevolgen zullen vaak een (doorslaggevende) rol spelen bij het nemen van een beslissing.

Interne verslaggeving

Ad 2 Beheersingsfunctie
Met name de bestuurders (Raad van Bestuur en managers), controller en treasurer van een organisatie zijn belast met de beheersingsfunctie binnen een organisatie. Zij hebben tot taak erop toe te zien dat de organisatie zich in de gewenste richting ontwikkelt. Als dat niet het geval is, zullen zij corrigerend optreden. Informatie die daarvoor nodig is, bestaat onder andere uit budgetten, nacalculaties en verschillenanalyses. De informatie die daarin is opgenomen noemen we *stuurinformatie*; informatie die wordt gebruikt om de organisatie te besturen.

De beslissingsondersteunende en beheersingsfuncties van verslaggeving hebben we in de delen 2 en 3 aan de orde gesteld.

Ad 3 Verantwoordingsfunctie
In dit hoofdstuk staat de verantwoordingsfunctie van verslaggeving centraal.
De directie van bijvoorbeeld een naamloze vennootschap zal periodiek (meestal per jaar) verantwoording moeten afleggen aan de aandeelhouders tijdens de Algemene Vergadering van Aandeelhouders (AVA). De aandeelhouders van een nv zijn de eigenaren van de nv en hebben het bestuur ervan overgedragen aan de Raad van Bestuur. De aandeelhouders wensen op te hoogte gehouden te worden van de (financiële) prestaties van de onderneming, zodat zij kunnen beoordelen in welke mate de gestelde doelen zijn gehaald. De Raad van Bestuur heeft de mogelijkheid tijdens de AVA verantwoording af te leggen over het in het afgelopen verslagjaar gevoerde beleid.

Ad 4 Informatievoorziening aan externe belanghebbenden
Het verstrekken van informatie aan belanghebbenden buiten de onderneming noemen we externe verslaggeving ('financial accounting'). Tot deze externe belanghebbenden behoren naast de aandeelhouders onder andere de verschaffers van vreemd vermogen, (vertegenwoordigers van) werknemers en de overheid.

Externe verslaggeving

Boekhouding

De boekhouding van een onderneming is een belangrijk uitgangspunt voor de verslaggevingsfunctie. De boekhouding, waarin op systematische wijze aantekening wordt gemaakt van financiële gegevens, vervult met name de *verantwoordingsfunctie*. Hierbij kunnen we denken aan de registratie van de inkoop van productiemiddelen, de verkoop van eindproducten, de omvang van bezittingen en schulden en de grootte van het eigen vermogen. Een totaaloverzicht van al deze financiële gegevens wordt periodiek vastgelegd in de vorm van een winst- en verliesrekening en een balans.

Bij het opstellen van de externe verslaggeving is de onderneming gebonden aan wettelijke voorschriften. Daarin zijn de frequentie, de vorm en de inhoud van de externe verslaggeving globaal vastgelegd. Deze wettelijke voorschriften zijn in Nederland nader uitgewerkt in de Richtlijnen, die worden uitgevaardigd door de Raad voor de Jaarverslaggeving (RJ).

De verschillende vormen van verslaggeving en de onderdelen waaruit ze zijn opgebouwd, geven we in figuur 14.1 weer. Interne verslaggeving is daarbij synoniem aan management accounting, terwijl externe verslaggeving overeenkomt met financial accounting.

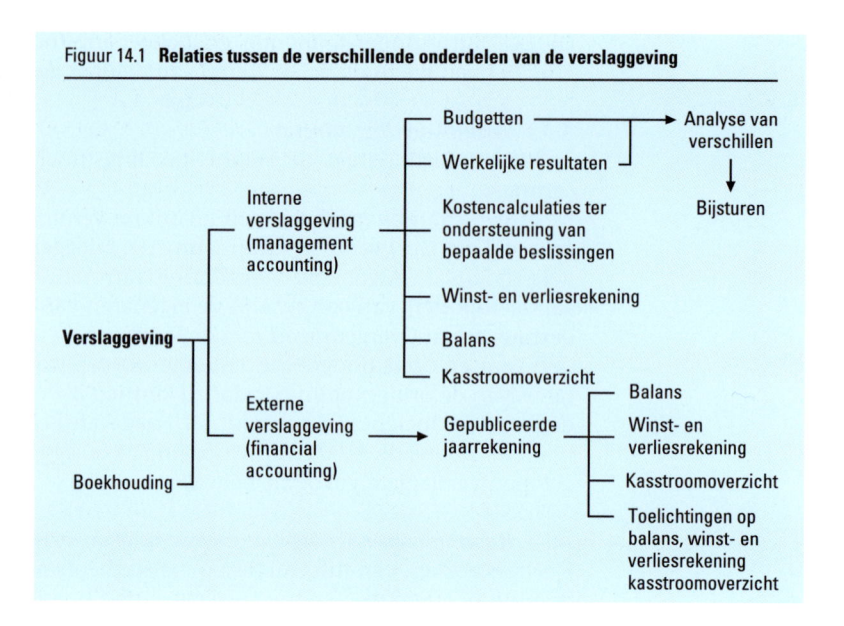

Figuur 14.1 **Relaties tussen de verschillende onderdelen van de verslaggeving**

```
                              ┌─ Budgetten ─────────┐   Analyse van
                              │                     │→  verschillen
                              ├─ Werkelijke resultaten ┘
                              │                         ↓
               Interne        ├─ Kostencalculaties ter   Bijsturen
               verslaggeving  │  ondersteuning van
               (management    │  bepaalde beslissingen
               accounting)    │
                              ├─ Winst- en verliesrekening
Verslaggeving ┤               ├─ Balans
                              └─ Kasstroomoverzicht
                                                      ┌─ Balans
               Externe                                │
               verslaggeving    Gepubliceerde         ├─ Winst- en
               (financial    →  jaarrekening          │  verliesrekening
Boekhouding ┘  accounting)                            ├─ Kasstroomoverzicht
                                                      │
                                                      └─ Toelichtingen op
                                                         balans, winst- en
                                                         verliesrekening
                                                         kasstroomoverzicht
```

De boekhouding legt financiële gegevens vast en rubriceert ze, waarna ze zowel voor interne verslaggeving als voor externe verslaggeving worden gebruikt. Deze financiële gegevens hebben onder andere betrekking op geldstromen (geldontvangsten en gelduitgaven), op goederenstromen (registratie van activa) en op kosten en opbrengsten (winst- en verliesrekening).

Controller

De controller is de functionaris die binnen de organisatie verantwoordelijk is voor het opstellen van begrotingen en de registratie van financiële gegevens. Ook het rapporteren (onder andere in de vorm van de balans en winst- en verliesrekening) en de analyse en beoordeling van resultaten behoren tot zijn takenpakket.

NBA

Op 11 december 2012 is de Wet op het accountsberoep (Wba) vastgesteld. Deze wet is van kracht vanaf 1 januari 2013 en regelt de formele oprichting van de Nederlandse Beroepsorganisatie van Accountants (NBA): een fusie tussen het Koninklijk Nederlands Instituut van Registeraccountants (NIVRA) en de Nederlandse Orde van Accountants-Administratieconsulenten (NOvAA). Op grond van de Wba moet een onderneming (die onder de wet valt) iedere acht jaar van accountantskantoor wisselen en mag een accountantskantoor dat de controlewerkzaamheden verricht geen andere (advies-) werkzaamheden voor dezelfde klant verrichten.

De werkzaamheden van een controller en accountant kunnen elkaar voor een deel overlappen. In het algemeen kunnen we stellen dat de controller zich meer bezighoudt met de financiële besturing van een organisatie (met behulp van onder meer budgetten), terwijl een accountant zich meer richt op de samenstelling en de controle van de jaarrekening.

Externe accountant

Op grond van wettelijke voorschriften moeten bepaalde financiële overzichten die bestemd zijn voor *externe* gebruikers worden gecontroleerd door een *externe* accountant (zie ook paragraaf 14.5). Om als externe accountant te kunnen werken, moet de accountant een vergunning aanvragen bij de Autoriteit Financiële markten (AFM). Zonder een toestemming van de AFM mag een accountant geen wettelijke controles uitvoeren. Een *externe* accountant is niet in dienst van de organisatie waarvan hij of zij de jaarrekening controleert. Externe accountants zijn werkzaam bij of verbonden aan een accountantsorganisatie zoals Ernst & Young, KPMG, Deloitte en PriceWaterhouseCoopers (the big four). Deze organisatie moet op grond van de Wet toezicht accountantsorganisaties (Wta) beschikken over een vergunning van de Autoriteit Financiële Markten (AFM) en staat onder toezicht van de AFM. De externe accountant heeft tot taak de getrouwheid van de jaarrekening te onderzoeken. Getrouw betekent niet dat alle informatie in de jaarrekening voor 100% juist zal zijn, maar wel dat de informatie in de jaarrekening een getrouw (goed) beeld geeft van onder andere de waarde en de behaalde resultaten van de organisatie. Wil daaraan voldaan worden dan moet de informatie onder andere volledig, tijdig en onpartijdig zijn. Een interne accountant werkt meestal bij een grote organisatie. De interne accountant controleert de interne financiële verantwoording en is vaak betrokken bij de totstandkoming van de interne jaarrekening. Interne accountants verrichten hun werkzaamheden voor de organisatie waarbij ze in dienst zijn en voeren geen wettelijke controle uit bij derden.

Autoriteit Financiële Markten

Interne accountant

14.3 Wettelijke verplichtingen

Externe verslaggeving heeft betrekking op de financiële gegevens die ondernemingen beschikbaar stellen aan externe belanghebbenden. Hiertoe rekenen we met name: aandeelhouders, (vertegenwoordigers van) werknemers, de overheid (fiscus) en verschaffers van vreemd vermogen.

In Boek 2, titel 9 van het Burgerlijk Wetboek zijn wettelijke voorschriften opgenomen. De wet is onder andere op de volgende rechtspersonen van toepassing:
- de coöperatie;
- de onderlinge waarborgmaatschappij;
- de naamloze vennootschap;
- de besloten vennootschap met beperkte aansprakelijkheid, banken, verzekeringsmaatschappijen en beleggingsinstellingen, ongeacht de rechtsvorm waarin zij worden uitgeoefend;
- verenigingen en stichtingen die een onderneming drijven en aan bepaalde omvangscriteria voldoen.

Voor een beschrijving van deze rechtspersonen verwijzen we naar hoofdstuk 2.

Bestuursverslag

De wettelijke voorschriften (Titel 9 Boek 2 BW) hebben betrekking op de jaarrekening, de toelichtingen bij de jaarrekening, het bestuursverslag (wordt ook wel directieverslag genoemd) en de overige gegevens.

In Titel 9 Boek 2 BW wordt het directieverslag (het bestuursverslag) over het afgelopen boekjaar aangeduid als jaarverslag. Ondernemingen waarop Titel 9 Boek 2 BW van toepassing is, moeten deze financiële informatie (de jaarrekening met toelichtingen, het directieverslag en de overige gegevens) voor iedere belanghebbende of belangstellende beschikbaar stellen.

Jaarverslag

Vaak stelt de onderneming een mooi boekwerkje op, waarin naast de wettelijk verplichte informatie ook op vrijwillige basis aanvullende informatie over bijvoorbeeld de producten of diensten en over het gevoerde personeelsbeleid wordt opgenomen. In het spraakgebruik wordt dit boekwerkje aangeduid met de term jaarverslag.

Omdat dit hoofdstuk voornamelijk gaat over de wettelijke verplichtingen, zullen we ons beperken tot de jaarrekening, de toetingen bij de jaarrekening, het bestuursverslag (directieverslag) en de overige gegevens. Deze wettelijk verplichte financiële informatie duiden we in dit boek aan met financieel verslag.

De inhoud, de vorm, de frequentie en de wijze van publicatie van de wettelijk verplichte informatie wordt door de wet globaal voorgeschreven.

Ook kunnen op grond van *andere wettelijke* regelingen of afspraken *bepaalde groepen* belanghebbenden van informatie worden voorzien.

Wet financieel toezicht

Ondernemingen waarvan de aandelen op de officiële markt van Euronext zijn genoteerd, zijn op grond van de Wet op het financiële toezicht (Wft) verplicht bepaalde informatie aan de aandeelhouders te verstrekken. Deze ondernemingen moeten onder andere iedere gebeurtenis die een aanmerkelijke invloed op de koers van het fonds (aandeel) kan hebben, terstond publiceren. Op grond van de Wet op de ondernemingsraden is de leiding van de onderneming verplicht de ondernemingsraad in te lichten over belangrijke beslissingen, zoals bedrijfsreorganisaties. De informatie die aan de belastingdienst moet worden verstrekt, is vastgelegd in de fiscale wetgeving. Ook de verstrekkers van vreemd vermogen hebben veelal afspraken gemaakt met de leiding van de onderneming over de informatie die (periodiek) aan hen moet worden verstrekt.

Kasstroomoverzicht

Naast de wettelijk voorgeschreven gegevens kunnen ondernemingen *op vrijwillige basis* aanvullende informatie in het jaarverslag opnemen. Hiertoe behoren onder andere gegevens over hun producten, afzetmarkten, de toegevoegde waarde en het kasstroomoverzicht. Voor grote en middelgrote ondernemingen stelt de Raad voor de Jaarverslaggeving (RJ) een kasstroomoverzicht verplicht. In het kader van maatschappelijk verantwoord ondernemen kan de onderneming ook een duurzaamheidverslag opstellen.

Milieuverslag
Maatschappelijk jaarverslag

Naast het jaarverslag *kan* een maatschappelijk jaarverslag en/of een milieuverslag worden opgesteld. In het maatschappelijk jaarverslag schenkt de onderneming aandacht aan haar maatschappelijke verantwoordelijkheid, terwijl het milieuverslag de gevolgen van het door de onderneming uitgevoerde productieproces voor het milieu weergeeft. Ook worden de maatregelen die getroffen of in voorbereiding zijn om de negatieve gevolgen voor het milieu te beperken daarin opgenomen.

Duurzaamheidsverslag

Integrated reporting

Informatie die in eerste instantie op vrijwillige basis wordt verstrekt, kan op een later moment verplicht worden. Zo worden er op Europees inveau afspraken gemaakt over integrated reporting. Dat is een nieuwe vorm van verantwoorden waarbij de waardecreatie en de gevolgen van een bepaalde organisatie voor de samenleving als geheel centraal staan. Een geïntegreerd jaarverslag weerspiegelt de organisatiestrategie en laat op een transparante manier zien hoe een organisatie presteert, welke invloed zij heeft op haar omgeving en wat de risico's zijn waaraan zij is blootgesteld. Investeerders en andere belanghebbenden vragen om financiële en niet-financiële informatie, die zowel relevant als begrijpelijk voor hen is. Dat vraagt om een hoge mate van openheid en voor veel organisaties een fundamentele herziening van hun systeem van verslaggeving.

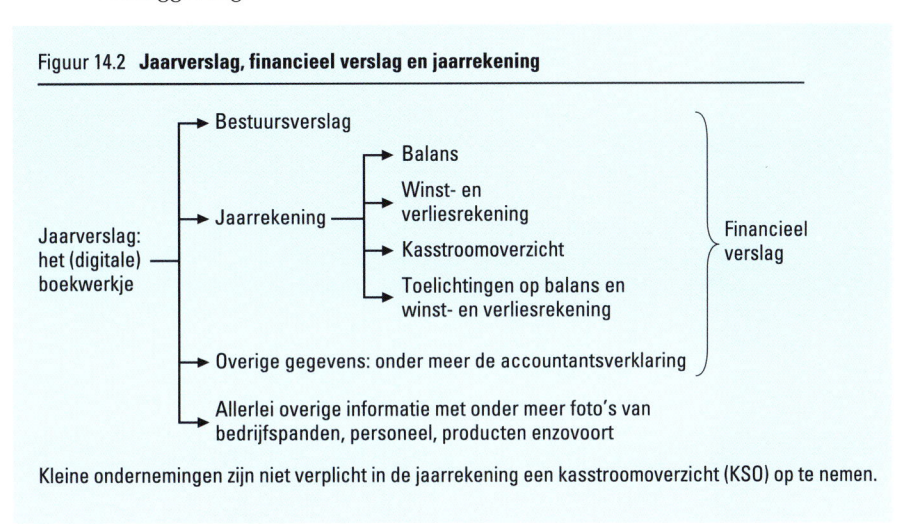

Figuur 14.2 Jaarverslag, financieel verslag en jaarrekening

Jaarverslag: het (digitale) boekwerkje
- Bestuursverslag
- Jaarrekening
  - Balans
  - Winst- en verliesrekening
  - Kasstroomoverzicht
  - Toelichtingen op balans en winst- en verliesrekening
- Overige gegevens: onder meer de accountantsverklaring
- Allerlei overige informatie met onder meer foto's van bedrijfspanden, personeel, producten enzovoort

Financieel verslag = Bestuursverslag + Jaarrekening + Overige gegevens

Kleine ondernemingen zijn niet verplicht in de jaarrekening een kasstroomoverzicht (KSO) op te nemen.

14.4 Financieel verslag

De wetgever heeft voorschriften opgesteld die ondernemingen in acht moeten nemen bij het publiceren van informatie voor externe belanghebbenden. Deze wettelijke voorschriften gelden slechts voor bepaalde ondernemingen. Publiceren houdt in dat (gedeelten van) het financieel verslag beschikbaar wordt (worden) gesteld aan de Kamer van Koophandel waaronder de nv of bv (op basis van de vestigingsplaats die in haar statuten staat vermeld) valt en waar zij in het handelsregister staat ingeschreven. Dit beschikbaar stellen noemen we ook wel deponeren. De wet stelt ook eisen aan de informatie die aan de aandeelhouders van een nv of bv beschikbaar moet worden gesteld. Deze informatie is uitvoeriger dan de informatie die moet worden gepubliceerd.

Publiceren

Het gebruik dat van deze gegevens wordt gemaakt, kan voor iedere geïnteresseerde verschillend zijn:
- De (lokale) overheid kan uit de gepubliceerde cijfers conclusies trekken voor het te voeren werkgelegenheidsbeleid.
- Toeleveranciers kunnen zich een beeld vormen van de kredietwaardigheid van hun afnemers.
- Een afnemer kan zich een oordeel vormen over de continuïteit van de onderneming die een bepaald product aanbiedt.

- Een (potentiële) aandeelhouder kan de winstgevendheid van de onderneming beoordelen.

Om de publicatieverplichtingen binnen de Europese Unie (EU) te stroomlijnen, zijn er door de EU richtlijnen opgesteld. Deze richtlijnen zijn opgenomen in de Vierde Richtlijn. De lidstaten moeten zich, bij het opstellen van de wettelijke voorschriften, aan deze richtlijnen houden. Ook de Nederlandse wetgeving is per 1 januari 1984 met deze voorschriften in overeenstemming gebracht. De voorschriften zijn opgenomen in Boek 2, titel 9 van het Burgerlijk Wetboek.
Als we in het vervolg over de wet of de wettelijke voorschriften spreken, bedoelen we hiermee Boek 2, titel 9 van het Burgerlijk Wetboek.

Financieel verslag
Jaarrekening

De financiële informatie van een onderneming wordt weergegeven in een financieel verslag (waaronder de jaarrekening). De inhoud van het *Jaarverslag* is weergegeven in figuur 14.2.
Het financieel verslag bestaat uit:
1 het bestuursverslag (directieverslag);
2 de jaarrekening;
3 de overige gegevens.

Het financieel verslag kunnen we onder andere zien als een verantwoording door de Raad van Bestuur van het door hem gevoerde beleid. Bij de besluitvorming binnen de ondernemingen zal men zich er terdege van bewust (moeten) zijn, dat de financiële gevolgen van beslissingen uiteindelijk in het financieel verslag worden verwerkt en zullen moeten worden verdedigd. Bij het besturen van ondernemingen is het daarom van groot belang vast te stellen wat de gevolgen van bepaalde beslissingen zijn voor de winst- en verliesrekening en de balans van de onderneming. De winst- en verliesrekening en de balans zijn daarmee belangrijke onderdelen geworden bij het besturen van ondernemingen. Er zal een zodanig beleid moeten worden gevoerd dat de cijfers uit de begrote winst- en verliesrekening en de begrote balans zo veel mogelijk worden gerealiseerd of verbeterd. Deze begrote cijfers staan echter niet ter beschikking aan externe belanghebbenden.
We gaan nu nader op de drie onderdelen van het financieel verslag in.

14.4.1 Bestuursverslag (directieverslag)

Bestuursverslag

In het bestuursverslag geeft het bestuur van de onderneming onder andere zijn visie op het afgelopen verslagjaar weer. Hierin moet bijzondere aandacht worden besteed aan onderwerpen als de omvang en aard van de investeringen, de financiering van de onderneming, de personele bezetting, bestedingen voor research en omstandigheden waarvan de ontwikkeling van de omzet en rentabiliteit afhankelijk zijn. Voor een juiste beoordeling van de financiële positie van een onderneming spelen naast de historische ontwikkelingen ook de toekomstverwachtingen een belangrijke rol. Daarom eist de wet dat het bestuur in zijn verslag ook de verwachtingen voor het komende verslagjaar beschrijft.

Toekomstparagraaf

Deze verwachtingen worden weergegeven in de zogenoemde toekomstparagraaf. Daarin vermeldt het bestuur welke ontwikkelingen het verwacht, binnen de onderneming en op de markt, die van invloed (kunnen) zijn op de hoogte van de omzet en de winst in het komende verslagjaar. Vooral voor een belegger zijn de toekomstverwachtingen belangrijk. Mede op grond van deze informatie kan hij zich een beeld vormen van de verwachte rentabiliteit op beleggingen in aandelen van de onderneming.

Behalve aan de toekomstverwachtingen moet er in het bestuursverslag aandacht worden geschonken aan gebeurtenissen van bijzondere betekenis van financiële aard die zijn opgetreden *na het einde* van het boekjaar.

Gebeurtenissen na balansdatum

Op 15 januari 2015 heeft Alliander haar belang in Locamation uitgebreid van 14% tot 39%. Hiervoor is een bedrag betaald van €2 miljoen. De werkzaamheden van Locamation bestaan uit de ontwikkeling en exploitatie van secundaire installaties voor onderstations.
In oktober 2014 heeft Alliander AG met EWV Energie- und Wasser-versorgung GmbH overeenstemming bereikt omtrent de aankoop van het gasnet in de gemeente Waldfeucht met ingang van 1 januari 2015. Hiervoor was in 2014 de concessie verworven. De koopprijs van het gasnet bedraagt €3 miljoen en is begin januari 2015 voldaan. De looptijd van de overeenkomst met de gemeente bedraagt 20 jaar.
Op 2 januari 2015 is de (deel)transactie die de voormalige ENW in 1998 is aangegaan voor de gasnetwerken in Amsterdam op de contractueel voorziene optiedatum beëindigd. Als gevolg hiervan daalt de totale netto boekwaarde van de in cross border leases ondergebrachte activa (minus €200 miljoen), de gerelateerde beleggingen (minus $ 200 miljoen), het strip risk (minus $ 0,1 miljoen) en het bedrag van afgegeven letters of credit (minus $ 0,5 miljoen). Genoemde bedragen hebben betrekking op de verantwoorde bedragen ultimo 2014.

Bron: Jaarverslag Alliander 2014

Toelichting
Het jaarverslag 2014 van Alliander heeft betrekking op het boekjaar 2014 dat eindigt op 31 december 2014. Als er na die datum gebeurtenissen plaatsvinden met grote financiële gevolgen dan moeten die nog in het jaarverslag 2014 worden opgenomen.

14.4.2 Jaarrekening

Onder jaarrekening wordt verstaan:

Enkelvoudige jaarrekening
- de enkelvoudige jaarrekening, die bestaat uit de balans en winst- en verliesrekening met de toelichting daarop, of

Geconsolideerde jaarrekening
- de geconsolideerde jaarrekening als de rechtspersoon een geconsolideerde jaarrekening opstelt.

Figuur 14.3 geeft hiervan een overzicht.

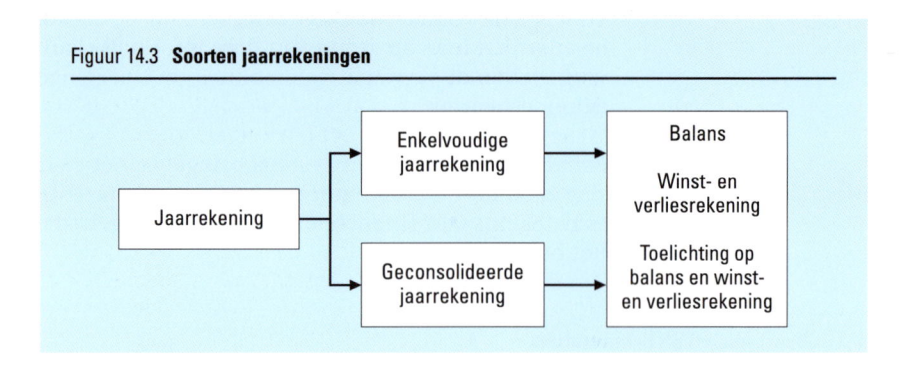

Figuur 14.3 Soorten jaarrekeningen

Jaarrekening
- Enkelvoudige jaarrekening
- Geconsolideerde jaarrekening

- Balans
- Winst- en verliesrekening
- Toelichting op balans en winst- en verliesrekening

In de wet is een aantal bepalingen voor de jaarrekening opgenomen:
1 De jaarrekening dient volgens normen die in het maatschappelijk verkeer als aanvaardbaar worden beschouwd, een zodanig inzicht te geven dat een verantwoord oordeel kan worden gevormd omtrent het vermogen per balansdatum en het resultaat over het afgelopen boekjaar, alsmede, voor zover de aard van de jaarrekening dat toelaat, omtrent de solvabiliteit en de liquiditeit van de rechtspersoon.
2 De balans met de toelichting geeft getrouw, duidelijk en stelselmatig de grootte van het vermogen en zijn samenstelling in actief- en passiefposten op het einde van het boekjaar weer.
3 De winst- en verliesrekening met de toelichting geeft getrouw, duidelijk en stelselmatig de grootte van het resultaat van het afgelopen jaar en zijn afleiding uit de posten van baten en lasten (= opbrengsten en kosten) weer.

We besteden hierna aandacht aan de algemeen aanvaarde grondslagen. We bespreken de verschillende beginselen. Ook gaan we nader in op de publicatie van de jaarrekening.

Algemeen aanvaarde grondslagen

De wet eist dat bij het opstellen van de jaarrekening uitgegaan wordt van *normen die in het maatschappelijk verkeer als aanvaardbaar worden beschouwd*. Wat als aanvaardbare normen wordt beschouwd, is door de Raad voor de Jaarverslaggeving in de Richtlijnen voor de Jaarverslaggeving (RJ) opgenomen. De Raad voor de Jaarverslaggeving is samengesteld uit vertegenwoordigers van werkgevers, werknemers, accountants en beleggingsanalisten. De Raad voor de Jaarverslaggeving heeft ten doel de kwaliteit van de externe verslaggeving (in Nederland) te bevorderen. Daartoe worden door de Raad voor de Jaarverslaggeving stellige uitspraken en aanbevelingen en overwegingen gepubliceerd.
Bij het opstellen van zijn richtlijnen houdt de Raad rekening met:
- de richtlijnen van het International Accounting Standards Board (IASB);
- uitspraken van de ondernemingskamer;
- arresten van de Hoge Raad.

De Internationale Accounting Standards Board (IASB) is een internationale privaatrechtelijke organisatie die is voortgekomen uit een groot aantal belanghebbenden wereldwijd. Het doel van de IASB is het ont-

IFRS

EU-IFRS

wikkelen van wereldwijde standaarden voor de verslaggeving. De nieuwe, door de IASB opgestelde, standaarden worden aangeduid met International Financial Reporting Standards (IFRS). Voor zover deze standaarden door de Europese Unie zijn aanvaard, worden ze ook wel aangeduid met EU-IFRS.

Ondernemingen en financiële markten krijgen in toenemende mate een internationaal karakter. Dit heeft mede tot gevolg dat bedrijven vestigingen krijgen in verschillende landen en dat beleggers aandelen kopen van buitenlandse ondernemingen. Tegen deze achtergrond is het niet verwonderlijk dat in internationaal verband richtlijnen ontstaan voor het opstellen van een jaarrekening. In dit verband speelt het 'Framework for the Preparation and Presentation of Financial Statements' van de IASB een belangrijke rol (zie onder andere www.iasb.org, www.rjnet.nl, www.xbrl.org).

De standpunten van de Raad voor de Jaarverslaggeving (RJ) komen in grote lijnen overeen met die van de IASB. De RJ heeft daarom volstaan met het vertalen van het 'framework' en het toevoegen van enkele kanttekeningen. Dit heeft geleid tot een 'Stramien voor de opstelling en vormgeving van financiële overzichten' (het stramien).

De financiële overzichten die ondernemingen over de gehele wereld opstellen, kennen een groot aantal verschillende begrippen en definities. Bovendien worden transacties en gebeurtenissen verschillend gewaardeerd en verwerkt. De IASB wil met het 'framework' deze verschillen beperken. Zij hebben daarbij met name financiële overzichten op het oog die gebruikers hanteren bij het nemen van economische beslissingen.

Het stramien moet niet als een internationaal toegepaste standaard worden gezien. Als het stramien in strijd is met een nationale standaard, is de nationale standaard maatgevend. Het stramien is van toepassing op financiële overzichten van alle verslaggevende commerciële, industriële en dienstverlenende organisaties. De financiële overzichten hebben ten doel:
- het verschaffen van informatie over de financiële positie en de resultaten van de onderneming;
- het tonen van de resultaten van het door het bestuur gevoerde beleid.

De financiële overzichten moeten begrijpelijk, betrouwbaar en vergelijkbaar zijn, en moeten relevante informatie bevatten. Informatie is relevant als door weglating of onjuiste weergave ervan de economische beslissingen van de gebruiker worden beïnvloed.

Beginselen
Bij de toepassing van de gekozen grondslagen van waardering en resultaatbepaling moet de rechtspersoon een aantal beginselen in aanmerking nemen. Deze beginselen zijn de volgende:

Voorzichtigheidsbeginsel

a Het *voorzichtigheidsbeginsel*: voorzichtigheid wordt daarbij omschreven als het inbouwen van een mate van zorg bij het vormen van de oordelen die nodig zijn bij het maken van de noodzakelijke schattingen in situaties van onzekerheid, zodanig dat activa of baten niet te hoog en vreemd vermogen of kosten niet te laag worden weergegeven.

Bouwonderneming Heijmans boekt verwachte verliezen direct ten laste van de resultaten. Dit is een toepassing van het voorzichtigheidsbeginsel.

> **Grondslagen van de financiële verslaggeving**
>
> **Onderhanden werken – projecten**
> De overeengekomen opbrengsten en kosten met betrekking tot onderhanden werken worden in de winst-en-verliesrekening verwerkt naar rato van het stadium van voltooiing van het project. Het stadium van voltooiing wordt bepaald aan de hand van de verhouding geboekte kosten ten opzichte van de totale te verwachten kosten. Indien de uitkomst van een contract niet betrouwbaar kan worden bepaald, worden contractuele opbrengsten slechts verwerkt voor zover het waarschijnlijk is dat de gerealiseerde kosten terugverdiend kunnen worden. Verwachte verliezen op projecten worden onmiddellijk in de winst-en-verliesrekening opgenomen.
> Opbrengsten als gevolg van meerwerk worden betrokken in de totale contractopbrengsten als het bedrag op enigerlei wijze door de opdrachtgever is geaccepteerd. Claims en incentives worden gewaardeerd in het onderhanden werk voor zover het waarschijnlijk is dat deze tot opbrengsten zullen leiden en betrouwbaar kunnen worden bepaald.
>
> Bron: *Jaarverslag Heijmans 2014*

Toerekeningsbeginsel

b Het *toerekeningsbeginsel*. Dit beginsel houdt in dat de opbrengsten en kosten aan de juiste periode moeten worden toegerekend. Het toerekeningsbeginsel kunnen we onderverdelen in het realisatiebeginsel (dat betrekking heeft op de toerekening van opbrengsten aan perioden) en het matchingprincipe (dat betrekking heeft op de toerekening van kosten aan perioden).

Realisatiebeginsel

- *Realisatiebeginsel*. Op grond van dit beginsel wordt de opbrengst van een transactie niet geboekt op het moment dat het verkoopcontract is getekend, maar op het moment waarop de goederen zijn afgeleverd. Er is sprake van realisatie als de ene partij een prestatie levert (bijvoorbeeld de levering van goederen of diensten) en van de andere partij *verwacht mag worden* dat zij de overeengekomen tegenprestatie (meestal de betaling van een geldbedrag) levert. Om een opbrengst als gerealiseerd aan te merken, hoeft de tegenprestatie (de feitelijke ontvangst van de verkoopprijs) nog niet geleverd te zijn.
  Verliezen worden echter als gerealiseerd beschouwd op het moment dat ze worden geconstateerd, ook al vindt de daarmee verband houdende gelduitgave eventueel later plaats. Het realisatiebeginsel is een uitvloeisel van het voorzichtigheidsbeginsel.

Matchingprincipe

- *Matchingprincipe*. Het matchingprincipe houdt in dat de kosten worden toegerekend aan de periode waarin de opbrengst die met deze kosten samenhangt, wordt gerealiseerd. Een voorbeeld hiervan is het afschrijven op duurzame productiemiddelen. Door middel van het boeken van afschrijvingskosten worden de gelduitgaven van een investering in duurzame productiemiddelen toegerekend aan de periode waarin het productiemiddel zijn prestaties levert. In voorbeeld 14.1 wordt het matchingprincipe ook toegepast.

■ **Voorbeeld 14.1**

Slotboom Interieur bv is een handelsonderneming die in kantoorstoelen handelt. In december 2015 koopt en betaalt Slotboom Interieur bv 100 kantoorstoelen voor €300 per stuk. In december 2015 worden 60 van deze stoelen op rekening verkocht voor €550 per stuk. De geldontvangst uit deze verkoop vindt in januari 2016 plaats. De overige 40 stoelen zijn op 31 december 2015 nog in voorraad. Welke journaalposten worden gemaakt en wat is de transactiewinst? Met btw houden we geen rekening.

Uitwerking
De gelduitgaven in verband met de inkoop van de stoelen (€30.000) mogen niet volledig als kosten aan december 2015 worden toegerekend. Omdat in december 60 stoelen zijn verkocht, worden alleen de gelduitgaven in verband met de inkoop van 60 stoelen (€18.000) als kosten aan de maand december toegerekend. De overige 40 stoelen worden voor een waarde van €12.000 op de balans opgenomen.

De volgende journaalposten worden gemaakt:
Inkoop:
Voorraad stoelen (100 × €300)   €30.000
aan Bank   €30.000

Verkoop:
Debiteuren (60 × €550)   €33.000
aan Opbrengst verkopen   €33.000

Aflevering:
Kostprijs verkopen (60 × €300)   €18.000
aan Voorraad stoelen   €18.000

Door de opbrengsten en de kosten van de *bij elkaar horende* eenheden tegenover elkaar te stellen (matching), kan men het transactieresultaat berekenen:

Opbrengst verkopen (60 eenheden)   €33.000
Kostprijs verkopen (60 eenheden)   €18.000
                                                              ————
Transactiewinst   €15.000

Het is onjuist de opbrengst van 60 eenheden (€33.000) te vergelijken met de inkoop van 100 eenheden (€30.000).

Continuïteitsbeginsel

c Het *continuïteitsbeginsel*. Bij de waardering van de activa en passiva en bij de resultaatbepaling wordt verondersteld dat de onderneming haar activiteiten voortzet (going-concern-gedachte). Als de onderneming haar activiteiten niet voortzet of als er twijfel over het voortbestaan heerst, dient bij de waardering van activa en passiva daarmee rekening te worden gehouden. Als liquidatie waarschijnlijk is, moeten de activa tegen de liquidatiewaarde worden gewaardeerd. Deze waarde is in het algemeen aanmerkelijk lager dan de going-concern-waarde. De invloed van deze lagere waardering op het vermogen en het resultaat dienen in de toelichting op de jaarrekening vermeld te worden.

Bestendige gedragslijn

d *Bestendige gedragslijn*. Bij het opstellen van de balans en de winst- en verliesrekening dient de onderneming ieder jaar uit te gaan van dezelfde grondslagen om de activa en passiva te waarderen en het resultaat te bepalen. Alleen als er gegronde redenen zijn om de waarderingsgrondslagen te wijzigen, is dit toegestaan. Deze redenen moeten dan wel worden uiteengezet. De gevolgen van de wijziging in de grondslagen voor het vermogen en het resultaat moeten aangegeven worden.

Individuele waardering

e *Individuele waardering.* Activa en passiva moeten afzonderlijk worden gewaardeerd als zij (in hun betekenis voor het inzicht dat de jaarrekening dient te geven) verschillen. De door de wet toegestane waarderingsmethoden zijn in hoofdstuk 13 besproken.

Afschrijvingen en waardeverminderingen onafhankelijk van het resultaat

f *Afschrijvingen en waardeverminderingen onafhankelijk van het resultaat.* Dit beginsel is bedoeld om te voorkomen dat de ondernemingen hun resultaten te veel bijsturen. In jaren met goede resultaten zou de onderneming veel kunnen afschrijven, waardoor de winst en de te betalen belastingen bewust laag worden gehouden. In jaren met slechte resultaten wordt dan weinig afgeschreven, waardoor buitenstaanders een beter beeld krijgen voorgespiegeld dan in werkelijkheid het geval is. Het manipuleren van de resultaten door wisselende berekeningsmethoden wordt aangeduid met *creatief boekhouden*.

Bij creatief boekhouden probeert de onderneming het resultaat gunstig te beïnvloeden door de wijze van waardering en de resultaatbepaling te wijzigen. De wet heeft mede tot doel de uniformiteit in de wijze van resultaatbepaling te bevorderen.

Koninklijke Boskalis Westminster N.V.

TOELICHTING BIJ DE GECONSOLIDEERDE JAARREKENING

1. Algemeen
Koninklijke Boskalis Westminster N.V. is een toonaangevende internationale dienstverlener op het gebied van baggeren, droge en maritieme infrastructuur en maritieme diensten. Koninklijke Boskalis Westminster N.V. (de "Vennootschap") heeft haar statutaire zetel in Sliedrecht, Nederland en haar hoofdkantoor is gevestigd in Papendrecht, Nederland. De Vennootschap is een naamloze vennootschap die ter beurze is genoteerd aan Euronext Amsterdam. De geconsolideerde jaarrekening van Koninklijke Boskalis Westminster N.V. over 2014 omvat de Vennootschap en haar dochterondernemingen (tezamen te noemen de "Groep" en afzonderlijk de "Groepsentiteiten") en de belangen van de Groep in geassocieerde deelnemingen en entiteiten waarover gezamenlijke zeggenschap wordt uitgeoefend. Deze geconsolideerde jaarrekening is door de Raad van Bestuur opgesteld en is op 11 maart 2015 ondertekend. De jaarstukken 2014 zullen ter vaststelling worden voorgelegd aan de Algemene Vergadering van Aandeelhouders op 12 mei 2015.

2. Overeenstemmingsverklaring met International Financial Reporting Standards
De geconsolideerde jaarrekening en toelichtingen daarbij zijn in overeenstemming met de International Financial Reporting Standards (IFRS) zoals aanvaard binnen de Europese Unie en met Titel 9 Boek 2 BW.

Bron: *Jaarverslag Koninklijke Boskalis Westminster NV 2014*

Tussenvraag 14.1
Waarom is het voor Boskalis Westminster NV en haar belanghebbenden belangrijk dat de grondslagen die Boskalis Westminster NV hanteert aansluiten bij hetgeen internationaal gebruikelijk is?

Publicatie jaarrekening
Bij de nv en de bv moet de jaarrekening binnen vijf maanden na het einde van het boekjaar door het bestuur van de vennootschap worden opgesteld. Bij een coöperatie en een onderlinge waarborgmaatschappij

is deze termijn zes maanden. De aandeelhouders kunnen op het kantoor van de nv en bv het financieel verslag inzien en/of ontvangen (op verzoek) een afschrift ervan. Het door het bestuur opgestelde financieel verslag moet worden voorgelegd aan de Algemene Vergadering van Aandeelhouders (AVA) waarin de jaarrekening goedgekeurd of vastgesteld moet worden. Deze goedkeuring of vaststelling moet bij de nv en bv binnen zes maanden na afloop van het boekjaar plaatsvinden. Bij een coöperatie en een onderlinge waarborgmaatschappij is deze termijn zeven maanden. In bijzondere gevallen kan de AVA toestemming verlenen om de hiervoor genoemde termijnen te verlengen. Bij een nv en een bv met ten hoogste zes maanden en bij een coöperatie en onderlinge waarborgmaatschappij met ten hoogste vijf maanden.

Figuur 14.4 geeft het tijdschema voor de nv en de bv voor het opmaken en vaststellen van de jaarrekening (als het boekjaar samenvalt met het kalenderjaar).

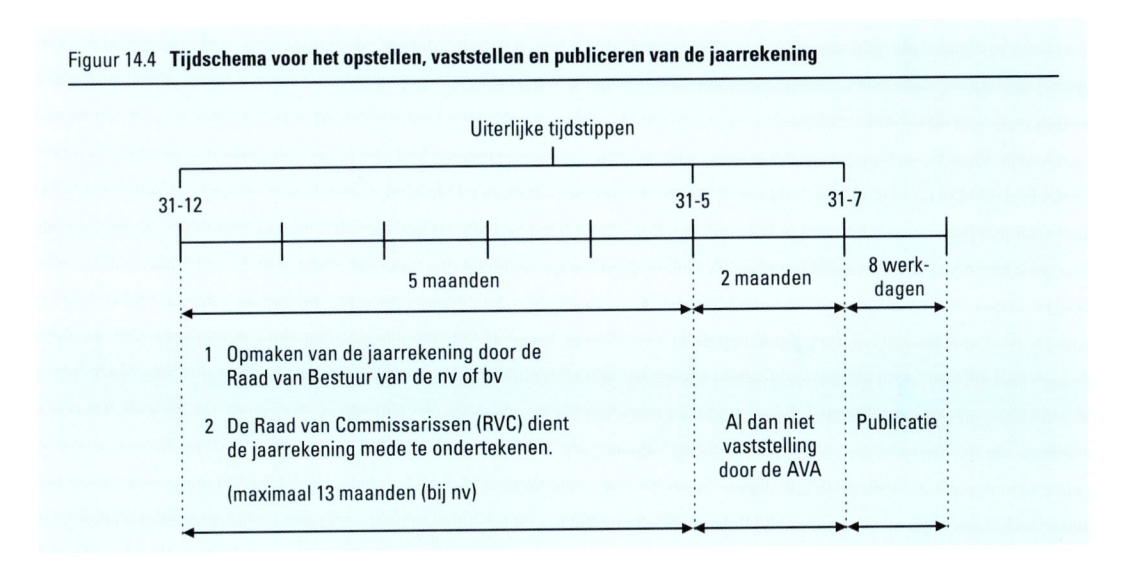

Figuur 14.4 **Tijdschema voor het opstellen, vaststellen en publiceren van de jaarrekening**

- 31-12 → 5 maanden → 31-5 → 2 maanden → 31-7 → 8 werkdagen
- Uiterlijke tijdstippen

1 Opmaken van de jaarrekening door de Raad van Bestuur van de nv of bv
2 De Raad van Commissarissen (RVC) dient de jaarrekening mede te ondertekenen.
(maximaal 13 maanden (bij nv))

Al dan niet vaststelling door de AVA

Publicatie

De wet staat toe op grond van bijzondere omstandigheden de termijn voor het opmaken van de jaarrekening te verlengen met maximaal 6 maanden (11 maanden in plaats van 5 maanden). Voor de vaststelling van de jaarrekening door de AVA bestaat geen wettelijke termijn. In het algemeen zal vaststelling plaatsvinden binnen twee maanden na de termijn die geldt voor het opmaken. De reden daarvoor is dat indien binnen die termijn van twee maanden geen vaststelling heeft plaatsgevonden, het bestuur van de bv of nv onverwijld de niet-vastgestelde jaarrekening openbaar moet maken (deponeren). De maximale termijn waarbinnen deponering van de *al dan niet vastgestelde* jaarrekening moet plaatsvinden, is dertien maanden na afloop van het boekjaar. Omdat bij een DGA (directeur-grootaandeelhouder bij een bv) het opstellen van de jaarrekening gelijkstaat met het vaststellen ervan, moet de deponering dan uiterlijk elf maanden na afloop van het boekjaar plaatsvinden.

14.4.3 Overige gegevens

Overige gegevens

Onder de *overige gegevens* worden onder andere opgenomen:
- de accountantsverklaring;
- een beschrijving van de statutaire regeling over de bestemming van de winst;
- een opgave van de bestemming van de winst of van de verwerking van het verlies;
- een opgave van de gebeurtenissen *na de balansdatum* met belangrijke financiële gevolgen voor de onderneming. Daarbij moet de omvang van die gevolgen worden vermeld.

We geven hierna een voorbeeld van de wijze waarop de winstbestemming in een jaarrekening weergegeven kan worden.

Koninklijke Boskalis Westminster N.V.

Overige gegevens
Statutaire bepalingen omtrent resultaatbestemming

Artikel 29.
1. Dividenden worden betaalbaar gesteld dertig dagen na vaststelling daarvan of zoveel eerder als de Raad van Bestuur bepaalt.
2. Dividenden, welke vijf jaar, nadat zij betaalbaar zijn, niet in ontvangst zijn genomen, vervallen aan de vennootschap.
3. Indien de Raad van Bestuur onder goedkeuring van de Raad van Commissarissen zulks bepaalt, wordt een interim-dividend uitgekeerd, met inachtneming van de preferentie van de cumulatief beschermingspreferente aandelen en het bepaalde in artikel 2:105 Burgerlijk Wetboek.
4. De Algemene Vergadering van Aandeelhouders kan, mits op voorstel van de Raad van Bestuur, besluiten dat dividenden geheel of gedeeltelijk in de vorm van aandelen in de vennootschap of certificaten daarvan zullen worden uitgekeerd.
5. De vennootschap kan aan de aandeelhouders slechts uitkeringen doen, voorzover haar eigen vermogen groter is dan het bedrag van het geplaatste kapitaal, vermeerderd met de reserves die krachtens de wet of de statuten moeten worden aangehouden.
6. Ten laste van de door de wet voorgeschreven reserves mag een tekort slechts worden gedelgd, voorzover de wet dat toestaat.

Voorstel winstbestemming
Aan de Reserve ingehouden winsten zal EUR 294,6 miljoen worden toegevoegd. Aan de Algemene Vergadering van Aandeelhouders zal worden voorgesteld het restant, een bedrag van EUR 195,7 miljoen, te bestemmen voor uitkering van een dividend van EUR 1,60 per gewoon aandeel. Het dividend zal worden uitgekeerd in gewone aandelen ten laste van de belastingvrije agioreserve of de overige reserves, tenzij een aandeelhouder aangeeft een uitkering in contanten te willen ontvangen.

Bron: *Jaarverslag Koninklijke Boskalis Westminster NV 2014*

Toelichting
Bij het verdelen van de winst moet rekening worden gehouden met hetgeen daarover in de statuten is vermeld. Boskalis Westminster stelt een dividend in aandelen voor (stockdividend), maar de aandeelhouder kan ook kiezen voor een dividend in contanten (cashdividend). Als de aandeelhouders kunnen kiezen tussen een stock- of cashdividend spreken we van een keuzedividend.

14.5 Publicatieplicht

Welke financiële gegevens door een rechtspersoon moeten worden gepubliceerd, hangt af van de omvang van de rechtspersoon. Grote rechtspersonen moeten meer informatie beschikbaar stellen dan kleine rechtspersonen. In deze paragraaf bespreken we de criteria op basis waarvan rechtspersonen worden ingedeeld in klein, middelgroot en groot. Ook gaan we in op de accountantscontrole en de accountantsverklaring.

14.5.1 Criteria

Publiceren

De jaarrekening van de rechtspersonen waarop de wet van toepassing is, moet geheel of gedeeltelijk worden gepubliceerd. Belanghebbenden kunnen het financieel verslag bij het kantoor van het handelsregister inzien. De financiële gegevens die moeten worden gepubliceerd volgens Nederlands recht, en de indeling van deze gegevens hangen af van de grootte van de rechtspersoon. IFRS kent geen indeling van ondernemingen naar grootte.

Op grond van drie criteria worden de rechtspersonen in drie groepen verdeeld: groot, middelgroot en klein. Deze drie criteria zijn: waarde van de activa (= balanstotaal), netto-omzet en gemiddeld aantal werknemers. Zie tabel 14.2.

De in tabel 14.2 genoemde grenzen kunnen van tijd tot tijd worden aangepast.

Regime

Een rechtspersoon valt in de categorie Klein, Middelgroot of Groot als aan twee van de drie genoemde criteria wordt voldaan. Als rechtspersonen gedurende twee aaneengesloten jaren aan twee van de drie criteria voldoen, zijn ze aan de rechtspersoonsgrootte verbonden publicatieverplichtingen (*regime*) onderworpen. De bepaling van het regime lichten we in het schema van tabel 14.3 toe.

Tabel 14.2 **Criteria voor de omvang van rechtspersonen**

Criteria	Omvang		
	Klein (K)	Middelgroot (M)	Groot (G)
Waarde activa[1]	≦ €4,4 mln	> €4,4 mln ≦ €17,5 mln	> €17,5 mln
Netto-omzet	≦ €8,8 mln	> €8,8 mln ≦ €35 mln	> €35 mln
Gemiddeld aantal werknemers	< 50	≧ 50 < 250	≧ 250

1 De waarde van de activa wordt berekend op grondslag van verkrijgings- en vervaardigingsprijs.

Tabel 14.3 **Bepaling van het regime**

Jaar	1	2	3	4	5	6	7	8	9	10	11	12	13	14	15
Criteria	K	M	G	G	M	M	G	K	K	G	G	M	K	K	G
Regime	K	K	M	G	G	M	M	M	K	K	G	G	M	K	K

De omvang en detaillering van de financiële gegevens die door de rechtspersoon moeten worden gepubliceerd, hangen af van het regime waaronder de rechtspersoon valt. In tabel 14.4 zijn globaal de eisen per regime weergegeven.

Tabel 14.4 **Publicatieverplichtingen rechtspersonen**

Te publiceren gegevens	Regime		
	Klein	Middelgroot	Groot
Jaarrekening:			
· balans en toelichting	ja, vrijstellingen	ja, geen vrijstellingen	ja, geen vrijstellingen
· winst- en verliesrekening en toelichting	ja, vrijstellingen	ja, vrijstellingen	ja, geen vrijstellingen
· kasstroomoverzicht	nee	ja	ja
Bestuursverslag	nee	ja	ja
Overige gegevens:			
· controleverklaring	nee[1]	ja	ja
· statutaire regeling winstbestemming	nee	ja	ja
· opgave van de bestemming van de winst	nee	ja	ja
· gebeurtenissen na balansdatum	nee	ja	ja

1 Onder de overige gegevens moet worden vermeld dat de rechtspersoon vrijgesteld is van accountantscontrole.

14.5.2 Accountantscontrole en controleverklaring

Externe accountant

De middelgrote en grote rechtspersonen waarop de wet van toepassing is, moeten de jaarrekening laten controleren door een externe accountant. De externe accountants zijn veelal in dienst bij een van de grote accountantskantoren zoals Ernst & Young, KPMG, PriceWaterhouseCoopers, Deloitte en BDO.
Bij hun controlewerkzaamheden gaan de accountants uit van de Nadere Voorschriften Controle- en Overige Standaarden (NVCOS). De externe accountant onderzoekt of de jaarrekening het vereiste inzicht geeft en in overeenstemming is met de wettelijke voorschriften.

De controleverklaring wordt opgenomen onder de overige gegevens. Ontbreekt de controleverklaring, dan dient dit te worden vermeld met opgaaf van reden.

Controleverklaring

Een controleverklaring is een verklaring van een externe accountant bij een overzicht met historische financiële informatie (waarvan de jaarrekening een voorbeeld is).

De Nederlandse Beroepsorganisatie van Accountants (NBA) onderscheidt drie categorieën accountantswerkzaamheden met de daarbij aansluitende verklaringen. Naast de controleverklaring zijn dat de beoordelingsverklaring en de samenstellingsverklaring. Een controle van een overzicht met historische financiële informatie door de (externe) accountant kan uitmonden in een van de volgende vier soorten controleverklaringen:

Beoordelingsverklaring
Samenstellingsverklaring

- een verklaring met een goedkeurende oordeel;
- een verklaring met beperking(en), waarbij de beperking(en) vermeld wordt (worden);
- een verklaring met een afkeurend oordeel;
- een verklaring met een oordeelsonthouding.

De beoordelingsverklaring biedt een lagere vorm van zekerheid dan de controleverklaring.

Rechtspersonen die daartoe verplicht zijn, moeten aan een externe accountant opdracht geven tot het controleren van de jaarrekening (controleopdracht). Uit de wet blijkt dat de accountant zijn onderzoek moet weergeven door:

- een verslag uit te brengen aan de RvC en aan het bestuur;
- een verklaring af te geven (controleverklaring).

In de controleverklaring wordt vermeld of de jaarrekening naar het oordeel van de accountant een getrouw beeld geeft van de grootte en samenstelling van vermogen en resultaat en – indien van toepassing – aan welke wettelijke voorschriften het bestuursverslag, de jaarrekening of de overige gegevens niet voldoen.

Beoordelingsverklaring

Een beoordelingsopdracht heeft tot doel de gebruiker van een financiële verantwoording (zoals een jaarrekening) een *beperkte zekerheid* te bieden over de getrouwheid van de gegevens die in de financiële verantwoording worden gepresenteerd. Voor de beoordelingsverklaring hanteert de accountant de volgende formulering: 'Op grond van onze beoordeling is ons *niets* gebleken op basis waarvan wij zouden moeten concluderen dat de jaarrekening geen getrouw beeld geeft van de grootte en de samenstelling van het vermogen op .... (datum) 20xx (jaartal) en van het resultaat over 20xx (jaartal) en niet in overeenstemming is met Titel 9 Boek 2 BW.'

Samenstellingsverklaring

Bij een samenstellingsopdracht heeft de accountant tot taak financiële gegevens te verzamelen, te ordenen en samen te vatten in een voor de opdrachtgever begrijpelijke vorm. Een veelvoorkomende door een accountant opgestelde financiële verantwoording is de jaarrekening. In de samenstellingsverklaring vermeldt de accountant onder andere dat de juistheid en volledigheid van de gegevens en de hierop gebaseerde jaarrekening berusten bij de opdrachtgever. De toegevoegde waarde van de samenstellingsverklaring is dat de accountant bij de uitvoering van zijn opdracht is gehouden aan een gedragscode en de samenstelwerkzaamheden moet uitvoeren in overeenstemming met de uitvoeringsstandaarden.

De eisen die aan de accountantswerkzaamheden worden gesteld, veranderen regelmatig. Voor actuele informatie verwijzen we daarom naar de website van de Nederlandse Beroepsorganisatie van Accountants (www.nba.nl).

14.6 Hoofdindeling van de balans

In de wet zijn eisen opgesteld met betrekking tot de indeling van de balans en de toelichting daarop. De voorgeschreven hoofdindeling van de balans is (volgens balansmodel B):

Actiefzijde	Passiefzijde

Vaste activa:
   Immateriële vaste activa
   Materiële vaste activa
   Financiële vaste activa
	Eigen vermogen

Vlottende activa:
   Voorraden
   Vorderingen
   Effecten
   Liquide middelen
	Voorzieningen
	
	Langlopende schulden
	
	Kortlopende schulden

Deze hoofdindeling geldt voor alle rechtspersonen die onder de wet vallen, met uitzondering van banken, verzekeringsmaatschappijen en beleggingsinstellingen. De schulden worden gesplitst in schulden met een looptijd van meer dan één jaar (langlopende schulden) en schulden met een looptijd van één jaar of korter (kortlopende schulden).
De kortlopende schulden (kort vreemd vermogen) worden ook wel vlottende passiva genoemd.
Op de balans worden de activa onderscheiden in *vaste en vlottende activa*, naargelang zij zijn bestemd om de uitoefening van de werkzaamheden van de rechtspersoon *al of niet duurzaam* te dienen.

Vaste activa

De vaste activa moeten op grond van de wet worden onderverdeeld in:
· immateriële vaste activa
· materiële vaste activa
· financiële vaste activa.

Er zijn ook andere balansmodellen toegestaan.

We bespreken in deze paragraaf naast de vaste activa ook de consolidatie, de vlottende activa, het eigen vermogen, de voorzieningen en de schulden.

14.6.1 Immateriële vaste activa

Immateriële vaste activa

De immateriële (niet-tastbare) vaste activa worden in de wet onderverdeeld in:
a kosten van oprichting en van uitgifte van aandelen;
b kosten van ontwikkeling en onderzoek;
c concessies, vergunningen en intellectuele rechten;
d goodwill;
e vooruitbetalingen op immateriële vaste activa.

In het algemeen worden op de balans alleen zaken als activa opgenomen waarvan mag worden verwacht dat zij in de toekomst een bijdrage leveren aan de inkomstenstroom van de onderneming. Met name ten aanzien van de onderzoekskosten en ontwikkelingskosten is het de vraag in hoeverre deze kosten een bijdrage leveren aan de toekomstige inkomsten. Vooraf weet de onderneming niet of de kosten van ontwikkeling tot een winstgevend product leiden. Als het product niet winstgevend is, zal het niet in productie worden genomen en zijn de kosten voor ontwikkeling grotendeels voor niets geweest. Ontwikkelingskosten moeten worden geactiveerd als aan een reeks voorwaarden wordt voldaan. Als niet aan alle voorwaarden is voldaan, moet activering achterwege blijven en worden de uitgaven als kosten verantwoord. Als ontwikkelingskosten worden geactiveerd, moet ter grootte van deze geactiveerde kosten een wettelijke reserve worden aangehouden.

Wettelijke reserve

Bij de overname van een onderneming kan het voorkomen dat de overnemende onderneming meer betaalt dan de fair value (reële waarde). De fair value is het verschil tussen de door de overnemende onderneming in haar jaarrekening te verantwoorden waarde van de activa van de overgenomen onderneming min de schulden (inclusief voorzieningen) van de overgenomen onderneming. Het verschil tussen de aankoopprijs (van de overgenomen onderneming) en haar fair value noemen we (gekochte) *goodwill*.

Goodwill

Om deze laatste moeilijke zinnen toe te lichten, geven we een voorbeeld:

■ **Voorbeeld 14.2 Hannis**

Onderneming Hannis heeft onderneming Maurice overgenomen en daarvoor €10 mln betaald.
Onderneming Hannis neemt zowel de activa als de passiva van Maurice over en moet deze in haar balans verwerken. De activa vertegenwoordigen een waarde van €15 mln en de schulden bedragen €7 mln. We krijgen nu het volgende overzicht (in euro's):

Betaalde aankoopprijs			10.000.000
Op de balans van Hannis	Waarde van de activa van Maurice =	15.000.000	
	Waarde van de schulden van Maurice =	7.000.000 −	
	Fair value (reële waarde)		8.000.000 −
	Goodwill (door Hannis betaald)		2.000.000

IFRS

Onder IFRS wordt goodwill geactiveerd, maar in tegenstelling tot Dutch Gaap staat IFRS afschrijven op geactiveerde goodwill niet toe. Onder IFRS zal de post Amortization goodwill daarom ook niet meer voorkomen.

Impairment-test

In plaats daarvan is een jaarlijkse impairment-test verplicht (impair betekent in het Engels: 'to weaken' of 'make worse', impairment = waardevermindering). Een impairment-test houdt in dat de *realiseerbare waarde* van een bedrijfsonderdeel, waarvan de goodwill op impairment wordt getest, wordt vergeleken met de *boekwaarde*. De realiseerbare waarde is de hoogste van de opbrengstwaarde en de bedrijfswaarde. Voor zover de realiseerbare waarde lager is dan de boekwaarde, wordt het verschil ten laste van de goodwill gebracht.

14.6.2 Materiële vaste activa

Materiële vaste activa

Materiële vaste activa zijn tastbare vaste activa. Ze worden onderverdeeld in:
a bedrijfsgebouwen en -terreinen;
b machines en installaties;
c andere vaste bedrijfsmiddelen (zoals kantoormeubelen, computers en bedrijfsauto's);
d materiële vaste bedrijfsactiva in uitvoering en vooruitbetalingen (bijvoorbeeld de aanbetaling aan de aannemer bij de bouw van bedrijfsgebouwen);
e niet aan het productieproces dienstbare materiële vaste activa (zoals buiten gebruik gestelde activa).

Van elk van de posten *a* tot en met *e* moet een sluitend overzicht van de veranderingen gedurende het verslagjaar worden gegeven. Dit overzicht ziet er als volgt uit:

+ Boekwaarde aan het begin van het verslagjaar
+ Bedrag van de nieuwe investeringen
− Boekwaarde van de buitengebruikstelling
+/− Herwaarderingen
− Afschrijvingen

Boekwaarde aan het einde van het verslagjaar

Tussenvraag 14.2
Vraag een jaarverslag aan van een onderneming en ga na in hoeverre is voldaan aan de in dit hoofdstuk beschreven indelingen van de balans en winst- en verliesrekening.

Bijzondere aandacht verdient de verwerking van leasing in de jaarrekening.
In hoofdstuk 9 hebben we twee vormen van leasing onderscheiden:

Operational lease

1 *Operational lease.* Dat is een opzegbaar huurcontract waarbij de kosten van onderhoud, verzekering en dergelijke ten laste van de verhuurder kunnen komen. Omdat het contract opzegbaar is, ligt het risico van economische veroudering bij de leasemaatschappij. Voor

de verwerking in de jaarrekening is operational lease te vergelijken met huur. De toekomstige leaseverplichtingen worden *niet op de balans* vermeld. De betaalde leasetermijnen worden ten laste van het resultaat gebracht.

Financial lease

2 *Financial lease.* Dat is een onopzegbaar huurcontract waarbij de kosten van onderhoud, verzekering en dergelijke ten laste van de huurder komen. Omdat het contract onopzegbaar is, ligt het risico van economische veroudering bij de huurder. Voor de verwerking in de jaarrekening is financial lease te vergelijken met het kopen van duurzame activa die worden gefinancierd met vreemd vermogen. De contante waarde van de toekomstige leaseverplichtingen wordt als *schuld op de balans* opgenomen. Omdat de huurder economisch eigenaar is, wordt de waarde van het geleasde duurzaam actief op de balans aan de debetzijde opgenomen. De afschrijvingen op het geleasde duurzaam actief worden ten laste van het resultaat gebracht, evenals het interestbestanddeel dat in de leasetermijnen is begrepen.

Tussenvraag 14.3
Ga op basis van een jaarverslag na op welke wijze leasing (als dat tenminste wordt toegepast) in de jaarrekening is verwerkt en stel vast welke vorm van leasing wordt toegepast.

14.6.3 Financiële vaste activa

Financiële vaste activa

De financiële vaste activa worden onderverdeeld in:
a deelneming in groepsmaatschappijen;
b vorderingen op groepsmaatschappijen;
c andere deelnemingen;
d vorderingen op andere participanten en deelnemingen;
e overige effecten;
f overige vorderingen.

We gaan hierna in op de begrippen groepsmaatschappij, deelneming en holding.

Groepsmaatschappij

Groepsmaatschappij

Een groepsmaatschappij is een maatschappij die tot een groep van *juridisch zelfstandige* ondernemingen behoort. Om van een *groep* te kunnen spreken, moet er sprake zijn van een economische eenheid en organisatorische verbondenheid. Economische eenheid betekent in de praktijk dat onderdelen van de groep zich laten leiden door het groepsbelang. De gemeenschappelijke leiding over de groep wordt gevoerd door de beleidsbepalende groepsmaatschappij (moedermaatschappij) (zie figuur 14.5). Zij is in staat het groepsbeleid op te leggen aan de overige groepsmaatschappijen. Dit kan onder andere blijken uit het bestaan van groepsrichtlijnen. Indien noodzakelijk kan de moedermaatschappij corrigerend optreden naar de beleidsafhankelijke groepsmaatschappijen.

Moedermaatschappij

De zeggenschap over een groepsmaatschappij kan worden verkregen door:

1 juridische afspraken (contracten);
2 aandelen te verwerven van de groepsmaatschappij.

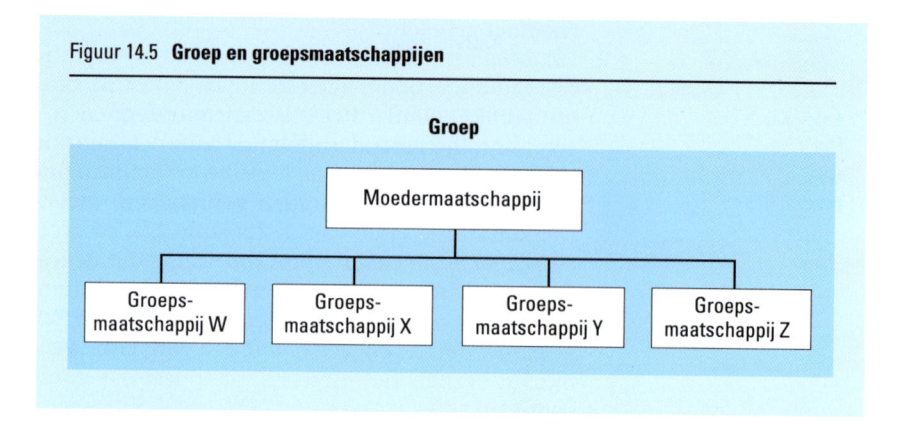

Figuur 14.5 Groep en groepsmaatschappijen

```
                    Groep
              ┌──────────────┐
              │ Moedermaatschappij │
              └──────┬───────┘
        ┌────────┬───┴────┬────────┐
   Groeps-   Groeps-   Groeps-   Groeps-
   maatschappij W  maatschappij X  maatschappij Y  maatschappij Z
```

Deelneming

Als de zeggenschap wordt verkregen door middel van het bezit van aandelen in een groepsmaatschappij, is er sprake van een deelneming. Wettelijk is er sprake van een deelneming als het aanhouden van aandelen in een andere onderneming:
- duurzaam is, én
- de kapitaalverschaffing voor eigen rekening geschiedt, én
- ten dienste staat van de werkzaamheden van de eigen onderneming.

Een onderneming kan bijvoorbeeld aandelen kopen van een toeleverancier om zodoende langdurig (duurzaam) verzekerd te zijn van de aanvoer van de benodigde goederen (ten dienste van de werkzaamheden van de eigen onderneming). De voor- of nadelen van het aandelenbezit komen ten gunste of ten laste van de onderneming die de aandelen heeft gekocht (voor eigen rekening).

Als een onderneming meer dan de helft van de aandelen van een andere onderneming bezit, is er sprake van een *meerderheidsdeelneming*. Een onderneming waarin een moedermaatschappij een meerderheidsdeelneming heeft, noemen we ook wel een *dochtermaatschappij*. De onderneming kan dan invloed uitoefenen op het beleid van de andere onderneming. Als de moedermaatschappij alle aandelen van de groepsmaatschappij bezit, spreken we van een *100%-deelneming*. Bij een bezit van minder dan 50% van het geplaatste aantal aandelen spreken we van een *minderheidsdeelneming*.

Holding

De maatschappij die de zeggenschap over een andere maatschappij uitoefent (deelneming), is een houdstermaatschappij (holding). De onderneming waarvan de aandelen in het bezit zijn van een houdstermaatschappij, noemen we dan dochtermaatschappij. Een dochtermaatschappij kan op haar beurt weer aandelen bezitten in andere, onder haar vallende maatschappijen. Er is dan sprake van een holdingconstructie. Alle tot een bepaalde groep behorende maatschappijen samen worden ook wel *concern* genoemd. Zo spreekt men van het Philips-concern, Unilever-concern en Shell-concern.

14.6.4 Consolidatie

Enkelvoudige jaarrekening
Geconsolideerde jaarrekening

Elke onderneming heeft de wettelijke verplichting jaarlijks een balans en een winst- en verliesrekening (de enkelvoudige jaarrekening) op te maken. De moedermaatschappij van een groep heeft bovendien de wettelijke verplichting een geconsolideerde jaarrekening op te stellen. Deze geconsolideerde jaarrekening geeft een samenvattend overzicht van de activa en passiva (geconsolideerde balans) en van de opbrengsten en kosten (geconsolideerde winst- en verliesrekening) van alle tot de groep behorende groepsmaatschappijen. Naast de enkelvoudige jaarrekeningen wordt een geconsolideerde jaarrekening samengesteld die inzicht geeft in de solvabiliteit, liquiditeit en rentabiliteit van de gehele groep.

Een onderneming die deel uitmaakt van een groep kan *in plaats van* haar enkelvoudige jaarrekening de geconsolideerde balans van de groep waartoe ze behoort, opnemen. Daarbij geldt als voorwaarde dat de moedermaatschappij zich hoofdelijk aansprakelijk stelt voor de schulden van de ondernemingen die tot de groep behoren.

14.6.5 Vlottende activa

Vlottende activa

Vlottende activa zijn activa die binnen één jaar in liquide middelen kunnen worden omgezet. Zo behoren de voorraden grondstoffen en halffabricaten tot de vlottende activa. Ook financiële activa die op korte termijn in geld kunnen worden omgezet (zoals vorderingen op debiteuren en effecten), behoren tot de vlottende activa. Een onderneming kan bijvoorbeeld een kortstondig overschot aan liquide middelen tijdelijk beleggen in aandelen. Een dergelijk aandelenbezit staat niet ten dienste van de eigen werkzaamheden en wordt meestal niet duurzaam aangehouden. Beleggingen worden onder de post Effecten opgenomen.

Een aandelenbezit dat duurzaam ten dienste van de rechtspersoon staat (maar minder bedraagt dan 20% van het geplaatst kapitaal), wordt net zoals deelnemingen onder de financiële vaste activa opgenomen.

Tot de vlottende activa rekenen we ook de overlopende activa. Hiertoe behoren bijvoorbeeld de in het verslagjaar betaalde verzekeringspremies, voor zover die betrekking hebben op het daaropvolgende jaar (vooruitbetaalde bedragen).

14.6.6 Eigen vermogen

De wet schrijft de volgende indeling van het eigen vermogen voor:
a het geplaatst en opgevraagd kapitaal;
b agio;
c herwaarderingsreserves;
d wettelijke reserves;
e statutaire reserves
f overige reserves;
g onverdeelde winsten.

Is het geplaatste kapitaal niet volgestort, dan wordt in plaats daarvan het gestorte kapitaal vermeld of, indien stortingen zijn uitgeschreven, het gestorte en opgevraagde kapitaal.

Herwaarderings-reserve

Een herwaarderingsreserve is een reserve die ontstaat doordat de actuele (huidige) waarde van een actiefpost hoger is dan zijn boekwaarde. De wet schrijft voor dat de rechtspersoon die een actief op een hoger bedrag waardeert, op de balans een herwaarderingsreserve opneemt. De toevoeging aan deze reserve is gelijk aan het verschil tussen de boekwaarde voor en na de herwaardering. Voor de behandeling van de actuele waarde verwijzen we naar hoofdstuk 13.

Wettelijke reserves

Voorbeelden van andere wettelijke reserves zijn de reeds eerder genoemde reserves in verband met de oprichtings- en aandelenuitgiftekosten en ontwikkelingskosten (zie subparagraaf 14.6.1 Immateriële vaste activa).

Statutaire reserve

Een statutaire reserve is een reserve die door de statuten van de onderneming is voorgeschreven. In gevallen waarin een statutaire reserve voorkomt, is deze dikwijls het gevolg van een statutaire regeling met betrekking tot de winstbestemming.

Overige reserves

Overige reserves worden ook wel vrije reserves genoemd. Dit zijn reserves die door ondernemingen worden aangehouden, maar waarvoor op grond van de wet of de statuten geen verplichting bestaat om ze aan te houden. Voorbeelden van overige reserves zijn de winstreserve en de algemene reserve.

14.6.7 Voorzieningen

Voorzieningen

In het verleden werd het vormen van een voorziening nogal eens gebruikt om de hoogte van de winst te sturen. In tijden met hoge winsten werden veel kosten ten gunste van een voorziening geboekt om de winst te verlagen. In tijden waarin het wat slechter met de onderneming ging, werden dan bedragen ten laste van de voorziening gebracht waardoor het resultaat relatief gunstig uitviel. Met de komst van IFRS worden strengere eisen gesteld aan het vormen van voorzieningen.

Op basis van IFRS en de RJ moeten voorzieningen worden gevormd voor:
a verplichtingen, die vaststaan of waarschijnlijk zijn, maar waarvan de omvang op het moment van afwikkeling niet exact bekend is;
b gelijkmatige verdeling van lasten, zoals een voorziening groot onderhoud (alleen toegestaan onder RJ).

Ten aanzien van *a* en *b* wordt bovendien de eis gesteld dat de verplichtingen waarschijnlijk leiden tot een uitgaande geldstroom.

Voorzieningen moeten worden gevormd voor verplichtingen die op de balansdatum op basis van de wet of feitelijk afdwingbaar zijn (RJ 252.40). Belastingvoorzieningen en pensioenvoorzieningen moeten afzonderlijk worden opgenomen. De latente belastingvoorziening heeft mede betrekking op belastinglasten die kunnen voortvloeien uit het toepassen van actuele waarden. Ook voor het risico van wanbetaling kan een voorziening worden getroffen.

Bij het vormen van voorzieningen maken we onderscheid in de dynamische en de statische methode. In voorbeeld 14.3 lichten we de dynamische methode toe, in voorbeeld 14.4 de statische methode.

■ Voorbeeld 14.3

Uit ervaring weet een onderneming dat 2% van de omzet aan afnemers die op rekening kopen, uiteindelijk niet wordt ontvangen. De onderneming kan nu ten laste van haar winst- en verliesrekening 2% kosten boeken om het te verwachten verlies op debiteuren op te vangen. De volgende journaalposten worden in verband hiermee gemaakt:

(Bij een verkoop op rekening ter waarde van €100.000)
 Kosten dubieuze debiteuren € 2.000
Aan Voorziening dubieuze debiteuren € 2.000

(Op het moment dat een vordering van €1.200 definitief oninbaar blijkt te zijn wordt geboekt)
 Voorziening dubieuze debiteuren € 1.200
Aan Debiteuren € 1.200

Dynamische vorming van de voorziening

Omdat bij iedere verkoop op rekening een bedrag aan de voorziening wordt toegevoegd, spreken we van een dynamische vorming van de voorziening.

De omvang van de voorziening dient gebaseerd te zijn op *de beste schatting* van de bedragen die noodzakelijk zijn om de verplichtingen af te wikkelen, waarbij rekening dient te worden gehouden met de risico's en onzekerheden die onvermijdelijk samenhangen met vele gebeurtenissen en omstandigheden (RJ 252.301). Het begrip beste schatting is nader geconcretiseerd. Het gaat daarbij om het bedrag dat een rationeel handelende rechtspersoon zou betalen om de betreffende verplichtingen en verliezen af te wikkelen of om die aan een derde over te dragen (RJ 252.302).

■ Voorbeeld 14.4

Een onderneming heeft op 31 december 2016 nog €600.000 van haar afnemers te vorderen (de post Debiteuren op haar balans bedraagt €600.000). De leiding van de onderneming weet echter dat een gedeelte van de vorderingen dubieus is en naar alle waarschijnlijkheid niet zal worden voldaan. De directie van deze onderneming benadert eind december 2016 een factormaatschappij en vraagt haar tegen welk bedrag de factormaatschappij de vorderingen per 31 december 2016 over zou willen nemen. De factormaatschappij krijgt volledig inzage in de openstaande vorderingen en het betalingsgedrag van de debiteuren. Op grond van een analyse van de risico's van wanbetaling komt de factormaatschappij uit op een waarde van €480.000 (de kosten van de factormaatschappij laten we buiten beschouwing).

In dit voorbeeld zou de onderneming een Voorziening dubieuze debiteuren mogen vormen van €120.000. We spreken dan van een statische methode, omdat de voorziening op één moment (van balansopmaking) wordt vastgesteld.

Statische methode

De regelgeving spreekt niet over het onderscheid tussen de statische en dynamische methode bij het vormen van een voorziening. Daaruit moet worden afgeleid dat de dynamische methode niet is toegestaan.

IFRS

Ook onder IFRS is een dynamische voorziening niet toegestaan.

De voorziening dubieuze debiteuren moet worden behandeld als een waardevermindering van het actief debiteuren. Daarom wordt de voorziening dubieuze debiteuren op de debetzijde van de balans in mindering gebracht op het actief debiteuren.

Een voorziening wegens incourantheid van voorraden moet eveneens aan de debetzijde van de balans op de waarde van de voorraden in mindering worden gebracht.

14.6.8 Schulden

Schulden

De schulden worden op de balans of in de toelichting op de balans onderverdeeld in:
a de converteerbare leningen;
b andere obligaties en onderhandse leningen;
c schulden aan kredietinstellingen;
d vooruitontvangen betalingen op bestellingen;
e schulden aan leveranciers en handelskredieten;
f te betalen wissels en cheques;
g schulden aan groepsmaatschappijen;
h schulden aan particulieren en aan maatschappen waarin wordt deelgenomen;
i belastingen en premies sociale verzekeringen;
j pensioenschulden;
k overige schulden;
l overlopende passiva.

Bij elke categorie moet worden aangegeven tot welk bedrag de resterende looptijd langer dan één jaar is, met aanduiding van de rentevoet en met afzonderlijke vermelding tot welk bedrag de resterende looptijd langer dan vijf jaar is. De vermelding van de resterende looptijd is van belang voor de *beoordeling van de liquiditeit* van de onderneming.

De wet staat toe dat de overlopende posten onder de schulden of als afzonderlijke post na de schulden worden opgenomen. In de Vierde Richtlijn worden onder overlopende passiva verstaan:

Overlopende passiva

- vóór de balansdatum ontvangen baten die aan een later verslagjaar worden toegerekend (bijvoorbeeld vooruitontvangen huren);
- kosten van het betreffende verslagjaar die in een later verslagjaar worden betaald (bijvoorbeeld nog te betalen kosten).

De Vierde Richtlijn geeft aan dat alleen de *nog te betalen kosten* onder de schulden mogen worden opgenomen. De *vooruitontvangen baten* behoren onder de overlopende passiva te worden geplaatst.

14.7 Hoofdindeling van de winst- en verliesrekening

De posten van de winst- en verliesrekening worden onderverdeeld in:
- baten en lasten uit de gewone bedrijfsuitoefening;
- buitengewone baten en lasten.

De baten en lasten uit de *gewone bedrijfsuitoefening* worden verder onderverdeeld in:
- operationele baten en lasten;
- financiële baten en lasten.

Opmerking
In de externe verslaggeving worden andere termen gebruikt voor kosten en opbrengsten, zoals die in de voorgaande hoofdstukken zijn besproken. Zo wordt in de externe verslaggeving gesproken over baten, wat in het algemeen overeenkomt met het begrip opbrengsten. Met lasten worden dan de kosten bedoeld.

De kosten kunnen in de winst- en verliesrekening worden weergegeven volgens de categoriale kostensplitsing of volgens de functionele kostensplitsing.

Categoriale kostensplitsing
Bij de categoriale kostensplitsing worden de kosten die bij een bepaalde productiefactor horen samengevoegd, zoals kosten van grond- en hulpstoffen, loonkosten, afschrijvingskosten en sociale lasten.

Functionele kostensplitsing
Bij de functionele kostensplitsing worden de kosten gegroepeerd rond bepaalde functies die binnen de onderneming te onderscheiden zijn, zoals fabricagekosten, verkoopkosten en kosten voor research en ontwikkeling.

Buitengewone baten en lasten
Als buitengewone baten en lasten worden de baten en lasten beschouwd die niet uit de gewone bedrijfsuitoefening voortvloeien. Hieronder vallen incidentele resultaten die niet het gevolg zijn van de normale bedrijfsactiviteiten en naar verwachting zelden zullen voorkomen. Als bijvoorbeeld een verzekeringsmaatschappij in geval van brandschade meer uitkeert dan de boekwaarde, wordt het meerdere als een buitengewone bate beschouwd.

De wet schrijft voor dat rechtspersonen die in verschillende bedrijfstakken werkzaam zijn, in de toelichting op de winst- en verliesrekening de netto-omzet splitsen naar bedrijfstakken en geografische gebieden.

Netto-omzet
Netto-omzet is de opbrengst uit levering van goederen en diensten onder aftrek van kortingen en omzetbelasting (btw). De verplichting

Omzetsegmentatie
tot omzetsegmentatie geldt alleen voor rechtspersonen die onder het regime groot vallen.

Toelichting bij de geconsolideerde balans en winst- en verliesrekening

Koninklijke Boskalis Westminster N.V.
Omzetsegmentatie

	De netto-omzet per regio Bedragen × €1.000	
	2014	2013
Nederland	714.058	661.693
Rest van Europa	766.877	645.565
Australië/Azië	832.666	741.356
Midden-Oosten	173.757	168.067
Afrika	274.394	328.825
Noord- en Zuid-Amerika	405.136	598.542
Totaal	3.166.888	3.144.048

Bron: *Jaarverslag Koninklijke Boskalis Westminster NV 2014*

Toelichting
De omzet in de gebieden Afrika en Noord- en Zuid-Amerika is gedaald, maar deze daling wordt meer dan gecompenseerd door een toename van de omzet in de andere gebieden. Omdat de activa van Koninklijke Boskalis Westminster NV (waaronder baggerschepen) niet regiogebonden zijn, kunnen ze wereldwijd worden ingezet. Een verschuiving van de omzet tussen de verschillende werelddelen hoeft voor deze onderneming geen probleem te zijn.

14.8 Modellen voor de balans en de winst- en verliesrekening

Op grond van de wet kunnen bij Algemene Maatregel van Bestuur modellen voor de jaarrekening en nadere voorschriften omtrent de indeling van de jaarrekening worden vastgelegd.

Wat betreft de wijze van presentatie is in het Besluit modellen jaarrekeningen een aantal modellen (voorbeelden) opgenomen. In dit besluit zijn acht balansmodellen en elf modellen voor de winst- en verliesrekening weergegeven. Dit besluit is alleen van toepassing op bv's, nv's, banken, verzekerings- en beleggingsmaatschappijen. Voor ondernemingen die onder het regime groot vallen, zijn deze modellen gedetailleerder dan voor ondernemingen waarvoor het regime klein van kracht is.

Balansmodellen

14.9 Rechtspleging inzake het financieel verslag

Iedere belanghebbende die van mening is dat het financieel verslag van een rechtspersoon niet voldoet aan de wettelijke voorschriften, kan naleving van deze voorschriften vorderen bij de Ondernemingskamer van het Gerechtshof te Amsterdam (zie www.rechtspraak.nl). Ook de procureur-generaal bij het gerechtshof te Amsterdam kan uit hoofde van het algemeen belang een rechtsvordering instellen.

Deze rechtsvorderingen moeten worden ingediend binnen twee maanden na deponering van het financieel verslag. Voor onderdelen van het financieel verslag waarvoor deponering niet verplicht is, gaat de termijn van twee maanden in vanaf het moment van goedkeuring of vaststelling van de betreffende onderdelen van het financieel verslag.

De Ondernemingskamer bij het Gerechtshof te Amsterdam behandelt de rechtsvorderingen achter gesloten deuren en roept de externe accountant die met het onderzoek van de jaarrekening belast was, op om gehoord te worden. Tegen de uitspraak, die openbaar is, is *geen hoger beroep maar wel beroep in cassatie* bij de Hoge Raad mogelijk.

Bij toewijzing van de vordering geeft de Ondernemingskamer met betrekking tot het aangevochten onderdeel nauwkeurige aanwijzingen voor het opstellen van het financieel verslag van de rechtspersoon.

14.10 Financieel verslag als verantwoording

Het bestuur van een onderneming legt door het financieel verslag aan de (direct-)belanghebbenden verantwoording af over het gevoerde beleid. Voor de nv of bv zijn de aandeelhouders een zeer belangrijke groep van belanghebbenden. Afhankelijk van de situatie (nv, bv of structuurvennootschap) wordt de jaarrekening (als onderdeel van het financieel verslag) door de Algemene Vergadering van Aandeelhouders (AVA) goedgekeurd of vastgesteld.

Tijdens de AVA doet de Raad van Bestuur verslag van de wijze waarop hij zijn taken heeft vervuld, en legt hij hierover verantwoording af. Daarbij moet de raad onder andere de ondernemingsstrategie, het gevoerde beleid en de ondernemingsresultaten bespreken. Ook is het gebruikelijk dat de Raad van Bestuur tijdens de AVA zijn visie geeft op de toekomst van de onderneming. Het zijn de toekomstverwachtingen die in belangrijke mate de waarde van de onderneming voor de aandeelhouders bepalen.

Samenvatting

Externe verslaggeving is het verschaffen van financiële informatie aan belanghebbenden buiten de onderneming. In Boek 2 titel 9 van het Burgerlijk Wetboek is globaal vastgelegd aan welke eisen de rechtspersonen op wie de wet van toepassing is, moeten voldoen. Deze wettelijke voorschriften zijn nader uitgewerkt in de richtlijnen die door de Raad voor de Jaarverslaggeving (RJ) worden uitgevaardigd.

De wet is onder andere van toepassing op:
- de coöperatie;
- de onderlinge waarborgmaatschappij;
- de naamloze vennootschap;
- de besloten vennootschap met beperkte aansprakelijkheid;
- banken, verzekeringsmaatschappijen en beleggingsinstellingen, ongeacht de rechtsvorm waarin zij worden uitgeoefend;
- verenigingen en stichtingen die een onderneming drijven en aan bepaalde omvangscriteria voldoen.

Het bedrijfsleven en de vermogensmarkten hebben een internationaal karakter. Daaruit vloeit voort dat voor de externe verslaggeving de behoefte groeide om landelijke richtlijnen (zoals Dutch GAAP en German GAAP) om te zetten in internationaal geldende richtlijnen. In internationaal verband is hiertoe de 'International Accounting Standards Board' (IASB) opgericht. De richtlijnen die de IASB heeft opgesteld, dragen de naam 'International Financial Reporting Standards' (IFRS). De IASB streeft naar uniformering van kwalitatief hoogwaardige internationale standaarden voor de verslaggeving.

De Europese Unie heeft een verordening vastgesteld, op grond waarvan *beursgenoteerde* ondernemingen met ingang van 1 januari 2005 verplicht zijn hun geconsolideerde jaarrekening op te stellen volgens IFRS.

De wettelijk verplichte financiële informatie van een onderneming wordt weergegeven in een financieel verslag. Dit verslag bestaat uit het bestuursverslag, de jaarrekening en de overige gegevens. Bij het opstellen van het financieel verslag wordt een aantal beginselen in acht genomen, zoals het voorzichtigheidsbeginsel, het realisatiebeginsel, het continuïteitsbeginsel en het toerekeningsbeginsel. Bovendien gaat men uit van een bestendige gedragslijn, individuele waardering en van afschrijvingen en waardeverminderingen die onafhankelijk van het resultaat zijn.

De financiële informatie die moet worden gepubliceerd hangt af van de grootte van de rechtspersoon. De rechtspersonen worden onderverdeeld in kleine, middelgrote en grote rechtspersonen. Publicatie houdt in dat het financieel verslag wordt gedeponeerd bij het kantoor van het handelsregister waar de rechtspersoon ingeschreven staat. Daar kunnen externe belanghebbenden het financieel verslag inzien.

Voor middelgrote en grote rechtspersonen is een controle van het financieel verslag door een externe accountant verplicht. Deze legt zijn bevindingen vast in een controleverklaring, die opgenomen wordt onder de overige gegevens in het financieel verslag.

Elke onderneming heeft de wettelijke verplichting jaarlijks een balans en winst- en verliesrekening (de enkelvoudige jaarrekening) op te maken. De moedermaatschappij van een groep heeft bovendien de wettelijke verplichting een geconsolideerde jaarrekening op te stellen. Deze geconsolideerde jaarrekening geeft een samenvattend overzicht van de activa en passiva (geconsolideerde balans) en van de opbrengsten en kosten (geconsolideerde winst- en verliesrekening) van alle tot de groep behorende groepsmaatschappijen. Naast de enkelvoudige jaarrekeningen wordt een geconsolideerde jaarrekening samengesteld, die inzicht geeft in de solvabiliteit, liquiditeit en rentabiliteit van de gehele groep.

De winst- en verliesrekening en de balans zijn belangrijke onderdelen bij de financiële besturing van ondernemingen. Er zal een zodanig beleid gevoerd (moeten) worden dat de cijfers uit de begrote winst- en verliesrekening en de begrote balans zo veel mogelijk worden gerealiseerd of verbeterd. Het financieel verslag is een verantwoording door de Raad van Bestuur van het door haar gevoerde beleid.

Begrippenlijst

Accountant — Natuurlijk persoon die werkzaam is bij een accountantskantoor en verantwoordelijk is voor de wettelijke controle van jaarrekeningen (externe accountant) of werkzaam is bij een organisatie en belast met de interne financiële verantwoording (interne accountant).

Actuele waarde — De waarde die is gebaseerd op actuele marktprijzen of op gegevens die op de datum van waardering geacht kunnen worden relevant te zijn voor de waarde.

Accountantsverklaring — Er zijn drie soorten accountantsverklaringen: de controleverklaring, de beoordelingsverklaring en de samenstellingsverklaring.

AFM — Autoriteit Financiële Markten: de Nederlandse overheidsinstelling die belast is met het toezicht op de werking van de financiële markten (in Nederland).

Balansmodellen — Voorbeelden van toegestane balansindelingen.

Bedrijfswaarde — De contante waarde van de aan een actief of samenstel van activa toe te rekenen toekomstige kasstromen die kunnen worden verkregen met de uitoefening van het bedrijf.

Belegging — Bezit van aandelen van een andere onderneming zonder het doel dit bezit duurzaam aan te houden.

Beoordelingsverklaring — Een accountantsverklaring met betrekking tot een door de accountant uitgevoerde *beoordeling* van een overzicht met historische financiële informatie (zoals een jaarrekening).

Bestendige gedragslijn — Het hanteren van gelijkblijvende grondslagen om de activa en passiva te waarderen en het resultaat te bepalen.

Bestuursverslag — Verslag van het bestuur (de directie) over het afgelopen verslagjaar en zijn verwachtingen ten aanzien van het komende verslagjaar. Dit verslag wordt ook directieverslag genoemd.

Boekhouden — Het systematisch vastleggen van financiële informatie.

Buitengewone baten en lasten — Baten en lasten (= opbrengsten en kosten) die niet uit de gewone bedrijfsuitvoering voortvloeien.

Categoriale kostensplitsing — Kostenindeling waarbij de kosten die bij een bepaalde productiefactor behoren, worden samengevoegd.

Continuïteitsbeginsel	Bij de waardering van de activa en passiva en bij de resultaatbepaling wordt verondersteld dat de onderneming haar activiteiten voortzet (going-concern-gedachte).
Controleverklaring	Een verklaring met betrekking tot een door de externe accountant uitgevoerde *controle* van een overzicht met historische financiële informatie (zoals een jaarrekening). Er zijn vier oordelen mogelijk: een goedkeurend oordeel, een oordeel met beperking, een afkeurend oordeel of een oordeelonthouding.
Controller	Functionaris die binnen een organisatie verantwoordelijk is voor het opstellen van begrotingen en de registratie van financiële gegevens.
Creatief boekhouden	Het toepassen van steeds verschillende berekeningsmethoden om de resultaten van de onderneming te beïnvloeden.
Deelneming	Er is sprake van een deelneming als het aanhouden van aandelen in een andere onderneming duurzaam is, voor eigen rekening geschiedt en ten dienste staat van de werkzaamheden van de eigen onderneming.
Dochtermaatschappij	Maatschappij waarvan aandelen in het bezit zijn van een andere maatschappij (moedermaatschappij), waarbij de moedermaatschappij de zeggenschap kan uitoefenen in de dochtermaatschappij.
Dutch GAAP	Algemeen aanvaarde verslaggevingsregels waaraan Nederlandse niet-beursgenoteerde ondernemingen moeten voldoen.
Enkelvoudige jaarrekening	Jaarrekening van een individuele onderneming.
EU-IFRS	International Financial Reporting Standards (IFRS) voor zover die zijn aanvaard door de Europese Unie (EU).
Externe accountant	Natuurlijk persoon die werkzaam is bij of verbonden is aan een accountantsorganisatie en die verantwoordelijk is voor een wettelijke controle.
Externe verslaggeving	Het proces van verzamelen, groeperen en verstrekken van (financiële) gegevens ten behoeve van belanghebbenden buiten de onderneming.
Fair value (reële waarde)	Het verschil tussen de door de overnemende onderneming in haar jaarverslag te verantwoorden waarde van de activa van de overgenomen onderneming minus de schulden van de overgenomen onderneming.
FASB	Financial Accounting Standards Board.
Financial lease	Onopzegbaar huurcontract waarbij de kosten van onderhoud en verzekering meestal ten laste van de huurder komen en met een looptijd ongeveer gelijk aan de economische levensduur van het productiemiddel.
Financieel verslag	Financiële informatie van een onderneming bestaande uit bestuursverslag, jaarrekening met toelichtingen en overige gegevens.

Financiële vaste activa	Deelnemingen, vorderingen en overige effecten.
Functionele kostensplitsing	Kostenindeling waarbij de kosten die bij een bepaalde functie binnen de onderneming behoren, zijn samengevoegd.
Geconsolideerde jaarrekening	Het samenvoegen van de enkelvoudige jaarrekeningen van twee of meer ondernemingen die tot één groep behoren, in één gezamenlijke (geconsolideerde) jaarrekening.
Groep	Groep van juridisch zelfstandige ondernemingen die een economische eenheid vormen en organisatorisch verbonden zijn.
Groepsmaatschappij	Maatschappij die tot een bepaalde groep behoort.
Herwaarderingsreserve	Gedeelte van het eigen vermogen dat ontstaan is door een waardestijging van de activa (wettelijke reserve).
Houdstermaatschappij	Maatschappij die aandelen bezit in andere maatschappijen.
IASB	International Accounting Standards Board.
IFRS	International Financial Reporting Standards.
IFRS SME	IFRS voor middelgrote ondernemingen.
Immateriële vaste activa	Niet tastbare vaste activa, zoals oprichtings- en aandelenuitgiftekosten, onderzoeks- en ontwikkelingskosten, concessies, vergunningen, intellectuele rechten, goodwill en vooruitbetalingen.
Impairment-test	Het vergelijken van de realiseerbare waarde van een bedrijfsonderdeel met de boekwaarde ervan.
Individuele waardering	Afzonderlijke waardering van activa en passiva waarbij geen rekening wordt gehouden met de relaties met andere activa en passiva.
Integrated reporting	Een (nieuwe) vorm van verantwoorden waarbij de waardecreatie en de gevolgen van een bepaalde organisatie voor de samenleving centraal staan.
Interne accountant	Functionaris die belast is met de interne financiële verantwoording en met de totstandkoming van de interne jaarrekening.
Interne verslaggeving	Het proces van verzamelen, groeperen en verstrekken van (financiële) gegevens ten behoeve van de leidinggevenden binnen de onderneming.
Jaarrekening	Balans en winst- en verliesrekening met toelichtingen.
Jaarverslag	Informatie die een onderneming onder andere aan haar aandeelhouders beschikbaar stelt, bestaande uit het financieel verslag en eventueel aangevuld met andere niet door de wet voorgeschreven informatie.

Liquidatiewaarde	Waarde van een onderneming indien de onderneming zou worden opgeheven.
Marktwaarde	Het bedrag waarvoor een actief kan worden verhandeld of een passief kan worden afgewikkeld tussen terzake goed geïnformeerde partijen, die tot een transactie bereid en onafhankelijk van elkaar zijn.
Matchingprincipe	Het toerekenen van de kosten aan de periode waarin de met deze kosten samenhangende opbrengsten zijn gerealiseerd.
Materiële vaste activa	Tastbare vaste activa, zoals gebouwen en machines.
Milieuverslag	Verslag van een onderneming waarin de gevolgen van de bedrijfsactiviteiten voor het milieu en de maatregelen om de schadelijke milieugevolgen te beperken, worden beschreven.
Moedermaatschappij	Houdstermaatschappij die de leiding heeft over alle tot de groep behorende maatschappijen.
NBA	Nederlandse Beroepsorganisatie van Accountants.
Netto-omzet	Opbrengst uit levering van goederen en diensten onder aftrek van kortingen en omzetbelasting (btw).
Netto toegevoegde waarde	Omzet van de onderneming excl. btw verminderd met de kosten van grond- en hulpstoffen, diensten van derden en overige bedrijfskosten (met uitzondering van lonen, salarissen, sociale lasten en interestkosten vreemd vermogen).
Omzetsegmentatie	Verdeling van de netto-omzet van een onderneming over de verschillende bedrijfstakken en geografische gebieden.
Opbrengstwaarde	Het bedrag waartegen een actief maximaal kan worden verkocht, onder aftrek van de nog te maken kosten.
Operational lease	Opzegbaar huurcontract waarbij de kosten van onderhoud en verzekering meestal ten laste van de verhuurder komen.
Overige gegevens	Onderdeel van het financieel verslag waarin de accountantsverklaring, de statutaire regeling over de winstbestemming, de winstverdeling en een opgave van gebeurtenissen na de balansdatum met belangrijke financiële gevolgen voor de onderneming zijn opgenomen.
Overige reserve	Een reserve die ondernemingen aanhouden zonder dat daar een wettelijke of statutaire verplichting aan ten grondslag ligt. Een overige reserve noemen we ook wel een vrije reserve.
Overlopende passiva	Vóór de balansdatum ontvangen baten die aan een later verslagjaar worden toegerekend, en kosten van het betreffende verslagjaar die in een later verslagjaar worden betaald.

Publiceren	Het beschikbaar stellen van (gedeelten van) het financieel verslag aan de Kamer van Koophandel waar de onderneming in het handelsregister staat ingeschreven.
Realisatiebeginsel	Winsten worden opgenomen op de winst- en verliesrekening als ze op de balansdatum zijn gerealiseerd, terwijl verliezen reeds op het moment van constatering worden opgenomen.
Reserves	Waarde van het eigen vermogen voor zover het de nominale waarde van het geplaatst aandelenvermogen overtreft; bestanddelen van het eigen vermogen naast het geplaatste en gestorte (nominale) aandelenkapitaal.
Samenstellingsverklaring	Een accountantsverklaring die kan worden afgegeven door een accountant bij een door hem of haar uitgevoerde *samenstelling* van een overzicht met historische financiële informatie (zoals een jaarrekening).
SEC	Security Exchange Committee: Amerikaanse organisatie belast met toezicht op de werking van de Amerikaanse effectenbeurzen.
Sociaal jaarverslag	Verslag van een onderneming dat betrekking heeft op het gevoerde en in de toekomst te voeren personeelsbeleid.
Statutaire reserve	Reserve die door de statuten van de onderneming wordt voorgeschreven.
Toekomstparagraaf	Onderdeel van het jaarverslag waarin het bestuur van de onderneming zijn visie geeft op de toekomstige ontwikkeling van de onderneming.
Toerekeningsbeginsel	De gevolgen van transacties (waaronder opbrengsten en kosten) moeten worden verwerkt op het moment dat zij zich voordoen (en niet wanneer de geldmiddelen worden ontvangen of betaald).
US GAAP	United States Generally Accepted Accounting Principles.
Vaste activa	Activa die niet binnen één jaar in liquide middelen kunnen worden omgezet. Voor de externe verslaggeving worden ze onderverdeeld in immateriële, materiële en financiële vaste activa.
Vervangingswaarde	Het bedrag dat nodig zou zijn om in plaats van een actief dat bij de bedrijfsuitoefening is of wordt gebruikt een ander actief te verkrijgen of te vervaardigen dat voor de bedrijfsuitoefening een in economisch opzicht gelijke betekenis heeft.
Vlottende activa	Activa die binnen één jaar in liquide middelen kunnen worden omgezet. Voor de externe verslaggeving worden ze onderverdeeld in voorraden, vorderingen, effecten, liquide middelen en overlopende activa.
Voorzichtigheidsbeginsel	Dit beginsel houdt in dat de toekomstige onzekere gebeurtenissen niet te optimistisch mogen worden voorgesteld.
Voorziening	Verplichtingen, verliezen of risico's die tot een betaling in de toekomst leiden en waarvan de omvang op de balansdatum min of meer vaststaat.
Wettelijke reserve	Reserve die op grond van de wet moet worden gevormd.

Meerkeuzevragen

14.1 IFRS is van toepassing op
a alle Nederlandse ondernemingen.
b alle Europese ondernemingen.
c alle Europese beursgenoteerde ondernemingen.
d alle internationaal opererende ondernemingen.

14.2 De functies die door de verslaggeving worden vervuld, zijn de
a registratiefunctie en beslissingsondersteunende functie.
b verantwoordings- en stuurfunctie.
c registratie-, verantwoordings- en stuurfunctie.
d verantwoordingsfunctie, stuurfunctie en beslissingsondersteunende functie.

14.3 De taak van de boekhouding is
a het registreren en rubriceren van financiële gegevens.
b het verzorgen van de interne en externe verslaggeving.
c het verzorgen van de interne verslaggeving.
d het verzorgen van de externe verslaggeving.

14.4 De controller heeft tot taak
a het door de onderneming gevoerde beleid te controleren en te beoordelen.
b de juistheid, tijdigheid en volledigheid van de verstrekte informatie te controleren.
c begrotingen op te stellen, financiële gegevens te registreren en de bedrijfsresultaten te analyseren.
d de geldontvangsten en gelduitgaven op elkaar af te stemmen en de contacten met de verschaffers van eigen en vreemd vermogen te onderhouden.

14.5 Interne verslaggeving is in vergelijking met externe verslaggeving
a meer op de toekomst gericht en niet aan voorschriften gebonden.
b meer op het verleden gebaseerd en beleidsondersteunend.
c meer op de toekomst gericht en aan voorschriften gebonden.
d meer op het verleden en op verantwoording gericht.

14.6 Het financieel verslag bestaat uit
a de balans, de winst- en verliesrekening en de toelichtingen op de balans en de winst- en verliesrekening.
b de balans, de winst- en verliesrekening, de toelichtingen op de balans en de winst- en verliesrekening en de accountantsverklaring.
c het bestuursverslag, de jaarrekening en de overige gegevens.
d het bestuursverslag, de jaarrekening en de accountantsverklaring.

14.7 Boek 2, titel 9 van het Burgerlijk Wetboek heeft betrekking op
  a het financieel verslag, het maatschappelijk jaarverslag en het milieuverslag.
  b het financieel verslag en het maatschappelijk jaarverslag.
  c het financieel verslag en het milieuverslag.
  d het financieel verslag.

14.8 Ondernemingen brengen ontwikkelingskosten meestal direct ten laste van het resultaat. Dit is een toepassing van
  a het realisatiebeginsel.
  b het voorzichtigheidsbeginsel.
  c het continuïteitsbeginsel.
  d het matchingprincipe.

14.9 Het vormen van een voorziening groot onderhoud is een voorbeeld van
  a het realisatiebeginsel.
  b het voorzichtigheidsbeginsel.
  c het continuïteitsbeginsel.
  d het matchingprincipe.

14.10 Bij een structuurvennootschap wordt de jaarrekening vastgesteld door
  a de Raad van Commissarissen.
  b de Raad van Bestuur.
  c de Algemene Vergadering van Aandeelhouders.

14.11 Een rechtspersoon met €10 mln activa, een netto-omzet van €30 mln en een gemiddeld aantal werknemers van 200 valt in de categorie
  a klein.
  b middelgroot.
  c groot.

14.12 Van een onderneming is over een aantal opeenvolgende jaren de grootte vermeld volgens de in de wet aangegeven criteria. Onder welk regime valt deze rechtspersoon in jaar 6?

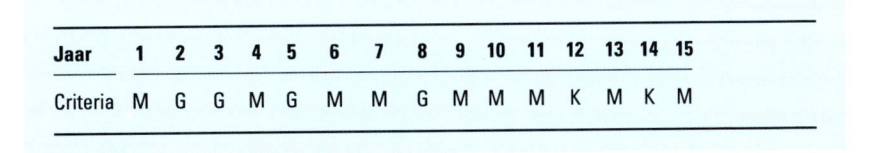

Jaar	1	2	3	4	5	6	7	8	9	10	11	12	13	14	15
Criteria	M	G	G	M	G	M	M	G	M	M	M	K	M	K	M

  a Klein (K).
  b Middelgroot (M).
  c Groot (G).

14.13 Een rechtspersoon die onder het regime klein valt, moet
  a het volledige financieel verslag publiceren.
  b een beknopte balans, een beknopte winst- en verliesrekening, toelichtingen op de balans en winst- en verliesrekening en het bestuursverslag publiceren.
  c een beknopte balans, een beknopte winst- en verliesrekening en toelichtingen op de balans en winst- en verliesrekening publiceren.
  d een beknopte balans met toelichtingen publiceren.

14.14 Een wettelijke reserve moet aangehouden worden voor
  a geactiveerde ontwikkelingskosten.
  b geactiveerde goodwill.
  c vooruitbetaalde bedragen.
  d oninbare debiteuren.

14.15 Welke van de volgende uitspraken is binnen het kader van de externe verslaggeving juist?
  a Goodwill is het positieve verschil tussen het aankoopbedrag en de fair value van de overgenomen onderneming.
  b Goodwill is het positieve verschil tussen de rentabiliteitswaarde en de intrinsieke waarde van een onderneming.
  c Goodwill is het positieve verschil tussen de aankoopwaarde en de boekwaarde van de overgenomen onderneming.
  d Goodwill is het positieve verschil tussen de intrinsieke waarde en de boekwaarde van de overgenomen onderneming.

Antwoorden tussenvragen

Hoofdstuk 1

1.2 *Management accounting*:
het verstrekken van financiële informatie aan managers binnen de eigen organisatie, die ze gebruiken om hun beslissingen te onderbouwen.
Financial accounting:
het verstrekken van (financiële) gegevens aan belangstellenden buiten de eigen organisatie (externe belangstellenden).
Financiering:
het vaststellen van de vermogensbehoefte van een organisatie en de verschillende vormen van eigen en vreemd vermogen, die beschikbaar zijn om in die behoefte te voorzien. Bovendien besteedt zij aandacht aan de financiële vergoedingen die de verstrekkers van dit vermogen eisen.

1.3 Voor de beantwoording van deze vraag moet worden vastgesteld waarop de belastingen en/of de subsidies betrekking hebben. Als bijvoorbeeld een subsidie wordt verleend over een investeringsproject (= primaire geldstroom), dan behoren de subsidies daarover ook tot de primaire geldstromen. De omvang van de te betalen vennootschapsbelasting hangt af van de omzet, de kosten van het primaire proces (= primaire geldstromen) en de interestkosten (= secundaire geldstroom). Bij de te betalen vennootschapsbelasting is dus sprake van een mengvorm, waarbij het accent in de meeste gevallen ligt op de primaire geldstromen.

Hoofdstuk 2

2.1 De aandeelhouders zullen zich verzetten, omdat ze minder invloed kunnen uitoefenen op het beleid van de onderneming.

2.2 Bij een openbare emissie worden de aandelen uitgegeven door tussenkomst van de effectenbeurs, waarbij iedere belegger in staat wordt gesteld de nieuwe aandelen te kopen. Bij een onderhandse plaatsing worden de aandelen verkocht aan één of een beperkt aantal institutionele beleggers, zoals pensioenfondsen, verzekeringsmaatschappijen of grote beleggingsinstellingen. In het laatste geval is er een direct contact tussen de onderneming die de aandelen uitgeeft en de beleggers.

Hoofdstuk 3

3.1 Het opstellen van een ondernemingsplan dwingt de jonge ondernemer ertoe zijn plannen goed uit te werken en ook de financiële gevolgen ervan te overzien. Tevens is het de basis voor een gesprek met de bank als de startende onderneming vreemd vermogen wil aantrekken.

3.2 Balans 1: + €4.000 Balans 4: + €3.000
Balans 2: + €4.000 Balans 5: + €1.000
Balans 3: + €4.000 Balans 6: – €4.000

3.3 Een liquiditeitsbegroting moet op korte perioden betrekking hebben om vast te kunnen stellen *op welk moment* er eventuele tekorten of overschotten zijn. Als we over een geheel jaar een liquiditeitsbegroting zouden maken, kunnen we vaststellen of we *aan het begin en aan het eind* van het jaar liquide zijn, maar het geeft geen inzicht in de liquiditeitspositie tijdens het jaar.

3.4 Inclusief btw, omdat bij inkopen btw betaald moet worden en van de afnemers wordt de verkoopprijs inclusief btw ontvangen.

3.5 Exclusief btw, omdat de btw die bij inkopen is betaald van de belastingdienst kan worden teruggevorderd (deze btw leidt niet tot kosten) en de btw over de verkopen aan de belastingdienst moet worden afgedragen (deze btw is geen opbrengst).

3.6 Bij een bv staan de loonkosten van de directeur op de winst- en verliesrekening. Bij een eenmanszaak ontbreekt de post Loonkosten in verband met de directeur/eigenaar. De winst van de eenmanszaak is de beloning voor de directeur/eigenaar.
Bij een bv wordt over de winst voor belasting vennootschapsbelasting geheven. Deze post ontbreekt op de winst- en verliesrekening bij de eenmanszaak (in plaats daarvan betaalt de eigenaar van een eenmanszaak inkomstenbelasting).

3.7 Branche 1: industriële productie: redelijke brutomarge, hoge afschrijvingen.
Branche 2: dienstverlenende bedrijven: lage inkoopwaarde omzet, hoge vaste kosten (lonen).
Branche 3: supermarkten: lage brutomarge, geringe afschrijvingen.

3.8 Met behulp van het Excel-model kunnen de gevolgen worden berekend. Omdat de kosten die niet van de omzet afhankelijk zijn, gelijk zullen blijven, zal het resultaat dalen.

Hoofdstuk 4

4.1 Als de premie achteraf betaald zou kunnen worden, dan bestaat het reële gevaar dat degenen die in de achterliggende periode geen schade hebben gehad ook geen premie zullen betalen.

4.2 *a* Opoffering van productiemiddelen wil zeggen dat er productiemiddelen zijn gebruikt voor het productieproces. Dat kan bijvoorbeeld zijn doordat een duurzaam productiemiddel is gebruikt waardoor het aantal werkeenheden minder wordt, of door verbruik van grondstoffen.
b 1 Gebruik van (de werkeenheden van) een machine.
2 Energieverbruik, loonkosten.
3 Onderhoudskosten die ten gunste van een voorziening worden geboekt.
c Nee, die bestaan niet. Iedere kostenpost leidt vroeg of laat tot een gelduitgave.

4.3 Nee. Met iedere opbrengst moet een geldontvangst samenhangen.

4.4 Eigenlijk niet. Het betreft een privéreis en is dus geen doelmatige opoffering van productiemiddelen. In de praktijk worden de reiskosten (zeker voor het berekenen van de fiscale winst) wel als kosten van de zaak opgenomen, maar deze kosten horen geen onderdeel uit te maken van de standaardkostprijs.

4.5 Lagere bestelgrootte, omdat de opslagkosten per eenheid product toenemen. Tot de opslagkosten behoren ook de vermogenskosten en deze stijgen.

4.6 De technische (is aanwezige) voorraad kan niet negatief zijn, de economische voorraad wel. De economische voorraad is negatief als de voorverkopen groter zijn dan de technische voorraad + voorinkopen.

4.7 Nee. Toepassing van stukloon leidt ertoe dat werknemers gehaast gaan werken, omdat ze veel willen produceren. Het in elkaar zetten van precisie-uurwerken moet echter nauwkeurig gebeuren. Haastig en nauwkeurig werken gaan niet samen.

4.8 *a* De kostprijs van een werkeenheid zal toenemen, omdat de vermogenskosten onderdeel uitmaken van de kostprijs.

b Hierbij moeten we onderscheid maken tussen een marktvorm met (volkomen) concurrentie en monopolie. Bij monopolie kan de monopolist zijn hogere kostprijs doorberekenen aan de consument door de verkoopprijs te verhogen. Het bedrag dat voor afschrijvingen beschikbaar komt kan dan gelijk blijven. Bij (volkomen) concurrentie wordt de verkoopprijs mede bepaald door de concurrentie. Als daardoor de verkoopprijzen niet of onvoldoende kunnen worden verhoogd, dan zal er per werkeenheid minder voor afschrijvingen beschikbaar komen.

4.9 Voorbeelden van organisaties die aan hun klanten (afnemers) geen btw in rekening brengen en daardoor ook geen btw van de fiscus kunnen terugvorderen, zijn: scholen, ziekenhuizen en overheidsinstellingen zoals gemeenten en provincies.

Hoofdstuk 5

5.1 *a* Flynth heeft te maken met een groot aantal concurrenten, maar niet zoveel dat er sprake is van een marktvorm van volkomen concurrentie. Daar komt bij dat het product in de dienstverlening niet homogeen is. Adviesorganisaties leveren maatwerk.

b Bij het vaststellen van de hoogte van de tarieven heeft Flynth een beperkte vrijheid. Als Flynth de tarieven te hoog vaststelt, bestaat het gevaar dat een gedeelte van de cliënten naar een andere dienstverlenende organisatie overstapt.

5.2 In die situatie zullen de totale kosten weinig veranderen door een verandering in de productie- en verkoopomvang. Dat heeft tot gevolg dat bij een lage omzet er grote verliezen kunnen ontstaan, omdat tegenover een lage omzet relatief veel (vaste) kosten staan. Bij een hoge omzet zullen de totale kosten relatief weinig stijgen (weinig variabele kosten), waardoor veel winst kan worden gemaakt. Bij deze samenstelling van de kosten (veel vaste kosten ten opzichte van de variabele kosten) kunnen de bedrijfsresultaten sterk schommelen.

5.3 Als de salarisverhoging verwacht was, dan is dat al verwerkt in de tarieven en kan een tariefaanpassing achterwege blijven. Een onverwachte stijging van het salaris zal tot een verhoging van het uurtarief leiden.

5.4 Het gevaar is dat in tijden met weinig vraag (lage productie) een hoge kostprijs wordt berekend en op basis daarvan een hoge verkoopprijs (hoog tarief). Door deze hoge verkoopprijs zal de vraag nog meer afnemen, waardoor het hiervoor geschetste proces wordt versterkt.
In tijden met veel vraag (hoge productie) ontstaat dan een lage kostprijs en op basis daarvan een lage verkoopprijs (laag tarief). Deze lage verkoopprijs zal de vraag nog meer doen toenemen.

5.5 Een verspilling wordt rechtstreeks (en niet via de kostprijs van de omzet) naar de winst- en verliesrekening overgeboekt. Daardoor wordt het resultaat lager.

5.6 Omdat alleen de toerekening van de indirecte kosten tot problemen kan leiden. De directe kosten kunnen rechtstreeks aan de producten worden toegerekend.

5.7 Het management van een organisatie moet de afweging maken tussen de (extra) kosten van een nauwkeuriger kostprijs en de extra opbrengsten die daar het gevolg van zijn (we nemen aan dat het management betere beslissingen kan nemen omdat het over een nauwkeuriger kostprijs beschikt). Als de (extra) opbrengsten meer bedragen dan de (extra) kosten is het zinvol de kostprijsberekening te verfijnen.

Hoofdstuk 6

6.1 *a* De resultaten in jaar 1 en jaar 3 verschillen. In jaar 2 hebben ze dezelfde resultaten.

b Over de periode van drie jaar hebben AC en VC eenzelfde resultaat, doordat over drie jaar gemeten er geen voorraadmutatie optreedt. Voorraad aan het begin van het eerste jaar = voorraad aan het einde van het derde jaar.

6.2 *a* Omzet: $0,6 \times 57.600 \times €360 =$ € 12.441.600

Kosten: • vast € 12.000.000
• variabel: $0,6 \times 57.600 \times €120 =$ € 4.147.200

€ 16.147.200 –

Resultaat (negatief) € 3.705.600 –

b Als de bezettingsgraad daalt met 1% dan dalen:
• de omzet met: $0,01 \times 57.600 \times €360 =$ € 207.360 –
• de variabele kosten met:
$0,01 \times 57.600 \times €120 =$ € 69.120 +

Resultaat daalt met € 138.240

Resultaat bij bezettingsgraad van 60% = € 3.705.600
Resultaat bij bezettingsgraad van 70% = € 2.323.200 –

10% daling in bezettingsgraad leidt tot € 1.382.400 daling in resultaat.
1% daling in bezettingsgraad leidt tot €138.240 daling in resultaat.

6.3 *a* $\dfrac{€320.000}{€160 - €60} = 3\,200$

b $\dfrac{€360.000}{€140 - €60} = 4\,500$

c $\dfrac{€320.000}{€140 - €55} = 3\,765$

Hoofdstuk 7

7.1 Een begroting houdt geen machtiging in om bepaalde uitgaven te doen, omdat de begroting nog niet is goedgekeurd. Nadat een begroting is goedgekeurd spreken we van een budget en is de budgethouder gemachtigd de uitgaven te verrichten voor de taken die in het budget staan vermeld.

7.2 Het opstellen van een budget vereist dat de verschillende afdelingen hun activiteiten op elkaar afstemmen. Dat is een van de voorwaarden voor het kunnen besturen van een organisatie.

7.3 Nee. Als een onderneming meer produceert dan vooraf werd ingeschat (hetgeen op zich een goed teken is), zullen de kosten ook stijgen. Een overschrijding van het ex-ante budget is dan te verwachten. Om de efficiency van het voortbrengingsproces te beoordelen vergelijken we het *ex-post* budget met de werkelijke cijfers.

7.4 *a* De productiecapaciteit bepaalt de omvang van de activiteiten als de vraag groter is dan de productiecapaciteit (een organisatie kan niet meer maken dan haar productiecapaciteit aankan).

b De vraag bepaalt de omvang van de activiteiten als de productie groter is dan de vraag (er kan niet meer worden verkocht dan de omvang van de vraag).

7.5 Als de productie afwijkt van de begrote productie, zullen ook de productiekosten afwijken van de vooraf begrote productiekosten (ex-ante budget). Als de productie toeneemt zijn ook hogere productiekosten toegestaan (hoger ex-post budget), een lagere productie leidt daarentegen tot lagere toegestane productiekosten (lager ex-post budget). We moeten de werkelijke productiekosten vergelijken met het *ex-post* budget.

7.6 Nee, een negatief hoeveelheidsverschil op variabele verkoopkosten kan worden veroorzaakt door een werkelijke verkoopomvang die hoger is dan de vooraf begrote verkoopomvang. Dat kunnen we moeilijk als inefficiënt betitelen.

Hoofdstuk 8

8.1 Projecten zijn moeilijk met elkaar te vergelijken als:
- de looptijden verschillen;
- de investeringsbedragen niet aan elkaar gelijk zijn.

8.2 Door een hogere vermogenskostenvoet wordt de NCW lager. Bereken voor voorbeeld 8.3 de NCW als de vermogenskostenvoet 13% bedraagt. De NCW is dan + €83.687,47.

8.3 In principe iedereen, ook de lagere niveaus. Het topmanagement beslist uiteindelijk en geeft de kaders aan waarbinnen de investeringen plaatsvinden.

8.4 Een belangrijk aspect vormen de mogelijke fluctuaties in de omzet. Een organisatie waarvan de omzet vrij stabiel is en zich op een niveau bevindt dat ruim boven het break-evenpunt ligt, zal weinig last hebben van de relatief hoge vaste kosten. Als de verwachte omzet (die bovendien redelijk stabiel is) het break-evenpunt ruimschoots overtreft, kan voor een kapitaalintensieve manier van produceren gekozen worden. Een hoge omzet levert dan meestal ook een hoge winst op.

Als de omzet sterk fluctueert kan gekozen worden voor een niet-kapitaalintensieve productiemethode. Als de omzet dan daalt, dalen de variabele kosten ook flink en kan het verlies in het algemeen beperkt blijven. Bij hoge omzetten moet men dan genoegen nemen met bescheiden winsten.

8.5 Als producent word je afhankelijker van je toeleveranciers wat betreft de aanvoer en kwaliteit van de producten. Daarover zullen goede afspraken moeten worden gemaakt en er zullen kwaliteitscontroles moeten worden uitgevoerd.

Hoofdstuk 9

9.1 Als er voorraden kunnen worden aangehouden, kan de productie gelijkmatig over het jaar verdeeld worden. De onderneming kan dan volstaan met de aanschaf van productiemiddelen met een geringere capaciteit, die goedkoper zijn en daardoor tot een geringere vermogensbehoefte leiden. Door de seizoensinvloeden zullen de voorraden fluctueren, waardoor ook de totale vermogensbehoefte fluctueert.

Als er geen voorraden kunnen worden aangehouden, wordt geproduceerd wat op dat moment wordt gevraagd (dan ontstaan er geen voorraden). Er moeten nu productiemiddelen worden aangeschaft met een capaciteit die voldoende is om aan de grootste vraag (hoogseizoen) te voldoen. De duurzame productiemiddelen leiden tot een vrij gelijkmatige vermogensbehoefte, waardoor ook de totale vermogensbehoefte vrij gelijkmatig zal zijn.

Hoofdstuk 10

10.1 a €1,50 (emissieprijs) − €0,10 (nominale waarde) = €1,40 per aandeel.

10.2 Een nv kan aandelen uitgeven onder een groot publiek. In principe kan iedereen aandelen van een beursgenoteerde onderneming kopen. Alle beleggers samen kunnen een groot bedrag aan de onderneming beschikbaar stellen in de vorm van aandelenvermogen (eigen vermogen).

10.3 Aan de lage kant. De onderneming moet voorzichtig zijn, want *na toekenning* van het interim-dividend zouden de resultaten achter kunnen blijven bij de verwachtingen. Dan zou kunnen blijken dat men tussentijds te veel dividend heeft uitgekeerd.

10.4 De zeggenschapsverhoudingen veranderen niet, omdat dan alle zittende aandeelhouders een aantal nieuwe aandelen krijgen dat in verhouding staat tot het aantal aandelen dat ze al bezitten. De procentuele verdeling van de aandelen over de verschillende aandeelhouders blijft gelijk.

10.5
$3 \times \text{claim} + 2 \times €1.500 = 2 \times €20,70$
$3 \times \text{claim} + €30,00 = 41,40$
$3 \times \text{claim} = €41,40 - €30,00 = €11,40$
$1 \text{ claim} = €11,40 : 3 = €3,80$

Hoofdstuk 11

11.1 De verschaffers van vreemd vermogen krijgen een vaste interestvergoeding (ongeacht de resultaten van de organisatie waaraan ze vreemd vermogen hebben verstrekt) en in geval van faillissement van de geldnemer wordt het vreemd vermogen afgelost voordat de eigenaren een uitbetaling ontvangen.

11.2 Tussen $0,08 \times €1.000 = €80,00$ en $0,0825 \times €1.000 = €82,50$.

11.3 a Kans op koersstijging van het aandeel waardoor de converteerbare obligaties ook meer waard worden, omdat die kunnen worden ingewisseld in aandelen.
b Bij een converteerbare obligatie leidt een koersstijging van het aandeel tot een waardestijging van de converteerbare obligatie. Voor dit voordeel ten opzichte van een gewone obligatie moet wel 'betaald' worden: de houders van de converteerbare obligaties ontvangen een lagere rente dan de houders van vergelijkbare gewone obligaties.

11.4 Een voorziening is vreemd vermogen, een reserve is eigen vermogen.

Hoofdstuk 12

12.1 Het zo snel mogelijk investeren van vrijgekomen afschrijvingsgelden is een voorbeeld van interne financiering (het geld komt beschikbaar binnen de organisatie) en van intensieve financiering (het geld dat vrijkomt wordt direct weer in de organisatie geïnvesteerd). In dit voorbeeld is er sprake van een samenhang.
Winstinhouding is ook een voorbeeld van interne financiering, maar dat houdt niet per definitie in dat het beschikbare vermogen intensief wordt aangewend.

12.2 Op de balans van Beter Bed staat onder het vreemd vermogen op korte termijn de rekening-courant banken apart vermeld. Het rekening-courantkrediet maakt *geen* onderdeel uit van de liquide middelen die op de debetzijde van de balans staan.
In dit boek verstaan we onder liquide middelen het totaal van het kassaldo + de positieve en negatieve saldi op de rekening-courant. Het rekening-courantkrediet maakt dan onderdeel uit van de liquide middelen.

12.3 Bij de berekening van de RTV, REV en KVV staat in de teller een *periodegrootheid* (respectievelijk bedrijfsresultaat, nettowinst na belasting en interestkosten). In de noemer moeten we dan in principe ook een bedrag nemen dat op die *periode* betrekking heeft. Daarom berekenen we het gemiddeld in die periode geïnvesteerde vermogen.

12.4 We gaan uit van een gedeelte van een sterk vereenvoudigde balans (bedragen $\times €1.000$)

a

Voorraden	600	Crediteuren	400
Debiteuren	300	Rekening-courant	200
Kas	500		

Current ratio = (600 + 300 + 500) : (400 + 200) = 2,33

Stel: van de liquide middelen wordt 400 gebruikt om de crediteuren volledig te betalen. De nieuwe situatie wordt dan:

Voorraden	600	Crediteuren	0
Debiteuren	300	Rekening-courant	200
Kas	100		

Current ratio = (600 + 300 + 100) : (0 + 200) = 5

b

Voorraden	100	Crediteuren	400
Debiteuren	120	Rekening-courant	100
Kas	50		

Current ratio = (100 + 120 + 50) : (400 + 100) = 0,54

Stel: het rekening-courantkrediet wordt verhoogd met 400 en gebruikt om de kas te vergroten. De nieuwe situatie wordt dan:

Voorraden	100	Crediteuren	400
Debiteuren	120	Rekening-courant	500
Kas	450		

Current ratio = (100 + 120 + 450) : (400 + 500) = 0,74

12.5 Bij dreigend faillissement en bij het aantrekken van nieuw vreemd (of eigen) vermogen.

12.6 Met name managers binnen organisaties maken gebruik van activiteitskengetallen om de organisatie te (be)sturen. Ook (beleggings)analisten gebruiken deze kengetallen bij het beoordelen van de financiële structuur van de organisatie.

12.7 Bij de indirecte methode wordt het bedrijfsresultaat als vertrekpunt genomen en daarop worden allerlei 'correcties' toegepast om de mutatie in de liquide middelen te berekenen.
Bij de directe methode wordt de mutatie in de liquide middelen rechtstreeks afgeleid van de geldontvangsten en genduitgaven zoals die uit het kas- en bankboek blijken.

Hoofdstuk 13

13.1 Bedenk dat fifo en lifo een administratieve volgorde zijn: in de administratie *doen we alsof* de goederen een bepaalde volgorde aanhouden. De werkelijke volgorde van de goederenstroom kan daarvan afwijken. Bij bederfelijke goederen zullen de goederen die het eerst zijn binnengekomen ook het eerst worden verkocht, maar *in de administratie* kunnen we dan toch lifo aanhouden.

13.2 Nee, in tijden van prijsdaling wordt de winst te laag vastgesteld. De verkochte goederen kunnen tegen een *lagere prijs* dan die waarmee bij de berekening van het resultaat rekening is gehouden worden teruggekocht.

13.3 'Cash is a fact' wil zeggen dat de geldstromen die via kas en rekening-courant lopen vaststaande gegevens zijn, waarover geen discussie mogelijk is (ze blijken uit het kasboek of uit de bankafschriften). Om de winst te berekenen zijn er verschillende manieren, die tot verschillende uitkomsten kunnen leiden. De ene onderneming kiest voor fifo, de andere voor lifo enzovoort. De hoogte van de winst is geen vaststaand gegeven (maar een 'opinion').

13.4
    a Rentabiliteitswaarde: €600.000 : 0,20 =   € 3.000.000
    b Intrinsieke waarde   - 2.600.000 –
    Goodwill   €   400.000

13.5
    a De curator is belast met het beheer en de vereffening van de failliete boedel.
    b De taxateur kan door de curator worden ingeschakeld om de waarde van activa vast te stellen (te taxeren).

Hoofdstuk 14

14.1 Boskalis Westminster NV is een internationaal opererende organisatie met aandeelhouders over de gehele wereld. Dan is het wenselijk dat de belanghebbenden informatie krijgen die internationaal aanvaardbaar is. Dat geeft meer duidelijkheid (niet allerlei methoden van waarderen door elkaar) en de belanghebbenden hoeven zich niet te verdiepen in allerlei verschillende manieren van verslaggeving.

Antwoorden meerkeuzevragen

Hoofdstuk 1

1 c	3 c	5 b	7 c	9 c	11 a
2 b	4 b	6 b	8 a	10 b	12 b

Hoofdstuk 2

1 c	3 d	5 b	7 c	9 b	11 c	13 a
2 a	4 c	6 b	8 b	10 c	12 c	14 c

Hoofdstuk 3

1 d	3 d	5 b	7 b
2 c	4 c	6 b	

Hoofdstuk 4

1 b	4 b	7 c	10 a	13 a	16 b	19 c	22 b	25 c
2 c	5 a	8 d	11 b	14 b	17 c	20 c	23 b	26 a
3 c	6 a	9 d	12 c	15 a	18 b	21 c	24 a	27 b

Hoofdstuk 5

1 b	3 b	5 a	7 c	9 b	11 c
2 c	4 c	6 b	8 d	10 a	12 b

Hoofdstuk 6

1 b	3 a	5 a	7 c	9 b
2 c	4 b	6 d	8 c	

Hoofdstuk 7

1 a	3 b	5 d	7 b	9 a
2 c	4 c	6 a	8 d	10 c

Hoofdstuk 8

1 c	3 c	5 b
2 a	4 a	6 b

Hoofdstuk 9

1 a	3 a	5 c	7 b
2 b	4 d	6 d	8 c

Hoofdstuk 10

1 c	3 d	5 c	7 d
2 b	4 b	6 d	8 a

Hoofdstuk 11

1 b	3 a	5 b	7 a	9 b	11 c	13 c
2 b	4 b	6 c	8 b	10 a	12 b	14 a

Hoofdstuk 12

1 d	4 d	7 d	10 c	13 b	16 c	19 d
2 d	5 a	8 a	11 b	14 a	17 a	20 d
3 a	6 c	9 c	12 b	15 a	18 c	21 b

Hoofdstuk 13
| 1 | c | 3 | a | 5 | b | 7 | b | 9 | c |
| 2 | d | 4 | a | 6 | a | 8 | d | | |

Hoofdstuk 14
| 1 | c | 3 | a | 5 | a | 7 | d | 9 | d | 11 | b | 13 | d | 15 | a |
| 2 | d | 4 | c | 6 | c | 8 | b | 10 | a | 12 | c | 14 | a | | |

Websites voor nadere informatie

Deelnemende organisaties:

Boels Zanders	advocaten (www.boelszanders.nl)
Ernst & Young	accountants (www.ey.nl)
Flynth	accountants en adviseurs (www.flynth.nl)
SJG Weert	algemeen ziekenhuis
Linge Hotel Elst	horeca (www.lingehotelelst.nl)
Rabobank	financiële dienstverlening (www.rabobank.nl)
Van der Zee Vlees bv	producent van vlees (www.vanderzee.nl)

Overige organisaties:
www.kvk.nl (Kamer van Koophandel)
www.fd.nl (Het Financieele Dagblad)
www.eu.nl (informatie over de Europese Unie)
www.euro.nl (informatie over de euro)
www.rjnet.nl (Raad voor de Jaarverslaggeving)
www.nivra.nl (Nederlands Instituut Van Register Accountants)
www.iasc.org.uk (International Accounting Standards Committee)
www.overheid.nl (Nederlandse overheid)
www.arbo.nl (arbowetgeving en -regels)
www.jaarverslag.com (jaarverslagen van Nederlandse bedrijven)
www.xbrl.com (internationale standaardisatie van begrippen)
www.gerechtshof-amsterdam.nl (Gerechtshof Amsterdam)
www.euronext.com (effectenbeurs van Parijs, Amsterdam en Brussel)
www.ste.nl (Stichting Toezicht Effectenverkeer)
www.dnb.nl (De Nederlandsche Bank)
www.minfin.nl (Ministerie van Financiën)
www.ez.nl (Ministerie van Economische Zaken)
www.ecb.int (Europese Centrale Bank)
www.fese.be (Federation of European Stock Exchanges)
www.sec.gov (Securities and Exchange Commission)
www.bloomberg.com (Bloomberg: informatie over aandelen, effectenbeurzen etcetera)
www.ml.com (Merrill Lynch: financiële informatie voor beleggers en bedrijven)
www.moodys.com (Moody's: financiële informatie voor beleggers en bedrijven)
www.eim.nl (informatie over MKB)
www.mkb.nl (informatie over MKB)
www.eurobench.com (financiële informatie)
www.novaa.nl (Nederlandse Orde van Accountants-Administratieconsulenten)
www.iasb.org (International Accounting Standards Board)
www.fasb.org (Financial Accounting Standards Board)

Register

Aandeelbewijs 365
Aandelensplitsing 378
Aanmerkelijk belang 76
Abstracte markt 35
Achtergestelde lening 400, 411, 528
Achtergestelde obligatielening 394
Activa 426
Activastructuur 426
Activiteitskengetallen 457
Activity-based costing 233
Actuele waarde 497
Aflossing 105
Afnemerskrediet 404
Afrondingen 99
Afschrijven 339
Afschrijving 111
Afschrijvingen en waardeverminderingen onafhankelijk van het resultaat 552
Afschrijvingsmethoden 174
Afschrijvingskosten 105, 109, 135, 167
Afstempelen 378
Afval 144
Agio 66, 365
Agiobonus 377
Agioreserve 379
Akte van cessie 406
Algehele gemeenschap van goederen 59
Algemene economie 20
Algemene Vergadering van Aandeelhouders 67, 72
Amortisatie 110
Annuïteit 176
Anti-kartelwetgeving 513
Anti-misbruikwetgeving 67
Arbeidsproductiviteit 150
Autoriteit Financiële Markten 543

Balans 104
Balansmodellen 568
Balans na uitbreiding 104
Balansverkorting 349
Banking case 472
Basisrentabiliteit 445
Bedrijfsadministratie 22

Bedrijfseconomie 21
Bedrijfsformule 95
Bedrijfshuishouding 25
Bedrijfskolom 35
Bedrijfsresultaat 111
Bedrijfsrisico 324, 445
Bedrijfstak 35
Bedrijfswaarde 498, 514
Begroting 275
Beherend vennoot 64
Beïnvloedbare en niet-beïnvloedbare kosten 116
Beïnvloedbare kosten 257
Beleggingskengetallen 475
Beoordelingsverklaring 557
Beperkte aansprakelijkheid (BA) 74
Beschikbare uren 155
Besloten vennootschap 72
Bestelgrootte 146
Bestendige gedragslijn 551
Bestuursverslag 543, 546
Beurswaarde 367, 370
Bezettingsgraad 264
Bezettingsresultaat 250, 251, 285
Blokkeringsregeling 72
Bodemvoorrecht 527
Boedelschulden 526
Boekenonderzoek 514
Boekhouding 541
Boekhoudkundige benadering 306
Boekhoudkundige methoden 306
Boekhoudkundige terugverdienperiode 307
Boekwaarde 514, 524
Bonus 153
Bonusaandelen 377
Borgstelling Midden- en Kleinbedrijf (BMKB) 410
Brancheonderzoek 93
Branchevergelijking 463
Break-evenpunt 120, 258
Brutomarge 111
Brutowinstmarge 437
Btw 99, 181
Budget 275
Budgethouder 275
Budgettarief 278

Budgetverschil 290
Bufferfunctie 429
Buitengewone baten en lasten 567
Buitenland (im- en export) 30
Bulletlening 393

Cashdividend 372, 433
Cashflow 111
Categoriale kostensplitsing 567
Chief Financial Officer (CFO) 477
Claim 362, 375
Claimemissie 373
Code-Tabaksblat 69
Commanditaire vennootschap 64
Commerciële economie 23
Commerciële initiële kosten 238
Commerciële kostprijs 257
Complementaire kosten 167
Concrete markt 35
Concurrente crediteuren 528
Concurrentieverhoudingen 44
Conjunctuurgevoeligheid 445
Consumptie 25
Contante waarde 309
Continuïteitsbeginsel 551
Controleverklaring 557
Controller 478, 542
Convenants 470
Conversiekoers 395
Conversiewaarde 396
Converteerbare obligatie 394
Coöperatie 74
Corporate governance 69
Cost driver 233
Crediteuren 351, 411
Crowdfunding 413
Curator 523
Current ratio 450

Debiteurenbeleid 350
Debt ratio 455
Debt service coverage ratio 469
Debt/EBITDA 470
Deelneming 562
Degressief stijgende variabele kosten 197
Dekkingsbijdrage 252, 261
Delingscalculatie 215

Dematerialisatie 367
Different costs for different purposes 138
Differentiële calculatie 327
Directe kosten 142, 216
Directe methode 464
Directe opbrengstwaarde 498
Directeur-grootaandeelhouder 76
Diversiteitsverschijnsel 342
Dividend 29, 364
Dividendbeleid 364
Dividendrendement 476
Dividendstabilisatie 375, 380
Dochtermaatschappij 562
Doelstellingen 39
Doorbelaste kosten 225
Due diligence 514
Dupont-chart 461
Durfkapitaal 410
Dutch GAAP 539
Duurzaam productiemiddel 166
Duurzaamheidsverslag 544
Dynamisch ondernemen 42
Dynamische liquiditeit 449
Dynamische vorming van de voorziening 565

EBIT 111
EBITDA 110
Economie 19
Economisch handelen 19
Economisch principe 19
Economisch zelfstandig 32
Economische levensduur 168
Economische methoden 306, 308
Economische terugverdientijd 310
Economische voorraad 148, 499
Economische wetenschap 19
Eenmanszaak 59
Eerstverdeelde kosten 225
Efficiencyverschil 285
Eigen vermogen 22, 102, 104, 363
Eindbalans 114
Eindwaarde 309
Emissie 66
Emissieprijs 362, 374
Eng kostenbegrip 142, 217
Enkelvoudige jaarrekening 547, 563
Enkelvoudige of primitieve opslagmethode 222
Equivalentiecijfermethode 221
ERM-systeem 349
ERP-systeem 147
Euribor 401

EU-IFRS 549
Ex ante-budget 276, 284
Ex ante-verkoopbudget 287
Ex post-budget 276, 284
Excel 99
Executiewaarde 524
Externe accountant 543, 556
Externe concurrentie 44
Externe financiering 344, 360
Externe verslaggeving 21, 392, 541

Fabricagekostprijs 257
Factoring 345, 461
Faillissement 522
Faillissementsschulden 526
FASB 538
Fictief rendement 77, 433
Fifo 499
Fifo-methode 502
Financial accounting 21
Financial lease 346, 561
Financieel analysemodel 467
Financieel economisch zelfstandig 38
Financieel verslag 546
Financiële administratie 22
Financiële crisis 30
Financiële structuur 424, 426
Financiële vaste activa 561
Financiering 22
Financieringsbijdrage 445
Financieringsplan 102
Flexibel budget 278
Formule van Camp 147
Franchising 95
Functionele kostensplitsing 567
Fusie 512

Garantievermogen 455
Geconsolideerde jaarrekening 547, 563
Geheime reserve 381
Geldmarkt 392
Geldstromen 27
Geldswaarde van de werkeenheden 170
Gemengd budget 278
Gemengde kosten 202
Gemiddeld geïnvesteerd vermogen 308
Gemiddeld vermogen 439
Gemiddelde boekhoudkundige rentabiliteit 307
Gemiddelde inkoopprijs 506
Gemiddelde krediettermijn van crediteuren 458
Gemiddelde krediettermijn van debiteuren 458

Geplaatst aandelenkapitaal 65, 365
Gestort aandelenkapitaal 365
Gestort kapitaal 65
Gewone vereniging 73
Goederenstromen 27
Going-concern 450, 494
Going-concern-waarde 525
Goodwill 370, 517, 518, 559
Goudenbalansregel 428
Groepsmaatschappij 561
Guichet-emissie 373

Hefboomfactor 442
Hefboomwerking 442
Hefboomwerking van de vermogensstructuur 439
Herkapitalisatie 378
Herwaarderingsreserve 380, 564
Historische analyse 462
Historische kosten 435
Historische uitgaafprijs 141
Homogene massaproductie 215
Hoofdelijk aansprakelijk 63
Hoofdkostenplaatsen 226
Houdstermaatschappij 562
Hulpkostenplaatsen 226
Human resource management 154
Huwelijkse voorwaarden 59
Hypothecaire lening 400
Hypothecaire obligatielening 394
Hypotheek 409

IASB 539
IFRS 507, 511, 539, 549, 560, 565
IFRS SME 540
Immateriële vaste activa 559
Impairment-test 560
Inbreng in natura 99
Incassobeleid 350
Indifferentiepunt 320
Indirect cost pool 233
Indirecte kosten 142, 217
Indirecte methode 464
Indirecte opbrengstwaarde 173
Individuele waardering 552
Inhaalafschrijving 509
Initiële kosten 237
Inkomstenbelasting 75
Inkoop van eigen aandelen 378
Integrale kosten 202
Integralekostprijsmethode 248, 251
Integrated reporting 544
Intensieve financiering 343, 460
Interest 29

Interest coverage ratio 444, 469
Interim-dividend 372, 433
Interne accountant 543
Interne concurrentie 44
Interne financiering 360, 430
Interne verslaggeving 540
Intrinsieke waarde 368, 514
Investeren 302
Investeringsbegroting 99
Investeringsbedrag 103
Investeringsproject 303
Irrationele overcapaciteit 211

Jaarrekening 449, 546
Jaarverslag 544
Just-in-time-management 350

Kamer van Koophandel 89
Kapitaalintensieve productie-
 methode 320, 323
Kapitaalintensieve kostenstruc-
 tuur 446
Kapitaalmarkt 392
Kapitaalobligaties 394
Kasoverschot Cashflow 306
Kasstroomoverzicht 463, 544
Kengetal 434
Kengetallen 473
Keuzedividend 372, 433
Kredietunie 414
Koers-cashflowverhouding 477
Koers-intrinsieke-waardever-
 houding 477
Koers-winstverhouding 477
Koersrendement 476
Kort vreemd vermogen 392
Kortetermijnbeslissingen 301
Kosten 137, 141, 216
Kosten van arbeid 150, 155
Kosten per werkeenheid 169
Kosten van diensten van derden
 180
Kosten van het vreemd vermo-
 gen 438
Kostenverbijzondering 216
Kostendekkingsstaat 226
Kostendrager 225, 226
Kostenplaats 225
Kostenplan 105
Kostensoorten 144
Kostenstructuur 324, 445
Kostenverdeelstaat 226
Kostenverrekenstaat 226
Kostprijs 138, 210
Kostprijsberekening 204
Kredietrisico 408

Langetermijnbeslissingen 301
Lang vreemd vermogen 392

Leasing 346
Leencapaciteit 455
Leverancierskrediet 402
Lifo 499
Lifo-methode 504
Liquidatiewaarde 524
Liquide middelen 28, 106, 351
Liquiditeit 449
Liquiditeitsbalans 452
Liquiditeitsbegroting 105, 106,
 449

Maatschap 62
Maatschappelijk jaarverslag 544
Maatschappelijk kapitaal 65, 365
Management accounting 21, 134
Management by exception 274
Management case 472
Managementinformatie 23
Marketingmix 94
Marketingplan 93
Markt 35
Marktmacht 45
Marktvormen 47
Marktwerking 33
Massaproductie 219
Masterbudget 279, 283
Matchingprincipe 550
Materiële vaste activa 560
Maturity factoring 345
Meerjarenraming 274
Meervoudige of verfijnde
 opslagmethode 223
Milieuverslag 544
Minimumwaarderingsregel
 141, 499
Minimumkapitaal 72
Missie 39
MKB 408
Moedermaatschappij 561
Monopolie 47
Monopolistische concurrentie
 47

Naamloze vennootschap 65
Nacalculatorische kostenverre-
 kenstaat 233
NBA 542
NCW-methode 310
Netto contante waarde 311
Netto-ingaande geldstromen
 516
Netto-omzet 567
Nettogeldontvangst 304
Nettowerkkapitaal 351, 452, 459
Nettowinstmarge 438
Niet-beïnvloedbare kosten 257
Niet-kapitaalintensieve produc-
 tiemethode 320, 322

Niet-omzetafhankelijke kosten
 119
Niet-ondernemend of niet-
 risicodragend vermogen 391
Niet-productieve uren 155
Niet-rentedragend vreemd
 vermogen 443
NMa 513
Nominale waarde 362,
 365, 367
Nominalisme 496
Nominalistische winst 496
Normale bezetting 210

Obligatieclausule 399
Obligatielening 392
Old-line factoring 345
Oligarchie 68
Oligopolie 47
Omgevingsfactoren 93
Omloopsnelheid van de voor-
 raad 457
Omloopsnelheid van het totaal
 vermogen 344, 460
Omzetafhankelijke kosten 119
Omzetprognose 97
Omzetsegmentatie 567
Onderbezettingsverlies 250
Onderhanden werk 207
Onderhandse lening 398
Onderhandse verkoopwaarde
 524
Onderlinge waarborg-
 maatschappij 73
Ondernemend of risicodragend
 vermogen 363
Ondernemersvertrouwen 23
Onderneming 32
Ondernemingsplan 88
Ondernemingsvorm 58
Onzelfstandige hulpkosten-
 plaats 226
Onzelfstandige kostensoort 183
Opbrengsten 140
Opbrengstwaarde 141, 514
Open reserve 380
Openbare emissie 71, 372
Operational lease 346, 461, 560
Operationele doelen 43
Opportunity costs 182
Opslagduur van de voorraad
 458
Opslagmethode 222
Organigram 101
Organisatie 26
Outsourcing 180, 348
Overbezettingswinst 250
Overgenomen of gegarandeerde
 emissie 373

Overheidsbedrijf 32
Overheidsdienst 33
Overige gegevens 554
Overige reserves 564
Overlopende passiva 566
Overname 512
Overnameprijs 521

Pandbrieven 393, 394
Pandrecht 407
Participanten 26
Partiële financiering 428
Pay-out ratio 476
Personeelsplan 101
Potentiële concurrentie 44
Preferente aandelen 370
Premie boven de conversiewaarde 398
Premieloonstelsel 153
Prijselasticiteit 289
Prijsverschil 285
Primair proces 27, 30
Primaire arbeidsvoorwaarden 159
Primaire geldstromen 28
Privatisering 33
Productie 25
Productiemiddelen 25
Productieve uren 155
Profit is an opinion 140
Profit sharing 153
Progressief stijgende variabele kosten 197
Proportioneel variabele kosten 197
Publiceren 545, 555

Quick ratio 453

Raad van Bestuur 65
Raad van Commissarissen 65
Raad voor de Jaarverslaggeving 548
Rationele capaciteit 211
Rationele overcapaciteit 211
Realisatiebeginsel 550
Realisatieprincipe 139
Rechtspersoon 58
Regime 555
Rekening-courant 102, 401
Rekening-courantkrediet 411
Relevant gebied 216
Relevant productiegebied 200
Rentabiliteit 436
Rentabiliteit van het eigen vermogen 438
Rentabiliteit van het totaal vermogen 438

Rentabiliteitswaarde 368, 369, 517
Rentedekkingsfactor 444
Reserves 379
Responsibility accounting 291
Richtlijnen voor de Jaarverslaggeving (RJ) 548
Risico 447
Risicobeheer 448
Risicovrije belegging 394
Ruime kostenbegrip 143

Sale and lease back 349
Samenstellingsverklaring 557
Scenario-analyse 472
Schaarste 19
Schulden 566
SEC 539
Secundaire arbeidsvoorwaarden 160
Secundaire geldstromen 29
Semi-omzetafhankelijke kosten 119
Separatisten 526
Seriegrootte 148
Seriemassaproductie 219
Seriestukproductie 219
Slotdividend 372, 433
Solvabiliteit 454, 472
Solvabiliteitspercentage 457
Staatsobligaties 392
Standaardkostprijs 210, 213, 214, 217, 232, 249
Statische liquiditeit 449
Statische methode 565
Statutaire reserve 564
Stichting 75
Stil pandrecht 407
Stille reserve 380
Stille vennoot 64
Stockdividend 372, 377, 378, 433
Strategie 40
Strategisch plan 279
Stroomgrootheid 121, 434
Stukloon 151
Stukproductie 219
Stuurinformatie 140
Substantialisme 497
Synergie 512
Synergie-effecten 519

Taxateur 524
Technische initiële kosten 237
Technische levensduur 167
Technische voorraad 146, 499
Tijdloon 152
Tijdvoorkeur 308
Tijdvoorkeurvoet 308

Toegestane kosten 143
Toekomstparagraaf 546
Toerekeningsbeginsel 550
Totale financieringsbehoefte 428
Totale vermogensbehoefte 342
Track record 467
Trapsgewijs variabele kosten 199
Treasurer 478
Trustee 393

Uitbesteding 324
Uitbreidingsinvestering 303
Uitgesloten aansprakelijkheid (UA) 74
Uitval 144
Underwriter 362, 373
US GAAP 538
Uurtarief 162
UWV 527

Valutarisico 30
Variabel budget 278
Variabele kosten 197, 213
Variabele rente 447
Variabelekostencalculatie 248, 252
Vast budget 278
Vaste activa 104, 338, 558
Vaste kosten 200
Vaste rente 447
Veiligheidsmarge 266
Vennootschap onder firma 63
Vennootschapsbelasting 75
Verdeelsleutel 225, 228
Vergadering van Aandeelhouders 72
Verkoopomvangverschil 289
Verkoopprijs 232
Verkoopprijs excl. btw 250
Verkoopprijsverschil 289
Vermenigvuldigingsfactor 521
Vermogensbehoefte 338, 340
Vermogenskosten 182
Vermogenskostenvoet 310, 313
Vermogensmarkt 29, 391
Vermogensstructuur 426
Verslaggeving 540
Verspilling 142
Verspillingen 216
Verteerbaar inkomen 496
Vervangingsinvestering 303
Vervangingswaarde 141, 497, 498, 508, 514
Vijfkrachtenmodel van Porter 44
Vlottende activa 104, 341, 563
Volledige mededinging 47

Voor- en nadelen 315
Voorfinanciering btw 100
Voorkeursemissie 373
Voorraadbeheer 350
Voorraadgrootheid 121, 434
Voorraadkosten 146
Voortschrijdende budgetten 276
Voorzichtigheidsbeginsel 549
Voorziening 137, 405, 564
Vreemd vermogen 22, 102, 104, 391
Vrije emissie 373
Vuistpand 407

Weerstandsvermogen 456
Welvaart 19
Werkeenheden 166
Werkelijke kosten 143
Werkgelegenheid 36
Werkkapitaalbeheer 349
Wet financieel toezicht 544
Wettelijke aansprakelijkheid (WA) 74
Wettelijke reserve 559, 564
Window dressing 450
Winst 496
Winst- en verliesrekening 109
Winstbestemming 432
Winstreserve 380
Winstverdeling 433
Wisselkoersen 447
Worst case 472

Zekerheden 474
Zekerheidsstelling 406
Zelfstandige hulpkostenplaats 226
Zelfstandige kostensoorten 183
Zelfstandigenaftrek 76

Bronvermelding illustraties

De Lage Landen International BV, Eindhoven *336*
Ernst & Young, Arnhem *536*
Peggy Vastbinder, Nijmegen *494*
Rabobank Nederland *422*
Hollandse Hoogte/Corbis, Amsterdam *132*
Nationale Beeldbank, Amsterdam *56, 474*
Shutterstock, New York *14, 15, 89. 130, 131, 149, 165, 246, 282, 334, 335, 338, 347, 348, 358, 414, 447, 490, 491*